教育部人文社会科学重点研究基地重大项目（项目编号：13JJD740011）

中央高校基本科研业务费专项资金项目（项目编号：YJ201918）

俄罗斯民族文化
概念分析与解读

彭玉海 ◎ 著

中国社会科学出版社

图书在版编目(CIP)数据

俄罗斯民族文化概念分析与解读 / 彭玉海著 . —北京：中国社会科学出版社，2020.10
ISBN 978-7-5203-7359-3

Ⅰ.①俄… Ⅱ.①彭… Ⅲ.①民族文化—研究—俄罗斯 Ⅳ.①G151.2

中国版本图书馆 CIP 数据核字 (2020) 第 186966 号

出 版 人	赵剑英
责任编辑	任　明
责任校对	李　莉
责任印制	郝美娜
出　　版	中国社会科学出版社
社　　址	北京鼓楼西大街甲 158 号
邮　　编	100720
网　　址	http://www.csspw.cn
发 行 部	010-84083685
门 市 部	010-84029450
经　　销	新华书店及其他书店
印刷装订	北京君升印刷有限公司
版　　次	2020 年 10 月第 1 版
印　　次	2020 年 10 月第 1 次印刷
开　　本	710×1000　1/16
印　　张	30
插　　页	2
字　　数	539 千字
定　　价	158.00 元

凡购买中国社会科学出版社图书，如有质量问题请与本社营销中心联系调换
电话：010-84083683
版权所有　侵权必究

前　言

　　文化概念是社会历史文化在一个民族文化记忆之中的沉淀，它记载社会文化精神道统的内涵和意蕴，展示社会文明义理的演进和社会思想变迁，勾勒一个民族绵延赓续的文化经脉和文化形态，在民族发展进程中扮演着不可替代的重要角色。文化概念的要义和精髓在于，它沉潜于一个民族的语言文化传统和语言文化方式，同语言文化之间水乳交融、密不可分。如果说文化概念代表或者包含民族文化精神和基本价值理念，那么语言是这一精神和理念的载蓄体和传输器，文化内涵则是输送和传导这一精神思想内核的血液和原动力，彰显着一个民族的文化基因和文化气韵。从价值功能上看，文化概念对于一个民族具有强大的文化塑造性，它以文化蓄隐和文化自识的方式集聚该民族的文化精神内涵，在其思想、情感、精神、意识世界中占据核要地位，从文化根源、文化属性、文化道义、文化秩序维度折射民族性格、民族信仰、民族审美、民族心智、民族意志、民族情怀等民族核心价值，并从精神特质、生命态度、价值行为等方面充分展现民族意识、民族定型和民族认同、民族心理，全景式地呈现着一个民族的精神传统、社会追求和价值观、生命观、道德观、哲学观。因此，文化概念成为识察一个民族的文化特点和探解一个民族的文化生命、文化灵魂的重要窗口。本书正是对俄罗斯民族文化概念展开系统分析和解读，借由文化概念分析深入了解俄罗斯民族心性、民族意识，多维、立体地展现俄罗斯民族文化世界图景。

　　专著内容分为 8 章。第一章探讨俄罗斯民族文化概念及其价值精神属性。主要从俄罗斯民族文化概念的内涵特质、俄罗斯民族文化概念的价值性、俄罗斯民族文化概念的精神内涵、俄罗斯民族文化概念的民族意识与民族世界图景等方面阐释俄罗斯民族文化概念，深入揭示俄罗斯民族文化概念的价值性和民族精神性，同时诠释俄罗斯民族文化概念所关联的民族文化世界图景特质。第二章研察俄罗斯民族文化概念的语义—分类问题及分析策略，确立和构建俄罗斯民族文化概念的分析方法和研究进路。具体首先考察俄罗斯民族文化概念的生成与语义特性，其次建立起俄罗斯民族文化概念的分类范畴体系，进而提出并论证俄罗斯民族文化概念的分析策略，建构起主要由词源分析、文化语义内涵与词义特征分析、隐喻搭配分析、格式塔分析、话语综合分析等5个方面组构而成的俄罗斯民族文化概念研究策略和整合论方法体系。第三章至第八章立足于前两个部分所奠定的坚实理论基础和分析手段、方略，选取核心的概念语词为研究对象，分别对反映俄罗斯民族精神、民族情感、道德伦理、世界观、价值观和意识形态的文化概念展开深入、细致的分析和解读，通过文化概念分析全方位地展现俄罗斯民族文化思想世界及其精神文化风貌。在此基础上，得出课题研究的相关结论。

　　本书尝试建立起独特的文化概念分类范畴和分析方法、路径，采用较新的隐喻搭配分析、格式塔分析和话语综合分析方法对俄罗斯民族文化概念进行系统分析和综合考察，发掘出了有关文化概念的新的深层次的民族文化信息和文化意涵，从民族精神、情感、道德伦理、世界观、价值观和意识形态层面充分开掘、放释俄罗斯文化概念所包孕的深厚民族文化意蕴和强大的文化张力。这些方面内容的分析和揭示将有助于多层面融合式地深入探索俄罗斯民族特征和民族文化心理，从文化概念这一端口和界面有力推动俄罗斯文化研究。

　　专著系教育部人文社会科学重点研究基地重大项目"俄罗斯民族主干文化概念分析与解读"（项目编号：13JJD740011）以及中央高校基本科研业务费专项资金项目（项目编号：YJ201918）的研究成果。专著的出版获得四川大学国际合作与交流处以及"长江—伏尔加河"高校联盟的鼎力帮助和支持，同时也得到了中国社会科学出版社的大力协助。谨此深致谢忱！

彭玉海
识于蓉城
2020·仲夏

目　录

绪论 …………………………………………………………………… （1）
第一章　俄罗斯民族文化概念及其价值精神属性 ………………… （7）
　第一节　俄罗斯民族文化概念的内涵特质 ………………………… （8）
　　一　俄罗斯民族文化概念的内涵解读 …………………………… （9）
　　二　俄罗斯民族文化概念的特征 ………………………………… （14）
　　三　小结 …………………………………………………………… （18）
　第二节　俄罗斯民族文化概念的价值性 …………………………… （19）
　　一　文化概念价值性分析与解读 ………………………………… （19）
　　二　文化概念价值性的特征 ……………………………………… （25）
　　三　文化概念价值性的认知体现 ………………………………… （28）
　　四　小结 …………………………………………………………… （32）
　第三节　俄罗斯民族文化概念的精神内涵 ………………………… （32）
　　一　文化概念的精神内涵及特质 ………………………………… （33）
　　二　文化概念精神内涵的范式表现与解析 ……………………… （40）
　　三　小结 …………………………………………………………… （44）
　第四节　俄罗斯民族文化概念的民族意识与世界图景 …………… （45）
　　一　俄罗斯文化概念的民族意识 ………………………………… （45）
　　二　俄罗斯文化概念与民族世界图景分析 ……………………… （49）
　　三　小结 …………………………………………………………… （53）
　本章小结 ……………………………………………………………… （53）
第二章　俄罗斯民族文化概念语义——分类及分析策略 ………… （54）
　第一节　俄罗斯民族文化概念生成机制与语义结构 ……………… （54）
　　一　文化概念与词义 ……………………………………………… （55）

二　文化概念生成机制 ………………………………………(58)
　　三　文化概念语义结构 ………………………………………(60)
　　四　小结 ………………………………………………………(63)
 第二节　俄罗斯民族文化概念的分类范畴 ……………………(64)
　　一　文化概念分类问题 ………………………………………(64)
　　二　俄罗斯文化概念分类层级系统 …………………………(67)
　　三　小结 ………………………………………………………(74)
 第三节　俄罗斯民族文化概念的分析策略 ……………………(74)
　　一　关于文化概念分析 ………………………………………(75)
　　二　文化概念的分析策略 ……………………………………(78)
　　三　小结 ………………………………………………………(96)
 本章小结 ……………………………………………………………(97)

第三章　俄罗斯民族精神文化概念分析与解读 …………………(98)
 第一节　"дружба"（友谊）的分析与解读 …………………(99)
　　一　"дружба"词源分析 ……………………………………(100)
　　二　"дружба"文化语义内涵分析 …………………………(101)
　　三　"дружба"的隐喻搭配分析 ……………………………(110)
　　四　"дружба"的格式塔分析 ………………………………(118)
　　五　"дружба"的话语综合分析 ……………………………(128)
　　六　小结 ……………………………………………………(139)
 第二节　"душа"（灵魂）的分析与解读 ……………………(140)
　　一　"душа"词源分析 ………………………………………(143)
　　二　"душа"文化语义内涵分析 ……………………………(144)
　　三　"душа"的隐喻搭配分析 ………………………………(146)
　　四　"душа"的格式塔分析 …………………………………(150)
　　五　"душа"的话语综合分析 ………………………………(158)
　　六　小结 ……………………………………………………(165)
 第三节　"судьба"（命运）的分析与解读 …………………(166)
　　一　"судьба"词源分析 ……………………………………(169)
　　二　"судьба"文化语义内涵分析 …………………………(170)
　　三　"судьба"的隐喻搭配分析 ……………………………(174)
　　四　"судьба"的格式塔分析 ………………………………(179)
　　五　"судьба"的话语综合分析 ……………………………(186)

六　小结 …………………………………………………… (192)
　本章小结 ……………………………………………………… (193)
第四章　俄罗斯民族情感文化概念分析与解读 ……………… (194)
　第一节　"情感"文化概念及其结构关系 …………………… (195)
　　一　关于"情感"文化概念 ………………………………… (195)
　　二　俄罗斯民族"情感"文化概念及其结构特征 ………… (196)
　第二节　"тоска"(忧伤)的分析与解读 …………………… (198)
　　一　"тоска"词源与基本词义分析 ………………………… (199)
　　二　"тоска"文化语义内涵分析 …………………………… (201)
　　三　"тоска"的隐喻形象分析 ……………………………… (208)
　　四　"тоска"的格式塔分析 ………………………………… (213)
　　五　"тоска"的话语综合分析 ……………………………… (221)
　　六　小结 …………………………………………………… (223)
　第三节　"любовь"(爱)的分析与解读 …………………… (224)
　　一　"любовь"词源分析 …………………………………… (225)
　　二　"любовь"文化语义内涵分析 ………………………… (226)
　　三　"любовь"的隐喻搭配分析 …………………………… (227)
　　四　"любовь"的格式塔分析 ……………………………… (230)
　　五　"любовь"的话语综合分析 …………………………… (237)
　　六　小结 …………………………………………………… (244)
　本章小结 ……………………………………………………… (245)
第五章　俄罗斯民族道德伦理文化概念分析与解读 ………… (247)
　第一节　"совесть"(良知)的分析与解读 ………………… (247)
　　一　"совесть"的道德伦理内涵分析 ……………………… (248)
　　二　"совесть"词源分析 …………………………………… (252)
　　三　"совесть"文化语义内涵分析 ………………………… (253)
　　四　"совесть"的隐喻搭配分析 …………………………… (256)
　　五　"совесть"的格式塔分析 ……………………………… (260)
　　六　"совесть"的话语综合分析 …………………………… (277)
　　七　小结 …………………………………………………… (292)
　第二节　"справедливость"(公正)的分析与解读 ………… (293)
　　一　"справедливость"词源分析 ………………………… (295)
　　二　"справедливость"文化语义内涵分析 ……………… (296)

三 "справедливость" 的隐喻搭配分析……………………（297）
　　四 "справедливость" 的格式塔分析………………………（299）
　　五 "справедливость" 的话语综合分析……………………（302）
　　六 小结………………………………………………………（307）
　本章小结………………………………………………………（308）
第六章　俄罗斯民族世界观文化概念分析与解读…………………（309）
　第一节 "правда"（真）的分析与解读……………………（309）
　　一 "правда" 词源分析……………………………………（310）
　　二 "правда" 文化语义内涵分析…………………………（311）
　　三 "правда" 的隐喻搭配分析……………………………（313）
　　四 "правда" 的格式塔分析………………………………（316）
　　五 "правда" 的话语综合分析……………………………（320）
　　六 小结………………………………………………………（324）
　第二节 "добро"（善良）的分析与解读…………………（325）
　　一 "добро" 词源分析………………………………………（326）
　　二 "добро" 文化语义内涵分析……………………………（326）
　　三 "добро" 的隐喻搭配分析………………………………（327）
　　四 "добро" 的格式塔分析…………………………………（330）
　　五 "добро" 的话语综合分析………………………………（333）
　　六 小结………………………………………………………（342）
　本章小结………………………………………………………（343）
第七章　俄罗斯民族价值观文化概念分析与解读…………………（345）
　第一节 "ценность"（价值）的分析与解读………………（346）
　　一 "ценность" 词源分析…………………………………（346）
　　二 "ценность" 文化语义内涵分析………………………（347）
　　三 "ценность" 的隐喻搭配分析…………………………（350）
　　四 "ценность" 的格式塔分析……………………………（354）
　　五 "ценность" 的话语综合分析…………………………（357）
　　六 小结………………………………………………………（369）
　第二节 "счастье"（幸福）的分析与解读…………………（370）
　　一 "счастье" 词源分析……………………………………（372）
　　二 "счастье" 文化语义内涵分析…………………………（373）
　　三 "счастье" 的隐喻搭配分析……………………………（374）

四　"счастье"的格式塔分析 …………………………………………（378）
　　五　"счастье"的话语综合分析 ………………………………………（384）
　　六　小结 …………………………………………………………………（391）
　本章小结 ……………………………………………………………………（392）
第八章　俄罗斯民族意识形态文化概念分析与解读 ………………………（394）
　第一节　"вера"（信仰）的分析与解读 …………………………………（394）
　　一　"вера"词源分析 ……………………………………………………（396）
　　二　"вера"文化语义内涵分析 …………………………………………（396）
　　三　"вера"的隐喻搭配分析 ……………………………………………（399）
　　四　"вера"的格式塔分析 ………………………………………………（404）
　　五　"вера"的话语综合分析 ……………………………………………（411）
　　六　小结 …………………………………………………………………（418）
　第二节　"надежда"（希望）的分析与解读 ……………………………（419）
　　一　"надежда"词源分析 ………………………………………………（420）
　　二　"надежда"文化语义内涵分析 ……………………………………（421）
　　三　"надежда"的隐喻搭配分析 ………………………………………（422）
　　四　"надежда"的格式塔分析 …………………………………………（428）
　　五　"надежда"的话语综合分析 ………………………………………（437）
　　六　小结 …………………………………………………………………（440）
　本章小结 ……………………………………………………………………（442）
结束语 ………………………………………………………………………（443）
参考文献 ……………………………………………………………………（447）

绪　　论

　　文化概念以文化的方式对一个民族的物质、精神、情感、意识世界进行定义，从外在物质活动感知和内在的主观意念领悟对一个民族的民风习尚、精神道义、社会伦常等做出文化性的识解和观念化审视。文化概念是一个民族的世界观、生命观、价值观、人文观、历史观以及哲学观、自然观在其文化心理属性层面的投影，它从文化心智和文化精神传统、道德主张、价值意识等方面塑造并呈现着该民族的社会心性和民族核心价值。作为特殊的文化义征语义单元，文化概念包纳丰富的社会文化训育、文化谕示内容，承载着一个民族在社会历史进程的跌转流变中蕴聚延存而来的大量文化信息，是认识和了解一个民族的基本文化形式，同时也是感知和把握一个民族的文化脉动和社会文化生态、文化意识觉悟（能力）的独特文化手段。文化概念具有鲜明的民族文化描述性，它从民族文化精神气韵、道德心性、文明义理、社会道统和心理—情感方式、文化定型维度诠释并展现沉潜于民族意识之中的民族性格、民族精神、民族信仰、民族意志、民族心智内涵特质，同民族意识之间存有彼此呼应的深度关联与契合。根据 Н. В. Уфимцева 的统计分析，文化意识中的核心概念 жизнь（生命），любовь（爱），радость（快乐），друг/дружба（友朋/友谊），счастье（幸福），мир（和平），добро（善，善良），смерть（死亡），зло（恶），время（时间）相应也由高到低排在俄罗斯民族语言意识核心词的前列（Уфимцева，2000：210），显示出文化概念所包蕴的民族意识内容同其语言文化意识之间的协配性与共进性，以及前者向后者的渗透性、张延性，同时也彰显出民族意识在语言文化体系和文化概念范畴中的基要地位。就文化与现实、人、语言的关系而言，文化概念是人的文化智识的价值枢要和联结点，它将现实事况的反映、思索逐步集聚、转化为人的思想、信念，将心智领悟寓托于语言，将文化具化为人，并在人的语言行为和思想方式之中建构起民族文化荣养和精神要义、价值理想的输出管道，最终人成为文化存在与社会价值关系的总和与文化的体现者、践行者。民族文化现实中，真假（包括 правда，истина）、美丑（美学）、伦理是人的三种存在方式（对应于文化概念相应组成部分），有了它们，人的形象就出来了，形成语言、人、世界之间的互动互释关系，呈现出一个民族的文化存养与价值序列和社会（精神）进程。因此，对民族文化概念的分析、研究是对一个民族的文化性的本质揭示和文化性的"深描"（thick description）（参见彭文钊，2001：23），是对一个民族的深层文化性理解与诠释。文化概念分析成为认识和探解一个民族的独特文化进路和积极方略，通过文化概念的分析与解读可以了解一个民族的性格特征、文化定型与心理世界、深入探察该民族的世界观、人生观、价值观、道德观背后所涵育的文化修为和文化精神内核。本书的核心思想是要透过多元融合视角和相应整合研究方法，对俄罗斯民族核心（主干）文化概念展开分析和解读。

目前，有关于俄罗斯文化概念的既有研究主要集中在情感、意志、价值观文化概念的分析，而其他方面文化概念的探讨相对有限，本研究将有的放矢地针对这一现状，将俄罗斯文化概念分析的视野投向精神、情感、道德、伦理、世界观、价值观、意识形态等方面，形成由精神、情感、道德、意志概念范畴建构的文化分析框架，尝试勾勒、描绘出有关俄罗斯文化概念分析与解读的整体轮廓和面貌。课题将要研究的文化概念布局大致为：精神文化概念 дружба（友谊），душа（灵魂），судьба（命运）；情感文化概念 тоска/скука（忧伤/忧愁），любовь（爱）；道德伦理文化概念 совесть（良知），справедливость（公正）；世界观文化概念 правда（真），добро（善良）；值观文化概念 ценность（价值），счастье（幸福）以及意识形态文化概念 вера（信仰），надежда（希望）。由此构织起俄罗斯民族主干文化概念分析与解读的基本关系网络。

本研究将注重在动词隐喻及其文化认知、格式塔蕴含、话语综合分析中对俄罗斯民族文化概念展开分析。该研究具有鲜明特点和创新性，这表现在它将主要立足俄罗斯国家语料库现实语料的分析进行文化概念的解读，注重在文化认知和话语环境中分析和释读文化概念，从动态的话语和隐喻文化认知角度观照文化概念，深入挖掘隐藏于俄罗斯民族意识之中的文化联想信息和文化蕴含，这样能够在实际的语言使用、言语交际条件和潜意识中现实、准确地识解和感受文化概念具体而独特的民族文化内涵与意蕴。

本研究首先对俄罗斯民族文化概念的相关基本理论问题展开讨论，进而提出自己的分析思路和分析方法，并对研究线索和方法进行阐述和论证，在此基础上建立起分析和解读文化概念的方法论体系，为俄罗斯民族文化核心概念的研究、分析做好理论准备，进而对相关文化概念展开具体分析和解读。本书有关俄罗斯民族文化概念分析的基本思路、格局和分析线索可描述为：先从文化概念语词的词源关系和意义源起中探察文化概念的文化历史语义和语言、文化渊源；其次对文化概念语词词义及文化语义内涵进行挖掘，发现包含在概念语词词义和隐藏于其后的文化意涵；进而在概念语词的隐喻搭配中分析文化概念所传达的丰富、形象而深刻的民族文化含义；然后借助概念格式塔"物的蕴含"分析文化概念语词所蕴蓄的独特文化联想意义；最后透过上下文语境关系、概念语词词围信息对文化概念展开话语综合分析，从中发掘、解读出文化概念的民族、社会文化意蕴和现实文化信息。相应课题将要采取的主要研究方法包括：词源分析→文化语义内涵分析（包括概念语词词义分析）→隐喻搭配分析→格式塔分析→话语综合分析。

词源分析：从文化概念语词的内部形式和最初依据中找出文化概念的意义知识关系，通过概念语词的共同斯拉夫语词这一词源母体的语义或其同相关其他斯拉夫语词之间的形式、语义联系来分析它的文化含义，即在词源文化关联与文化传承上分析、推导概念语词的意义，这是从概念的内部形式关系中对概念语词的文化溯源。

文化语义内涵分析：从概念语词的词典释义及相关语料和文化信息中分析、揭示文化概念的语义，通过概念语词在它的基本用法和搭配形式中表现出来的意义内容来阐释其文化内涵，走进俄罗斯民族文化语义空间。

隐喻搭配分析：从概念语词同谓词的隐喻搭配反映出来的文化认知信息中提取文化主体对文化概念事物的形象化感知和文化塑造的想象性内容，通过这一认知语义搭配表达的生动、形象的事件语义（关系）特征考察俄罗斯人对文化概念对象物的主观感受与各种评价、态度，从而发现俄罗斯民族对该文化概念的思想认识。

格式塔分析：从概念语词所蕴含的各种事体、物象分析文化概念在人的意识中所呈现的文化想象内容，在这些文化事物的潜意识心理联想中识察文化概念在俄罗斯人心目中到底意味着什么，通过文化想象物的典型特征或现象类别信息去类比、感知文化概念的心理对应物。格式塔运作过程中，人的思绪好像经历了短暂剥离和瞬间的复位、创生，并且在转瞬间的潜意识中会伴有随之而来的某种文化意象和意境，后者便是文化概念所对应的文化对象事物、文化概念在人心智中的文化显影，说得确切些是二者的心理意象混合物。在"神入性"之下，格式塔联想内容近乎成为印刻在文化主体脑海中的一种"文化默认值"（文化定值）。

话语综合分析：从概念语词的话语关联和上下文语境中探寻文化概念所传达的现实文化信息，通过概念语词的连贯话语和语句整体事件内容对文化概念进行文化解读，从中发掘俄罗斯民族对相关文化概念事物的观念认知以及对它的动态化文化感知和思想体会，真切、细致地感受蕴含于框架脚本言语信息中的文化概念民族意识，译解文化概念所传递和折射的俄罗斯民族性格、民族信仰、民族情感、民族心理、民族认同等民族特性和社会精神文化信息，展现俄罗斯民族文化世界图景和人文—精神情怀。

需要特别指出的是，文化概念的隐喻搭配分析、格式塔分析和话语综合分析之间既有共同分析目标，又各有侧重。隐喻搭配分析将偏重于通过隐喻搭配构造本身的文化认知语义内容和形象来分析和解读文化概念语词所折射出的俄罗斯民族相关文化信息；格式塔分析主要通过文化概念的概念对象物文化联想形象来探解俄罗斯民族意识中对该概念的情感、精神想象及相关的深层文化蕴蓄，从而在这些文化意象中走近俄罗斯民族的文化精神、心理世界；而话语综合分析则重于通过围绕概念语词所生发的话语内容及整体信息提示来解析文化概念所关联的民族、社会人文信息。如果要在隐喻搭配分析、格式塔分析与话语综合分析之间作一分野，则可以认为，隐喻搭配分析、格式塔分析着重要反映的是民间原生的、民族意识中那些基原性的文化潜意识信息和内容——这是最为基本、原始的民族文化内涵信息；而话语综合分析所侧重显示的是那些经过观念淬化或特定文化集体、思想阶层凝练、经一定意识升华之后的概念文化解读内容。因此，它们各有自身价值侧重点。很大程度上，前者的生活经历性、认知体验性和客观反映性突出，而后者的观念性、思想意识性和主观认识性、揭示性更强。

上述五种方法在一起构成有关俄罗斯民族文化概念分析的整合论方法。它们各自的分工和作用表现为：词源分析带动文化概念分析的源头，为概念分析提供基本文化源泉；文化语义内涵分析激活概念语词的释义内容，为概念分析提供基本文化语义信息；隐喻搭配分析开启概念分析的文化认知思路，为概念分析提供生动、形象而真切、实在的文化体悟；格式塔分析开掘和细察概念分析的文化想象，为概念分析提供丰富的文化衍射内容；话语综合分析充分挖掘概念分析的文化现实张力，为概念分析提供发端于生活真实的民族观念意识信息。其总体目标都服务于揭示文化概念的民族特质、意蕴，即通过分析厘清俄罗斯民族意识中文化概念到底是什么及文化根源在哪

绪　论　　　　　　　　　　　　　　　　　　　　　　　5

里、其基本含义（定位）是什么或者相关于什么、同人或其他事物的互动点及互动性是什么（让人想做什么及做了什么）、让人想到了什么、启发了人们什么，而这些都是文化概念在该民族不同社会层面和个体意识中所产生的文化效应。这些分析方法彼此之间的相互联系表现为词源分析为文化语义内涵分析打下基础，显示出概念语词相关释义的意义来源，文化语义内涵分析为隐喻搭配分析提供文化思考的出发点和语义关联的根基，并框定隐喻搭配的语义互动方式和实质，隐喻搭配分析则深化和拓展概念语词的文化语义内涵，并为格式塔分析进行了文化联想和文化认知方面的铺垫，格式塔分析是对隐喻搭配分析内容的深层文化（意识）认定以及对其概念对象生动的"物化"性理解（"物化"理据）的一种注释，而话语综合分析是在前几种分析方法的基础上，对文化概念所关联、透射的社会生活方方面面进行解读，有了上下文的话语因素，相同的文化概念基本搭配关系可能衍生出不同的文化解读信息[①]。而这也是概念的动态化话语综合分析同其文化语义内涵分析乃至隐喻搭配分析所不同的核心点和价值区分所在。当然，话语综合分析无法游离于其他方法的支持，某种程度上，该方法本身就是对其他方法的一种综合运用。因此，它们协同配合、相互加持，一个是基础、前提，一个是语义填充（充实），一个是延伸性拟象，一个是（广义）物化设定，一个是深化、拓展，环环相扣、步步深入，共同构筑起解读文化概念的方法论网络和整体模式、架构，从不同侧面揭示文化概念的整体信息内容、深化文化概念的认识和解读，将充分显示出文化概念在俄罗斯文化体系中的强大文化释出效应，极大促进俄罗斯民族文化的相关研究。

　　与此相关，本书研究的基本任务和目标是全方位深入领会和分析、解读俄罗斯民族主干文化概念、深化俄罗斯民族文化概念的研究；借助文化概念分析推动俄罗斯文化研究、增进对俄罗斯民族精神、信仰、思维、性格、观念、道德、伦理、情感及世界观、价值观和意识形态的认识和了解，形成有关于俄罗斯民族文化生态、民族文化类型即民族文化定型的客观认识；从多层面融合视角的分析中研察俄罗斯民族精神世界和情感—心理特点、思维特点、心智—认知特点，发掘和把握俄罗斯民族深厚的历史文化底蕴及文化发

[①] 也因如此，后文隐喻搭配分析或格式塔分析中出现过的个别例子，可能会在随后的话语综合分析中复现，以求获得新的揭示。

展特征，挖掘文化概念在俄罗斯民族世界图景中的心智模式①和文化认知特点，为探索俄罗斯民族精神世界、民族心理和社会心智、社会定型探解出独特的文化模式以及文化理据、文化进路。

---

① 所谓心智模式，是人的大脑在理解接受现实世界的事件时所建立的形象，是自发形成的个人经验结构。（杨利芳，2014：122）

第一章

俄罗斯民族文化概念及其价值精神属性

人在物质存在之外，还有重要的精神存在、文化存在，这是人类生活的第二现实或文化现实，该现实在一个民族的语言意识、社会形态、宗教意识、审美观念、理性精神、生活习俗、意识形态、民族传统和行为定型、价值定势、价值态度等当中有直观而深刻的体现和反映，处于这一现实核心的人介由知识背景、文化记忆、文化传统、生活经验、人文修养及价值感知等形成有关社会、事物、现象的概括性、形象化认识、感知与领悟，进而通过民族认知滤取和民族文化的语言结晶，由语言文化共性的样本在民族特有价值取向和社会历史经验的基础上（赵迎菊，2006：48），凝练出民族文化最为基础的核心内容，这些内容逐渐沉淀为体现该民族心智、民族意识和民族精神定势的文化概念，集中呈现出一个民族文化方面的核心价值和一种"无与伦比的民族价值"（Степанов，2007：32）。В. С. Соловьев 认为，"存在一种精神性的事物，除了其自身的现实属性，对于我们来讲其生命现实意义还直接由我们所拥有的关于这些事物的理解、思考和观念来确定"（Соловьев，1990：343），这些精神事物和相关思索会以概念化的方式映射到语言文化现实中，形成相关民族的文化概念。就俄罗斯民族及其语言文化而言，由此而来的文化概念十分丰富、独特，其民族特征也极为鲜明、突出，所反映的民族、社会文化传统和现实内容也极具特色。因此，深入了解、分析该民族语言中的文化概念就显得尤为重要。俄罗斯民族心灵世界是一个极具内涵与张力的精神领域，从文化的角度而言，它具有一种隐秘性或神秘感，具有一种美学意义上的文化魅力。因此，走近俄罗斯心灵、读解俄罗斯文化成为世界文化研究中极有价值和意义的一件事情，而文化概念研究成为其中的重要一环。文化概念相应成为认识、把握和了解俄罗斯文化、俄罗斯民族的一个现实可行的对象和专门分析手段。

文化概念是一个文化承载量大、层面广而又十分常见的文化现象，它分布在俄罗斯民族的现实生活、言语交往和社会活动中,"语言是文化概念的结构载体,其内容形式在时空上孳延着民族心智"(Колесов,2004:72),语言文化文本是它基本的载体和传播手段,有关该民族的生活观、价值观、审美观等价值精神内容、属性会直观地呈现在俄罗斯民族文化概念体系中,该民族的观念、信仰、性格、精神在语言层面(载体)的文化概念中具有深刻而实在的反映和体现。根据洪堡特的观点,语言是特殊的民族文化,如果说"民族语言即民族精神"(刘冰,钟守满,2014:17),那么只有真正拥有了语言文化概念的语义内涵,这种民族精神与民族语言的人文性才能真正充分实现并彰显出来。本章的核心内容正是要从不同方面对俄罗斯民族文化概念及其价值精神属性展开分析和研究。

第一节 俄罗斯民族文化概念的内涵特质

语言学界对文化概念分析的关注是继逻辑—语用分析之后的一个重要转向。人类有自己发展的特殊规律,文化及内嵌其中的文化概念就是一个重要的人类社会规律表现形式。每个民族都有自己随历史铭刻下来的文化印记,它伴随民族文明演进的各个发展阶段与历史进程,沉淀并具体表现为一个个文化概念,反映着民族社会生活、民族精神、民族意识、民族个性等人文内容的方方面面,是理解、诠释民族文化的关键所在。民族文化概念与文化进化存在特定关系,它是人与客观外在和精神内在之间的桥梁,经由人的意识、思维、情感、认知进入社会文化和精神生活。俄罗斯文化概念具有强大的民族渗透力、思想融通力与交际参与力,反映在民族语言中,各种语词、语句结构以及谚语、成语、俗语、习用语等都成为俄民族文化概念的语言载体[1],而"交际成功与否取决于交际双方语言意识联想内容是否具有共性,即是否存在相同的文化观念"(刘宏,2012:45)。俄罗斯民族拥有悠久的历史文明和文化传统,其文化概念内容相当丰富,而这些文化概念该如何理解、它有怎样的内涵解读?作为独特的人文概念,它有什么样的特征、功能?这正是本书有关俄罗斯主干文化概念研究所要分析和解决的问题之一。

---

[1] 文化观念以概念为基础固定在某一符号的意义中,这些符号或是科学术语,或是日常语言中的词汇词组,或是具有更复杂的词汇语法语义结构,或是非口头的客观形象,也有可能是客体行为(参见刘宏,2009:22)。

一 俄罗斯民族文化概念的内涵解读

"人类生活中还没有哪一方面是不受文化的影响,不被文化所改变的"(唐祥金,2000:59),而这首先就通过存储于人的民族语言和思想意识中的主干文化概念或基本文化概念(базовые культурные концепты)①、"核心文化概念"(ключевые концепты культуры)(Маслова,2001:51)体现出来。"人类不仅生活在物质世界,而且生活在概念化的、范畴化的世界,这些概念和范畴在很大程度上定格了我们的生活,人们在不断修改和确定自己的概念系统,并且在该概念系统的框架下进行着自己的实践活动"(刘娟,2008a:52)。文化概念是揭示和反映民族语言世界图景的基元单位,这些概念同俄罗斯民族文化、民族心理、民族情感、民族认同等密切相关,体现俄罗斯民族世界观、价值观,是俄罗斯民族思维、认识及观念的融合体,"概念似乎是文化在人意识中的凝结,文化以概念形式进入人的心智世界。另一方面,普通的人而非'文化价值创造者'则通过概念进入文化,并在某些情况下影响文化"(Степанов,1997:40)。俄罗斯民族文化概念蕴含着俄民族特性及人类文化共性的、具有世界观意义的核心概念,而"概念"是文化的载体、是民族文化信息的结晶,是人意识和精神世界的文化基核,"概念是文化的微观模型,而文化是概念的宏观模型,概念产生文化又产生于文化"(Зусман,2001:41),概念(концепт)是一种文化的核心单位,它不仅包括静态的文化事实性内容,也包含对相关事物、现象的切己体察、认识定位、思想操作等动态成分,"是人的心智世界中的基本文化内核"(Степанов,2004:43),这在深层次上规定着它同文化之间的密切勾联,并且充斥着人文思考、历史过往等社会符号化内容,"概念是表示知识和观念的思维单位,体现的是历史的沉淀和文化的记忆"(陈勇,2011a:63),蕴涵着"民族文化信息格定的意义"(桂永霞,2015:44),因此概念所指往往就是含纳深厚民族内涵的文化概念(культурный концепт)。文化概念

---

① 本研究将"концепты"和"культурные концепты"分别译为"概念"和"文化概念",国内有学者将它们译为"观念"、"文化观念"。以下为了叙述统一和避免理解上的混淆,将引文中出现的"观念"和"文化观念"统称为"概念"和"文化概念"。另外,为使表述方便、流畅,后文将"主干文化概念"或"基本文化概念"、"核心文化概念"简称为"文化概念"。赵爱国(2016:53)注意到,作为一种文化结构单位,有关концепт的一种主流倾向是把它被视作文化观念(即文化概念)。这同本课题文化认知性质的研究相吻合。特此说明。

在认知—心理语言学、语言文化学、文化学中往往被简称为或者等同为"概念",以下表述和论证中所提及的"概念"一般指的就是"文化概念"。

文化概念同"人"或文化主体一脉相承①,同人的内在世界紧密相连,或者就是人的内在状况甚至民族心理的一种文化性投射,"一系列普遍的语义常量(文化概念——引注)构建起由社会群体意识所概括出来的典型化的人的内部世界语义"(Саварцева, 2008: 226)。很大程度上讲,文化就是人的活动,而文化概念则是人的活动的精神、情智产物。"文化是人创造的,人生活在他自己所创造的所谓'第二现实'之中,而作为文化荟萃的概念进入人的心智世界,人在有了这些概念后,才能介入特定文化社会。可以说,在生活上、精神上人都置身于这些概念之中"(华劭, 2010: 14)。文化概念是第一性文化构成,它以各种形式体现于人们日常生活的诸方面,即人对世界的概念、形象和活动认知的各个方面(参见 Степанов, 1997: 40-41;Ляпин, 1997: 18),文化概念几乎融入一个民族的文化意识和现实生活语境,"表示世界观的概念既有人的个体化特征又有社会性特点,既有民族独特性又有人类共性。它们存在于不同类型的语境中,包括日常生活语境、文学艺术语境、科学语境等。因此这些概念语境成为文化学家、宗教史家、人类学家、哲学家及社会学家的研究对象"(Арутюнова, 1991: 3)。

在我们看来,"文化概念"是指渗入一个民族文化、生活、道德、情操、信仰、价值取向乃至民情、风俗等方方面面的基础性概念,它反映并记载一个民族的思想文化精髓,构成一个民族意识形态和精神实质的文化标识,以特有的方式融入一个民族的生命机体,一定程度上制约、影响着该民族思想、文明的发展,并随时代变迁而会相应有所变化,因而它是约定俗成的民族精神的基本文化单元,也是反映民族经验信息结构的意识单位。某种意义上讲,文化概念提供的信息覆盖文化对象、文化信仰所关涉的所有内容,这是蕴涵在文化单位(如语词等)之中的各种社会化含义、价值意义乃至集群意识、个体意识下的各种联想意义。

进而言之,文化概念是民族的历史积淀和文化记忆②,是民族概念和文

---

① 文化主体是指创造文化价值、规范、目标、准则、习俗、社会标准等的具体个体或社会团体(Овинникова, 2001 [OL])。从文化同人的关系来讲,文化概念有助于对人的本质进行重构,文化概念对"人"这一概念本身的定位具有影响力(参见克利福特·格尔兹, 2019: 43-44)。

② 记忆本身就是文化的产物,也是文化的养分,同文化密不可分,"记忆构成良心与道德的基础,记忆是文化的基石……记忆是我们的财富"(Лихачев, 2002 [OL])。

化本源的实体形式。文化概念内涵具有抽象性、开放性与宽泛性。文化概念的鲜明民族文化底蕴涵括民族的生活经历、物质经验、社会构造、社会关系、思想体系、思想表现以及各种情绪体验等事实内容，不仅有物质文化，更有民族心理特征、思维方式、价值观、审美观等精神文化内容。这样，文化概念是固着于民族意识、具有静态结果特性的文化内容，"文化观念是集体意识创造和变体的结果，是一种思维模式"（刘宏，2012：44），另一方面文化概念又是一种动态性的态度、认识、想法，与文化主体的思想、情智状态和现实状况密不可分，这些因素一定程度上也左右着人的心理联想内容[①]，"文化概念以概念、知识、联想及感受等集合内容存储于人的意识中，文化概念是复杂的语义实质，是动态意义的集合"（Прохоров，2008：18-19），它的形成是人的认知状态、精神意志直接参与的结果，自然也随人的认识活动、认识经验的变化、积累及时代、世事的变化而相应变化，从而具有动态化内在特性[②]。

  非常重要的是，价值是文化概念的实质内涵，"价值概念永远是文化概念的核心，价值原则就是文化存在的基础"（Карасик，Слышкин，2001：78），因此看待和判断"概念"的价值就是在判断概念、概念词的文化内涵，有时一种价值就代表了一个概念或者就体现着文化概念的内涵。文化概念有别于其他精神单位的实质就在于其内在价值要素，"文化概念的形成经历了民族的价值认同、价值选择过程，价值要素是特定文化体系中某一文化概念存在与否的主要标志。民族文化概念的价值与该民族在历史上形成社会理想的能力紧密联系"（Карасик，2004a：109），不同时期的社会追求、社会理想等社会形态不同，一个民族的价值理解、价值追求也相应有别，这在文化概念中就会产生相应的文化语词、文化热词，并在文化的语言意识和知识联想体系中刻下印记。价值概念在复杂的民族意识中代表了一个民族文化类型中最核心的思想，反映并揭示出文化概念的实质，而"'世界价值图景'的思想则进一步丰富了语言世界图景理论的内涵，为在复杂的意识结构中认识民族文化本质，确定民族文化类型等提供了重要依据"（参见姜雅明，2007：12）。此外，文化概念区别于认知观念、概念、意象、格式塔、文化定型（стереотип культуры）等精神单位之处也在于它的价值观性质。

---

  ① "文化观念内容除了体现在语言因素中以外，还体现在自由联想中"（刘宏，2009：23）。
  ② 观念（концепция）即是文化概念在运用过程中产生和形成的，因而往往可以是概念的某种表现或变体形式，包括认知结果、文化认识、主张等。

В. И. Карасик，Г. Г. Слышкин 进而强调指出，"文化概念是对文化的探索，而文化最基本的特征是它的价值观性质，因而文化概念核心问题永远都是对价值观的研究"（Карасик，Слышкин，2007：12-13）。有关文化概念价值性的论述详见后文（本章第二节）。

从人的内在参与上看，文化概念具有突出的"精神—意志性"和"个体—集体性"文化内涵。文化概念与一般词义理解上的概念不同，相较于词义，文化概念包含丰富的同民族文化经验、知识经验和民族心智、精神—价值体验（精神—意志觉悟能力）等因素积极互动的内容和信息，"它不仅是思维单位，而且是具有情感的，它是伴随单词的所有表征：理解、联想、感受的集合体"（刘娟，2007a：6），"概念不仅可以思考，而且可以体验。它是情绪、好感与反感、有时甚至是纷争的对象。概念是人心智世界中的基本组织。概念结构复杂，……概念中包含一切使其成为文化事实的所有内容——原始形式（词语来源）、压缩为基本内涵特征的历史、当代联想、评价等"（Степанов，1997：41），人的心智体验、生活感受、社会精神、社会关系、社会身份等内容充斥其间。文化概念可以反映"内在于知识结构深处的人的精神活动的实质"（彭文钊，2004a：31），因而文化概念在人的精神、物质生活中都扮演重要角色，"人与自然相互作用、相互影响，但人们恰恰通过自身与获得象征意义的抽象概念之间的关系来进行思维"（Арутюнова，1993：3-4）。进而言之，文化概念是个人或集体意识的凝练，与民族心理感知、意识形态存在联系，"本质上讲，概念体现着语言代码和民族文化代码，因概念取决于语言共同体中占主导地位的意识形态，……固化、承载于语言单位中的概念在言语行为（运用）中形成语言文化共同体的典型心智"（Телия，1999：21-22），另一方面，"意识是文化概念的存在领域，文化概念受意识主体的界限制约。文化概念存在于个体意识与集体意识，可将文化概念分为个体文化概念、集体文化概念、民族文化概念以及全人类文化概念。而个体文化概念内涵最为丰富，因为集体和民族文化概念均源自于个体意识和经验"（Карасик，Слышкин，2007：12-13）。Ю. С. Степанов 十分注重文化概念的社会实质，在他眼里，文化概念在不同意识主体中会有不同的存在和表现方式，集体意识中的文化概念成分在个体文化认识中并非完整的、全貌性的，而文化概念的个体意识性又是整个民族文化的有机组成部分，它同集体文化概念之间存在许多共性意识成分。

此外，文化概念具有鲜明的文化认知内涵。文化概念同人的存在、社会和文化因素密切相关，它是文化理智对现实（事物）感知、思考、认识的结果，从认知上审视，文化概念体现人的认知活动和文化思维、认知信息结构的积极参与性，反映的是人类的认知体验和文化经验积累。"文化观念是人在思维过程中行动的依据，反映人经验和知识的内容，反映人在认知世界过程中积累的所有人类活动结果的内容并以某些知识'量子'的形式存在"（刘宏，2009：22），作为记载人类文化记忆、知识获取、知识成果、价值判断、生活理想乃至情感寄托的认知单元，文化概念出现在关于客观世界、主观世界的信息建构心理组织中，是客观认知和主观经验擦出的火花，进入人们的知识储库和交际信息结构，并随认知范围、认知能力的变化而相应变化，从而不断丰富、改变、充实着一个民族的文化认知和文化思想体系。进一步讲，正因文化概念是认知活动和积极思维运作的结果，从其产生、来源上看，它具有动态性质的心理感知和情感体验特性，与人的心理领悟和生活投入存在密切关系，"文化概念的内容无法从辞典意义中产生，它是词语辞典意义同一个民族或人作为个体所获取的各种经验相互碰撞的结果"（Лихачев，1999：493-497）。因此，"从认知上关注文化概念是由概念的民族语言本质所决定的，文化概念的内容取决于社会文化域的存在规范和准则，它们反映的是关于人自身内在世界的状况"（Никишина，2003：33），"包括人的一切内心形象——情感、伦理、对世界的感知等"（赵爱国，2016：52）。

值得注意的是，文化概念同语词语义存在特殊关系。文化概念词义的深入认识和分析在实质上也离不开文化概念的理解，"对文化概念而言，它涉及非物质实体，此时，词义分析与概念分析已非常接近，不把握每个词所反映的独特概念，就谈不上了解它的词义"（华劭，2010：17）。Е. С. Кубрякова 强调，"对个别词的语义分析和概念分析有不少交汇点，……概念分析要找出一个符号所包容的各种观念，或者说语言符号所针对的认知结构"（Кубрякова，1991：46）。文化概念应符合语言的义素内容，正是在词义中凝聚着认识现实世界的结果，因此通过组合性能可以分析词的概念要素，在词义构成中反映出其逻辑指物内容。这样，文化概念的实质是它在具体词语中的物质表现，"就词语本身而言，其言语诠释反映人类智慧认知努力的结果"（Бабушкин，1996：35），俄语词汇的丰富性和词汇意涵指的复杂性在文化概念上有特殊的表现和反映。

概括起来，文化概念不仅是一个民族基本的文化传导体，更是一个民族的文化内涵所在。"文化概念是世界观概念，并构成文化的重要基础，是文化元语言，具有个性化、社会化、民族化和全人类化等特征。它是民族传统、宗教、意识形态、生活经验、艺术形象、价值体系等一系列要素相互作用的结果，它在人与世界之间构成独特的文化层，是人与现实世界的媒介"（Арутюнова，1993：3-4）。此外，文化概念会有动态化的延伸，从而形成文化观念或某种主张（концепция），从这一意义上讲，文化观念是文化概念的具体运用或其动态化表现，是文化概念的一种运作结果。这也表现出文化概念与观念之间的特殊关联。

二　俄罗斯民族文化概念的特征

文化概念的特征直接决定着对它的研究指向和研究方法、结构乃至研究重心等，以下对此展开具体讨论。

（1）文化概念有突出的民族意识实在性和精神实在性。文化储库是一个民族心灵上厚重的积淀，表现民族世界观的文化概念在人的现实生活中发挥本原性的作用，支配着人的思想活动和实际意识，人们立身处世的行为原则往往都会从文化概念的立场出发，民族意识的实在性和精神文化的实质内容在人的生活、交往、思想、行为中都有常态反映和体现，因而这种文化概念方式的渗透构成人们的生活意识和文化理念上的潜意识，正如 Н. Д. Арутюнова 在分析"命运"概念时所谈到的，"生活属本体现象，而命运是在人意识中自发累积而成的概念……它让人产生'生活过程与生活结局取决于我们自身的某些东西，取决于某种不得不服从的、压倒一切的必然现象'的感觉"（Арутюнова，1998：619）。此外，文化概念各有自身民族特点，"概念的内容充满了民族性、地域性、复杂性、主观性"（华劭，2010：17），而这就是 В. И. Карасик 所强调的概念心理认知的"民族文化性"（Карасик，1996：3-5），文化概念是带有鲜明民族文化烙印的思想意识，正因如此，文化概念词相应是对某一民族文化特别重要并起到标志性作用的词语。

另一方面，概念是人的精神世界的基本文化构件、文化基干，文化概念传承并规定着一个民族的精神构成和文化行为，是民族精神、意志的升华和凝结。"文化观念侧重于表达民族语言意识中的思想和精神"（刘宏，2009：23），它对人的精神世界、思想意识（人的民族心灵）具有突出的塑造性，能够创生性地进入事件、现象的理解和分析过程，使事体价值在文化主体的精神、理智中得到新的定位，因此人的思想观念、精神特质及行为模式往往以文化概念为前导，"概念不仅仅是共相和广泛客体的共性特征，而且是能够保证世界（神的世界和人的世界）各级概念之间联系的精神实质，这种精神实质具有最大的心灵张力及指向理解 смысл（含义）、вера（信仰）、

добродетель（美德）、любовь（爱）的特性，是人用来理解自身及自己在世界中的位置而创设的人的精神文化成分"（陈勇，2011a：62），进而文化概念中同人的生活思想体系和观念意志世界相关的内容都涉及了人类的精神层面，并以精神价值的内涵方式参与到人类精神情志、精神心象的文化构建，文化概念成为认识和了解一个民族精神实质的基本单位。

（2）文化概念具有多维结构特性或多维整合特性。文化概念是一个自冶性的多维度意识结构体，"文化概念是进入特定文化类型的独特文化基因，是拥有自组织性、整合性功能体系的、理想化的多维构成物，它立足于概念性（понятийный）的或类概念性的根基"（Ляпин，1997：16-18），В. И. Карасик、Г. Г. Слышкин 强调指出，"文化概念具有多维性，传统认知单位具有清晰的结构特性，可用它来研究文化概念模式。不同结构中对文化概念的认知呈现出多维性"（Карасик，Слышкин，2007：12-13）。Ю. С. Степанов 也曾对文化概念的组成作了三层次结构分析，包括基本现实特征层、非实际的、"历史的"补充性消极特征层、完全意识不到而铭刻于外在词形中的内部形式特征层（Степанов，1997：44），显示出文化概念结构组成的多维性。В. И. Карасик（2004：209）认为人类生活各范畴领域的文化概念来自于概念所蕴涵的原发性文化综合体，进而获得多维结构特性，"文化概念的三个必须成素是价值观、形象性及概念性"（Карасик，Слышкин，2007：12-13）。作为多维的思维合成组织，文化概念形象成分指反映在人记忆中的视觉、听觉、触觉、味觉等实践知识型感知特征[①]，"概念的心理和物理基础是某种被赋予形成概念内涵的关于世界的知识的感知形象。概念语词（义位）的意义是其语义成分（义子）的总和"（Попова，Стернин，2001：57-58）。概念成分是概念形成的基础，指构成概念的现实或假想客体的真实信息，而概念成分在价值层面上区别于同为思维单位的"框型（фрейм）"，文化价值是概念多维组织的本质特性。"思维整合体显现出对本民族极为重要的含义和主流价值取向，它们在整体上构成特定文化类型。即是说，概念必定蕴含了民族文化的'文化线索'"（Карасик，1996：3-15）。此外，文化概念的结构多维"整合"性还表现在它作为跨学科概念知识单位所具有的人文观念"学科性的整合功能"，"它对于哲学推论、认知活动阐释、

---

① "人的记忆中常有无关于语言的整体性的情节，记忆中保存着有关于过去（包括人、事物和完整的情景）的各种印记，人们可以根据需要使自己生活中的不同片段'转动'起来，甚至对它们加以比较"（Кубрякова，2004：305）。

交际关系理解以及历史文化参数分析都具有重要意义"(隋然，2004：9）。

（3）文化概念具有模糊性、假定性。这是文化概念一个重要而特别的特征。这一方面是因为文化概念往往不是单一、同质的概念成分集合，而是由异质概念要素组成的集合，具有"非匀质性"（гетерогенность）；另一方面是因为人的意识具有模糊性，相应栖身于精神意识的文化概念也同样有模糊特点①。文化概念的产生和运用过程中，文化主体结合思想、对象的特点进行知识联想，激活其认识记忆中的某一概念区域，其间的意识概念运作从分散、模糊的概念中划出特定板块，进行比照、衔接，使文化概念接近思想认知对象的目标，进而锁定文化认识的概念转移和对接。而由模糊性又会引发文化主体对概念使用的一种假定性或主观设定性，使文化概念与心理预期的表现意愿达成一致，同时也强化了文化概念的主观意志性、创生性，显示出文化概念的话语意向功能。某种意义上讲，文化概念的模糊、假定性为它的现实操作提供了各种潜在的可能性，文化概念的外延张力得以增强，"文化概念能被区分和研究的前提是，从意识内容中能够分离出联想成分，相对现实的基本联想成分进入文化概念核心，次要联想成分构成文化概念外缘。文化概念内容并非泾渭分明，处于文化概念核心点的语言单位成为文化概念名称"（Карасик，Слышкин，2007：12-13）。

（4）文化概念具有话语主观能动特性。文化概念既有外在世界的知识内容，也包含人的主观意识操作和感性形象成分，是现实事况或客观事体知识以及情感、意向等思想性内容在人的心智中的能动性记载和映射，"概念超越理性并带有创造性的思想"（姜雅明，2007：8），而这背后的驱动就是文化概念的话语主观能动性。文化概念的生成、运用和理解都具有突出心理个体性即"人本"特性。文化概念产生并存在于由"人"衍生出来的特定社会环境和社会文化，人的意识活动范畴、主观认识意旨乃至情感态度等很难置身于外，这些"人化"因素会对文化概念产生积极能动影响。Д. С. Лихачев 即从个人心理特点考察文化概念，他搜集、梳理和分析一定群体、数量的人对特定概念所做的心理反应和文化联想，整理出存在于个体进而是群体意识中的"文化概念圈"（концептосфера）即"主观概念圈"、一种文化中的主干文化概念总和（Маслова，2001：31）。文化概念产生于"人"对事体对象、话语内容的积极思考、领悟，作为一种心智构成物，

---

① 从"人"这一文化受众看，文化概念的模糊性也可能表现为文化主体无法穷尽式地全然理解、掌握概念的所有意义涵指，从而感觉到文化对象的某种不可捉摸性。

"它是个人记忆中所保存的意识化、类型化的价值性经验片段"（Карасик，2004b：59），如果说一般言语交际是双向互动行为，那么文化概念往往形成于自我体会和自我交际，这一过程中人的主观准备、主观调动和主观投入贯穿始终，对概念文化指向、文化实质的判断、推理构成"人"的文化概念运作重要一环。А. А. Залевская 强调文化概念的个体化特性，在她看来，文化概念是多维的、同时存在和发生的结构，是个体化的精神财富（Залевская，2005）。С. С. Неретина 进一步看到，"文化概念自身综合了三种心智能力，即作为记忆行为面向过去（记忆能力）、作为想象行为面向未来（想象能力）、作为判断行为面向现在（判断能力）"（Неретина，1995：119）。Э. Лассан 则认为，"文化概念产生于主体本人对某一实质的评断和了解，……作为有关某一实质的知识，文化概念是对相应情景指称内容的一种思考。……文化概念是体现在判断（现在）中的一种认知结构；该结构建构于已有经验的影响（过去），它在言语中用来传递说话人的经验、意向，并且以特定方式影响受话者对固着于名称概念内容中的世界片段的领会（将来）"（Лассан，2002：4-5）。这些都很好地显示出文化概念的话语定位和话语影响主观能动性。

（5）文化概念具有替代功能特征。文化概念"集中体现或存在于人的意识"（Кондратьева，2005：81），它是一种文化意识"意向化"的思想内容和思想实体，可以替代文化思维和交际行为涉及的事物对象内容，这也是人们会下意识自觉地记忆和运用文化概念的深层因由，"概念是思维合成体，它在人的思维过程中替代众多的某类事物"（Аскольдов，1997：269-270），而且正是借助这一本质性的思想认识、思想表现替代功能，民族文化内涵得以传播、延续和推展。文化概念可以作为思想意识、观念价值的文化符号替代事件、事实、现象、状态以及各类事物，它帮助思维表达和情感表现在不同文化体、文化意识对象之间往来、游移、嫁接、衍生，同时也使概念本身通过结构化、体系化、复杂化而不断丰富，其内涵意义也在比较、甄别中得以具体、准确，更为贴近民族意识和生活观念。正是在这一意义上，概念的价值点不在文化语词基义本身，而在于每个语词背后的某种深层含义。Д. С. Лихачев 进一步看到，文化概念在民族文化的运用中表现出"代数表达法"的替换特性，"文化概念的替代功能使语言载体消除交际过程中出现的词与词义的非对等理解。同时文化概念的内容界限游离于替代功能和特定上下文之间"（Лихачев，1999：493-496）。

（6）文化概念具有独特的语言学特性、地位。文化概念这一特殊的心智范畴单位将文化、意识和语言连为一体。文化概念以文化心理聚合体形式存在于语言要素之中，固着于自然语言的某个语词或词组（但并不简单等同于词汇语言单位），在同词义等同的意义上，其文化性、价值性和世界观导向性的理解和诠释所体现出来的实际是它的语言学特性，正是语言因素的一定介入使文化概念得以实化和传承，形成广义上的"文化概念语词"（слово-концепт）、"有关思想和文化的语词"（Кобозева，2000：171），如果说语言是探察人的本质的窗口，那么语词则是开启这一窗口的文化手段，这样的语词所关联的是世界，它背后隐匿的是有关于思想、现实、情感和社会关系等文化性的内容（Пинкер，2013：10-36）。"哲学和伦理学术语的日常类比物构成自然语言词汇中的广阔区域"（Арутюнова，1993：3），也正是这一意义上，"词语好像两个世界之间的中介，它使自然的东西精神化，转化为思想。外部世界在词语中反映出来，而内部世界则通过词语表达出来"（Чернейко，1997а：17；杨明天，2009：33），С. Г. Воркачев 相应认为，"文化概念的语言学地位决定了通过'语言世界图景'术语来对它进行描写的可能性，同时也证实了不承认纯粹科学、世界观和伦理学概念具有某种文化学特征的态度"（陈勇，2011а：61）。进而文化概念的分析就是要解读包含这些文化概念的语言素材所反映的民族文化实质内容。这样，文化概念在各种语言形式中得以体现，民族核心文化概念通过语言方式可以代代相传，它会通过语词知识联想、等同、替换等转化为人的一种语言意识，呈现出"语言手段的外化所构织的意识映象"（Уфимцева，2004：189-190）以及"文化载体关于现实世界事物的知觉、观念和经验知识总和"（Тарасов，1996：7），并可能升华化为一种特殊的语言文化自觉，语言文本成为切入民族文化概念的重要方法和路径。因而有理由认为，"文化观念是联系语言与文化的纽带。研究文化概念可以窥见文化形成并被固定在语言中作为民族文化记忆的过程"（刘宏，2005：40）。

三 小结

综上所述，文化概念以特有的界面方式展现并放释了一个民族的文化充分性、丰满性和独特性。作为社会文化现实、文化历史的一种切分方式，文化概念是人的思想世界和文化内涵的精髓，解读文化概念就是了解一个民族及其思想、精神、文化、思维内容机制。以上针对俄罗斯民族主干文化概念内涵特质、特征、功能的分析表明，俄罗斯文化概念有着独特的含义和内在规定，作为高度浓缩的文化信息、文化意义符号，它书写、演绎并承载着丰富的精神价值和历史蕴涵，同时，俄罗斯文化概念具有鲜明的文化语言特征和特殊的社会文化功能，在俄罗斯社会、历史进程中发挥积极的精神、意志凝聚作用，这为了解俄罗斯民族（类型）开启了一扇"内涵式"的窗口，也为我们在新时代背景下走进俄罗斯民族开辟了一条独特的文化路径，对于增进同俄罗斯人民的交往具有重要现实意义和价值。不仅如此，文化概念作为一个民族认知库和文化价值的基核，也为我们运用"文化的眼睛"来识解不同民族提供了行之有效的方法和手段，进而可以从民族文化及世界文化大背景上去考察文化概念，可以把它看成是文化整体的积极构件——"概念是文化的微观模型，而文化是概念的宏观模型，概念生成文化又源起于文化"（Зусман，2001：41）。

第二节 俄罗斯民族文化概念的价值性

人的精神世界与价值性密切相关，这一相关性在文化概念中所映现出来的是一种价值性的精神、人文、社会认识化的内容。文化概念影响并改变着人的物质生活，同时也塑造着人的精神、思想世界，而贯穿这一文化行为过程的是文化概念的价值性。文化概念背后隐含的是人的社会化、意识化进程，即文化概念"人化"的演进过程，该过程包含深刻而多维的概念价值性，"概念（концепт）是沉浸于文化中的概念（понятие）。它具有情感性、含义性，具有自己独特的价值性，有自己在语言中的称名"（Маслова，2006：51）。文化概念既是文化世界图景片段，也是知识世界、人的心灵世界的价值片段，价值性构成其文化精神内涵的基本诉求。文化概念独特的价值性在民族意志实现、民族精神成长中扮演特殊角色，是一个民族文化特质、价值观念的重要组成部分，很大程度上，对文化概念的深入认识、了解和运用就在于发掘其价值性、实现其价值性，价值性某种意义上记载着文化概念的生命轨迹。本节将着重讨论文化概念的价值认识及价值性内涵、文化概念价值性的特征、文化概念价值性的体现与认知分布等方面的问题。相关问题的探讨将深化对文化概念在民族文化体系中的实质、地位的认识，同时有益于在价值根源的思想本质和精神属性层次上深入领悟和解读文化概念，为文化概念的精神实质及相关民族文化认知、文化语义的研究带来新的揭示。

一 文化概念价值性分析与解读

文化本身是人类精神活动的产物，它同价值内容、价值系统密切相关，

"构成民族文化的一切都同对世界的认识及价值系统有关。而意义（价值）编码于美学的实用形式之中"（Чернейко，1997a：355），文化有时是一种很抽象的现象，当受众深深陶醉于音乐的旋律、痴迷于某一画作，这种心灵上的沟通和情绪交流即是文化[①]，而人们会被打动、被感染、被震撼，所传递的即是文化价值性、价值力，此时物性的东西被赋予了"人化"内容，人性的东西在物性荡涤、净化中得以升华，彼此似乎都有了活化的灵魂和韵致。文化概念的价值性亦然。文化概念是民族文化的结晶，文化概念所包含的是"民族人"（нация-человек）在生活积淀和情感认知基础上凝练出来的思想认识、精神意象，是人对文化事物的抽象心理体验和知觉印象，是人的情致、思维综合作用的观念化产物。文化概念有一种特殊的文化和民族意识使命，那就是它的价值认识，相关价值认识成分也构成文化概念的价值性蕴涵，从思想观念、生活意志、情绪感受等层面上表达民族文化心智，对生活的期待与理想、对社会的理解与关爱、对人事的批评与宽容等情感指向等都会产生心理—精神上的价值衍生，对人文环境、社会生态等产生积极、特殊的影响，丰富并充实着文化概念的价值元素、价值营养。

（一）文化概念的价值性根源

文化概念深层结构上包含人的主观选择和评判性的内容，"观念域中的观念（即文化概念——引注。下同）反映人对现实的理解和划分、看法和评价"（刘佐艳，2014：14），这似乎是人的精神、文化思维的意志约定，其价值性的启发和思想内容预置于文化概念深层意识，表明文化概念从根源上就是价值性的，有着自身特殊的价值化倾向、价值潜势，"概念（这里的文化概念——引注）在本义上指某种孕育于心或者纳取于心的东西"（刘娟，2007b：103），正是这种发之于内的特有属性使文化概念有了价值性的先设。典型的文化概念深层上都包含丰富的世界观内容，所反映的恰恰是这些文化概念的价值性，这从"语言逻辑分析"课题组的文化概念确立原则上便不难发现，课题组所选择的 истина、творчество、долг、судьба、добро、зло、закон、порядок、красота、свобода 等概念都同世界观相关，"它们既是个人的，也是社会的，既是民族特有的，也是全人类共有的"（陈勇，2011a：67），其价值性都十分突出。В. И. Карасик、Г. Г. Слышкин 的文化研究提出，观念作为多维意识结构具有价值量度（ценностное изме-

---

[①] 可以认为，来自人的修为、反省等人文性和"人化性"的内容均可称之为文化，它概括出人的所思、所想、所言、所感、所语、所为的全部内容。

рение），价值量度、价值特征在心理结构中无论对于个体和还是群体来说都极为重要，它是能把一种概念区别于另一种概念、一个民族区别于另一个民族的决定性要素，其综合体构成"世界价值图景"（ценностная картина мира）的重要组成部分，相应价值观念在复杂的民族意识中代表了一个民族文化类型中最为核心的思想（Карасик，Слышкин，2001：78）。Н. Д. Арутюнова 注意到，文化概念可以反映和引导一个民族的价值观和世界观[①]，在某一民族中有稳定性和传承性，并主要体现在民间文化、宗教意识、生活经验、艺术形式、价值观念之中（Арутюнова，1993：3）。В. А. Маслова 的"文化核心概念"（ключевые концепты культуры）或"世界图景核心单位"（базовые единицы картины мира）将文化概念划分为哲学范畴、社会范畴和民族文化范畴的概念（Маслова，2001：51），这些文化概念范畴都属于高度"心灵化"构造物、高级心智构造物，从思想、情感、意志等精神内涵层面预示并规定着其价值性的存在，因为文化概念的价值性与它的"心智构造物"特性直接相关，概念范畴相应在各自的文化渊源和价值设定上对应于人的精神意志和内在世界。

文化概念拥有自身特定的社会文化含义，这些意义往往源于具有民族文化标识的集体知识成分（集体心理倾向、社团经验知识等），相应人的物质存在、活动及心智、精神成长都会沉淀出教化启智的价值性内容，因此文化概念价值性植根于民族文化意识深处或特定的"社会文化模式"（陈敏、邓志勇，2012：72），在文化根由上，"观念本身就包含了个人、群体、民族对世界的态度和看法"（刘佐艳，2014：14），文化概念的价值性在它产生之初就已经存在，"所有的观念都是建立在原始的原型模式之上的，这些原型模式的具体性可以上溯到一个意识还没有开始'思考'，而只有'知觉'的时代"（施春华，2002：61），"知觉"中的某种观念意识已经潜在地影响着人，这就是它的价值性体现的开始。从"普遍人本中心"的观念来看，文化概念价值性也是文化概念人性、精神性的标志，是衡量民族文化精神的一种历史原则。

从文化概念价值性产生的心智基础上认识和分析，可发现它存在于人的精神思绪、感悟和意识体验之中，是概念认识性和现实对照性的某种结合，一方面人们在"概念—语词"（концепт-слово）的内涵思索中发现其文化

[①] "观念依赖于该民族的语言和世界观"（杨秀杰，2007a：99），而文化概念一旦在语言中形成，它会能动地作用于人的世界观。

的真谛；另一方面在概念对象的心理投射中寻找它对生活的指引，在这一文化、现实和精神思想检视的互动过程中，人的思想行为有了文化概念的功能定位、文化心理索引和现实转换模型，进而释出文化概念的价值性。可以认为，文化概念的存在本身就是一种价值、价值性，文化概念的存在就是一种文化价值性的存在，价值原则构成文化存在的重要基础。明白这一点，对于深入认识文化概念极有意义，也将为文化概念的研究方法带来启示。

文化概念的价值性根源有一个推论，那就是价值、价值性很大程度上也代表着文化概念，正如 C. Kluckhohn 指出，"一种价值就是一个概念，它或是外显的，或是内潜的；它或是指某一个体的特点，或是说明某一群体的特征"（转引自唐祥金，2000：59）。

（二）文化概念价值性内涵与解读

所谓"价值性"（свойство ценности/valuable nature）是人（广义）同事物之间的一种心理共鸣性、人对事物的一种意念认同性，人们默认并接受该事物对其物质生活和精神内在的作用和影响，因而是一种心理认同的价值标量，它是"民族人"长期文化、社会实践的产物。例如，具有民族标记性和文化符号性的概念"хлеб-соль"所传递的俄罗斯民族性格典型特征即是其价值性。"价值性"同一般"价值"不同之处在于其所含的人的意识消化、情致领悟等"非功能性"或者心理认知适切性，以区别于一般价值的功能性、取物效应性。文化概念价值性是文化概念在民族心智中唤起的价值心象（ментальный имидж ценности），是文化概念、文化对象（事物）在民族心理中形成的精神领悟与心灵感应，是民众意识对文化概念事物的一种意志化反思或文化概念在民族意识中的精神反响，可概括为文化概念对象同其主观现实、心理认同等价值评价之间的对应关系，功能方式上表现为文化概念价值的一种精神、社会投射和布局方式。文化概念价值性及其内容包含了对一般"价值"的认识理念上的升华，是一种精神意识上的价值想象与思想凝结。显然，它重在心性的渗入和意识的浸润、延拓，相应文化概念的价值性内涵指文化概念在价值性层面的意识表现和认同化的张力指向，对应于文化主体潜意识的思想、认识——事物的文化记取在人的心理范畴中的行为投射、行为启示和精神引领。从社会表现和反映上看，文化概念价值性是文化概念的社会评价、社会意识化结果，也是一种文化的历史性、精神性的化身，本质上代表着一种文化意识接纳和文化沟通自觉。作为文化世界图景的意象构造单元和要件，文化概念是一个多维、立体的概念系统，其概念意识内容、概念模块各有自己的价值规定和价值性，这些价值性会在潜意识中"决定着我们如何看待世界，如何感知和切分现实世界"（赵爱国，2004：38），形成相应文化概念（语词）特有的民族精神—意识蕴义（сознательно-духовная коннотация）。就文化概念价值性同民族心智的内在关系来看，"民族精神和民族意识都体现于文化概念之中"（Шаховский，1996：85），民族心性、意识活动都是文化概念价值性的积极载体，价值性成为人的心智实在、意志活动的产物，基于民族心智的文化概念自然包含相应价值性、价值运作属性。因此，从内涵上讲，民族文化对象的概念化过程伴随着价值性的衍进，价值性在认知概念化过程中变得有意义，而不论是文化概念掺入价值性，还是价值性赋予了文化概念以意义，都是人的文化能力或者文化概念人文力量的体现。这样，概念价值性很大程度上是人对文化事物（对象）进行认知意象化的结果，文化概念（对象）"因注入民族文化和说话人的情绪而被'意'化"（袁顺芝，2004：82），文化概念的价值性带来了民族精神、意志的价值性输送。

进一步讲，文化概念价值性内涵上对应于一种文化上的指涉意义——包括实体文化、规范文化和精神文化等三个层次的文化解读意义（彭文钊，2004a：36），表明文化概念是作为特殊文化和社会、历史现象的一种意义存在体，通过文化概念的指涉意义可更进一步观察其价值性内容和特性，从文化发现的角度映照出文化概念价值性的内涵化过程，反映出"人类在认知世界、社会交往、发现自身的过程中人与自然、人与他人以及人与自身这样三种不同的关系"（彭文钊，2004a：36）。这些文化认知关系从现实认识（本体交际）、道德伦理（社会交际）、精神意念（自我交际）等方面凝聚、折射出文化概念的价值性意义，同时也体现出一个民族的文化归属感及由此而来的文化自信和价值认同，"文化指涉意义在总体上蕴涵着一个民族的价值体系，文化指涉意义的三个层次作为该价值系统的语言标记，成为人们认知与理解活动的历史文化理据，并作为文化记忆沉淀在语义结构当中"（彭文钊，2004a：36），据此，文化概念的价值性构成可表现为更为具体的子概念的文化心理和文化认识、文化现实体验，文化概念价值性理解相应获得更为丰富的蕴义和思想内涵，我们甚至可以从概念语词联想、词义聚合层面来察看其价值性的文化隐含。比如，"命运"具有特殊的稳定性，围绕着它形成整体文化领域，文化概念语词"命运"引出一系列语词，如安身立命（смирение）、命里注定（суждено）、宿命（жребий）和苦命（рок）等，还引出相应的词组，如"命运的打击"（удары судьбы）和固定用法"没办法"（ничего не поделаешь），还有许多相关的成语谚语等（杨秀杰，

2007b：100）。由这些相关的文化子概念可以更深入地窥探出文化概念"су-дъба"的价值性内涵构成。因此，从文化语义角度看，可以将文化概念的价值性视为文化概念（语词）的精神—意识蕴义（сознательно-духовная коннотация）。

　　从思想意识上审视，文化世界图景中的文化专指"思维、观念、心智等精神文化"（赵爱国，2004：37），作为一种特殊的思想观念和认知活动产物，文化概念在思想层面上透射出民族文化精神的价值性。例如，文化概念"терпение"（"忍受"）的语义核心是人在精神、心理、情感、道德上不得不接受、忍耐自己不愿面对、承受的人或事物，"忍受某些（道德层面）让人痛苦的事物"（Бариловская，2008：20），而其外缘性的其他文化语义、文化思想成分如"痛苦"（страдание）、"顺从"（смирение）、"等待"（ожидание）、"压制、克制"（преодоление）（Бариловская，2008：21）实际上就是"терпение"这一文化概念带给人的思想精神价值性启迪①，也是俄罗斯民族心智的重要建构成素。在此，"既否定它又承受它"的矛盾心理形成的相持不下的张力就是文化概念的价值性。主体虽然不得不体验、经受这一精神状态下的负面情绪因素，但文化概念价值性可能引导、开解他摆脱抵牾心理和对抗情绪的影响。而这些思想意识内容是单纯的文化概念"价值"所无法提供和解释的。文化概念"терпение"在深层意识结构上塑造出俄罗斯民族的一种特殊文化、社会角色，表现出独特的俄罗斯民族气节，这本身就是该文化概念的价值性，进而可以透过更多的文化概念所累积的社会角色身份、社会文化形象来观察俄罗斯民族，所得到的就将是文化概念的整体价值性。

　　文化概念价值性与概念价值的一个显著区别是，它重在对文化概念价值的体验，强调人的主观能动参与性，人的积极认识、亲历、参与是概念价值性的重要一环，因此文化概念价值性也可称为文化概念的价值体验性。文化概念价值性同文化概念的价值认识有关，实质在于文化概念具有的专门的民族塑造性、民族表达性以及民族特质的传承性，而这些价值性内容可归结为是文化概念所蕴涵的独特心灵激活力和民族意识、民族心智创设力，它在道德期许、精神实践等方面都会给人一种行为心理暗示。从这一点看，文化概念价值性在某种意义上具有价值化、价值意识功能化的形象特质。文化概念

---

① 按照华劭（2010：17）对观念（文化概念）的理解，这接近 А. А. Потебня 所说的"通过近义（ближайшее значение），所企求达到的远义（дальнейшее значение）"。

价值性是其价值的精神意识表现和深化，价值性以主观意识化方式存在，而价值则是客观存在的本体现象，文化概念价值性好比是对其价值的意识化表征，文化概念演进的过程实际也是其价值性随社会、历史的跌转流变而变化的过程。相应从时间段面看，文化概念的价值性表现为一种流转、延续的动态属性，侧重于文化概念及其作用的后续推展即"离心—外衍性"，而价值更多是一种当下评判、认定的存在和内在规定性即"向心—内趋性"，注重现时的概念认识状态。因此，在现实表象上，文化概念价值性是在历时平面上形成的民族文化、历史理据的一种认知意象化回应、复现，文化概念价值性的存在意味着民族、集体及个人的历史记忆复原及其同文化现状、社会现实的碰撞、对接，是文化概念价值认识张力的一种社会化表现。

总之，文化概念价值性可以使事物获得隐藏于其表象之下的文化含义，赋予静止、刻板的知识以鲜活、灵动的新的价值意义。"'语言文化信息单位（这里指文化概念语词——引注）'使得人与世界、人与人、人与自身的种种关系在语言符号中复原、衍生、创造"（彭文钊，2004a：33），而文化概念价值性则是这一过程的积极体现及有力助推因素。从较直观的文化联系上讲，文化概念价值性可以通过相关"文化意象"（культурный имидж）体现出来，或者说文化概念价值性能够衍生出相应的文化意象，后者可以传达出概念背后蕴含的同社会责任、社会评价、社会关系、生活理念、道德意识、观念力量乃至宗教信仰、意识形态等民族信息相关的文化内涵。

二 文化概念价值性的特征

文化概念价值性的构成有多方面因素，民族文化历史传统、民风习尚、价值判断、道德规范、审美取向等都是价值性的有机组成部分、"价值形象元素"。这些构成性的内容体现出文化概念在价值表现方面的特点，内在关系上，概念价值构成就规定着价值性的特征。文化概念价值性的典型特征表现在潜隐—延续性、多维互动性、心智渗透—衍射性及动态变化性等方面。下面就此展开讨论。

（一）潜隐—延续性

潜隐性是文化概念价值性的一个重要特征，它在实质上所反映的是文化概念在"民族人"的精神意识行为（包括精神无意识行为）中的根深蒂固性和潜移默化性，"文化影响他们的一个个思绪，但是他们却注意不到它的存在"（刘冰、钟守满，2014：17），价值性仿佛成为人们彼此间的一种文化精神契约，显示出文化概念似乎已成为人们精神思想生活和社会行为、社会存在的一部分，已然注入到人的思维信息结构，世界观、民族性格等高度社会化的民族文化特征都会凝聚于文化概念中，并以价值性的潜隐形式呈现出来，以隐现方式进入人的生活形态、社会活动、观念行为，在"整合了相关的历史文化语境"的民族文化记忆中一代代延续下去（冯亚琳，2013：171；冯俊，2015：25），即"一代又一代地重复、变化、循环、更新、凸显和蛰伏"（杨秀杰，2007b：100）。这在俄语许多熟语、谚语和俗语中都有突出反映。例如，体现俄罗斯民族"团契性"精神的熟语 С миру по нитке голому рубаха（众人凑根线，穷人有衣穿）；Одному и у каши неспорно（一人不成席）；Одна ласточка ещё не делает весны（只燕不成春）；Одна рука и в ладоши не бьёт（孤掌难鸣）；Одной рукой узла не завяжешь（只手不成结）；Один в поле не воин（独木不成林）；Одному ехать — и дорога долга（独行路也长）；Согласного стада и волк не берёт（畜群和睦，狼不敢吃）；Берись дружно, не будет грузно.（齐心协力能成事）等在俄语中广为传播和使用，表明"соборность"（团契性，聚议性）这一文化概念（脚本）的价值性深深植根于人们潜意识中——"它构成俄罗斯民族原始观念的一个典型特征"（Сергеева，2006：155），是该文化概念价值性的潜隐性特征的体现。此外，这一潜隐性在文化概念语词的形态派生关系中也有反映，例如文化概念"горе"已融入语言词汇派生单位的文化语义意识：горе-охотник，горе-коммерсант，горе-художник，горе-настоятель，凭借概念化的价值性文化意蕴，该概念语词成为复合构词的一部分，而且延续至今仍相当能产，形成文化概念的语言渗透和延伸。俄罗斯文化体系中，凭借价值性的潜隐—延续性特征，许多核心文化概念已衍生出稳定的价值性思维和价值表达方式。

（二）多维互动性

文化概念强调文化集体的心象映合性及人与文化概念及其指涉对象之间的互动性。文化概念的价值性本质上反映的就是文化概念同人的精神、心智的能动作用关系以及人与人之间有关该文化概念的一种心智认知共相即人们在心目中形成的有关文化对象、事物的相类认识、领悟。例如，文化概念 судьба、душа、справедливость、милосердие、добродетель、долг、правда 等的价值性构成和特征一方面都包含人同概念对象的相互作用关系，"概念包括主体对客体的一种评价、价值观念、意向"（刘娟，2007b：104），表现为人对文化概念的价值体验性即人对文化对象的价值判断和感受，这是民族精神价值性的重要表现。另一方面，这些文化概念蕴含的民族普遍心理特征、精神追求、价值观念、情感意识、伦理评价等价值性内容也显示出文化主体彼此之间达成的社会文化共识，形成社会层面的文化共同价值和人际文化互动关系，使人们能在文化概念规约基础上建立起精神上的沟通、交流，共同成长、进步，塑造并推动民族文化的发展。这一多维互动关系中，文化主体之间基于文化概念价值性的作用而建立起的精神认识主张上的呼应和共鸣是民族凝聚力的重要基石，这种高级的观念意识交集会产出一种社会价值的文化互信，是社会和谐与文明高效运行的积极条件。而文化主体同概念价值性的互动则充分体现出文化概念同人之间的思想连通性，表明文化概念的价值性寓于文化主体对它的精神领受性即文化主体同文化概念之间的意识沟通性以及对它的思想实践性，直至借由文化概念建立起人心灵上的文化自觉。因此，从价值性的立场看，文化概念是文化情绪激活、价值认识激活的核心，文化概念价值性的多维互动特性使文化概念对人的价值带动转化为其精神增长和思想带动，促成民族精神自信和民族意识上的文化共进。

（三）心智渗透—衍射性

"人类用语言创造文化，而文化又反过来影响人类"（刘冰、钟守满，2014：17），文化概念价值性的渗透—衍射即是文化透过概念对人类产生的影响。文化概念价值性往往表现为文化概念会以特定方式（包括潜意识方式）来影响、支配甚至决定人对世界的认识态度，通过人融入现实和改造自身过程中所用的行为策略、行为方式指引、规划其行为文化逻辑，并有可能改变人们已有的生活观念、生活态度，对于人的处世模式、道德观念、价值取向等社会定位内容进行适切性的文化心理调节，相应人的意识形态、意志操守、生活情趣等精神信念都可能在文化概念价值性的引导、作用下得到洗礼。因而文化概念价值性能赋予人自身的内在理解和世界认知体悟以新的内涵、新的启发。这样，价值性好比深深嵌入文化概念中的有关精神、思想的抽象理论思索，将文化同人、同社会相关联起来，正是借助价值性的心智衍射，文化概念对人的认知、思想意识产生一种文化制约，价值性的渗透在人的社会举止、精神行为等方面形成特殊的"文化约束"，同时也引领着其价值性活动、价值性沟通。因此，文化概念价值性的渗透、衍射成为民族文化基因得以存续、民族文化品质得以提升的基本条件，真正反映出了文化概念的社会意义和本质。

（四）动态变化性

文化概念价值性的动态变化性体现为其在相应社会历史条件下充实、更动、发展的功能特性。文化概念一定程度上代表、反映着一个民族的世界观和价值观,随着时代变迁、历史发展阶段的不同,文化概念的价值性也会随之改变,在相应时代背景下不断达成新的民族文化心理认同[1]。从发展的眼光看,社会文明的进步是内因和外因交互作用的结果,文化概念是这一进程中个性鲜明的一个内在促动因素,而它的价值性内容正是文化主体透过民族意识的灵敏嗅觉、把握时代脉搏所发出的真实的时代声音,这是一种传递出融情感认知、经验方式和主观思想现实于一体的社会心声,它可以化为一股文化知识力量,成为社会思想精神境界得以提升的直接源动力。正是从这一意义上,文化概念价值性维系着民族精神发展变化和民族认知、民族心智的知识性转化,"知识的发生是一个由外而内、由具体到抽象、从个别到一般、从物质到精神的逻辑演进过程"(彭文钊,2008:29),反映在文化概念的话语行为表现中,概念词会在动态话语生成的语义方式中实现价值性的变动、移转,以保障价值思想的延展、深化和有效置换,而价值性语义内涵的与时俱进也增强并凸显了文化概念的存在感,当文化概念价值性变化到一定程度,概念本身甚至可能会获得二次称名、二性表征,相应传达出新的民族文化认知信息,并且某种程度上带来一种文化更新。因此,文化概念的价值性在不同时代所营造的将是不同的社会文化环境和文化生态,这也从其价值性创意上焕发出一个民族的文化生机。

三 文化概念价值性的认知体现

正如文化概念是文化整体的一部分,文化概念价值性也是文化概念整体的组成部分,这在文化概念价值性的文化认知功能中得以反映和体现。文化概念具有的认知心理直觉式的精神、意识牵引就是其价值化、价值性的表达。文化概念价值性的认知体现既有生活感知基础上的素朴性,也有情致—心理参与的人文性。"价值是具有多种矛盾特性的复杂概念"(杨利芳,2014:117),价值性在文化概念中的存在和作用也有不同方面的体现。认知世界、人际交往、个人修为等社会精神行为都有文化概念价值性的因素,人的物质生活、社会生活都会体现出文化概念的价值性,相应文化概念价值性反映出其"事物价值"和"主观价值"(Ильичев、Федосеев и др,1989:732),某种意义上代表着不同的文化认知图景。下面主要从民族个

---

[1] 文化概念同民族心理之间有十分密切的联系,许多时候,概念就是一种心理建构和成像,"在心理层面上,概念就是事物的思维和心理形象"(张喆、赵国栋,2006:29)。

性、个体意志及语言文化认知（语言意识塑造性）等方面来认识和分析文化概念价值性的认知功能体现。

(一) 民族个性体现与塑造性

"文化观念内容包括价值要素，……价值要素是确定文化体系中某一文化观念是否存在的主要标志。民族文化观念的价值与该民族在历史上形成社会理想的能力密切相关"（刘宏，2012：44），"文化概念以不同形式存在于不同社会阶层，并对该文化群体具有现实意义"（Степанов，2004：45）。在对民族个性的塑造过程中，文化概念价值性使语言文化思维的二维世界图景、文化世界图景变得立体化，使民族个性、民族精神有了文化的张力与价值内涵。从这一点看，文化概念价值性的分析十分有益于认识和了解一个民族的生活法则、思想观念、民族性格、精神境界，进而"判定其民族类型"（Вежбицкая，2001a），成为民族文化统觉的一部分。例如，文化概念"душа"（心灵）的价值性在"широта русской души"（宽广的俄罗斯心灵）中得到充分体现①，彰显出独特的俄罗斯民族意识和个性，反映出俄罗斯民族灵魂同其自然生存环境、民族性格之间的特殊关系，即"俄罗斯辽阔的地域对其'豪迈奔放的民族性格'（широта«национального характера»）的影响机理"（Шмелев，2012：26），"широта русской души"几乎成为俄罗斯民族定型的一种精神象征（Шмелев，2005：51）。此外，文化概念蕴含的精神思想、道德理想在民族的价值观念塑造中有深刻的反映。因此，文化概念价值性不仅有民族个性上的体现，而且同时也渗透于民族生活与民族历史经验，相比于文化概念的语义内涵信息，它的价值性好比是铭刻于民族心智中的"基因记忆"（Колесов，2006：21），在民族物质文化方式、民族文化精神特质中展现出来。

(二) 个体意志体现与塑造性

作为"人意识中的文化凝结"（Степанов，2004：42），文化概念是民族文化经验的精髓，它的文化价值性在"民族人"的社会、文化活动中无处不在，俨然已成为生活现实的精神向标。文化概念向人们传递多方位思想认识价值，正是借助价值性的力量，文化概念可以在某种程度上占据人的心灵世界、影响人的思想行为、推动人的精神成长，而这就是文化概念价值性对个体观念意识的塑造，它影响着个体的人生追求与生命认识、生命态度等

---

① 在此，"широта 本身就体现了俄罗斯民族性格中典型的某种精神品质"（Шмелев，2005：51）。

精神内涵，确定着其个性价值的"内部渴望"（Колесов，2006：152）。

文化概念的价值性内涵分布、表释于人的社会生活、精神现实方方面面，文化是人对世界的认知和互动体验所凝练出来的精神、思想意念内容，这种意识化内容对个体的思想行为、现实生活产生影响，体现出文化概念的价值功能和价值性内容，这一文化价值性功能的重要表现就是它对社会个体的观念、意志塑造性，具体表现为人的个性意识、精神信仰、文化习惯等心理价值的实现和认同。例如，文化概念"справедливость"（公平，公正）中的"低层次""高层次"不同价值评价就来自人的个性意志判断、心理价值评估乃至精神、情感倾向①，"当справедливость（公平）基于客观的、不偏不倚的基础上时，这是一种低级价值。……如果追求充满情感的справедливость（公平），追求者为受委屈的人感到痛心，那么，这种'公平'就是一种最高价值。脱离情感的'公平'并不为人所赞赏"（杨明天，2009：194-195）。由此而论，文化概念的价值性是个体融入社会并借助文化概念实现自身"社会化"的必要条件（Рябцева，1991：72-77）。文化概念价值性通过社会个体意志的体现和塑造，彰显出人对自我的肯定和对个性的尊崇等文化内容。不仅如此，抽象的文化概念价值性可以转化为具体的物质过程指向和物化方式、行动力，形成物质形式上的现实性、价值沟通的思想展现方式。个性化的文化概念价值性所反映出来的既有共时文化规定性，也有文化、社会发展的前瞻性，而这归结起来就是寓于社会文化发展的个体观念全景性。就个体而言，人的生活历程往往伴随自我认知的行为选择及其不断升华的过程，正是在文化概念的价值性机制中，人们逐渐完成了由自我认知到民族认同的意识转化。有理由认为，社会个体运用和感受文化概念时产生的微妙心灵触动就是其价值性的体现。从这个意义上说，社会个体既是文化概念价值性的评价主体，也是其积极载体和践行者。

（三）语言文化认知体现与塑造性

民族文化是借助物质方式和经验意识世代相传的一种特殊意义模式，记载社会认识、社会变迁、社会评价的文化概念表征于各种语言形式之中。文化概念价值性的载体首先是"价值"概念语义场及其所对应的各种语言表达方式、概念语词即包含认知意识和文化语义的"能指—所指"统一体。因而，文化概念价值性会有深刻而丰富的语言文化认知体现，可以从语言载体上观照文化概念的价值性特征和表现，"文化观念的语言符号表达形式越

---

① 文化概念包含一个社会的"集体情感倾向"（Карасик，2002：28）。

丰富多彩，说明该文化观念越古老，在语言意识中价值意义越高"（刘宏，2012：45）。深入文化概念价值性同语言表现的主、客观因素间的关系，可以看出它在语言文化认知上的表现，进而形成文化概念对价值认识、语言方式的能动影响，因此，"语言中的价值概念体现为从客观或主观方面来表示该概念的意义"（杨利芳，2014：116）。反映在语言行为方面，文化概念价值性可以获得概念语词的文化认知语义表现，文化概念词往往形成自己独特的认知隐喻模式，同时也在文化概念层面上反映出它的语言文化认知价值塑造性，"认知性隐喻不仅仅是增加生动性的手段，而是形成观念的方式"（华劭，2010：16）。例如，基于价值性的体会和认知语义认同，文化概念（语词）"радость"可以有对应的认知概念化隐喻表现形式：Радость может переполнять человека；Человек может светиться радостью（Зализняк Анна，Шмелев，2012：462）。有关于"俄罗斯心灵"这一概念的描述也才有了"俄罗斯灵魂地理（география русской души）"（Н. А. Бердяев）的语言文化表释方式。可以认为，文化概念价值性已形成俄罗斯民族的一种独特语言意识或者说已注入俄民族语言思维和表征系统，并且透过语言认知的方式建构起独特的民族文化语境。而正是在这一文化认知语境下，文化概念成为一个民族价值沟通、价值实现的一种话语方式、话语策略，从语言文化、认知上呈现出话语的内在思想和价值性内容，正如武瑷华（2014：103）所言，"话语体现了人类价值体验、价值阐释、价值协商的话语方式"，文化概念所对应的话语模态于潜在的精神意向中释放出了特有的文化价值性。这一意义上，文化概念语词、文化概念价值性以特殊方式作用于语言意识的民族性，文化概念的价值性是"文化内嵌论"（culture internal）（刘冰、钟守满，2014：17）具体而实在的体现，也是反映语言文化语义关系的一个重要参数和知识意义因子。

上述三个方面显示出文化概念价值性的广泛体现性和民族实践性、可观察性，也表明文化概念往往是经验知识信息及人对该信息作出的心理价值回映。由以上价值性体现可以看出，文化概念在民族文化特质的形成中扮演了重要角色，并在民族文化认知中起着积极社会引导作用，在文化心理层面上调节并制约着人们的行为、交往和关系策略[1]，塑造着民族、个体的观念意志和文化认知意识，整体上折射出文化概念自身的社会文化底蕴、社会意志

---

[1] 如право、справедливость、солидарность、милосердие、слава、свобода、мир 等文化概念都有这样的价值调节、制约性。

表达功能。

四　小结

　　作为人类文化发展的积极成果，文化概念本身就是文明积累和意识更进的价值体现。文化概念是文化共同体对自身和外部世界认识的总和，价值经验方式是一种系统化的文化存储与文化运用过程和文化转化机制，这在文化概念的价值性方式体系中有鲜明而深刻的反映。概括起来，文化概念的价值性实质上是人对概念的一种内心认同性、主观接受性，体现出文化主体对文化概念的内在认可度和心理内趋度。当我们谈一个民族、一种语言的文化概念时，自然就会追寻该文化概念的心灵引领、启发性，即文化概念的价值性、在民族意识中的精神、心智渗透性，因而文化概念价值性本质上代表的又是文化概念在现实生活中的一种价值规定性和价值输出形式，某种意义上，这就是文化载体的一种价值认识、价值反映。进而可以发现，文化概念主要表现为一种意义性、价值性的文化体验和诠释，它在精神与物质文化领域都有相应体现，以抽象、隐蔽而又现实可见的"内隐外现"方式书写着一个民族的精神文化内涵，这恰恰就是文化概念价值性的独特处和闪光点。也因如此，文化概念是民族精神文化的核心，是勾画和了解民族世界图景的基本手段，它影响并塑造着俄罗斯民族精神灵魂（世界）、建构其观念文化知识系统，深层次上是"精神完整性、价值共同性"（彭文钊，2008：32）之于人类文明重要性（значимость）的积极呈现。文化概念正是通过价值性的跟进和介入实现由外而内、由此及彼的文化领悟与文化传播，借助文化概念价值性，民族文化基质在民族、社会心智的概念化意识中得以强化、承传，民族文化的内涵得以充实和延扩，从价值性角度考察文化概念将会为认识俄罗斯民族带来更多新的人文发现。

第三节　俄罗斯民族文化概念的精神内涵

　　语言背后是文化，文化背后是思想，思想背后是精神。文化概念（语词）同一个民族的精神现实和精神内在紧密联系，并借由民族思想内涵和文化蓄养的关联、汇接，构成互促共进的语言文化共同体。当代文化研究注重文化的精神性、认识性、创造性、体悟性与价值实现性，而文化概念是这一倾向的理想载体和积极方法化身，它凝聚了这些文化要素的内在结构联系，凸显出文化过程的体验性和文化价值建构功能及价值精神，成为文化研究的重要分析对象。"文化观念构成一个民族认知库和文化价值的核心"（刘宏，2009：24），它以人类社会实践活动、生产、生活和文化活动为背景、基石，是人的心灵感悟对外在、内在世界的写照，是社会成员精神世界、精神活动内容的高度概括，相关意识感知和主观升华内容构成人类社会重要的精神传统和精神财富，文化概念从而具有十分丰富的精神内涵，构成民族文化概念的一个重要标识，从民族底蕴、民族灵魂层面代表着一个民族的文化意识、文化生活的社会精神意志和精神价值，承载着一个民族、社会的价值观念和精神追求。而从功能价值上看，文化概念精神内涵直接塑造并作用于一个社会的文化面貌和文化生态，在社会精神文化机制中发挥着不可替代的作用。因此，对文化概念精神内涵、精神价值的把握和解读成为认识文化概念实质的重要一环。俄罗斯民族是一个注重精神生活与精神追求的民族（荣洁，2005：70），这在其文化概念的精神内涵中有直接反映。本节将立足于文化行为、文化能力与民族精神关系的理解，对俄罗斯民族文化概念精神内涵、特质展开讨论，同时考察文化概念的精神内涵要素及其构成，进而分析文化概念精神内涵的次范畴表现，借此揭示俄罗斯民族文化概念的社会精神性、展现其精神价值体现的多元化内容、充实并完善俄罗斯民族文化概念分析体系。

一　文化概念的精神内涵及特质

文化概念是人们参与现实社会的精神意识基础以及民族文化精神语境的重要成素，它从一个侧向上反映并代表着一个民族的精神形象、精神气质和精神现实，是一个民族的"民族精神性"（национальная духовность）的重要载体（Воробьев，1996：4，21；1997：161）。"文化概念是一个多维复杂构造，是语言世界图景的基础"（Маслова，2006：61），而精神内涵构成这一复杂结构体的心智基核，它在很大程度上体现文化概念核心价值，凸显出文化概念价值构成的内在关系和潜在意向归宿，文化概念精神内涵可以集中呈现一个民族的文化类型、文化生命和思想灵魂。以下将对文化概念及其精神内涵作出描述、定位，并就其内涵特质展开分析。

（一）**文化概念及其精神内涵**

作为一种民族心理现实，文化概念表现一个民族的基本文化思想主张和文化精神修养与传统，影响并作用于社会群体的价值意识、价值行为，是民族文化要素、文化积淀的精神折射，"文化概念是人意识中的文化凝结物，是文化借以进入人的精神世界的事物,……是人的精神世界中的基本文化单位"(Степанов,2004:43),它浓缩了人的生活经历、社会觉悟、情感心理、道德意向等感性、理性认知内容,是社会文化心理、文化领悟等在精神层面和民族心智中的反映。从社会意义上讲,"人"是文化实体与文化关系的总和①,是精神存在与精神意识的概念化单元②,以历时的眼光观照,围绕"人"所展开、生发的各种文化行为、文化事实都会以某种意识、精神形式沉聚于其文化记忆和文化思想认识之中,这使得相关语言文化单位、世界图景都有一种精神内涵的属性,"语言文化观念(即文化观念、文化概念——引者注。下同)是人意识中的体现民族精神特征的文化记忆单位"(杨秀杰,2007c:54),因而文化概念的"意识范畴"特点往往集中体现在它的精神意志、精神特质上,"文化概念侧重表现蕴藏于民族语言意识的思想、精神"(Красных,2003:272),相应文化概念的内容所指主要不在于物质对象,而在于文化主体在主观精神世界中所赋予它的"人化"含义,即人通过主、客观体验和检视所实现的文化意义价值,进而从思想意识、状态上讲,人往往就以某种形态生活在这些文化概念之中,并在不同程度上受文化概念的精神影响和作用。此时,"文化在许多方面类同于人"(Dumont,1986:587),人与文化近乎浑然一体,人就是文化,人是文化的集中体现。这样,文化概念的一个重要实质就在于它所包含的人类"精神心智世界成分"(Гаврилова,2002:197),而文化概念中的"精神"指由文化主体气质、心力、意志追求以及对事物的心理预期等属性构成的独特"理智灵魂",是受人的意志支配的一种积极心理体验和行为倾向、意志表现,它反映社会成员的基本文化认知及对事物的基本意识水平状况,并且这一为文化共同体所拥有的思想、心理意志状态往往又通过"人"的社会行为、社会存在外化出来,是"人"的意志自觉性和社会自制性、社会价值标准与观念意志的集中呈现。正如海明威所说,"一个人可以被毁灭,但不能被打败",其中就是因为有精神、意志力量的支持,所体现的是人的(社会)精神内核。因此,"精神"在一个民族中可以凝华为一种能够指导人的生活、约定人的言行的一些民族性的观念、意识、品性乃至态度和传统等,同一个

---

① "人"是一切社会关系的总和,人是文化的塑造者、践行者,也代表着文化的一种思想属性和归宿。

② 在哲学的观念上,精神就是自在自为的理念(黑格尔语)。

民族的文化精神演进息息相关①。

进一步讲，文化概念以精神构成体现自己的价值存在，精神属性成为文化概念的重要标识和内涵化方式。"文化概念概括了人类精神价值或精神实质，属于精神文化的一部分，如：爱、信仰、死亡、不朽、荣誉、良知、善与恶、真理与谎言、自由与责任、美与幸福等"（姜雅明，2007：8）。人对自身和外界的审视和抽象化认定会形成一种价值信仰和精神理念，并由此发散出相应的社会约定、社会行为模式以及思想方法、意识形态、文化策略等，而蕴含于文化概念的这些价值追求内容（思想价值意识、价值演绎等）即构成其精神内涵、属性。另一方面，文化概念本身就是人的精神内在积极参与的结果，可以说文化概念精神内涵是从精神价值上对民族历史和生活形态的一种"文化记取"——包括精神传统、精神求索、精神收获等内容，它强化并凸显出文化概念的心智衍射性和精神张力，成为民族、社会意志的特殊"意识向标"（ориентир общественного сознания）。正是在这一意义上，文化概念的精神内涵代表并反映着一个民族的文化精神，它借由概念载体表达出一个民族的精神共识和价值共享，包括社会行为范式、社会文化定型②所透射出来的价值方法、价值取向，也包括社会（事件）关系中呈现出来的各种社会意识方式，或是在特定历史变革时期和时代背景下所熏陶和催生的某种价值观念和心灵响应等。例如，文化概念 правда（真）就以俄罗斯独特的世界观、价值观作为自己的精神内涵，它同理性的、永恒的"真"或"客观真实的'真'（истина）"有所不同，反映出俄罗斯民族对"真实、正当、公平、公正、正义"等精神价值、精神理想的愿景，正如 В. В. Колессов 所言，"概念 правда 相关于心灵和精神行为，反映的不是思维逻辑，而是精神上的逻各斯"（Колесов，2009：135）。

归结起来，文化概念的精神内涵所映射的是通过文化意识体现出来的一

---

① 正如朱达秋、周力指出，"世界上任何文化在发展过程中都会形成一些长期受到本民族人民认同和接受甚至推崇，成为生活和行为一般指导原则的思想观念或传统，这就是文化的基本精神"（朱达秋、周力，2010：239）。

② 社会文化定型是特定民族文化成员语言心智综合体中具有社会文化交际性的单位，它在言语交际中得以实现，体现为该文化对范型化交际情境引发的规约化的一种本土联想（Воробьев，1996：101）。社会文化定型同文化定型密切相关，"文化定型可以减轻人理解和接受复杂社会事物、现象时的负担，也可以帮助他维护自身价值、立场和权益"（Гетьманенко，2010：17）。另外，文化定型也可以理解是一个民族的一种文化模式或者对一个民族文化形态、模式的认识，一定程度上类似于人们对一个民族的一种文化认识和文化感受，同人的现实直观感受与体会密切相关。

个民族的"内在自我"(внутреннее эго),对文化概念的精神内涵分析实际就是在分析文化现实中的"内在的我"(Арутюнова,2000а:57;Урысон,1995:4;Ковалев,2001:104-106),而文化概念的语言意识化过程也是文化精神分析、精神沟通和文化内省的积极过程,体现出其价值意识的精神化成长和精神行为指向。

(二) 文化概念精神内涵的特质

精神内涵是文化得以发展和延续的内在动力,同样,文化概念中的精神内涵特质也是文化概念本身得以存续的直接动因。文化概念精神内涵特质主要有两个方面,一是其"民族心力"的转化与精神感悟,二是其精神整体性与主体价值性。下面分别加以讨论。

1. "民族心力"的转化与精神感悟

一个民族的社会历史发展有其独特的脉络,从其历史文化事实这一人文背景上审视,由于"语言文化观念具有民族性、主观评价性、情感性、形象联想性和时空语境性,与民族经验及其特有的认知图式、形象联想、价值取向和宗教信仰等密切相关"(杨秀杰,2007c:54),因此,文化概念具有广泛而强大的民族内聚性(национальный соборность),这一多维内聚力的生发源和维系点是具有特殊文化底蕴的"民族心力"[①],进而"民族心力"在民族文化现实中的特殊转化即构成文化概念精神内涵的一种特质。所谓"民族心力"(национальное ментальное усилие/national mental efforts)是基于社会共识或某种价值取向的一种社会心理、社会心智能力和行为能力,表现出民族精神上的一种同心共力性或民族认同上的精神价值与共同追求,标示着概念价值认识的精神共进与价值心性共同成长,这种民族性的心思和能力积聚着人们参与文化现实的精神意志投入和精神付出,本质上是体现民族意识的精神构拟物和精神创想的文化能力,成为民族定性分析的一个重要而特殊的参数。这样,文化概念精神内涵实质上镌刻着"民族主体"认知深处的共有思想印记和典型"意识心象"(ментальный образ сознания/mental imagery of consciousness),它是民族精神信仰、民族信念、价值伦理、行为规范等思想精神和文化追询的一种"意识录痕"(запись сознания)。从这一意义上理解,文化概念的精神内涵是"民族人"(nation-human)内在力量即"民族心力"的一种放释与转化,它储存于物质外壳同时

[①] 这里的"心"本身即包含"精神""意向"含义,"心力"的作用匪夷所思,它可能有正反两方面相反相成的社会表现,比如正义与邪恶、善恶与好坏均在其中。

又远远超越或高于物质方式，凸显出其"心智概念""心象概念"的特质（彭文钊、赵亮，2006：35）。而从文化概念形成的途径、机制和思想源泉、意识定位上看，它又是"民族人"生活经验、社会阅历和思想、情感等交织而成的一种精神感悟，它们共同孕育、孳生出一颗颗饱满的"精神粒子"（духовное зерно），并逐步升华为一种文化思想意志、上升到人的文化行为表层，积极影响着社会文化环境，指导并直接参与人的精神内在生活，因此可以说，"文化观念是知识的某种'量子'"（Петров，1979：55；Карасик，2004b：361；Хинтикка，1980：90-92），"……是以被结构化知识'量子'形式存在的思维单位，是在人意识中形成的精神实质"①（刘宏，2009：22）。

进而言之，文化概念的形成、运用是"民族心力"和"精神感悟"社会化或社会意识化的运转结果，它一方面有民族社会群体的精神意志内容；另一方面这一共性内容也蕴含社会个体的情绪方式、情感认识、心理体悟和价值追求等表现内容。就民族社会共性化的文化概念而言，集体心智的规约化、价值化、信念化的精神内容是其主导成素，而对个性化的文化价值意识来讲，个体的精神体会、感受和意志依托乃至情感价值点等进入文化概念的核心部分，这属于文化概念中的"情感、意志、信仰这类个性化和想象化的知识"（隋然，2004：10），而这些内容都同民族精神意志的实质和价值内涵紧密联系，是"民族心力"和"精神感悟"特质的具体表现。当我们说一个人的行为举止、处世原则中规中矩或者违背纲常时，背后所反映和承载的即是个体对社会基本行为规范、精神价值、思想观念的某种认识态度，而这其中又包含了其对相关概念的特定理解、认同所释放出来的"个体精神价值"（концепт как достояние индивида）（Залевская，2001：38），这是"民族心力"的一种异化或个体表现形式。尤其当一个人的行为有悖常理，这代表该个体在社会化进程中的文化角色和文化定位失当及其思想认识和修养同文化概念价值精神之间的一种落差②，是一种文化精神层次和"精神境界"的失落。因此，通过"民族心力"转化与精神感悟，"既能确定出

---

① 世界客体只有对它们进行的表征在以特定知识"量子"形式通过民族语言思维得以结构化的时候，才能变成为"文化客体"（Маслова，2006：45）。

② В. В. Воробьев 看到，"一个民族的精神性中起决定性作用而又相对稳定的那一部分，在其理念—道德的源头上首先是属于个性，并且人的民族文化类型正是通过它得以显现"。换言之，"文化与个性互为目的。二者相互作用的过程具有二重性，即文化为个性所塑造，但与此同时个性形成于文化"（Воробьез，1996：4，21，22）。

社会精神性的层次，又能确定出个性的丰富精神内容层次"（Чернейко，1997a：7）。而这些现实的社会行为模式、概念模式实际就是包含在文化概念中的民族特质，成为人们潜意识中的一种价值倾向、思想导引和精神支持，文化概念所传递的实质内容显示出强大的精神力量和引领作用，它似乎在告诉人们，该做什么、不该做什么、该怎么做、不该怎么做，换化为一种内心精神召唤和一股来自灵魂深处的"心力"，某种意义上主宰着文化主体的心智—精神意念，文化概念从而塑造着人的心灵、意志和精神毅力，同时反映出"个性是文化的产物"（Воробьев，1996：22）以及"个性同社会之间的关系"——"抽象名词是个体/个性与社会之间的桥梁"（Чернейко，1997b：51）。由此也能进一步深入洞见，在"人"的文化认知世界之中，"文化概念具有精神的性质"（Карасик，Слышкин，2007；Слышкин，2000a）；概念词（слово-концепт）的精神内核与"精神实质"构成文化概念的重要内容。正如华劭在谈到文化概念 долг 与 обязанность 的关系时指出，"долг 不与 знать 搭配，因为它是毋须认知的，是人的本分。与之相对照，同样在词典上译为'义务'、'责任'的 обязанность 则表示社会地位、工作职务所责成的、有强制性的责任"（华劭，2010：15），而它们之间的差异所传递出的即是文化概念 долг 和 обязанность 的不同精神内涵属性和特征，也就是说，此时 долг 与 обязанность 中所集结的"民族心力"和"精神感悟"分明在提示和引导人该做什么、该怎么做。又如，由于东正教思想被视为是一切俄罗斯思想的核心、基础，信奉东正教的俄罗斯人的宗教心理表征之一表现为，"他们在精神上一般不与异教徒交往，认为这样会被异化，这样俄语中就有了 обмирщиться 这个词，意思是'因与异教徒交往而变得不洁净'"（杨喜昌，1997：38），通过"民族心力""民族人"的认知心理过滤，这里的 обмирщиться（使成为世俗的、不洁净的）相应成为蕴含特有精神内涵的特殊文化概念词。而鉴于文化概念精神内涵实质的独特性、重要性，"俄罗斯民族精神特征已成为词的文化释义的核心范畴和最终理据"（彭文钊，2001：26）。

2. 精神整体性与主体价值性

文化概念精神内涵具有极强的思想、社会意识张力，文化概念的产生同文化主体的生活现实、社会环境、价值立场、思想观念、精神情操等密切相关，文化主体对现实的切分、把握会表现出相应的主体价值主张，他以特定的价值标尺对事物对象的衡量和划分客观上都是其思想意志的精神性释放、外化；另一方面他对事物对象的某一方面的文化心理认同、评判、解读都具有整体性的特点、都是其潜意识中认知心智状态整体的一次次具体呈现,都打上了精神整体性的文化烙印。而这两方面内容即构成文化概念的精神整体性和主体价值性特质。语言文化现实中,"文化概念侧重于文化的精神性、综合性和整体性,……强调文化的主体性,将文化与人的活动联系起来"(彭文钊,2004b:12),这反过来会对文化概念的精神内涵形成一种内在规定性或逆向作用,体现出文化概念的整体意识延射特质,它使人的心理、情感、领悟等主观体验内容同文化概念的精神要素得到有机结合。"концепт 充满了情感的、评价的色彩,是那些伴随着词语、又通过词语表达出来的情感、想象、感受和体会等"(姜雅明,2007:9),而这些"精神心理综合体"内容一般会在人的心目中整合为一种价值立场、价值判断,形成文化概念中与人的意识行为性密切相关的主体价值特性。文化现实中,这一精神整体性和主体价值性在民族文化、民族意识中有着非常突出的反映。例如,俄罗斯文化概念 душа(心)表示"具有思想和意志的不朽精神实体"(Даль,1903:1255),包含高尚、宽广、包容及神秘莫测等俄罗斯民族心智特征,душа 的这些内容体现并融入了俄罗斯民族在历史、文化积淀中传承下来的相关整体精神意向和主体价值观念等精神实质,形成一个特殊的自我精神世界。关于文化概念的主体价值性、精神整体价值主张的特质,还可以在 В. Соловьев 有关文化核心概念之于人的重要作用和意义的论述中找到很好的说明,他在思考普希金最后选择的基础上写道:"有一些精神层面的事物,其重大意义除了与它们自身的现实特征相关外,对于我们来说是直接由我们拥有的对它的概念决定的。……很明显,哪怕是最顽强最有毅力的人,他对于自己生命的过程和终结的掌控能力只限于很窄的范围。"(参见陈勇,2011a:68)这段话显示出文化概念(如"судьба[命运]"等,即 В. Соловьев 所谓的"精神层面事物")在人身上所产生的积极影响、作用,充分反映出其精神整体性和主体价值立场、主张的内涵特质。进一步看,文化概念精神内涵的这一整体性和主体价值特性使文化概念(концепт)本身同表示事物最本质的理性特征内容的概念(понятие)有了显赫的区别。不妨通过文化概念 душа(心)和概念 сердце(心)的比较做一观察。душа(心)本身即表征人抽象的心灵世界,它是生命的重要构件,但却抽象无形、很难以物质方式窥见,很大程度上是人的精神、意识等心理活动、意志状态、伦理理念(伦理价值、伦理标准)乃至典型性格的总和,"与 душа 相关的是人的内心生活创造的全部过程"(赵国栋,2012:25),这些渗透着精神整体性和主体价值特征的内容反映的是文化概念 душа 深厚的文化意蕴和精神内涵属性,而 сердце 主要体现的是其物理实在和理性思考方面的概念意义（понятийное значение）,原则上不具备精神整体性和主体价值性的概念内涵特质,"душа 通常负责人的内心生活,与人的生理及智能活动并不直接关联,是人的内心世界、真实情感和愿望的集聚点。……сердце 则负责感觉以及与感觉相关的愿望,很少涉及人的内心思考"（赵国栋,2012:25）。进而俄罗斯民族对 душа（心<高尚的、精神性的>）的抽象精神内容（人的主观世界,存在于时间心智域）与 сердце（心<动物性的、肉体的>）物质内容（现实世界,存在于本体空间域）的定位和不同认识、理解相应构成其独特的精神内涵和价值,"俄罗斯人的'душа'和'сердце'观念的特点明显地体现了其追求精神与道德完善的民族心智特征",（杨秀杰,2007c:54）说得准确些,是指 душа 与 сердце 相比,体现出了它鲜明、突出的主观精神、意志方面的文化精神内涵特性。

二 文化概念精神内涵的范式表现与解析

"文化概念的总和能够展现出社会精神生活的新状态"（Степанов,2007:2）,民族个性往往是一个民族的精神表征,它在民族的文化记忆、文化概念中沿袭、传承下来。文化概念能反映出民族个性、民族意识,而其核心内容所体现的是民族文化的精神性。精神、意志、思想是抽象的文化概念范畴,它有自己独特的物质具化方式[①],在人类生活、行为、举止的方方面面都有表现,透过语言交际、民族文学、民间寓言、故事等形式呈现出来,这些文化方式自然蕴涵着同人的思想、情感、意志、追求等相关的精神内涵、精神价值理念,反映着民族文化、生活的精神实质。

文化概念本身具有宽泛性、开放性和动态、灵活的特点,但其抽象的精神实质使它具有一种凝聚力或内在统一性以及概括性和广泛适用性,这都在一定程度上以某种方式反映着一个民族"内在的精神和心灵上的成长"（Семенова,1994:28）。现实生活中,文化概念精神内涵是进行文化创造的重要精神向导,它在一个民族的社会行为、社会生活中扮演的角色功能有广阔分布面,从而构成文化概念精神（内涵）的次范畴表现内容。广义上讲,文化本身是一种社会化活动及其产物,而这一社会化活动贯穿着人的信

---

① "每一种文化现象都具有精神和物质两个方面"（Степанов,2004:75）,文化概念也不例外。

仰、理想、情感、意志等精神内容，因此文化概念的形象联想、情感评价、价值取向和伦理观念、生命认识和生命态度等内容都有自己的精神内涵表现方式。限于篇幅，以下主要从三个方面分析民族文化概念的精神价值范式表现，以通过文化概念范型化来解读俄罗斯民族的文化基元要素，形成对俄罗斯文化概念形态的认识，同时深化对其文化精神实质的理解。

（一）意志—意愿精神价值范式

所谓意志—意愿精神价值范式是指文化概念中表现出同人的意志、意愿、追求等精神活动内容相关的价值文化范式①，它往往是一个民族的社会心声、社会意志和精神向往的一种反映和凝缩。Ю. С. Степанов 指出，"不贪恋金钱的（金钱上的廉洁性）态度是俄罗斯文化最清晰的精神分际之一"（Степанов，2004：580），这一精神内涵特质反映在文化概念中，相应就会形成或体现出概念的一种意志—意愿精神价值范式。作为文化元语言（метаязык культуры）单位，文化概念有别于词义中的概念意义，它存在于人的意识观念和心理联想中，也可以说存在于人的精神信念和精神判断中，而意志—意愿精神价值范式在文化概念这一存在方式中有非常突出的表现。比如，苏联解体后迎来了对制度下"自由"（свобода）权利的广泛诉求，这一强烈的社会呼声成为当时具有代表性的社会意识主流、意识形态，形成具有典型时代标记的 свобода 文化概念精神内涵，体现出人文化的精神意愿以及人们对精神关怀、精神价值的渴求。又如，судьба（命运）这一文化概念体现出独特的意志—意愿精神价值理念，它包含了俄罗斯民族一种普遍的心理认知和精神意志、意愿。在 Судьба играет человеком（命运捉弄人）之中，该文化概念表现的是"命运作主，人受其左右"含义，反映出俄罗斯文化意识中"命运"特殊的意愿精神价值范式，"表明在人的意识中，人，确切说是人的生活、经历和结局，受命运支配，而不是相反。持消极生活态度的人只能屈从命运，持积极生活态度的人，也不过是抗争命运"。（华劭，2010：15）在"命运"这一文化命题传递的意志—意愿精神价值范式问题上，Н. Д. Арутюнова 也注意到，"生活是本体现象，命运是在人意识中自发累积形成的概念……它让人产生一种'生活过程与结局取决于我们自身的某种东西、取决于某种不得不屈从的、压倒一切的必然现象'的感觉"

---

① 文化范式是一种文化构成体，它内容丰富，但无论在成分组成上，还是在成分本身的意义解释上都显得轮廓模糊不清（Волкова，2011：230）。文化范式会随相关社会文化因素的变化而有一定变化。

(Арутюнова，1998：619）。可以认为，这是意志—意愿精神价值范式在"命运"概念中的一种"消极"而客观的体现①。而另一方面值得注意的是，在不同文化语境下，也可以解读出俄罗斯人在对抗"命运"中所表现的积极精神意愿和努力进取的社会精神性，正如 Н. Д. Арутюнова 经过分析之后所看到的，"命运尽管拥有所有牢不可破的外在力量，它对于人的掌控力也受制于人本身内在的积极的亲自参与"（Арутюнова，2003а：456）。这也反映出文化概念精神内涵在意志—意愿精神价值范式上具有的动态化表现特点。

（二）情感精神价值范式

"情感语义的内容平面往往反映出民族文化的精神内核和价值取向"（陈勇，2003：41），这在文化概念的情感精神内涵价值范式中有同样的体现。所谓情感精神价值范式是指文化概念中反映与不同情感价值主体②的心理情感、情绪活动内容相关的价值文化范式，它往往是人们基本情感心理（情绪体验、情感经验等）世界的一种精神写照。"人与人及自然之间经常相互作用，但他是通过自己同获得符号意义性的抽象概念之间的关系来理解这一相互作用的"（Арутюнова，1991：4），此时抽象文化概念成为认识、表现人同他人即周围事物之间关系的关键要素和手段，其间人必然要将相应情感、精神、意志成分注入这样的抽象概念之中。人类情感是情绪、感悟、认识、反应等复杂的心理体会综合体，它同人所处的内在、外在环境、状态以及人对待事物的态度等密切相关，Ю. С. Степанов 指出，"文化概念不仅是用以进行思考的，而且还是用以进行体会的。它可以是情感对象、同情和反感的对象，有时还可能是冲突的对象"（Степанов，2004：43）。文化概念所记载的情感认知会融入人的各种主观体验信息，并且上升为一种精神感应和精神意念态度，形成文化概念中的一种精神价值（体验），代代相传，甚至可能以价值情感的方式进入人们的生活信条、行为准则，成为其精神成长的重要元素，"人的情感通过各种情境（包括文化情境）侧面反射所有的社会约定（包括文化约定）"（李元厚，1999：89），通过文化概念的情感精神价值范式可以对一个民族的情绪意识和表现、情绪认知、价值心理、审

---

① 需作澄清的是，这里的"意志—意愿"实际原本就是从元意义上讲的，而不是狭义的、主观（操作）向度上的"积极""消极"之类取意。

② 客观上情感可以拥有不同层次的主体，着眼于不同的价值主体类型，"情感可分为个人情感、集体情感、社会情感、民族情感"（Martin，White，2005：45）。

美观念等进行深入观察和描写。（展开从略）

（三）形象精神价值范式

所谓形象精神价值范式是指文化概念表现文化主体心目中的特殊人和事物形象的价值文化范式，它往往反映出人们的一种普遍社会心理和（基本）价值期待和诉求。文化概念的一个基本点在于它赋予人的自由联想性[①]，在文化主体的思想意识中可能唤起丰富的形象联想内容，这些形象内容同时具有精神价值的文化符号特性。例如，俄罗斯文化概念 дорога（道路）的形象精神价值范式表现为：由于俄罗斯民族独特而严酷的自然地理条件和生存环境（寒冷、偏远、广袤无边、地广人稀），与世隔绝、内心孤单（试对比：бескрайняя скучная дорога［寂寥的漫漫长路］），渴望友朋来自他方的问候以及与外界的沟通、交流，因此性格中铸就出一种善良淳朴、待人热情豁达、粗犷豪迈的特质，这些民族文化内涵塑造出俄罗斯人的 дорога 形象精神，体现出俄罗斯民族特有的一种精神气节，反映在俄语熟语文化载体中如：Не хвались отъездом，хвались приездом。这表现出俄罗斯人热情好客的性格，传达出"有朋自远方来不亦乐乎"的形象精神意境，进而形成俄罗斯民族的一种独特文化精神内核。因而从 дорога 文化概念形象精神价值也可以窥探出独特的自然地理条件造就了俄罗斯民族特殊的文化地理环境和文化意识。又如俄罗斯文化概念 интеллигенция（知识分子）形象作为一个群体的代表，具有非常突出的形象精神价值描写性和独特的精神特征[②]。俄罗斯知识分子的文化概念内涵不仅有"承担社会良心的责任和充当社会批评者角色"的成分，更由于其文化传统、社会、历史条件特殊性，带有鲜明的民族文化个性，塑造出"知识分子"这一独特的形象精神价值范式，该形象精神可勾勒为，"第一，坚持思想独立性，追求精神信仰的自由；第二，具有强烈的济世救民的使命感和自我牺牲的圣徒精神；第三，爱国主义和忧患意识十分强烈；第四，思想和行动的双重性和矛盾性；第五，极端主义情绪盛行；第六，俄罗斯知识分子，特别是平民知识分子从来源上具有一种无根基性"（朱达秋，2008：5-6）。在俄罗斯文化传统中，别林斯基、赫

---

① 这种自由联想性与个体的生活"现实意识"（практическое сознание）密切相关，而往往这些认知贮库中的 活、生命形象意识更能体现一个民族的独特文化内涵。

② 比如，"俄罗斯语言意识中关于诗人普希金的文化观念进一步巩固和丰富，围绕伟大诗人的文化联想内容也变得更为多元。普希金不仅成为俄罗斯诗歌的象征，更成为俄罗斯文化精神的象征"（刘宏，2012：47）。

尔岑、恰达耶夫、帕斯捷尔纳克、布罗茨基、索尔仁尼琴等知识分子都显示出其突出的精神影响力量，成为对整个民族具有强大精神感召力的一个特殊阶层。而文化概念 интеллигенция 演化并融入到了俄罗斯知识分子精神传统之中，知识分子道德上"圣徒"一般的追求和超拔的人格特质成为俄罗斯民族宝贵的文化精神财富，正如 Н. А. Бердяев 在《俄罗斯思想》中所强调的，"俄罗斯的知识分子是完全特殊的、只存在于俄罗斯的精神和社会之中的构成物（духовно-социальное образование）……知识分子是俄罗斯的现象，它具有俄罗斯的特点"（别尔嘉耶夫，1996：25）。

此外，文化概念的精神内涵和实质会随着社会变化、文明演进、历史变迁等因素而发生相应改变，同时也会促成新的文化概念精神价值范式的产生。而这种异动与新生是文化概念社会属性的客观反映以及文化概念动态化的具体表现形式。

三 小结

综上所述，"概念是民族传统、民间传说、宗教、意识形态、生活经验、艺术形象、感觉和价值系统等因素相互作用而形成的"（杨利芳，2016：50），这些因素的文化内涵渗透很大程度上已然前定着其民族精神属性。文化概念不仅是知识和文化的重要载体和传播途径，同时对于一个民族而言，它更具有独特而丰富的精神信息及相应精神内涵与价值体现，并形成文化概念精神内涵的特质。另一方面民族文化概念精神内涵有多样化的呈现形式和独特的次范畴方式内容，它在一个民族的社会生活方方面面都有体现。以上通过俄罗斯民族文化概念的相关分析和讨论，表明了文化概念精神内涵的强烈渗透性和民众普遍参与性与价值体现性，它是物质文化生活的重要支撑和灵魂依托，引导着俄罗斯民族的精神生活意向、规划着俄罗斯民族的精神生活，并以其特有方式影响着俄罗斯民族的文化形态、文化现实，为俄罗斯民族社会生活和民族文化昌盛注入了强大精神活力。正是从这一意义上说，"文化概念是约定俗成的民族精神的基本单位"（彭文钊，2011：15），它可以为认识和了解俄罗斯民族文化类型以及民族性格、民族个性等提供核心而基本的文化精神路径。而从另一个角度观察，文化概念的精神内涵和实质也是俄罗斯民族文化认知宝库和文化思想价值的重要组成，对文化概念精神内涵、价值的认识、把握成为理解其文化本质的关键所在。正是借助文化概念的精神内涵，载蓄于文化语词中的俄罗斯民族精神定势和精神文化稳定性、延承性有了强大保障。凭借对文化概念精神实质、精神内涵及其价值范式的把握，可以从观念意识和思想方法上走近俄罗斯文化，学会用"俄罗斯眼睛"观察该民族。

第四节 俄罗斯民族文化概念的民族意识与世界图景

文化概念包含丰富的民族文化信息，它是民族世界图景的重要组成，可以集中而全面地反映出一个民族的特点，另一方面文化概念可以从动态角度反映民族世界图景和民族意识的形成过程。文化概念与民族世界图景有着特殊的互动关系，文化概念在民族世界图景中形成，要受民族世界图景的作用和影响，而文化概念本身同时又参与构筑民族世界图景，并且文化概念会在世界图景中得到进一步充分展现。"文化观念是一个重要的跨学科概念，在语言文化学和跨文化交际学中占有核心研究地位，是揭示民族语言世界图景的重要精神意识单位"（刘宏，2009：23）。某种意义上讲，民族世界图景是文化概念的一种精神存在和思想意境，而文化概念则是民族世界图景的的一种特殊表现方式，二者共同映托出一个民族的生活态度、思维定势、价值理念等文化面相。本节有关俄罗斯文化概念民族世界图景的研究将首先讨论文化概念民族属性与民族意识问题，在此基础上分析文化概念所建构的民族世界图景（可称为"文化概念世界图景"），探讨文化概念中的民族世界图景及其构成，解析文化概念与民族世界图景的关系等。

一 俄罗斯文化概念的民族意识

文化概念包含鲜明的民族文化要素，文化概念民族世界图景依照民族意识而勾画、绘制，后者支配、制约着前者，一定意义上讲，民族世界图景是民族意识的实体或化身[①]，"民族意识"（национальный менталитет）成为俄罗斯文化概念的特殊内涵符号和精神标识。

"文化以概念形式进入人的意识世界"（Степанов，2004：42），文化概念深层上与特定民族之中人的意识是联系在一起的。文化概念是民族文化的浓缩和结晶，其中起核心支撑作用的便是民族意识、民族心智（参见 Бол-

---

① 民族世界图景（этнографическая картина мира/национальная картина мира）由民族文化要素组织而成，是民族的一种文化文化映像以及民族心智的投射（Мельникова，2003：22；Гачев，1967，2002a，2002b，2003）。

дырев，2001：аннотация）。俄罗斯文化概念内涵凝结着多方面丰富、复杂的民族认识和感悟，它们随文化历史发展和社会进程而不断生发、扩散，沉淀为一个民族对现实生活和内在审视的一种思想意识记载。"如果在思想历史发展的更大弧线上关注俄罗斯心智的发展道路，很容易发现一个最普遍的规律：俄罗斯自我意识反映了人对自身、他人以及普遍世界的现实关系"（科列索夫，2006：21-22），而这样的自我认识同民族、社会现实相联系，在文化概念中所沉积下来的就是对俄罗斯民族意识的记载——俄罗斯文化的民族意识体认①。

具体地讲，人和事物的形象是通过语言、文化（模式化）构建起来的，民族语言文化中所传递、放释出来的有关于情感、命运、生存、历史及精神道德、精神理想、心灵领悟等人文、社会价值信息内容均牵系于民族意识。"民族意识是民族精神生活的核心，它是民族个性与其历史命运特性的统一体表达，它固化于文化定型之中，构成该民族特殊历史记忆及全部个体的行为方式心理定势"（Воробьев，1997：170-171）。整体上民族意识是民族自我认知与反省、体悟的结晶，它完整地呈现着一个民族的心理特征、心智定型与文化习性，在民族同理性和认识趋同性上与文化概念高度吻合，都包含着显明的文化主体民族个性，实质内涵上反映、表征着一个民族的民族性②。另一方面，文化概念中民族意识的形成却并非刻意营造和人为创建，它是一种潜意识自然沉淀的结果，表现出下意识的"文化自觉"特征，因此，该直觉表象系统很能体现文化概念中的民族特质，"它作为一种文化基因沉淀在民族集体无意识之中，总体上决定着该民族独有的个性特征"（彭文钊，2008：31）。对于文化主体而言，民族意识具有很强的思想开启性、心灵塑造性，一旦形成，它会积极作用于人的精神、意志、道德、审美及价值取向、思想活动等，"民族意识是思想的形象，是个体人或社会团体固有的思想能力和精神意向之总和"（БЭС，1998：717），充分展现出它的文化功能、民族功能这一建设性特征。从内部构成上看，文化概念往往是多个"概念"的聚合，即由多种概念内容成素组元而成，其中十分重要的部分就属于民族心理中的意识性概念元素。"所谓'概念'（концепт）（系指文化

---

① "俄罗斯民族意识总体上根植于宗教文化，但历史、气候、地域空间即'俄罗斯气息的风景'（Н. А. Бердяев）等也发挥着重要的作用"（Маслова，2001：24）。

② "民族性被理解为一个民族所特有的稳定的个性特征的特殊组合，或者被理解为一个社会中占主导地位的价值和行为宗旨"（朱达秋，2002：55）。

概念——引注。下同），应该说并不是'一维'的，而是人的意识中对同一概念所做的不同诠释的'聚合'"（赵爱国，2004：38），这种整合性的、有关于事物认识、理解、感受以及对现实的切分等内容正是文化概念所对应的意识性内容，反映在民族文化中就是它的"民族意识"。文化概念民族意识在语言的逻辑分析课题组研究中得到了充分肯定和反映。课题组的概念分析实践以"命运—行为—真"为发端，以"时间—空间—人"和"运动"为背景，以"真—善—美"为核心，以"始/终—有序/无序—数—游戏—谎言/幻想"等为个体概念来全面展示俄语语言世界图景的特点（陈勇，2011b：44）。而事实上这些世界图景包含的文化概念内容都从不同方面反映出了俄罗斯民族意识，蕴含着"个人意识和集体意识的深层次特征"（朱达秋，2002：54）。

文化概念的民族意识在其精神内容层面有突出而典型的反映，并且这同其民族世界图景密切相关，都体现出文化概念向民族精神思想的渗透、延拓。文化概念涵纳突出的民族心志、民族性格等民族特质信息，这些信息归结起来就是一个民族的文化精神、思想内容，它表释于俄罗斯民众的思维、生活、习俗，引领着俄罗斯人的社会交往、生产活动乃至立身处世等基本社会行为，最终通过文化概念的加持、记取，积聚为俄罗斯文化体系中的独特民族意识。因此，民族意识成为民族精神世界、精神生活、精神意识的核心，深入领悟和探析概念中的这些文化意识及其内在关联、结构，无异于是一段走进俄罗斯民族精神意旨和心理意识世界的文化旅程，使我们逐步"从表层物质文化的分类描写转向了深层精神文化的阐释"（参见彭文钊，2011：17）。

从认知方面看，文化概念同样从身体经验的涉身感知（embodimental perception）和意象中体现出显著的民族意识内容特性，从特定层面和维度反映出俄罗斯民族把握自然、认识自我的主体意识和能力。"在认知语言学角度的концепт研究中，концепт是解释人的意识和心理活动的术语，是表达人的记忆、精神词汇、概念及全部世界图景的脑语言单位，是一种抽象的科学概念，属于人的意识和心理的现象，是人类抽象思维活动的结果"（陈勇，2011a：61）。显然，这样的认知、精神文化概念（语词）从不同角度表达着俄罗斯文化的民族意识，它从物质经验的现实感知、现实把握中，将人们对生活现实的理解以及生活的逻辑、生活的伦理法则等都注入到了思想理念、道德意识、价值体系及行为定势、行为准则之中，并且会在精神活动和行为模式中不断表现出这样的民族意识和价值主张①，进一步形成评价和接受现实世界的意识方式和思想手段，从而以自己的认知解释并影响着文化概念中的民族意识，使文化概念民族意识打上显赫的认知烙印，这使我们易于从认知参与、认知投入上发现文化概念的民族意识特性，并能看清语言、民族个性及世界图景的认知联结最终都会渗透到文化概念的民族意识内容之中。因此，可以认为，"民族意识是一民族精神特质的总和，是形成民族价值体系的决定因素，实质上是一种接受与理解世界的综合认知模式（когнитивная модель синтеза）"（彭文钊，2008：31）。

进而言之，文化概念的民族意识、民族性在其隐喻机制有深刻体现。文化概念的语言隐喻表现、隐喻表达能够很好地反映文化概念中的民族意识、民族世界图景，形成文化概念隐喻中的民族世界图景。"近年来学者们逐渐在隐喻中看到了理解民族特色及世界普适形象的钥匙，隐喻随之成为心理学家、逻辑学家与哲学家的关注焦点"（Сукаленко，2004：459）。隐喻以已知见诸新知、主观见诸客观为基本使命，当它同文化概念相结合，所反映和体现出来的核心点就是其所传达出的有关民族意识的文化认知信息，"隐喻又使抽象的概念为人所认识和描述，从这一方面说隐喻认知带给了我们较为清晰的世界图景"（周运会，2013：263）。从另一方面看，俄罗斯文化概念民族性和民族意识正是因为有了隐喻这一独特表现方式，在文化内涵和民族意志表达上获得了外延张力，概念隐喻相应成为分析和解读文化概念及其民族意识的有力手段和重要路径。将文化概念、民族意识及隐喻放在一起展开分析的一个重要方法是对文化概念抽象语词的隐喻搭配构造进行"物的蕴涵"（вещная коннотация）解析，"例如，从俄语中存在 Его гложет тоска、тоска заела、тоска напала 等搭配这一事实可以得出结论，тоска（文化概念语词——引注）在俄语语言世界图景中是作为某种'肉食动物'形象出现的。"（陈勇，2007：29）由此可窥探出该文化概念所蕴涵的独特的俄罗斯民族意识形象。"这样，民族意识以鲜明、形象的方式渗透、凝结于文化概念之中。对抽象语义词语的隐喻搭配进行概念分析是复建语言世界图景的普遍方法之一"（杨明天，2005：56）。

总之，文化概念可以深刻反映特定民族文化语境之下的民族意识特性和民族文化特质，文化概念与其说是一种"涵义"（杨明天，2009：9），不如

---

① "民族意识与民族价值体系在系统组织上存在同构性，可以认为它们之间是一种内与外、因与果、理据与表达的逻辑和结构关系"（彭文钊，2008：31）。

说它是文化载体心智中的一种观念对象意识，与一个民族关联起来，即上升为社会共识性的民族意识。不仅如此，它还可以"揭示不同民族文化背景下的语言世界图景，反映语言文化的异同，探索民族意识和民族文化的共性与特性"（刘娟，2008a：53）。

二 俄罗斯文化概念与民族世界图景分析

典型的俄罗斯文化概念是具有语言意识和广义文化意识的定型（стереотипы）①，它会产生"具有民族特征的联想信息"（этноспецифические коннотации）（Апресян，1995：350），在语言文化现实中，这些信息内容转化为占主导地位的社会意识形式和思想——精神作用力，以文化定型的方式塑造着人们的民族文化意识，积极参与建构世界图景、呈现世界图景——"世界图景是关于外在现实的直觉表征系统"（Руднев 2001：236），"……是物质世界个体心理中物质意义及相应认知图式的间接反映，并受制于意识"（赵秋野、陈美玉，2013：38），而在这一意义上，"所谓定型是人脑中秩序化、范型化的，由文化所决定的世界图景"（Маслова，2001：110），这形成文化概念同世界图景之间的基本联系，"一个民族的文化观念是构成语言世界图景的基本单位，文化观念构成了一个民族文化空间的核心部分"（刘宏，2009：21）。也因如此，"文化核心概念"（ключевые концепты культуры）可以解读为"世界图景的核心或基本单位"（ядерные/базовые единицы картины мира）（Маслова，2001：51）。

文化概念民族世界图景有自己特有的内涵，文化概念是民族世界图景的积极载体和体现者，能够表现出丰富的俄罗斯民族思想、精神文化意蕴；民族世界图景由文化概念组成，民族世界图景可以影响文化概念、积极作用于文化概念的形成和价值实现，二者之间实际存在一种互动关系；文化概念中的民族世界图景有自己独特的结构组成。下面分别对这些方面问题展开分析和讨论。

---

① 定型是受社会文化制约的民族语言意识综合体，它在言语交际中是以程式化的联想形式体现（赵爱国，2016：57），"是某民族文化成员心智—语言整体意识中带有民族文化标记的单位"，（Прохоров，1996：101）总体上是"对某民族典型特点的概括性认识"（Маслова，2001：108）。从人的社会活动层面上，"定型是一种作为社会促动语境下的某种行为或行动模式"，（彭文钊2011：16）对应于人脑中有序的、图式化的、由民族文化因素所决定的世界图景因此，往往也表现为"既定文化中不同个体所共有的文化模型"（Yu，1998：43）。

(一) 文化概念中的民族世界图景

文化概念以其特有的民族文化内涵反映民族世界图景的内容，作为人类存在及其与周遭（物、事、人及各种现象、关系、事实等）发生关系的文化产物，它是民族生存历史条件的一种精神—心理写照和生活、情致体验的综合体现，文化概念成为积极反映民族精神、民族意识的基本单位和文化构造体，从不同方位、不同层面上揭示着一个民族的文化精神和思想内容，相应文化概念及文化概念语词在语言中积极复现着民族世界图景、表达着民族意志。

特定民族的文化概念都凝聚着民族意识中的评价、想象、判断、意向与旨趣等信息，它包含人意识深处形成的对人世百态的感悟、对生命、自然的反思和一个民族的价值观念、精神倾向及道德情操、伦理精神认识、思想信念乃至情感模式、宗教情绪等，这些文化思维内容会以特殊的"素朴图景"（наивная картина）方式存在并呈现于民族心智及民族语言意识中，这就形成了文化概念中的民族世界图景。文化概念民族世界图景相应是指文化概念基于民族意识所传达的民族认识、民族信仰、民族气质以及民族思想成长、民族情感、观念的变化等文化精神信息，它映照着一个民族的心智、情感、灵魂及人文修养、道德传统等精神内核，以自己特有的视角体现一个民族特定时期的社会形态、社会期许和社会现实、意识轮廓，细致、独特而多样化地展现着一个民族的内心世界。民族文化的深层结构中，文化概念代表人的一种心智释出和民族心性，文化概念本身对民族世界图景存有一种特殊的"价值内趋性"（value tropism），在文化思维的价值内在上对后者有一种"存在趋附性"（existing targeting）即自然的价值存在向性运动，表现为价值方式的选择倾向，它从价值动因和源头上已初步显示出可能对应的民族世界图景雏形，这种内在规定性激发它从人的经验知识、精神—心理、概念体系、民族心理及民族文化记忆层面多方位折射现实世界，从而清晰体现出文化概念（的形成）同民族世界图景之间的紧密联系。尤其是从概念的文化生成角度看，"文化概念是人意识中的文化凝结，是人精神世界的基本文化单位，是固定于人的文化意识的一部分"（Степанов，2001：43），文化概念中的这些精神、意志内容和价值理想等充分表征于一个民族的历史行为和民族成员社会、生活活动的各个方面，并以图式（схема）、图像（картинки）的概念块（文化认知）形式进入文化的思维世界中，构织起思想意识和心理完形中的世界形象即概念形象化、模式化的民族世界图景。

从文化认知—意象上观察，文化概念本质上是文化的语言（язык культуры），它记载着民族成员在文化意识语言中对世界的理解和认知，这些文化认知形式和内容同民族世界图景密切相关，突出地反映出文化主体和"人的因素"在民族世界图景中的地位和作用。而在文化意象方面，文化概念中的民族世界图景对应于文化概念通过语言所传达出来的一种民族形象，即语言文化意象，该意象"是含载有文化内涵的语言图景，相当于文化语言学的'语言的世界图景'，或认知语言学中的图式和心理空间。它是图景式而不是镜像式地反映文化。"（袁顺芝，2004：81）

文化概念世界图景的民族文化内涵在概念的价值性、价值文化概念中有深刻体现。"价值量度指在心理结构中，价值特征无论对于个体还是群体来说都是极其重要的，它是一种概念区别于另一种概念、一个民族区别于另一个民族的决定性要素，其综合体就构成了作为语言世界图景重要组成部分的'世界的价值图景'（ценностная картина мира）。价值概念在复杂的民族意识中代表了一个民族文化类型中最核心的思想"（姜雅明，2007：12）。进一步讲，价值性的文化概念与民族意志、民族心智有密切联系，这一文化关系内容体现出俄罗斯民族的价值判断、价值主张等民族意识内容即价值观念的文化图景。与此相关，"价值观念进一步揭示了文化观念的实质，而'世界的价值图景'的思想，则进一步丰富了语言世界图景理论的内涵，为在复杂的意识结构中研究民族文化本质，确定民族文化类型等提供了重要的理论依据"（姜雅明，2007：12）。

文化概念民族世界图景可以通过不同范畴、不同层面的概念内容体现出来，这些文化意象可以从不同方位显现出一个民族及其意识的整体"世界图景""世界形象"。比如，它同一个民族的世界观、人生观和价值取向之间存在十分密切的联系，要理解文化概念世界图景就需要深入解读该民族世界观、价值观内容，了解民族观念、意识中蕴藏的民族心理和人际社会交往中透射出来的民族价值理念等深层文化机制、特点。

值得注意的是，从民族文化语境功能视角看，文化概念中的民族世界图景不仅使人们建立起相应的民族文化身份认同（культурная идентичность），使民族社会群体拥有集体意志，达成价值思想、观念的理解与沟通，而且通过文化概念民族世界图景联想内容的特征和差异，还可以形成彼此之间各自不同的民族文化意识形象，确立起社会个体的文化识别（культурное узнавание），使人们在民族世界图景中找到自己相应的文化、社会归宿以及民族角色和功能身份定位，"保证个性文化关联的实现"（崔卫，2007：6），从而丰富文化概念的民族世界图景内涵。正是在这一意义上，民族成员与民众集体的文化行为、见解与文化意识表象同样都是"文化世界图景的'片段'"（赵爱国，2004：39）。也正是在这一思路之下，Анна А. Зализняк 曾分析文化概念语词 чувство 和 эмоция 在俄语中的不同语言世界图景。相关的先例文本文化概念内容所包含的历史文化等民族信息都是这样的文化功能体现，"它可以复现历史事件、情境、人物的全息图景"（彭文钊，2011：16）。

文化概念可以反映和表现民族世界图景，这在 Н. Д. Арутюнова 的语言逻辑分析课题研究有深刻反映。"课题组的概念分析实践在阐述语言世界图景的特点、揭示民族语言的独特面貌、发掘自然语言表达手段的丰富语义等方面取得了丰硕的成果"（陈勇，2011b：39）。表明文化概念十分关注民族意识下人们的精神世界、思想意念、灵魂世界等高度文化性的内容，而这些心智实在、情感领悟和道德意志行为、伦理活动体会等人生点滴从不同方面描绘着俄罗斯民族的世界图景。因此，可以在文化概念之中解释和描写倾注着俄罗斯民族文化历史、精神气质、生活观念、心灵感悟的民族世界图景、画幅。

（二）文化概念与民族世界图景的互动性

文化概念具有民族世界图景的特性，实际上这意味着文化概念与民族世界图景之间有一种特殊联系，深层次上二者间存在着彼此影响、作用的互动关系。

一方面文化概念对民族世界图景具有重要作用，这是世界图景在内容构成上对文化概念的一种依赖，深层语义中，文化概念附着于语言单位意义构造的概念基核，某种意义上，它所提供的文化信息直接规定着民族世界图景要义。正是二者间的这一关系，共同勾绘出所谓的"文化概念世界图景"。相应可以通过文化概念来认识和剖析民族世界图景。根据 Ю. Е. Прохоров 的观点，"文化概念是存在图景的组织规则与评价的总和，反映该民族文化共同体全体成员活动的特性并固定在民族世界图景之中"（Прохоров，2008：158），通过文化概念对民族世界图景、民族特征的揭示，可以逐步深入解读俄罗斯民族意识、一步步走进俄罗斯文化。

另一方面，民族世界图景在一定程度上制约着文化概念，"文化概念是对世界图景片断态度的总和，具有共同性和民族性，其民族性在表现文化概念的过程中通过语言手段的选择得到反映和体现"（Прохоров，2008：158），这指它能够在民族意识的总体框架下以潜隐方式规划或引导着文化概念的形成和动态变化内容指向（如世界观、价值观、伦理思想意识等的某种更动、变化），从而发挥出反作用于文化概念的民族意向功能。

正是基于二者之间的互动关系，文化概念内容可以在民族世界图景中进行观察，也可以在文化概念的分析中深入考察俄罗斯民族世界图景、解读出俄罗斯民族的精神、性格、心理等文化特质内容，而文化概念的文化—认知分析立场将主要研究对象设定在同俄罗斯民族世界观相关的文化概念（мировоззренческие концепты）之上，这些同人的世界观、生活观等密切相关的文化概念分析恰恰是同民族世界图景紧密相关的文化内容。

三　小结

综上所述，文化概念与民族世界图景相依相存，文化概念内容构成民族世界图景精神属性的总体框架，文化概念分析有助于揭示俄罗斯民族世界图景的方方面面，可以极大推动语言文化描写逐步深入到深层精神文化探索，带动我们逐步走近俄罗斯民族世界图景的实质和真相。研究表明，文化概念具有强烈的民族意识，带着这一民族心性，文化概念鲜明、细致地表现和描绘着民族世界图景，反映在文化概念中的民族世界图景拥有了独特的内容和形式，借助文化概念可以较为完整地重构民族世界图景。此外，文化概念民族世界图景不仅有文化图景的概念内容，而且包括同语言世界图景相关的各种信息，"世界图景主要单位和对于具体语言个性和语言文化集团整体而言，都具有重要意义的文化常量即是文化概念"（Маслова，2006：5）。它们共同组构、支撑起俄罗斯文化概念中的民族思想、意识。

本章小结

本章分别从俄罗斯民族文化概念的价值性、俄罗斯民族文化概念的精神内涵、俄罗斯民族文化概念与民族世界图景等方面入手，对俄罗斯民族文化概念及其价值精神属性等进行了探讨，建立起了对俄罗斯民族文化概念属性、特质的基本认识，为下一步论证做好了必要的理论铺垫，也为继后的相关文化概念分析找到了切入口。文化概念在民族文化体系中占有十分重要而独特的位置，它有自己突出而又往往为人忽视的价值性、显著的民族精神文化内涵，以其日常而普遍的方式充溢在俄罗斯人的社会、政治、生活的各个层面，构织成俄罗斯文化别具一格的民族世界图景，要走近这个民族、了解该民族的文化，就必须对这一民族的文化概念进行深入、全面的分析与解读。由此能够为俄罗斯民族文化的整体展现提供良好的平台和窗口，逐步走近俄罗斯民族心灵。

第二章

俄罗斯民族文化概念语义——分类及分析策略

　　俄罗斯文化概念是一个庞大、复杂的文化体系，纷繁多样的内容需要对它进行次范畴的划分和语义分类，另一方面，俄罗斯文化概念内容立体而多层次化，单一的分析方式无法全方位阐释其文化本真，采用多元、立体的分析策略和方法才能适应于它。基于这一现实需求和考量，本章将分别从俄罗斯民族文化概念的生成与语义特性、俄罗斯民族文化概念的分类范畴、俄罗斯民族文化概念的分析策略、俄罗斯民族文化概念格式塔及其文化认知分析、动词隐喻与文化概念格式塔、俄罗斯民族文化概念的动词隐喻搭配分析以及俄罗斯民族文化概念的话语综合分析等几个方面入手，对俄罗斯民族文化概念的语义——分类及分析策略问题进行深入探讨，以期从分类范畴和研究方法、手段上为俄罗斯民族文化概念的分析与解读打下坚实的基础。

第一节　俄罗斯民族文化概念生成机制与语义结构

　　文化概念不仅是一个民族的深层文化认识方式，更是塑造和构筑该民族心灵世界的基本文化形式和精神手段，"每一种文化中的世界模式都建构于一整套的普遍文化概念和文化常量"（Маслова，2006：74），而文化概念这一特定的功能、含义同概念本身的文化实质内容、特性是联系在一起的，文化由一个个精神节点和心象单元勾联、串合而成，概念有似于角色，文化像是一种气质，二者的凝华好比将气质融入角色中，文化从而具有象征着民族生命的统合力，它在心性上融和着人、意向上引领着人，"文化是一种通过符号在历史上代代相传的意义模式，它将传承的观念表现于象征形式之中。通过文化的符号体系，人与人得以相互沟通、绵延传续，并发展出对人生的知识及对生命的态度"（克利福德·格尔茨，1999：序11），"概念"（концепт）实体即是其穿透力的表现和精神渗透的结晶。文化概念主要以各种语言方式存在和传播，相应有其特殊的"概念—语词"或"文化化的语言符号单位"（окультуренные единицы языковых знаков）（赵爱国，2004：38），而文化概念词的意义同一般词义存在很大不同，概念本身在民族文化中有自己独特的生成机制，并且拥有自己专门的有别于一般词汇的语义结构和层级组织，从而获得文化意识和思想构念辨识度。相关方面的问题在文化研究中尚未得到足够关注和系统梳理，本节正是要从这几个方面出发，对俄罗斯民族文化概念问题展开分析和讨论，这将有助于从文化拟象、文化本初上探察俄罗斯文化概念，能够为认识文化概念的结构特征、语义实质及本质特性带来新的揭示和启迪。

一 文化概念与词义

文化概念往往通过语言语词表现，形成特殊的"概念—语词"即概念词、概念称名词（номинирующий концепт）（Карасик，2002：30），为了更好地认识和分析文化概念的生成及其语义结构问题，需首先了解文化概念同一般语词词义之间的关系。

"人通过语言赋予了外部世界以意义，即人通过语言表达了自己对外部世界的理解，建构一个有组织、有系统的立体的人化意义世界"（刘玉梅，2013：60），这种人化意义体现在文化概念中，形成它特殊的心智层面上的含义或心理归属，即"文化概念介于知识与表象之间，没有形象化的原型性使它接近于知识，而蕴涵的存在使它接近认识意念"（Режабек，Филатова，2010：135）。本质上讲，文化概念是穿越人的心灵、灌注于人的思想意识中的抽象事物现象，其中人的主观体验和精神参与性极强[①]，透过文化认知、文化意念、文化心智创想等多方面内容的整合，概念语词的意义相应表现为一种文化隐含、意蕴或含义，这不同于语言中所理解的词的意义。所谓"词义"是指"在人的意识里反映并固定下来的对事物、属性、过程、现象等的认识"（Гак，2002：261），它反映同类事物的基本特征和本质属性，同时也是词汇方式指向现实关系时形成的一种事物对象意义，重

[①] 这种主观意识参与有多方面深刻的表现，正如К. Г. Юнг强调，"概念主义基础首先就是神人与抽象的结合，并且假设人最基本的意识活动即抽象化"（Юнг，1996：80）。

在语言单位所对应或表现的客观实在①。具体来讲，文化概念与词义之间这种人的内在属性与客观现实的关系和区别表现为以下几个方面。

首先，文化概念与词义在价值概念的功能取向和内涵界野上存在差异。"概念不仅用于思维，还用于感受"（Степанов，1997：41），文化概念充满了情感的、评价的色彩，是那些伴随着词语、又通过词语表达出来的意念、想象、情致、感受等，所记录的既有现实事况在主观世界中的思想映射，也有人对事物的精神、意志性设定，主要属于语言外部成分，有时可能游离于语言而存在，但词义倚重于借以同语言外现实产生联系的典型义征集，往往只能部分表现（文化）概念性的内容，它所反映的主要是语言内部的要素，因而以文化和语言的关系来看，二者在功能定位和功能表现上有很大不同。进一步讲，文化概念更多联系到的是文化主体的认知心智、情绪意志乃至情感认识、态度、世界观、价值观等内容，对于现实、人际的表达来讲，具有更为直接、真实的描写和表现功能，"概念要比意义在世界认知上更具有本质性。在分析语言文化单位过程中，必须由其语言单位的意义过渡到作为符号所标识事物或现象的认识结果的'概念'，才能正确认识语言文化单位的文化学价值"（彭文钊，2011：16）。相应许多情况下，文化概念是一个多元意识性成分的集合或者认识范围，不像词义那样，可以用明晰、有限的义子来加以界定，比如，"закон"（法律）作为词义来讲，体现和侧重的是国家意志性、权威性和要求公民必须遵守的强制性、法定性，界限清晰，但作为概念词的"法律"，其定位和理解上却存在与人的认识和价值规定有关的某种（思想）弹性，正如Ю. С. Степанов指出，"那些伴随法律（закон）一词的一束表象、概念（понятия）、意义、联想、体验即构成'法律'文化概念"（Степанов，2001：43）。这样，从文化上展开的概念语词的"语义分析即概念调查，因为意义不是外部的客观实体，而是心智的创造物（creatures of the mind）"（Wierzbicka，1986：584-594）。

其次，文化概念与词义在实现条件和语义指向上存在差别。文化概念诉诸于文化主体对事物的文化认识和内在感受、体验，文化者自身的修为和现实接受、把握、处理能力以及相应认知状态对于文化概念的领会和运用都至

---

① 与此同时，客观地讲，从作为文化语词的概念单位的语义理据上观察，文化概念对词义有一种特殊的意义附着性，"文化观念是依附在语言单位意义结构的观念内核上的文化信息"（陈梦华，2014：75），也正是在这一意义上，可以认为，"观念分析是语义分析的继续，是对语言进行传统结构描写的延伸和补充"（陈梦华，2014：74）。

关重要,"文化概念来自于主体对事物的判断、阐释过程,而非产生于直接言语互动过程"(Неретина,1995:13),很大程度上,该概念是"人"自我构成的一个整合功能体系,具有文化的特殊自我实现性和文化自洽性。相比之下,词义在语言运用的信息传递过程中得以实现,其基础是确定的交际行事目标和话语意图,通过词义的读解达成言语双方交际所指的同一和对接,"意义在以影响受话人为言语效果的言语行为中得以实现,在这种言语互动行为中,说话人和听话人之间达到了话语指称对象的一致"(赵国栋,2008:28)。反映在意义性质上,作为思想意识和文化认知的一种抽象物,文化概念对应于人的思想观念、心理意象甚至可能世界所折射的心智实在即想象性的特殊蕴义,而词义具有意义外延或延扩式的现实片段以及言语实际对象,形成思想性的能动创建和言语(情景)实现上的差别,"概念形成于自我交际过程之中,而意义则在纯粹的交际行为中得到体现"(赵国栋,2008:28)。

再次,文化概念具有完型性,而词义则不然。"概念是一完整构成体,它可以被充实,能够变化、反映人类经验;概念具有合理动态性组织构造,这一构造由基原成分和原型义以及与此相联系的派生成素组成"(Рябцева,1991:77)。相反,词义是以同类事物、现象典型特征的概括为基准,偏重于对事物本质属性的反映,获取事物认识的方式和宗旨不在于语义完型,而在于抓取事物的客观实在性以及事物与思维的映合特性。正因为相比于词义,文化概念具备完整和更为全面、丰富的含义,"观念/概念分析的方法所得出的结论是语言学原有方法所无法实现的,通过观念/概念对词语意义的表征,得到的是一种全新和比较充分的包括语言内涵和外延意义的语义完形"(赵爱国,2007:11)。

又次,"概念是对人类意识心灵或心理的阐释单位"(Кубрякова,Демьянков и др,1996:90),文化概念在交际认知活动中有人的心理活动积极参与,因此它是一种动态性的情感、意志和感知认识,"文化概念的确定形成于时间特征、来源、语义上不同的各个历史层,因此概念的界定中,总括它们的方法本质上是生成性的,概念获得的总是生成性的定义"(Степанов,2004:60),其间概念蕴涵、概念认识和概念透视域(перспектива концепта)都有可能产生异动,文化主体的心理认同和价值反映会有积极表现,而词义是有关事物对象类化特性、区分性特征或典型物象特征的记录,它主要以客观的理性表现为依归,这种物性的内容方式和具象关系使它从认知心理上同样对立于文化概念,形成二者间的重要分野。

这样，"文化概念内容无法从词典意义中产生，它是词的词典意义同一个民族或个体人获得的种种经验交互作用的结果"（Лихачев，1999：496-497），如果说，词义往往是语词语义成分的总和及其规则关系的体现，人们面对词义的一个自然想法是要努力准确、提纯和简化它，使其更接近客体实质，那么面对文化概念对象事物时，往往想到的是要去丰富、充实和延拓它，让它能吸纳并提供更为细致、深刻、实质的"心智—精神"内容、更贴近人的心象实在，因为文化概念对现实的表征往往源于民族文化统觉和心智构造的某种形象，该形象被赋予了构建概念内容的社会化、观念化知识。正是因为文化概念与词义的不同，二者在语言实体上虽然可能同为一个语词，但其话语、交际理解却存有殊异，此时往往需要越过语词一般的"词义"，探究隐藏于表面之下的文化涵指即概念语词的"形象、概念、象征等内容信息"（Колесов，2004：16），显示出"文化感知决定词义"的语义潜能（李行亮、钟守满，2000：16），以及文化感知对词义的影响（词义受制于人意）（蔡建平，1997：19），这就相应形成了文化概念在语言文化中的"换置"功能，即用概念词背后的含义来替代字面词义，产生内容领悟上的更动和转变，以求得对话语、文本的真正理解。在作为文化行为的话语交际中，"文化概念主要功能是换置功能，该换置功能使语言载体能够消除交际过程中产生的对词与词义的非对等理解。与此同时文化概念内容界限在换置功能和特定上下文之间游离"（Лихачев，1999：493）。

二　文化概念生成机制

文化概念的核心是"人"的因素[①]，"是一种协调人与世界关系的文化层"（杨利芳，2016：50），它的形成自然离不开人，人是文化关系和社会关系的实体，他体验文化并参与文化、构建文化、释放文化，"概念的形成过程和存在方式都与人的'社会化'过程紧密联系在一起，其中既有个性的因素，又有共性的特点，会随着人类认识世界进程的不断深入而变化"（姜雅明，2007：9）。"人"这一至为复杂而灵活的文化因素多层面渗透，形成独具民族特色的文化概念内容。

[①] Лихачев Д. С. 指出，"语言载体（语言使用者——引注）在文化概念产生和形成中发挥重要作用。使用文化概念的语言载体的民族、职业、社会、家庭及个体经验越是丰富，则文化概念内涵会越丰富"（Лихачев，1999：496）。

首先，文化概念的形成有多方面因素的参与、作用，是一个复杂的过程，其中非常重要的是它同语言意识、语言文本以及民族社会历史等之间密切的联系，它的产生是这些因素共同作用的产物，"文化概念产生于语言载体意识时，不仅仅是暗示词可能会有的意义，同时也是对语言载体此前在诗歌、散文、科学、社会及历史等领域形成的语言经验的呼应"（Лихачев，1999：495-496）。进而言之，文化概念形成于人与现实的关系、认识意念以及人的意识中存在的概念间的积极互动，它的形成凝结着厚重的民族意识、鲜明的民族性格以及民族统觉等文化经验内容，"文化概念是语言、意识和文化综合作用的结果，是人意识中体现民族精神特征的文化记忆单位，它具有民族性、主观评价性、情感性、形象联想性和时空语境性，与民族经验及其特有的认知图式、形象联想、价值取向和宗教信仰等密切相关，即主要由民族经验与知识构成"（杨秀杰，2007c：54）。这些因素的综合运用使文化概念的形成依赖于社会环境以及人同客观外在和主观内在的交流，既有感性经验的认知，也有理性认识和分析。

其次，文化概念形成于主体对某一实体的判断和阐释过程，它自身综合着人内心的三种能力，即作为记忆行为面向过去、作为想象行为面向未来、作为判断行为面向现在（Неретина，1995：119）。概念作为一个认知结构，它的表达产生于当下判断、感知与体会之中，但该结构的形成则受到经验的影响，其被言语化的目的在于向受话者传达说话人的经验、态度，影响他对包含在概念内容中的世界片段的认识，"每个事物都具有一个或若干个形式，人的理智根据直觉和想象进行抽象活动，使这些形式脱离实物从而形成概念即共相"（张志伟，2002：233）。Э. Лассан 也注意到，"文化概念产生于主体本人对某一实质的评断和了解，……作为有关某一实质的知识，文化概念是对相应情景指称内容的一种思考。……文化概念是体现在判断（现在）中的一种认知结构；该结构建构于已有经验的影响（过去），它在言语中用来传递说话人的经验、意向，并且以特定方式影响受话者对固着于名称概念内容中的世界片段的领会（将来）"（Лассан，2002：4-5）。

此外，先例文本（прецедентный текст）是文化概念形成的重要方式、手段和积极因素。文化概念有明确的文化使命性和时代认识的烙印，"концепт 是表示知识和概念的思维单位，体现的是历史的沉淀和文化的记忆"（陈勇，2011a：63），这在文化概念的先例文本中留下了深深的痕迹。对于一个民族来讲，先例文本不仅是一种文化事实，更代表或蕴涵着该民族的文化印记和文化归属，该民族文化资源在文化概念的形成中发挥着积极的建设性作用。所谓先例文本是指"具有一定文化概念域知识体系的语言载体意识中的基本单位"（Слышкин，2000b：48），先例文本的典型特点是"能够在语言个性的言语中多次重复出现"（Караулов，2002：216），通过被不断复制和重复使用而逐步演化为一个民族的文化概念。具体来讲，"先例文本以各种各样的联想表达形式在话语中发挥功能并在语言载体意识中激活先例文本，体现文本浓缩机制和文本接受准则机制，在不断的复制使用过程中形成相应的文化概念内容。从语言文化学的研究角度，可以把日常交际中先例文本参与文化概念建构与形成过程的文本联想分为四种表达形式：直接引用先例文本标题、直接引用先例文本片段、变体引用先例文本片断、提及与先例文本相关的先例情景"（刘宏，2012：46）。

而如果从更广的范围上审视和理解，"文化概念是指人的意识及反映人的经验和知识信息结构的精神或心理的内容单位，是在人心理层面上反映出来的世界图景、概念体系、精神词汇总和以及记忆的内容单位"（Кубрякова，Демьянков и др，1996：90），那么，文化概念的形成事实上囊括了人的认知心理活动、思想意识、语言意识活动以及知觉—观念知识活动等精神创想行为，是文化录痕和文化自觉的高级心智过程投射及其运作结果，由这一过程机制也不难窥探出其在民族文化积淀、社会心智实质中的作用和价值。

三 文化概念语义结构

文化概念具有丰富的文化信息内容，它以多种形式反映在民族文化的方方面面，"概念是原初意义的种子和语词的语义萌芽，是现象中语符潜在可能的形象、意义、意思的辩证统一体，该统一体是不够确定的意识领域中不确定存在本质的一种体现"（Колесов，2002：51）。参与概念构成的因素从各自独特的角度体现并揭示着文化概念的哲学、社会、情感及精神内涵，体现着一个民族的特有文化属性和社会精神风貌，而概念语词所吸纳、附着的这些信息内容、文化联想等通过特定关系进入文化概念，以结构化、层级化方式呈现出来的文化信息体即成为文化概念的语义结构。某种意义上讲，对文化概念语义构成的分析也是对概念本身的层级结构分析，换言之，文化概念语义结构分析也是分析文化概念的一种结构方法、结构观。下面对此展开具体讨论。

"概念在不同层次中以不同方式存在，并且对于该文化中的人来讲，这些层次中的概念的现实性各不相同"（Степанов，2004：47-48）。文化概念对应于民族社会群体和个体意识,而反映社会个性心智的文化概念成为民族文化概念的重要组成部分,并且其文化现实性最强,具有极为丰富、细致的语义内涵,正是个体文化意识和认知经验逐渐汇聚成了民族文化概念的实质性语义内容。

非常重要的是,可以鉴用词汇语义结构的方式来认识和分析文化概念语义结构。Стернин (2001: 58-65) 注意到,文化概念结构与词义结构存在相似之处,И. А. Стернин 立足词义结构理论和层级系统方法,通过"核心与边缘"对立关系对文化概念进行语义层次描写①。在该学者看来,文化概念由三个层级构成,它们分别是:作为感性形象概念的"核心层",作为抽象认知概念的"基础层",作出评价、阐释和结论的"阐释层"。其中文化概念核心层具有鲜明的形象特征内容,它包含文化主体的主观认识、态度和情感色彩成分②,能够准确、独特地传达出人对现实事物的理解和感悟。核心层之外的基础层主要表现抽象程度各异的不同认知概念,反映概念的形成、发展及其同相关概念之间的关系。而基础层之外的阐释层属于文化概念外缘部分,它侧重对概念核心内容作出评价和说明,能够反映出有关民族心智、民族意识的基本观念、理解和认知评价特性。这就建构起了关于文化概念语义结构的层次体系。

可以认为,文化概念的现实价值、功能集中体现在"现实核心"层。文化主体的意识中,文化概念的价值功能运转和表现的重要形式是文化经验的链接,即他能够自觉地从某些生活和经验意识中生发出相关联想成分和内容,"现实核心"层的联想成分跃升为文化概念内容的主体,因而概念语词文化联想在文化概念语义结构中占有重要位置,对于揭示和展现概念的民族心理和文化内涵有着独特的价值。"概念与同名语词的语义的关系是多层面的,有时是出人意料的。例如,在对自由'воля'的概念分析中发现,自由'воля'与抢劫具有联想关系,是'与兄弟拿起利刀一起铤而走险'。早期的哥萨克们四处游荡、抢劫,靠掠夺别人的财物为生,语词'воля'又经常与语词游荡 (гуляние) 相联想"(杨秀杰,2007c: 53)。概念"душа"与同名语词也存在语义上的特殊联系,В. И. Даль 的《俄语详解词典》将语词 душа 解释为"具有思维和意志上的不朽精神实体",这实际上

---

① И. А. Стернин 以词义结构理论为基础,建构有关概念的复杂的、多层次的思维结构模型,这也是其文化认知研究的重要目的。

② 也因如此,"概念的描述是通过'主观思考'来进行的"(Степанов,2004: 5)。

反映的主要是主观表象、认识化内容，已带有明显的概念文化联想特征。与此相关，Ю. Н. Караулов 提出过联想口头网络这一概念，并通过联想语法理论证明了如何使用联想词典中的语料来了解当代俄语意识核心内涵包括的主要联想成分（刘宏，2009：24）。

在 Ю. С. Степанов 眼里，文化概念的结构十分复杂，一方面，属于понятие 构造的一切也属于概念结构①；另一方面，使其成为文化事实的内容都进入概念结构：初始形式（词源学）；压缩为基本内容特征的历史；当代联想；评价；伴随意义（Степанов, 2001：44）。他进而在概念内部划分出三个成分或三个层面：基本的现实性特征；补充性的消极特征即非现实性的、"历史性的"特征；标记于词的外部形式中而未被觉察到的内部形式特征。即基本层（积极层）、补充层（消极层）和内部形式（词源性质）（Степанов, 2001：47）。概念的这三个层次面向于不同的接受者，或者说关注这三个语义层面的主体各不相同，使用该语言和文化的群体往往关注文化概念基本层，而其中一部分人还关注补充、消极层，还有少数人（研究者）注重其内部形式②。Ю. С. Степанов 在概念结构上划分出的这三个层次也可分别理解为语义远外层、近外层和语义核心。

В. И. Карасик、Г. Г. Слышкин 认为文化概念是由概念（понятие）、形象（образ）和价值（ценности）三方面内容组成，而且形象量度、概念量度和价值量度也是文化概念的重要特征（Карасик, Слышкин, 2001：75-80）。其中概念（понятие）是指词典释义、诠释，形象是个人和集体经验特征集，属于概念联想域和情境集，价值主要指隐现于民族文化传统中的行为模式和规范。他们还根据这三个语义结构量度特征进一步凝练出俄罗斯文化概念分析方法，这指概念分析可以从概念表现（обозначение концепта）、概念表达（выражение концепта）两方面着手，其中概念表现是指对俄罗斯民族文化具有现实意义的一种成分划分，它赋予思考的事实对象、片段以

---

① 就 понятие 与文化概念的关系而言，понятие 是通过摄取本质特征和关系的方式概括反映现实中事物和现象的思想，对它所进行的分析只能是客观的、科学的、准确的、相对稳定的（华劭，2010：17）。而文化概念的考察则以民族性、素朴性、主观性为显著特征。而且从认知视角理解，"концепт 是区别于集体、词典固定意义的个人理解，是 понятие 的替代"（刘娟，2005：82）。

② 相应 Ю. С. Степанов 在进行具体概念分析时主要采用了以下方法：确定本义或者内部形式（分析概念词源）、历史法（分析概念的历史）、社会法（分析概念存在的社会方式）及实验法（Степанов, 2001：120）。

特定符号，而概念表达包括同文化概念的诠释、演变有关的各种语言内部、外部文化方式。

可见，文化概念的内容是以层次化的结构方式展现和存在，该语义结构方式反映出文化概念本身的多维度性和内涵丰富、复杂性。"концепт 的结构表现为多层面的'综合'性，它对于哲学推论、认知活动阐释、交际关系理解以及历史文化参数分析都具有重要意义"（隋然，2004：9），并且这一多层面语义结构是民族心智和认知心理特点的综合体现，它同该民族的社会文化进程、文化精神自觉、文化价值判断等紧密相关。总体上讲，文化概念的层级化语义解析就是要尽力发掘出隐藏于概念语词背后的民族文化信息、民族心智实质内容，通过文化概念语义结构的分析可逐步呈现出民族精神、民族意识的建立所经历的文化历史过程和社会、语言和文化事实。

四 小结

综上所述，作为民族文化的基本内容和载体，文化概念在人的社会、精神生活中发挥至关重要的作用，某种意义上讲，社会个体、集团都以自己独特的方式创建、拟构、感受和实践着文化，文化概念的过程和历史就代表着一个人、一个民族的精神文化事实过程和历史。文化概念以结构性的方式和特有的抽象意义内涵成为一个民族的重要文化标尺和心灵世界组成部分，很大程度上代表并体现着该民族的价值观、道德观、人生观等精神、意志、信仰等文明、文化特性，并由此构成语言、文化、社会中的一个个完整交际行为和事实，后者进而可称为"是对含有价值因素、概念因素和形象因素的文化概念的外化表达形式进行引用的总和"（刘宏，2012：48）。研究表明，俄罗斯民族文化概念有别于作为语词同现实事物对应关系及区别义征集合的词义，它是一种观念、表象、知识体系等糅合而成的民族文化心智，而这一精神属性和文化内涵[①]使它有了自己相应独特的生成机制和语义结构内容、语义特性，反映出俄罗斯文化概念所特有的自身系统性、多符号性、多功能性和文化价值性，进而其层级性、时代性和语义结构可能的变化性都规定着需要对它进行不断充实、更新和动态分析与解读，从而赋予它强大的民族文化生命活力。

---

① 该语义内涵属性也从文化概念角度显示出"俄罗斯文化是一个特殊文明的形成体"（朱达秋，2003：143）。

第二节 俄罗斯民族文化概念的分类范畴

文化概念是一个民族物质、文化、精神生活的记录，涉及现实外在、思想内在的方方面面，这些丰富、复杂的内容需要有一个条理性的梳理和归纳、描写，为文化概念的分析提供眉目清晰的对象。"梳理某一语言文化观念[①]各进化层级的主要特征是理解历史上的俄罗斯和解读当代俄罗斯的有效途径之一"（杨秀杰，2007c：54），现有文化概念分析往往疏于对文化概念分类范畴、分类方法的描写，并且已有的文化概念分类研究一般游离于具体研究任务，是在没有特定研究目标的情况下进行的文化概念分类，缺乏目标性和分析的针对性，其分类结论值得推敲，同时也导致文化概念相关方面的诸多问题无法得到很好的解决。文化概念的分析和研究应该突出和尽量挖掘概念的文化精神性、价值思想性、社会人文性和民族意识性。基于这一认识，本节将展开统辖于这一文化研究任务之下的俄罗斯民族文化概念分类范畴分析。具体而言，我们将依据文化—认知研究的宗旨和文化语义揭示这一目标，将俄罗斯文化概念分化为情感、精神、道德伦理、世界观、价值观、意识形态等 6 个次范畴，由此建构起俄罗斯民族文化概念语义场和文化概念系统，为认识和了解文化概念提供一个场性网络的探察坐标、体系。该分类范畴将深化我们对俄罗斯民族文化概念体系的认识，从范畴场性意识和功能立场角度促进俄罗斯文化概念的分析和研究。

一 文化概念分类问题

文化来自人的精神、意识参与和作用，文化概念的产生同人的物质、精神、社会活动密切相关。文化概念的分类与一般的语言、文化研究分类不同，它实际是对民族意识与文化认识的分类，面对的是有关社会、历史人文事实同人的精神审视和观念判读的关系问题，其特殊之处在于，它对应或者针对的是同文化、语义和认知都有紧密联系的文化事实以及同民族心理息息相关的文化现象，相应在分类出发点和分类基础上，需要特别关注那些在范畴意识上制约着概念分析的文化概念及其特质乃至不同时代的文化心理特点，以期概念分类对象、范围和分类框架既能囊括民族文化历史、文化现实

[①] 在此，语言中的特定"文化观念"对应于本课题所谈的"文化概念"。下同。

内容，又能体现出文化概念的范畴分野和条理，为文化概念分析与解读奠定基础。文化概念的分类是概念分析的一个步骤，另一方面它实际上也是以分类意识来识察文化概念，文化概念分类范畴格局会以特定方式影响、制约着文化概念的分析。

"文化概念本身具有聚合体和文化本源特性"（Красных，2003：272），这一方面为概念分类提供了客观便利条件，而另一方面它所涵括的文化对象纷繁而驳杂，同时其本源性的文化内容还可能相互交叉错合，这为概念分类带来一定困难，因此，文化概念的范畴化往往需根据一定的分析宗旨进行细化，"可以根据不同出发点对文化概念进行分类"（Маслова，2006：50）。本课题的文化概念分类依据和出发点是文化—认知语义场，即以文化场性的立场来观照和划分文化概念。此外，文化概念具有研究方法上的开放性和"分类上的多样性"（Карасик，Слышкин，2001：79），"文化观念也可以按照不同的基础进行分类：按主题、按载体、按话语类型等"（刘宏，2009：23）。

（一）分类对象

文化概念分类对象的选择对于后续分析的开展十分重要，因为它实际是在为文化概念研究确立分析的范围，一定程度上决定着概念分析的走向和质量。根据文化概念的集成性理解，"概念是集体意识中具有多维文化意义的社会心理构造物"（Кирилина，2001：142），文化概念在民族文化生活的方方面面都有反映，分布范围较广，出自研究目的和任务的考虑，加之目前"关于文化词汇（文化概念——引注）的数量与范围，目前没有共识"（华劭，2010：14），本课题的分类对象限制在俄罗斯民族的核心文化概念范围之内，主要同俄罗斯民族价值表现、民族精神意志、情感认知、意识形态有关的文化概念，原则上不涉及具体事物类（人工制品，物品类）文化概念[1]，这些文化概念能够集中体现和反映出俄罗斯民族的文化特质和性格特征[2]。"核心文化概念有40—50个，但任何社会的精神文化本身很大程度上就在于这些概念的操作"（Степанов，2004：6）。这些文化核心概念彼此之

---

[1] 虽然正如 В. А. Маслова 认为，"具体事物文化概念也可能具有抽象的精神文化意义"（Маслова，2006：265），但这只占少数，如 колокол、дом、дорога、друг、снег、памятник、море 等。

[2] А. Вежбицкая 曾指出，最具有俄罗斯文化民族特色和最能反映俄罗斯民族性格的概念是 душа、судьба、тоска。它们在俄罗斯日常言语交际中经常出现，并且俄罗斯文学（不论是高层次的还是民间的）每每会涉及同它们有关的议题（Wierzbicka，1990：13-36）。

间存在不同关系，客观而言，有些概念（范畴）之间可能有交错、模糊的关系，例如，стыд 既是人的一种情感内在体验，又包含明显的道德意识成分，甚至"被视为道德意识的首要体现"（杨利芳，2016：50），其在情感和道德文化概念的范畴化归属上即难于作出非此即彼的评断。又如 правда/истина 是属于世界观概念还是道德概念？комплимент、похвала 属于情感文化概念还是伦理概念、社会（行为）关系概念？лесть、пошлость 是属于社会评价文化概念还是道德概念？дружба 属于精神文化概念还是价值观文化概念？另一些概念之间可能是同义、近义、相关或者基于某一特征形成对立。例如，"俄语中一系列重要概念以价值极化方式存在①，如下列按'高/低'特征相对立的概念词偶：истина 与 правда，долг 与 обязанность，добро 与 благо。而典型的价值极化例子可认为是 радость 和 удовольствие 这一词偶"（Зализняк Анна，2005：155）。我们认为，确定分类对象的主要依据是"民族精神价值性"，即所选取的文化核心概念是能够代表和集中呈现俄罗斯民族核心文化精神的概念，是能够深刻反映、揭示俄罗斯民族心智实质和文化特质的概念。

（二）分类原则

分类原则对分类层次和面貌有直接影响，它使文化概念对象呈现出不同的分类格局。文化概念是民族传统的积淀和民族基因的传承，包含多维文化意识、文化语义结构，可以依据各种认识性参数和原则对其进行范畴化区分，建立起不同的文化概念次类。文化概念分类原则主要有主题原则、语义结构原则、话语原则、结构原则、场性原则等，这些原则、方法同时也代表了文化概念分类的层级结构和分类内容、特征，表明文化概念的多向位性及文化概念内容层次的复杂性。

Д. С. Лихачев 根据主题原则将文化概念区分为情感概念域、教育概念域、文本概念域等（Лихачев，1993：3-9）；А. П. Бабушкин 根据语义结构原则将文化概念分为词汇概念（包括思维图片、概念图式、概念框架、概念脚本、概念分脚本等）、成语性概念及语法性概念等（Бабушкин，2001：52-53）。也有学者根据概念属性或话语类型将文化概念划分为教育类（Карасик，1999a）、宗教类（Карасик，1999b）、政治类（Шейгал，2000）、医

---

① 这种价值极化方式可简化为两极方式。Ю. М. Лотман 和 Б. А. Успенский 指出，"这种两极对立的二元论植根于总体上决定着俄罗斯文化特点的东正教的某些特征"（Зализняк Анна，2005：155）。

学类（Бейлинсон，2000）等次范畴，而此时的话语则是概念手段和存在于语言载体意识的概念总和（Слышкин，2000a）。进一步还可以根据范畴概念场即场性原则对文化概念进行分类，由此形成不同的文化概念场。此外，"概念可以被结构化为具有普遍性、文化独特性、个体—心理性、现实性或者非现实性的知识块"（Степанов，1997：8），根据概念结构对应的知识块类型，可以将文化概念区分为不同的文化概念层次以及其中相应的"初始概念与派生概念"（赵艳，2005：35）。而值得注意的是，从动态角度看，"概念作为意义阐释者总在不断准确和更动。……概念的数量和许多概念的内容会不断发生变化"（Маслова，2006：51），并且概念的归类和判别有时还需要考察其具体使用的言语条件，"同一语言单位在不同交际语境中可能成为不同的概念"（Карасик，Слышкин，2001：78）。因此，文化概念的分类方法、原则应该顾及多方面因素，其中有些因素是核心性的，而另一些可认为是辅助性的，有些分类原则可以将其他原则包蕴于其中，例如，场性原则、语义结构原则就具有这样的概括功能特性，它们一方面能够呈现文化概念的语义聚合和概念系统特点；另一方面可以使文化概念在范畴内涵的关联中建立起清晰的结构层次语义关系。从这一点看，文化概念的分类原则又允许操作上的适当整合、归并，相应得出的分类范畴关系将会显得更为直观而系统化。

二　俄罗斯文化概念分类层级系统

目前，有关俄罗斯文化概念的分类问题并未达成共识，已有的俄罗斯文化概念划分随分析对象的选择以及侧重点的不同而相应有别，其中不少分类缺乏系统性和完备性。我们将在现有研究基础上建构起有关俄罗斯文化概念的分类层级体系。

（一）目前的主要分类

Н. Д. Арутюнова借鉴实证哲学思想，从宏观上将文化概念分化为两大范畴：一是同人的生活相关的（"命运"类别），它相关于发生在人身上的事情，是主观性的；二是同人的思索有关的（"真理"类别），它相关于人对世界本质及世事的思考和探索，是客观性的。两类概念都超越了人本身，并让人明白远非所有的事情都是人所能控制的。二者分别从"左面的"生活方面和"右面的"思想方面限定着人的现实、心智和言语行为等意志行为领域（Арутюнова，1994a：4）。此外，在Н. Д. Арутюнова看来（Арутюнова，1994b：302），客观性的 истина 概念范畴相关的是阐释着世界本质的概念，而主观性的 правда 概念范畴说明的是人的生活，位于二者之间的是表现人的行为、举止、活动以及心智、言语行为的行动域（зона, действия），该域经受着来自两个对立面向的真理和命运范畴的影响和作用。真理与命运的对立关系通过二者间"观念的—现实的""天上的—尘世的""形而上的—本体的""现象物—自在物""理想物及其体现"等相互关系得以确定，即真理使实质与存在相对比，而命运使其标本范型同生活实现相对照。

В. А. Маслова 认为，概念由观念化特征成素，即区分性地反映在人的意识中并具有不同抽象程度的主观或客观世界个别特征所构成。相关概念可作为民族文化概念圈要素（элемент национальной концептосферы）加以描写。概念可以是个人的（каляка-маляка）、情感的（счастье, радость）和全民族的（душа, тоска, кручина, родина）（Маслова, 2006：53）。В. А. Маслова 从总体上将概念划分为三类：一是哲学范畴概念，如时间、空间、原因、变化和运动等；二是社会范畴概念，如自由、权利、公正、财富等；三是民族文化范畴概念，如俄罗斯民族的意志（воля）、文化修养（интеллигентность）、聚议性或团契精神（соборность）等。这三个概念类型总体上概括了文化概念所涵盖的范畴（Маслова, 2001：51）。而从相对具体的层面看，В. А. Маслова 的文化概念划分组别包括[①]：①"世界"概念，如 пространство, время, число, родина, туманное утро, зимний вечер；②"自然"概念，如 вода, огонь, дерево, цветы；③"人"的概念，如 новый русский, интеллигент, гений, дурак, юродивый, странник；④"道德"概念，如 совесть, стыд, грех, правда, истина, искренность；⑤"社会概念（понятие）和关系"概念，如 свобода, воля, дружба, война 等；⑥"情感"概念，如 счастье、радость 等（Маслова, 2006：75-76）。不难看出，В. А. Маслова 的文化概念分类在宏观和微观层次上并不严格对应，在概念分布的概括均衡性上值得商榷。

与 В. А. Маслова 的概念分类相关，Р. М. Фрумкина 的文化概念分类范畴主要涉及的也是文化学、社会学、哲学领域，例如：победа、свобода、справедливость 等概念。这些概念的内涵随意识形态的变化而不断变化（Фрумкина, 1992：26），并且其概念的分类意识中渗透着动态性的认识

---

① В. А. Маслова 实际分出的是 9 类。这里剔除了不属于我们所谈的文化概念范畴的 3 个组别，包括"人工制品"、"科学知识"及"艺术"概念。

思路。

以 З. Д. Попова、И. А. Стернин 等为代表的认知语言学派主要谈及和区分的文化概念类型包括人类活动和关系范畴（труд，игра，оскорбление），人类行为范畴（риск，вежливость，толерантность），人类智力—情态范畴（желаие，ум），人类最高力量和灵魂追求范畴（бог，счастье，благо），具体现实范畴（факт、пространство、место、предмет、снег、памятник、природа）等（Попова，Стернин，2001：12）。这一文化概念分类反映了对"人"的因素及其同现实关系的深刻文化性认识，使个体及社会经验结构同文化知觉、体悟相联系，体现出对认知和文化关系的一种关注，因此其文化概念包含能在实质上反映人对事物本质属性认识的一切概念，相应认知语言学派的概念分析是要"通过体现概念的语言手段来解释某一民族概念范畴中的概念结构与内容，认识该民族的世界感知与行为特性，探索人们的认知规律及概念形成的共性"（刘娟，2008b：53）。与此同时，我们看到，З. Д. Попова、И. А. Стернин 的概念认知分类有过于宽泛之嫌，对概念中"文化核心性"的处理不够到位和严谨。

（二）文化概念分类范畴系统建构

"概念是具有自身历史的概念域的一部分"（张喆、赵国栋，2006：31），文化概念的分类有着由其深广内涵所决定的强大张力。本节将主要从场性分类的立场出发，将俄罗斯文化核心概念分为精神、情感、道德伦理、世界观、价值观、意识形态等6个核心范畴，这些文化概念范畴基本概括出了俄罗斯文化中最本质、核心的范畴化内容，从不同侧面体现俄罗斯民族（不同时期）社会文化动态和特征，能够反映出俄罗斯民族的文化倾向性、文化精神实质和民族性格、民族个性和文化特质，在民族文化、心灵的塑造、表现中各自发挥积极作用。下面分别对这些文化概念范畴展开具体分析和描述。

1. 精神文化概念范畴

精神同人的行为方式、行为模式、行为表现是联系在一起的，它从思想意识深处支配着人的行为，其物质表现所转化、释放出来的实质性精神价值意志成分即为精神文化的内容，民族精神构成文化概念的基本内涵，精神世界的内涵、特质和丰广性是民族文化的实质性体现。对于一个民族来说，精神是财富和力量，它积聚着社会能量，民族精神同人的精神构成一种文化精神的整体，没有它，生命的意义和文化的价值将无从谈起。从历史发展（进程）看，民族精神是一个民族的脊梁和推动民族进步、发展的文化内在动因，也是社会存在、发展的内在因素和内在要求，凝聚着民族创造力，民族精神的内涵、特征很大程度上决定着该民族的社会意志、社会发展走向和社会文化面貌。进一步讲，精神文化是民族各种意识、观念形态的集合，民族精神文化是其外在物质力量和文化精神的一种观念意识体现，具有民族文化基因的继承性以及不断丰富、完善的待完成性，"民族精神文化构筑起民族生存实在中的精神空间"（Колесов，2004：11）。人与自然的和谐、人生的未来都可以成为文化精神的论题，文化进程中，精神往往通过情感行为得以创建，并以文明的形式表现出来。民族精神相沿相因、代代相传，文化精神相应通过文化概念在民族历史发展中得以不断丰富、壮大，通过文化概念可以反映出社会精神生活的另一种状态（Степанов，2007：3）。表示精神范畴的俄罗斯民族核心文化概念主要包括 душа、сердце、воля、судьба、желание、зло、добро、дружба、вопрос、вежливость、милосердие、задушевность、удаль、победа、война、риск、дорога、путешествие、благо、быт、бог 等。这些概念能够反映出"俄罗斯精神的宽广性"（朱达秋、周力，2010：10）。

2. 情感文化概念范畴

"情感是一种原初的调整机制，是人所有主观建构和过程的基础和起源，这包括人的感受、知觉、记忆、反应、思维、想象、注意、意志、活动和行为等在内的心理体验"（Петров，2002：120-121）。作为文化、文明的重要载体，情感是人所处外在环境、内心体会、情绪态度及其相互作用关系的总和，它和情绪一样，属于人对客观事物所持的态度体验，与态度中的内向感受、心理意向具有协调一致性，它既是对人"感"与"思"的描绘，也是对文化的刻画和心智表释（Васюков，2013：47），隐含着一个民族的文化气质和文化表现方式。情感的文化内涵同它内在上包含的人的道德感、价值感、审视感及审美感紧密相连，情感文化概念是人情感世界、情感生活的记载和反映，人的内心世界、心理—情感世界是一个十分丰富而复杂的情绪感知世界，民族物质感知、生活体验、信仰与好恶等都会沉淀为人的一种情愫，并被逐步驱动为情感文化认识，形成语言中的情感文化概念。情感文化概念范畴在民族文化中占据独特而极其重要的地位，它所透射出的民族心理、情绪认知、人际态度、生命体悟等在最基本的人文意识上表达着人的心灵世界。民族情感文化可以通过不同的价值主体、价值目标指向折射出来，包括个人情感、集体情感和社会情感。在俄罗斯文化概念体系中，情感文化核心概念主要包括 любовь、счастье、горе（счастье и горе）、горечь/

горесть、кручина、меланхолия、скорбь、уныние、радость、тоска/скука、печаль、ненависть、уважение、самоуважение、гордость、жалость、страх、обида、удивление、презрение 等。它们蕴含的文化心理信息内容在很大程度上表达并实现着俄罗斯民族心智（русский менталитет），反映着俄罗斯民族情感的文化内容模式。

3. 道德伦理文化概念范畴

伦理是人与人之间社会关系存续、人际社会交往的道德规范和准则，是处理人际关系及人与社会关系时所应遵循的道理和原则，道德是人们共同生活及其行为的规范，是人自身约束、相互约束的一种社会文化形态，道德具有突出的自律性，正是凭借这一自律特性，人的自由和道德产生了关联，"精神理智上的自由很大程度上属于道德范畴现象，而道德是唯一的一种既不会剥夺人的自由，又能够保障其自由的力量"（Лихачев，2006：68）。道德的特殊性表现在它往往会转化为一种精神和力量，这在社会群体和个体中都有体现。由于道德的形成、作用、规范都要依照相应的伦理思想和法则，所以伦理、道德往往是联系在一起的一个文化整体。伦理、道德是一个民族的情性、人文、个人修养和公共意志，是民族素质的基本体现和行为规范准则的意识化结晶，它在人的生活和精神现实中有最深刻的体现，伦理、道德投射到人的社会行为、生活形态、思想意识中，反映出来的是极为丰富而又特别的文化概念内容，伦理与道德会相互碰撞、竞争、联系和融合，形成更为复杂、内涵更为丰富的社会文化概念，包含社会行为、社会运转的基本纲常、法则，是社会公众意识、精神状态、行为认知的集中体现。非常重要的是，道德伦理文化范畴具有鲜明的个人评价和社会评价特质。道德伦理是社会关系和规则意识的综合，在人的道德伦理意识中，总有另一个人的存在，这"另一个人"既包括"内在的自我"，也包括身边所关涉的所有亲疏远近的人乃至整个社会（Арутюнова，2000а：54-56）。并且这个内在的"我"（Эго）是情感和意志、愿望和需求、性情特点和物理状态的主体，而"另一个人"是使"我"适应于社会生存条件的内在监督者。正是从这一意义上，"这'另一个人'形成了人的道德意识"（Арутюнова，2000：55）。道德伦理意识在俄罗斯民族文化概念范畴中有深刻的反映，"俄罗斯民族有着深厚的道德传统，厚重的道德感也是俄罗斯文化的重要特征。这种厚重的道德感与基督精神中的道德追求是一致的"（朱达秋，2000：118）。俄罗斯民族文化贮库中的伦理道德文化概念主要包括 совесть、стыд、честь、слава、пошлость、справедливость、искренность、человек и личность、власть、 жизнь、смерть、терпение、оскорбление、похвала、комплимент、причина 等。这些概念的知晓性、普及性在一般的交际话语中也可以反映出来：Тебе разве неизвестно, что такое честь, совесть, дружба? （М. Гиголашвили） 什么是人格、良知、友谊，难道你不清楚吗？（这些基本的还要人教吗？）现代世俗社会对什么才是生活中重要的这一问题的认识有了显著变化相关：主要调节人的操行的不是抽象的道德规范，而是同操行相关的个人感受或者行为者在周围人眼里的名声（Булыгина, Шмелев, 2000: 233–234）。

4. 世界观文化概念范畴

世界观是社会、民族的基本思想观念，是社会成员对人、对事的态度、立场、认识，代表着一个民族对世界的基本观点和看法。世界观具有广泛社会实践性，它会潜移默化地影响人们，在行为意识上支配着人、引领着人，对人的行为方式、社会活动、社会体验以及生活理解和感悟等都会产生直接影响。世界观随社会的发展、进步、变迁而相应更新、完善、优化。世界观同人的社会地位、生活状态、思想认识（境界）和观察问题的视角、立场密切相关，世界观的形成代表人的行为规范、行为模式的建立，相关行为实践涉及的方方面面会形成特定文化行为模型，记录在语言意识、语言载蓄中即逐步升华为世界观文化概念。反映俄罗斯民族世界观的文化概念核心范畴主要包括 свобода、истина、правда、ложь、обман、труд、честность、убыток、польза/интересы、мир（община）、искренность、толерантность、соборность、время 等。

5. 价值观文化概念范畴

价值观是人们认识、评判事物价值的标准，指个人对客观事物（包括人、物、事）及对指向自身的行为结果的意义、作用、效果和重要性的总体评价，是对什么是好的、是应该的所持的总体看法，是推动并指引一个人采取决定和行动的原则、标准，构成人们个性心理结构的核心要素之一。价值观同民族心理、社会理想以及社会个体的发展状况等文化因素密切相关，"价值观总是奠基于人的历史需求，体现了人的理想，蕴含着一般的评价标准，展示为一定的价值取向，外化为具体的行为规范，并作为稳定的思想定势、倾向、态度，影响着广义的文化演进过程"（张岱年，2004: 304）。价值观是人生观的集中体现，它使人的行为带有稳定的价值认同和志趣取向性，是人们分辨是非及事物价值性的心理倾向体系，社会活动中，人不仅在积极认识世界是什么、怎么样和为什么，而且还知道应该做什么、选择什么，发现事物对自己的意义，设计和规划自己，确定并实现奋斗目标，这些都同价值观有关，因而价值观决定、调节、制约人的个性倾向中的需要、动机、愿望等，统领着人的行为动因和行为模式，一旦确定下来，它会反过来影响、调节人的精神需求和价值愿景。价值意识、价值观往往体现为一种社会评价关系，即人们对人和事物所感受到的优劣、好坏、高低、美丑、远近等的一种评价态度、偏倚取向以及由此所体验的一种避趋心理状态。现实表现中，共同的价值观具有社会凝聚力，可以将不同背景的人联结到一起，折射出一个民族的社会心理和个体意志，构成社会精神意愿与个体内心世界的核心要素。因此，价值观的确立同一个民族的社会文化语境密不可分，"特定民族文化传统中价值模式的建立应当立足于各种文化事实材料"（Левки-евская，2008：61）。

进一步讲，正因为价值观是人和社会价值意识、价值判断的体现，直观反映着人的生活意志、生命追求及人生选择，价值观也成为世界观的重要来源和表现形式，直接制约、规定着人的思想和行为。很大程度上，世界观、价值观乃至人生观是一个有机整体，有什么样的世界观就有什么样的价值观和人生观，价值观、人生观是世界观的重要组成部分，又是它的具体体现形式。人生观与价值观紧紧相连，人生观决定价值取向，价值观引导人生走向，人生观、价值观又丰富和带动着人的世界观。正是在价值观与世界观、人生观的概念体系互动关系中，民族文化映照出人的社会追求与精神追求的光芒。俄罗斯民族价值观文化概念范畴主要包括 ценность/цена、порядок/беспоря-док、долг、обязанность、интеллигенция、интеллигентность、красота、подвиг、образование、пустота、старшинство、слухи 等概念。

6. 意识形态文化概念范畴

意识形态以人的观念形态为基础，这指在一定社会语境之下形成的对现实世界、对人和事的系统看法、见解，包括政治、法律、艺术、宗教、哲学等思想观念。意识形态（идеология/ideology）是一种文化所特有的思想意识方式，是民族、社会思想的源头以及民族意识存在的化身，意识形态可以被理解为一种具有人的主观理解性的想象和一种观察人和事物的思想方法，因此它是人对社会存在的感悟和思想体会，是在一个民族的人文环境、观念认识、生活理解等因素综合作用下形成的事物认知，是民族观念和价值思想、价值取向的总和。意识形态方式、内容同文化语言方式相结合，凝结为一个个内容充实、饱满的文化概念，在思想意识层面上反映民族的文化面貌。从社会精神实践和社会参与的层面看，意识形态文化概念是文化的一种独特话语方式，它会以自身特有的观念方式支配一个人或一个社会群体的精神、意志行为。俄罗斯民族意识形态文化概念范畴主要包括 закон、вера、надежда（вера и надежда）、грех、вина、добродетель、игра、начало/конец、менталитет/ментализм、ментальность、состязательность、собственность、мужественность и женственность、гостеприимство 等。

三 小结

综上所述，文化概念分类范畴实质上是贯穿着民族文化基因、文化特质及深层民族属性的一个文化语义场方式和概念范畴体系，正是在这一意义上，它在概念关系的深层根源、机制上牵制着文化概念分析。文中分析建立起了由情感、精神、道德伦理、世界观、价值观、意识形态等六个次范畴构成成的文化语义场，这有利于针对性、条理性地开展文化概念的场性分析，从分类方法意识上深入到俄罗斯民族"社会团体的共同的心理定式、认识和信仰、传统"（李喜长，2008：46），为文化概念分析的积极推进提供一套可行的认识思路和概念化条件。如果说文化概念是走进一个民族心灵世界的钥匙，那么文化概念分类范畴的建立就是通往民族心灵的一个平台和阶梯，文化概念的范畴化在分类意识上加深了对文化概念内涵的认识和理解，有助于在文化根系和文化范畴视野上认识文化概念、审察俄罗斯民族文化，并深入、系统地开展俄罗斯民族文化概念分析，进而通过一个个概念范畴的文化场性分析，集部分为整体地实现文化概念的系统化分析、形成对俄罗斯文化的整一性理解，逐步走进俄罗斯民族及其文化世界。

第三节 俄罗斯民族文化概念的分析策略

文化概念是一个民族的文化记忆单位，同时也是反映民族文化的独特"心灵价值"单元，它使民族文化基因、民族精神特质得以绵延传续，在精神、价值关系的深层底蕴上实现民族观念构拟、整合，塑造着民族文化心理与民族意志，是民族信仰、民族心性及民族情感、道德、伦理、审美等文化间性的栖息之所，包含着丰富的民族文化思想内涵。"任何社会的精神文化本身很大程度上就在于核心文化概念的操作"（Степанов，2004：6），要走近一个民族的精神、心灵、思想世界，就必须对该民族的文化概念这一文化心智（语言）实体进行深入、细致的分析与解读。本课题研究的核心思想是从文化认知立场出发，对俄罗斯文化概念分析方法、策略展开讨论。我们一方面将对现有文化概念分析方法进行梳理和评述；另一方面在此基础上提出文化概念的分析主要有词源分析、文化语义内涵与词义特征分析、隐喻搭配分析、格式塔分析及话语综合分析等五种方法、路径及对应的五个分析层次，建构起俄罗斯民族文化概念分析的层级化策略以及由这些分析策略协同、整合而成的方法体系，这一文化概念分析体系将有助于深入了解俄罗斯民族的核心文化价值，多维度展示俄罗斯民族心理、民族个性及思想观念、价值意念、精神现实等文化意象和文化特质。

一　关于文化概念分析

文化概念是民族的一种文化智慧体现，也是对民族生命的一种文化贡献，它包含丰富的社会文化内容和心智、观念信息，在人的社会交往活动、言语交际现实中发挥着重要而独特的文化功能作用，塑造着社会意志和社会个体的思想灵魂，文化概念同文化概念分析本身是联系在一起的一个文化整体单位构造。

文化概念分析表象上是对概念语词的分析，而实质上是对一个民族的文化思想意识和文化底蕴的分析，俄罗斯文化概念分析是对其民族类型、民族文化定型的解读。在文化深层意识上，"概念分析方法使我们明白在意识理想空间即潜意识中现象是如何存在的"（Чернейко，1997a：196），概念分析可以得出隐藏于文化语词之下的情景现实关联和社会、文化价值关系，以及人对现实的丰富的感悟、体会，它可以解构出寓于语言之中的民族思维方式、认知特点、精神个性等文化信息，可以呈现出社会个体文化经验内容和社会历史文化记忆，这些信息内容是构成人们彼此之间社会沟通和思想交流、建立民族共识和（社会）价值互信的文化统觉和文化精神基础。"一个文化观念是由多个层面不同的语言单位所揭示的"（刘宏，2009：23），必须通过相应的语言文化分析才能显现出其文化价值、文化信念内容，同时认识一个民族、诠释一种文化，形成对其文化认知史实的判读和概念文化语义的评价，建立起有关一个民族的过往与现实的思想性、价值性认识，达成对一个民族的文化性、知识性的理解。

（一）文化概念分析的兴起

文化概念分析的产生和兴起同语言分析观由实证主义和逻辑—语用分析向语言的现实交际和认知概念化的转向有关。基于文化认知的心理自我识察和文化自觉、对文化自我的历史经验的关注以及同人的现实自身之间的联系，语言学、语言文化学等逐渐开始探讨语言中具有独特文化含义的抽象语词或关键词，一方面在语言意义、语义对象之外寻找其文化渊源，探索概念语词、概念意识之下的文化根源；另一方面借助经验—实验方法探寻这些文化概念语词的深层内容及其相关的文化现实，这就逐渐形成了语言中的文化概念分析。

俄罗斯语言学中的文化概念分析始于20世纪80年代末，从语言与文化、认知的关系上审视，它的产生将文化概念同语言形式及分析方法、手段紧密联系在一起，在思想表现（文化思维发展）、话语方式和交际情景的言语现状方面释解同民族文化、民族认同、民族心理、民族定型等相关的语言现象、语言行为及潜意识观念，致力于剖析文化概念语词及相关概念的多样性和深层历史文化内在，注重探讨文化概念定位、概念分类、概念与概念的关系、概念的语言化形式、概念分析的对象以及概念分析方法等方面的问题。而另一些文化概念研究则从文化概念的定义、形象和价值等方面切入问题，分别从词典释义定位、经验特征及民族行为规范上审察文化概念相关的语言文化内容，并且进一步从概念表示（обозначение концепта）和概念表达（выражение концепта）两方面入手展开文化概念分析。其中概念表示是指对本民族语言文化具有现实意义的成分划分，是为所思考事实片段对象赋予专门的符号，而概念表达是所有直接或间接说明、确切、发展文化概念内容的语言手段和非语言手段。这一分析方法的形成显示出文化概念中的知觉、心智、意识等主、客观认识内容的重要性及其同语言表征及文化载体之间的密切关系。

（二）文化概念分析的定位与核心内容

文化概念分析是指对具体文化概念的分析，是要揭示出特定文化概念所蕴涵的民族文化主体意识中想说而没说出来的内容即文化涵指对象，是民族意识中对文化概念对象的思考、感悟和经验体会，它所针对的是长久以来形成的、带有丰富精神特性的文化思想内容。因此，文化概念分析是对包含于语言文本①、语言事实、材料中的文化思想进行解读，是对文化概念的（深层）语义结构以及文化概念体系的结构组成等的分析——"语义重构是概念分析的基本任务"（Арутюнова，1988：8），文化概念分析的内涵即是要挖掘载蓄文化概念的语言材料、语言事实所透射出来的民族文化特质，是要

---

① 这里的文本不局限于单纯语符列意义上的语段或句构整体，"文本的外延扩张到一切与观照主体相对视的客体身上，包括了人的行为、艺术产品、事件甚至人自身，文本也因此获得了主体性"（彭文钊，2004b：15）。

分析文化概念在各种语言形式、语言单位构造中传达出来的文化含义，探讨属于同一场域的文化概念的语言表现特点，揭示"最能体现民族世界观、价值观的核心概念的深层内涵"（陈勇，2011c：17）。文化概念中许多同世界观相关的概念都有自己在语言中得以实现的语义模式，帮助认识和把握这一语义模式的有不同的意义、功能成分，包括"能够指明类属某一概念域的特征集、由价值体系位置决定的定义及对它（指'世界观概念语义模式'——引注）在人的生活中功能的说明"（Арутюнова，1991：3-4）。而这些语义模式各方面的关系和特征也是文化概念分析的组成部分。

概括起来，文化概念分析是以文化概念为对象展开的相关民族文化分析[①]，是要认识和确立在民族意识中相关文化概念和观念范畴是如何表现、运作、如何存在的，其基本内容包括对文化概念语词的词典释义、各类话语文本材料中反映出来的文化概念语义内容以及相关的各种文化联想信息等各个层面的文化概念内容集合。文化概念分析的核心内容是阐释概念语词的文化语义内涵和各种联想信息，在文化语境中考察文化概念所传递的民族文化记忆、文化属性和民族精神特征，分析社会成员和文化主体对各种物质、文化精神事物的态度、意念和认识，释读蕴含于文化概念语词中的民族文化思想、文化定型。

（三）文化概念分析的目的

俄罗斯文化概念分析的出发点是要将文化概念同语言事实结合起来，通过词源、搭配、语义场、评价、形象联想、隐喻等语言文化方式为文化概念构拟出一套特殊的分析性语言。这一分析方法将文化概念同文化概念词有机统一起来，为文化概念内涵解读和民族特点的认识、把握提供极大可能和便利，使文化概念分析和文化研究有了一条现实可行的方法路径。相应文化概念分析的目的在于通过对包含文化概念的语言事实的分析揭示俄罗斯民族文化特质，"通过话语分析和无法直接观察现象同感觉上可以体验的现实现象之间的对应关系来解读文化载体同概念对象事物之间的价值关系"（Лассан，2002：16），挖掘出有关于俄罗斯民族的思想意识、价值观念、情感意志、生命态度等内心世界内容，探寻俄罗斯民族的社会文化印记，还原俄罗斯民族生命历程的本真状态和文化面貌，从而增进对俄罗斯民族的认识和了解、走近俄罗斯民族，尝试确立起文化概念在语言中实现的语义模式及

[①] 概念分析（концептуальный анализ）一方面可以理解为是对概念的分析；另一方面则可以将它看成是一种独特研究方法（Никитина，1991：117）。

其在语言现实中构织出来的文化世界。"观念/概念分析①的目的就是要确立个体或群体语言意识中词语的深层次、潜意识的联系（这种联系不是结构的或成分的，而是文化的，并通过联想获得的），以揭示存在于人脑潜意识中的抽象实质是如何来投射于物质世界（现实）的"（赵爱国，2007：11），使概念深层认知语义内涵及文化语义特点、功能得以充分展现，并通过发掘能够确立人同世界关系的知识，"找到那些被归并入一种符号且前定着符号作为人所尽知的认知结构之存在的共性概念"（Кубрякова，1991：85）。在华劭看来，"观念分析的直接任务是剖析词语的用法，以使观念（也包括意义）变得更清楚，更易领悟，其长远目标则可能是揭示头脑暗箱中思想工作的秘密"（华劭，2010：17）。

二 文化概念的分析策略

文化概念是一个民族文化的复杂体系，相应其分析方法也多种多样。语言学领域的文化概念分析具体主要体现在以下三个维度：一是在文化学、文化语言学视角下开展分析，这能深刻揭示出文化概念的民族文化内涵、文化渊源；二是在语言文化学框架下分析最能体现民族文化精髓的文化概念，努力反映出一个民族的核心文化意蕴；三是在认知语言学框架下对反映事物本质属性的一般文化概念展开分析，揭示概念的文化认知语义特性。以下有关文化概念的分析策略将从既有的研究方法和本节提出的分析方法两个方面来谈。

（一）现有的文化概念研究方法

文化概念分析方法的核心原则是在概念词的搭配和具体使用中进行相应的文化语义分析，解读出概念词的文化内涵和文化特征。具体研究中，由于研究取向与出发点、分析手段以及分析对象等方面的不同，不同学者、不同学派的分析方法相应会有一定差异。通过归纳、整理，我们提出俄罗斯语言学界针对文化概念主要有五种分析方法，下面分别对这些文化概念方法作出具体分析和评介。

1. Н. Д. Арутюнова 课题组的文化语言学分析方法

Н. Д. Арутюнова 课题组经历了从逻辑分析、逻辑语用分析到概念分析

---

① "观念分析"即指"文化概念分析"。这里一并指出的是，后面引文中将出现的"观念"大致对应于本课题所谈的"文化概念"或其简称"概念"。

的演变，其文化语言学视野下的概念分析受语言哲学的思想原则支配，对文化概念的描写方法呈现出丰富、多样化特点，综合了逻辑分析、分布分析及次逻辑分析等方法元素，分析方法要领包括文化概念词的典型搭配关系分析、概念特性语法分析、文化概念隐喻分析以及同隐喻紧密相关的所谓形象性联系的分析。此外，文化语言学的概念分析还通过一些语言知识切入文化概念，比如同类概念构成的语义场、词的内部语义衍生、外部词汇派生关系以及词源知识等。这些知识的注入为其文化概念的分析提供了可靠的语言形式、结构和语义理据上的支撑，同时也彰显出概念内涵在俄罗斯民族中的文化基础性和文化建设作用。

  Н. Д. Арутюнова 课题组的文化语言学分析方法立足于文化元语言的符号学立场探讨文化概念的符号学表现，并且注重将文化概念分析同认知和语义分析相结合。课题组对文化概念的分析主要集中在 истина、правда、ложь、долг、творчество、причина、судьба、добро и зло、закон и порядок、красота、свобода、время и пора、память、человек и личность、свое и чужое、милосердие、вопрос 等核心概念语词的描写上（Арутюнова, 1991），体现出文化概念所具有的个性化、社会化、民族化及全人类特性，从民族底蕴上显示出文化概念的精神传统、意识形态、价值意念、宗教信仰、艺术审美、道德人性等文化精神特质。课题组提出，"由于世界观相关概念是紧密相关的，概念分析的理想研究首先应该提供清晰的概念清单，按照范畴进行划分，并对分类原则做出评估，区分出初始概念和派生概念，研究它们的层级，分析它们的定义和类型。从该课题组在概念分析领域的研究来看，所探讨的概念依次是：судьба→действие→истина→время→человек→движение→пространство→добро→начало/конец→космос/хаос→красота→число→игра→ложь/фантазия。从中虽然难以看到非常严谨的逻辑推演关系，但其反映的宏观研究思路还是清晰可见的，即以"命运–行为–真"为发端，以"时间–空间–人"vs."运动"为背景，以"真–善–美"为核心，以"始/终–有序/无序–数–游戏–谎言/幻想"等为个体概念来全面展示俄语语言世界图景的特点"（参见陈勇，2011a：67）。另外，文化语言学分析方法下的概念研究也较为关注文化概念内容的结构问题，基于这一认识形成了相应的文化概念场性分析的方法，这同时也为文化概念的分析提供了一个新的研究视角，拓宽了文化概念分析思路。

  同 Н. Д. Арутюнова 课题组文化语言学视角下的文化概念研究方法相类、相关的文化概念分析方法是 Е. А. Шейгал、Е. С. Арчакова 的文化概念研究。他们认为，概念研究主要有以下分析方法：对概念关键词的语义成分分析；对概念关键词的同义词和派生词的分析；对概念关键词搭配能力（固定搭配或自由搭配）的分析；对典型化概念的格言警句展开分析；心理语言学实验（揭示概念的联想领域）；对不同话语类型中的语篇进行分析（Шейгал，Арчакова，2002：19-24）。

2. Ю. С. Степанов 的文化学分析方法

Ю. С. Степанов 是从文化学角度进行文化概念分析的主要代表。Ю. С. Степанов 将文化概念视为集体意识的文化现象、文化心理结晶，强调文化概念的特殊社会实质和民族凝聚力以及它在人同文化之间的积极对话作用。在具体概念分析中，Ю. С. Степанов 所使用的方法主要包括确定内部形式（分析文化概念的词源）、历史法（分析文化概念历史）、社会法（分析文化概念存在的社会方式）以及实验法。Ю. С. Степанов 强调"词的意义是其用法的总和"（Степанов，2004：8），在此原则下开展的文化概念分析使文化概念的解释、描写同概念词的意义用法密切地关联起来。Ю. С. Степанов 对文化概念词条的总体分析结构为：①词源学；②早期欧洲历史；③（某种程度上的）俄罗斯历史；④同现在的联系。Ю. С. Степанов 使用的分析材料和论据包括词的词源——直接材料、语言资料；作家、社会活动家文本中这些词和概念的用法、解释以及其他词典材料（Степанов，2004：7）。

值得注意的是，Ю. С. Степанов 的文化研究中，概念的分析方法问题同时也是有关概念内容和概念现实性的问题。在他看来，由于概念具有"层级"构造，并且不同概念层次是不同时代文化生活"沉淀"的结果，所以概念研究方法不是一种，而是几种不同方法的总和（Степанов，2004：49）。Ю. С. Степанов 的文化概念研究注重物质事物可能具有的精神含义，认为在精神和物质文化之间没有不可逾越的鸿沟，主张文化中没有纯粹精神性的概念，也没有纯粹物质性的事物，每一种文化现象都具有这两个面相（Степанов，2004：75）。Ю. С. Степанов 文化学分析理念中的基本概念形式也同样首先是（抽象）名词，他主要分析的文化概念包括 культура, концепт, константы; вечность, мир, менталитет мира (ментализм); слово, вера, любовь, радость, воля; правда, истина, партийность; знание, наука; число, счет, письмо, алфавит; закон, власть; свои, чужие; Русь, Родина; цивилизация, человек, душа; мир (община); интеллигенция 等。此外，随着研究的进展，文化学方法中的文化概念分析还逐步将讨论重点转移到同民族情感、心智、民族意识及日常生活等相关的文化概念范畴，进一步拓展了研究范围，同时也突出了文化概念的文化基本性和文化心理语义特性。

3. 语言文化学分析方法

语言文化学视角下的概念分析法是以阐释民族文化语义为目的的一种研究方法，它重视文化概念语词的词典学释义，借助百科知识词典和语言学词典确定概念在世界图景和民族语言意识中的地位及表征形式，以词典定义为核心，重视概念在语言系统中的组合和聚合关系，综合采用定性和定量的分析方法，力求概念分析结论的全面性和客观性（参见陈梦华，2014：75-76）。语言文化学方法的文化概念分析将民族的社会历史和文化传统同其语言图景特点相结合，在"语言实现"（языковая реализация）的真实材料中揭示文化概念的内容实质以及概念词体现出来的民族精神、意志和文化精髓，"着眼于语言单位蕴含的具有鲜明民族文化特色的内容：既包括表层物质文化层面，又可深入到民族精神文化的意识深处，探究该民族心理特征、思维方式、审美观与世界观"（陈勇，2011a：61）。其代表人物 В. И. Карасик 初期（Карасик，2002）提出的（具体）概念分析的描写方法如下：通过词典释义划分出语义特征→通过语境分析划分出联想相关意义特征→通过词源分析划分词的构成→通过对熟语的分析划分行为规范→问卷调查（Карасик，2002：30-31）。后来 В. И. Карасик 对文化概念分析方法作了进一步细化（Карасик，2007），这些方法步骤表现为：概念语词语义分析→概念语词词源分析→概念语词转义、联想义的语义分析→表示和表达概念的语词、词组所处语境的语义阐释分析→对概念相关联想内容的文化阐释分析→对表达概念的评价标记用法（谚语、警句等）的阐释分析→对被测试人就某概念内容相关题目所写短文的分析→对被测试人就某概念口头表达的量化反应的分析（Карасик，2007：38-39）。事实上，"语言文化学是具有跨学科特点的科学领域，因此在其框架下既可以采用语言学方法，也可以用语言学之外的方法展开研究"（Карасик，Слышкин，2005：15；2007：12-13），语言文化学视野中的文化概念分析和解读意味着多种研究方法的综合运用，唯有如此，文化概念背后所隐藏的丰富信息才能得到充分揭示和展现。

语言文化学方法下的文化概念分析角度及研究方法极具代表性。В. И. Карасик、Г. Г. Слышкин 语言文化学派主要分析的文化概念包括 честь、состязательность、судьба、собственность、любовь、труд、старшинство、обман、пустота、образование、красота、приватность、вежливость、слухи、гостеприимство、власть、закон、тоска、подвиг、смерть、пища、 самоуважение、здоровье、детство、путешествие 等。他们的这些文化概念分析蕴涵着独特的俄罗斯民族文化心理和文化意识内容，"具有突出的民族文化和民族语言特点"（Дементьев，2013：46），并且十分有助于"揭示不同民族文化背景下的语言世界图景，反映语言文化的异同，探索民族意识和民族文化的共性与特性"（刘娟，2008：53）。

4. 认知分析方法

认知语言学的分析方法同它对文化概念的理解有关，认知视角下的文化概念是介于人与世界之间的独特文化构造体，即认知主体共性和个性发展融合的文化性产物，它反映民族认知心理和思维特点，是基于人的经验知识和认知信息处理、加工，对民族文化现实世界进行范畴化、概念化的结果，"文化概念是对特定世界片段知识的范畴化、价值化的描写，概念结构中呈现的是对于相关文化具有功能性意义的特征"（Пименова，2004：10），正如隋然指出，"在认知科学中，концепт 成为表示心智资源单位和信息结构单位的术语，反映的是人类的认知和经验。这是一些有效的、内涵丰富的人类记忆、知识、心理、世界语言图式的单位"（隋然，2004：7）。认知方法之下的文化概念分析将文化、语义同认知、心理有机结合，从涉身感知、文化意象的立场出发描写和揭示能够反映人和事物特有性能和原型特征的概念文化信息，"注重在认知阐释的过程中获取相关的文化概念信息"（Гольдберг，2008：6），关注文化概念的认知和意识属性、心智活动属性，并在思维和认知本质这一共性层面上将概念和意义关联起来（Попова，Стернин，2007：18-20，34）。在认知分析方法的基本理解中，"文化概念是一种心智构造物，是具有相对规整内部结构的人的基本思维密码单位，是个人和社会认知活动的结果，是针对所反映事物或现象的一种具有总体性百科知识的信息，同时也体现社会意识对该信息的一种阐释及其对该现象或事物的态度"。（Попова，Стернин，2007：34）俄罗斯语言学界从认知维度进行概念分析的主要代表是 З. Д. Попова、И. А. Стернин、В. А. Маслова、В. И. Карасик、Е. С. Кубрякова、А. А. Залевская 等。他们提出的文化概念分析程式为：选择用于分析的文化关键词（即文化概念语词）→关键词的词典释义→关键词的词汇搭配→自由联想实验法→关键词的同义、反义词分析→对含纳关键词的谚语、俗语、习语的分析→对包含相关关键词的文学作品的分析（Попова，Стернин，2001：101-159）。认知分析方法的文化概念研究具体探讨的文化概念范畴有较广的分布面，主要包括人类活动与关系（труд，игра，оскорбление）、人类行为（риск，вежливость，толерантность）、人类智力与情态（желаие，ум）、人类最高精神代表和向往（бог，счастье，благо）以及具体现实（факт，пространство，место，предмет，снег，памятник，природа，дорога）等范畴领域（Попова，Стернин 2001：12）。总体上讲，认知方法充分体现出民族世界图景之下文化的社会化进程特点①以及社会感知、社会精神的文化塑造性和文化张力，该方法所分析的文化概念在内涵上比语言文化分析方法研究的概念内涵更为丰富，学者们注重的是能够反映同类事物本质属性的一般性概念，通过体现概念的语言手段来解释某一民族概念范畴中的概念结构与内容，认识该民族的世界感知与行为特性，探索人们的认知规律及概念形成的共性（参见刘娟，2008：53）。

5. 综合分析方法

可以认为，俄罗斯语言学界 Н. Д. Арутюнова、З. Д. Попова、И. А. Стернин、Ю. С. Степанов、В. И. Карасик、В. А. Маслова 等学者的概念分析方法的实质是语言语义、认知语义与文化语义的一种综合分析方法。这体现在语言系统的层级性及概念分析内容的综合性上，首先语言系统的层级性上，综合分析了从概念语言化的关键词即文化概念语词到包含该概念词的词组、句子、篇章单位，其次在概念分析内容的综合性方面，概念分析过程结合了历史文化背景、语言文化使用者对该概念的认知心理模式等内容。

进一步讲，文化概念综合分析方法同概念的层次性或层级构造实际是联系在一起的。"不同的概念在民族语言中所起的作用不同，因此概念分析应该具有层次性"（赵国栋，2008：30），"观念的层级分析就是努力'掂量出'语词被遮蔽的部分，追求的是民族精神在生成过程中的本来面貌"（杨秀杰，2007c：54）。

(二) 课题的文化概念研究方法

文化概念是一个民族精神、思想、文明的传导体，某种意义上讲，一个民族的历史传承和延续正是有了语言方式的文化概念渗透才有了真正属于该民族的文化内涵，"语言书写着民族的历史，并在很大程度上通过观念的传承规定着民族的精神构成、文化行为"（杨秀杰，2007c：54）。因此，语言文化认知、文化语义同文化概念密不可分，本质上它们都是民族世界图景的基本组成部分。基于这一认识及概念分析对象特点、文化概念选择面和研究主旨，同时参考现有研究方法，我们提出有关文化概念分析策略的词源分

---

① 在此，人的意识被"社会意识"所取代，但它不是人的个体意识的加和（Касевич，2013：137）。

析、文化语义内涵与词义特征分析、隐喻搭配分析、格式塔分析及话语综合分析等五个步骤和层级，它们协同作用，共同构成本课题所主张的文化概念分析方法整体（体系）。总体上讲，这些分析方法一方面可以从内部着手，通过概念语词的内部形式和赋予概念以独特语义理据的词源形态弄清文化概念的初原意义，并在语言文化历史、传统中形成的词典释义中揭示文化概念的民族文化语义内涵；另一方面可以从词围、语境、认知、联想、类比等外部因素入手，探明俄罗斯民族语言文化赋予它的所有可能的、隐匿于意识深处的文化含义与文化领悟。

1. 词源分析

语言同文化密不可分，"文化是社会生活各阶段在语言心智—精神活动层面上的一个切面"（Блох，2008：50），"语言同文化紧密相联：它会成长为文化，在文化中发展并表达着文化"（Очкасова，2008：118），而这一"语言—文化"关系性在文化概念的词源分析中有着最为典型、直接的体现，语言词源上所记载和体现的意义及其变化信息成为文化概念内容的基本来源之一，词源分析相应也成为文化概念的重要方法和组成部分，"词语的来源也是观念分析重要资源"（华劭，2010：17），"词源意义往往跟词的深层意义联系在一起。……词的深层文化意义可能是词源义"（赵明、张敏，2017：541）。有关文化概念语词的来源方面的知识汇集了其词根、词缀（变化）中的初始含义，可帮助恢复、解读出文化概念中丰富的民族历史文化内容，"弄清概念语词的初始意义及其内容上的变化"（Гольдберг，2008：8），有益于厘清概念语词语义的来龙去脉，"词源知识有助于恢复词汇的内在形式，从而有助于形成观念的最初依据"（华劭，2010：16），"词的内部形式记载着词语的词源历史，保存着前人对于事物的原初观念认识"（Манакин，2004：246），借助概念语词的原始形象和内部形式能够找出其文化上的因由和理据，并从语义和文化根源上审察概念语词的民族深层关联和文化基因信息，进而依循文化记忆、文化节点（文化烙印），在文化关联及文化比照等民族文化线索的导引下，确定出民族文化概念的来源和生成机制。此外，"文化概念是心智语言（它内在地表征心理世界中的全部图景）运作单位"（Кубрякова，Е. С.，Демьянков，В. З. и др.，1996：90），对概念展开的词源分析一定程度上还可以复建出民族心智的演化及文化概念背后的人文环境、精神形态、民族心性，由此得来的文化概念形成背景、过程和历史条件等信息对于诠释文化概念的内涵和整体面貌至关重要。

例如，文化概念"вера"从词源上审视，它起初来自古印欧文明，同宗教仪式行为有关，还在基督教产生之前的某个时间便已存在，是在双方的"契约（精神）方式，契约信任"基础上形成并发展起来的（Степанов，2004：57），显示出其文化范畴性质和文化基源上的独特性。古俄语中的文化概念词"судъба"在 11 世纪时为人熟知，但主要用于"法庭，法官（集合）"（суд）意义以及"法庭，审判"（судилище）、"司法，审判"（правосудие）、"判决"（приговор）意义。И. И. Срезневский 的古俄语词汇研究中指出"судъба"还有"定数，命运"这一意义（Срезневский，1958：608）。试比较："上帝、神灵的审判，裁判" vs. 在《犹太人战争史》古俄语译本中所理解的"命运""厄运"（Черных，1999：216）。这样，从词源上分析，概念词"судъба"的意义演变表现为：审判＞判决＞神圣的判决（天意、天命的裁决）＞定数＞命运，劫数（Черных，1999：217），总体上反映出文化概念"судъба"同"审判，判决"（судить）这一行为的文化深层关联及相应的文化形象演化。正如华劭所看到的，"судьба 就像 ходьба，учеба 一样。历史上曾是 судить 的动名词，后来 судьба 转而表示决定判断生活道路的主体——命运，进而转指受命运预先支配的人生经历，如 Мы не знаем ничего о судьбе поэта. 该词源可解释命运与审判者之间的形象联系"（华劭，2010：16-17）。文化概念"совесть"词源上同古俄语（从 11 世纪开始）中的съвѣсть 和古斯拉夫语的съвѣсть 有关，古俄语中的съвѣсть 表示"理解"、"明白"、"知识"、"协调一致"、"指示"、"纯洁"以及"良心"，而古斯拉夫语的съвѣсть 在希腊古文献翻译中用来表示"良心""意识""共同知道""意识到"。试对比它同相关希腊语词表示的"与某人共同知道"，"意识到"以及"明白"、"洞悉"、"了解"意义的关系。因此，学者们认为古斯拉夫语的съвѣсть 是对希腊语词的本原翻译（参见 Черных，1999：184）。尽管人们的理解不尽相同，但都注意到 совесть 在基本意义上表示的是"同某人一起获得知识（共同知道）"。因此，"汉语译文'良知'也比'良心'更接近原义"（华劭，2010：16）。

华劭（2010：17）的词源分析指出，观念 обязанность 是 обязать 的派生词，从构词顺序来看，应为：обязать → обязанный → обязанность 而 обязать 源自＞об-вязать，由于开音节规律音组 бв→б 若恢复消失的辅音"в"，会使人们知道 обязанность 与 вязать（捆绑）有联系。从而使"职责"这个词表示受外在于人的地位、职务约束；而 долг 则是受内心信念驱动应尽的义务。这与 долг 一词原义"债务"有关，在俄国人的意识中作为一个家庭成员（семьянин）、公民（гражданин）、基督徒（христианин）

分别在家庭，社会和神明面前应履行所承担的相应义务，有如借贷还钱一样，是自然应守的本分。这样 долг 与 обязанность 的区别就比较清楚了，尽管有时都译成义务、责任。在前面引用 судьба 语义场中，часть，участь，удел 这几个词就其词根而言，都和"部分""划分"有关。这些词更多表示的是"量"的概念。它们被当作"命运"的同义词，但原本指的是有这种遭遇的人从命运所分的部分福祉过少，灾难过多，未能占有总体中应得的公平份额，进而表示不好的命运，这也是形成命运与分配者形象联系的由来：像 рок、фартун/Фортуна、жребий 一类词往往表示人生中某个转折处，它们更像虚线中的点，只有 судьба 才代表贯彻人生的路线，正是线的形象使其可容纳生活中多变的事件，因而可把某人的生活与命运并列，如 Его жизнь и судьба такова，其他的词不得与生活一词同等并用。然而人生路线有长短，命运之线却只有曲折。如 Жизнь поэта не долгая, но судьба превратная（变化无常）。从上面的分析中各可看出在命运语义场中各种词语所代表的命运变化有着不尽相同的内涵。由此可见，文化概念词源分析直指概念语词意义的文化依据和文化内在联系，有益于在原始意象的基础上探析概念的文化本源性质及文化深层意义的运作、演变。

2. 文化语义内涵与词义特征分析

文化概念语词作为一种特殊的抽象名词，在物质意义层面上"对知识界定的内容性相对要弱"（ФЭС，1989：100），它对事物的界定和理解是以"抽象性"和"概括性"见长或以其为显著特征（Чернейко，1997b：40），而这种抽象性、概括性多来自于其语义和文化方面因素。因此，需要在文化语义内涵上对概念语词单位加以剖析和揭示。另一方面，文化概念是语词进入生活现实的纽带，其内容是词义同个体、社会、民族经验相互作用、碰撞的结果，对文化概念的分析显然也离不开对概念语词词义内容的了解。

语言是重要的文化符号，这在语词语义中有深刻反映，"文化分析是一项复杂工程。它与自然语言的词汇语义密切联系，水乳交融"（贺春英，2005：49），文化概念内容及其在语言中的体现具有多层面性，丰富而复杂的文化概念内容包含民族性、历史性、地域性以及主观认识性，文化概念（语词）的语义分析、词典释义是文化概念分析十分重要的方法和策略，"文化分析可以从语言学，特别是语义学获取新的思想资源。从语义视野探察文化内容是文化分析不容忽略的一个角度"（Wierzbicka，1997：13）。民族思想、情感、意志、立场等文化信息在文化概念语词的词典语义描写、词义特征中都有相应积极体现，因为词义背后的心理结构同样关乎语言的文化心智特征，"词义的心理结构不是简单的，而是复杂的"（赵秋野，2008：26），人复杂的内在世界和思想、意识等文化性内容同样会以积极形式投注于该词义，"民族思想、感情的变化也会反映在对词语的内涵理解和感情评估上"（华劭，2003：156）。文化概念语义结构特征的一个基本（逻辑）区域是对它的词典意义描述、词汇语义分析，因此文化概念分析离不开概念词的词典意义、词义研究，"这指在词典编纂释义基础上确立和描写文化概念内容"（Лассан，2002：5）。应该说，特定概念语词语义会潜含相关文化生成因素和文化信息，这是来自于概念词语言语义的一种文化挖掘和文化方式揭示，并且根据语言同文化的关系，语言单位意义是文化意义的一种表现方式和存在形式，"没有语言，人就无法观察、思考甚至认识整个文化世界"①（赵爱国，2006：28），词义本身也是人的意识、文化行为结果，因为意义即所谓社会定型和活动规则的任意形式，它存在于人的意识之中（Леонтьев，1983：9）。这样，"词汇语义信息对于确定存在于特定文化中的概念来讲十分重要"（Берегельсон，2011：79），"文化概念内容是词语的词义同人的个体经验和民族经验相结合的产物"（Маслова，2008：111）。

进而言之，在文化语义内涵这一方面，文化概念分析的一项基本任务就是要窥察它在文化主体意识中的存在状态和反映，通过概念语词文化语义结构、语义表现的分析，努力展现文化概念包含的民族性格、精神个性、生命态度、伦理纲常、道德评价等文化定势内容，同时反映出文化概念语词所对应的价值观念、思想认识、社会意志等观念意识的动态变迁，"依靠各种辞典来分析固定在词汇中的意义，从考察词汇意义的变化到窥见文化观念的变化"（刘宏，2005：39）。立足于文化概念的语言词汇层面体现和相应的词典反映，具体考察中，需要分析、采撷不同词典对文化概念词的文化性记取和释义，并从这些释义内容中凝练出文化概念可能包含的所有语义特征和文化语义信息。也正是在这一意义上，"在 А. Вежбицкая 的理论中，概念与语言意义之间并不存在本质上的区别，因为意义被解释为是'编码于语言之中的概念结构'"（Кошелев，2011：8）。这样，"通过对语言单位语义的分析可以进入民族观念域，弄清语义与民族观念域的关系、语义过程与认知过程的关系"（刘佐艳，2014：16），概念（语词）的语义分析同其文化语义内涵分析形成实质关联、契合和有机互动。

---

① 语言记载、传承着文化，"俄语作为文化符号系统，是俄罗斯文化的有机组成部分和重要的内容，是进入俄罗斯文化世界的主要向导和通道"（朱达秋，2010：100）。

值得注意的是，文化概念的语义分析之一还包括对文化概念词同其他相关概念词之间的关系如同义、近义、反义等语义关系的分析和描写，同时文化概念（语词）的词语搭配、固定组合、语法构造及谚语、习用语等表达式中也蕴涵特殊的文化语义内容，对这些词汇语义现象的分析同样可以增进对特定文化概念的认识和理解。正如 С. Е. Никитина 谈到，"针对民族文化'概念-语词'，应通过指明它们同该文化中其他概念间的联系来开展语义描写。描写所研究语词同与它具有聚合或组合联系的其他语词之间的关系，得到的是对我们所感兴趣的语词的一种局部解释。但局部解释的总和将成为对'概念—语词'足够充分的语义描写—阐释"（Никитина，1991：118）。

3. 隐喻搭配分析

文化概念的隐喻搭配在语义关系内涵上承载并反映着民族的特定文化联想思维和文化联想意义。文化概念分析同隐喻有密不可分的关系。隐喻不仅是认知创造、文化创造的重要方式和内容，同时也是文化概念重要的表现方式和栖身之所①。隐喻本身往往是人自身身体经验在心智、意识层面的发挥、展延，"以描写物理世界的语言来构建思想和认知的世界"（Рябцева，1990：165），"学者们逐渐在隐喻中发现理解民族特色和世界普适形象的钥匙，隐喻相应成为心理学家、逻辑学家及哲学家所关注的焦点"（Сукаленко，2004：459）。而结合概念重组语言世界图景的一个较为积极的方法是分析抽象名词的隐喻搭配。

一种语言中，"概念模式（концептуальные схемы）总是高度民族性和文化性的"（Радбиль，2012：9），这在文化概念语词的话语信息隐喻结构中有着鲜明而突出的反映。隐喻具有很高的文化信息性和信息功能价值（Храченко，1992：15），隐喻是文化意识的载体，另外隐喻也无法游离于文化感知，"离开文化意义和意识，单靠生物本能和纯粹的心理生物机制，无法进行隐喻的创造和领悟"（王松亭，1996：65）。隐喻是重要的文化记忆手段，"隐喻可以促进更好地贮存、记忆信息"（Храченко，1992：19）。而搭配方面，由于文化概念内容属于人经验化、意识化、直觉化层面的东

---

① 隐喻常被理解为是"言语形象形式"，是"事物、性能或事件的形象表征"（Москвин，2006：60），"从文化发生学角度而言，隐喻是一种文化行为"（陈勇，2005：1）。具体表现中，认知相似和形象思维在文化概念的呈现和解读中发挥重要作用，"直觉上的相似感知在决定着人行为举止的现实思维中扮演重要角色，它不能不反映在人的日常言语中。这是生活中隐喻的取之不尽的源泉"（Арутюнова，1990：8），而这也同样实实在在地反映在文化概念的隐喻关系表现之中。

西，这些潜意识内容需要在内化于人的语言意识深处进行挖掘，而语言搭配则是切入这一深层意识的有效进路。语词的表层搭配本身是文化、心理和历史延承作用下的语言意识反映，"符号和意义因为一定的历史文化、社会心理和语言本身的原因和条件，在具体语言内具有自己确定的相关性和独特的搭配，以不同方式固化现实"（杨明天，2009：27），这在隐喻搭配的语言、认知、文化关联之中得到了集中呈现。因而，文化概念的隐喻搭配分析对于文化概念的民族内涵揭示具有至关重要的作用和价值，文化认知分析中，"隐喻搭配从创建形象的手法演变为构成语言所缺乏的意义的手段"（Арутюнова，1978：336）。

概念语词一般属于抽象名词，在语言的运用、话语方式中往往同其搭配组合的语词构成隐喻关系，而通过隐喻搭配分析可以发现它在民族意识中所关联、表示的概念对象事物，找出文化概念隐含的相关文化信息，确立它在民族心智中的文化形象，深刻揭示概念语词表达的文化概念特征，展现出文化概念背后的个体价值态度、生活理想，以及民族的思想、情感、意志等文化信息内容。华劭（2010：16）还进一步看到，"在很大程度上，这些非物质实体的文化观念是借助所谓认知性隐喻构建起来的。应该指出，在这一领域，认知性隐喻不仅仅是增加生动性的手段，而是形成观念的方式。"这也表明隐喻认知还直接参与了文化概念的表达，可以立足于隐喻搭配，形象而真切地去描写、展现、感受和体会文化概念事物及其文化意蕴。因此，隐喻是建构意义、理解意义的基本方式和路径，这在文化语义的分析中也不例外。"隐喻成为思索和分析抽象概念的重要机制"（Кобозева，2000：171-172），而这种将文化概念作为描写对象时所产生的隐喻可称之为"'文化'隐喻"（Борухов，1991：109），"文化概念的表现同隐喻密切相关"（Никитин，2007：742-759），通过文化隐喻的搭配分析将有助于"揭示出综合、复杂的文化概念的不同方面以及它在人的生活中扮演的不同角色"（Арутюнова，2000а：75）。

具体而言，文化概念的隐喻搭配分析过程中，需要选择包含文化概念词的不同文本例句来分析概念语词的超常搭配和转喻信息，同时也需要分析含相关概念词的谚语、熟语或者对文化概念进行评价的习用语之中的隐喻现象，有时并不一定出现表达特定文化概念的语词，但却反映了相应文化概念内容，其中同概念有关的隐喻文化认知信息从动态化角度反映出社会成员、文化主体对各种物质、文化精神事物的态度、意念和认识，传达出文化概念在民族认知意识中的"形象性与情感性"（Москвин，2006：65），这同样值得分析和探讨。

非常重要的是,处于隐喻搭配中的文化概念往往隐含特定类型的概念事物形象,通过文化概念隐喻搭配分析可以得出关于文化对象事物的一系列联想形象和观念内容,这些联想形象源于人的生活积累和文化日常意识①,从不同侧面呈现一个民族的文化心理、个性特征和生活信仰等深层内涵。因此,与文化概念隐喻搭配分析相关的是围绕文化概念形成的文化联想,即分析和解读隐藏于文化概念语词之下的各种民族文化信息和文化形象。这部分由隐喻搭配分析推导而来的文化想象内容构成文化概念的格式塔信息。鉴于其重要性和独特性,我们将它单辟为一种分析方法。详见下文。

4. 格式塔分析

文化概念的格式塔分析是一种非常重要而独特的概念分析方式。格式塔是文化概念语词潜含的某一(类)形象,是贮存于语言、文化意识中的典型联想轮廓,格式塔既是民族世界图景中的一种完型认识,又是民族认知所定位的文化取象,它通过对文化概念的事物联想来揭示概念词背后的民族文化信息,反映同文化概念语词相关的实质性的文化直觉知识、文化意识上的联想和隐含意义成分(Зиновьева,2003:35-43),即借由文化概念语词在隐喻构造的超常搭配中所激发出来的深层联想内容、文化概念词的物的蕴含信息(вещные коннотации),该信息所折射的是固着于人的社会生活、感知经验等文化认知中的某种事物形象,例如,"思想"(идея/мысль)可以在人的意识中被物象化为"具有体积、尺码和重量的事物"(Глебкин,2012:89)。此时概念语词的文化联想内容等式 X is Y(实质上也为概念隐喻结构式②、次隐喻或二性隐喻)传达出来的概念意识转换和完形心理事件即为格式塔。显然,格式塔属于"语言意识的非理性、次逻辑"区域的内容(Чернейко,1997a:290),"反映了概念的次逻辑部分"(杨明天,2005:57),相应解析并获取这一物的文化蕴涵内容的过程就是格式塔分析,分析中所联想、推导出的信息属于民族意识深处的经验、思想和某种信念,是文化概念深层联想空间的外在物化体现,对于出现在隐喻构造中的文

---

① 文化概念具有深厚的日常意识的土壤,能够在不经意的语言表现(概念语词运用、文化语境)中发散出独特的民族文化气质和文化气息。

② 这是文化概念抽象名词同具体名词产生的一种隐喻关系,即 X is Y 这一概念隐喻、抽象名词格式塔的蕴涵、联想。В. И. Гаврилова 将格式塔内部的隐喻联系称为"隐喻接近"(метафорическое сближение)或"近似隐喻""类隐喻"(Гаврилова,2002:197)。

化概念来讲，格式塔几乎是它的一种思维方式，成为人们思考和接受文化概念内涵信息的基本形式。这样，文化概念格式塔是以默认方式存在于文化主体意识中，并且贯穿于概念使用全过程，一旦概念进入某一言语、思考过程，它就会自动形成格式塔，因为文化概念须要同相关物质蕴涵、特征结合起来，通过这些现实特性（包括客观现实和思想现实）反映出它的联想、类比等文化认知，确定格式塔述谓逻辑内容就是要找出文化概念投射对象，就是结合人的文化思维以落实其物的蕴涵、联想，同时也是对文化概念进行的分析。由此可以看出，格式塔实质上是在意识中完成的一种文化概念分析和联想行为。文化概念的格式塔分析通过隐形于文化主体思维和认知背景中的对象事物来展现、描写该文化概念，这将增进和丰富我们对概念的理解，反映文化主体意识对该文化概念的感受、领悟以及认识态度，同时展示出概念的文化形象，释放出相关的民族文化信息。因此，格式塔激活的是人们对文化概念的文化想象，发挥的是未见诸字面的文化对照功能。例如，在 зерно истины（真理的种籽）这一限定性组合中，истина 投射为栽培植物（злак），这透过 партонимический 关系表达出来，зерно 与此相适应，成为植物的一部分（Чернейко，1997：337）。这样，透过格式塔映射的文化联想对照，истина 被想象为可以不断生长、具有勃勃生机的物化事物（Истина есть зерно）。而对于概念分析来讲，就是要将这一默认、潜在并且往往无须复建的文化行为呈现出来并加以阐释、分析。从这一意义上说，格式塔内容的物化所指对于文化概念隐喻搭配联结的动词等谓词而言就是一种"先设"语义成分、"文化预设"要素，它关乎文化内容，由一般的语义预设变为"文化语义预设"，并且在格式塔的文化完型心理中，隐藏于人潜意识深处的文化预设对应于文化认知原型形象，该形象既可能是"产生于人意识中的似乎早已熟知的内容"（Степанов，2007：32），也往往可能包含着一种类似于"集体无意识的神话成分"的东西（赵迎菊，2006：48）。

这样，文化概念的格式塔分析方法成为隐喻搭配分析的一个推论，隐喻搭配分析往往意味着有格式塔分析方法跟进。进一步讲，文化概念的格式塔分析方式在概念语词的动词隐喻构造中有最为积极的体现，文化概念格式塔同动词隐喻往往相生相伴、相因相成，使动词隐喻分析打上了文化语义的烙印，动词隐喻研究从而同语言文化学研究得到结合，动词隐喻行为成为一种文化行为。此时，动词隐喻格式塔（метафоры-гештальты）代表一种文化心理属性（Лассан，2002：16），是一种文化联想方式，从一个独特视角反映出隐喻的文化概念价值和文化认识、认知功能，同时也表明动词隐喻积极的文化认知引领作用。文化概念格式塔能够对动词隐喻的搭配关系作出文化功能上的揭示、阐发，表明隐藏在表层语义冲突背后的深层次语义关联、缘由，格式塔分析也成为对动词隐喻的一种文化解码。

值得注意的是，还可以将人们对文化概念物的联想潜力模式化，将格式塔模型的建构、格式塔类型的分析成果看作文化概念分析的一种结果。Л. О. Чернейко 在对俄罗斯民族"命运"这一文化概念进行分析的基础上，归纳出了"命运的人格化"等格式塔类型（Чернейко，1997а：308）。从格式塔分析方法来看，"概念分析的目的是确定个体或集体语言意识中词语深层、潜在的联想联系"（Чернейко，1997а：196）。甚至可以对格式塔进一步系统化、凝练出概念语词的文化原型，从而更为深入地了解一个民族的历史文化底蕴。此外，借助文化概念的格式塔联想可以对文化概念展开丰富的形象联想（образные ассоциации）上的分析。而这往往是同隐喻分析密切相关的形象性联想，这样的概念格式塔联想分析可以系统、全面地揭示文化概念语词包含的隐性文化形象[①]，这些形象内容所涵括的正是一个民族深层的而又真实的文化特征信息。正是在这一意义上说，"相比于世界朴素图景，使物的蕴含在其中得以实现的'形象'世界图景显得更为独特"（Успенский，1997：151），并且从文化认知上讲，具体的一个个物的蕴含（涌现、获取）实际是完成了外在物理空间行为同心智活动之间的一次次认知对话。

5. 话语综合分析[②]

从语言文化的关系上讲，话语内容是文化概念思想信息的积极载体，因为同人相关联的文化概念内容总会以某种方式呈现在特定话语结构中，"人将自己的自然面貌、内心状态、自己的情感、智力、自己对实物世界和非实物世界的态度、对自然界的态度以及对集体和他人的态度等，都记录在了语言中"（Арутюнова，1998：385），"话语篇章的建构同文化记忆紧密相关"（Сазонова，2012：445），而这一记忆的重要组成部分便是凝结于文化概念

---

① 从文化认知层面审视，"形象是感知意义上的世界图景，是人对事物和现象及其特征和它们之间的相互关系的感知意象"（Москвин，2006：62）。

② 这里理解的话语（дискурс）是指"对等于'言语'概念和任何具体语句"（Серио，1999：26）的句子单位，这种话语的知识信源（主体）"可以是一个、两个或众多数量的参与者，话语知识结构可以并且应该在其所借以生成的所有社会、文化和个体的语用条件中得以考察"（Кубрякова，2012：124-125）。

中的内容，因此从话语文本的现实材料中探寻文化概念的内涵价值信息是对其展开分析的必要方法，话语综合分析成为俄罗斯民族文化概念分析的重要方式和手段。在文化话语文本中，"文化价值建构了话语结构后面'隐藏'的意义"（廖巧云，2007：477），从文化认知模式上讲，话语文化语境成为观察和解读文化概念信息和相关现实内容的独特"心智视窗"（mind windows）（Langacker，2001：143-188；冷慧，2014：11），它赋予文化概念以涵纳着文化主体的感受和情感在内的情景、联想等内容的综合思维特点（Бабушкин，1996：66-67）。

"文化概念是构筑人类'存在家园'的砖瓦"（Маслова，2008：110），文化概念本身就是人的文化存在状况的反映和体现，而这一文化状况落实到概念语词的语言表现中，则直接投射为其话语结构所呈现的现实文化内容解读。话语本身反映的是现实事况，而从文化角度观察，则是话语者将相关"概念"的意识领悟和心理识解融入了对现实的表达。"所分析概念的内容和与其有联想关系的情态内容随社会状态、结构乃至民族世界图景的变化而时常变动，对特定概念词的意义关注点也在变化"（Арутюнова，2003b：74-75），这些变化内容即需要在文化概念的上下文语境之中进行动态化识察。另外，作为文化上的表义单位，由于"文化概念的文化含义固着于语言意识和交际行为表现当中"（Карасик，Стернин，2005：2），因此，文化概念内容的揭示显然离不开话语分析。连贯话语将成为呈现概念相关信息的特殊文化脚本（культурный скрипт）[①]、"朴素的世界绘画"（刘锋，张京鱼，2015：1）或"广义上的朴素世界图景"（Вежбицкая，2011：389；Левкиевская，2008：61），话语综合分析成为观察和分析文化概念的一个方法

[①] "脚本是由一个个片段构成的事件框架模型，正是借助于脚本形式，知识才得以在记忆中组织起来"（Психологический словарь，1999）。脚本是框架的体现或框架形式，是一种意识结构形式。人们熟悉的情景在脚本中被描写为定型化的事件交替（Кубрякова，Демьянков и др，1996：172；Жеребило，2000）。另外，同脚本密切相关的"场景"（сценарий）也是意识结构的一种变体。"场景在话语解释过程中得以明晰，此时关键词和话语思想内容会形成一个主题（场景）结构，该结构来自于标准的、定型化的知识。在话语中发现、得出的个体见解会形成即时的、但在场景具象化过程中会很快被改造或为人掌握的一种认识"。（Кубрякова，Демьянков и др，1996：181）而从话语内容的思想整体性上看，"场景规定、体现着人的思想、愿望和情感的内在联系"（Вежбицкая，1996：371）。另外，需要指出的是，这里的文化脚本不同于 А. Вежбицка 跨文化交际视野下的"民族朴素价值和言语规范"（наивная аксиология и речевая этика）的理解和用法（Вежбицкая，2011：389-390）。

和视角，话语（脚本）成为概念对象的现实文化存在之定在，相关的框架（фрейм）信息"联合了通过场景组织起来的百科信息和语用信息"（Арутюнова，2006：7）。文化语境下的话语、"文化话语"（Маслова，2001：31）是人的意识、观念与体悟等的语言方式折射，"作为言语活动过程及产品的话语同人的认识状态相联系"（Рябцев，2012：434），而文化概念（语词）参与下的文化信息更是如此，它能有效帮助我们在文化语境中"刻画不同言语者的灵魂"（Geertz，2000：96；Wierzbicka，2013：1），也诚如Т. Б. Радбиль在谈到翻译中的上下文作用时所言，"语句上下文和文化上下文能够提供丰富的蕴含意义"（Радбиль，2012：18）。В. Б. Гольдберг也强调指出，"上下文分析法是让那些在词语体系意义中无法反映出来的文化概念信息得以揭示的有效方法。文化概念最为适宜的模式化必须将它的系统体现分析和功能体现分析相结合起来"（Гольдберг，2008：9）。Э. Лассан谈得好，"概念分析就是要通过话语分析……来解读文化载体对概念词汇所示情景的价值态度"（Лассан，2002：16）。

这样，话语综合分析是在文化概念语词所处语句环境下综合考察和分析文化概念，透过概念语词语句内容及其文化认知（语义）心理完形传达出的有关文化概念对象事物的认识、态度、观念等信息或者所发生的同该文化概念事物相关的情景—事件（包括其片段）来解读文化概念。一方面从文化概念语词角度看，它作为组合段单位参与建构情景事件或句子命题、话语构造，以其独特的文化伴随意义因子和信息功能身份进入话语相关文化内容组织。另一方面从概念事物对象看，由于它本身负载特殊的民族文化观念和思想信息，进入交际语句的上下文，形成同语境词围中相关语词之间的意义相互作用关系，这一话语关系所传递的语句内容相应体现、透射出文化主体对概念事物的不同感受、领悟，围绕该文化概念事物对象形成个体化、社会化等不同层面的各种认识——"观念依赖于该民族的语言和世界观，通过语词在话语中得到表达，更在对话、交际中丰富、发展和再生"（杨秀杰，2007a：99）。因此，从这两方面讲，文化概念语词、对象物总体上分别是语句结构单位和话语内容、文化信息表达的一个独特成素，尤其从话语文化内容传递上讲，话语的文化分析围绕概念语词这一核心来展开，概念语词成为这里话语文化信息分析的焦点和话语结构思想延拓的文化接口和着力点。而这里理解的话语（дискурс）是指"对等于'言语'概念和任何具体语句"（Серио，1999：26）的句子单位，它是涵纳概念语词的一个特殊文化构造、单位，可能是连贯话语、篇章中的一个片段或独立的语句，也可能是一个谚语、熟语（句子）、习语或惯用表达法。这种话语的知识信源（主体）"可以是一个、两个或众多数量的参与者，话语知识结构可以并且应该在其所借以生成的所有社会、文化和个体的语用条件中得以考察"（Кубрякова，2012：124-125）。因此，概括起来，文化概念的话语综合分析是在概念对象事物特征的基础上，找出文化主体心智中形成的有关"（文化）概念"事件的综合形象和观念认识，对应于一个概念综合体的事件认知语义文化完型，反映出文化概念在话语中的"框架思维特性"、"脚本思维特性"和"发展的、动态的特性"（Бабушкин，1996：52-56），释放出文化概念话语内容深层文化语境的张力。

　　同前述相关分析方法相比，话语综合分析有其独特之处和一定优势，这突出地体现于它可以反映出语言载体对文化概念对象物的评价、态度以及围绕该事物形成的各种判断、主张与见地，可以充分展现一个民族的社会文化现实处境与文化心智现实状态，从而揭示出文化概念背后隐藏的民族文化心性、文化实质。如果说隐喻搭配分析是利用事物之间创造性的形象（思维）转换来理解文化概念对象，格式塔分析是通过概念事物背后习惯性的联想物、潜意识中的关联物来认识、探解文化概念，那么话语综合分析则是从语句显义—隐义（语句明面上的言内义结合其言外之义）与认知心理完形（呈现）来释读同文化概念相关的各种社会文化含义、社会意义；如果说隐喻搭配是对文化形象思维的拓展、格式塔是对文化联想、蕴含的挖掘，那么话语综合分析则是注重在语句思想内容解读的基础上深挖文化概念的社会效应、社会体悟和社会文化认知理解，它无疑可以在（相对）完整的社会价值、意义层面上阐释文化概念、提取出与其相关的社会意志和民族精神、情操等内容。因此，三种分析方法各有自己的任务与使命，在文化概念分析与解读的整体系统中各自发挥着自己的功能、价值，它们彼此互动、整合，能够最大限度地展现文化概念的民族文化特点，能对相关文化概念的民族文化内涵作出更为全面、充分的揭示与阐释、放释出文化概念的最大社会效应和民族文化能量。进一步讲，话语综合分析的优势主要表现为，它能够在现实交际的话语内容中解析出文化概念的社会人文意义和文化涵指，更为直观地走进俄罗斯民族的现实社会精神世界、文化精神核心以及民族文化的灵魂深处。

　　归结起来，"文化概念具有研究方法上的开放性与分类上的多样性"（Карасик，2007：12-13）。我们认为，有关俄罗斯文化概念的分析应综合采用上述各种方法，并且针对具体不同文化概念的特点，应当可以作出方法上的一定取舍、调适和主次区分，力求有的放矢，通过最为有效、适当的方式对文化概念进行分析和解读。本文提出的文化概念分析策略和步骤可描述为：首先是对其进行词源分析，寻找文化概念的历史文化根源、背景、条件和来龙去脉；其次对文化概念语词进行文化语义内涵和语义（词义）特征方面的分析；继而将概念语词下放到各种谓词框架结构、组合限定构造、关系中，对其展开隐喻搭配中的文化分析，进一步探寻概念语词的民族文化含义；然后对文化概念进行格式塔分析，以物的蕴涵和文化联想的方式挖掘文化概念背后所隐藏的丰富民族文化信息；最后，将文化概念词置于各种文本、话语中，对其展开言语交际语境的文化分析，通过概念语词所铺陈的话语结构框架、语句内容展开概念事物相关的文化思想链路。上述几种分析方法的综合运用、层层推进，可使相关文化概念的民族、社会文化特征得到较为充分的剖析和解读。因而，我们所主张的文化概念研究策略实际是几种不同分析方法的总和。С. И. Никитина 曾经指出，"对文化概念的描写应尽可能提供存在于文化主体意识中的完整知识，即表达于某种语言文化定型的知识"（Никитина，1991：117）。借助于上述分析方法，文化概念语义内容将能得到较为清晰、完整的知识呈现，从而达到文化概念分析的目的。

三 小结

文化概念深层上是一个有关于民族文化的"灵动世界"，它背后是文化精神、文化意识，是人情百态、生命哲理以及人内心世界的生活感悟、精神体悟的写照。因此深入分析、阐释文化概念实际是重新回到一个民族的心灵、文化世界，也是对一个民族文化的一种新的精神领悟和解读。通过对语言中文化概念的分析可以识解一个民族的文化思想、文化传统，从文化方式、文化实质上深刻感受一个民族并逐步走近该民族，了解这一民族的性格、思维特点和民族心智。本课题倾向于采用文化、认知、语义相结合的层级方法展开文化概念分析，基于这一指导思想和原则，我们提出并讨论了有关于文化概念的词源分析，文化语义内涵、词义特征分析，隐喻搭配分析，格式塔形象联想分析及话语综合分析在内的多维分析模式和策略，建立起文化概念的多层面交织分析网络和机制。与此同时，文化概念分析方法可以随概念对象和分析手段、材料等的不同而作出相应调整，具有动态、灵活的特点，这也为文化概念分析方法（系统）的丰富和完善提供了空间。"随着概念分析相关问题研究的逐渐深入，概念的内涵将会得到进一步阐释，概念分析的方法会逐渐协调和统一，概念分析的结果也会相互补充、相互验证"

（赵国栋，2008：31），从而能够全面、深入地探察蕴含于文化概念之中的民族精神、民族意志及民族性格等文化核心价值。

本章小结

　　本章主要从俄罗斯民族文化概念的生成与语义特性、俄罗斯民族文化概念的分类范畴、俄罗斯民族文化概念的分析策略、俄罗斯民族文化概念格式塔及其文化认知分析、动词隐喻与文化概念格式塔、俄罗斯民族文化概念的动词隐喻搭配分析及俄罗斯民族文化概念的话语综合分析等方面对俄罗斯民族文化概念语义—分类及分析策略方面的问题展开了研究。其中相关概念的生成及语义特性表明了俄罗斯文化概念的形成机制和有别于语言语义的文化语义特点。概念分类范畴问题的分析建立起了有关文化概念的分类范畴，为俄罗斯文化概念的细化研究和针对性分析提供了有益的次分类方案。概念分析策略的研究则针对俄罗斯文化概念的内涵和特点提出了一整套解读它的分析方法和策略，在这些方法中，词源分析找出相关概念（内容）的文化源头和历史文化因素，文化语义内涵分析发掘概念的民族文化语义实质、特征和文化内在属性，隐喻搭配分析使文化概念在认知语境和人的文化经验、体悟中有了形象、生动而深层化的文化呈现，格式塔分析展示出隐藏在它背后的民族意识和文化想象，话语综合分析则在连贯话语的信息关联中体现出其动态、现实的民族精神观念、道德、理想等丰富文化信息。这些方法相互协作、彼此促进，将整合、展现出识解俄罗斯民族文化概念的强大分析合力。

第三章

俄罗斯民族精神文化概念分析与解读

　　文化概念是民族文化意识的沉淀与精神升华，表现的是同人的经验体会、价值感知、精神领悟等内心世界活动相关的内容，这些内容突破了概念语词（语言）语义结构本身，含纳着许多同民族心理、认知、文化、记忆等密切相关的联想信息，"人内在世界的思想内容远远多于词语表达的内容"（华劭，2010：17），而这些内容很大程度上正是文化概念文化语义内涵所系。精神文化概念是文化概念体系的重要组成部分，它对人的生活意志和社会活动有积极的主观能动作用和精神规划、引领作用，在一定程度上刻画和映照着人类精神选择和精神修养，深层次上体现着一个民族的精神道德和精神价值传承。从文化内核上审视，精神文化概念是人类精神主张、精神追求和精神成长的缩影，它所表达的观念意识是人类文明进步和演化的重要精神阶梯，从精神境界上提升并塑造着一个民族的文化内涵和文化形象。通过精神文化概念的分析可以深入而实质性地探察和挖掘一个民族的精神思想言行和精神文化特质。民族精神文化概念分析的核心任务就是要通过各种方法、途径深入揭示和全面阐释文化概念（语词）在该民族文化认知、语言意识和民族心理或潜意识中，意味着什么，指的是什么，表现的是什么，从精神人文底蕴上识察它在民族文化语境中能让人联想到什么、记住什么。

　　精神本身就是文化的表达，精神支配着人类思想活动，是人类社会活动的意识起始点，一种文化有了精神的存在，才会有价值存在上的信念支撑与意志定力。精神文化概念在民族文化体系中至关重要，它是人意识世界的灵魂，很大程度上主宰着人的意志行为和思想意识，有了这些深埋于人们心中的意识牵引，人的社会行为才有了精神旨归和意义，文化社会活动才会获得相应精神价值，人际交往才是有高度社会含义的，生活才是有情致和精神信仰的，并且能够在心理意向（构置）层面上预示着一个民族的精神发展和精神规划走向。从民族文化的角度看，精神文化概念以内涵化方式铸造、谱写着俄罗斯文化的灵魂、意志,对于整个俄罗斯文化体系具有极强的精神衍射和塑造力,在民族文化载体的生产活动、社会交往中具有潜意识的心理建设影响力和价值支配穿透力,帮助俄罗斯民众达成精神意趣上的互联互通。正是基于这样的认识目标,本章将选择最具代表性,最能体现俄罗斯民族精神特征的文化概念(语词)дружба,душа,судьба 为对象,具体从词源分析、文化语义内涵分析、隐喻搭配分析、格式塔分析及话语综合分析这五个方面入手,对俄罗斯民族精神文化概念展开分析和解读。以下首先要分析的是文化概念 дружба。

第一节 "дружба"(友谊)的分析与解读

文化概念 дружба(友谊)的精神性、精神文化要义在于"人际交往的精神沟通互信",它表现的是人际之间结成的美好意愿、美好情感和友善对待的互动性体验,能够很好地反映俄罗斯民族精神理想和愿望。作为"一种普遍的人类属性"(Вежбицкая,2001a:63),"友谊"是人类精神修为和精神思想的重要体现和标志,某种意义上讲,"友谊"本身就是人的一种情感、精神和文化智慧,承载着人际社会环境的独特精神价值,交往活动中,交际双方一方面将自己内心体会到的信任、友好的心绪传递给对方;另一方面希望从对方获得相应的正面情绪反馈与情绪对待,愿意为对方打开心扉,同时也愿意倾听对方,愿意帮助对方,同时也希望得到对方的帮助,尊重对方,同时也希望获得对方的尊重,而这些互信、互助、互敬感受会演变为一种意志正能量和美好的心理暗示,有益于人形成一种心理—情绪力量和亲密感,在心态、意志上积极影响人,为人带来健康、平和、惬意的心境和行为心理支持,从而在生活中找到信心和力量,勇于面对生活中的各种情势与世事变迁。而这一良性互动过程中表现或释放出来的心理、意志作用元素就是"友谊"中的精神、心灵之光,它对人们的处事、行动能力有显著的提升和正面心理引导等意识性作用。它的这些文化含义是固着于人的语言意识和交际行为(коммуникативное поведение)之中的意义,透射出鲜明的精神意象意涵。

包含于语言意识和人潜意识中的文化概念含义成分极其复杂,它涵括不同性质、不同来源的意义表象元素。这些元素都以某种方式关联着文化、解释着文化,展现着民族心智、民族认知中围绕该文化概念形成的种种心象和感受。正如 Ю. С. Степанов 谈到文化概念 закон 时指出,"那些伴随法律

（закон）一词的表象、概念（понятий）、意义、联想、体验之和即为法律概念内容"（Степанов，2001：43）。俄罗斯民族精神文化概念 дружба 的分析与解读即是要对包含这些方面在内的民族文化内容进行全方位阐释。以下有关文化概念 дружба 的分析中，一方面将从词源分析、文化语义内涵分析入手，揭示和刻画其民族语言文化基本内容；另一方面，文化概念所透射和表现的民族意识文化含义仅凭语言方式的词汇语义内容难以准确揭示和完全呈现，其完整识解和表征尚需借助于语言语义之外的多维文化语义和联想信息。诚如 В. А. Маслова 所看到，"文化概念包含该文化特有的联想、情感、评价、民族意象（национальные образы）及附加含义（коннотации）"（Маслова，2006：47），因此我们还将通过隐喻搭配分析、格式塔分析及话语综合分析来阐释它所蕴含和释放出来的民族文化意涵和民族文化联想意义。借助这两方面的文化分析与解读，将可以发现俄罗斯民族意识中的"友谊"别有洞天。

需要指出的是，后文讨论中，相似例句（指带同一核心词或词组、表达式的例句）及个别同一例句可能出现在不同分析、描写层次中，但它们各有自己的审察、分析角度，所提取和展现的文化信息有别，将各自从不同方位和视点读解俄罗斯民族精神意识中的"友谊"及"友谊"文化特性，不同任务和分工将使它们在所处分析环节中发挥各自的价值。

一 "дружба"词源分析

词源信息包孕着文化概念内容的基底和意义关联上的文化底蕴，涵纳文化概念（语词）语义生成和语义延扩、演化的基本线索，词源分析是解读文化概念的首要任务，通过它可以找出概念语词的文化根源和文化语义来龙去脉，认清概念语词意义同现有概念语义之间的内在联系，并为文化概念的后续深入分析奠定意义基础。

在 дружба 的词源意义关系中，"11—17 世纪的俄语中使用的是дрѫжьба，дрѫжба 《дружба/友情，товарищество/友好，同事之谊》，недрѫжьба，вседрѫжьба，раздрѫжьба，其形容词为 дрѫжьбьныи 《дружеский》"（Шапошников，2010а：247）。此时的 дружба 包含的意义主要是"共事关系""交好""友好""情谊"，有显明的"友谊"意义雏形。词源关系上，"дружба 来自共同斯拉夫语词 дружьба，由动词 дружити 带上后缀-ьба 派生而来，它在东斯拉夫语和古斯拉夫语中是表示行为的名词"（Шапошников，2010а：247），这里的 дружба 表现出同"人与人的友好交往"相关的行为特征以及该行为动作的名物化结果。此外,"дружба 在其他斯拉夫语中发展出了次生意义'同事,伙伴,婚礼中的男傧相'"(товарищи,компания,шафер на свадьбе)(Шапошников,2010a:247),除了前面俄语中 дружба 的"共事""结同、结伴"共性意义之外,突出了"协同参与事件"的行为者意义,表面上看似缺少了"友好"这一核心意义成分,但事实上其"婚礼男傧相"意义蕴涵着该意义成素,这由"婚礼傧相"本身的客观事理语义所决定,因为能够受邀参加他人婚礼,并成为新郎"傧相"的一定是该新人的好友、至交,这一非同一般的关系不是别的,正是亲密的"友朋""情谊"关系。此外,дружба 词根包含了"牢固的、结实的、可靠的""相互扶持""一个挨一个"类意义成分①(Арапова,Гайсина,2005:59)。

дружба 的词源分析显示,自 11 世纪以来的俄语中,该概念语词已然注入了"同事""交情""交谊""友好"的基本意义,即"дружба(友谊)是基于相互信任、眷恋(好感)和共同利益形成的亲密关系"(Шапошников,2010a:247)。

二 "дружба"文化语义内涵分析

文化语义内涵分析所关注的是文化概念在语言基本关系层面、基本表达形式中所反映出来的语言文化语义信息,它构成和体现的是文化概念(语词)的基本文化扇面,或者说是该民族对相关概念对象物的基本文化—语义理解。文化概念及其语词一旦进入民族语言运作、使用过程,一方面其语义内涵会不断丰富、延扩;另一方面又会以某种方式发生一定范围的变异,其间有社会认识、体悟及社会文化各方面因素的介入,其文化影响渗透到概念语词之中,促成文化概念语义内涵新的样貌,这样,语言意识中的文化概念语义内容、结构牵附于概念语词基本语义,将获得层面化和日常化的语言(文化)自然展现。因此,文化概念的文化语义内涵分析实质上又在描写和揭示着概念语词的深层意义,包括词汇语义和基于民族意识的基本文化内容和信息。文化概念语义结构内容极为丰富,词义作为概念词文化内涵的重要

---

① О. А. Арапова、Р. М. Гайсина 还提出了一个假设:在 дружба 概念的核心中有一个关于дерево 的隐喻,因为正是有了这一基本隐喻,能够对其词根中这些意义的共存作出解释(Арапова,Гайсина,2005:59)。

载蓄体，往往是文化语义的生发点和附着点，发挥着从语言到现实、认知到文化的传导作用，"文化概念不是直接体现在词义当中，而是词义同个体及民族经验产生碰撞的结果，概念是词语与现实之间的中介物"（Маслова，2005：32）。就文化概念 дружба 而言，"'俄罗斯友谊'具有一种补偿性的作用，俄罗斯人由于交际范围狭小，亲密可靠的朋友关系成为生活必需"[①]（Фрумкина，1999：6）。总体上讲，дружба 的词汇语义核心要素是"在相互信任、彼此交好、精神相通和共同利益等基础上建立起的人际联系"。这在以下各类详解词典解释中有大致相似的反映：

дружба 表示亲近友好的关系，由于眷恋和好感而形成的亲密交往。（Ушаков，2013：130）

дружба 表示基于相互好感、信任、精神上的相通以及共同利益等形成的关系。（Кузнецов，2000：285）

дружба 表示基于相互信任、好感及共同利益所产生的亲密关系。（Шведова，2007：217；Ожегов и Шведова《Толковый словарь русского языка》，bweek.narod.ru/rest）

дружба 表示基于相互好感、精神相通和共同利益等形成的关系。（МАС，1985：449）

而 В. И. Даль 的详解词典则给出了 дружба 更为丰富的意义，В. И. Даль 认为，"дружба 表示人与人之间的相互眷恋和亲密关系，好的方面是基于爱和尊敬的无私、牢固的友情，不好的方面是建立在相互利益基础上的亲密关系"（Даль，1998：825）。显然，该意义解释包含明显的认知理解和文化含义成素。

A. Wierzbicka 曾通过同 дружба 密切相关的概念语词 друг（朋友）来理解和阐释 дружба 这一文化核心概念，在她看来，"在 дружба 概念下可以有以下几种关系：близкий друг、лучший друг、закадычный друг、надежный друг、задушевный друг、настоящий друг、товарищ по толку"（转引自彭文钊，2001：23）。而 A. Wierzbicka 的这些解释实际构成概念 дружба 的文化外延，并形成对其内涵的辐射，构成 дружба 一种独特的"外延内涵传承"（徐盛桓，2010：22），无疑增进了对 дружба 语义内涵的理解。下面通过语料分析来进一步揭示、解析概念 дружба 的文化语义内涵。我们将具体从 дружба 表示的

[①] 因此，"俄语中的 друг（朋友）概念一般译为英语的 close friend（亲密的朋友），而英语中的 friend 相当于俄语表达中的'友人'和'熟人'关系"（Фрумкина，1999：6）。

文化语义结构次范畴特征中认识和分析其文化含义和特质。

（1）从精神意志的内在性上讲，дружба 往往表示发自内心（掏心）真诚、亲密的友谊，这在"友谊"最自然、真实的价值规定上蕴含着概念的文化内涵，即在俄罗斯民族意识中，дружба 的文化本真就应该是这样，在俄罗斯民众语言意识中，дружба 的基本理解和表现就应该是这样：

Здесь есть и бескорыстная любовь, и предательство сподлостью, и ложь и, конечно же, искренняя дружба и вера вдобро. （коллективный. Обсуждение мультипликационного фильма «Король Лев», 2011）（真挚的友谊）①

Только теперь в старости я понял и оценил, каким бесценнымдаром является настоящая искренняя дружба, лишенная всякой другой примеси. （И. Крюкова）（诚挚的友谊）

Желаю Вам сил и бодрости для выздоровления и шлю сердечный привет Вашей жене. С искренней глубокой дружбой Ваша Ю. Сазонова. （Ю. Сазонова, Н. Н. Евреинов, А. А. Евреинова）（真诚而深厚的友谊）

此外，从语义内在特性上讲，俄语中的"友谊"是精神上的、理智的：

Нинка Стожарова, у которой интеллектуальная дружба с Ваксоном, без всяких сомнений. （В. Аксенов）（知性的（理智、精神上的）友谊）

本质上讲，"友谊"也是忠诚的：

Дунаев Владимир. Проверенная дружба. Премьер－министр Индии приехал к нам расширять стратегическое партнерство. （В. Дунаев）（可靠的、经过考验的友谊/忠诚的友谊）

正是基于"友谊"的上述内在特性，俄罗斯民族的 дружба 往往持续久远、历久不衰：

А тогда клялись в вечной дружбе до гроба, кровью подписывали, булавку дезинфицировали йодом. （И. Грекова）（永恒的友谊）

С Иваном Мозжухиным Вертинского связывала большая долголетняя дружба. （Л. Вертинская）（多年以来/长久的友谊）

---

① 本课题例句主要来自 НКРЯ//ruscorpora. ru/及 https：//yandex. ru/和各类词典、辞书。为便于集中呈现文化概念所含核心文化信息、凸显文化分析点和分析主线，文中例句译文采取"摘译"方式，一般只译出同文化关键词即"概念—语词"（如这里的 дружба）及相应分析目标点所直接相关的内容。下同。

（2）дружба 具有自己特有的品质、属性和情谊特质，这在俄罗斯文化现实中有丰富表现：

Первую часть эпизода, столкновение машин, снять не удалось, потому что дождь кончился, голубые просветы в небе расползались всё шире и шире, и вдруг блеснуло солнце, и всекапли вспыхнули, и напряжённое состояние группы сменилось усталым умиротворением, удовлетворённостью, тихой дружбой. (В. Аксенов)（平和淡泊的友谊）

И отец знал Хомута, они дружили — какой-то безмолвной, тихой дружбой. (З. Прилепин)（无言、沉静的友谊）

Наша публика похожа на провинциала, который, подслушав разговор двух дипломатов, принадлежащих к враждебным дворам, остался бы уверен, что каждый из них обманывает своё правительство в пользу взаимной нежнейшей дружбы. (М. Ю. Лермонтов)（温柔的友谊）

Как проверить то, что он охотится за карточкой только из чистой дружбы, а не потому, что ему до смерти хочется самому прикарманить эти деньги? (Т. Устинова)（纯洁的友谊）

Вот так же назначались бурные митинги протеста, взрывы народного гнева и проявления братской дружбы, вот так же за много недель до праздничных парадов утверждались репортажи с Красной площади. (В. Гроссман)（兄弟般的友谊/手足情谊）

（3）从情谊性质评价上看，дружба 也有十分丰富的语义表现：

Сотрудничество двух выдающихся учёных переросло в трогательную дружбу. (С. Аксентьев)（感人的友谊）

Бледные поэты — в зарницах, в бурях и громах — пели вдохновенные песни о прелести дружбы, благородных порывах, свободе и мужестве. (К. Г. Паустовский)（美好的友谊）

Больше того, я помнил, что полвека мы с Васей дружили, ни разу у нас не случалось ни одной размолвки и никакой черной кошке не удалось пробежать между нами. Было решено отметить нашу золотую дружбу. Это, конечно, придумал Вася. (Э. Рязанов)（珍贵的友谊）

Первые стихи моего «Северного неба» обусловили моё знакомство и длившуюся много лет поэтическую дружбу с Миррой Лохвицкой. (К. Д. Бальмонт)（富有诗意的友谊）

Взаимная симпатия в этом случае скорее обернется лирической дружбой. （В. Горюнова）（抒情的/多情善感的友谊）

Не верит, что между мужчиной и женщиной может существовать чистая незамутненная дружба! （Д. Емец）（清澈透明的友谊/没有被污浊的友谊）

Я вспыхивала, но скупое извинение ее бескровных губ окунало меня с новой силой в капризную дружбу. （Д. Симонова）（变幻无常/任性的友谊）

（4）从载体特征或分布面上，也可以对 дружба 作出文化语义内涵上的审视：

Сам он был сыном учительницы, Олег и Михаил относились к нему немного иронически, но он этого не замечал, всегда был верен законам "мужской" дружбы, крепким он был парнем, с некоторой мрачностью в лице, но без тени сомнений в душе （В. Аксенов）; И с этого началась наша чисто мужская дружба. （Ю. Башмет）（男人之间的友谊）

Всё лучшее, что можно написать о женской дружбе, уже написано до меня （Т. Соломатина）; Потому как последняя, прямо сейчас, идя в ординаторскую, всё ещё верит в женскую дружбу. （Т. Соломатина）（女人间的友谊）

— Все человечество должно понять то, к чему пришло изначально, когда было создано Господом Богом: только в единстве, в общечеловеческой дружбе может быть побеждено вселенское зло. （А. Чуйков, Н. Гритчин）（全人类的友谊）

Здесь царила подростковая дружба, хотя и не без того, что Толстой называл влюбленьем. （Д. Быков）（少年/半大孩子的友谊）

Наверное, не зря она была, их неловкая детская дружба （С. Лукьяненко）（孩童之间的友谊）

Потому что скотоводы хрюкали неприязненно. Дружбу мальчика и скотины заметил фермер. Он подошёл и сказал: （В. Солдатенко）（孩子和小家畜之间的友谊）这一特殊的友谊关系载体（人与动物之间的"友谊"）映托出"友谊"的单纯、纯洁性，反映了俄罗斯民族意识中对简单、朴素"友谊"的内在渴望。

（5）дружба 具有情谊的形成过程、阶段和产生方式，这表现出它的发展、转化特点：

Между тем недавнее знакомство между Иваном Петровичем Берестовым и Григорьем Ивановичем Муромским более и более укреплялось и вскоре превратилось в дружбу. （А. С. Пушкин）（交情越来越深并很快转变为友谊）

Знакомство это крепнет и в 1853 году переходит в дружбу, которая становится всё более и более тесной. （М. С. Шагинян）（由相识转化为友谊）

Это знакомство переросло в дружбу на всю жизнь. （Л. Сайгина）（这次结交变成终生的友谊）

Признаюсь, мое «общение» с предыдущим Range Rover 4. 6 HSE не переросло в дружбу. （А. Федоров）（由交往到友谊）

С этого началось их приятельствование, далеко не сразу развившееся в дружбу. （А. Иличевский）（交情转化为友谊）

С некоторой натяжкой эти отношения даже можно квалифицировать как приятельские, однако в дружбу они редко перерастают, потому что в земледельце крепка родовая память, а в ней всё отзывается против так называемых городских. （В. Пьецух）（交谊变成友谊）

Наша дружба образовывалась постепенно, так и не превратившись в роман. （А. Розенбаум）（逐渐形成的友谊）

Наша дружба началась с первых минут пребывания в университете. （Я. Кудлак）（我们的友谊产生于刚进大学的时候）

Однако же дружба их, которая возникла во время войны, в Ташкенте, продолжалась до самой смерти Анны Андреевны. （А. Щеглов）（战争中产生友谊）

（6） дружба 有自己的情谊获取方式：

Я все силы употребил снискать его дружбу, чтоб всегдашним с ним обхождением наградить недостатки моего воспитания. （Д. И. Фонвизин）（赢得友谊）

От жены я не стану требовать любви, буду довольствоваться её верностию, а дружбу приобрету постоянной нежностию, доверенностию и снисхождением. （А. С. Пушкин）（获取友谊）

Так что ублажайте вашего банкира, господин Марголин, если он у вас имеется, ставьте ему выпивку почаще, располагайте к себе, завоевывайте его дружбу. (В. Скворцов)（得到友谊）

— Марфа Никитична была со мной откровенна. — И чем вы заслужили ее дружбу? — Тем же, чем и вашу: знанием древнееврейского. (Л. Юзефович)（获得友谊）

Ты не ищешь дружбы и уважения ее полудиких обитателей. (А. Рубанов)（寻觅友谊）

(7) дружба 有自己的特殊作用和力量：

Дружба, душевное слияние благородных сердец и непобедимая отвага хоть кого околдуют. (коллективный. Обсуждение фильма «Три мушкетера», 2008-2010)（友谊让人着迷）

Давняя дружба связывает не только руководителей крупных моторостроительных предприятий, но и их коллективы. («Вестник авиации и космонавтики», 2004.02.25)（友谊将人与人联系起来）

Не последнюю роль в политических настроениях обоих Мандельштамов сыграла дружба с Борисом Сергеевичем Кузиным. (Э. Герштейн)（友谊发挥作用）

После смерти Качалова ей было одиноко в семье — так мне казалось, и Ольга Леонардовна, ее любовь и дружба помогали Нине Николаевне преодолевать тяжесть потери. (С. Пилявская)（友谊能够帮助人们）

Дружбою, утешаются любовью — вот два гения человеческой жизни, которые уже давно расстались с кумирами большого света — философами нового просвещения, ложного благополучия! (Неизвестный. Варенька [1810])（友谊给人以安慰）

Премьер-министр Михаил Касьянов делал одно за другим заявления в том духе, что врагам бывшего друга протянута рука дружбы. («Коммерсантъ-Власть», 2000)（友谊就像能帮助人的一只手）

(8) дружба 具有价值和价值评价特征，成为精神价值评价对象：

Сережа ценил Сашину дружбу, и они часами оттачивали друг перед другом хорошо подвешенные филологические языки. (Н. Щербак)（看重同某人的友谊）

Аспирант Богданов восхищался доктором Лекриным и высоко ценил его дружбу. (С. Юрский)（高度评价同某人的友谊）

Увлекается хорошей музыкой и зимней рыбалкой. Любит и ценит дружбу. (Л. З. Зорин) (珍视友谊)

Но я всегда старался не обременять его своим вниманием — дорожил нашей дружбой «на расстоянии». (В. Давыдов) (珍惜友谊)

Ни бесценной дружбы со славой всей России, на корявый станционный стол брошенной за тысячу рублей. (Б. Васильев) (无价的友谊/珍贵的友谊)

Рано, очень рано понял Владимир Ильич, какова «цена» человеческой дружбы и чего стоят большинство «друзей». (Г. Попов) (人类友谊的价值)

Они советовали мне использовать мою дружбу с Иной, уверяя, что если это не сделаю я, то это уж наверняка наверстает какой-нибудь взрослый развратник. (А. Зиновьев) (利用好/充分利用同某人的友谊)

(9) дружба 有自己独特的表现形式，它通过各种方式反映出来：

Ответьте «да» или «нет» на следующие вопросы: 1. Уважаете ливы дружбу? 2. Привлекает ли вас что-то новое? (Каков ваш характер? [2003]) (尊重友谊) "友谊" 通过受到尊重表现出来。

Я приеду к вам с Сашкой, отметим нашу дружбу! (Э. Рязанов, Э. Брагинский) (庆祝/庆贺友谊)

Внешне демонстрируя почтительность к августейшейродительнице, Павел, скорее всего, стремился прославить этой достройкой именно дружбу — самое святое для него в товремя. (И. Грачёва) (颂扬友谊)

Дружба развивается у них лишь на основе общности интересов, участия в какой-то увлекающей их совместной деятельности. («Вопросы психологии», 2003.12.23) (友谊得以发展) "友谊" 通过不断发展表现出来。

Люди Великого Одиночества не могут рассчитывать на дружбу. (Л. Зорин) (寄希望于友谊)

(10) дружба 有自己独特的运作形式：

这一运作形式主要表现为俄罗斯民族意识中，"友谊" 是需要不断巩固、保持和维护的。例如：

В самом начале знакомства мы «по-мужски» скрепили свою дружбу и «справили» новоселье. (Р. Б. Ахмедов) (以男人的方式巩固自己的友谊) 又如：скрепить узы дружбы (巩固友谊/友好关系)，скперить дружбу клятвой（以誓言巩固友谊）。

А во время своего недавнего визита в Турцию президент Путин подписал с президентом Сезером совместную декларацию об углублении дружбы и много планового партнерства.（О. Храбрый）（加深友谊/深化友谊）

Хотя, еще будучи школьником, он активно осваивал фотографирование в кружке под началом профессионала высокого класса С. Новикова, дружбу с которым потом поддерживал.（А. В. Кривошеев）（维护、保护友谊）

У Авы, приученной дома к интеллигентской покладистости, хотя бы хватало прыти промолчать, чтобы сберечь дружбу.（О. Новикова）（保护/捍卫友谊）

А за дружбу надо платить каждый день.（«Профессионал», 1998.07.01）（为友谊而付出）友谊每天都需要付出，每天都需要维护、营造。

Есть ли реальный смысл планировать дружбу с Москвой надолго, на четыре поколения вперед, или это нечто, что может не пережить следующей получки?（Н. Злобин）（规划友谊）

（11）дружба 有自己相关联的特定概念事物：

Но дружбу сменила ненависть. Ненависть — фатальное чувство, такое же, как любовь, но со знаком минус.（Т. Виктория）（仇恨替代友谊/友谊变为仇恨）

Искренность юноши рождает дружбу, искренность человека пожилого укрепляет её: мы сдружились, мы стали неразлучными.（А. А. Бестужев-Марлинский）（人的真诚会产生友谊）

— Принципиально нет! Долги портят дружбу. Стоит ли этого какая-то сотня?（Коллекция анекдотов: скупые［1970-2000］）（债务损害友谊）

И форма дружбе не поможет и не помешает.（коллективный. Школьная форма. За и против［2007-2010］）（形式无助于友谊，也不会妨碍友谊）

Но мы засиделись допоздна. Со всеми драками-дружбами-поцелуями. Знаете, как это на шашлыках.（Е. Козырева）（打斗—友谊—接吻［友情］）显示出"友谊"中的矛盾性，既有友情，又有"打斗"，友情中

交织着打斗，打斗中又有友情的特殊关系、现象。

　　Любимое слово. Не в смысле «мама – папа», «дружба – любовь», нет. Всё это сначала — понятия. (Т. Соломатина) (友谊—爱) 表现出 дружба 往往与"爱"是联系在一起的。

　　Так, даже чудо любви-дружбы Марины и Али не открыло для матери внешний мир. (Л. Панн) (爱和友谊)

　　Так мы узнали, что обеих подруг связывала дружба-соперничество. (Э. Герштейн) (友谊—竞争)

　　（12）дружба 有自己相关联的特定行为：

　　Это была экспедиция дружбы, в которую он пригласил представителей трех самых великих, по его мнению, наций. (А. Сотников) (对友谊的考察/勘察)

　　— О мой истинный друг, — отвечал ему Александр, — будехочешь мне доказать свою дружбу, то будь сам другом Каллисфену. (Д. И. Фонвизин) (友谊是可以证明的) (这是情感上对"友谊"的外在对待)

　　Их сознание и любовь проверит логикой, и дружбу проверит логикой, и все разложит по полочкам. (Ю. Капишникова) (以逻辑检视友谊)

　　Так, например, всякий школьник, особенно учившийся по "Реторике" г. Кошанского, необходимую принадлежностью условного периода почитает союзы: если, то; надо внушитьему, что условность может заключаться и в периоде без еслии то, как, например: скажешь правду, потеряешь дружбу, и что эта последняя форма проще, легче и лучше первой. (В. Г. Белинский) (失去友谊)

　　分析显示，文化概念 дружба 具有极为丰富的文化语义内涵，这从概念语词的词汇语义上显现出该文化概念的基本而又多层面的语言文化信息，建构起识解 дружба 的文化语义网络、框架，这些文化底蕴分析内容十分有助于增进对概念 дружба 的全方位文化理解和认识。

三　"дружба"的隐喻搭配分析

　　隐喻搭配分析是文化概念的认知语义分析重要形式。文化概念的隐喻搭配分析是要通过概念语词的隐喻搭配、组合分析得出概念（语词）背后的文化信息和民族文化联想内容。借助隐喻搭配可以多角度生动呈现文化概念

第三章　俄罗斯民族精神文化概念分析与解读　　111

在民族心智、民族认知中的形象，隐喻搭配分析对文化概念分析具有十分鲜明、细致的描写性和突出的民族文化形象塑造性，可以从人的真切经验感受上刻画出文化概念在俄罗斯民族精神中的直观感觉与深层体会。以下将具体在结构隐喻、方位隐喻、实体隐喻三种认知隐喻模式及某种复合隐喻认知模式中①（参见彭玉海、于鑫，2014：7-11），对文化概念 дружба 的民族文化含义进行分析和阐释。通过隐喻搭配认知结构、模式的分析，力图阐明文化概念 дружба 在民族意识中反映了什么样的民族精神特征（包括心理、情感、心智特征等），体现了什么样的民族精神思想、精神意志、精神观念和精神愿望，在民族意识中它意味着什么样的精神事物，会对人产生什么样的精神—心理影响，弄清在民族精神意识中，дружба 这一文化事物在人们的精神生活中到底发挥着什么样的作用。

（1）结构隐喻。

Но я сам виноват, не возобновил какие-то старые дружбы, не ищу новые.（А. Петров）（重新开始/恢复友谊）；И все же понемногу отношения наши наладились, дружба восстановилась（恢复友谊）.（В. Запашный）（结构隐喻和实体隐喻的复合隐喻认知模式）这里两个句子中，дружба 分别同动词 возобновил 和 восстановилась 的隐喻搭配由原来的"恢复、重建（建筑物等）"这一具体行为转而表示"修复"抽象的"友谊"，反映出"修复友谊"给人带来的成就感以及人们觉得其"来之不易"的一种内心感受和真切体会，这也从一个侧面反映出俄罗斯民族珍视"友谊"的一种精神态度和文化品质。

Впервые я увидел ироничного и доброго Марка Фрадкина, с которым Юру с той поры повязала дружба на всю жизнь（结成了终身的友谊）.（А. Медведев）（结构隐喻和实体隐喻的复合隐喻认知模式）句中 дружба 同动词 повязала（编织，勾织）的隐喻搭配将喻体动作的"编织""缠绕"特征加赋予"建立友谊"这一本体动作，形象地表现出"友谊"的构筑就像"细细编织、密密缝制"这样的复杂、悉心的行为一样，需要付出极大心力，体现出俄罗斯民族对"友谊"的重视和用心，同时也反映出"友谊"对人的重要精神影响和精神建树作用，从一个侧向折射出"友谊值得为之付出"的俄罗斯民族心理认同。

---

①　包括三种隐喻模式各自相互交叉形成的复合认知模式。例如，后文例子中的结构隐喻多数都同实体隐喻组构为复合型隐喻认知模式。

Примерно через месяц после переезда в Йер он писал в Нью-Йорк прозаику Роману Борисовичу Гулю, с которым завязалась у него эпистолярная дружба: Не могли бы Вы прислать наадрес нашего русского библиотекаря пачку старых — какие есть — номеров "Нового Журнала", сделаете хорошее дело. (В. Крейд) (结构隐喻和实体隐喻的复合隐喻认知模式) (开始了/建立起书信往来上的友谊) 句中 дружба 同动词 завязалась (系住，结上，打结) 的隐喻搭配形象地表现出"友谊"的建立、形成需要用心思，就像"系领带，打结子"这样的复杂、细心的行为一样，体现出俄罗斯人对"友谊"的用心和投入，这一形成过程、特点也反映了俄罗斯民族意识中对待"友谊"的谨慎和认真态度。

Завязалась огромная дружба с семьёй Товстоногова и Лебедева. (С. Спивакова) (结构隐喻和实体隐喻的复合隐喻认知模式) (同友谊 Товстоногов 和 Лебедев 家的真诚友谊建立了起来) 这里，дружба 同 завязалась 之间的隐喻搭配同样生动体现出"友谊"的来之不易，是通过细密的交往、沟通和用心经营而得来的。

Пожалуй, только на гастролях мы возрождали нашу дружбу. (В. Давыдов) (结构隐喻和实体隐喻的复合隐喻认知模式) (恢复，重建友谊) 句中 дружба 同动词 возрождали 的隐喻搭配同样表达了相似的文化认识，体现了 дружба "复合""再生"所孕育的美好愿望和给人带来希冀的特征以及相应的心理期待愉悦感。

Так спаялась их дружба, несмотря на различие возрастов, биографий и вкусов. (А. Солженицын) (结构隐喻和实体隐喻的复合隐喻认知模式) (他们的友谊已然牢不可破) 通过 дружба 同动词 спаялась (焊住，焊接好，焊牢) 的隐喻搭配形象地体现出"友谊"的牢固特征，反映出文化主体对"友谊"特质的认识和精神期许。

Стех пор их связывала та прочная суровая дружба, какая возникает между людьми в лихие дни, перед лицом испытаний (在艰难困苦的日子里建立起的牢固而坚定的友谊使他们亲密无间) (Б. Полевой); Я пошел на прием к его заместителю Владимиру Ресину, с которым меня связывала в прошлом если не дружба, то нормальные и добрые отношения. (如果不是友谊，那就是普通、友好的关系将我和 Владимир Ресин 联系在一起) (А. Тарасов) 句中 дружба 同动词 связывала (把……连接起来) 的隐喻搭配反映出"友谊"的联系性的特征，即人心相连接的深层文化认识特征。

Они с самого раннего детства были привязаны друг к другутёплой и заботливой дружбой。（А. И. Куприн）（结构隐喻和实体隐喻的复合隐喻认知模式）дружбой 同动词 привязаны（把连接起来）的隐喻搭配形象地表明"友谊"对人的牵绊力、彼此间的紧密联系和相互牵系，描绘出"友谊"对人的精神牵制性和影响力。

Нет, не за будущее болела душа моя, а за прошлое. Затреснувшую дружбу или рухнувшую любовь. Потому-то имолчали мы с полковником, забившись в противоположные углыкареты（出现嫌隙的友谊）。（Б. Васильев）（结构隐喻和实体隐喻的复合隐喻认知模式）在此，дружбу 同动词形式 затреснувшую（裂开，出现裂隙）的隐喻搭配形象质朴地反映出"友谊"出现嫌隙，人心疏远、产生距离，体现出"友谊"容易出现裂痕、需要悉心呵护的（娇弱）形象特征。

Я переехал в Пенабилле отчасти еще и потому, что здесьмного растений, животных, птиц. И они окружают меня своей дружбой. А на днях мне пришла в голову мысль простоневероятная。（В.Молчанов，К. Сегура）（结构隐喻和实体隐喻的复合隐喻认知模式）句中 дружбой 同动词 окружают 的隐喻搭配表现出"友谊"对人的庇护作用，另外也折射出人对"友谊"的一种依赖和渴望，反映的是"友谊"在文化意识深处的特殊精神价值地位。

Дружбы, конечно, на этом фоне не построишь（самый лучший макияж приходится когда-то смывать），получилось толькознакомство。（О. Новикова）（结构隐喻和实体隐喻的复合隐喻认知模式）句中 дружбы 同动词（не）построишь 的隐喻搭配表明"友谊"需要在一定基础上付出相应心力进行营造、建构，这反映出"友谊得来不易"的民族精神认识和"友谊"的价值特征。

Из ложно понятого благородства, дабы не разрушатьдлительной дружбы, девушка умолчит о подлинном ходесобытий. (Д. Карапетян. В. Высоцкий)（结构隐喻和实体隐喻的复合隐喻认知模式）句中（дабы/чтобы）дружбы 同动词（не）разрушать 的隐喻搭配反映出"友谊"象物理实在上的物品一样，也可能被拆毁、毁坏，显示出其脆弱的特性，一朝遭到破坏是很难恢复的，这也从反向映衬出俄罗斯民族对它珍惜的一种精神态度。

Такие общеобразовательные поездки — а за последние двагода совет бригадиров организовал их несколько — сплачивают коллективы, настраивают на дружбу ивзаимопомощь в работе（在精神、情绪上去感受友谊/产生对友谊的向往）。（А. Северин）（结构隐喻和实体隐喻的复合隐喻认知模式）句中（на）дружбу 同动词 настраивают（调谐，调理，调整）的隐喻搭配表现出俄罗斯民族意识中的"友谊"具有感染人、吸引人的人类精神—心理属性，是具有特殊情感特质的事物，反映出俄罗斯文化中人的精神追求和向往。

Наша духовная дружба подкреплялась и совместным творчеством （精神上的友谊在共同创作过程中得到巩固和加强）。（Лидия Иванова. Искренне ваша грешница［2000］）句中 дружба 同动词 подкреплялась（加固，巩固）的隐喻搭配体现出"友谊"作为一种精神活动产物，它离不开人与人之间的心灵沟通、情绪交流和人的精神—情感领悟，另一方面，人的思想意识、心性品行等掺杂其间，它会因时、因事的变换而会有相应变化、异动，其内在品质可能会受到影响，因此需要人不断对它加固、注力和维护，人际互信、理解才会加深，友谊才能不断延续。而这些内容也反映出俄罗斯民族对"友谊"的精神文化认识以及在"友谊"的理解中获取的精神修为。

Но дружба с Сеней у нас не прервалась（友谊没有被中断）。（Т. Шмыга）（结构隐喻和实体隐喻的复合隐喻认知模式）句中 дружба 同动词（не）прервалась（中断，断裂）的隐喻搭配反映出"友谊"可能会因人与人之间的距离、嫌隙而"断裂"这一特征，这是借助事物的物理特征表现"友谊"的抽象内在品质：因人用心不力、关照、维护不周而终止。

（2）方位隐喻。

Он нас не знал, нас еще никто не знал, но, услышав, что мы из Одессы, как и он, конфликт перешел в дружбу（争执转变成友谊）。（Р. Карцев）句中 перешел（走进，步入）в дружбу 这一隐喻构造反映出"友谊"是一种行为转折的结果，有一种出乎行为初衷、料所不及的特点，但从文化主体的认识上讲，这一社会行为结果却又是人潜意识所期待、心向往之的事物，生动地表现出"友谊"中的民族社会文化心理。

И тут же вошла в дружбу с Грузией своей армией ипогранзаставами, а Грузия в ответ внесла в этот новый союзчувство благодарности и клятву в вечной преданности（结成了友谊）。（М. Н. Задорнов）句中 вошла（进入）в дружбу 这一隐喻搭配反映的是"友谊"的结果性和期待性的特征，体现出人们接受它的心理准备性。

Примирение Севера с Югом произошло не в последнюю очередь благодаря их прежним приятельским отношениям, но вернуть порушенную дружбу им помогли люди Моральногоперевооружения, работавшие в Судане（将遭到破坏的友谊归还给他们）。（Э. Розенталь）句中дружбу同动词вернуть（归还）的隐喻搭配表现出"友谊"是能够给人以心理补偿的特征，它也能像具体事物一样，给人一种失而复得的心理满足。

Всю нежную дружбу и любовь он после смерти князя перенёс наего дочерей（将友谊转移到了另一人身上）。（А. И. Куприн）（实际上是兼有结构隐喻和实体隐喻的复合隐喻认知模式）这里дружба同动词перенёс（转交、转递）的隐喻搭配反映出"友谊"在人心目中的重要地位和价值，同时具有精神寄托的特征，将"友谊"转移到另一人身上，代表精神交往的新的建立和认同。

Дружба с Мариком даром Шурке все же не прошла: из какой-тозагадочной склонности судьбы к бесхитростной симметрии Шурка попал почти в такую же, как Марик, историю（友谊最终没有就这样白白地过去）。（Н. Климонтович）句中дружба与（не）прошла（走过去）的隐喻搭配反映出人对"友谊"的一种形象的"经历感"，赋予了"友谊"以生命的意涵和理解，在这种体验和认识中呈现出"友谊"的人际心智关系及其复杂性。

Их дружба, если можно так сказать, пошла еще с тех времен, когда Стас работал юрисконсультом на «Мосфильме»（他们的友谊还是在Стас担任"莫斯科电影制片厂"法律顾问时就已经有了）。（В. Аксенов）这里дружба同动词пошла的隐喻搭配表现出"友谊"的生命体、生命力特征，反映出"友谊"给人以昂扬向上的活力和激情这一文化认识感悟。

Спросите дочку, если они всей компанией колоться начнутили водку пить, она тоже с ними будет только, чтобы «дружбу» не потерять?（Наши дети: Подростки [2004]）这里的потерять дружбу指的是"主体不发生位移，只是客体有方位状态上的变化、移动"（彭玉海、于鑫，2014：9），在语义上包含着"从某地方、从某人那里丢失"的空间方位意义，"蕴涵着事物的方位变化"（参见彭玉海、于鑫，2014：9），所以当其转喻表达抽象的动作事件语义时，运用的认知模式是方位隐喻，与此同时还兼有实体隐喻模式，是二者的复合认知隐喻。дружбу同动词потерять（丢失、遗失［具体事物］）的隐喻搭配表现出在俄罗斯民族意识中，"友谊"

是人心目中所不愿舍弃的，是不能随便失去的东西，映托出俄罗斯人对"友谊"的珍视、爱惜，这是其对 дружба 的一种文化认识心理体现。又如：Мы не распались, не потеряли дружбы, мы по-прежнему любимдруг друга, но нас уже на мякине не проведешь（В. Аксенов）; Я их поддержала и навсегда потеряла ее дружбу.（З. Масленикова）

Ирина охотно шла на контакт и быстро соображала, что можно срубить с этой дружбы（从这一友谊中能争得什么？）.（Т. Виктория）这里，с дружбы 同动词 срубить（砍倒，砍掉，砍断）的隐喻搭配表现出"友谊"可以输出、产出价值事物的特性，反映出"友谊"的民族精神认同特征和"友谊"受众的一般民族心理。

（3）实体隐喻。

Так, конечно, благополучие, потому что и под сводамивечного мрака, и посреди мучений тартара невинность можетпитаться счастием любви и дружбы!（得到爱和友谊的幸福的滋养）（Неизвестный. Варенька [1810]）句中 питаться счастием дружбы 这一隐喻搭配构造表现出"友谊"于人补益、滋养人性的特征，反映了"友谊"这一概念的民族文化认识。

Так, здесь я наслаждаюсь бальзамом любви и нектаром дружбы（陶醉于让人安慰、舒心的爱和玉液琼浆般甘美的友谊）.（Неизвестный. Варенька [1810]）句中 нектаром дружбы 同动词 наслаждаюсь 的隐喻搭配反映的是"友谊"宽慰人心、让人心神舒宁的特征，能给人一种甜蜜的美感。

Вначале, когда дружба лишь зародилась — дамы познакомились в Ессентуках лет семь назад, — Рита отзывалась о Ларисе спростодушным восторгом（友谊诞生了）.（Ю. Трифонов）句中 дружба 同 зародилась 的隐喻搭配反映出对"友谊"的生命性、意志性的民族精神认识。

Мы сами скоро там будем и наладим дружбу народов（修复，建立起友谊）.（В. Аксенов）句中 дружба 同 наладим 的隐喻搭配反映出"友谊"的可修复性的特征，即因为主、客观因素的影响出现变易而需要整理、调复的特征。

Занимать денег у Фили Герой не стал — и тем самым остался наравных со старым приятелем, не испортил дружбу деньгами（没有让金钱破坏友谊）.（М. Чулаки）在此，дружба 同 испортил（破坏）的隐喻搭配反映的是"友谊"容易受到来自各方面消极影响而遭受破坏、损害的特征，这形成

了"友谊"需要爱惜、捍卫的民族认识特征。

И часто по пустяковым поводам распадается семья, расстраивается дружба（友谊遇到阻碍，受到破坏，衰败/友谊受到损害，中断）。（С. Скарлош，О. Цыбульская）这里，дружба 同动词 расстраивается 的隐喻搭配也同样反映了"友谊"需要维护、爱惜的文化认知和民族意识。

Помнится, Максим долго ревновал Вадима к Алексею Брюсу, относился к нему враждебно и несколько раз пытался эту дружбу разрушить, но ничего не получалось — эти два кретина словно родились друг для друга. (Э. Володарский) 句中 дружбу 同动词 разрушить 的隐喻搭配表现的是"友谊"可能会遭到破坏、需要特别珍惜的民族心理和认识。

Как демонстративно, с аффектированной перепиской, чтобы остались следы в истории и в томах писем, рвал старые дружбу（撕裂，断绝了友谊）。（С. Есин）这里 дружбу 同 рвал 的隐喻搭配也体现了"友谊"可能会受到不利影响而产生裂痕，而需要人们悉心呵护的民族文化认识。

Как бы там ни было, Нобелевская премия 1983 года разорвала старую дружбу между Фаулером и Хойлом. (В. Сурдин) 句中 дружбу 同动词 разорвала 的隐喻搭配反映的是"友谊"会因为破裂而中断的特征，反衬出"友谊"需要谨慎对待和倍加爱护的民族心理认同。

Дружба с Роланом открыла для меня умение ценить в человеке прежде всего талант, личность; заряжаться на творчество на 24 часа в сутки; воспитывать в себе доверие к собственном умироощущению（"友谊"发掘了我评价人天赋、个性的能力）。（А. Сурикова）句中 дружба 与动词 открыла 的隐喻搭配反映出"友谊"的智慧性、理智性，赋予它人的心性特征，体现的是一种民族文化意识。

Быть может, их дружбу цементирует как раз тообстоятельство, что они не очень часто видятся, хотя в последнее время Алина подолгу живет в России, где тоже нашла применение своим предпринимательским талантам（友谊已然冰冻/冻结）。（А. Беляков）句中 дружба 同动词 цементирует（使结合，使硬化）的隐喻搭配形象地反映出"友谊"可能会随一些主、客观因素而发生变异、需要不断维护、滋养的特征。

— Хочешь — смейся, хочешь — нет, дружба в боях закалилась, — гордо сказал Цыган（友谊在战火中经历过锤炼）。（О. Дивов）句中 дружба 同动词 закалилась（淬火，硬化/锻炼）的隐喻搭配表明"友谊"

需经过同甘共苦等共同经历的凝聚和锤炼，体现的是"友谊"来之不易的特质，彰显出"友谊"的民族精神形象意蕴。

这样，三类认知模式中的隐喻搭配分析表现出文化概念 дружба 形象化的深层次文化内涵、文化认识和文化想象意义，这些文化信息反映出 дружба 在俄罗斯民族意识中具有的丰富精神、心智特征和精神体悟，显示出其在俄罗斯文化现实中的多层面性。在此，"友谊"既有积极的作用和影响，也有消极、负向的更动和变化，既有珍惜的灿烂与美丽，也有令人惋惜的损毁与凋零，дружба 所关联的隐喻特征、行为、状态生动而有力地彰显出"俄罗斯友谊"的独特文化心理特质。文化概念 дружба 的相关隐喻搭配分析拓宽了对俄罗斯民族"友谊"观的文化理解和认识。

四 "дружба" 的格式塔分析

格式塔分析是解读文化概念的强有力手段，通过格式塔分析，可以深刻揭示文化概念隐喻的物的蕴涵，启发有关于文化概念的民族文化丰富联想，极大加深对相关文化概念内涵的理解和认识。格式塔分析的主要任务和目标是要揭示出文化概念 дружба 在俄罗斯民族意识中的直观文化联想事物，由此展现这一物的蕴涵相关的深层社会文化信息和文化心理属性，为剖析该文化概念带来新的视角和新的文化认识性内容。需要指出的是，虽然格式塔分析同隐喻分析有关或者说很大程度上是基于文化概念语词的隐喻搭配而产生的，但概念的格式塔分析与隐喻分析的文化揭示功能和角度不同，前者注重的是物的蕴涵形象所提供的丰富文化联想和感悟，即归结性、物化性、模型化，而后者侧重于概念所对应的文化描写、刻画功能和内容，即深描性、形象性和画面感。因此它们的文化分析任务、分工是不一样的。

具体地讲，文化概念 дружба 具有以下格式塔类型和文化认知模式。

（1）友谊是有温度的事物。

在此"友谊"被具象化为有冷暖感知、温度体征的事物，表现出俄罗斯人心目中对"热情"、"温暖"的一种精神向往，形成一种同"温度"相关的积极联想，"友谊"成为心理依靠、援助、精神寄托的象征，反之，则也可能成为冷漠的理由。

Он обнял его со всею горячностию истинной дружбы.（Н. П. Брусилов）（他以热忱的真诚友谊拥抱着他）

Выяснилось это позднее, когда он успел завести добрые отношения с несколькими симпатичными "красными" и, иронизируя над собой, говорил же не о тёплой дружбе русского монархиста с кастильскими большевиками.（В. Крейд）（热切的友谊）

Из-за этой горячей дружбы индусы Университета имени Патриса Лумумбы толпами валили к нам в школу на танцы。（М. Москвина. Небесные тихоходы：путешествие в Индию ［2003］）（热忱的友谊）

Самая пламенная страсть в брачном союзе превращается в холодную дружбу。（Н. П. Брусилов）（火一样的热情变成了冷漠的友谊）

（2）友谊是"人"。

这一格式塔表明"友谊"是有意志、有情感的生命体，被赋予了"人"的灵动特性，从而突出了人在"友谊"中的情感文化意识和知性作用参与，提升了人们对"友谊"的精神文化认识。

Соратничество，дружба спасают семью，а любовь губит。（Е. Пищикова）（友谊/友爱能拯救家庭）

Она была авторитетным нештатным консультантом самыхсолидных музеев. Дружба её была властной и ревностной. Иногда меня это тяготило。（С. Спивакова）（友谊是能让人屈从的、热烈的）让人产生友谊是能够能支配人、影响人的事物的文化联想。

Стенли，только наша дружба и родственные связи позволяют мне поднять этот вопрос。（В. Аксенов）（只有我们的友谊和亲情关系允许我提出这一问题）

И между русскими и итальянцами возникли самые добрые，сердечные чувства，родилась дружба。（Э. Рязанов）（友谊诞生了）友谊是新出生的生命/是婴儿。

Там царила дружба — от товарища по взводу до командира。（А. Розенбаум）（那里到处洋溢着友谊）

（3）友谊是空间事物。

"友谊"被物化为具体的空间物，表明友谊是俄罗斯人生存的基本需要和条件，映托出友谊在俄罗斯民众生活中的重要性。

Какая разница. Живут в дружбе，и всё… Но дружбу сменила ненависть。（Т. Виктория）（生活在友谊之中）

У нас многонациональная страна，мы всегда жили в дружбе。（«Весть»（Калуга），2002. 11. 21）（我国是一个多民族国家，我们一直生活在友谊/友爱之中）

Я родился в Грозном, прекрасно помню, какой это был славныйинтернациональный город, где русские и чеченцы жили в дружбе。（Нашему общему дому нужен мир（2002）//《Весть》（Калуга），2002.11.21）（俄罗斯人和车臣人都生活在友谊/和睦中）

（4）友谊是礼物。

这一格式塔显示出友谊的珍贵以及人对它价值、地位的精神性认识：友谊是心的交融，是生命的馈赠。

И пусть Радамес на сцене не одарил Амнерис своей любовью, зато в жизни Зураб Анджапаридзе одарил меня своей дружбой, проверенной временем。（И. А. Архипова）（赠予我经历了时间考验的友谊）

Они дарили мне свою дружбу, делились своими мыслями инадеждами。（Ю. Башмет）（他们赠予我友谊，与我交流思想，谈了自己对未来的希望）

Моя знакомая девочка Ольга ТАЙЦ из Волгограда просила передать тебе: Не нужно стоять в сторонке и ждать, пока кто-то к тебе подойдёт и предложит дружбу。（А. Герасимова）（愿意将友谊赠予你）

Ну, что там хитрить — я предлагаю вам дружбу。（В. Аксенов）（愿意把友谊交给您）

（5）友谊是液体事物。

这一格式塔显示出"友谊"对人的意识的渗透、在人的心田中的浸润性，以及对人的心志、情感的影响力。

Они идут размашистым шагом, палит солнце, они ни на что необращают внимания, занятые своим разговором, они возбуждены, почти кричат и смеются при этом, дружба и влюблённость в жизнь переполняют их. （Д. Гранин）（友谊与迷恋溢满他们心间）

Был период, когда упивался дружбой с Татьяной Дорониной и пропадал у нее каждый вечер. （В. Вульф）（陶醉在友谊中）这里物的蕴涵让人联想到"友谊"是美酒。

（6）友谊是火、火苗、热气（有热度的事物）。

这一格式塔显示出"友谊"的热情、能给人带来能量、热力，它能给人以需要的温暖和激情、让人心感到暖意，同时对人也是一股强大的行为意志驱动力，这实际表现的是一种情感精神意识上的价值输送。

Часто самая простая мысль, согретая огнём дружбы, бываетярким лучом света, рассеивающим густую хладную тьму сердцанашего. (Н. М. Карамзин) （友谊的火焰）

Воспылала дружбой и как-то сказала с возмущением: «Вызнаете, что о вас говорят? (Ш. Шалит) （燃起友谊的火焰）

Не знаю как ей объяснить что и 1 подруга в классе — это хорошо, не обязательно весь класс должен быть в пламенной дружбе. (Наши дети: Подростки [2004]) （充满激情的友谊）

Тогда же один из представителей нашей делегации, демонстрировавшей пламенную дружбу народов, покойный Михаил Дудин, назвал это восторженным идиотизмом. (В. Астафьев) （热情洋溢的友谊）

Это был самый разгар нашей дружбы, и участвовать в подобной фотосессии мне было крайне интересно. (А. В. Кривошеев) （最炽热的友谊/燃烧最旺的友谊）

Конечно, жар дружбы их и любови столь мал был, что моглименя оставить! (А. Н. Радищев. Дневник одной недели. 1773–1785) （友谊的热情）

Энтузиазм дружбы, видно, прошел, пока я ехал. (В. Попов. Ужас победы. 2000) （热忱的友谊）

（7）友谊是发光体、霞光、曙光。

这表现出人们对"友谊"之光的期待、作为一种光明和希望的热切期盼，透射出的是"友谊"在人心目中的阳光、积极、向上的文化认识特征。

Помню, на заре нашей дружбы он подарил мне какую-токартинку, а через два года пришел, снял эту картину со стеныи сказал: — Она у тебя повисела. Хватит. А теперь я ее подарю такому-то. (Э. Рязанов) （[在友谊的朝霞中] 友谊之初/友谊伊始）

И площадь озаряется светом желанной и сбывшейся дружбы. (А. Битов) （友谊之光）

На заре их дружбы рубоповца шокировали Лизаветина телевизионная привычка целовать в щеку чуть не всех подряд. (Е. Козырева) （友谊萌芽时期）

（8）友谊是实体物/是固体物品/友谊是重物。

这一格式塔显示出"友谊"的实在性和坚固性，这种坚实质感力的作用性透射出人们对"友谊"的精神理想，反映的是俄罗斯民族对"友谊"

品质的一种内心向往和期许。

　　В общем, у нас ничего оригинального — «Два веселых гуся», «Чижик-пыжик» (не про водку, естесстно, а «на болоте попкумыл»), «Дружба крепкая не сломается...». (Наши дети: Малыши до года (форум) [2004]) (牢固的友谊不会折断)

　　Но, боясь потерять ее дружбу, боясь ее обозлить или обидеть, я робко говорила. (Л. Гурченко) (丢失/丧失了友谊)

　　Шефы из НКВД пытались скрепить дружбу с Филби кровью — в 1938 году, во время гражданской войны в Испании, его планировали привлечь к операции по ликвидации генерала Франко. (Е. Жирнов) (加固/巩固友谊)

　　Это были золотые денёчки нашей лёгкой дружбы. (В. П. Катаев) (亲和的友谊/轻松相处/相交的友谊)

　　"Уроки пешего хождения" сблизили нас. Какая-то сухая дружба возникла между нами. Он был недосягаемо авторитетен, я робка и послушна. (И. Грекова) (无实质内容的友谊/冷淡的友谊)

　　(9) 友谊是薄细易碎的事物。

　　这一格式塔反映出"友谊"需要认真、细心地对待，"友谊"容易受到伤害，需要悉心保护。这体现了人的意识中对"友谊"的一种心灵体会和文化精神理解。呈现的是寓于"友谊"之中的智慧——"友谊"的智慧。

　　Но дружба, знаете ли, это такая тонкая вещь. (А. Петров) (友谊是非常敏感的事物)

　　Не становись всей лапой, не становись! Дружба — вещь хрупкая. Дружба — вещь нежная. Она не для того, чтобы по ней ногой ходить. (Г. Щербакова) (友谊是脆弱的东西。友谊是温柔的东西)

　　(10) 友谊是生活中一种积极、有益的物质方式、手段。

　　这一格式塔反映的是"友谊"在人心目中的一种直观价值体会和价值精神认识。

　　У древних к преступному Оресту приходил его Пилад, и не ктодругой, как Фесей, дружбою возрождал одержимого Геракла, но у нас осенять и возрождать призвана только мадонна. (И. Ф. Анненский) (用友谊使被迷住的、生病的Геракл重新焕发了生机)

　　Все зашевелились, давая Лавски пройти поближе к пышащему

дружбой и лаской корпусу Бернадетты. (В. Аксенов)（带着友谊和爱抚走近某人）这在文化认识上表明"友谊"是一种宽抚人心的积极行为手段和有效方式。

«Неудобства» от такого оборота событий едва ли компенсировались дружбой с царем. (В. Дегоев)（用友谊来加以补偿）

（11）友谊是滋养物（提供精神营养、食粮）。

该格式塔显现出"友谊"对人的滋养性，折射出的是"友谊"之于人的基本需求性、必要性，而这一"精神养料"的理解正是俄罗斯民族有关于"友谊"的独特精神文化体悟。

Ведь все они кормятся дружбой с нами, а не войной. (М. Н. Задорнов)（他们都滋养在我们的友谊中／他们都生活在同我们的友谊之中）

Потрясающий, великолепный мультфильм, пропитанный доброми дружбой. (коллективный. Обсуждение мультипликационного фильма «Король Лев»[2011]）（浸润在友谊滋养之中的动画片）

Все блестящие забавы большого света представлялись емуничтожными в сравнении с теми удовольствиями, которымистрастная дружба невинной души питала сердце его. (Н. М. Карамзин)（炽热的友谊充满心中）

（12）友谊是建筑物。

这一格式塔体现的是"友谊"需要很大的付出和努力、用心搭建、营造，方能获得。由此形成相应的"友谊"文化认识。

Основана ли дружба на тщеславии и самовлюбленности? (А. В. Кривошеев)（难道友谊是建立在虚荣和自命不凡基础之上？）

Думаю, мешала в том числе моя в него влюбленность, а дружба может строиться только на равных. (В. Соловьев) 友谊只能建立在平等基础上——这反映出对"友谊"的道德基础、道德伦理的深刻认识，体现出寓于"友谊"之中的鲜明道德精神修养和意识。

А потом с Толей меня судьба свела тоже в очень хорошее время, когда я был дружен с Ботвинником — ровно один год (потом наша дружба расстроилась, потому что Михаил Моисеевич начал подозревать меня в каких-то кознях, которых на самом деле не было). (Ю. Архипов, Б. Спасский)（我们的友谊遭到破坏／中断了）

（13）友谊是装饰品。

这一格式塔表现出"友谊"是为人的生活增光添彩的事物、是人们倍加珍爱的事物这一民族文化认识。

Среди подростков их было принято называть "браслетами дружбы". (Н. Щербак) （友谊的手镯）

（14）友谊是连接物（链条、绳索、线绳、纽带）。

这一格式塔显示出"友谊"在人际关系、人与人的情感、精神沟通中发挥的重要而独特的联系作用，体现出"友谊"是人们心灵沟通的纽带和桥梁。

— подумала я, ещё не догадываясь, что на предстоящие годымы связаны не только работой, но и дружбой. (Т. Соломатина) （工作和友谊将人们联系在一起）

Но радуюсь тому, что последние годы до самой его кончинынас соединяла глубокая взаимная дружба и взаимная любовь. (А. Медведев) （彼此间深厚的友谊和爱把我们联系在一起）

В современной России уже накапливается новый опыт того, как, в каких формах, какими средствами и методами нужно возрождать узы дружбы между всеми народами нашегогосударства. («Жизнь национальностей», 2001.03.16) （恢复、重结友谊的纽带）

Цепочки дружб рвались, как цепочки заражений, которых, оказывается, не существовало вовсе. (Д. Симонова) （友谊的链条断裂了/友谊之链断了）

（15）友谊是家园（基体）。

这一格式塔体现出"友谊"是人际关系乃至人们生活的基本要素，是一种存在之本，体现出"友谊"的一种具有哲学意味的精神体悟和文化认识。

Появилась надежда, что этот благодатный край вновь станет очагом дружбы и стабильности. (У. Льянов) （这片富饶的地区重新成为友谊和稳定的家园）

（16）友谊是植物。

这一格式塔表现的是"友谊"需要人细心的培育，并且人们付出越多、越仔细，"友谊"就越是有收获，越见成长，显示出"友谊"中所包含的人文、精神哲理。

К концу дошкольного возраста возникают устойчивые избирательные привязанности между детьми, появляются первые ростки дружбы. (Е. О.

Смирнова）（生发出友谊的萌芽）

（17）友谊是一种狂热。

这一格式塔显示出"友谊"需要妥善经营，把握好尺度，理性对待。这是对"友谊"的一种理性认识。

Это, видимо, он, идиот, расписывал ей, как роскошно они проводят каникулы своей оголтелой компанией — именно оголтелой, их каникулы были как тризна по юности: все вистерии дружбы накануне окончательного расставания — предчувствие конца пронимало все насквозь, словно предзимье, каждый день праздновали как последний общий — разлетимся, не будет больше этого священного «мы». (Т. Набатникова)（过分狂热的友谊）

（18）友谊是河流。

这一格式塔显示出"友谊"不是凭空而来，而是有自己的源流和来龙去脉的、是事物自然发展的结果。这加深了对"友谊"的文化、社会认识。

Следует раскрывать истоки дружбы наших народов, активно формировать культуру межнационального общения, воспитывать уважение к традициям, языку, искусству, истории народов страны, других народов мира. (Е. Яковлева)（打开/开启友谊的源头）

（19）友谊是坐标/定位标。

这一格式塔显示出"友谊"的方向定位性、价值参照性，折射的是"友谊"在人类生活、交往中的独特价值。

Вы уверенно ориентировались на дружбу с Россией. (А. Акаев)（以友谊为目标/以友谊为旨归、指靠）

（20）友谊是鲜花。

这一格式塔表现的是"友谊"的美丽、高贵、芬芳及由此而来的对人的独特吸引力，反映的是其特殊的人人需要、人见喜欢的精神文化气质。

В расцвете нашей дружбы Саша подарил нам с Леной свою книгу с такой надписью: «Дорогим Володе и Лене, без которых не представляю себе своей жизни, с любовью». (В. Соловьев)（开花期，极盛时期）（在我们友谊的极盛时期/最友好的时候）

И все еще находясь внутри снопа дружбы народов, именно там я решил сделать (И. Мартынов)（民间友谊之花）

（21）友谊是道路、桥梁。

这一格式塔反映出"友谊"是走进人的心灵世界以及通往成功、幸福等心之所系的管道，表明"友谊"在人的生活中发挥的重要作用，对于人的精神生活的重要性。

Поэтому мы и решили поговорить не спеша, покурить, обсудить кристалловский разлив, перебросить, что называется, мост дружбы от Москвы до самых до окраин (В. Голованов) (友谊的桥梁)

Некоторые выбрали путь дружбы с уже существующими мебельными и аксессуарными компаниями, равнозначными импо уровню. (Ю. Пешкова) (友谊之路)

（22）友谊是一把钥匙。

这一格式塔表现出"友谊"是有规律的、蕴涵了自己的道理的，显示出"友谊"在人生命中的特殊价值和作用，这是一种形象化的精神意识体现。

Недавно в Кузбассе учрежден новый орден — «Ключ дружбы». (Не вырубишь топором (2003) // «Вслух о», 2003.08.04) (打开友谊的钥匙)

Дружба — ключ, который открывает детям любые двери. («Жизнь национальностей», 2001.03.16) (友谊是一把能够为孩子们打开任何一道门的钥匙)

（23）友谊是空气。

这一格式塔反映的是"友谊"在俄罗斯民众生活中的不可或缺、无可替代性，这形象地体现出"友谊"的特殊精神、价值意识地位。

Ведь это в нашей власти — либо по уши погрузиться в будничные заботы и погрязнуть в них, либо выныривая из них на свежий воздух дружбы, сделать жизнь богаче, веселее, душевнее. (Т. Шохина) (清新的友谊空气)

Детский коллектив там многонационален, директор, педагоги, школьная дружина сумели создать атмосферу уважения, дружбы и сотрудничества среди ребят, воспитывают их в духе любви к Отечеству, нашему общему дому, уважения к традициям. (В. Симонин) (营造尊敬、友谊和合作的气氛)

（24）友谊是贵重物/价值体。

这一格式塔体现出"友谊"不是一般普通的事物，而是凝铸了人的高度价值认同、有着专门功能价值特性的精神产物。

Рассчитать «цену дружбы» с будущим губернатором можно только по аналогии, исходя из той информации, котораяпросочилась в прессу еще в 2000 году. （П. Тайков. Гарри Поттер и все, все, все（2003）// «Вслух о», 2003.07.15）（考虑，盘算友谊的价值）

Или продавать свою дружбу с ними тому же Западу по сходной цене? （А. Архангельский）（出卖自己同他们之间的友谊）

Еще об одном таланте В. Бахтина сказать следует обязательно — о таланте дружбы и человеческой верности, которую иногда так трудно соединить с моральной принципиальностью. （А. Рубашкин）（友谊和人类忠诚的天赋）（友谊是一种天赋）

（25）友谊是月亮、太阳。

这一格式塔表明"友谊"是生命中既重要又十分美好的事物，"友谊太阳/月亮"反映出俄罗斯人对它的一种精神崇拜和特殊情结，这是其民族精神、文化理想的意识化生动体现。

Зинаида Гиппиус называет дружбу лунной, а любовь солнечной. （А.-В. Кривошеев）（把友谊称作月亮，把爱称作太阳）

Во-первых, она пишет о дружбе с А. Блоком, то есть все же с мужчиной, и называет такую разнополую дружбу лунной. Возможно, что разнополая дружба действительно лунная. （А. В. Кривошеев）（把异性间的友谊称作月亮，而异性间的友谊可能真的就是月亮）

Но думаю, что и здесь возможна дружба солнечная. （А. В. Кривошеев）（在这里友谊也可能是太阳）

归结起来，格式塔分析展现出 дружба 在俄罗斯民族意识中所隐藏的极为丰富的物的蕴涵和开阔的文化事物、形象。以上格式塔分析显示，友谊可以是有温度的事物，可以是火苗、热气（有热度的事物），可以是发光体、霞光、曙光，可以是月亮、太阳，友谊可以是空气，这些物的文化联想折射出友谊给人带来的积极影响以及在俄罗斯人生活中的不可或缺性，成为俄罗斯民族意识中一个高光的正能量精神形象；友谊可以是一种狂热，体现出友谊给人带来的精神热情和冲动，反映出友谊对人的特殊精神作用性，同时也显示出友谊需要妥善经营、把握尺度的一种理性认识；友谊可以是礼物、鲜花，表现出俄罗斯人对友谊的珍惜、爱护态度，同时也显示出友谊能给予人心灵的安慰和精神抚慰；友谊可以是建筑物，展现出友谊给人带来的成就感和精神满足感，也体现出人们精神生活上对它的渴求；友谊可以是家园（基体），表现出友谊在俄罗斯人生命中的基本性、归宿性；友谊可以是滋养物，表明友谊在精神、情感上能够给人提供积极护养，显示出友谊的"精神养料"这一独特的俄罗斯民族心理，折射出"友谊"之于人的基本需求性、必要性；友谊可以是贵重物、价值体，显示出友谊是凝铸了人的高度价值认同、有着专门功能价值特性的精神产物，折射出俄罗斯人对友谊的珍视、爱护心理；友谊可以是连接物（链条，绳索，线绳，纽带），表现出友谊在人际之间的凝聚力与联结、融合功能和价值，同时也反映出俄罗斯人对友谊的一种心理接受性；友谊可以是一把钥匙，体现出友谊在人际精神、情感活动的促成性和关键社会效应，显示出友谊可以是生活中一种积极、有益的精神方式、行为；友谊可以是"人"，这一友谊的人格化表现出民族意识赋予友谊的生命体特征及相应的积极社会意志性，显示出俄罗斯人对它的高度心理认同感；友谊可以是空间事物，表现出友谊对人的精神、心理庇护性，折射出人们在友谊中找到的特殊心理存在感；友谊可以是液体事物，体现出友谊对人的意识的渗透、在人的心田中的浸润性，以及对人的心志、情感的影响力；友谊可以是实体物，展现出友谊的实在性、坚固性，这种坚实质感力的作用性透射出俄罗斯对友谊的精神理想；友谊可以是薄细易碎的事物，反映出友谊需要认真、细心地对待，体现出俄罗斯人对友谊的悉心保护这一认识态度；友谊可以是装饰品，表现出友谊是为人的生活增光添彩的事物、是人们倍加珍爱的事物这一民族意识；友谊可以是植物，表现出友谊需要培育、付出以及友谊的成长性；友谊可以是河流，折射出友谊有自己的源流和来龙去脉、是事物自然发展的结果这一民族意识；友谊可以是道路、桥梁，反映出友谊是走进人的内心世界的路径，表明友谊在精神沟通中的重要作用；友谊可以是坐标/定位标，显示出友谊的方向定位性、价值参照性，展现出友谊在俄罗斯人生活、交往中的独特价值。透过这些物化的意识形象可以更为细致、准确、深入地了解俄罗斯文化贮库中 дружба 的到底意味着什么，使我们能够在经验感知的文化实在中更为具象化地把握和领会概念的文化内涵与意蕴，形成对 дружба 的广泛文化联想和深刻文化见解。

五 "дружба"的话语综合分析

文化概念的话语综合分析同概念语词的上下文语境和文化、认知因素密切相关。由于文化概念本身是体现于各层级语言单位中的复杂心智结构（ментальное образование），因此它实际属于文化认知单位（когнитивно-культурная единица）。另一方面，文化概念的话语综合分析实际上是为概念分析提供了一个有情景参照的认知脚本（когнитивный сценарий），它掺杂着"文化脚本（框架）"和"心理认知"（参见刘锋、张京鱼，2015：1，3）的内容，包含相关的情景框架事件信息以及文化主体的相关思想认识、愿望和文化联想等概念化内容（参见 Вежбицкая，2001b：28-29）。通过话语综合分析，可以较为具体而全面地揭示文化概念的民族文化内涵，有助于从共时平面上认清俄罗斯民族的文化特质，动态化地了解俄罗斯民族特征和民族文化定型①，同时发掘文化概念含义在历史洪流和社会发展中的变迁。

以下将提取语句中有关于 дружба 的关键话语内容展开具体分析，立足于这样的话语语料分析，将能较直观地解读出它所包含和衍射出来的不同类型文化精神含义，这些心智模式的精神现实内容是对"友谊"原型情景的动态演绎和意识化展延。

（1）精神情感上的文化解读。

— И я не просто горжусь дружбой с вами, но готов поддержать ее при несчастном случае обоими ядрами.（Н. Джин）我以你们的友谊感到自豪，准备好即使有什么不测也要维护好它。——这反映出友谊对人的精神情感的重要影响，友谊在人际交往中呈现出它的特殊精神价值。

А Каганович — будто гордится моей дружбой больше всех.（Н. Джин）而 Каганович 似乎最引以为自豪的是同我之间的友谊——这充分体现出友谊在人的情感心理现实中占据的重要地位以及人在情感上对友谊的珍视，同时也凸显出友谊的情感价值。

— Я разочаровался в дружбе, — не очень уверенно заявил Томас.（В. Левашов）对友谊感到失望。——显示出友谊对人的思想情感作用及其在人情义理中独特的情感文化心理属性。

«Ночь на пороге лесов» — известная пьеса Б. — М. Кольтеса, монолог изгоя общества（为社会阶层所抛弃的人的独白），тоскующего по дружбе, любви, исповедь человека, жаждущего быть принятым миром и непринимающего этот мир.（Между подвалом и лифтом - в коробке（2003）// «Театральная жизнь», 2003.11.24）怀念友谊。——这表明友谊让人有情感上的思念和精神上的依托，构成俄罗斯人精神世界的独特情愫。

Маркевич мог похвастаться дружбой с такими людьми, как Кокто,

---

① 民族文化定型（этнокультурные стереотипы）是关于一个民族典型特征的总体认识和印象（Белинская, Стефаненко, 2000：113-115；Гетьманенко, 2010：17）。

Стравинский, Пикассо и Коко Шанель. (З. Плавинская) Маркевич 会炫耀同 Кокто, Стравинский, Пикассо 及 Коко Шанель 一类人之间的友谊。——这从一个独特的（负向）角度表现出俄罗斯人的情感意识中将友谊视为是值得炫耀的事物，反映出人们急于让人知道自己对友谊的拥有性的一种情感心理和心态，同时也体现出其对友谊所持的高度肯定和认可的情感态度。再如，Он нагло хвастается дружбою умерших известных людей (В. Шубинский) 他狂放地/恬不知耻地炫耀同已故名人的友谊。

Смешно сказать, её беспокоила дружба Дины с Вадимом Павловичем. (А. Рыбаков) 友谊让人费心/不安。——这显示出友谊与人的心绪、情感状态之间的密切联系，由此可看出友谊在俄罗斯人的情感心理之中的一席之地。

Путин больше всего озабочен дружбой с Бушем-младшим. (А. Гордиенко) 普京为与小布什之间的交谊操心（操心于同小布什之间的友谊）。——这同样反映出友谊同人的心理—情感意志、状态之间的特殊关系。再如，Выяснилось, что Екатерина Альбертовна проявляет озабоченность дружбой Владимира Путина и главы РАО ЕЭС Анатолия Чубайса. (С. Фаризова) 对友谊感到操心。

（2）精神沟通上的文化解读。

Влечение души порождает дружбу, ума — уважение, тело жаждет близости. (В. Шахиджанян) 内心的吸引产生友谊，才智上的吸引产生尊敬——这表现出寓于"友谊"之中的人与人之间心灵上的交流和精神上的沟通。

Дружба — возможность для людей, которых не связывают родственные отношения, быть абсолютно откровенными друг с другом. (Б. Немцов) 友谊为亲情关系之外的人提供了彼此开诚布公交往的可能。——这充分显示出友谊在人际交流、社会沟通之中发挥的重要作用，凸显了友谊在人的精神生活、精神交流中的价值性。

Дружба народов — святое дело, но, понимаете, большой процент среди националов — враждебно настроенных, шатких, неясных людей. (В. Гроссман) 各国人民之间的友谊是神圣的。——这在"世界范围"这一高度上肯定了友谊的人际、社会交往和精神沟通能力。

Дружба не любит, чтобы её пытали, это её унижает и обесценивает. (Ф. Искандер) 友谊不喜欢被考验，这会贬低它，使它丧失意义/价值打折

扣。——可看出在俄罗斯民族意识中友谊是一种独特的精神沟通事物，反映和代表着十分特殊的精神交流和互动关系。

Но судьба вновь сведет нас и соединит глубокой духовной дружбой. (З. Масленикова) 深厚的精神上的友谊将我们结合到一起。——体现出友谊在社会交往活动和人际精神沟通中发挥的重要作用。

（3）精神道德上的文化解读。

Думаю, мешала в том числе моя в него влюбленность, а дружба может строиться только на равных. (В. Соловьев) 友谊只能建立在平等基础上。——这是一种对"友谊"的精神道德内涵和精神意识领会的深刻表达。

Оно было вызвано стремлением возвеличить такие непреходящие общечеловеческие ценности, как честь, благородство, дружба, любовь. (В. Парсамов) 颂扬这样一些长久的全人类价值，如荣誉、高尚、友谊、爱。——表明"友谊"在民族意识中是一种具有全人类价值的事物。

Дружба, я считаю, выше всего, выше даже любви. (И. Грекова) 我认为，友谊甚至高于爱情。——显示出友谊在人心目中无可比拟的崇高地位和精神意志价值，这一个体认识也折射出俄罗斯民族意识中的"友谊"形象。

Мы верили, но сказали «нет», потому что дружба превыше всего, а не какие-то там Макары. (Д. Симонова) 友谊高于一切。——表现出友谊具备的崇高的精神道德地位，体现出友谊在人们心中美好的精神文化定位。

Или, наоборот, каждому навесили? Дружба — вещь суровая. Сней и не страшно, но и опасно одновременно. (Г. Щербакова) 友谊是严肃的东西。——友谊可不是儿戏，这是一种重要而基本的"友谊"精神道德认识和评价。

Дружба заключается в том, чтобы быть верным своему другу вовсем, делать все возможное, чтобы его не огорчать, приложить все свои силы, чтобы ему радость принести. (митрополит Антоний [Блум]. «Берегитесь, братья мои, священники!» [1999]) 友谊的要义在于对朋友要忠诚，为他做一切可能的事，不让他失望，尽全力给他带来快乐。——这一具体、实在的描述充分显示出友谊的精神道德内涵和精神道德性。

Про старую дружбу и любовь, про то, что нет ничего дороже, и про то, что любовь и дружбу забывать нельзя ни при каких обстоятельствах.

（Е. Козырева）爱和友谊是任何情况下都不能忘记的。——这从精神交往的道德、情谊层面上反映出友谊的道德意识和精神道德规定性，同时表明俄罗斯民族是一个非常珍惜友谊、看重友情的民族。这在俄语谚语中也有体现：Доброе братство — дороже богатства（兄弟情谊胜过钱财万金）；Вместе и горе легче переносится（人心齐，痛苦移/人心一起，痛苦易挡）；Что есть — вместе, чего нет — пополам.（有福同享，有苦同当）

От дружбы не далека любовь, — и вот прежде, чем пробудилась в нём неопределённая потребность этого чувства, он уже знает любовь в теории, говорит об измене, ревности и кровавом мщении.（В. Г. Белинский）友谊到爱的距离并不遥远。——这在情谊与情感的关系和特殊联系方式中显示出友谊的精神道德外延和精神道德意义。

Такая дружба — дар, нет рецептов ее обрести.（А. Иличевский）这样的友谊是无法依照方子所能得到的一种礼物/是无法凭方子能获得的一种才能。——这从友谊的获取方式、友谊的来之不易上表现出友谊的特有精神层面内容和精神道德属性。

（4）精神伦理上的文化解读。

Умей различить, умей остановиться с теми, которых дружба к тебе была б надёжною порукою за твой разум и сердце.（Д. И. Фонвизин）友谊是人心智和灵魂可靠的保证。——这在精神伦理的高度体现出友谊在人的心性塑造中所扮演的角色。

Кстати, я согласен с тем, что дружба проверяется в экстремальных ситуациях.（Б. Немцов）友谊在极端情形下可以得到检验。——这表明友谊需要检验、需要接受考验。

Семья, дружба, любовь, все то, с чем связаны человеческие отношения.（Красота, здоровье, отдых: Косметика и парфюм（форум）[2004]）家庭，友谊和爱是人类关系所关联着的事物。——这在友谊同相关其他事物之间的精神类同性和深层实质关联中反映出友谊的精神特质和伦理功能特性。

А еще они понимают, что их сказка — о взаимовыручке, добром отношении животных и детей, поэтому все действие наполнено дружбой, искренним желанием прийти на помощь друг другу.（С. Жартун）所有行为都充满了友谊和相互帮助的真诚愿望。——这在人的行为动机、行为属性和精神愿望中体现出友谊的精神伦理特点。

А победит все равно дружба — и дети-сироты, которые при любом исходе получат свои пятьсот тысяч. (М. Чулаки) 友谊终将战胜一切。——这从社会觉悟、社会共识和社会认知的层面上显示出友谊的精神伦理意志特性。

Поэтому она, эта дружба, тоже солнечная, но проще и легче любви половой. (А. В. Кривошеев) 友谊像阳光一样明亮，它比异性之间的爱更朴素，更容易相处——这在情感伦理的文化认知意识上反映出友谊的质朴和单纯。

Брак возможен только между людьми разного пола, а дружба может охватить людей одного пола, их соединить неописуемым образом. (митрополит Антоний [Блум].《Я хочу поделиться с вами всем, что накопилось...》[1998-1999]) 婚姻只可能存在于异性之间，而友谊可以用无以言表的方式把同一性别的人结合到一起。——这在质朴而真实的社会理解和情感真谛中反映出友谊的精神伦理内涵。

Именно в этот период возникает серьезная дружба, переходящая в чистую, настоящую любовь. (В. Шахиджанян) 就在这一时期产生了严肃的、后来转化为纯真爱情的友谊。——这在情感关系的社会基础和生活体悟中反映出友谊的精神伦理现实。

（5）精神观念上的文化解读。

Фрондёры ворчали: дружба дружбой, а служба службой; лучше бы государь вернул Александра Христофоровича в Гвардейский генеральный штаб, а не ставил в челе тайного розыска. (Ю. Давыдов) 友谊归友谊，工作归工作。——这是在生活、工作的积淀中形成的对友谊的一种观念意识和精神认同、评判。

Дружба дружбой, красная сволочь, а табачок врозь! (посл.) (В. Аксенов) 友谊归友谊，抽烟各自掏钱（亲兄弟，明算账）。——这从生活琐事的联想性比喻中体现出俄罗斯人对友谊的精神观念认识。再如，Дружба дружбой, но надо быть всегда начеку. (В. Аксенов) 友谊归友谊，但需要时时小心/随时戒备着。

Чаще счет - крепче дружба. 算账越勤，友谊越深。——这在算账、钱物的算计同友谊的相关性上表现出俄罗斯民众对友谊的感受、体会，反映了其在友谊关系上的精神观念。再如：Счет дружбе не помеха; Счет дружбы не портит. 亲兄弟明算账。

ТОЛЬКО МУЖСКАЯ ДРУЖБА и стоит чего-нибудь на этом свете. (В. Аксенов) 世上只有男人间的友谊才算得上一回事/才值得一谈。——这是在精神分析和精神认识上对友谊的一种兄弟情和赤子之心的肯定，让人联想到俄罗斯文化中侠肝义胆的兄弟情怀。

Все человеческие чувства — любовь, дружба, зависть, человеколюбие, милосердие, жажда славы, честность — ушли отнас с тем мясом, которого мы лишились за время своегопродолжительного голодания. (В. Т. Шаламов) 所有人类情感——爱情，友谊，嫉妒，博爱，怜悯，荣耀，诚信，都随长期饥饿中失去的肉食一起离开了我们。——由此可看出在俄罗斯民族意识中，友谊可同爱情、仇恨、博爱、慈善、荣耀（对荣耀的渴望）、诚实等相提并论，这反映并凸显出友谊在俄罗斯文化中的典型精神价值。

Настоящая дружба, как и настоящая любовь, — все ещё статистически недостоверная редкость. (Т. Соломатина) 真正的友谊如同真正的爱情一样，很不可靠。——这是通过人对爱情的理解来体会、理解友谊，表现出社会个体对友谊的精神属性的一种观念认识。

Если беда и нужда сплотили, родили дружбу людей — значит, это нужда не крайняя и беда не большая. (В. Т. Шаламов) 如果灾难和贫困一起产生出人与人之间的友谊，则这样的贫困不会是太大的贫困，灾难也是有限的灾难。——这在友谊产生的因由中表现出对友谊的思想认识，同时在友谊同困厄的关系中展示出人对友谊的精神观念。

В дружбе правда. 真理寓于友谊之中（友谊就是真理）。——这在友谊同真理的关系及真理本身的内涵中折射出俄罗斯民族对友谊的思想认识和精神观念。

（6）精神经验（感知）、精神体悟上的文化解读。

То кажется, сила его в весёлом, простецком приятельстве, в дружбе со всеми жильцами дома. (В. Гроссман) 他的力量就在快乐而简朴的友情以及和同楼邻里的友谊之中。——这表明友谊会产生力量：快乐而单纯、淡薄而随性的友好与情谊会给人带来生活中所需要的精神力量。

Сколько различий в ней. Дружба в труде. Дружба в революционной работе, дружба в долгом пути, солдатская дружба, дружба в пересыльной тюрьме, где знакомство ирасставание отделены друг от друга двумя, тремя днями, апамять об этих днях хранится долгие годы. (В. Гроссман)

劳动中的友谊，革命事业中的友谊，漫长路途中的友谊，士兵的友谊，羁押监狱中的友谊。——这表明在俄罗斯民族意识中，"友谊"有各种不同类型，在各种环境和条件下都可能产生友谊。这拓宽了对"友谊"文化内涵的认识。

Нет, дружба — это не доверие, купленное ценой испытаний, а доверчивость до всяких испытаний, вместе с тем это наслаждение, счастье от самой полноты душевной отдачи близкому человеку. (Ф. Искандер) 友谊不是通过考验能够得来的一种信任/不是以考验的价值能够换来的信任，而是在任何考验之前就已经有的相互信赖，同时这是一种在给予亲密的人以充分心灵付出之后所得到的快乐和幸福。——这在友谊的获取方式及友谊的特殊内涵理解中反映出俄罗斯人对友谊的深刻精神体悟。

По мере развития общества к этому смыслу добавляется изучение совести, сострадания, дружбы, смысла жизни, самопожертвования и т. д. (коллективный. Освободите науку от этики! ［2011］) 随着社会的发展，研究良心、同情、友谊、生活意义、自我牺牲等变得有意义。——这在友谊同社会发展、进步之间的关系中体现出对友谊价值和内涵的精神感知。

Причем подчиняется это странное чувство строгой математической закономерности: чем дальше расстояние — тем крепче дружба. (Извини - подвинься // «Истории из жизни», 2004) 相距越远，友谊越是牢固。——显示出空间距离并不会阻隔人们的友谊，反而会锤炼、增进彼此间的这种情谊。这一精神感受是俄罗斯人从切身体验中得出的对友谊的文化认知，也反映出俄罗斯民族"友谊"的特殊精神气质。

В денежных делах дружба и верность тоже имеют цену. (В. Скворцов) 金钱交易中的友谊和忠诚也是有价值的。——这从友谊同金钱的关系中对友谊作了精神感知性的诠释。

Дружба, любовь,… — вневременного нет ничего. И рефлексия Л. Я. — рефлексия социального, исторического человека. (А. П. Чудаков) 友谊、爱、……是任何时代都有的。——这从友谊之于人的普遍性、基本性角度反映出友谊在俄罗斯人生活中的重要性，表现了俄罗斯民众对友谊的质朴精神体会。

（7）精神价值（比较）上的文化解读。

Его нельзя назвать исключительно детским, ведь он пропагандирует вечные ценности: любовь, дружбу, преданность, самопожертвование.

（коллективный. Обсуждение мультипликационного фильма «Король Лев»［2011］） 永恒的价值在于爱，友谊，忠诚和自我牺牲。——这从友谊连同人类其他重要精神特质的恒久性、重要性上体现出友谊的精神价值。

Не в службу, а вдружбу, сделай. 去做吧！为交情而不是为公事。——这在平凡的生活交往中显示出友谊在人性中的基本精神价值属性。再如：Не в службу, а в дружбу, дайте мне прикурить. （В. Давыдов）不是为公事，而是为交情。

И во сколько мне такая дружба обойдется, Эдуард Анатольевич?（С. Данилюк）这样的友谊于我值多少，Эдуард Анатольевич? ——这在价值衡量的关系意识上体现出友谊在俄罗斯人心目中的精神价值。

Рыбкин как-то предупредил ее, что первая дружба для него двух первых любовей стоит. （Д. Симонова）Рыбкин 曾经告诉过他，最初的友谊胜过两次初恋。——这是在人性上对友谊的独特精神价值的充分而深刻的表达。

Каковудружбу заведешь, такову и жизнь поведешь. 有什么样的友谊，就有什么样的生活。——这从价值关系的精神认同上体现出友谊同人的生活之间的紧密联系。

Говорить правду, терятьдружбу. 讲真话会失去友谊/真话一出，友谊便失。——这在友谊同行为价值取向（对待真与假的态度）的关系上体现了友谊的精神价值倾向。

Дружбу помни, а злобу забывай. 友谊要记住，而仇恨要放下/记住友谊，放下仇恨。——这在价值对立的鲜明立场上表现出友谊的可贵与友谊的本真，同时这也是对友谊和仇恨的深刻精神反思。

（8）精神理想上的文化解读。

Эта дружба станет содержанием и украшением нашей старости. 这一友谊将维系和装点我们的老年生活。——这是从对未来生活的向往上刻画出人们对精神价值的高度认同以及对友谊的美好精神憧憬。

Дружба, любовь — эти понятия не имеют грязи и пошлости, коими кишит современный кинематограф. （коллективный. Обсуждение мультипликационного фильма «Король Лев»［2011］） 友谊和爱是容不下肮脏和鄙俗的。——这在精神追求、理想的意境和情感意志立场中展现出友谊的圣洁和高贵、不容侵犯，反映出对友谊理想的一种精神期待。

Дружба в радости, дружба в горе. Дружба в равенстве и в неравенстве. В чём же дружба? Только ли в общности труда и судьбы суть дружбы? (В. Гроссман) 友谊是在快乐中，友谊在痛苦中，友谊在平等和不平等中。友谊在哪里？友谊的实质只在共同的劳动和命运中吗？——这在对友谊栖身之所、友谊实质的追问和反思中体现出有关友谊的精神理想。

（9）个体性/个性化的精神文化解读。

Законы дружбы для меня святы, чего не могу сказать о других законах. — Он встал. — Я пошёл. (В. Аксенов) 对我来讲，友谊的法则是神圣的，这种神圣是别的法则无法替代的。——这表现出在人的思想意识中，友谊法则、友谊精神是至高无上和不可撼动的，同时也是对友谊价值的道德精神维护。

Дружба между мужчинами, на мой взгляд, та же любовь, но неосложненная половым влечением, вот и вся разница. (А. В. Кривошеев) 在我看来，男人之间的友谊是超越性别因素的一种爱。——这一理解揭示出男性之间友谊的精髓，是对友谊气度与胸怀的一种独特认知与礼赞。

Их вера, участие и дружба были для меня неоценимы, и я никогда не забуду об этом. (Э. Рязанов) 他们的信仰、参与和友谊对我而言是非常宝贵的，我从来不会忘记这一点。——这从友谊在人的社会生活、交往中的价值和意义上体现出个体意识中友谊的独特精神情怀与精神理念。

С низшими русский человек был высокомерен, а перед высшими унижался и сгибался до земли. Дружба ценилась по выгодам. Искренности в обращении было мало (Ф. Чуев) 俄罗斯人在卑微者面前显得傲慢，在高高在上者面前又卑躬屈膝。友谊是用利益来衡量的。待人很少有诚信。——这在个体意识的社会经历和精神体验上反映了俄罗斯民众存在的对待友谊的不良方式和态度，同时表现出个体意识对这一方式、态度的否定立场。

Виски нельзя употреблять под любовь, но зато очень хорошо под дружбу. (В. Панюшкин) 威士忌不能用于谈恋爱，但很适合于友谊。——这在个人的生活经验和品味中显示出其对友谊的感受和理解。

Одним словом — дружба, вот что тебе надо от блогеров. А дружба бесплатной не бывает. Время, инвестированное в построение дружеских отношений, — тоже своего рода деньги. (Д. Росс) 友谊不会是免费的。投入到经营友谊中的时间同样也是一种金钱。——这在个体所经历的同友谊的建立、维护有关的行为事实中反映出友谊的社会特性和社会表现方式。

Только дружба, душевная, скрепленная фронтом дружба на всю

жизнь.（И. Крюкова）只有在战场上建立起来的牢固而真诚的友谊才会直到永远。——这在个体的战争洗礼（亲历）和深厚的沙场情谊（体会）中反映出俄罗斯友谊的精神属性。

  以上有关俄罗斯民族精神文化概念 дружба 的话语综合分析通过友谊对人的精神情感影响、思想情感作用和特殊精神情感价值、友谊在人的情感心理现实、精神世界中占据的重要地位以及人在情感上对友谊的珍视、友谊在人情义理中独特的情感文化心理属性、友谊同人的心理—情感意志、状态之间的特殊关系以及人们对友谊所持的高度肯定和认可的情感态度反映出俄罗斯民族对友谊的精神情感文化解读；通过友谊在人际交流、社会沟通之中发挥的重要作用、友谊在人的精神生活、精神交流中的价值性体现出俄罗斯民族独对友谊的精神沟通方面的文化解读；通过友谊的精神道德内涵和精神意识领会、友谊在人心目中无可比拟的崇高地位和精神意志价值、友谊在人们心中美好的精神文化定位及相关的精神道德认识评价、友谊的精神道德规定性和精神道德外延、精神道德意义、友谊的获取中特有的精神层面内容和精神道德属性等表现出俄罗斯民族对友谊精神道德上的文化解读；通过友谊在人的心性塑造中所扮演的角色、友谊同相关其他事物之间的精神类同性和深层实质关联、人的行为动机、行为属性和精神愿望中所体现的友谊的精神伦理特点、在社会觉悟、社会共识和社会认知层面上显示出来的友谊精神伦理意志特性、人的精神经验与精神认识、态度所蕴含的精神伦理倾向、人们珍惜和审慎对待友谊的精神审视和认识态度、社会理解和情感真谛所包含的友谊精神伦理内涵以及情感关系的社会基础和生活体悟中所折射的友谊精神伦理现实等表达出俄罗斯民族对友谊的精神伦理文化解读；通过对友谊的观念意识和精神认同和评判、精神分析与精神认识上对友谊的一种兄弟情和赤子之心的肯定、友谊同爱情、仇恨、博爱、慈善、荣耀（对荣耀的渴望）、诚实等的意识性等同、友谊的精神关联物及其在人的生命中的特殊重要性与价值体现、友谊产生的因由中表现出的对友谊的思想认识、友谊同真理的关系所折射的友谊思想认识和精神观念等反映出俄罗斯民族对友谊的精神观念文化解读；通过友谊的社会精神力量、友谊同社会发展、进步之间的关系、友谊的形成、维护所关联的社会、人文背景、友谊内涵与友谊意义的深刻精神体悟、友谊与友爱在家庭、社会中的核心地位和价值、友谊同金钱的关系及相应精神感知、友谊之于人的普遍性、基本性的质朴精神体会以及生活经验、生活理解中的友谊属性精神领悟等显示出俄罗斯民族对友谊的精神经验（感知）、精神体悟上的文化解读；通过友谊连同人类其他重要精神特质的恒久性、重要性上体现出来的友谊的精神价值、寓于平凡生活交往的友谊人性基本精神价值属性、友谊同爱的作用性和表现方式比较、人性上对友谊的独特精神价值的表达、价值关系的精神认同上所体现的友谊同人的生活之间的紧密联系、友谊同行为价值取向的关系以及价值对立的鲜明立场所折射的友谊的可贵与友谊的本真等反映出俄罗斯民族对友谊的精神价值（比较）上的文化解读；通过人们对友谊的美好精神憧憬、在精神追求、理想的意境和情感意志立场中展现出的友谊的圣洁和高贵、不容侵犯的认知以及人们在对友谊栖身之所、友谊实质的追问和反思中所体现的友谊的精神思考等反映出俄罗斯民族对友谊精神理想的文化解读；通过人的思想意识中友谊法则、友谊精神的至高无上和不可撼动性、对友谊气度与胸怀的独特认知与礼赞、个体意识中独特的友谊精神情怀与精神理念、个体生活经验和品味中对友谊的感受和理解、个体所经历中同友谊的建立、维护有关的行为事实所折射的友谊社会特性和社会表现方式以及战争洗礼（亲历）、沙场情谊（体会）中所折射的友谊精神属性等反映出俄罗斯民族的友谊个性化的精神文化解读。

由此看来，话语综合分析在广阔的文化背景上揭示了俄罗斯民族对дружба的认识和理解，也在更为坚实的文化基础上夯实并拓宽了有关于文化概念дружба的民族文化内涵。这一文化综合分析方式可以帮助我们在现实的文化语境中解读文化概念含义，可为我们提供许多丰富的、在话语文化语言意识关联中方能传达出来的民族文化信息，帮助我们从一个独特视角探察文化概念的文化价值精神，同时有助于深入挖掘相关文化概念事物积淀下来的民族精神观念和认识，在更为可靠的语言文化事实中考察相关文化概念的深层文化机制。

六 小结

"友谊"本身是人类一种特殊的精神情感形式，"友谊"这一文化概念在俄罗斯民族中具有独特的精神文化意蕴与丰富的文化内涵。通过以上对文化概念дружба的分析可以窥探出它们所包含的民族精神实质：дружба蕴涵着俄罗斯人的基本社交法则、伦理和社交文化，дружба是俄罗斯人的重要精神、生活支柱，是其十分珍视和引以为傲的文化价值体，人们会以各种方法维系它、捍卫它，дружба成为俄罗斯民族意识中重要而基本的精神象征，对дружба的认识和态度在某种意义上代表着俄罗斯人对民族精神价值的观念态度，因此，"友谊"成为该民族重要而独特的生命元素和生命价值精神体现。值得注意的是，基于特定的分析点、关注点，以上不同分析层次中出现的相似例句或被复用的相同例句各有自己的任务和分工，其文化解读点和信息释放点各不相同，文化含义、文化认识内容也相应有别，它们的整体协调和呼应形成一股跟踪分析的合力，从整合揭示的角度丰富和深化了对дружба 这一文化概念的解构。研究表明，"友谊"这一文化概念在俄罗斯民族有十分复杂的表现内容和形式，不同时期、不同群体和不同语言形式中的"友谊"概念都会传达、体现出相应不同的文化信息，多层面、多维度地反映出俄罗斯民族的精神文化意识和心智——情感特点、精神意志，这些观念意识所体现的文化特质和精神内容构成该民族的"友谊"文化世界图景，即"友谊"在人的语言文化意识中呈现出来的精神"内在现实"（Кагарманова，2012：490），正因如此，有理由说"语言即人，人即语言"（曹廷军、迈克尔·辛等，2007：8）。进而言之，通过俄罗斯精神文化概念域中更多概念对象的分析，将不难发现俄罗斯民族的整体文化精神内涵和特性，从而积部分为整体地一步步走近俄罗斯文化、深入到俄罗斯民族的灵魂和内心世界。

第二节 "душа"（灵魂）的分析与解读

"灵魂是人内心世界的核心要素，它集物质、思想、智力、情感等性能于一身，是一个完整的人的代表"（Кондратьева，2004：169）。灵魂是自由的，因为灵魂属于作为独立存在的每一个人，属于我们每一个人自己的一种内在精神实体。这一精神文化核心元素在俄罗斯文化概念 душа（灵魂，心灵）① 及其相应语言文化现实中体现得十分突出。"语言文化世界图景中的灵魂具有物质与精神、理智与情感的特质"（Шмелев，2002a：12），"душа 是人的内在状态的无形、神秘的载蓄体。每个人都有自己独一无二的、不可复制的灵魂，有多少个人，就有多少个灵魂"（Шмелев，2002b：303）。从精神、人性上讲，"人的个性行为通过灵魂的作为得以展示，……灵魂会有类似于人的行为举止和表现：душа плачется，отбивается，убиваеься，ужасается，боится，огрызается"（Никитина，1999：33），可以认为，"灵魂即是人的个性，是人'内在的我'及其实质（Какая высокая < низкая，благородная，мелкая> душа！）。而这无论从朴素的'解剖'看，

---

① душа 在现代汉语中的直接对应体是"灵魂"（Тань Аошуан，1999：295）。

还是从伦理角度看,都是人身上最有价值的部分"(Урысон,1995:4)。从精神中的道德层面看,"灵魂是人应该与其取得一致的某种道德伦理思想的载体,并且这种一致性高于一切物质层面事物的价值。因此,灵魂成为清晰地意识到其价值的人所特别关心的事物"(Урысон,1999:16),"灵魂并非总能适应于对其提出的高要求,但它在生活环境的影响下,可以在某种程度上接近道德理想。例如:Душа не выстрадает счастья, / Но может выстрадать себя (Ф. И. Тючев)。人可以努力让自己的灵魂达到道德上的高要求:Не позволяй душе лениться. / Чтоб воду в ступе не толочь, / Душа обязана трудиться / И день и ночь, и день и ночь (Н. Заболоцкий)"(Урысон,2003а:23)。俄语中同 душа 相关的语言表达和文化语义构式,如 разговоры по душам, поговорить/потолковать по душам, жить душа в душу, открыть/раскрыть кому душу, ангельская душа, чистая душа, широкая душа, чувствительная душа, благотворная душа, бескорыстная душа(无私的灵魂), каменная душа, отдать богу душу, душу отвести (放松情绪,放松心情), вывернуть душу перед кем(向……倾吐衷肠), очищение души(让灵魂纯洁), у кого душа в пятках(о том, кто очень испуган/非常害怕,吓得魂飞魄散)等使用频率相当高,这表明"灵魂"同人的内心深处思想、情感、意志等最为本真性的"人性"的密切联系。灵魂是人生命和生存的基础,"душа是人隐形的、内在生活的器官"(Урысон,1999:15; Никитина,1999:26-27),是灵魂赋予了人生命(Душа делает нас живыми)(Е. Водолазкин),不论什么样的人,都有自己的精神灵魂:Кто бы он ни был, молюсь богу за его душу!(И. Грекова)因此,灵魂与力量是联系在一起的:Демоскоп всей душой поддерживает борьбу с этим злом. (Защитим граждан от пьяных водителей! // «Знание-сила», 2013)"到处都可以看到灵魂的力量。"(М. Ю. Лермонтов)

东正教教义中,人的灵魂属于上帝(душа принадлежит Богу)(А. Горянин),直至 21 世纪,Е. Пищикова 在《另一世界的普希金》(«Пушкин на том свете», «Русская жизнь», 2012)一文中依然认为,教堂及其教义对于拯救人的灵魂是必不可少的。俄罗斯民众认为人不朽的灵魂会进入上帝的极乐世界、继续美好的生活,人的内心应该有上帝的灵魂(Божественная душа)(Ф. Горенштейн),每个人的灵魂中都应该有上帝的声音(слово Божье)(А. Пашкевич),相应俄罗斯民族习惯用灵魂,而不是物质意义上的心（сердце）去感知、领悟和接受同上帝有关的事物①，灵魂可以超越肉体的抽象精神属性让人们感受到其同天堂、上帝的连接和另一个神秘世界的存在，因此，潜意识中灵魂会升跃至上帝（Душа тянется к Богу.）。与此相关，俄罗斯民族世界图景中的灵魂还有一种神话学上的理解，神话性的灵魂同人的呼吸相连，它会像鸟儿般飞离逝者躯体，像一团气或一缕烟升腾，如同蝴蝶、苍蝇或其他许多不同幻化体一样飞舞在空中（Афанасьев，2006：76；Агапкина，Виноградова и др，1995：173-175）。在俄罗斯人看来，"人的生命过程中，灵魂面临的主要任务就是获得拯救"（Никитина，1999：34）。灵魂经常要面对上帝的检视，它往往接受伦理正、反两方面的评判，前者如 грешная，многогрешная，беззаконная，проклятая，всестрастная，бесчеловечная，гордая，праздная душа（用得最多的是 грешная душа）。后者如 праведная，безгрешная，сокрушенная，блаженна，верная，справедливая，честная，преподобная，спасенная душа。

　　俄罗斯灵魂同"良知"密切相关，良知是灵魂用以教化人改过从善的方策，纯洁的良知则让人宁和而心旷神怡，"良知的谴责是净化追求最高福祉的灵魂的必要因素"（Неретина，1994：13），"作为道德伦理评价的器官，良知同灵魂紧密相连，似乎成了灵魂的一个组成部分"（Урысон，2000：187），"良知是灵魂的秘密藏所，里面会对人的每个行为作出赞许或谴责"。（Даль，1991：Совесть）例如：Совесть душу как кошка грызет；Совесть впивается когтями ему в душу；Душу его сильно кусает/угрызает совесть；У Карла Иваныча совесть чиста и душа покойна（Л. Н. Толстой）；Чистая совесть восторгает душу. 这在熟语 кривить душой 中也可见一斑：Не надо кривить душой；Мама не умела кривить душой；вряд ли бы она осталась в этом покосившемся браке надолго.（З. Синявская）而"良知谴责"是人因为作恶、不为好而在灵魂上感受到的强烈罪责感和忏悔心，因此，"Абеляр 将'良知的谴责'定义为是'灵魂面对自己的罪过所背负的痛苦或羞耻'。……比如，犹大就饱受这样的良知谴责"（Неретина，1994：13）。Н. А. Бердяев 曾在自传中尝试对俄罗斯民族和俄罗斯民众的灵魂进行解读（Я пытался разгадать душу России и русского народа.）（Н. А. Бер-

---

　　① 物质实在上的 сердце 具有人体内固定的栖身所，而精神属性上的 душа 却是居无定所的旅行者、云游者，而终结其漂泊的两个最终所在是地狱或天堂，通往它们的路十分漫长（Никитина 1999：34-35）。

дяев. Автобиография，1917）列宁就曾将马克思解读为是当时社会的灵魂（Маркс был душой этого общества）。19 世纪时，И. С. Тургенев 对俄罗斯灵魂（русская душа）有过这样的描述：真实，正直，质朴，但有些萎靡/呆板，不太敏锐，缺乏内在激情。灵魂有它特殊的、精致敏锐的结构（А. - Бойко，Е. Кудрявцева）。俄罗斯灵魂也可能让人有些琢磨不透（загадочная русская душа）（С. Алексиевич）。俄罗斯灵魂同俄罗斯文学有特殊而密切的联系，俄罗斯经典作品是其灵魂活的部分（Русская классика — живая часть души. А. Привалов）。俄罗斯灵魂富有、杰出、慷慨而宽广（Одна польза // «Русский репортер»，2014），博大、富足（Россия — щедрая душа）（内心大气/душевная щедрость），灵魂是开阔的，有目的、方向的（путешествие души）。俄罗斯文学中，Л. Н. Тостой 的作品总能传达出人的精神世界生活和永恒的神秘的俄罗斯灵魂的伤痛和折磨（вечные терзания загадочной русской души）。

　　这些都已经在一定程度上显示出俄罗斯民族灵魂的丰富、独特性，以下从词源分析、文化语义内涵分析、隐喻搭配分析、格式塔分析以及话语综合分析等方面对文化概念 душа 展开具体分析和解读。

一 "душа" 词源分析

　　душа 指人的内在心理世界、人的意识；人的某种性格特征。中世纪时俄罗斯人的意识中 душа 首先表现为是 "人的内在状态"（Кондратьева，2005：89）。11—17 世纪的俄语中常用的是 диша，它来自于共同斯拉夫语的 душа，后者是派生于带上了后缀 -йа 的 духъ 一词。另外，与 душа 相关的还有特殊的印欧语词 dhousjā（空气，鬼魂）的存在，试比较其高卢语词 dusios «fantasmi»（幻想）和立陶宛语词 dausios（空气，天堂）。（Шапошников，2010а：251）乌克兰语及古俄语的 душа（Срезневский，1958：749；Шведова，2007：221）[①]，古斯拉夫语的 доуша，捷克语中的 duse，波兰语中的 dusza，下卢日支语中的 duse。语义上仿译于中世纪希腊语的 Ψuxn 即 "人的灵魂"（души людские）、"生命"。拉脱维亚语中的 dusa 即 "人

---

　　① 在后文的相关词源分析和概念语词文化语义内涵分析中，引用的不同学者的解释和释义会有交叉或部分重合而又存在一定差异的情况，为行文方便和流畅，文中将把它们整合在一起呈现。与此相关，不同学者的词典例句也将放在一起加以罗列，将不一一对应标明例句出处。

的身体和心灵自我感觉（физические и душевные самочувствие）"。（Фасмер，1986：556；Шанский，1973：218）另外，душа 在词源上与духъ（精神，神灵）即 duxъ（俄语中的 дух）属于同根词（Шанский，Иванов и др，1971：135；Крылов，2005：123；Шведова，2007：221），是通过 духъ 词干加后缀-ja 或-j-构成（chj>ш），而 духъ 在意义上同 дышать（呼吸），воздух（空气），与 дышать，дохнуть（吸，吸气，呼吸）又是同根词（Шанский，Иванов и др，1971：135；Шведова，2007：221）。与此相关，А. Ф. Журавлев，Н. М. Шанский 注意到，душа 发展的线索类似于拉丁语中的 anima 一词，即从"呼吸，精神，魂灵"意义演变而来（Шанский，1973：218）。

二 "душа"文化语义内涵分析

文化概念含义以特有方式固着于语言词汇单位层面，因此，它在语言词典释义中会有积极反映和体现，分析相关文化概念语词的现代词典核心义及相关义项成为揭示其文化语义内涵的基本方式之一①。科学院辞典以及В. И. Даль，Н. Ю. Шведова，Д. Н. Ушаков，С. А. Кузнецов 等详解词典指出，душа 表示的是：①存在于人（信念中）的非物质因素，在宗教认识和意念中，指人的精神实质（духовная сущность），是一种存在于人体中的特殊超物质的不朽力量，在人离世以后也会以另一种物质外壳形式表现出来（Кузнецов，2000：290；Шведова，2007：221；Ушаков，2013：131），是超自然的、不朽的、人去世后依然存在的人的初心（Ожегов и Шведова《Толковый словарь русского языка》，bweek. narod. ru/rest），душа 不仅可以在空间中独立地移动，也可以借由别的事体而运动，比如天使会将灵魂带入到上天。（Кондратьева，2016［OL］），душа 是具有理性和意志的不朽精神实体，它如同人的精神实质、品质（Даль，1903：1255；1998：839）。例如：вера в бессмертие души；бессмертная душа；Наши души встретятся на том свете；молиться за упокой души；Душа с телом расстаётся（человек умирает）；души умерших；Думают о спасении души；Душа отлетела（человек умер）；отдавать Богу душу（умирать）。②人的内部状态，

---

① 可以认为，词典语义的积极反映是延续和发展文化概念的民族文化生命力的重要而基本、现实而有效的方法和手段之一。

人和集体的道德伦理力量（моральная сила）：Это и сила души（Д. Н. Кузнецов）；Наоборот, как великолепный рассказчик, он чаще всего бывал душой общества（相反，作为一个杰出的作家，他更多地是社会的灵魂）（И. Э. Кио）；Он так возлюбил мир, каждого человека, каждую потерянную душу（他喜欢上了世界，喜欢上了每个人和每个失落的灵魂）；Каждый стон её раздирал его душу（她的每一次呻吟/每一声哀怨都在折磨着他的灵魂）（А. С. Пушкин）；Душа у него наболела（他心里郁积许多苦楚）；Как он жил в человеческой душе（他活在人们心中）（С. Алексиевич）；（Н. В. Гоголь）；Вы представить не можете, какая грусть и злость охватывает всю вашу душу（悲伤和愤怒充满了您整个灵魂）. （Ф. М. Достоевский）③人的内心世界、内在心理世界，人的内心、心灵，人的情感、心境（感受、心情）、情绪等的世界，人的意识、认识（БАС, 1954：1184；МАС, 1985：456；Степанов, 2001：880；Кузнецов, 2000：290；Ушаков, 2013：131；Апресян и др, 1999：441；Даль, 1998：839；Шмелев, 2002а；Шведова, 2007：221；Ожегов и Шведова «Толковый словарь русского языка», bweek. narod. ru/rest），是人的精神、道德与情感内核，被视作某种内在舞台，呈现人的道德、情感生活（Вежбицкая 2001а：17）：Мой друг! Отчизне посвятим Души прекрасные порывы! （А. С. Пушкин）；Душа поэта встрепенётся（诗人内心精神一振/惊醒过来）；душа художника/артиста, На душе весело, радостно, грустно, тоскливо；В глубине души затаилась тревога。④人的性格特征、秉性、品格的总和（БАС, 1954：1185；МАС, 1985：456；Кузнецов, 2000：290；Ушаков, 2013：131；Шведова, 2007：221；Ожегов и Шведова «Толковый словарь русского языка», bweek. narod. ru/rest）：У него была широкая душа, любящая все живое на земле, потому неустанно страдающая от несовершенства этого мира（他有宽阔的心灵/博大的胸怀）（В. Роньшин）；И такая высокая, небесная душа, этот молодой Безухов!（年轻的 Безухов 具有崇高而纯洁的灵魂）（Л. Н. Толстой）。⑤事物的本质，实质意义、内容（БАС 1954：1186）：Критика должна составлять душу, жизнь журнала（В. Г. Белинский）；Без педантских терминов, напыщенных воззрений и взглядов, умел он（учитель）передать самую душу науки, так что и мылолетнему было видно, на что она ему нужна（Н. В. Гоголь）.

此外，还可以通过 душа 同 сердце 的核心区别以增进对 душа 文化语义内涵的认识：сердце 是身体实在上的事物，而 душа 没有实体，但却可以被实体化、并获得包括身体在内的物质面貌的事物；сердце 的唯一处所是身体，但 душа 是没有固定位置的漂泊者；сердце 不用承担责任，而 душа 却要为人所作的一切负责；сердце 终有一死，而 душа 却是不朽的，伴随着它的是由其自身选择所决定的永远的痛苦、忧伤或快乐、幸福（Никитина，1999：37）。

由此看来，俄罗斯民族文化中的 душа 在核心文化语义内涵上同非物质因素的宗教认识、意念以及社会集团的道德伦理力量相关，它代表了人的一种精神实质、内部精神状态和超然物外的特殊精神力量，也在一定程度上象征和蕴蓄着俄罗斯人的秉性和品节，并且在抽象的精神意义上联系着同人的精神意识相关的事物本质意义和内容。

三 "душа"的隐喻搭配分析

文化概念语词 душа 的隐喻搭配主要体现在实体隐喻这一认知模式中，这表明寓托于具体形象的实体动作、事物来表现抽象的灵魂世界是文化内涵外现、深层文化领悟（内在）外化的核心方式。

（1）实体隐喻。

Душа растапливалась. (《Народное творчество》, 2004) (熔化；变得温存；情绪消散) 动了恻隐之心。句中 душа 同动词（形式）растапливалась（融化）的隐喻搭配将喻体动作的物理特性比照于"变得温暖"这一本体动作的理解，生动、形象地展现出人的心灵内在变化过程，体现出俄罗斯民族对"灵魂"状态的关切和真切感受。

Ранят душу несправедливые отношения между Москвой и нашим городом. (А. Андреев) 莫斯科和我市之间不公平/公正的关系刺伤了心灵。句中 душу 同动词形式 ранят 的隐喻搭配直观、真切地刻画出心灵受到伤害的精神情感形象。

Мне кажется, что искусство, и театр в частности, должны не допустить очерствения человеческой души, особенно детской. (А. Гулина) 不应该让人的心肠、人类灵魂变得冷酷无情。句中 души 同 очерствения（变得又干又硬）之间的隐喻搭配生动地表现出人变得毫无同情心（万事漠不关心）的动作—状态形象，使人的心思变化活动直观、形象的呈现。

Я сдетства веду дневник, и до сих пор стараюсь найти время, чтобы запечатлеть какой-то порыв души. (С. Ткачева) 句中 души 同 порыв (一

阵［狂风］）之间的隐喻搭配表现了人内心突发的一时激情和冲动，生动地呈现出人的心灵状态。

  Жалость и упрёки скребли душу, как наждачная бумага. （Т. Виктория）怜悯和责备让使心烦/使心理不安。句中 душу 同动词 скребли（刮，蹭）之间的隐喻搭配生动地表现了人心的不安、心烦意乱。让我们对俄罗斯人的心思、俄罗斯灵魂有了文化上的形象体会。

  Домой пришёл приятно возбуждённым, душа освежилась, окно в прошлое распахнулось, повеяло волей. （А. Азольский）心中亮堂起来。句中 душа 同动词 освежилась（清新，清爽起来）的隐喻搭配通过人"清新"的生理知觉形象生动地表现出心灵充满活力、重新振奋精神的样貌，展现出俄罗斯民族意识中心灵的独特存在、放释形式。再如：Радость пронизала душу. 心中突然感到一阵喜悦。句中 душу 同动词 пронизала（［声音］响彻；扎透，穿透）的隐喻搭配生动体现出喜悦之情强烈地渗透人心之时的情绪感受，展现出俄罗斯人的灵魂情绪承受形象。而句子 Эти слова пронзили мне душу. （这些话刺痛了我的心/令人痛心）中，概念语词同动词 пронзили（刺激）的隐喻搭配则刻画出心灵受到伤害时的残忍，使我们对受到强烈刺激和痛彻心扉之时的俄罗斯心灵感受有了十分真切的体会，也反映了俄罗斯灵魂感知的丰富、多样性。再如：Недавние слезы очистили и освежили ее душу, голос ее звучал необыкновенно чисто и искренно （А.-П. Чехов）。

  Не в сердце, а в душе. Словно клещами душа стиснута. （И. Грекова）灵魂好像被钳子卡住。形象地描绘出人的憋闷、郁积和十分沉重的心情。句中 душа 同动词形式 стиснута（箍紧、喉咙、胸部等憋闷）的隐喻搭配形象地描绘出人的心灵受到挤压、压制的情形，反映出俄罗斯灵魂的一种现实表现。

  Мысль о том, что Клавдия недоедает, царапала душу, но он утешал себя, что скоро всё наладится. （И. Грекова）想到 Клавдия 经常挨饿，他心里十分不安。句中 душу 同动词形式 царапала（抓破，抓伤）之间的隐喻搭配生动地表现出人的内心受到精神折磨的境况。

  Здесь без тебя — уныние и скука, Брожу по заповеднику, как сука. И душу мне терзает жуткий страх… （С. Довлатов）极端的恐惧让我寝食难安。句中 душу 同动词 терзает（撕咬，撕扯）之间的隐喻搭配生动刻画出人感到害怕时心神不安的形象，增进了我们对俄罗斯人心灵的情感特性表现的认识。再如：Одним словом, беспробудное пьянство жены вконец истерзало и без того уже истерзанную душу художника. （В. Роньшин）妻子酗酒无度最终撕碎了画家本已被伤透了的心。句中 душу 同动词形式 истерзало 之间的隐喻搭配也同样形象表现了人的心灵被伤害、折磨的情况。

Рита принахмурилась. Какое-то навязчивое воспоминание кололо ей душу. Откуда это? （И. Грекова）无法忘却的回忆折磨着她的心。句中 душу 同动词形式 кололо（刺痛，刺伤，刺，扎）之间的隐喻搭配通过身体实感形象、具体地描述出心灵受伤的精神——心理意识。

Душа его опять радостно замирает в млеющей тоске беспрестанно возрождающегося ожидания! （И. С. Тургенев）他的心灵又沉落/淹没在日渐麻木的忧郁和无尽的期待之中。句中 душа 同动词形式 замирает（停顿下来，完全停滞）之间的隐喻搭配形象地刻画出灵魂在麻木和无望之中的挣扎和消沉状态，具象化地呈现出灵魂的一种精神状态形象。

Вся душа разрывается, словно распаяться все тело хочет от слез. （Ф. М. Достоевский）整个灵魂都被撕碎了/整个心都碎了。句中 душа 同动词形式 разрывается（撕破，扯破，分开）之间的隐喻搭配形象化地展现出灵魂在受到巨大打击和冲击之下的精神意识样貌和表现形式，使我们对俄罗斯灵魂的样态和内涵有了进一步的了解。

（2）结构隐喻。

Степан шел и чувствовал, как тепло любви ко всему этому охватывает душу. （В. Ремизов）感觉到对这一切的爱的温暖席卷了/笼罩住自己的灵魂。句中 душу 同动词形式 охватывает（搂住，抱住）之间的隐喻搭配形象化地体现出某种情感充满、洋溢于人的心灵的情绪——心理状态和体验。

Англия с своим коммерческим духом не поймет и не может понять всю высоту души императора Александра. （Л. Н. Толстой）商人习气的英国无法理解亚历山大大帝灵魂的高度/高尚的灵魂。句中 души 同 высоту 的隐喻搭配具象化地反映出灵魂的博大宽广，使我们对俄罗斯灵魂的文化意境有了形象体会。

И на меня снова обрушится, захлестнёт мою душу то самое, нежное, свежее, юное, распутно-похмельное, безоглядное счастье. （Э. Русаков）一种温柔，新鲜，年少轻狂、轻率得来的幸福笼罩我的心灵/控制着我/充满我心。句中 душу 同动词形式 захлестнёт（套住，套紧）之间的隐喻搭配具象化地描绘出情绪笼罩、控制人心的精神体验，形成对人的灵魂感知特征的一种认识。又如：

Душу осеняло нечто, как мерцание звёздного неба. (А. Солженицын) 闪烁的星光一样的东西笼罩心灵。

Всю душу его занял образ молодой девушки. (И. С. Тургенев) 年轻女子的形象（音容笑貌）占据/控制了他整个灵魂。

Другими словами, зритель должен не переродиться душой, а почувствовать незыблемость своего уютного мирка. (О. Балла, С. Оробий) 观众并不是在灵魂上有了彻底改观，而是感受到了自己舒适的小天地的坚固。句中 душой 同动词 переродиться（重新诞生，再生）之间的隐喻搭配形象、生动地表现出人的心灵获得新生、发生巨大变化。这也同样体现了俄罗斯人心灵的一个精神方面的属性。

Он слишком разоблачил предо мной свою черную душу. (И. С. Тургенев) 他在我面前暴露/现出了自己晦暗的灵魂。句中 душу 同动词形式 разоблачил（脱下衣服）之间的隐喻搭配生动地展现出人的灵魂暴露于人的动作形象，加深了我们对俄罗斯心灵的文化认知。

Душа его была не просто открыта, но широко распахнута для восприятия всего прекрасного, поэтому совсем неудивительно, что в его душе пробудился талант живописца. (В. Роньшин) 他敞开心灵感受所有美好的一切。句中 душа 同动词形式 открыта（打开），распахнута（敞开）之间的隐喻搭配将人的心灵视作容器，形象地体现出俄罗斯人的灵魂的开阔性和包容性、接纳性。又如：

Батюшка, и вы, матушка, должен я вам открыть свою душу, и уж судите меня, как вам бог на сердце пошлет! (А. Н. Островский, Н. Я. -Соловьев) 我应该向您敞开心扉。

Вот теперь только б смелости, да время узнать, чтоб в самый раз всю душу свою открыть. (А. Н. Островский) 完全打开自己的心门。

（3）方位隐喻。

Эти слова Гагина, как стрелы, впились в мою душу. (И. С. Тургенев) 这些话深深刺入了我心窝。句中（в）душу 同动词形式 впились（扎入，刺入）之间的隐喻搭配生动地描绘出人的心灵所承受的高度意识化的精神行为。又如："С ней шутить нельзя" — эти слова Гагина, как стрелы, впились в мою душу. (И. С. Тургенев) 这句话就像利剑一样刺入我灵魂。

И вся эта красочная картина, ощущение острой внезапной радости, все это мне запало в душу, осталось в памяти навсегда. (Э. Русаков) 这一切都铭记在我心里。句中（в）душу 同动词形式 запало（掉入，掉到……里）之间的隐喻搭配具象化地表现出精神—心智事物同心灵之间的抽象动作关系，展现出人的灵魂的又一特性。

Она дивилась его уму, его бурному нраву, начинала проникать в его сумрачную душу и заметила, что этот человек рожден не для рабства. (М. Ю. Лермонтов) 她开始洞察他忧郁的灵魂。句中（в）душу 同动词проникать（钻入，钻进）之间的隐喻搭配形象地反映了一个人潜入另一人的心灵世界进行窥探、考察的动作关系。

Никогда никто не старался заглянуть ко мне в душу, ни от кого я не видела сочувствия, не слыхала теплого, сердечного слова. (А. Н. Островский) 从来没有谁用心来了解我的心灵和想法。句中（в）душу 同动词заглянуть（打量，瞥视）之间的隐喻搭配物象化地表现出对人的灵魂和内心世界进行考察、探访的精神活动关系。

Он вложил душу в дело, в работу. (С. И. Ожегов) 他讲身心都交给了事业和工作。句中 душу 同动词形式 вложил（将……放入）之间的隐喻搭配形象地描绘出人专心致志于事业的心智活动场景，使我们对灵魂的精神意志属性有了新的认识。

Я чувствовал, что её образ... втеснился мне в душу и что мне от него не скоро отделаться. (И. С. Тургенев) 她的形象涌上我心头。句中（в）душу 同动词形式 втеснился（挤入［狭小地方］）之间的隐喻搭配生动地体现出事物一时猛然占据人心灵的情形，此时人全身心只有这一事物，这也展现出人的灵魂的一种特殊样态。

以上有关于 душа 的隐喻搭配分析从实体隐喻、结构隐喻、方位隐喻生动、具象化地反映出俄罗斯民族意识中的"灵魂""心灵"的多样化表现和相关的文化认知信息，通过这些来自于生活感知、经验结构的隐喻意象真实、深刻地透射出俄罗斯民族"灵魂"的文化意蕴。

四 "душа" 的格式塔分析

（1）灵魂是容器。

此时的 душа 是某种隐形的器官，统领着人的内在生活世界，是载蓄人的隐秘思想、精神和情感的器具。

А на самом деле он не хочет быть никаким моряком, потому что в глубине души он догадывается, что моряки — они не просто так — моряки. (Е. Гришковец) 他在灵魂深处猜到，海员可不是一般的人，而是有航海经验的人。

И пошла Несчастная Роза дальше. На душе было легко и спокойно. Долго можно было бы рассказывать о похождениях Несчастной Розы. (В. Э. Карпов, Т. В. Мещерякова) 心里感到轻松、宁和。

А кроме того, мы же не можем целыми днями стоять у него над душой. (Е. Павлова) 我们不能成天令他厌烦地纠缠不已/我们不能成天纠缠不已地去厌烦他。

Кино — это здорово, но настоящая любовь живёт не в кино, а в душе. (Д. Кэрри) 真正的爱不是在电影里，而是活在人的心中。

Все было так обыкновенно, но в душе Нехлюдова была буря. (Л. Н. Толстой) 一切都看似平常，但 Нехлюдов 心中却波涛翻涌。

Он высказал все, что давно накипело у него в душе. (Л. Н. Толстой) 他说出了心中积怨已久的所有话。

Это эксцентричный, интеллектуальный мир, но он забрасывает крючок тебе в душу. (Д. Кэрри) 这是一个奇特的理智世界，但他却让你封闭上了心扉。

（2）灵魂是人、生命体（突出灵魂的意志行动力）[1]。

Как будто вмиг отлетевшая душа приблизилась. (А. Волков) 好似远去的灵魂一下子又回来了。

Нигде, нигде по всей России Так не живёт моя душа. (И. Петрусенко) 我的灵魂在俄罗斯土地的每个角落都无法这样生活。

Если не давать пищу душе, человек перестаёт сострадать, сочувствовать, чувствовать вообще. (А. Гулина) 如果不为灵魂提供精神食粮，那么人将失去同情心，甚至不再有情感。

В них присутствует дух материнский… Это душу врачует мою. (И.-Петрусенко) 这医治着我的灵魂。（心灵创伤）

---

[1] 俄罗斯文化中同人和生命体相关的 душа 的文化联想蕴含十分丰富，А. Н. Афанасьев 的有关神话传说和宗教信仰研究注意到，逝者的 душа 可以是蝴蝶、昆虫、甲虫、蜂蜜、苍蝇、蚊子、鸟儿、美人鱼、蛇、老鼠等（Афанасьев, 2006: 100-158）。充分显示出俄罗斯文化中 душа 的文化生命形象性。

Всё - таки, я думаю, что другой человек, будь он даже специалистом, вряд ли, сможет излечить душу. 就算是专家, 也未必能医治心灵的创痛。

Душа носит в себе великую печаль. (А. И. Герцен) 心灵承担着极大的伤悲。

Нельзя ирода прощать, иначе душа брата не успокоится. (З. Ваньки) 不能宽恕这个恶棍, 否则哥哥的灵魂将无法安宁。

Вода расслабляет, воздух освежает, и душа поёт. (Я. Зубцова) 空气清新, 心儿在歌唱。

Мою душу успокаивает пение птиц. (Н. Склярова) 鸟儿的啼啭让我的心得到了安慰。

Она ничего не знала о природе пьянства, в особенности пьянства русского, когда не находящая выхода душа получает лёгкое и доступное утешение: ни лжи, ни стыда. (Л. Улицкая) 没有找到出路的一颗心得到了些许的安慰。

Улыбкой нежною, гитарой семиструнною, Глазами серыми пленил ты душу мне. Когда мы встретились… (Б. Екимов) 你的双眼俘获了我的灵魂。

（3）灵魂是实体物。

В наших руках находятся очень хрупкие души. (А. Гулина) 握在我们手中的是非常脆弱的灵魂。

Он говорит, что есть души очень хрупкие, которые могли бы быть разбиты окружающим миром. (митрополит Антоний [Блум]. О болезнях, 1995) 脆弱的灵魂可能会被周围世界/周遭现实击碎。

Репутация у них отвратительная, они надое′дливы, а их проекты, в которые вложены душа и думы, часто оказываются никому не нужны. (И. Дмитриев) 他们的名望令人恶心, 他们让人腻烦, 而倾注了他们的心思和想法的那些设计方案也往往毫无用处。

Может, он думал о своей несложившейся жизни, может, давил его душу совершенный нехороший поступок. (А. Слаповский) 做出的不好举动折磨着他的灵魂。

Моя душа хрустнула под тяжестью огромного гэдээровского альбома. (В. Пелевин) 我的灵魂不堪重负而咯吱作响。

Прошу вас, помолитесь о том, чтобы Господь мне дал время и потряс мою душу покаянием. (Новогодний молебен, 1988) 祈祷上帝用忏悔来激发/打动我的灵魂。

Душу осеняло нечто, как мерцание звёздного неба. (А. Солженицын) 心里突然浮现出一种像星空中的闪光一样的东西。(心灵被星空闪耀一样的东西笼罩住)

Душу мою съели, окаянные! (А. Н. Толстой) 那些妖孽吃掉了我的灵魂。

（4）灵魂是空间物。

Как влезть в чужую душу? (И. Лалаянц) 该如何走入他人的灵魂世界？

И что у тебя за привычка лезть к людям в душу? (В. Астафьев) 你这哪来的窥探他人灵魂的坏习惯？

Всё это могло запасть ему в душу так глубоко, что впоследствии отразилось и в его собственной проповеди и религиозном учении. (Р. Нудельман) 这一切会深深铭记在他心里。

Естественное исполнение на первый взгляд простых и незатейливых движений и фигур надолго запало в душу. («Народное творчество», 2003) 自然、朴素的演出深深印入心中。

Душа сама собою стеснена, Жизнь ненавистна, но и смерть страшна. (В. Мильдон) 心情压抑/抑郁。

Уж унижать человека — так унижать: сперва уничтожить его оболочку, потом и до души добраться. (В. Астафьев) 首先要压垮他的外壳，然后触及/理解他的灵魂。

Так что не надо смущаться тем, что вползает в нашу душу. (О святости и духовности, 1995) 无需为涌进我们心头的事而难为情。

Ребёнку тоже хочется раскрыть свою душу. 孩子也需要敞开自己的心扉。

Разговор перешёл на посторонние предметы, но я всё время чувствовал, что заронил в его душу какие-то сомнения, боюсь, что творческие планы. (Ф. Искандер) 谈话引起了他心里的某种疑惑/谈话内容在他心里产生了某种疑惑。

Сегодня все шумели, всех охватило желание настежь распахнуть души, объясниться друг другу в любви, выяснить все недоразумения и весело пить — мы это заслужили! (В. Аксенов) 大家都有一种坦诚相见的强烈愿望。

Нечто блатное навсегда поселилось в их душах. (В. Т. Шаламов) 某种类似于黑话的东西永远地停留在了他们的灵魂之中。

(5) 灵魂是液体物。

Но так трогательно звенел этот бедный, усиленный, как струйка дыма колебавшийся голосок, так хотелось ей всю душу вылить… (И. С. Тургенев) 真想将整个灵魂/内心所有想法都向她倾诉。

Признаюсь: давно не занимаясь собственно журналистикой, порой ощущаю, как на меня накатывает потребность на какой-то теме излить душу. (А. Кириллин) 我迫切想要以某个题目来道出自己内心的思考。

В этой радости вся душа изливается. (О радости Христовой, 1987) 在这一喜悦中整个灵魂都得到了释放。

Человек постоянно учится у Христа как жить, постоянно проливает в свою душу свет Христов. (О святости и духовности, 1995) 这个人总在用基督的精神来洗礼自己的灵魂。

Сколько раз, пылая гневом, хватался я за книгу, и елей лился на бушующие волны души моей! (А. А. Бестужев-Марлинский) 我的灵魂强烈地感受到了精神上的安慰/精神上的安慰强烈地涌上我心头。

(6) 灵魂是有温度的事物。

Раздавались первые выстрелы по мишеням, у Алеши застывала душа. (О. Павлов) Алеша 的心都冻结变凉了。

В ней была описана жуткая, леденящая душу история о четырёх моряках, потерпевших кораблекрушение и умиравших от голода и жажды в открытом океане. (В. Н. Комаров) 书中讲述了一个可怕的、让人的灵魂不寒而栗的故事。

В ходе переезда рождается леденящее душу наименование — скарб… (С. Довлатов) 在行程中有了让人心里发凉/令人心不禁胆寒的一个名称。

Если могли промёрзнуть кости, мог промёрзнуть и отупеть мозг, могла промёрзнуть и душа. (В. Т. Шаламов) 灵魂也会冻结。

(7) 灵魂是表面物。

Душа её была чиста и прозрачна, как гладкая поверхность, по которой не может всползти ни одно насекомое. (А. А. Бестужев-Марлинский） 她的灵魂纯洁、透明，光滑得仿佛一只昆虫也无法在上面爬行。

Сухое рыданье, тупое лезвие "не могу больше жить" уже ведет, медленно ведет по онемевшей поверхности души. （М. Кучерская）"无法活下去"这一空洞的嚎啕已经缓慢地爬行在失去知觉的灵魂的表面上。

（8）灵魂是火、阳光、光亮。

Ты давай строй скорее! Видишь, у людей душа горит… （Г. Горин）人的灵魂在燃烧／闪闪发光。

Душа его разгоралась. «А мое обещание!» （И. С. Тургенев）他的心灵燃烧正旺／熊熊燃烧。

Дари огонь без выбора, и для людей ты не жалей огня души своей… （С. Довлатов）为了他人你不要吝惜自己的灵魂之火／心灵中的能量。

А разве для такой жизни появилась на свет её солнечная душа? （М. Палей）难道她那阳光明亮的灵魂来到这个世界就为了这样的生活？

Его холодная насмешливость, рано или поздно, победила бы тебя, смирила бы твою пламенную душу и ты наконец устыдилась бы своей страсти… что было б тогда со мною? （А. С. Пушкин）他冷漠的嘲讽迟早会遏制住你炽烈的灵魂之火。

Чистая, радостная душа светилась в глазах твоих, подобно как солнце светится в каплях росы небесной. （Н. М. Карамзин）你的双眼闪烁着一颗纯洁、快乐的灵魂，就像朝露中的阳光一样熠熠生辉。

（9）灵魂是建筑物。

То есть заниматься тем самым созиданием, строительством душ, о котором говорил Юрий Петрович Киселев? （А. Гулина）这即是从事Юрий Петрович Киселе所言的灵魂工程的建设。

От долговременного борения расшаталось здание души. （В. Ф. Одоевский）经过长时间斗争，心灵大厦动摇了。

На этот раз он прямо выводит их из устройства души. （В. Шевченко）这次他直接将这些从灵魂构建中排除出去。

Непонятный восторг вселился в душу Кипренского. （К. Г. Паустовский）莫名的欣喜潜入了Кипренский心里。

Весенняя природа вселяет в душу отрадные чувства — довольства настоящим и светлой надежды на будущее. （Л. Н. Толстой）春天的气息使

心中畅快／心情欢畅。

（10）灵魂是感知对象。

Мы все знаем о том, как в церкви поступать, — а вот приди чужой человек: разве мы первым взором вглядываемся в его душу? （О страхе Божием, 1974）我们懂得教堂的做法，——要是来了一个人，我们能第一眼就看清他的灵魂？

Учить детей не смотреть на мир вообще, но научить видеть лица, души, судьбы. （О. Андреева, Г. Тарасевич）要教会孩子们去看人、看灵魂、看命运。

（11）灵魂是商品。

Нельзя торговать своей душой и телом во имя материальной выгоды. («Даша», 2004）不能为了物质利益而拿自己的灵魂和身体作交易。

Подвизаются разные советские писатели с репутацией приличных или беральных, продающие душу только по высшей ставке, за чистые денежки прямиком из партийной кассы. （А. Макушинский）有些苏联作家，他们享有盛誉，却会按薪阶出卖自己灵魂。

И тот и другой служили не идеологии и даже не государству, а всего лишь дьяволу, которому продали свою душу. （Д. Митюрин）这些人都不是为了思想、主义／理想、为了国家而工作，而只是为收买了他们灵魂的魔鬼工作。

Знаете ли, что душа моя давно продана нечистому. （Н. В. Гоголь）我的灵魂造就出卖给了不干净的东西／被卑污的事物所侵蚀。

Он, погубитель мой!… Я душу ему продала… （Ф. М. Достоевский）他是一个祸害者，我将灵魂出卖给了他。

（12）灵魂是财宝／财物。

Смех смехом, а в полицию уже обратилось более двадцати горожан, которые уверяют, что после встречи с этим "похитителем человеческих душ" у них чего-то не хватает. («Криминальная хроника», 2003.06.24）自从结识了这个"人类灵魂的偷盗者"，他们就开始缺失了某样东西。

Дорога ожидала дальняя, и стражники были добры, чтобы не тратить зря душу на злобу. （А. П. Платонов）路途遥远，警卫队员还算善良，没有把心思都浪费到激发仇恨的事情上。

（13）灵魂是庄稼、植物。

Бог спускает между такой душой и миром пелену безумия или какого-то частичного отчуждения и непонимания, пока эта душа не созреет. (митрополит Антоний [Блум]. О болезнях, 1995) 一颗灵魂还没来得及成熟的时候，上帝就在这颗灵魂和世界之间拉下了有失理智的或者有些隔阂/彼此疏远和互不了解的布幔。

Эта душа может не созреть вовсе на этой земле, но она будет созревать в тишине своего так называемого "безумия", отлученности от окружающего мира, и вступит в вечность зрелой, созревшей. (митрополит Антоний [Блум]. О болезнях, 1995) 这颗灵魂可能在这个世界上无法长成熟。

Его присутствие раскачивало самые инертные, вялые души. (Д. Гранин) 他的存在使我消极怠惰/萎靡的灵魂振作起来。

（14）灵魂是拥有物。

А по-моему, хошь ты и солдат, а все человек, тоже душу в себе имеешь. (Л. Н. Толстой) 就算你是个士兵，但总归是一个人，也应该有自己的灵魂。

（15）灵魂是食物。

Гордость власти заела душу, сердце. (И. А. Гончаров) 权力的傲慢/高傲吞噬了灵魂和心灵。（使极痛苦，使极难受）

（16）灵魂是空气。

Очень люблю их слушать… это освежает душу. (А. Н. Островский) 非常喜欢听取他们的看法，这让灵魂耳目一新。

（17）灵魂是期望的对象。

Бабушка его не просто любит, она в нем души не чает. (З. Синявская) 奶奶不仅不喜欢他，也不指望他（的心）/也指望不上他的心。

归结起来，俄罗斯文化中的"灵魂"具有极为丰富的文化联想和物的蕴含，它可以是人、生命体、凸显出灵魂的精神意志和行动力；也可以是容器、实体物、空间物、表面物、建筑物、感知对象、拥有物、财宝/财物、食物、空气等，显示出灵魂精神实体感知性、可操作性、同人的密切关联性以及对人的特殊重要性、不可或缺性；可以是液体物，表现出灵魂的荡涤性、洗礼性及同人的精神融合性；可以是有温度的事物，体现出灵魂的精神灵性和生命性；可以是火、阳光、光亮等放释出灵魂精神实在的事物，辉映出俄罗斯灵魂强烈的精神价值意义色彩；可以是商品，显现出灵魂受到伤害、侵蚀甚至遭到出卖的消极社会现实；可以是庄稼、植物，反映出灵魂的成长、蜕变这一重要社会精神内涵；它也可以是人们所冀望的对象，表现出灵魂作为民族精神依靠、归属所具备的高度价值特性。显然，俄罗斯民族心智对"душа"的这些精神塑造和比物、想象从潜意识深处的思考和体悟中真实地展现出了俄罗斯灵魂的丰富、沉厚与博大、宽远。

五 "душа"的话语综合分析

文化概念话语综合分析就是要借助概念语词在语句上下文中显示出来的含义来识解它所传达的文化信息，即立足于概念词所处的语境词围提取相关信息，并在概念语词所在语句的整体事件内容中考察和分析相关文化观念和思想内容。

（1）灵魂的精神内在文化解读。

Если не давать пищу душе, человек перестаёт сострадать, сочувствовать, чувствовать вообще. (А. Гулина) 如果不为灵魂提供精神食粮/不提升自己的灵魂，那么人将失去同情心，甚至不再有情感。——这在灵魂的养护、提升上体现出其同人的精神内在和情感意识之间的关系，反映出灵魂的精神文化特点。

Христос говорит — и в чью‐то душу входит жизнь, кто‐то спасается, у кого‐то горе утихает, у кого‐то слёзы текут, у кого‐то вдруг разломилось каменное сердце, у кого‐то вдруг надежда блеснула, вера разгорелась. (митрополит Антоний [Блум]. О встрече, 1969) 基督教导我们，谁的灵魂有了生命，谁就会得到拯救，谁的痛苦就会平息，谁就会有泪水，谁的铁石心肠就会突然崩裂，随之就会突然有了希望而信仰坚定。——这在灵魂同基督教导、基督精神之间的关系上表现出俄罗斯灵魂的精神内涵特性。

Теперь твои страдания очищают душу. (А. Н. Толстой) 现在痛苦会洗刷你的灵魂。——这在特定情感同灵魂之间的特殊联系中反映了俄罗斯灵魂的精神体味、精神内在。

Она/Музыка действует ни возвышающим, ни принижающим душу образом, а раздражающим душу образом. (Л. Н. Толстой) 音乐不是通过使心地高尚纯洁或者贬低灵魂的方式来起作用，而是以激发灵魂的方式作用于人。——这在艺术形式同人的灵魂之间的关系中体现出灵魂特有的人文气息和精神特质。

Жалость наполнила мою душу, и не одна только жалость. (И. С. Тургенев）怜悯充满了我的灵魂，但充斥我心的不止有怜悯。——这在灵魂同怜悯等心理—情感体悟之间的关系上显示出灵魂的精神情怀和精神内涵。

（2）灵魂的社会—精神关系文化解读。

Гостеприимство есть добродетель великой души, которая привязана к целой вселенной чрез узы человечества. （Н. И. Новиков）热情好客是博大胸怀/强大灵魂应有的美德，这一品德借助人类纽带牵系于整个世界。——这在待人的真诚态度和美德同灵魂的特殊关联上表现出灵魂的社会—精神关系特点。

Ведь настоящая поэзия очищает душу, я в этом уверена на все сто! （Э. Русаков）真正的诗歌是涤荡心灵的，我对此深信不疑！——这在诗歌这一文化形式同人的灵魂之间关系方面体现出灵魂的精神关系价值。

Если душа начинена разными яствами — как ей подняться к Богу? （Е. Вербенина）如果灵魂始于丰盛的美食，那么它怎么能升华到上帝的世界？——由此可以看出俄罗斯人对灵魂同物质之间本质差异的认同和态度，这在俄罗斯民族对外在事物对灵魂的作用的认识中反映出灵魂的社会—精神关系。

Истинно, материя питает плоть, а духовная пища душу! （А. П. Чехов）物质滋养人的身体，而精神食粮滋养人的灵魂。——这在物质实体和精神事物分别同灵魂之间的不同关系上体现出俄罗斯灵魂的社会—精神特性。

Настолько все мирно и тихо, что даже доктор согрелся душой от умиления. （А. К. Смирнов）一切如此亲切宁和，让医生心里备感温暖。——这在人的身心感受及其同周围环境的关系中表现出灵魂的社会—精神价值特性。

（3）灵魂的精神教义文化解读。

Можно уничтожить храм на земле, но слово Божье в душах наших останется! （А. Пашкевич）矗立在大地的教堂能被摧毁，但我们灵魂中来自上帝的旨意永存！——这在灵魂同上帝旨意和宗教精神直接密不可分的关系中展现出俄罗斯民族意识中灵魂的精神教义。

Что может быть важнее здоровья души христианской?! （А. Пашкевич）有什么能比基督教义的健全灵魂更重要?!——这在灵魂同基督精神内核之间的关联中反映出灵魂的精神教义文化特质。

Православный пост — это исповедание нашей веры, исповедание того, что есть духовные принципы жизни, чтоесть Бог, что душа выше тела. (Е. Вербенина) 灵魂高于肉体。——这在灵魂同躯体的关系比较中显示出俄罗斯灵魂中的宗教教义精神倾向。

Господь Бог складируетвсе души подряд, и хранит их, и развлекает, как умеет. (З. Прилепин) 上帝将所有人的灵魂联接在一起，保护它们，尽其所能地给它们快乐。——通过对灵魂同上帝表现、上帝使命之间关系的认识反映出俄罗斯灵魂的精神教义意志。

Тут каждый отдал Богу душу за какую-то свою или чужую правду. (В. Шаров) 每个人都为了某种自己或他人心目中的真理而将灵魂交给上帝。——通过灵魂在人们心目中的地位及人们对上帝的认同、信任和依赖显示出灵魂的精神教义内涵。

（4）灵魂的心智文化解读。

Ум — очи души. Когда эти очи повреждаются, душа становится слепа. (Е. Водолазкин) 智慧是灵魂的眼睛，当这双眼睛受到伤害，心灵就会变成盲人。——这在灵魂同其背后的智慧内涵、核心之间的现实关联中表现出灵魂的心智文化实质。

Твоё ни-во-что - не-верие — это не почва для мыслящего человека, это — бедность души. (А. Солженицын) 你对什么都缺乏信任，这不是有思想头脑的人的做法，这是灵魂贫乏的表现。——这在灵魂同人的思想认识和思想分析、判断（能力）之间的关系层面反映出灵魂的心智文化特性。

По неволе сердце очерствеет и душа закроется… Я уехал один. (М. Ю. Лермонтов) 由于失去自由，心将会变得冷漠无情，灵魂也将封闭起来。——这在灵魂同精神自由及心理—情感体验之间的关联中体现出灵魂的心智基础和文化属性。

… чтобы различать красоту души и оригинальность личности, для этого нужно несравненно более самостоятельности и свободы. (Ф. М. Достоевский) 需要有足够的独立性和自由才能区分出灵魂的美丽和个性的独特。——这在灵魂的内涵和价值表现及其同独立、自由等人类基本追求的关系审视中表现出灵魂的独特心智文化价值。

（5）灵魂的社会—人际关联（精神品格）文化解读。

Благой, отрадный голос, столько раз с тех пор, в те грустные времена, когда душа молча покорялась власти жизненной лжи и разврата. (Л. Н. Толстой) 在那些愁苦的年代/让人忧伤的年代，人的灵魂不得不屈从于生活中的谎言与挥霍/腐败/凋敝（力量）。——这从灵魂同生活交往和

生活状况的关系中反映出灵魂的社会——人际关联文化特性。

　Воспоминания эти освежают, возвышают мою душу и служат для меня источником лучших наслаждений. （Л. Н. Толстой.）这些回忆使我的灵魂变得清新而高尚纯洁，成为我快乐愉悦的源泉。——这在灵魂同过往的人和事的特殊关系中体现出灵魂的社会沉淀性和社会——人际精神属性。

　Боже, какие есть прекрасные должности и службы! как они возвышают и услаждают душу! но, увы! （Н. В. Гоголь）这是多么了不起的职务/职位和职责，它们提升了人的灵魂，使灵魂得到了慰藉。——这在灵魂同人的工作、职位和责任心之间的联系中显示出灵魂的社会——人际精神价值。

　Он проникает мне в душу. Я не могу устоять против него. （А. Н. Островский, П. М. Невежин）他进入到了我灵魂深处，我无法反对他/抗逆于他。——这在人际互动、人际影响力及其对人的意志作用性这一层面上体现了灵魂的社会——人际精神属性。

　Какая самая прекрасная душа достойна доставить другой душе такое счастие… （И. С. Тургенев）最为美好的灵魂才谈得上给他人以这样的幸福。——通过对灵魂所承载的社会正能量的高度肯定以及灵魂同他人幸福之间的关系的描述，体现出灵魂的社会——人际关联精神品格。

（6）灵魂的价值立场文化解读。

　Нельзя торговать своей душой и телом во имя материальной выгоды. （«Даша», 2004）不能为了物质利益而拿自己的灵魂和身体来做交易。——这在灵魂同物质利益的关系中表明了俄罗斯民众的鲜明精神价值立场。

　И то сказать: душа дороже денег…Тут и сам застынешь… （В. Г. Короленко）有言道，灵魂比金钱贵重，……明白这一点，你会因为自己的行为而身心冻结的/全身僵直的会感到汗颜的。——这在灵魂同金钱的关系对比中显现出俄罗斯民族的价值立场。

　Тля одежду тлит, а худые обычаи душу. （Посл.）蠹虫蛀衣物，陋俗坏人心。——这在鲜明的经验感知和价值认识中透射出灵魂同陈规陋俗的对立关系，反映出俄罗斯民众革除陈规的强烈社会心理和精神价值立场。

（7）灵魂的道德主张文化解读。

　Каждый должен блюсти свою душу. （А. Я. Гуревич）每个人都应当维护/守住自己的灵魂。——通过对灵魂纯洁的守护表现出俄罗斯民族的灵魂道德主张。

　Как же можно, чтобы христианские души пропали ни за что, ни про что？（Н. В. Гоголь）怎么能平白地丢掉自己的基督灵魂呢？——通过维护、坚守基督灵魂的鲜明态度表明了俄罗斯民众信奉基督的灵魂道德主张。

(8) 灵魂的情感意识文化解读。

Глубокий мрак закинутой в лесу избушки томил мою душу, и скорбный образ умершей девушки вставал в темноте под глухие рыдания бури…（В. Г. Короленко）森林中漆黑的小木屋让我心灵备感寂寥，伴随暴风雨的低声呜咽，死去的姑娘忧伤的形象矗立在黑暗中……——这在心灵同周遭事物的心理关联中体现出人的灵魂的情感感知，反映出灵魂对人和事的敏锐情感意识。

Может быть, из-за страха перед любовью, которая незаметно овладевала её душой？（《Наука и религия》，2011）也许，这是因为那不知不觉中控制/俘获了她灵魂的爱？——这在爱对灵魂的巨大作用和影响中显示出灵魂深处的情感意识。

Сердце его также терзалось, но ни слезы бедной девушки, ни удивительная прелесть ее горести не тревожили суровой души его.（А. С. Пушкин）他的心备受折磨，不论是可怜的姑娘的眼泪，还是她美丽的悲伤都无法惊动/搅扰他那冷酷的灵魂。——这在灵魂同痛苦、悲伤的情绪关联中表现出灵魂中所包含的情感元素。

Для такого великодушного акта, как уничтожение себя ради ближнего, нужна возмущенная, сострадающая душа.（А. П. Чехов）要做出舍己救人的慷慨壮举，需要有一颗激愤而富于同情心的灵魂。——这在复杂而细腻的情绪—心理视角下和一心为他人的精神情怀中反映出俄罗斯灵魂的突出情感意念。

Любовь к мужу поддерживает ее, спасает; любовь — это ее душа.（А. Н. Островский）对丈夫的爱支撑着她，拯救着她，爱就是她的灵魂。——这在同爱的精神力量及其灵魂构建性之中展现出俄罗斯人对灵魂的情感特质的理解。

Какая-то горечь наполняет душу, и весь вечер испорчен.（А. И. Герцен）沉重的苦痛占据着他的灵魂，一个晚上就这样度过了。——这也同样在灵魂的情绪状态中体现出它所能容纳的强烈情感意识。

Душу мне давит тоска нестерпимая.（А. Н. Апухтин）难以忍受的忧伤沉重地压制着我的心灵。——这是通过人所承受的沉重而阴郁的压抑情绪之中体现出俄罗斯人对灵魂的情感意识文化解读。

Остается после только одно раскаяние, отчаянное, каторжное, которое грызет мне душу. (А. Н. Островский) 之后留下来的只有绝望的、苦役般折磨着我灵魂的悔恨。——这在复杂的懊悔情绪的心理体验中表现出灵魂的情感意志性。

Чувство совершенного долга, торжества, чувство гордости наполняло его душу. (И. С. Тургенев) 履行完职责的喜悦之情和自豪感（喜悦和志得意满之情）洋溢在他的心间。——这在人的工作、事业状态和相应精神体验中反映出灵魂所具有的特殊情感意向和姿态。

（9）灵魂的社会认知文化解读。

Для твоего друга важнее всего душа, чувствительная невинная душа. (Н. М. Карамзин) 对于朋友来讲，重感情、纯洁无瑕的心灵是最重要的。——这在灵魂的社会要求和社会沟通价值层面上表现出包含于灵魂的社会认知内容。

У человека душа — главное, и красота души — это и есть истинная красота человека. (коллективный. Форум: Обсуждение фильма «Война и Мир», 2007 - 2011) 人的心灵是主要的，而心灵的美是人最真实的美。——这在人对灵魂的社会认同、社会内涵价值表现中反映出俄罗斯人对灵魂的社会认知。

Красота души важнее красоты телесной. (коллективный. Форум: Обсуждение фильма «Война и Мир», 2007 - 2011) 心灵的美重于外表美。——这在人的灵魂内在和外在美丽之间的比照中显示出俄罗斯民族对灵魂的社会化理解和认识。

Но не любовь к друзьям так размягчила и подняла его душу, что он не удерживал бессмысленных слов, которые говорились сами собой, и не любовь к женщине (он никогда еще не любил) привела его в это состояние. (Л. Н. Толстой) 既不是对朋友的爱，也不是对女人的那种爱让他心软，并提升了他的灵魂。——这是基于自我判断和精神现实分析对灵魂同情感关系的一种社会认知文化解读。

（10）灵魂的价值理想文化解读。

Души низкие ищут денег, души возвышенные ищут блаженства (А. Н. Островский) 卑贱/低下的灵魂寻找的是金钱，高尚的灵魂寻找的是无上幸福。——这在灵魂的不同归宿和追求的对照之中展示出俄罗斯民族的灵魂价值理想。

Блаженны были бы иудеи, если бы могли возвысить души свои до сих высоких и чистых чувствований и не оставались при одних наружных обрядах. （Н. И. Новиков）要是犹太人将自己的灵魂提升到如此高尚纯洁的境界/使自己变得如此心灵高尚纯洁，而不是仅仅停留在外在的仪式上，那么他们本可以会非常幸福。——这在同其他民族的对比中显示出俄罗斯民族灵魂的心之所向和身之所往，体现出该民族灵魂鲜明的价值理想和追求。

以上有关于俄罗斯民族精神文化概念 душа 的话语综合分析通过灵魂同人的精神内在和情感意识之间的关系，灵魂同基督教导、基督精神之间的关系、特定情感同灵魂之间的特殊关联性，艺术形式同人的灵魂之间的关系所体现的灵魂特有的人文气息和精神特质以及灵魂同怜悯等心理—情感体悟间的关系所折射的灵魂精神情怀与精神内涵等反映出俄罗斯民族对灵魂的精神内在文化解读；通过待人态度和美德同灵魂的特殊关联、精神文化形式同人的灵魂之间的关系、俄罗斯民族对外在事物对灵魂的作用的认识、物质实体和精神事物分别同灵魂之间的不同关系以及人的身心感受及其同周围环境的关系等反映出俄罗斯民族灵魂的社会—精神价值特性；通过灵魂同上帝旨意和宗教精神直接密不可分的关系、灵魂同基督精神内核之间的关联、灵魂同躯体的关系比较、灵魂同上帝表现、上帝使命之间关系的认识以及灵魂在人心目中的地位、人对上帝的认同、信任和依赖等方面反映出俄罗斯民族对灵魂的精神教义文化解读；通过灵魂同其背后的智慧内涵、核心之间的现实关联、灵魂同人的思想认识和思想分析、判断（能力）之间的关系、灵魂同精神自由及心理—情感体验之间的关联以及灵魂的内涵和价值表现及其同独立、自由等人类基本追求的关系审视中透射出来的灵魂独特心智文化价值等反映出俄罗斯民族对灵魂的心智文化解读；通过灵魂同生活交往和生活状况的关系、灵魂同过往的人和事的特殊关系中体现出来的灵魂的社会沉淀性、灵魂同人的工作、职位和责任心之间的联系、人际互动、人际影响力及其对人的意志作用性、人们对灵魂所承载的社会正能量的高度肯定以及灵魂同他人幸福之间关系的描述等反映出俄罗斯民族对灵魂的社会—人际关联精神品格文化解读；通过灵魂同物质利益的关系、灵魂同金钱的关系对比等反映出俄罗斯民族对灵魂的价值立场文化解读；通过对灵魂纯洁的守护以及维护、坚守基督灵魂的鲜明态度等反映出俄罗斯民族对灵魂的道德主张文化解读；通过心灵同周遭事物的心理关联、灵魂对人和事的敏锐情感意识、爱对灵魂的巨大作用和影响、灵魂同痛苦、悲伤的情绪关联所表现出的灵魂情感元素、通过一心为他人的精神情怀反映出的灵魂的突出情感意念、通过爱的精神力量及其灵魂构建性、灵魂的情绪状态所体现的强烈情感意识、人们在各种不同情绪心理体验中表现出的灵魂情感意志性以及人的工作、事业状态和相应精神体验所释放出的灵魂所具有的特殊情感意向等反映出俄罗斯民族对灵魂的情感意识文化解读；通过灵魂的社会要求和社会沟通价值、灵魂的社会认同及社会内涵价值表现、人的灵魂内在和外在美丽之间的比照以及人的自我判断和精神现实分析等反映出俄罗斯民族对灵魂的社会认知文化解读；在灵魂的不同归宿和追求的对照之中、在同其他民族的对比中显示出俄罗斯民族灵魂的鲜明的价值理想和追求。

总括起来，立足概念语词的话语框架信息内容，能够对俄罗斯民族文化概念 душа 进行十分丰富的分析和解读。这包括对俄罗斯民族"灵魂"这一概念的精神内在文化解读、社会—精神关系文化解读、精神教义文化解读、心智文化解读、社会—人际关联文化解读、价值立场文化解读、道德主张文化解读、情感意识文化解读、社会认知文化解读以及价值理想文化解读等。这些方面的话语综合分析、解读表明，俄罗斯民族意识中的"灵魂"在工作生活、社会活动和言语交际环境之中广泛展现出了真实的精神思想和行为，无论是正面、积极的，还是负面、消极的相关文化意识内容都实在而客观地反映出俄罗斯民族的内心世界以及同其灵魂认知、灵魂表现相关的神秘精神世界。

六　小结

"心灵""灵魂"是一个民族的主要精神层面，其样态是观察一个民族精神世界的重要指标和参数，很大程度上，心灵世界的呈现就是一个民族精神世界的一种展示，因而探讨文化概念 душа 对于识察俄罗斯民族精神文化、精神世界和俄罗斯社会精神面相具有显著作用和价值。以上分析可以看出，душа 所体现的是人的内心深处思想、情感、意志等最为本真性的"人性"，文化的深层渊源上，它同上帝的声音、上帝意志相关联，并且与印欧文化中将"灵魂"视为如同"空气""呼吸"一般重要的精神定位如出一辙。在文化的内涵辐射面上，它同俄罗斯人的"良知"之间存在特殊联系，正直、真诚、博大、富足、慷慨、单纯而略带拙朴构成俄罗斯"心灵"的基本文化内容，这些民族品性在俄语语言文化现实中得到了充分体现和彰显，各种隐喻搭配的文化语境和认知格式塔形象都十分清晰、鲜明地映照出了其心灵世界丰富、独特的精神元素与厚实的文化底蕴，传达出俄罗斯民族对灵魂精神内在和精神品德的深刻反思。此外，话语结构框架的文化映衬更全方位地显示出俄罗斯"心灵""灵魂"在社会—精神关系、精神教义、道德主张、情感意识及价值理想等方面的文化精神特质。这些文化释读内容都从一个隐秘的"心"的文化世界和民族自我意识层面折射出俄罗斯民族的精神气节、精神理想与精神追求。

第三节 "судьба"（命运）的分析与解读

"судьба"（命运）这一概念是民族和个体意识的核心。它属于积极作用于人的生活原则、方式的概念范畴（Арутюнова，1994a：3），"命运这一概念是人的意识在生活现实和可能—必然（свобода—необходимость）关系的客观观察中形成的，此时人们会感受到控制着他生活的力量在起作用"（Постовалова，1994：209），在本能意识下的命运体验中，人们往往感到"生活的进程和结局取决于人自身以外的某物，取决于我们不得不服从的某种必然性"（Соловьев，1990：342）。Р. И. Розина 曾经这样描绘人同命运之间的关系，"人们明白他们的生活至少在一定程度上受制于其无法掌控的力量，这成为显然而又普遍的事实，正如他们明白自己都会有死去的那一天一样"（Розина，2011：424）。而其中所注定的，就是人的命运。这多少反映出命运同人及其生命之间的自然法则关系和思想。命运同人的行为意向和道德意识是联系在一起的，"命运不仅取决于行为（自觉）意识性的程度，还取决于人们借以战胜罪恶的条件。按照 Абеляр 的观点，这样的条件有三个：良知的谴责和内疚、忏悔、报偿和感恩心"（Неретина，1994：13）。

在俄罗斯民族意识中，"命运"注定着许多事情，在人的心目中扮演着上帝的角色，某种程度上命运就是上帝意志的体现，"命运观念的形成变成为基督信徒最为重要的事情"（Неретина，1994：13）。试看：Разлука нам судьбой суждено（命运注定我们分离）；Судьба судила（Бог судил）иное.（命运/上帝注定不是这样的）人们相应认为命运是无法预测的（Как известно, судьба — вещь непредсказуемая.），并且潜意识中总有"命运由上天注定"的心理（фатальная судьба，неминуемая судьба）[①]，相应作为依从

[①] 值得注意的是，命运是线性的，可能笔直畅达，也可能迂回曲折。基督精神教义并不一味认为命运注定不可变改，"给人以自由的基督教（除新教之外）并不接受命运是命中注定的主张，而赞同可通过人的自由选择来体现最高力量的见解"（Арутюнова 1994b：312）。

于上帝的人来讲，不能不接受上帝安排的命运，无论什么样的命运，都是上帝的馈赠、恩赐（человек получает судьбу в дар），从而也就处于受命运支配的地位：Бог даёт судьбу；Бог дарит субьбой；Бог наделяет судьбой. 当命运同特定支配对象关联在一起时，会形成人同命运、上帝之间的各种联系，比如，"命运的宠儿（избранник судьбы）显然也是上帝的宠儿，而命运的声音即等同于上帝之声"（Арутюнова，1994b：311）。人们在面临苦难、痛苦的时候，往往会思考、评断自己的命运：Он умрет от горести!..Злобная судьба！（П. И. Шаликов）；Она разделила их участь/судьбу.（她遭遇了与他们相同的命运）有命运不可知论的情结（неизвестность судьбы）（Неизвестность о судьбе Марьи Ивановны пуще всего меня мучила.［А. С. Пушкин］），遇到困厄，人们往往也会抱怨命运（роптать/сетовать/пенять/жаловаться на судьбу，И я не роптал на судьбу свою！；Она сетовала на судьбу，что даровала ей сына.［А. Е. Измайлов］）、哭诉命运（плакать о своей судьбе），也会哀叹、担忧命运：Но，ах! какая судьба ожидает ее! Боже мой? 人们期待命运的礼物、眷顾（подарок судьбы），渴望命运的馈赠、恩赐（［счастливый］дар судьбы），在艰难的时候希望会有命运的转折（поворот судьбы）出现：Судьба его менялась непредсказуемо.（他的命运发生了不可预测的改变）在俄罗斯童话、民间故事中有"名字能决定人命运"（А. В. Суперанская）[①] 的说法。俄罗斯民间认为，命运的直线穿过两点，那就是生和死（А. Архангельский）（Жизнь и смерть предрешены судьбой），并且"命运同死亡构成相互联系的范畴"（Стрелков，1994：34），民众对命运的安排有一种敬仰和虔诚：Вот подлинно，судьба уж так вела（命运就是这样安排的/这就是命运）（Н. В. Гоголь）；Вот привела судьба сви′деться. Ну，как вы?（命运就这样安排了会面）（Л. Н. Толстой）；Вот уж точно говорится — судьба не привела（Д. Рубина）（没有那样的命运/命运没有这样安排）。从而会相信或者认命"人就是其自身的命运（Человек и есть сама его судьба）"（Топоров，1994：51）。命运常与周边的人和物相关，"人类命运同自己娘亲、乳母和供膳者存在密不可分的联系"（Никитина，1994：136），судьба 可同某个具体的人关联、对等起来：Стоит моя судьба предо мной，дрожит（指说话人心目中的某个女人）。而

[①] 只标注有作者而未专门标出年份、页码信息的引文（汉语译文）或相关内容，系出自 yandex.ru 或 НКРЯ。下同。

以下句子中的 судьба 指的则是后来成为言语主体的丈夫或妻子的那个人：Так я познакомилась со своей судьбой；Я встретил свою судьбу на катке. （Ковшова 1994：140）俄罗斯文化中还将命运同生活中熟悉的"马"联系起来做比较：一些人的命运是被调练的马，另一些人的命运是顺从的劣马，还有一些人的命运则是小野马（У. Нова）：Тому судьба дала прекраснейших лошадей, и он равнодушно катается на них, вовсе не замечая их красоты. （Н. В. Гоголь）对于人来讲，"命运是一个整体性的、不可切分的事件结构体"（Радзиевская，1991：71），从事物联系的客观性和哲学意义上分析，命运是人和事物作用关系结果的自然呈现方式，正如 С. Е. Никитина，Н. П. Принцер 看到的，"命运是生活中重要事件之间的逻辑联系"，（Никитина，1994：135）"命运是万物存在之间的因果关系体现，是事件之间不可动摇的内在联系和因应性的反映"（Принцер，1994：20）。从这一意义上说，命运往往可能是未知的、难以理喻（неведомая, таинственная, тайная, темная, непознаваемая судьба），"那种支配万物同时又不可知的东西就是命运"（Лосев，1991：28），"日常意识中，人的行为和事件中既不合理又不可思议的必然结局就是命运"。（Аверинцев，1983：663）但不能不看到，面对命运，俄罗斯人会表现出积极抗争的顽强意志（бороться/сражаться с судьбой, смотреть/смеяться в глаза судьбе, бросать вызов судьбе, навлекать гнев судьбы, идти против [своей] судьбы）[①]，他们会努力去赢取自己的命运、改变自己的命运（Мы не выбираем формы нашей судьбы, но можем придать ей определенное содержание; Человек, что бы об этом ни говорилось, хозяин своей судьбы. Из того, что ему дано, он всегда может сделать кое-что. [Гренье]），同时人们还看到，"人的命运同时取决于最高力量和人自己，Макиавелли 说过，人类命运一半决定于上帝，一半决定于自己"（Гак，1994：204），这一方面在于人如何对待命运，另一方面在于人要积极进取，将命运握在自己手里，"要把握住命运，一个非常重要的因素是投入全部精神意志力量的努力"（Неретина，1994：6），"命运是人的生命的运动和处境状态的变化。这种变化可能取决也可能并不取决于人的意志（相应可以选择或者无法选择）"（Гак，1994：198），试对比 1）与 2）：1) Человек—хо-

---

[①] 此时的人具有同命运平等、相当的（独立）行为意志，是作为积极行为事件的主要参与者出现的。（Ковшова，1994：138） зяин своей судьбы；Лови случай/случайность/судьбу. 2）Все от бога；Судьбу не изменишь（фатум）。"命运观念是由人的自然、理性和精神生活众多行为所构成的"（Неретина，1994：13），即便难免有宿命的成分，人的意志和努力也可以在命运中发挥作用，正如В. С. Соловьев 分析 А. С. Пушкин 的命运时看到的，"命运不是简单的自发现象，它分为最高善良和最高理性（высшее добро и высший разум）这两个部分，它所固有的必然性是一种对理性道德秩序的控制力，这种秩序本质上不以人的意志为转移，但在生活中却只能通过我们的意志才能得以体现。如果是这样，那我认为，我们顶好用一个明亮而确定的语汇'Провидение Божие'（上帝神明，天命，天意）来替代'судьба'这一晦暗的字眼"。（Соловьев，1990：365）这样，人的意志体现与上帝神明并不是绝对冲突，在这种神明的照耀之下，"人"的因素仍可以起到自身作用。

此外，命运的不同还可以通过其不同类别的承受者、承担者加以察看，"人可以被分为三个范畴的命运载体：一般的个体、由具有共同特征联系在一起的特殊人群以及人类整体。个体的命运常被理解为是运数、运气（доля），特殊群体的命运被看成是生活方向、道路（путь），而整个人类的命运被视为是法官"（Никитина，1994：131）。另外，在理想世界和现实世界的相互作用之下，俄罗斯现实生活中的不同命运还可以表现为分配者、游戏者、操纵者（导演）、放债人（债主）以及仲裁者等五种文化模式（Арутюнова，1999：623-361）。

一 "судьба" 词源分析

在11—17 世纪的俄语中使用的是 судьба（суд/法庭，审判，судилище/法庭，приговор/判决，правосудие/公正裁决）。судьба 在 1627 年的 П. Берында 词典中被标注出来，自 1731 年有了 судьба божия，1773 年开始使用 судьба。судьба 源自共同斯拉夫语词 сǫдьба（古斯拉夫语、教堂斯拉夫语词也为此），后者派生于带上后缀-ьба 的 сǫдь（俄语中的 суд）（Шапошников，2010b：393；Шведова，2007：957），表义上同"见解，判断/суждение，决定/решение，公正/справедливость，判决/приговор"有关（Шведова，2007：957）。судьба 在保加利亚语中为 съдба，在其他斯拉夫语中没有这一词。在古俄语中 судьба 虽然在 11 世纪就有了（如上 А. К. Шапошников 词典中提到的 судьба），但主要用于表示"суд/审判，法庭，法官，судилище/法庭，правосудие/公正裁决，приговор/判决"之义（Черных，1999：216），这显示出 судьба 深植于俄罗斯民族意识中的"最高控制力"雏形①。而 И. И. Срезневский 还指出了 судьба 可表示的 предопределение（定数，注定）这一意义（Срезневский，1958：608）。试对比：суд божий—судьба，рок。其意义发展线索为：правосудие/公正判决 > приговор/裁决>божий суд（приговор небесных сил）/上帝的审判（上天之力的判决）>предопределение，рок/命数，命运（Черных，1999：216）。另外，从词源语义关联上看，судьба 在希腊语和拉丁语中的相关词（fatum）都直接同"上帝神明""天意""天命"等意义相对应（Принцер，1994：20）。

二 "судьба" 文化语义内涵分析

судьба 表示的是不取决于人的意志的各种情况的巧合②，是生活事件的进程；命运，境遇；事物存在、事件发展的历程/进程（БАС，1963：1163；МАС，1988：302；Шведова，2007：957；Шапошников，2010b：393；Черных 1999：216；Ожегов и Шведова《Толковый словарь русского языка》，bweek. narod. ru/rest），"人的意志无法控制的事件进程、不同状况的巧合；命运，运气，生活道路"（Ушаков，2013：661；Кузнецов，2000：1288）。这些释义的核心都强调 судьба 中"命运"的意志非可控性（независимость от воли）、偶然性（случайность）、命定性（предопределение）、偶然中的必然性（необходимость случайного）以及同人的生活轨迹/经历（жизненый путь）等之间的某种联系，尤其是命定性、必然性几乎成为人们直觉意识③中赋予 судьба 的基本特征（Арутюнова，1994b：312）。例如：Каким образом судьба занесла его с юга России на северо-восток—не знаю（С. Т. Аксаков）；Им казалось, что самая судьба предназначила их друг для друга（А. П. Чехов）；Судьба столкнула старых друзей（命运使老朋友相逢了）；Судьба вчера свела случайно нас.（М. Ю. Лермонтов）（Кузнецов，

---

① "命运经常会进行审判，通过审判作出奖惩。而人扮演被告的角色"（Арутюнова，1994b：312）。

② 在迷信的认识中，судьба 是一种前定着生活中所发生的一切的至高力量或上帝意志（БАС，1963：1163）。

③ 从词义中的概念（понятие）内容来看，直觉意识同概念语词的意义关系表现为，"越是基本、初原化的概念，对凭其直觉意识来理解意义的依赖性就越自然"（Кагарлицкий，2012：75）。

2000：1288；Даль，1909：622；Арутюнова，1994b：309）。同 судьба 相关和近义的词有 участь，жребий，доля，рок，часть，счастье，предопределение（Даль，1909：622）以及 предназначение，провидение，фортуна，случай 等（Гак，1994：198）。由于"命运"包含"运气、命数好与坏的偶然性"，因此，"命运"经常是人们抱怨的对象：Досадую на судьбу，что…（П. Ю. - Львов）；Он жалуется на свою судьбу；Старуха не переставала плакаться на судьбу свою（Д. В. Григорович）；Что же судьба сделала с моею чадолюбивою соседкою？（П. Ю. Львов）（命运都对我钟爱子女的邻居做了些什么？）разумно распорядиться своей судьбой。История человека，которому сама судьба сдала оченьприличные карты и который проиграл самого себя.（命运本身给了他一副好牌）有时怨天尤人，可能会产生任由命运摆布、放任……的消极想法①：оставить，бросить，покинуть на произвол судьбу（Ушаков，2013：661 - 662；Черных，1999：216；Кузнецов，2000：1288），покориться судьбе，Своей судьбы не переменишь（И. С. Тургенев）。судьба 也可以是着眼于将来，表示人将来的生活境况、将要或将可能发生的事情（Ожегов и Шведова《Толковый словарь русского языка》，bweek. narod. ru/rest；Шведова，2007：957）：Судьбы не угадаешь；Судьба детей в руках родителей（от них зависит будущее детей）；Родители устроили ее судьбу（выдать ее замуж за кого）。

　　судьба 有不同的力量形式：最高力量的命运②——судьба предназначает，ломает，посылает，игра судьбы，судьба руки свяжет，связала нас судьба одной веревочной，от судьбы не уйдешь；上帝赋予人的命运——лишить/лишиться судьбы，потерять судьбу，упустить судьбу；注定的命运——не судьба（делать/сделать что - л.）（注定没这个命数做……，命定了无法……）。судьба 三位一体的意义可以在统一表达中体现出来：смириться с судьбой，жаловаться на судьбу，зависеть от судьбы.（Ковшова，1994：137，140）表现最多的是命运对人的统治力（господство судьбы）即最高力量，此时，"命运带有侵略、破坏的特性，命运的力量首先表现为是强制

---

①　俄罗斯民族意识中，自然的恶劣、难以驾驭与不可预测性以及严酷的生活现实，一定程度上形成了俄罗斯人对命运的一种不思进取和静观、宿命的态度。

②　这种最高力量可以理解为是"法官的形象"（образ Судьи）（Арутюнова，1994b：312），此时人们对命运所包含的事件关系认识已经有了明显的伦理道德意识色彩。

力、意志力——专横、任性，而它的权威力（своеволие）则表现为是自发性或不通情理"。（Ковшова，1994：137）此外，作为拟人化的最高力量的命运以两种身份和形象出现——作为上天力量或自发势力的"命运"和作为任性、难以捉摸的主宰者的"命运"。试比较：быть игрушкой в руках судьбы，бросить（всё）на произвол судьбы，насмешка/улыбка судьбы 等，судьба губит，разрушает，ломает，разлучает，гонит，наказывает；смеяться в глаза судьбе，бороться с судьбой 等（Ковшова，1994：137-138）。值得一提的是，在命运的强大力量、强制力面前，作为命运作用的对象的人没有积极的精神意志，其根据被动、消极和弱势的程度已然被比作或等同于任何生命形式或者更多的是受命运所操控的物体、事物：судьба связывает，посылает，вручает，заносит，забрасывает человека。（Ковшова，1994：138）

此外，在 судьба 的语义上看，命运可能同"生活"相近，或者有时同"生活"相交叉（Ковшова，1994：141），命运是人的生活道路（У каждого человека своя судьба，путь свой），类似于人的生活：устроить судьбу—устроить жизнь，повернуть судьбу—повернуть жизнь，жаловаться на свадьбу—жаловаться на жизнь，судьба решена—жизнь решена。而命运同生活的交织集中体现在"将来、未来"这一点上，并附着于 судьба 的"必然、注定结局"基本含义之上：узнать свое будущее—узнать свою судьбу，предрекать будущее—предрекать судьбу，погадать о будущем—погадать в судьбе/на судьбу，предугадывать будущее—предугадывать судьбу。而如果命运同人的"未来"相吻合，那么命运中的人会成为自主、积极的行动者，судьба 也相应失去"上天注定"的意义成分：Твое будущее зависит только от тебя — Твоя судьба зависит только от тебя；Твое будущее—в твоих руках — Твоя судьба—в твоих руках. 此时，人实现了自己在命运面前的某种力量、意志和支配权。

судьба 有不同的分布面：可能是个体的（судьба станционного смотрителя，Твоя судьба была для меня дороже личного счастья！（А. Алексин）[你的命运对我来讲比个人幸福更重要]），也可能是群体的（исторические судьбы русской интеллигенции/俄罗斯知识分子的历史命运），还可能是全人类的（судьбы человечества）。

судьба 有各种表现、作用形式：благосклонность судьбы（命运的垂青），награда судьбы，пик судьбы（命运的顶峰/命运之巅），перелом судьбы（命运的转折）, перемена судьбы（命运的变故）, превратности судьбы（命运的变化无常）, ирония судьбы（命运的讽刺, 命运的捉弄/нелепая, странная случайность）, гонение судьбы（命运不济, 命途多舛）。

судьба 有自己的垂青者和捉弄者: ба′ловень судьбы（命运宠儿, 天之骄子）, избранник судьбы（幸运儿）, игралище судьбы（[受] 命运捉弄的人）。

судьба 有自己特有的外部表征或情感表现: улыбка（命运的微笑）судьбы, усмешка судьбы（命运的讥笑）, насмешка судьбы（命运的嘲笑）, гнев судьбы（命运的愤怒）。(Ковшова 1994: 138)

судьба 面前人的表现/作为: покорность судьбе（听天由命）, вера в судьбу（对命运的信念）, искушать судьбу（冒险, 碰运气）, смириться с обстоятельствами своей судьбы（屈从于命运的境遇/命运的安排）, взять за рога судьбы（抓住命运的犄角）, испытывать судьбу（冒险）, исправление своей судьбы（改变自己的命运）。

有时 судьба 表示的就是生活中的一种偶然、意外: Потом судьба распорядилась так, что отец уехал в Польшу（命运的安排, 父亲后来去了波兰）(И. Э. Кио); Но вот ведь как распорядилась судьба — по приезде в Москву Пашкова скоропостижно скончалась...（И. Э. Кио）。

对待 судьба 的方式: Почему он хладнокровно управляет судьбами своих подчинённых?; Он не проклинает судьбу, а благодарит её за то, что жизнь просто дарована（С. Спивакова）（他没有责骂/诅咒命运, 而是感谢它赐予了生命）。

судьба 会发生改变: Однако судьба его вдруг сменила гнев на милость（命运突然不再对他怨怒, 而是垂青于他/命运突然开始眷顾他）(С. Подушкин); Пора исправлять превратности судьбы（是该扭转命运的波折、无常的时候了）(Григорий Горин. Иронические мемуары [1990–1998])。

судьба 的结果特征: горькая судьба（不幸的命运）, горестная судьба（苦难的命运）, трагическая судьба（悲惨的命运）, сладкая судьба（甜蜜、美满的命运）, сладостная судьба（美好的命运）。

судьба 的社会特征: высокая судьба（高尚的命运）, красивая судьба（高尚完美的命运）, большая судьба（前途远大的命运）, великая судьба（伟大的命运）, могучая судьба（强盛不衰的命运）, светлая судьба（光明

的命运），яркая судьба（灿烂的命运）。

судьба 的各种评价特征：завидная судьба（令人羡慕的命运），блистательная судьба（辉煌的命运），поэтическая судьба（崇高、理想的命运），трогательная судьба（令人感动的命运），верная судьба（可靠的、必然的命运），уважаемая судьба（让人恭敬的命运），необыкновенная судьба（不同寻常的命运），непростая судьба（不平常的命运），сказочная судьба（非凡的/神奇的命运），удивительная судьба（非同寻常的命运），бродячая судьба（漂泊不定的命运）。

归纳起来，судьба 在俄罗斯民族心理中，是一个具有某种神秘色彩的生命认知对象，其包含的宿命感意识使它类似于冥冥之中的一种因果循环，人们对它抱有各种各样认识、态度、评价。因此，命运在俄语语言文化现实中具有极为丰富的自然表现属性和人文表达。其中，面对命运，人们既可能会表现出犹如拜谒圣象般的虔诚（Лихачев 2006：56），也不乏对命运的积极态度和认知，但与此同时有许多或者更多的是对命运多舛、命运残酷、命运无常、命运悲与苦的感慨与无奈，自然的恶劣、难以驾驭与不可预测性以及严酷的生活现实，一定程度上形成了俄罗斯人对命运的一种不思进取和静观、宿命的态度。这既是俄罗斯民族在历史进程中的一种生活现实写照，同时也反映出俄罗斯人对社会、人生、世事、生命的真实理解和深刻精神领悟。"作为强制力的命运和受制于这一力量的人之间的情景关系定型构成俄罗斯文化中命运现象的特质。这一力量（命运）可以被拟象化为最高自然力，可以被物化为上帝对人的赐予，也可以呈现为命定之物。"（Ковшова，1994：142）但另一方面，人也可以通过明智的选择或决定在很大程度上为自己的命运做主，"此时表现出来的是人的英明与智慧，但这种英明只属于有丰富生活经验的人"（Гак, 1994: 206）。也因如此，А. Бландиана 发出了这样的感慨：要掌握自己命运的主动，人们最好来到人世时就是一个年长的智者（Нужно было бы родиться стариком и начинать с мудрости, чтобы решать свою судьбу）。

三 "судьба"的隐喻搭配分析

"人的命运脚本、场景（сценарий судьбы）可以'通过来自生活经验的事实'得以复建"（Арутюнова, 1994b: 308），судьба 的认知隐喻即是捕捉和再现人的命运感知与体悟的重要方式。судьба 的隐喻认知搭配主要表现为实体隐喻模式，这是对其相关情景事件的"二次称名"（вторичная номинация）以及"形象生动的二性认识"（Телия，1977：199），此时动词行为"往往是以集合方式呈现的行为（совокупность действий）"（Падучева，1992：76）。例如：судьба свела, занесла, привела, разлучила, преподнесла подарок, устроила так, что, послала, сыграла злую шутку, была милостива, носила по свету, хранила, отпустила срок, придумала. "它建构起一个作为创建新的现实情境的积极力量的命运的世界"（Радзиевская，1991：64）。

Так случилось, что вскоре после окончания войны судьба свела Лаврова с Сергеем Королевым. （Н. Дубова）战争结束不久，命运使Лавров和Сергей走到了一起。句中судьба同动词形式свела（把……领导，带到）之间的隐喻搭配生动地体现出冥冥之中人和人偶然相遇、相识的场景。再如：И каким-то образом судьба свела их с Колюшей （Д. Гранин）；Да, вот как странно судьба свела нас! （Л. Н. Толстой）

Судьба, схваченная за горло. （В. Шевченко）掐住了咽喉的命运。这里судьба同动词形式схваченная（抓住，掐住，咬住）之间的隐喻搭配形象地表现出命运所受的困厄，呈现出命运陷于被控制、摆布的窘境之中的生动现实画面。

Удары судьбы подкрадываются, как волки с разных сторон, и нападают одновременно. （Т. Виктория）命运的打击突然降临，就像饿狼从四面一下猛扑过来。句中судьбы同удары（打击）的隐喻搭配以及进一步удары судьбы同动词形式подкрадываются之间的隐喻搭配生动地描绘出命运对人产生的巨大影响及命运悄然而至的意外性。

Просто судьба выпала мне счастливая, нечего бога гневить. （И. Грекова）命运对我来说已经是很幸运了，不应该再抱怨了！句中судьба同动词形式выпала（掉下，落下）之间的隐喻搭配形象地刻画出命运的来临、命运无意间落到某人身上的那一抽象动作形象。

А вдруг сама судьба подавала мне знаки-подсказки для выбора моей теперешней профессии?. （И. А. Архипова）命运本身出人意料地给了我选择职业的一种暗示。句中судьба同动词形式подавала（递给，送到）之间的隐喻搭配具象化地展示出命运同人之间的抽象行为作用关系。

Несколько раз судьба подкидывала ему такой соблазн. （Д. Гранин）命运几次向他抛出诱惑。句中судьба同动词形式подкидывала（扔出，抛向）之间的隐喻搭配生动地表现出命运的行为意识性、命运对人的影响和作用。

  Куда разбросала их судьба, кто из них жив, как их искать? （Д. Гранин）命运将他们抛向了何方，他们中还有谁活着，如何去寻找他们？句中 судьба 同动词形式 разбросала（往各处扔，往不同方向投掷）之间的隐喻搭配形象地表现出命运对人的安排之中的偶然性以及人的命运的无常。再如：Судьба забрасывала их в разные концы земли, но свою жизнь, труды и помыслы они отдавали служению Отечеству. （С. Аксентьев）命运将他们安排到了四面八方。

  Вы ничего не делаете, только судьба бросает вас с места на место, так это странно… （А. П. Чехов）你们什么都没有做，只是命运总让你们颠沛、奔波于不同的地方。句中 судьба 同动词形式 бросает（扔，投）之间的隐喻搭配形象地描绘出人对命运不由人的真实体会。类似的还如：Я дождалась его из Уссурийского края, с Дальнего Востока, и теперь дождусь, куда бы судьба ни забросила его （Р. Б. Ахмедов）我等着他有可能被命运安排到如何地方。Судьба вытолкнула меня за грань советской действительности в пучину авантюризма и полной непредсказуемости. （А. Тарасов）命运将我推出了苏联现实的边界/推到了苏联现实的边界。再如：Потом армейская судьба разбросает их по разным округам, гарнизонам и опять будет сводить вместе. 军旅的命运让他们转徙在不同军区和卫戍部队之间。

  Один солидный дядька, владелец прачечной возле кампуса, рассказывал, как судьба швыряла его после войны из Германии в Италию, из Италии в Абиссинию. （В. Аксенов）命运在战后让他东奔西波于德国和意大利、意大利和埃塞俄比亚之间。句中 судьба 同动词形式 швыряла（扔，投）之间的隐喻搭配生动描绘出命运迫使人在不同的流离转徙的事件形象，刻画出命运的无常和不以人的意志为转移。

  Никто не знает, куда унесла его горькая судьба. 谁也不知道苦难的命运将他带到了何方。句中 судьба 同动词形式 унесла（拿走，带走）的隐喻搭配形象地体现出不知不觉中命运给人带来的变化。

  Политика грубо вмешалась в судьбу почти каждого. （Д. Гранин）政治几乎粗暴地干预了每个人的命运。句中（в）судьбу 同动词形式 вмешалась（掺入，搅入）之间的隐喻搭配具象化地反映出命运所受的外来因素的作用方式。

  Судьба разъединила их. 命运使他们天各一方。句中 судьба 同动词形式

разъединила（分开）之间的隐喻搭配具象化地表现出命运对人的影响力。

Мне бы судьба счастье подкинула: хоть мальчика, хоть девочку! 要是命运能眷顾我多好！要么是个男孩，要么是个女孩！（赐给我个一男半女都行）句中 судьба 同动词形式 подкинула（扔，抛）之间的隐喻搭配形象化地体现出命运施惠于人、作用于人的动作方式。

Однако, надо сказать, судьба вскоре улыбнулась отцу. （А. Рыбаков）命运向父亲微笑/眷顾父亲。句中 судьба 同动词形式 улыбнулась（微笑）之间的隐喻搭配生动地表现出命运同人之间的情感和心理连通性。又如：

Здесь, можно сказать, судьба улыбнулась Штейну — он получил возможность играть на полную катушку! （А. Михальчишин）

Просто Петру не повезло, а ему, Димке Герасимову, улыбнулась судьба.

Вряд ли случайный был репертуар у этого толстяка, должно быть, вся его судьба за этим стояла. （В. Аксенов）这个胖人的角色未必偶然，也许，他的命运就隐藏在这一事件背后。句中 судьба 同动词形式 стояла（за этим）之间的隐喻搭配生活化地体现出命运的自主行为意识和动作形象。

Я не знал, что, не пройдёт и месяца, как судьба столкнёт меня с этим человеком, и на протяжении долгого времени он будет занимать все мои мысли и разжигать моё любопытство. （В. Войнович）不到一个月，命运将会让我同这个人相识/相遇。句中 судьба 同动词形式 столкнёт（使相撞，使碰撞）的隐喻搭配生动地表现出在命运的安排下人与人之间的偶然际遇性，使我们可以形象地体会命运对人的安排和无形中对人的左右。

И какая-то странная судьба натолкнула меня сюда! （Л. Н. Толстой）奇怪的命运让我来到了这个地方。句中 судьба 同动词形式 натолкнула（推到……上，撞到……上）之间的隐喻搭配形象地描绘出命运让人鬼使神差地出现在某个地方的场面。

— Ах ты, кудрявая, судьба обошла тебя, не повезло в жизни! （В. Шукшин）命运绕开了你，生活中不太走运。句中 судьба 同动词形式 обошла（走过，经过）之间的隐喻搭配具象化地表现了命运的偏行轨迹和某人不受命运青睐的情形。

Льва Рубина судьба сплела с Германией и ветвями мира и прутьями войны. （А. Солженицын）和平的枝叶和战争的树条将 Лев Рубин 的命运和德意志交融在了一起。句中 судьба 同动词形式 сплела（将……编织在一

起）之间的隐喻搭配生动地体现出命运将原本不可能交集的人和事物意外地联系到一起所带来的一切。

  Судьба Азефа как призрак – великан качалась над каждым днём его, над каждой его ночью.（А. Солженицын）命运幽灵般地在他的每一个白天和晚上摇荡/摇晃着。句中 судьба 同动词形式 качалась（摇晃，摇动）之间的隐喻搭配具象化地描绘出在人的生命中命运的变化不定和让人难以捉摸。

  В тот момент я жалел, что у меня нет «волосатой руки», которая могла повернуть мою судьбу в другую сторону. 这只寒毛很重的手能够让我的命运发生转向/扭转我的命运。句中 судьбу 同动词形式 повернуть（拧转，使翻转）之间的隐喻搭配具象化地表现出使命运发生变化、扭转命运的抽象动作形象，折射出人改变命运的主观意愿。再如：Но я докажу, что и лёжа на боку, — мало того, — что только лёжа на боку и можно перевернуть судьбу человечества.（Ф. М. Достоевский）游手好闲/无所事事也可能会扭转人类命运。

  Нужна ли тебе эта помощь или ты хочешь сама строить свою судьбу? 你需要别人的帮助呢还是想自己来构筑/打造自己的命运？句中 судьбу 同动词 строить（建设）之间的隐喻搭配形象地展现出好的命运需要付出艰苦努力、一砖一瓦地辛勤累建这一现实特征。

  Как ему в жизни не везло, и как несправедливо много препятствий и врагов городила перед ним судьба.（А. Солженицын）命运在他面前设置了太多的障碍、树立了太多的敌人。句中 судьба 同动词形式 городила（围上栅栏；策划、谋划……）之间的隐喻搭配生动地表现出命运横生枝节地难为人、阻挠人的抽象行为特点，反映出文化主体对这一行为现象的鲜明精神判断意识。

  以上有关于文化概念 судьба 的隐喻搭配分析显示，俄罗斯民族语言、文化意识中，通过各种物理实在意义上的具象动作描写和表现抽象的同命运的表现、作用等相关的动作行为事实的现象十分普遍。这些隐喻搭配动作形象从不同角度反映出命运所受的困厄和坎坷波折、命运的打击、命运出乎意料的降临、消失以及俄罗斯人对此的相应直观感受，刻画出命运的变化莫测和不以人的意志为转移性，呈现出命运对人的安排、影响的行动力和命运力量的独特行为意志性，展现出命运同人之间的情感和心理连通性及命运同人之间的各种抽象行为作用关系，使我们对命运在俄罗斯民众生活中所扮演的角色及其对人的掌控性有了充分、鲜明的认识,形成了对俄罗斯命运的精神、情感联系的形象性体会。而归结起来,凡此种种都是通过命运在不同动作、事体的关联形象凸显出了俄罗斯人生命意识中对命运的精神领悟以及俄罗斯人同命运顽强抗争的坚强生命意志。

四 "судьба"的格式塔分析

(1) 命运是人或(较少)动物①。

Что будет с ним, когда он узнает о решении судьбы моей? (П. И. Шаликов) 当他知道我命运的决定,会怎么样?

Вообще Стенька представал в легендах сверхчеловеком, своеобразным жрецом, с которым судьба обращается с безукоризненной лаской. (А. Иличевский) 命运对待这样的不同寻常的超人/与众不同的祭司或献身者无比宽厚温和。

Женщина, гонимая свирепостию судьбы, желает тебя видеть, говорить с тобою. (Неизвестный. Пламед и Линна [1807]) 被凶猛、严酷的命运驱赶着的女人想要见到你,跟你谈谈。

Гонимая судьбою, презренная людьми, несчастная сестра твоя осмеливается писать к тебе! 你那被命运驱赶着的、被人鄙视的不幸姐姐是敢写信给你的。

Ах, не всегда мы получаем то, что желаем; Марья, однако ж, нашла такого человека, которого полюбила страстно; но, видно, судьба не хотела ее счастия. (Н. П. Милонов) 看得出来,命运并不想见到她幸福。

Ежели ничто не усладит моей судьбы, то прибегну к последнему средству. (М. В. Сушков) 如果什么也无法改善我的命运/让我的命运好起来/使我的命运得到慰藉,那我将采取/动用极端手段。

Он понял разом, что судьба услышала его желание и сделала его могучим властителем страны. (Л. А. Чарская) 他一下子明白,命运听到了他的

---

① 俄罗斯文化中,судьба 甚至还被拟人化构想为"丈夫"或"妻子"形象:Вот тебе жена, От бога суждена, Если он – моя судьба, Никуда не денется. (Ковшова, 1994:139) 杨明天 (2004:136-139) 也注意到,судьба 可以在人的意识中被人格化、人性化,在人的文化想象中扮演着不同的社会形象和角色。

愿望并使他成为了国家强有力的掌控者。

（2）命运是对手、敌手。

На самом деле она и не думала покоряться слепой судьбе. (В. Пьецух) 事实上她从来没有想过要屈服于捉摸不定的命运安排。

Девушка мечтала вопреки всем превратностям судьбы стать дипломированным педагогом. (О. Демьянова) 姑娘梦想着要战胜命运的左右，成为一名有专业证书的教育工作者。

Трое из нас перестали сопротивляться судьбе, и только Иван Иванович работал с тем же трагическим старанием, как и раньше. (В. Т. Шаламов) 停止了反抗/抗拒命运。

Судьбу не переспоришь. Только бы человечье лицо не потерять, когда вовсе уж невтерпёжстанет. (И. Грекова) 谁也争不过/说不过命运/谁也无法说服命运。

Прошёл день, и Бруно смирился со своей судьбой, а в дальнейшем тихо спал на отведённом ему месте. (Л. Надеждина) 一天过去了，Бруно 顺从了命运的安排，静静地躺在给他准备的床位上。

Она привыкла ему подчиняться, не может переломить судьбу. (Л. Зорин)（急速改变、使转变）她习惯于服从，无法扭转自己的命运。

Шабуров...сдался перед неотвратимостью судьбы. (А. Терехов) Шабуров 向无法扭转的命运屈服了。

Он всё не падает — дерётся, сопротивляется судьбе. 他从不倒下/低头，同命运搏斗、抗争。

Лухнов сделал плечами и бровями легкое движение, выражавшее совет во всем предаваться судьбе, и продолжал играть. (Л. Н. Толстой) Лухнов 轻轻地蹙眉耸肩，示意不再抗拒命运/一切都听从于命运，然后继续玩自个儿的。

Они решили перемочьсудьбу. 他们下定决心要战胜命运。

（3）命运是追赶者。

Как зима, так я голоден, болен, встревожен, беден, как нищий, и — куда только судьба не гоняла меня, где я только не был! (А. П. Чехов) 我如同一个乞丐，命运驱赶着我四处奔波、流浪。

Уж он-то педагог милостью Божьей, не смотри, что судьба в котельную загнала... (Д. Рубина) 他是个天生的/上帝造就的教育家，可命运让他去当了

司炉。

Ну, а теперь, почувствовав, что я гоним судьбою, что, униженный ею, предался отрицанию собственного своего достоинства. (Ф. М. Достоевский) 我感觉到自己被命运驱使着，屈膝于它，并否定自己的优点和自尊。

Он гоним судьбою, обижен, по разным интригам не поняти находится в неизвестности. (Ф. М. Достоевский) 他被命运所驱使，感到委屈/为自己抱屈。

（4）命运是实物。

Я решилась оставить ужасный для меня дом сей и вручить тебе судьбу мою вместе с собою, — будь покровителем моим, супругом и целым светом! 将我的命运托付给你。

И ты отдаёшь свою судьбу в руки тех, кто здесь работает. (В. Губарев) 将自己的命运交到他人手里。

Я рада, что судьба дала мне эту возможность. (Кейт Уинслет) 很高兴，命运给了我这一机会。

Если насильно повезут вас под венец, чтоб навеки предать судьбу вашу во власть старого мужа… (А. С. Пушкин) 如果强使您出嫁，永远将您的命运交由年老/年长的丈夫的控制……

Это был уже второй удар судьбы. 这是命运的又一次打击。

Тем временем всю первую половину москвичи бодро атакуют, всеми силами пытаясь прибрать к рукам собственную судьбу. (Ю. Дудь) 尽全力要把自己的命运掌握在自己手里。

Он сбежал, чтобы за полторы тысячи вёрст от дома найти самого себя и свою судьбу. (В. Абашев) 他跑到离家千里之外的地方寻找自己和自己的命运。

Они переплетены и человеческими судьбами, и идеями, и социально-исторической ситуацией развития XX в. (А. Г. Асмолов) 他们被命运、理想联系/交织/绑在一起。（命运、理想使他们走到一起。）

Пора взять судьбу в свои руки и доказать, что я способен стать дрессировщиком. (В. Запашный) 是将命运握在自己手里并证明我能够成为一名驯兽员的时候了。

Свежеструганая судьба набита никому не нужными людьми, как ковчег，все остальное — хлябь. （М. Шишкин）刚刨开的命运里所充塞的尽是无用的人，就像一艘方舟，除外的全是激流、深渊。

Она чувствовала, что судьба ее соединена была с моею. （А. С. Пушкин）她感到她的命运已经同我的命运紧密地联系在了一起。

Какая-то таинственность окружала его судьбу. （А. С. Пушкин）一种神秘不解的事围绕在他的命运周围。

Судьба уже выкинута: вот они — синий и красный крап... （А. Н. Толстой）命运已经被抛弃：它们都是蓝色和红色的斑点。

Вот сталкивает нас судьба. （А. Н. Толстой）命运会我们相遇。

Она собиралась стиснуть судьбу мира. （А. Н. Толстой）她打算要呃住世界命运的咽喉。

Я удивляюсь только, как можно было поручить такому человеку судьбу России. （Л. Н. Толстой）我感到惊讶的只是，怎么能将俄罗斯的命运托付给这样的人。

（5）命运是建筑物。

Нужна ли тебе эта помощь или ты хочешь сама строить свою судьбу? 你需要别人的帮助呢还是想自己来构筑/打造自己的命运？

В один момент могли разрушиться их судьбы... （Т. Тронина）他们的命运会在瞬间被摧毁/毁于一旦。

Фабрика Грез сразу же повернулась к юной невозвращенке правильным местом, не в пример легионам миловидных старлеток, чьи судьбы порушились на Сансет-бульваре. （С. Голубицкий）命运崩塌了。

Немногие русские девушки смогли устроить свою судьбу, большинство спились и печально закончили свою жизнь. （Л. Вертинская）为数不多的俄罗斯姑娘能安排好自己的命运，她们有不少因为酗酒而悲惨地结束了自己的一生。

Дедушка разыскал её в Гомеле, помог ей деньгами, и она вышла замуж, — в общем, дедушка устроил её судьбу. （А. Рыбаков）是爷爷安排打点了她的命运/爷爷为她安排了命运。

И я чувствовал, что главное исходит от народа: люди хотят жить, хотят мира, хотят возможности строить свои жизни, свои судьбы, не боясь, что с неба прилетит ракета или бомбаи все кончится в тот же миг.

（Г. Садулаев）我感觉到，主要的都来自于民众：人们想要生活，想要和平，想要有构筑自己的生活和命运的机会。

В наше время молодые люди сами должны устраивать свою судьбу. （Л. Н. Толстой）当代年轻人应该自己创造自己的命运。

（6）命运是重负、负担。

Как у всех людей, которых гнетёт судьба, у Дмитриева выработалось суеверие. （Ю. Трифонов）如同所有为命运所累的人一样，Дмитриев 也有了迷信思想。

И вся тяжесть судьбы моих непокорных предков навалилась на мои плечи с ранних лет. （«Жизнь национальностей», 2004.03.17）幼时起我不屈的祖先/祖辈沉重的命运就落在了我肩上。

... не обещая облегчения бедственной судьбы ее. （П. И. Шаликов）她苦难的命运没有好转缓解的迹象。

Она спешила облегчить судьбу его помощью, советами, слезами. 她急于要用他的帮助、建议和同情来改善命运。

Скажу ей, Катюше, что я негодяй, виноват перед ней, и сделаю все, что могу, чтобы облегчить ее судьбу. （Л. Н. Толстой）是我不对，我将做我所能做到的一切来缓解她的命运。

（7）命运是空间物。

От судьбы не уйдёшь. （А. Слаповский）命运使无法逃脱的。

Впрочем, от судьбы не уйдешь, ее не обманешь. （С. И. Ожегов）命运无法躲避，也不难欺骗。

От судьбы трудно уйти и невозможно её отменить. （С. Есин）很难逃脱命运，也无法免除/消除掉命运。

Точно правда, что от судьбы никак нельзя уйти. （Н. В. Гоголь）的确，命运是无论如何也无法逃避的。

Плавать-то он плавал, да от судьбы не уплывёшь. （Ф/ Искандер）他游是游了，但游不过命运。

От такой судьбы не ушёл даже Пушкин, теперь очередь за Белинским и Герценом. （И. И. Петрункевич）即便 Пушкин 也没能躲避开命运，现在轮到了 Белинский 和 Герцен。

Я пробовал, я уходил в своем воображении в чужую судьбу. （С. Есин）我做了尝试，在自己的想象中进到了别人的命运中。

（8）命运是拥有物。

Вы знаете, у каждого, как говорится, своя судьба, своя задача. (Р. Хамитов, Т. Кособокова) 每个人都有自己的命运和要做的事。

У нас имеет странную и не очень счастливую судьбу. 我们拥有奇特而不很走运的命运。

Я понимаю, как можно отдать за это жизнь, и сама бы отдала. Но у каждого своя судьба. — Разве вы не довольны своей судьбой? (Л. Н. Толстой) 我明白为此可以付出生命，我自己也会这样做。每个人都有自己的命运，难道您对自己的命运不满意吗？

Моя мама, у которой очень непростая судьба, никогда при мне не плакала — и это правильно. (С. Ткачева.) 命运极不平常的妈妈，从来没有当着我的面流泪。

（9）命运是玩弄物。

... опять лишался бытия своего при жестокой мысли о злобе людей, которые, так мне казалось, хотели все вообще с жестокостию играть моей судьбою! (Неизвестный. Варенька, 1810) 我感觉到，这些人想要残酷地捉弄我的命运/拿我的命运开玩笑。

Так говорит Г. Эмин в прекрасном романе «Игра судьбы». (Неизвестный. Несчастная Лиза, 1805-1810) Г. Эмин 在一部优秀的小说《命运的游戏》中如是说。

Карл сгоряча, после Нарвы, собрался броситься за Петром вглубь Московии, но генералы умоляли его дважды не играть судьбой. (А. Н. Толстой) 将军两次恳求他不要拿命运当儿戏。

（10）命运是视觉感知对象。

Я знаю свою фортуну, каждый день со мной случается какое-нибудь несчастье, и к этому я давно уже привык, так что с улыбкой гляжу на свою судьбу. (А. П. Чехов) 面带微笑地注视/看待自己的命运。

Он провидел в чем-то схожем собственную судьбу. (А. Митрофанов) 他在某种相似的东西中洞察了自己的命运。

Еврейский человек всматривался в судьбы своих братьев. (М. Дорфман) 犹太人仔细观察/审视了自己弟兄的命运。

（11）命运是道路。

Он стоял на стыке судьбы. Из этой точки судьба могла пойти вправо и влево.（Т. Виктория）他站在了命运的十字路口。

А все проблемы у героев — настоящие, сериальные: любовь, разочарование, интриги, неожиданные повороты судьбы...（А. Ковалева）他们面临一系列问题：爱、失望、纠缠、命运的转折……

А между тем в судьбе Луки Лукича начался стремительный поворот.（Ю. Давыдов）与此同时卢卡·卢基奇的命运中出现了急剧的转折点。

Это, однако, не жадность, а готовность к чудесным поворотам судьбы.（В. Аксенов）这不是贪婪，而是命运奇妙的转折/转机。

Этот эпизод стал поворотным в судьбе Дагера.（С. Транковский）这件事成了Дагер命运的一个转折点。

Так подчас причудливо скрещиваются судьбы авторов и ихтворений.（Д. Меркулов）有时作者与其作品的命运会奇迹般地相互融合/交融。

（12）命运是门窗。

А одновременно нам открываются и поразительные судьбы.（Л. Палисад）同时在我们面前打开了让人惊讶的命运之窗。

（13）命运是航程、路线。

Наш крутой маршрут судьбы, по которому Вы приведёте нас к финалу и аплодисментам!（Г. Горин）您沿着我们急转的命运航线将我们引导/带领到最终的结局/决赛并获得掌声。

（14）命运是支付手段。

Если Россия не желает быть растерзанной в межрелигиозных столкновениях, не желает платить судьбами своих детей за душевные болячки тех или иных религиозных активистов, то она должна взять под свой контроль ознакомление детей с основами религиозной культуры.（А. Кураев）如果俄罗斯不想为某些宗教激进分子心灵上的伤口而赔上/搭上自己孩子的命运，那么它应当监督让孩子们了解宗教文化的核心思想/基本理论。

（15）命运是信贷物。

Когда стал взрослым, то есть когда стало что терять, я понял, что все счастливые находки детства — это тайный кредит судьбы, за который мы потом расплачиваемся взрослыми.（Ф. Искандер）儿时难得的所有幸福时光都是我们成年后需要进行偿还的神秘的命运预支。

（16）命运是商品。

Он сам себе выбрал эту судьбу, и она ему, наверное, нравится.

（З. Прилепин）他自己为自己选择了这样的命运，他也许喜欢她。

（17）命运是自然现象、自然力。

Громко и крепко ругаясь, чтоб Коротаев слышал, я поносил ищучонку, и Кубену — реку, и всю Вологодчину, куда меня занесло прихотливыми ветрами судьбы. （В. Астафьев）命运的一阵恶风/刁钻古怪的风将我带到这里来。

Судьба заносит, забрасывает человека. （М. Л. Ковшова）命运操弄着人。

Какими судьбами вас сюда занесло. （М. Л. Ковшова）命运怎么把您安排到了这里。

综括起来，俄罗斯民族精神文化概念 судьба 具有丰富的文化联想信息和物象化的蕴含，在俄罗斯民族意识中，命运可以是人或（较少）动物、是对手、敌手、追赶者等生命体，显示出命运的生命意志以及对人的生命状态的重要影响和作用；命运可以是建筑物、重负、拥有物、感知对象，反映出民族心理中命运的物化实在特质及其同人的生活之间的密切关联；命运可以是道路、门窗、航程、路线，体现出命运对俄罗斯人的生活引导性和生存的基本性；命运可以是玩弄物，折射出一种消极的人生观念和生活方式以及俄罗斯人潜意识中对此的不屑和否定态度；命运可以是支付手段、信贷物，反映出命运在俄罗斯民族心目中的实用性价值意识和认知心理；命运可以是商品，显示出命运的可选择性和可替换性、可改变性这一带有理想化色彩的精神意识；命运还可以是自然现象，表现出俄罗斯民族认知中命运所具有的不可预知性、变化不定性和波折、起落等特征，形成命运难以捉摸的精神、思想认识。

五　"судьба"的话语综合分析

（1）命运的社会关系/角色文化解读。

Судьба России во многом будет определяться её взаимоотношениями с США и КНР. （М. Гареев）俄罗斯的命运在许多方面都将取决于它同美国和中国的双边关系。——这在国家前途和国与国之间的交往、联系中表现出友谊的社会关系、角色。

"Единая Россия" вполне может разделить судьбу предыдущих изданий партии власти. （Е. Жеребенков）"统一俄罗斯"完全可以同执政党以前的出版物共命运。——这在事物的彼此关联和价值分享中显示出命运的社会角色文化内涵。

Люди делятся своими судьбами. （В. Волошина）人们彼此共命运。——这在人的共同生活、价值体验层面展现出命运的社会文化精神关系。

（2）命运的情感认知文化解读。

Она ненавидела свою Судьбу. — Почему? （Т. Тронина）她憎恨自己的命运。——这在个人的生活经历和情绪经验中反映了命运的情感认知体会。

Я всё понимала и ужасалась своей судьбе. （А. Алексин）我明白这一切，对自己的命运感到非常害怕。——这在个人的生活理解和心智意识上体现出命运的情感认知。

Брата судьба пощадила — ни пуля, ни осколок снаряда не задели его. 命运怜悯/怜惜弟弟，子弹、弹片都没伤着他。——这在战争的生命体会中反映出人对命运的情感认知意识。

«Я люблю тебя, жизнь, и надеюсь, что это взаимно». Да, судьба была благосклонна к нему. Он не искал ни наград, ни званий, ни должностей. "我热爱生活，但我希望这是相互的"。命运青睐/厚爱着他。而他既没有去寻找奖赏，也没有谋求官衔和职位。——这在人的生活认识、生活领悟中显示出命运同人之间的精神情感联系。

Это был очень странный мальчик, и старичка немного встревожила судьба зародыша в яйце, но он любил дарить необычные вещи, а мальчик был единственным за много лет, кто просил не то, что просили все. （М. Петросян）鸡雏胚胎的命运让老人有些不安。——这在对生命体本真的人性体悟中表现出命运的情感认知和文化性理解。

（3）命运的社会认知文化解读。

Пришёл к выводу, что от судьбы мне не уйти…（С. Ткачева）得出的结论是，我无法逃离开命运。——这在人的生活思考和生活经验中反映出俄罗斯人对命运的社会认知。

Он победил свой недуг силой своего таланта. Он победил судьбу. （С. Спивакова）他以自己才智的力量战胜了自己的内心痛苦，他战胜了命运。——这在人的心智、精神及情绪感受同命运的关系中表现出命运的社会认知文化蕴意。

Человеческие сплетения судеб, что вы есть-то? （В. Астафьев）人类命运交织（错综，纠结）在一起，这是为什么？——这在全人类的命运关

联意识和感怀中显现出命运的大视野和社会认知胸襟。

И далеко не случайно эти судьбы пересеклись. (А. Скаландис) 这些命运的交集远不是偶然的。——这在沉厚的现实反省和生活挖掘中体现出命运的社会认知特性。

Они всегда удачливы, им всегда в жизни везет, потому что они лучшие в своем деле, потому что они всегда сами творят свою судьбу. 他们总能成功, 生活中总那么幸运, 因为他们是自己行当中最出色的, 因为他们总能自己创造自己的命运。——这在人的生活和工作、事业表现中反映出命运的形象, 体现出命运的社会认知文化价值。

Судьба любит смелых и самоотверженных, а в качестве проверки она будет высылать вам небольшие трудности. (М. Борисова) 命运喜欢无畏的人和具有献身精神的人, 而作为考验, 它又会给人制造一些不大的困难。——这在命运同人的客观辩证关系之中体现出人对命运的深刻理解, 反映出命运的社会认知精神体验。

(4) 命运的伦理认识文化解读。

Пора уже самим учиться распоряжаться как собственной судьбой, так и судьбой государства. (А. Шведов) 是该学会自己掌握自己命运和国家命运的时候了。——这在个体命运和家国命运的精神意识中展现出俄罗斯命运的伦理认识观念。

— А кто нам дал право решать их судьбу? (Д. А. Гранин) 是谁给我们权利决定他们的命运的? ——这表明了俄罗斯民族意识中, "人无权决定他人命运" "一个人的命运只能由自己做主" 的命运伦理和法则。

Эта судьба связывалась то с божественным промыслом, то с могущественными законами диалектики, то с иррациональной верой в какую-то глубинную уникальность России. (Д. Горин). 这一命运有时同上帝神明/天意有关, 有时同强大的辩证法规则有关, 有时又同对深蕴的俄罗斯民族独特性的非理性信仰有关。——这在命运深刻的民族文化元素和文化关联中呈现出命运的价值伦理认识。

Мы решили, что не стоит переигрывать судьбу. (М. Валеева) 我认为, 不值得跟命运开玩笑。——这在生活的思想认识和精神体验中表现出命运的伦理法则关系。

(5) 命运的人文个性文化解读。

Это была не его дуэль. Она целиком принадлежала только судьбе Пуш-

第三章 俄罗斯民族精神文化概念分析与解读 189

кина. Всех, кто видел его смерть, поражало выражение "божественного спокойствия" на его лице. (В. Отрошенко) 决斗是普希金注定的宿命。——这在普希金的生活经历和生活结局中体现出命运的个性化人文因素。

Хотя давно уже узнал, что жизнь, судьба часто бывает несправедлива не только к отдельным людям, но даже к целым городам и народам. 命运不仅经常对个别/有些/某些人不公平，而且甚至对整个城市和民族也会如此。——这在命运同个体、集团的现实对待关系中反映出对命运的人文个性化理解。

Так судьба подарила матери еще несколько часов покоя и последнюю ночь без слез. (А. Григорьев) 就这样命运又赐予了母亲几个小时的平静和没有流泪的夜晚。——这在个体化的生活实在和命运际遇、命运体会中真切地表现出命运的文化个性认识成分。

Никто своей судьбы не избежит. (А. С. Пушкин) 谁都无法躲避自己的命运。——这是在生活积淀和现实判断中得出的有关于个体命运的人文个性文化解读。

（6）命运的精神感知、心灵体验文化解读。

Знаешь, что у нас есть тёплое? Судьба и сердце, жизнь и душа. И тем более свет от Бога. (Т. Алеева) 你知道在我们中间什么是温暖的吗？命运和心灵，生活和灵魂，还有上帝的光芒。——这是在精神意识和心理、情感的深切体会中得出的关于命运的精神文化感知。

Но свою судьбу не поменяешь на чужую. (С. Мартьянов) 无法把自己的命运换成别人的。——这在对美好命运的期盼和价值心理中反映出俄罗斯民族对命运的精神体验和生活向往情志感受。

Со времен Крещения Руси судьба Русской Православной Церкви тесно связана с судьбой России. (В. В. Путин) 自罗斯受洗开始，俄罗斯东正教堂的命运同俄罗斯命运紧密地联系在了一起。——这在宗教教义基本和文化核心的层面上反映出俄罗斯命运的精神文化特质和文化心理体验。

（7）命运的精神意志文化解读。

Взять в руки судьбу человека. (И. Грекова) 要将命运掌握在自己手中。——这在对待命运的态度和立场中显示出俄罗斯人在命运面前所抱持的顽强精神意志。

Судьба меня закалила, многому научила. (Б. Окуджава) 命运锻炼了

我，教会了我许多。——这在对命运的客观认识和精神经验中体现了人在命运这一问题上的文化精神意志。

Несколько раз Бухарбай чуть не замерз, но он терпеливо переносил всё, потому что бедные люди не должны роптать на свою судьбу. (Д. Н. Мамин-Сибиряк) Бухарбай 几次都差点冻死，但他顽强地经受住了这一切，因为他知道穷苦人家不应该抱怨命运。——这通过人的生活理解和顽强生活意志体现出俄罗斯民族意识中所蕴藏的命运精神意志和精神理念。

Не по крылам! Да и своей судьбы не минуешь… (И. С. Тургенев) 自己的命运是无法逃避的。——在文化主体看来，无论命运中发生了什么，都需要自己去面对，而不是选择逃避，这体现出俄罗斯人在命运面前表现出来的坚强生活意志和顽强的生活态度。

От судьбы не убежишь, сами знаете. (Ф. М. Достоевский) 命运是无法躲避的，你们自己明白。——这同样在鲜明的态度、立场中体现出俄罗斯对命运的精神意志。

（8）命运的价值立场、主张文化解读。

...Я уже об этом сказал, взять свою собственную судьбу в собственные руки, создав механизмы возрождения реального суверенитета (主权，最高统治权/统治地位). (В. В. Путин) 这一点我已经说过，需要建立起重新恢复实际统治权的机制，将命运掌控在自己手里。——这在现实的利害关系中体现出命运的价值立场和主张。

Впрочем, не стоит бескомпромиссно корить судьбу. (Г. Шергова) 没必要一个劲儿地埋怨、数落命运/不能只知道抱怨命运。——这在对待命运的方法、认识中表明了命运问题上的价值主张。

Не миновать никому судьбы, не объехать конем суженого! (А. К. Толстой) 谁也逃不过命运，命中注定的东西是绕不开的。——这在对待命运的认识和鲜明态度上反映出有关命运的价值立场。

（9）命运的价值判断文化解读。

Неужели лишь рознь и отчуждённость рождала их общая судьба? (В. Гроссман) 难道他们共同的命运产生的就只是反目/仇视和疏远/格格不入？——这表明在人的意识中，共同的命运应该让人们和睦、友爱、共进和同甘共苦，而不是敌意和纠纷。这形成有关命运的价值判断文化认识。

Судьбы определенье Велит тебя забыть! (И. И. Лажечников) 对命运

的理解和定位要我忘掉你!——这在人的自身认识和理解中反映出对命运的价值分析和价值判断。

  А вот урок истории номер один: Каждый народ сам выбирает свою судьбу. Этот урок надо заучить на память. （А. Алексеев）每个民族都应该自己选择自己的命运。——这在民族的生存方式、生存权利和生存选择之中体现出命运的价值判断文化认识。

  以上有关于俄罗斯民族精神文化概念 судьба 的话语综合分析通过国家前途和国与国之间的交往和联系、事物的彼此关联和价值分享以及人的共同生活、价值体验等反映出俄罗斯民族对命运的社会关系、角色的文化内涵解读；通过个人生活经历与情绪经验、个人的生活理解和心智意识、通过对战争的生命体会以及命运同人之间的精神情感联系、通过人的自我情绪认识和人际交往现实活动以及对生命体本真的人性体悟等表现出俄罗斯民族的命运情感认知与文化性理解；通过人的生活思考和生活经验认识、人的心智、精神及情绪感受同命运的关系以及沉厚的现实反省和生活挖掘体现出命运的社会认知特性，在全人类的命运关联意识和感怀中显示出俄罗斯人对命运的大视野和社会认知胸襟；在个体命运和家国命运的精神意识中展现出俄罗斯命运的伦理认识观念，表明了俄罗斯民族意识中"人无权决定他人命运""一个人的命运只能由自己做主"的命运伦理和法则，在命运深刻的民族文化元素和文化关联中呈现出命运的价值伦理认识，在生活的思想认识和精神体验中表现出俄罗斯民族的命运伦理法则关系；在社会特定群体的生活经历和生活结局中、在命运同个体、集团的现实对待关系中、在个体化的生活实在和命运际遇、命运体会中真切地表现出命运的文化个性认识成分，在生活积淀和现实判断中反映出俄罗斯民族有关于个体命运的人文个性文化解读；在精神意识和心理、情感的深切体会、在对美好命运的期盼和价值心理中、在宗教教义基本和文化核心层面中反映出俄罗斯命运的精神文化特质和文化心理体验；在对待命运的态度和立场中显示出俄罗斯人在命运面前抱有的顽强精神意志，在对命运的客观认识和精神经验中、在人的生活理解和坚定生活意志、态度中反映出俄罗斯民族对命运的精神意志文化解读；在现实的利害关系中、对待命运的方法、认识和鲜明态度中反映出有关于命运的价值立场和主张；通过人们对共同命运内涵的认识以及人对自身的理解、把握反映出俄罗斯人对命运的价值分析和价值判断，在民族的生存方式、生存权利和生存选择之中体现出其对命运的价值判断文化认识。

  综上而言，在语句意义框架下，可以对俄罗斯民族精神文化概念 судьба

作出多方面的话语综合分析。以上分别从命运的社会关系角色、命运的情感认知、命运的社会认知、命运的伦理认识、命运的人文个性、命运的精神感知与心灵体验、命运的精神意志、命运的价值立场、主张以及命运的价值判断等方面对 судьба 展开了文化分析与解读。这些分析表明，俄罗斯民族意识中，命运是一个牵涉面广而极具生命认识张力的精神事物，它在社会、情感、意志、人文、价值、感知、判断等各个层面上反映出俄罗斯民众对自身生活经历、对世事百态乃至民族生存与前程的评量与深刻思考，展示出俄罗斯民族在"命运"内涵的视野中所透射出来的精神认知思想内容。

六 小结

有关于文化精神文化概念 судьба，言语中使用较多的是 судьба свела кого с кем，судьба связала кого с кем，судьба забросила куда，бросить кого-чего на произвол судьбы，разделить судьбу（与……共命运），изменить судьбу，решить судьбу，судьба подарила кому что 等。分析显示，俄罗斯文化中的"命运"一定程度上是上帝的化身，反映出俄罗斯民族对"命运"虔诚、膜拜和顺从。词源分析中显现出来的"命运"同"法庭""法官""审判"等判决力形象有关的文化牵连体现出了在俄罗斯民众的精神意念中"命运"拥有的地位和它具有的控制力、执行力。文化内涵分析表现出"命运"承载着极为丰富多样的民族精神文化认识内容，从命运的辉煌、坦途到命运的多舛与坎坷，从命运的主人到命运的弃儿，从命运的垂青到命运的嘲弄等，在 судьба 这一文化概念中都有深刻的体现，围绕它形成的各种感怀与评价、情感与态度无不展示"命运"在俄罗斯民众精神生活中所扮演的重要而特殊的角色，也投射出"命运"对俄罗斯民族精神——心智重要而深刻的影响，形成俄罗斯文化世界图景中的一幅独特画面。而格式塔的文化联想形象更赋予了"命运"以鲜活的生命，在俄罗斯民族的文化想象中，它可以是亦敌亦友的"人"，也可以是各种不同的动物，还可以是各种具有精神影响力的实体物甚至自然力，多方位地关联于人、作用于人、启智于人，而这些形象的塑造都显示出俄罗斯民族特有的精神意志、精神理想与精神境界。此外，在认知隐喻和话语关联的语境中，судьба 还通过生动的比喻和上下文信息组构、互动传递出俄罗斯民众对"命运"的各种现实体悟与感知，有关"命运"的社会角色、心理认同/心灵体验、伦理认识、人文个性等精神观念文化信息——跃然呈现，命运的期盼、昂扬与波折、无常以及命运的屈从与抗争等在"命运"概念的文化积淀载体中体现得淋漓尽致。

本章小结

  本章有关俄罗斯民族精神文化概念的研究主要选取文化概念"дружба"、"душа"及"судьба"为对象，从词源分析、文化语义内涵分析、隐喻搭配分析、格式塔分析及话语综合分析这 5 个方面入手展开了分析。分析显示，俄罗斯民族精神文化概念是一个文化语义内涵极为丰富的概念；它有深刻的历史文化渊源，同斯拉夫语言体系中的其他民族文化存在千丝万缕的联系，这些关联同时也拓展并加深了对俄罗斯精神文化概念的文化语义认识；精神文化概念具有显著的多面相性，在语言现实中有许多鲜明、生动的文化形象，也有存在于历史文化和现实生活中的丰富文化联想，从这些文化形象和联想内容中可以窥探出它在俄罗斯民族心智，民族意识中到底意味着什么，被塑造成哪些精神、情感和观念意象，进而显示出精神文化概念的俄罗斯民族文化实质。此外，通过话语综合分析，能够通过文化概念语词所在的上下文语境，真切地感受到精神文化概念在民众思想意识中的体会和认识，捕捉到这些文化概念事物对俄罗斯人所产生的各种不同影响，发现民族文化积淀在现实生活中发挥的巨大力量，明白这些文化概念及其对象事物历经社会洪流和历史变迁，依然在俄罗斯民族意识、民族性格、民族期许中有着强大而独特的精神支配作用，而这就是俄罗斯民族的文化定型。探解俄罗斯民族的灵魂与精神世界是一项特殊而重要的文化工程。

第四章

俄罗斯民族情感文化概念分析与解读

　　文化概念是文化的浓缩和结晶，是人的形象、社会形象的直接投射，文化概念分析是文化研究的重要形式和基本组成部分，而情感文化概念的分析则是它的一个典型代表，能够很好地彰显出一个民族的文化底蕴、文化特质，深刻反映出社会个体的民族性、民族特征、民族心理。情感状态代表人的内部形象、内在世界，相关情感认识是体现人类文化身份的重要象征，情感的文化概念研究构成人的精神行为与物质行为相结合的文化研究重要内容。俄罗斯民族情感概念有其特定文化语义内涵和丰富的隐喻形象、文化认知意象，它以自身独特角度建立起对俄罗斯民族个体和社会文化身份的鲜明认知，也从一个侧面显示出人类情感实质同文化方式、文化载体的密切关联，其背后所承载的实际是一个民族的文化本体性内容。本节旨在对俄罗斯民族"情感"文化概念问题进行探索，针对能够体现俄罗斯民族世界观、价值观的典型情感概念展开分析，我们一方面将讨论"情感"文化概念（内涵）及其结构特征关系；另一方面以俄罗斯民族心性、民族意识中一个极具文化符号性的情感概念"тоска"（忧伤）、"любовь"（爱）为对象进行分析，通过俄罗斯情感文化常量"тоска""любовь"的词典释义、文化语义内涵及隐喻形象来解读俄罗斯民族"情感"文化概念，尝试建立起俄语"情感"文化概念的分析框架和范式，同时也通过"тоска""любовь"这两类情感现象展现俄罗斯文化中"人"的因素及其在民族文化体系中的独特表现。这是对俄罗斯民族身份自我认识和评价的一种文化阐释，它将有助于深入考察"情感"属性如何参与俄罗斯人心灵世界的塑造和刻画，该情感语言世界图景的建构对于理解俄罗斯民族心智特征、民族定型具有积极意义和价值，能够为俄罗斯民族文化概念的深层含义及其文化钩沉带来新的揭示。

第一节 "情感"文化概念及其结构关系

一 关于"情感"文化概念

"情感"文化概念是概念、文化、情感等几方面因素的融通与交集。本质而言，情感是人对客观事物对象是否满足自身需求（包括心理、意志、社会需求等）而产生的相应态度体验，"情感"以价值综合体的方式关联于文化，情感是人的"态度"整体中的一部分①，它与态度中的内向感受、意向协调一致，是其在生理上一种相对复杂、稳定的心理—情绪评价和体验。相应情感包括道德感和价值感两个方面，具体表现为爱情、尊崇、幸福、仇恨、厌恶等。而从社会、心理关联性上讲，情感是人与世界的交互过程中累积、沉淀下来的高级、复杂的心理感受与情绪体验。由内而外的人类情感是其外在表现的重要依据和诱因，"情感构成人的行为动因结构核心，影响人的思想体系与日常生活行为。人的举止和行事作风建立于情感基础"（Айтпаева，Токмагамбетова，2013：5-6）。进而言之，"情感是任何民族文化的组成部分，文化和情感又都在民族语言里得到反映"（李元厚，1999：90），"情感"作为人的精神内在的重要文化表达方式，它是人与世界交互过程中沉积而来的高级、复杂的心理体验和情绪感受，情感可以被体验、感知，也可以被概念化，情感意识向语言意识渗透，并通过语词记录、表征而进入一个民族的文化概念系统，"情感"概念成为文化概念的重要组成部分，社会文化主体的欢喜、忧伤、愤怒、惧怕、惊讶、憎恨乃至坚韧、顽强等情感—意志尽在其中②。

作为人的情思、情志"集散地"，情感不仅同情绪认知、情绪表现有关，而且同情绪体悟、情绪管理、情绪变化乃至情绪精神主张等心智属性紧密相连，情感进入文化概念体系是由情感的"人性"及主观价值认定、心

---

① 情感是人对外界刺激肯定或否定的心理反应，如喜欢、愤怒、悲伤、恐惧、爱慕、厌恶等（《现代汉语词典》，2005：1116）。

② 根据笛卡尔《论心灵的各种情感》的有关情感论述，人类情感包含六种原始情绪：惊奇、爱悦、憎恶、欲望、欢乐、悲哀（刘娟，2007c：16）。但客观地讲，由于情感属于心理内在抽象情绪感知能力和感知结果的表现，情感本身很难作出准确的分类（魏庆安、孟昭兰，2001）。

理价值、心理预期所决定的,"情感反映的是存在于现实世界的事物和现象同人的关系,而非事物和现象本身,即反映的不是事物、现象属性,而是这些属性对于人生活的意义。情感对于具体的人来讲,是评价这一意义的方法,又是通过评价关于内在'我'、'我'的意识、心理的信息"(Шаховский,1987:23)。从民族心理特点和机制上讲,情感产生于人的社会行为和具有民族身份认同性的心智行为之中,"情感是在对民族身份积极评价的基础上对本民族产生依恋和归属;行为是个体参与民族的社会和文化活动,是可以观察到的社会和文化行为"(刘超,2013:87),它赋予人以强烈的民族文化空间感与文化归属感①,这样,情感、行为、心理、文化相互贯通,共同勾画出民族身份、民族情志的文化拟象(图景),情感在文化概念中找到了一个极具张力的放释空间,成为民族文化储存库的有机组成部分,并形成一个民族独特的"情感"文化概念场。

二 俄罗斯民族"情感"文化概念及其结构特征

进而言之,俄罗斯民族"情感"文化概念(эмоциональный культурный концепт)("情感"文化概念以下简称"情感文化概念"或"情感概念"——笔者注)即体现俄罗斯人的情感文化信息的相关概念,它是该民族集体意识、民族记忆里的情感心智离散性单位,是对情感事实、现象的复杂知觉和认识内容的一种心灵感应和认知抽象,浓缩了该民族的情感认知、情感方式、情感状态、情感精神等内容。俄罗斯民族是一个情感十分丰富而独特的国度,"俄语艺术文本中的情感性不因其自身显得重要,而是因为它是主人公自我认识的标志。……俄罗斯民族尤为丰富的情感意识和体验(русская гиперэмоциональность)是俄罗斯宇宙自我组织和秩序、奇怪秩序和内在秩序的特征,该特征可以打破任何外部秩序"(Гатинская,2003:106)。俄罗斯民族的情感体验包含神话题材成分(мифологема),其神话成素同该民族的宗教意识、生活习性等有关。比如,"情感等同于液体"取自于圣经神话,它产生了酒杯的形象,人在经历感情时,就像从酒杯里饮酌(испить до дна, глубина чувств),в неисчерпаемая любовь 中,любовь 体现为或平静、或狂暴的海洋。这样,神话题材成分"情感等同于液体"

---

① "民族文化空间"通常指"人的意识中的文化存在形式"(赵爱国,2005:7),或者"由民族文化决定的情感信息场"(Красных,2002:206)。

传达并固化了其流动性、变化性和动态性的特征（Маслова，2001：138）。俄罗斯民族情感文化概念包含或者表现的是俄罗斯民族最基本、核心的情感体验、情感态度以及情感关系内容，包括喜、怒、忧、思、惊、恐、悲等情感元素在这些文化概念中都有多层次的丰富体现。因此，情感文化概念是反映和表现俄罗斯民族意识、民族精神等文化深层结构内容的重要形式和手段，某种意义上讲，相关文化概念代表并塑造着"情感"的俄罗斯民族属性和面貌，是俄罗斯文化的一种特殊情感输传方式。从情感文化概念的产生上看，它是俄罗斯人的情感意识与思维在语言中交汇、融合的结果。正如当人的情感无法获得精准语言表达时，往往需要诉诸音乐、诗歌等艺术形态，而文化概念（词）连同其认知、联想、组合等蕴涵、语境因素所共同构织的就相当于是人的情感表达音乐、诗歌形式，它可以传达出人们用一般语汇难以言表的那种情感，而这也恰恰是凝聚了细致而丰广富足民族意涵的文化概念本身的功能、魅力所在。俄罗斯民族以自己特有的视角和世界观方式观察周遭世界，通过对外在、内在现实的感知、对人际社会关系的体会和领悟来审视这个世界，当其在塑造、适应或改变世界的时候，其内在需求必然要同这些现实因素形成相互关系、作用，并产生各种内心呼唤式的情感评价和心境、体验[①]，而相关情感认识映现到俄罗斯民族思维和心智，进而由心智加工、判断和组织等凝练为语词思维单位，相应社会个体的心理空间得以呈现，多元化的情感文化概念由此而生。因此，俄罗斯情感文化概念的形成是"人"作为心智存在、认知存在、情感存在向其民族文化意志、文化认识乃至文化智慧上升的必然结果。而以历史发展的眼光审察，俄罗斯情感文化概念又是一种民族情感在流水经年中所走过的一个文化过程。借助情感文化概念，俄罗斯民族情感的各种思维形象和心理联想、历史牵连等文化信息得以记载、承传，使之成为俄罗斯民族精神、民族意识的重要组成部分及其文化内核（культурный менталитет）的独特语义表象。

从（文化）结构关系特征上看，俄罗斯民族情感文化概念主要由三方面容组成，即情感概念的基义（或定义、理性概念）、文化形象以及文化价值。其中基义表现为文化语词的词典释义或词典学解释，形象是文化个体及社会群体文化感知经验内容、特征集合所创建的文化意象，与情感概念的联想域和情境集合相关，而价值是文化概念事物的一种心理认同和思想认定，

[①] 情感评价是人以不同类型的情感为依据形成的对现实事物、现象的一种主观态度，表现为愉快或者不愉快的直接感受形式（Мельчук，1995：98）。

它蕴含于俄罗斯民族情感认知、民族文化传统中的行为方式准则、行为价值主张乃至情绪习惯（倾向）。这些结构特征内容将在后文有关情感概念的文化分析中得以反映。

第二节 "тоска"（忧伤）的分析与解读

"'忧伤'的感觉由无边无际的俄式空间促使产生，俄罗斯人每当想起无边的俄罗斯旷野就会产生这一情感"[①]（Шмелев，2002a：90-93），"忧伤"往往伴随着没有价值、虚空和世界灭亡的感觉和情绪体验（Степанов，2001：880），俄罗斯民族"тоска"文化概念上的丰富、独特的情感内容构成了十分特殊的"俄罗斯忧伤"（русская тоска, древнерусская тоска）（А. Молчанов, В. Молчанов, К. Сегура, А. Мамедов, В. Лапенков）、"斯拉夫忧伤"（славянская тоска）（В. Аксенов），甚至"整个民族的忧伤"（общая национальная тоска）（И. Волгин）、普希金笔下具有独特文化含义的"奥尼金式忧伤（Онегина старинная тоска）"（М. Л. Гаспаров），这种"多愁善感"的忧伤、内心"独自品味"的忧伤[②]是观察俄罗斯民族情感世界、情感文化乃至情感性格的重要而理想的对象和窗口，某种意义上反映着俄罗斯文化的一种民族情结。正如 А. Д. Шмелев 连同勇猛彪悍（удаль），将"'内心的忧伤"视为"俄罗斯民间文学和俄罗斯文学永恒不变的主题"（Шмелев，2005：25-36），"тоска 是能够鲜明地反映俄罗斯民族心智特点和独一无二的俄罗斯民族特性的概念词之一"（Шмелев，2000b：359）。可以认为，"忧伤"是俄罗斯民族与生俱来的、集体无意识的情绪体验和情感心理特征，而这种情感的无意识性带来了该民族"忧伤"性格的无意识性，或者说，俄罗斯民族情感"忧伤"同其民族性格是联系在一起的，这种情感、性格的二重性和相互影响、渗透性折射到俄语语言文化中，形成大量能够反映"忧伤""忧郁""抑郁"情愫的抽象名词，除了最典型的 тоска，还包括 уныние、печаль、грусть、скука、меланхолия、ипохондрия、

[①] 文化、哲学家、文学家 М. Н. Эпштейн 也认为，俄罗斯民族具有忧伤的倾向。旅途容易使人产生这种情绪。这个主题后来被果戈里扩展到整个俄罗斯（Эпштейн，2003［OL］；杨明天，2009：138）。

[②] 这构成俄罗斯民族意识中 тоска 同 радость（快乐）之间的极大反差，因为"快乐是人际间的一种情感，它可以相互感染，彼此分享"（Пеньковский，1991：154）。

хандра 等。自 19 世纪以来，俄罗斯民族"忧伤""忧郁""彷徨"的性格特点在俄罗斯文学经典人物性形象奥涅金、毕巧林、罗亭等"多余人"形象中有十分深刻的反映、体现。俄罗斯民族性格上的忧伤同其自然、历史、人文因素相关联，"自然条件是形成个体性格乃至民族性格的重要因素。俄罗斯幅员辽阔，气候寒冷且变幻无常，一望无际的西伯利亚森林使俄罗斯民族性格率直的同时又有一种捉摸不定的因素；综观俄罗斯历史，其进程充满了大动荡、大变革，饱受苦难的俄罗斯民族苦闷、彷徨却又无能为力"（王兰霞，2002：24）。由这些因素综合铸就而成的"忧伤"深深地镌刻在俄罗斯民族的情感、性格精神内核之中。

一 "тоска"词源与基本词义分析

情感概念语词"тоска"作为"忧伤"情感语言载体[①]，是俄罗斯民族意识向语言意识延展的结果，它同"忧伤"情感语义之间直接相关，"凝聚着多种复杂的情感意义"（Димитрова，2005：269）[②]。"语词与象征表达的情感、思维和意志的和谐一致促使情感进一步发展"（Колесов，2006：113），因此，情感文化概念的解读首先需要弄清文化概念语词的词源内部形式、基本词义。相关分析如下：

11—17 世纪的俄语中使用的是 тъска（стеснение/发闷，горе/痛苦，печаль/忧伤，беспокойство/不安，волнение/焦躁，теснота/憋闷，ощущение беспомощности/无助感，тяжелое и трудное положение/艰难境地），其基本意义在古代俄罗斯时期的《伊戈尔远征记》（"Слово о полку Игоре-

---

① 俄罗斯文化中的"тоска"包含十分丰富、复杂的情感—心理蕴义和情愫，可译为"忧伤""忧郁""忧愁""忧虑""忧思""孤寂""寂寞""孤独""愁闷""愁苦""愁郁""抑郁""苦闷""烦忧"，乃至"苦恼""郁闷""压抑"等，不一而足。而这些交织、杂陈的丰富情绪内容都在不同程度上映衬出俄罗斯民族通过该情感方式体现出来的"多愁善感"典型性格特征。正如 Т. В. Булыгина，А. Д. Шмелев 所言，"俄语 тоска（忧愁，忧伤）一词的不可译性与它所表示的内心状态的民族特性为许多研究俄语的外国人所注意到（并且其中包括伟大的奥地利诗人里尔克）。甚至很难向没有经历过忧愁的人解释它到底是怎样的"（布雷金娜，什梅廖夫，2011：399）。这里将其译为"忧伤"。

② 文化概念 тоска 的多种情感意义成分往往是交织在一起的，有时难以切分，"交际情境中，当实际体现的是 тоска 某个或若干个意义时，该概念其他的所有含义也会同时在语言意识平面被激活和调动"（Димитрова，2005：270）。

ве"）中便已存在。1704 年的词典中开始标注为 тоска（Шапошников，2010b：424；Срезневский，1912：1057；Черных，1999：253），"тоска"作为共同斯拉夫词"只表示人感到单调和茫然不安的状态"（Маслова，2006：237），它的词源是共同斯拉夫语词 tьska（Черных，1999：253；Шапошников，2010b：424；Фасмер，1987：88）①，后者来自印欧语词 tusska（词干是 tussk-），而 tusska 派生于动词 teus-，tous-，tus，含义为"倒空，掏空""使空虚""使干涸"②（Черных，1999：253；Шапошников，2010b：424），显示出其"空，空虚"的意义特征。而在古俄语中"тоска"的意义是围绕"窒息，发闷"、"压迫，压制"甚至"冲撞"（натиск）方面的特征来确定的（Степанов，2004：896；Димитрова，2005：269），相应它在表义的身体（物理）感知来源上同古俄语旧词"туга"的"狭窄、拥挤"（узость/теснота）、"发闷"（стеснение）、"憋闷、压力"（давление/сдавливание）意义有同义关系（Степанов，2004：896），表现出"тоска"的生理—心理属性和内容。另外，"тоска"在古俄语时期为тъска，它除了"发闷，窒息（感）"语义之外，还包含有"苦痛，忧愁；不安/担心，焦急"的意义成分（Шведова，2007：992）。

而在现代俄语词汇概念语义这一层面上，"тоска"的词义特征有了一定变化、伸延。"它表示的是内心的担忧和忧郁、寂寞、苦闷/烦闷"：Тоска берёт；Во взгляде у него тоска по родине；Тоска зелёная/В глазах зелёная тоска（Шведова，2007：992；Шапошников，2010b：424），"тоска 指表现为内心苦闷、忧愁、担忧、沮丧/灰心、体力衰颓的沉重精神状态"（Черных，1999：253），"'тоска'这一情感概念的意义很难区分，它好象是多种情感意义的凝结物"（Димитрова，2007：197-201），"тоска"是一种情绪体验（испытывать тоску，ощущать глухую тоску）（Урысон，2003b：1168），它是当人得不到所期望的、认为无法拥有想要的事物时所体会到的不愉快的情感③。

---

① tьska 可能同 tьсь（俄语词 тощий/空的，干瘪的）有关（Шведова，2007：992）。

② тоска 来自与 тощий（空的，干的，消瘦的）相同的词干（Крылов，2005：387；Шанский，Иванов и др，1971：448）。

③ 在这一点上，"忧伤"同"悲伤"有类同性。按照普通心理学的解释，"悲伤是个体失去某种他所重视和追求的事物时产生的情绪体验。悲伤的强度取决于失去的事物对主体心理价值的大小，心理价值越大，引起的悲伤越强烈"，（叶奕乾等，1997：348）而"忧伤"情绪度与人心理预期的关系大致亦然。

（Урысон，2003b：1165）"тоска"表示的也可能是"一个人想得到某样东西，但自己也不明白到底想要的是什么，只知道这种东西无法获得而产生的一种感觉"。（Шмелев，2002a：90-93）进一步讲，根据人对所期望事物的态度以及他对该事物的评价，"тоска"相应表示的情绪状态是：主体感觉缺乏生活上必须的东西、缺乏使他依恋于生活的某种东西。例如：После окончательного разрыва с женой его охватила тоска.（Урысон，2003b：1166）因此，"тоска"的近似反义词是 надежда（Урысон，2003b：1169）。另外，"тоска"表示沉重的压抑感，内心的忧虑，忧愁，沮丧（сердечная тоска，душевная тоска）（БАС，1963，т.15，стр.706；МАС，1987，т.4，стр.389；Кузнецов，2008：1335）。

从"忧伤"同客体的关系来看，"тоска"的情感主体有一种强烈的愿望要同与自己关系十分密切而又不在身边的客体（包括人和事物）在一起（тоска по сыну и жене，тоска по семье，тоска по прошлому，тоска по ушедшим годам молодости）。例如，Гусь по озеру своему скучает, человека по родине тоска не покидает（身在异乡的人难免会思念故土［即所谓的"旅愁"］）；Потом я увлекся своим генератором, и на время тоску по детям заглушила работа（А. Етоев, Бегство в Египет）。（Урысон，2003b：1166）而与此同时，"тоска 中客体被确定了以后，这一客体一般是已然失去而仅存留于模糊回忆中的事物"（Шмелев，2002a：90-93）。

二 "тоска"文化语义内涵分析

"тоска"的文化语义内涵、特征指的是俄罗斯人对"忧伤"这一情感方式的民族文化认识、民族意识，即俄罗斯民众在对待"忧伤"上表现出来的情感姿态和民族心智。这主要体现在以下几个方面。

"тоска"（忧伤）是反映俄罗斯民族情感心智的核心文化概念，这正如俄罗斯谚语所说：Озеро не бывает без камыша, душа – без тоски.（没有芦苇就不成湖，没有忧伤就没有灵魂）这表明在俄罗斯文化意识中，忧伤象爱、恨、快乐一样是人的基本情感属性和特有心理诉求[①]。"тоска 是俄罗

[①] 俄罗斯民族甚至有全球意识的忧伤：К вечеру навалилась страшная вселенская тоска（Т. Соломатина）。这表明了该民族心智中所认同的 тоска 本质及其与人的情感、生活的密不可分的关系。

斯式的精神特点和俄罗斯式的对空间的感知联系，俄罗斯人具有 тоска 的倾向"（Шмелев，2002а：90-93），"哀愁特别喜欢在俄罗斯落脚，那里的森林和草原似乎散发着一股酵母的气息，能把庸碌的生活发酵了，呈现出动人的诗意光泽，从而洞穿人的心灵世界。他们的美术、音乐和文学，无不洋溢着哀愁之气"（迟子建，2007：24）。Н. А. Бердяев 曾通过自己切身感受来描绘俄罗斯民族的"忧愁"情结："忧愁伴随我一生，在生命的不同阶段里，它有时强烈，有时缓和"（Бердяев，1990：45）。

　　从民族的文化根源上讲，俄罗斯地域辽阔，冬季漫长而寒冷，这样的自然条件使俄罗斯民族背负着生活的艰难、沉重和精神上的压力，易于让人产生漂泊无定、心无所依的寂寥和惆怅，同时也孕育出其旷达、豪放的性格和忧郁、孤独的情感心理意识，"俄罗斯一望无际的原野会促动人忧伤的情感；正是想着这样的无边旷野经常会产生忧伤的情绪"（Шмелев，2002b：36）。而且正是这种"旷野"式联想生发的"忧伤"，"使 тоска 具有空洞的'空间'、心灵的空虚"（杨明天，2009：139）这一文化含义——"广阔、空旷的无垠世界使人感到心灵上的空虚"。进而抽身于外作精神修养上的识察，可以发现与此相关的另一番文化景象："忧愁指向高层级世界，它伴有这个世界的渺小、空虚和腐烂的感觉"（Бердяев，1990：45）。而这一情感根基在"тоска"文化内涵的下述各方面会有多层次的不同表现，由此将可以窥探出俄罗斯民族"тоска"情感概念的丰富内容和文化张力。

　　"тоска"的文化内涵指可以是"爱的忧伤与哀愁"（тоска любви）（Тоска любви Татьяну гонит ［爱的忧愁煎熬着塔吉扬娜］. И в сад идёт она грустить）、"绝望的忧伤"（тоска отчаяния）、"孤寂的忧伤"（тоска одиночества）等（БАС，1963，т. 15，стр. 706），甚至可能是"死一般的忧伤"（тоска смерти）（БАС，1963，т. 15，стр. 706），让人想到"坟墓"和"死亡"的形象（Маслова，2006：239）：Перед утром стала она чувствовать тоску смерти, начала метаться, сбила перевязку (М. Ю. Лермонтов); Эта безотчётная тоска называется смертной (这种下意识的愁苦是极度的、死一般的忧伤) (Юрий Давыдов). 相应"тоска"是一种折磨人的情感 (Мучился и страдал тоской ［Л. Улицкая］; Сколько тоски и страданий вынесло моё молодое сердце. ［В. Астафьев］), 又是人真切的内心语言: С самого утра меня стала мучить какая-то удивительная тоска. Мне вдруг показалось, что меня, одинокого все покидают. (Ф. Достоевский, Белые ночи) (МАС，1987，т. 4，стр. 389) 并且这一情绪渗透

性、内在性在"тоска"情感感受的强烈、持续、深刻性方面有实质体现：Ах какая тоска! О Господи! Отчего стало так плохо, просто руки опускаются. Все из рук валится, не хочется жить! （Б. Пастернак，Доктор Живаго）; Постоянная тоска давила на его мозг（В. Гроссман）; С привычной тоской сжалось сердце, — он подумал о Жене（В. Гроссман）。而从"忧伤"的俄罗斯民族情感感受度也可窥见其在人们生活中地位之重，反映出俄罗斯民族的基本情感面貌、特征和一种独特的民族性的情感认识。正因为俄罗斯民族对"тоска"这一情感感受深切，"忧伤"有一定程度的"无望"（безнадёжность）特征和失落感，"忧伤会伴有无谓、空虚和世界消亡的感觉"（Степанов，2001：880），主体甚至是不愿去考虑事情会有好转，并可能接近于"绝望"（тоска отчаяния）（БАС，1963，т.15，стр.706），内心里会产生排斥现实的情绪。例如，От сознания безвыходности своего положения он впал в полное тоску; Отчаяние и безвыходная тоска овладели им.（Урысон，2003b：1166）相应 тоска 可以同表示各种不愉快情感的限定语连用：мучительная, жуткая, невыносимая, неодолимая, нестерпимая тоска, острая тоска, жгучая тоска, тяжелая тоска, тягостная тоска, злая тоска, дъявольская тоска, 甚至 смертная, предсмертная, смертельная тоска, безутешная тоска。还有强调其同"绝望"情感接近的、"在其中看不到内部光明"的文化指涉义：безвыходная тоска, черная тоска, беспросветная тоска（Урысон，2003b：1168）。А. С. Пушкин 对 тоска 有十分深刻的感受和体会，他曾专门用旧词 сплин 来形容极端无助、苦闷的忧伤（безнадёжная, чёрная тоска）。

而从对主体所产生的影响来讲，"忧伤"这一情感概念会整个作用于人，它一般表示的是在整体上对人的心灵产生深刻影响的情感。"忧伤，尤其是苦闷、沮丧与其说表示的是情感，不如说表示的是整体性的心灵状态。"（Урысон，2003b：1166）例如：И Кузьма вспомнил, почувствовал, он смертельно болен, и его охватила такая тоска, точно он очнулся в склепе（И. Бунин，Деревья）; Безбрежная тоска взяла её сердце; Хоть умирай с тоски, пожалеют, что ль, тебя!（А. Н. Островский）但"忧伤"也可能是局部"淡淡、隐隐、隐约的"一种情绪体验：Возвращаясь в Дурновку, Кузьма чувствовал только одно – тупую тоску（淡淡的忧愁）; В тупой тоске прошли и все его последние дни в Дурновке（И. Бунин，Деревья）; Она чувствует/испытывает глухую тоску（感到模糊、隐隐的忧

伤)。从"忧伤"对人的情绪影响结果上，它会在人的精神、心理乃至行为、生理等方面形成连锁反应：Лиза сидела, уцепившись одной рукой за ножку спящего Колюнея, полумертвая, оцепенев от тоски (И. Грекова); И такая тоска на неё нашла, свету она не взвидела (她忽然感觉十分忧伤, 两眼晕眩)(А. М. Ремизов). 值得一提的是，忧伤可能以某种不同形式表现出来，变为同心智、情感有关的另一事物：И эта тоска у него мало-помалу вылилась в определённое желание, в мечту купить себе маленькую усадебку где-нибудь на берегу реки или озера (А. П. Чехов). 也可能是有别的情绪体验转化而来：Но тревога не проходила — она нарастала, нарастала до бесконечности, становилась тоской, печалью, уходила вглубь сердца… (А. Берсенев) 这些都体现出"тоска"情感概念的文化领悟多样性，这样，就不难理解在俄罗斯民族意识中，人们面对"忧伤"可能会有一种复杂、矛盾的心理：О Русь — малиновое поле и синь, упавшая в реку, — люблю до радости и боли твою озёрную тоску… (А. Рыбаков); Южная горячая тоска ласкает сердце, обнимает за плечи, теснит грудь (А. Иличевский). 也从一个角度折射出俄罗斯文化中"忧伤"的情感丰富、复杂、立体性。

"忧伤"可能有一定原因：Хлеба ни куска, везде тоска; Он в очередной раз получил отказ, и им овладела тоска; Даже мебель, импортная, гладкая, с пёстрыми отражениями улицы, внушала тоску (С. Довлатов); Первое же письмо первого критика эмиграции навеяло на Георгия Владимировича тоску (В. Крейд). 但也可能没有原因：Я молод, жизнь во мне крепка, / Чего мне ждать? Тоска, тоска! (А. С. Пушкин, Евгений Онегин). (Урысон, 2003b: 1166; Маслова, 2006: 240)或者可能没有显在的原因（беспричинная тоска, безответная тоска [单方面产生的自己也说不清的"忧愁"]）(Урысон, 2003b: 1168 – 1169)：Не в тоске была странность, а в том, что Иван Федрович никак не мог определить, в чём тоска состояла. 甚至是下意识的（безотчётная тоска, беспредметная тоска），进而让人感到莫名、捉摸不透（непонятная тоска, невнятная тоска, странная тоска）(А между тем смешно же замужней женщине томиться безымённой тоской [И. С. Тургенев]; Она улетела, а тоска осталась необъясненной. [М. А. Булгаков])、突然产生（И тут вдруг тоска изобразилась на его бледном лице [М. А. Булгаков]; И сразу сердце защемит тоска［С. Лолаева］；И вскоре его охватила самая настоящая тоска.［Виктор Пелевин］），而且这样的"忧伤"可能是人最真实的心绪和情感意识写照（тоска по настоящему, неподдельному［В. Шукшин］）。另外，对于俄罗斯人来讲，"忧伤"也可能来自对自己前途、命运的某种预感和担忧（Н. Мамышев），还可能来自一个人对周围人的不理解以及周围人对他的不理解，这正如 А. П. Чехов 短篇小说《Тоска》和《Каштанка》中所反映出来的"无法通过倾听别人和向别人倾诉而引起心中忧愁"一样。

"忧伤"的产生源于主体对将来可能未完全认清的某种想法、没有得到自己想要的东西（Урысон, 2003b：1166）或者无以言表的情绪（невыразимая тоска, неизъяснимая тоска, неописуемая тоска），"一个人想要获得某种东西，但他自己也不甚明白究竟想要的是什么，只知无法得到它。即使能够确定出 тоска 的情感对象，该对象也往往只是已然失却的、停留于模糊回忆之中的一种东西"（Булыгина, Шмелев, 1997：490）。例如：Когда он вспоминал её глаза, её голос, невыносимая тоска охватывала его（В. Гроссман）；Под утро я заснула и, когда проснулась, почувствовала страшную тоску（В. Гроссман）；Этот лед её тоски неописуем!（М. Елизаров）。"忧伤"也可能同人的社会、生活活动和所从事的工作、事业及与之相伴的精神、思想活动有关：Он много рассказывал о боях, о бегстве наших войск, навёл на меня тоску（В. Гроссман）；Но когда он возвращался с кладбища, его взяла сильная тоска（А. П. Чехов）；Он на меня такую тоску навалил（В. Гроссман）；Когда всё кончилось, наступила тоска（当事情终了，忧伤就会随之而来）（Ю. Трифонов）. 如果说"忧伤"可能包含了要以某种方式去改变现状的想法，但这也仅表现为人想要摆脱这种忧郁感或者至少是他想要缓解这一情绪的愿望（Маслова, 2006：240；Урысон, 2003b：1167）。例如，От тоски он запил；Он начал пить, впоследствии - колоться / черт знает чем. Наверное, с тоски, / с отчаянья - но дьявол разберёт（И. Бродский, из «Школьной антологии»）；Пытаясь отвлечься от нарастающей тоски, он снова начал вглядываться в окружающих（他想极力摆脱正渐渐加深的忧伤）（Д. Глуховский）。因此，在俄罗斯民间有一种用来专门驱赶"忧伤"的咒语：Господи Иисусе Христе! Во имя Отца, и Сына, и Святого Духа! Вода - водица, река - царица, ... унесите тоску - кручину（忧愁，悲伤）за синее море в морскую пучину, где люди не ходят и на конях не ездят.

对于现实生活中的人来讲，"忧伤"具有反复性、继起性，停止了也可能重新复燃和出现。例如，Когда он сам осознал это, мечты превратились в мысли, и сын Мэбэта растерялся, чувствуя, как возвращается тоска（А. Григоренко）; Мне так вдруг жалко стало и страшно, что опять вернется моя тоска（Л. Н. Толстой）; Прежняя моя тоска прошла и заменилась весеннею мечтательною тоскою непонятных надежд и желаний（Л. Н. Толстой）。这一特性也反映出"忧伤"情感在俄罗斯人心灵和情绪世界中的普遍性、多样性和深入性。另外，"忧伤"也可能会同别的情感混杂或交互出现，显示出其情感的交织性：Ему не по себе. Чувство радости заслоняет тоска（快乐压倒了忧伤）（М. Петросян）; Его душили обида, тоска, радость, что она жива и свободна...（Д. Рубина）; Надежда сменялась злобой и тоской（Р. Сенчин）; Страх этот сходился с тоской, какую вызывал у меня в детстве больничный ночник（А. Иличевский）。

俄罗斯民族文化意念中，"忧伤"被体悟为身体上的痛，有时甚至是疾病，这反映出"忧伤"由心理、情感到生理痛觉的物性转化。例如：Он не ощущал ничего, кроме глухой тоски（как глухая боль）; Тоска может достигать степени почти физической боли（忧伤几乎可能会达到肉体疼痛的程度）（Ю. О. Домбровский）。而不同于"痛"的地方是，"痛"可以不很强烈，不是很折磨人，但"忧伤"总带来痛苦，因此一般不能讲 элегическая тоска（伤痛的忧伤/伤感的忧伤）。正因为"忧伤"具有"身体疼痛"的特性，它会妨碍人的正常行为活动：От тоски не мог ничего делать.（Урысон, 2003b：1167）而人们要摆脱强烈的忧伤就像要摆脱难耐的疼痛一样，会不惜一切代价。例如：От тоски наложил на себя руки.（因忧伤而自杀/以自杀摆脱忧伤）（Урысон, 2003b：1166）这真实地反映出俄罗斯人对待"тоска"的特殊情感意识。不仅如此，"忧伤"这一文化内涵还会有文化认知上的进一步表现，相应获得物理经验方面的隐喻形象。相关分析详见下文。

其他方面，从对待、处理"忧伤"的方式和态度上，情感主体可能将"тоска"隐藏起来：затаить тоску/В несвежих глазах затаилась тоска（А.-Н. Толстой），затаённая тоска/Всё дышит воздухом затаённой тоски и "суеверного страха"（Л. Д. Троцкий），скрытая тоска（Урысон, 2003b：1168）。另外，如前所说，"忧伤"一般是持续性的，但人们却希望它是短

暂的、尽快成为过去，虽然 мимолётная тоска 的说法不标准（Урысон，2003b：1166），但却完全可以说 Река не море，тоска не горе（忧伤会很快过去的）。进而人们会厌恶"忧伤"的纠缠：С этих самых пор тоска и увязалась ко мне. Точно порченый（从此忧伤就纠缠着我，象成了个废人似的）（В. Г. Короленко）。这意味、反映出俄罗斯民族对待"忧伤"的一种排拒心理和态度。另外，人们也愿意以某种方式向别人诉说自己的忧伤：Каждому из пяти десяти хотелось её погладить，приласкать и собственную свою тоску по ласке рассказать（В. Т. Шаламов）。相应"忧伤"也会得到人的一定理解：Ей казалось：один человек по－настоящему понимал её тоску — Марья Ивановна，жена Соколова（В. Гроссман）。再则，俄罗斯民族还通过颜色深浅代表的含义来表现、寄托对"тоска"的心理感知和文化认识：зелёная тоска，чёрная меланхолия/тоска，二者分别表示的是"难耐的寂寞"（"难以排遣的忧伤"）、"揪心的忧郁"。

从自然景象的文化联想上，俄罗斯民族"忧伤"情感概念往往同"平原飘雪/（平野）雪原""平原"[①]"雪夜""雨夜""湿雪""冬天（冬夜）""寒冷""孤单""黑暗"等形象联系在一起（Снег охватывал все области русской жизни — пьянство，войну，праздник，тоску［С. Денисова］；Гроза наводила на меня невыразимо тяжёлое чувство тоски и страха. ［Л. Н. Толстой］），甚至会有"葬礼"这一文化联想内涵（Степанов，2001：887）和"死亡"的文化心理关联（Перед утром она начала чувствовать тоску смерти…［В. Мильдон］），这些内容在 А. С. Пушкин、А. П. Чехов 等作家作品中有深刻反映。此外，тоска 还会有眼睛，脸颊，以及嗓子，声音，言语，叹息，眼泪，心，灵魂等文化伴随和联想意义（Димитрова，2005：270）。它还可能有非理性的、独特的文化理解，构成所谓的逆喻（оксюморон）或矛盾修饰：сладкая，сладостная（甜蜜，令人愉悦的），веселая，чарующая тоска，这在俄罗斯文学作品的一些特殊用法中不难发现：Жизнь － обман с чарующей тоскою. Оттого так и сила она；И странной，сладкою тоской опять моя заныла грудь（М. Ю. Лермонтов）；

[①] "俄罗斯文化的发祥地主要是平原，……平原有着辽阔的空间，人烟稀少，四周一片沉寂，观察者能够感受到一种心平气和的宁静，一种让人沉迷不醒的梦幻和孤独荒凉的悲哀"，（朱达秋、周力，2010：10）显示出"平原"这一俄罗斯民族的典型自然环境在该民族"忧伤"情感中的文化渊源性和文化符号性。

Теперь его одиночество и та мучительная тоска вспоминались как нечто светлое, сладостное, невозвратное. （Р. Сенчин）而在 В. А. Маслова 看来，这反映出"тоска"正面、积极的情感表象：юношеская, задушевная, счастливая тоска, светлая тоска （Маслова, 2006：241；А. Азольский. Диверсант // «Новый Мир», 2002）。相关文化特性也显现出"тоска"情感概念蕴涵的俄罗斯民族独特精神和心智意识个性，形成"тоска"概念语词背后的民族文化价值，同时也形成"тоска"的俄罗斯传统文化美感的显影。

归纳起来，"тоска"情感概念文化内涵是对俄罗斯民族情感世界的一种文化知识性解释，其独特的情感心智和概念关系组织勾勒出俄罗斯民族的情感文化心智抽象剪影，某种意义上"тоска"概念构成俄罗斯民族情感功能的文化基体和其他情感的有力激发点，代表着俄罗斯民族的情感概念化个性。"тоска"多方面的文化涵指表现出它对情感过程的介入具有文化上的全面性、根本性，具体通过其多层面文化特性、强烈度、对主体影响性、产生的来源、成因、身体经验、处理方式以及丰富的自然景物联想等因素体现出来。这些因素同时也显现出"тоска"背后民族文化意向和文化建构的特殊性，表明"тоска"情感概念是俄罗斯民族情感自我体验、自我表现的一个典型形象，具有强烈的民族文化心理现实性。

三 "тоска"的隐喻形象分析

隐喻分析如同词典释义、聚合联想等分析一样，也是对文化概念进行有效分析和描写的方式，它可以为识解俄罗斯民族情感概念提供独特的文化取象把握点和文化语义意象。"概念（即文化概念——笔者注）的心理—物理基础是某种感觉的现象"（张喆、赵国栋，2006：30），因此它与基于"具身性"（embodiment）经验原型的认知隐喻表现存在密切关系。另一方面，情感本身是一种"难以捕捉的事物"（Честертон, 1984：30），情感的直接表达往往存在本体上的困难，"兼有生物和社会属性的人类情感必须通过隐喻来概念化抽象的、无法触摸的、难以表达的感觉和体验"（孙毅，2010：45），因而情感表现往往需要借助隐喻方式，用 Z. Kevecses 的话来讲，"情感的隐喻表达就在于探讨'情感概念的性质'这一认知动因，而'用来表述各种情感的约定俗成的语言表达式，是发现情感概念的结构与内容的重要途径'，这说明人使用这些表达式不是任意的，而是有认知上的根据"（转引自林书武，1998：12）。进而情感文化概念的解读相应很有必要纳入认知隐喻的形象分析。情感本身是一种心理属性、心理价值，但它与人的生活实践、身体经验以及自然存在（现象）存在密切联系，映射到文化概念中，这种联系会留下相应认知印记，反映在语言文化功能关系上，即形成独特的情感隐喻文化形象，情感概念的隐喻形象分析某种程度上反映出文化主体对相关情感概念的认知心理模式，能够较为直观地显示出俄罗斯民族情感观念、情感文化特征和民族心智的"文化涉身性"（cultural embodiment），从一个独特角度诠释出俄罗斯人的"感觉和情感反应的方式"内容（朱达秋，2002：55），赋予俄罗斯民族情感概念以特殊文化语义滋养。而具体到情感文化概念词，它的隐喻使用可以反映出文化习得在语言方式上的沉淀，相关隐喻构造是语言载体在长期使用过程中建立起来的一种情感语言思维模式，因此民族特色十分鲜明。

俄罗斯情感文化概念有复杂、多元的隐喻形象，其民族性的多方面表现同人的身体感知、生理—心理机制以及人们对具体动作认知迁移的理解、运用等密切相关。下面仍以"тоска"这一核心范畴为例，对俄罗斯情感文化概念的隐喻形象展开分析和讨论。

"忧伤"的"疾病、病痛"隐喻形象——这很好地反映出俄罗斯人对"忧伤"这一不愉快事物的生理知觉和民族文化知觉，其概念隐喻化为 Тоска – это боль в сердце（忧伤是心中的伤痛）（A is B）。因此，常用表示人病痛的结构来隐喻表现"тоска"：У него тоска.（试对比：У него ангина/тиф [他患了咽峡炎/伤寒]）；Странно, каждый у нас считает, что у него своя собственная тоска（В. Молчанов, К. Сегура）。诚如 Урысон（2003：1168）所言，"тоска 可以拥有 У него тоска / будет тоска；У него тогда была тоска. 型构造，这使它接近于疾病的名称"。相关问题上 Н. Д. Арутюнова 也曾指出，"存在句中肯定感情存在的方式是将其定位在人称领域或直接定位在人的内部：У Пети тоска；В сердце Пети тоска"（Арутюнова, 2000b：368），"这些句法结构体现的是人们对 тоска 情感或伦理概念的认识。"（陈勇，2007：32）

"忧伤"的产生、到来动作隐喻形象：Какое уж тут вдохновение, – просто / Подходит тоска и за горло берёт（М. Петровых, «Какое уж тут вдохновение, – просто...»）（Урысон, 2003b：1169）；Чёрная тоска как-то сразу подкатила к сердцу Маргариты（不知为什么沉重的忧伤立刻涌上心头）（М. А. Булгаков, Мастер и Маргарита）；Тоска меня берёт по родине（В. Шукшин）. 另外，"忧伤"表示产生不是很深的、短时的一种特殊的忧愁感觉时，它可以有固定的隐喻用法，如 наводить/нагонять тоску на кого, вводить/вгонять кого в тоску, впасть в тоску 等。例子：Народные песни нагоняют на меня тоску（这些民谣引起、触动了我的忧伤）；Хозяйственные дрязги наводили на него тоску（生活中的琐事让他忧郁）（М. Тургенев）；Но тот неизвестно отчего впал в тоску и беспокойство（М. А. Булгаков）. 而如果"忧伤"产生、形成后会长期停留，则使用动词поселиться（移居，住下来）进行隐喻表现：Горькая тоска навсегда поселилась в глубине его серых, схваченных морщинами глаз.（В. Ремизов）А вот и прорвалась тоска, тоска по кино（忧伤的情绪在影片中迸发出来）（Л. Гурченко）通过"冲破，突破"物理动作的特点形象化地表现出"忧伤"瞬间爆发的隐喻意象。

"忧伤"消逝的隐喻形象：其概念词同表示情感"终止""平息""消退"的动词相组合。例如：Тоска проходит；Тоска утихает（Урысон 2003b：1168）；Тоска мало-малу угомонилась（С. И. Ожегов）（忧郁的心渐渐平复）；Умерла моя любовь, утихла моя тоска（Л. Гурченко）；Эта тоска была краткой и быстро проходила（忧伤很快逝去）（А. Варламов）. 这一隐喻形象同样成为切入"тоска"情感概念的一个文化视点。

"忧伤"外现、流露出来的隐喻形象：Он жаждал излить свою тоску одиночества（他渴望将自己的孤寂和忧伤倾吐出来）（К. И. Чуковский）. 这里动词излить的"泼洒出"物理动作语义隐喻衍生出"发泄，宣泄"的精神意志活动意义，生动表现出将"忧伤"一吐为快的"倾吐心怀"和情感心理。再如：Чешется тело, и тоска в сердце（В. Гроссман）. 句中"忧伤"的呈现方式通过动词（形式）чешется的隐喻刻画，生动地描绘出"忧愁"捉弄人、让人心境难以平复的情绪体验。Это была острая тоска, такая, что сразу заполнила его всего（Ю. О. Домбровский）. 动词（形式）заполнила的"填满"的物理动作特征刻画出"忧伤整体占据人心"这一独特呈现方式：忧伤占据了他整个人。这使我们对抽象的"忧伤"情感外现有了较为直观、形象的认识。Тоска обвилась вокруг моего сердца（М. А. Булгаков）. 句中动词（形式）обвилась的"（藤蔓等）缠绕，盘绕"具体动作形象呈现出"忧伤"萦绕在人的心中、挥之不去的情感体验。В глубине его души, как эти камни на дне моря, начинала глухо шевелиться тоска, неясная и тупая（В. Г. Короленко）. 这里动词шевелиться的"微微动弹，颤动"基本动作含义展现出"忧伤"在人内心的骚动、漫漫流露的生动情景，抽象的情感表象得以物象化。Коля поднял глаза к мигаю-

第四章 俄罗斯民族情感文化概念分析与解读　　211

щему потолку, которого он достигал голым затылком, и тоска пробежала по всем мышечным струнам его лица（С. Шаргунов）. 句中动词（形式）пробежала 同 тоска 的隐喻搭配具象化地刻画出"忧伤之情掠过面庞/整个面部神经"的情绪外露画面。От человека исходила глубинная тоска и отчаяние потерянности（流露出深深的忧伤和心绪不宁的绝望）（И. Бояшов）. 这里的"忧伤"因为有了 тоска 同 исходила 的隐喻搭配而具有了生命力和精神意志的形象。В интонациях Ларисы явственно проступила тоска человека, оказавшегося в стороне от магистральных событий（拉丽萨语调里明显透露出忧伤）（С. Данилюк）. 通过隐喻搭配，动词 проступить 的"透出，渗出"动作意义物象化地呈现出"忧伤"不经意流露这一情者表现形象。Ведь тогда у меня будет свободное время, и опять на меня обрушится тоска（忧伤突然又将降落到我头上/压在我身上）（Л. Гурченко）. 通过动词 обрушиться 和 тоска 的超常搭配，很好地体现出人的意识中，"忧伤"降临时的"陡然性、意外性、沉重性"这一动作特点，情感外现的隐喻形象跃然纸上。Степан налил и ей стакан доверху, и снова глаза его вспыхнули тоской и ненавистью（他眼中充满了强烈的忧伤和仇恨）（М. А. Шолохов）. 这里的隐喻搭配形象、逼真地传达出"忧伤"瞬间强烈爆发的特点。

"忧伤"折磨人的、会改变人的一般行为举止形象：在这一点上，"тоска"可以同大量物理作用动词组合使用，形成转喻构造，表现出"тоска"人和动物的各种隐喻形象特征，创造出"тоска"情感文化定型的丰富群象，"情感语义和一定词汇的结合往往体现了一种文化的无意识积淀，构成民族情感倾向上的定势特征，内化为民族心理的结构"（陈勇，2003：42）。例如：Тоска сосала его сердце. Но еще больше томило его ожидание вечера, и желание выплакать эту тоску（痛哭以发泄忧伤）в таком выражении, чтобы заплакал всякий（Б. Пастернак, Доктор Живаго）；Тоска заедает（愁肠百结）；Почему-то меня преследует чувство тоски и пустоты（忧愁和空虚总是折磨我/萦绕在我心头）。此时的"тоска"往往是以负荷、负重的形象出现：Тоска гнетёт моё сердце（忧伤折磨我心/十分忧伤）；И страстная тоска теснит уж грудь мою；Тоска сжимает сердце（忧伤使心发紧/忧愁得心都纠在一起了）；Все слабее, все просторнее тоска давит сердце（С. Самсонов）。

"忧伤"的积极作用于人的隐喻形象，此时"忧伤"获得了情感的身势表达或生理体现等："тоска" 可以同动词如 охватывать кого-л./чью душу; овладевать кем-л., нападать на кого-л., брать кого-л., душить кого-л., сжать кого-л., разрывать чью душу, подмять кого-л. 等构成隐喻搭配。例如：При одном взгляде на эту заснеженную равнину вас / вашу душу охватывает тоска；Им / его душой овладела тоска；На него нападает тоска（忧伤突然向他袭来）；Меня иной раз просто тоска душит…（忧伤让人窒息）（А. Кирилин）；Тоска берёт его（他感到忧伤/忧伤控制了他）；Такая тоска сжала сердце, что дыхание перехватило（忧愁让人揪心疼，简直喘不过气来）；Тоска стиснула сердце Дмитриеву（使人胸口憋闷/忧伤紧紧箍住人的心/忧伤使人心里十分难受）（Ю. Трифонов）.

"忧伤" 的肉食动物、猛兽形象和相应的啃咬、撕咬、抓挠动作隐喻形象：Пронзительная тоска разрывала ей грудь（А. Толстой）；Тоска съела его（剧烈的忧伤吞噬着他）；Тоска гложет ему сердце（忧郁啃咬他的心）；А все же тоска глодала ее, не пускала дома сидеть（Е. Хаецкая）；Разлука их обоих съест. Тоска с костями сгложет（Б. Пастернак）；Тоска меня загрызла, места не найду（А. Островский）（忧伤撕咬着我，不得安宁）；Я весь день грызу печенье, А меня грызёт тоска（Е. Липатова）；Глубокая, непрестанная, ноющая тоска по России пожирала его（深深的思念无休止地折磨/吞噬着他）（Г. Иоффе）；Душу его терзает тоска（忧伤撕扯他的心灵）；И особенная тоска царапала душу — особенно острая（忧伤抓挠着心）（Р. Сенчин）.

"忧伤" 的自然力隐喻形象：Тоска на него накатил（忧愁像波涛一样向他袭来/忧伤涌上心头）；Я слышала по голосу, как его с головой накрывает вал тоски（他整个人被忧伤的波涛淹没/席卷）（Д. Рубина）；Ночью такая тоска нахлынет（夜深时这样的忧伤［如强劲的水流、波涛］汹涌而来）（М. Шишкин）；Беспричинная тоска туманит сердце（毫无缘由的忧愁使心里黯然神伤）（"忧伤" 像烟、雾笼罩、迷蒙一样）；В душе его поднималась тоска（心中忧伤之情油然而生）（Л. Зорин）（"忧伤" 像烟、云、雾或日月星辰一样升起）；Брошенные деревни затягивались тоской запустения（破落的村庄蒙上了一层荒凉的忧伤）（А. Иличевский）（"忧伤" 像烟、雾、云）.

"忧伤" 表现为情感主体与之对抗、争斗或主体努力排除的 "对手" 这一隐喻形象，这表明 "人可能会以某种方式对立于'忧伤'"（Урысон 2003b：

1167)。相应"тоска"是"敌人，敌手"，形成描写主体有意识同这种情感相抗衡或者消除这一负面情绪的隐喻搭配：Старался не поддаваться тоске, бороться с тоской, заливать тоску вином；Захар всеми силами противился тоске, говорил без умолку, пил все жаднее, чтобы переломить её (И. Бунин, З. Воробьев)；Я постараюсь держаться и не поддаваться ни болезням, ни тоске (Э. Герштейн)；В ней рассказывается о людях, переступивших за черту зрелости и не знающих, как справиться с надвигающейся тоской (不懂得如何去战胜面临的忧伤)。甚至 разогнать тоску, нагнать тоску, смирять тоску, преодолевать тоску, затыкать тоску, развеять тоску, топить тоску, вышибать тоску, прогнать тоску, утолять тоску, унять тоску 等：Разогнал тоску песней／Песня разогнала тоску；На меня тоску нагонит, а Соболько, дурак, волком воет (Д. Н. Мамин-Сибиряк)；И унять эту тоску было гораздо труднее, чем Алексея Трубника (А. Берсенева)。这里体现的是人为赶走"忧伤"，克制"忧伤"，消除、驱散"忧郁"而进行的努力以及不取决于他意志的状况 (Урысон, 2003b：1169)。当然，与"忧伤"抗衡、斗争也可能以失败告终：Лена лежала на спине, и отдавалась смутной тоске (向忧伤低头) (С. Шаргунов)。这客观地反映出人与情感事件的关系以及人的情感心理状态特点。

由此可见，"тоска"情感概念实际上是一个具有一定可视表释性的认知信息结构，这里的"тоска"情感事件片段所代表的是俄罗斯民族情感的素朴世界图景，"影响着受话人对包含于概念内容之中的世界片段的认知"(Неретина, 1995：119)。我们可以将"тоска"情感概念的隐喻形象分析结果上升为文化格式塔，较为直观地显示出"тоска"在文化主体自我交际中的文化想象和文化经验原型，进而通过情感概念格式塔的系统化来探究俄罗斯民族的深层文化逻辑、文化基原及文化演绎。

四 "тоска"的格式塔分析

"тоска 由于自己内容方面鲜明的民族特征而具有十分丰富的文化联想"，(Димитрова, 2005：270) 这些文化想象通过 тоска 格式塔物的蕴含分布于相关的人、动物等生命体及各种不同的非生命事物，充分体现出俄罗斯民族"忧伤"的独特文化内涵与意蕴。

(1) 忧伤是液体物。

Потом желание увидеть эту женщину и прижать её к себе заполняло всё тело, наливало его знакомой острой тоской. （И. Муравьева）想要见到这个女人的愿望充斥他全身，强烈的思念的忧伤在他身体中流淌。

Орфей теряет ее навсегда и изливает тоску по ней в своих песнях. （Т. Салтыкова）Орфей 永远地失去了她，只好在自己的歌声中倾诉思念她的忧伤。

Не зальём тоску в вине. （Л. Муромцева）我们不会借酒浇愁。

Пока безутешный Андрей медленно и со вкусом переливал свою тоску из одного мокрого кадра редкой красоты в следующий не менее мокрый и не менее прекрасный кадр （Н. Воронель）. 无以慰藉的 Андрей 缓慢而兴致地将自己的忧伤从一张胶片倾注到另一张胶片中。

Листницкий, уходя, слышал все ту же тоску, перелитую в песнь. （М. А. Шолохов）Листницкий 走的时候听见的还是那流淌在歌声里的忧伤。

А вот около вечерен проснутся, попьют чайку до третьей тоски... （О. Николаев）将近晚祷时分人们才会醒来，喝杯茶喝到无比忧伤……

Твой Новый год по темно-синей волне средь моря городского плывет в тоске необъяснимой. （А. Архангельский）你的新年在不可名状的忧伤的波涛中游动着。

А уже через полгода всё опять потемнело и утонуло в безысходной тоске. （В. Г. Распутин）过了半年一切又变得晦暗起来，陷入了难以解脱的忧伤中。

Юную душу охватывала мутная тоска, будто он что-то непоправимо упустил. （А. Варламов）模糊/隐隐灼灼的忧伤充满了他年轻的心。

（2）忧伤是火焰。

这里的"火焰"格式塔突出了"忧伤"的强烈程度和对人身心的伤害力。

Боль и страшная тоска сожгли его почти мгновенно, и он сразу позабыл всё. （Ю. О. Домбровский）痛苦和可怕的忧伤瞬间点燃了他，他一下子忘记了一切。

Этот страх и тоска налетели на меня и сожгли всего. （Ю. О. Домбровский）这种恐惧和忧伤突然来临，将我整个人灼烧/吞没。

Такая ледяная тоска обожгла, заползая внутрь, в грудь. （А. Рубанов）冷酷的忧伤突然灼烧着胸膛。

Степан налил и ей стакан доверху, и снова глаза его вспыхнули тоской и ненавистью. (М. А. Шолохов) 他眼里燃烧着忧伤和仇恨的烈焰。

Разве способен он притушить ее вечную, не утихающую тоску по Алексею? (Т. Тронина) 难道他能压制住她思念 Алексей 的难以熄灭的忧伤之火。

（3）忧伤是光亮、光线、热气。

Тоска проникала в комнату сквозь щель между дверью и полом. (В. Аксенов) 忧伤渗透、弥漫满屋。

Следователя трясло. В его взгляде сквозила тоска. (А. Рубанов) 侦查员哆嗦起来，他的眼光透露出忧伤。

（4）忧伤是声音（听觉感知对象）。

Тоска постоянно звучала в ней, как одна незамирающая нота. (И. Грекова) 忧伤就像不休止的音符时常萦绕在她耳畔。

В её тихом голосе прозвучала тоска, и мне стало ее жаль. (Н. Трофимова) 她细小的声音中听得出忧伤，我不由得怜悯起她来。

В этих словах слышалась такая безысходная тоска, что Сесилия не устояла против порыва сострадания. (Е. Ахматова) 这些话里能听得出那无法消除的忧伤，以至于 Сесилия 不由一下子同情不已。

И никакие мои усилия не смогли за эти шестнадцать лет приглушить её вдовью тоску. (С. Спивакова) 在这 60 年的时间里，无论怎么努力都无法按捺住/克制她那丧夫的忧伤。

Тоску глушил работой, весьма далекой от изящной словесности. (С. Нехамкин) 以工作压制住忧伤/缓解忧伤。

（5）忧伤是缠绕的绳索、带子类事物。

В конце концов тоска завязалась в опасный узел, я чувствовала, что вот-вот заболею. («Культура», 2002.04.08) 最终忧伤绕成了一个有害的结/死结，眼看就要为此得一场病了。

Саша хотел было еще потянуть тоску свою, чуть блаженную, замешанную на сигаретном дыме. (З. Прилепин) Саша 原本还想要抚平自己那幸福的/带点傻气的、混杂在香烟味中的忧伤。

（6）忧伤是实体物品。

От духоты и непросветности на девчонок наваливались тоска и досада. (В. Астафьев) 由于憋闷和阴晦，忧伤和委屈压在了小姑娘身上/向姑娘们

袭来。这表明忧伤给人带来巨大的精神、心理压力。

  Навалилась на меня теперь уж как постоянный недуг беспросветная тоска.（В. Астафьев）忧伤就像那不断的、绝望的痛苦一样向我袭来。

  И такая тоска опять на меня навалилась.（Ю. О. Домбровский）这样的忧伤又向我袭来。

  И вносит в жизнь смиренье и тоску.（В. Астафьев）温顺、屈从也会给生活带来忧伤。

  Ветры буйные, перенесите вы ему мою печаль-тоску!（А. Н. Островский）狂风呀,请将我的忧伤带给他!

  Не тоска даже, а просто страшная тяжесть.（Ю. О. Домбровский）这不是忧伤,简直就是可怕而沉重的负担。

  ... но от дыма было дурнотно, и тоска не собиралась в сладкий комок под сердцем, а расползалась по всему телу вялостью.（З. Прилепин）忧伤不是凝聚成心中的一种甜蜜感,而是变成侵蚀全身的一种萎靡不振的感觉。

  Потому что дальше будет сплошная тоска и скука, и потому рассказ просто обрывается.（М. Варденга）接下来将是十分深重的阴郁和忧伤。

  (7) 忧伤是有程度变化的事物。

  Но видно было, что тоска и раздражительность усиливались в ней всё сильнее и сильнее.（Ф. М. Достоевский）看得出来,忧伤、愤怒/易怒在她心中变得越来越强烈。

  Тоска усилилась, не отпустила его.（С. И. Ожегов）忧伤的情绪加深了,让他难以解脱。

  Но тут же рядом с свободой нарастает тоска.（М. Кучерская）忧伤连同自由在不断加增。

  Я просто не заметил, как в душе разрастается тоска.（Ю. Петкевич）我没有注意到,心中的忧伤在逐渐扩散。

  Все больше и больше одолевала тоска.（«Наш современник», 2004. 02. 15）忧伤使人越来越难受。

  (8) 忧伤是某种表面物（同人的脸和眼有密切关系）。

  Что угодно было в его лице — злоба, тоска, ехидство — но никак не радость...（В. Белоусова）他脸上有的是仇恨,忧伤和阴险/恶毒,但就是没有快乐。

  На лицах пассажиров раздражение и тоска.（С. Вероника）脸上写着

忿恨和忧伤。

В ее глазах была тоска невыразимая. （М. Ю. Лермонтов） 她眼里流露出无以言表的忧伤。

В глазах у него была такая тоска, что у меня перехватило дыхание. （В. Базанов） 他眼里流露出让人窒息的忧郁。

Не могу забыть его глаза — в них смертельная тоска и жажда жизни! （В. Зеленский） 无法忘记他那溢满了极度忧伤和对生活渴望的双眼！

На лице у бедной Маши выражалась тоски. （А. П. Чехов） 可怜的Маша眼里表现出来的是深深的忧郁。

При этом и слезы и тоска показались у ней на лице. （Н. В. Гоголь） 此时眼泪和忧伤表露于她的脸上。

Общение с этой забавной машиной помогает пережить стресс, снимает тоску. （А. Волков） 倒腾这台有趣的机器帮我熬过了/挺过了/克服了紧张压抑状态，排解了忧伤。

（9） 忧伤是自然现象。

Тоска мало-помалу угомонилась. （С. И. Ожегов） 忧伤慢慢平息、淡薄。

Задумчивей прежнего стала она, беспричинная тоска туманит сердце её. （А. Пичерский） 莫名的忧伤重重地压在心头。

（10） 忧伤是身体器官。

Он оглушенно лежал в оцепенелой тоске. （М. Гиголашвили） 他心里怀着麻木、呆滞的忧伤，迷迷糊糊地躺着。

（11） 忧伤是刀具。

От равномерного движения ног тоска тупела и не так мучила. （А. Григоренко） 忧伤变得麻木、迟钝，不那么折磨人了。

（12） 忧伤是刺伤、针刺物。

Он почувствовал внезапный укол тоски. （Д. Быков） 他突然感到了忧郁的伤痛。

И только иногда чувствовала какие-то необъяснимые уколы тоски. （В. Аксенов） 只是时不时她还会感觉到一种莫名的忧伤的折磨。

Одна нотка в голосе чем-то ранила, но чувствовать заставляла не ту боль, противную, как укол тоски. （О. Павлов） 让人感到的不是那种令人厌恶的像忧伤刺痛般的痛。

Неожиданно ощутил, как кольнула душу тоска. (М. Семенова) 突然感到忧伤扎了一下心灵。

（13）忧伤是空间（物）。

Но снова дымок беспокойства легко растаял в обширном пространстве его усталости и тоски. (С. Довлатов) 焦急的心情在他的劳累和忧郁中慢慢地消散/融化了。

Она впала в (глубокую) тоску. (С. И. Ожегов) 她坠入了忧伤的深渊。

Россия впала в тоску. («Русский репортер», № 7 (7), 5-12 июля 2007) 俄罗斯陷入了忧郁之中。

Ее смерть повергла принца Англии в тоску, и эта тоска довела его до самоубийства. (И. М. Савельева, А. В. Полетаев) 她的死让英国王子陷入忧伤，这一忧伤致使他自杀。

Человеку бывает нужно, необходимо уйти от тоски одиночества (А.-Ф. Кони). 人需要也必须脱离孤独带来的忧郁。

Побежите еще куда-нибудь от тоски, от скуки, от всего того, от чего рано или поздно сбегают? (И. Бояшов) 您是要逃离忧伤、寂寞和人们早晚想要躲避的那一切吗？

На грудь мне давят горы этой грусти. Пытаюсь я отвлечься от тоски. (В. Молчанов) 沉重的孤寂压着我的胸膛，我试图要努力摆脱忧伤。

（14）忧伤是疾病、病痛。

Разве этим развеешь обиду? Или золотом лечат тоску? (Э. Герштейн) 难道这能够使委屈释怀？或者金银能医治忧伤？

Грусть, тоска и все прочие отрицательные эмоции сами по себе рассасывались. (В. Некрасов) 悲伤、忧愁和其他一切负面情感都可以自愈/自己渐渐消散。

（15）忧伤是人、动物。

这一格式塔是"忧伤"的人的"生命"形象，是对该情感常量相关联想的生动文化阐释，它非常逼真地表现出"忧伤"这一情绪同人的心灵之间的某种牵连和深刻互动。通过"人"这一物的蕴涵，"忧伤"对人的心理和情绪的影响获得了极具张力的文化展现。

Рубахин уже почувствовал, как юношей вновь овладела тоска. (В. Маканин) Рубахин 已经感觉到忧伤又笼罩/充满了小伙子们的心。

А пришла ночь, и тоска овладела им и достигла такой остроты, что он вдруг вскочил и забегал по комнате. (Ю. О. Домбровский) 夜晚降临，忧愁强烈地控制了他。

Страх появлялся и уходил, и меня охватывала тоска, а потом злоба, презрение и ещё что-то такое (В. Аксенов). 恐惧来了又去，我内心充满了忧伤。

Тоска охватывала сердца при взгляде на разрытую землю, напустые коробки выгоревших домов. (В. Гроссман) 看着这片被翻掘开的土地，忧伤笼罩/包围着内心。

Холодная тоска заползала в его душу. (С. И. Ожегов) 冷漠的忧伤爬上心底/涌入心头。

Выдают тайнуютоску успешной писательницы. (Н. Цыркун) 人们出卖/泄露隐藏在作家心里的忧伤。

А женщину он несомненно украл, чтобы отгонять тоску и, главное, греться... (А. Григоренко) 他偷盗女人的东西是为了驱赶忧伤和寂寞，最主要的是为了取暖。

Он уловилтоску людей по защитнику. («Сельская новь», 2003.09.16) 他捕捉到/发觉了人们对辩护者的思念/在想那个辩护人。

（16）忧伤是行刑者。

И эта русская тоска в сочетании с русским «авось», по-моему, губит нас, делает все безнадежным. (В. Молчанов) 这种俄罗斯忧伤和"侥幸行为"会害了我们，使一切都失去希望。

Вдруг начинает душить тоска. (М. Шишкин) 一种忧伤突然让人喘不过气来。

Его душила внезапно задымившаяся на сердце тоска. (М. А. Шолохов) 突然弥漫在心中的忧伤让他感到窒息。

（17）忧伤是使令者。

Тоска разлуки заставит нас забыть, что... (Е. Ахматова) 分别的忧伤将使我们忘却……

（18）忧伤是追赶者、进攻者。

Эта тоска и гонит меня в литературу. (А. Варламов) 这一忧伤驱赶着我去研读文学。

...Гонит тоску прочь. (Е. Боярина) 将忧愁抛到脑后。

Но и его тоска по родине погнала в Россию, куда он и вернулся, наивный, счастливый. (Г. Бельская) 但对故土的思念让他回到了俄罗斯，他天真、快乐地回来了。

В тот вечер какая-то тоска погнала меня на улицу. (М. Шишкин) 那天晚上心里的一种忧伤驱使我来到了街上。

Я вышел глубокой ночью. Меня выгнала тоска. Уже много дней она шла за мной, как упорный враг. (А. Григоренко) 深夜忧伤驱使着我走了出去。

Иной раз после разговора с ним такая тоска нападала — хоть вешайся. (И. Грекова) 有时同他交谈之后这样的忧伤就会突然来袭/忽然降临。

С наступлением осенне-зимней темноты на меня каждый год нападает мучительная тоска. («Сельская новь», 2003.11.11) 每年随着秋冬季节的来临，都有一种折磨人的忧伤来袭。

（19）忧伤是压迫者。

Меня давила такая смертная тоска. (М. Палей) 这种极度的忧伤压迫着我。

Разлука оказалось недолгой: угнетённый тоской и одиночеством. (Р. Михайлин) 分别的时间不长：因为忧伤和孤独的压迫/压抑。

Вдруг охватил такой холод, сдавила такая тоска. (М. Шишкин) 这样的忧伤压得人心情沉重。

Тоска сдавливает/сдавила сердце Анны. (С. И. Ожегов) 安娜心情十分忧伤。

И снова не могу уснуть ночью, и сердце сжимается тоской и болью. (Г. Садулаев) 忧伤使心都抽紧了。

Солдатская тоска сжала сердце генерал-полковника (В. Гроссман). 忧愁得心都揪在一起了。

И застарелая бездетная тоска сжала горло так, что несколько мгновений Сёма слова не мог вымолвить (Д. Рубина). 老而无子的忧伤压迫得喘不过气来。

Ощущение растерянности и смущения вытеснили тоска и желание уйти из этого роскошного дома. (Б. Поздняков) 忧伤和离开这幢豪华的房子的愿望压迫着人。

概括起来，情感文化概念 тоска 在俄罗斯民族文化意识中以多种物象化的方式存在，真切地蕴涵着俄罗斯人对"忧伤"的丰富文化想象。忧伤可以是火焰、光亮、光线、热气，从人典型、直观的身体感知上体现出忧伤带来的强烈内在心绪感受；忧伤可以是液体物，细腻地刻画出忧伤在人心中的蔓延之状、沉浸之势和程度之深，同时也极富美学意味地呈现出忧伤在俄罗斯民族认知中的特殊情感体味形式；忧伤可以是声音、身体器官，具象化地描述出俄罗斯人对忧伤切身性的意识体会和情绪感受；忧伤可以是缠绕的绳索、带子类事物、实体物品、空间（物）、有程度变化物以及表面物等实物，具体而实在地表现出忧伤在俄罗斯民族情感意识中的平常性、本原性及在日常生活中的渗透性；忧伤可以是刀具、扎伤/刺伤物、针刺物，形象地显示出忧伤这一特殊情感作用的强烈性以及人对其作用的敏感性；忧伤可以是自然现象，体现出忧伤情绪来与去的自发性、莫名性以及人与之相处、相伴的某种心理调谐性；忧伤可以是疾病、病痛，反映出俄罗斯民族意识对忧伤的某种嫌恶和排拒情感心理；忧伤可以是人、动物、行刑者、使令者、追赶者、进攻者、压迫者，这些生命体的物化形象生动地表现出忧伤在俄罗斯民族心理中的情感意志行动力和对人的情感——心理的突出影响和作用力。因此，由格式塔分析可以看出，俄罗斯民族对"忧伤"的感念深刻、细致、多样化，这些复杂而相互交织的物的蕴含形象反映出俄罗斯人对忧伤的极度习以为常和一种特殊的矛盾情绪和心理。

五 "тоска"的话语综合分析

（1）忧伤的情感关系文化解读。

Лишь такая любовь к любимым, без исключений и ущерба, и может утолить вечную тоску ее и несытую душу. （М. Кучерская）只有对所爱的人的无条件爱能够排解心中的忧愁。——这在爱情对忧愁的排解力和人类不同情绪的关系之中体现出忧伤的情感文化关系。

Печаль, как известно, имеет свойство превращаться в тоску, тоска в отчаяние. （А. Макушинский）悲痛会变为忧伤，忧伤会变成绝望。——这在基本的情感牵连和情绪转化中反映出忧伤的情感关系。

И эта тоска у него мало-помалу вылилась в определённое желание, в мечту купить себе маленькую усадебку где-нибудь на берегу реки или озера. （А. П. Чехов）忧伤渐渐变成了一种愿望。——这在人的情绪同人类心智和情感心理的联系中表现出忧伤的情感关系文化含义。

（2）忧伤的社会认知文化解读。

Везде асфальт, бетон, стройки, вырубки леса. Меня это ввергает в тоску. Я очень люблю природу, все живое и думаю, что их надо защищать и в то же время доставить наслаждение всем. （Э. Будагян）眼下四处是柏油马路、钢筋混凝土、建筑丛林和乱砍滥伐，这使我陷入深深的忧伤。我很喜欢大自然和一切有生命的东西，应当保护它们并且给所有人带来快乐。——这在情绪表现的人文大环境中展示出忧伤的社会文化认知，相关话语内容传达出的"忧伤"之情深刻反映出人对自然、生态的关怀，体现出自然与人类及其情感的特殊关系。

Человеку бывает нужно, необходимо уйти от тоски одиночества （А.-Ф. Кони）. 人们应当，也必须从忧伤中走出来。——这在对忧伤这一情感的切身感受和一般认识、态度中表现出有关忧伤的社会文化认知。

Сделалась постылой квартира, все в ней олицетворяло тоску, несвободу и страх. （М. Елизаров）房屋变得让人厌恶，里面的一切都成为了忧伤，不自由和恐惧的化身。——这在事物的情绪触发和情绪感受中表现出忧伤的社会认知文化内涵。

（3）忧伤的情感伦理、道德评价文化解读。

Российским же мужчинам в лучшем случае предстояло прожить чуть больше 35 счастливых лет, а всё остальное время разгонять тоску зелёную всеми своими вредными привычками. （А. Волков）俄罗斯男人的最好年华大概有35年，其他时间都耗费在以各种坏习惯来驱赶难以排遣的忧郁当中。——这在俄罗斯人的生活现实同情感方式、情感现实的关系中反映出忧伤的情感伦理现实和情感道德评价。

Тоска — это не боль. Это хуже боли. （И. Грекова）忧伤不是一般的痛苦，而是比痛苦更糟糕的东西。——这在情感的强烈感受和鲜明的情绪—心理比较中表现出对忧伤的情感伦理认识。

— Что же ты мне такую тоску даришь? （Л. Васильева）这就是你要赐予我的忧伤? /你要赐予我的难倒就是这样的忧伤? ——这体现出人与人之间精神联系、社会关系的情感伦理，同时在对理想的情绪关系的精神期盼和理性认识中体现出有关忧伤的情感道德评价。

（4）忧伤的人文—心智体验文化解读。

Как и всегда после заката солнца, стал он чувствовать приступы безысходной тоски （Б. Евсеев）每当夕阳西下，他就会强烈地感受到无可慰藉的忧伤。——这在人同自然的心灵、情感呼应中显示出有关忧伤的人文—心智体验文化解读。

Как только прячется солнце, душу мою начинает давить тоска（А. П. Чехов）. 每当日落时分，忧愁的思绪就开始袭来。——这在由物、由景到人、到情的触景生情和人文感怀中体现出对忧伤的真切人文—心智体验。

Он спасался от тоски, уходя в детство.（И. Грекова）他从忧伤中得以解放/解脱出来，似乎又回到了童年。——这在人的情感状态同自己的成长历程和成长、生活状态之间的联系中表现出人对忧伤的人文—心智体验文化解读。

总括起来，可以从情感关系、社会认知、情感伦理、道德评价以及人文—心智体验等方面对俄罗斯民族情感文化概念 тоска 进行话语综合分析，"忧伤"在话语结构的前后关联中所揭示的文化信息具有鲜明伦理性和社会认知的人文特点，集中呈现出俄罗斯民族"忧伤"情感方式、内容的社会化意识的心智感知属性。以上有关俄罗斯民族情感文化概念 тоска 的话语综合分析通过爱情对忧愁的排解力和人类不同情绪的关系以及基本的情感牵连和情绪转化反映出忧伤的情感关系文化特性，在人的情绪同人类心智和情感心理的联系中表现出忧伤的情感关系文化含义；通过情绪表现的人文大环境以及俄罗斯"忧伤"所体现的人对自然、生态的关怀折射出自然与人类及其情感的特殊关系，在对忧伤这一情感的切身感受和一般认识、态度中以及事物的情绪触发和情绪感受中表现出俄罗斯"忧伤"的社会认知文化内涵；在俄罗斯人的生活现实同情感方式、情感现实的关系以及情感的感受方式和鲜明的情绪—心理比较中表现出俄罗斯民众对忧伤的情感伦理认识，体现出人与人之间精神联系、社会关系的情感伦理，同时在对理想的情绪关系的精神期盼和理性认识中体现出有关于忧伤的情感道德评价；在人同自然的心灵、情感呼应关系、在由物、由景到人、到情的触景生情和人文感怀之中体现出对忧伤的真切人文—心智体验，在人的情感状态同自身成长历程和成长、生活状态之间的联系中表现出俄罗斯民族对忧伤的人文—心智体验文化解读。

六 小结

以上有关俄罗斯民族情感文化概念"тоска"的分析可以看到，忧伤以特有的方式潜入到俄罗斯民族的情感情绪认知，它在人的精神和情感—心理层面和社会活动领域以心性化的方式释出，对俄罗斯民众的情感世界、情感生活和体验带来实质影响，而这充分反映出忧伤在俄罗斯民族生活中的普遍性和强烈体现性，可以认为，恰恰是这一看似模糊、难以名状的情绪内容几乎内化为俄罗斯人的独特情感品性,同时辉映着俄罗斯民族特有的精神品节。分析显示,"忧伤"在俄罗斯文化中是一个具有丰富的、多层面的民族文化意蕴的概念,作为一种根植于深厚民族土壤的情感意志代表,它从不同方位反映出俄罗斯民族心理、民族意识和民族精神,实际上是集忧愁、忧郁、愁闷、愁苦、烦恼、不安、寂寥、孤寂、忧思、烦忧、压抑、期待、伤心等多种文化心智语义成分于一身的情绪交织体,相应使其情感价值多重性获得了多样而立体化的表现。此外,透过"тоска"可以窥见俄罗斯民族"情感"概念鲜明的民族性、精神性和情致性(价值、理性),使我们对俄罗斯民族情感性格、情感文化、情感面貌、情感姿态和情感思想意识等有了全方位的了解和认识,显现出该民族情感的价值梳理、价值倾诉和价值归宿,它所体现的是一种心理价值规定性、民族心理特征和民族心性。也因如此,某种意义上"忧伤"成为俄罗斯民族的一个特殊精神符号和情感文化标识。

第三节 "любовь"(爱)的分析与解读

"любовь"(爱)这一文化概念、现象反映的是十分重要、基本的人类情感状态和情感关系,"любовь 是一种普遍的情感现象,因为每个人都会爱着别人,同时感受着别人的爱"(Вильмс,2005:138)。人类有各种情感——爱,友谊,羡慕/妒忌,仁爱,慈悲/善心,对荣誉的渴望,诚实等(В. Т. Шаламов),而爱是其中最为重要、基本的一种情感,在人的成长过程中,爱是最好的教育方式。拥有"爱"的人往往伴随一种精神上的友好、友善情绪与和悦心理或与人心灵相吸的体味,爱同友好的情谊、友情常常是联系在一起的,因此,"当我们想到真正的友谊,我们就会想到存在于人之间的某种形式的爱的情感"(Альберони,1991:58)。在 А. Н. Толстой 的人伦、生活和情感—心理诠释中,爱是一种习惯,人们喜欢的不仅是自己的妻子,还有父母乃至动物,爱意味着内心的沸腾、激动和陶醉。从情感属性上,爱和温顺、谦让密不可分(А. И. Осипов)。如果说死去的人带走了恨、可能会带着恨,活着的人则只需要记住爱。在爱的最深层次上讲,大地就是最基本、实质的爱,泥土就代表着爱(Д. Драгунский,С. Денисова),弥漫着爱的气息。沉睡的爱可以被唤醒、可以复苏和重新开始(возобновить любовь)。真正的爱活在人的灵魂和内心世界中(Д. Кэрри),是一种受内在情绪觉悟所驱动的情感,可以在时间中得到具象化,并以某种方式延续

(любовь до гроба［至死不渝的爱，永恒的爱］）。俄罗斯民族往往把无私的大爱同上帝联系在一起，深信上帝的爱（любовь Божия），认为上帝就代表了爱，上帝就是爱的化身（«Бог есть любовь»）（О. Тимофеева，А. И. Осипов，П. Ростин），爱构成上帝的实质，存在于爱中的东西也永存于上帝，存在于上帝的也存在于爱（А. И. Осипов）——"爱是人类永恒的伴侣"（Куренная，2008：86），人们会感受到对基督耶稣的强烈的爱，"基督的爱是神圣的，它高于法律"（Ермакова，2000：245）。Ю. С. Степанов 专门谈及过具有世界文化意义的 "爱与上帝的等同关系"（Любовь есть бог，Бог есть любовь）意识问题（Степанов，1995：41-47；1998：507，511），上帝就是爱，活在爱之中的人就活在上帝之中，上帝就在他心中（Степанов，1995：46；1998：514，515）。而人们对上帝的爱饱含精神、道德的因素，"良知的谴责和内疚、忏悔、报偿和感恩心是对上帝的爱所必不可少的典型特征"。（Неретина，1994：13）俄罗斯人笃行东正教的文化传统，一切以上帝之爱为基础，爱成为人心性的表现，是有高度灵性的，因此，即使没有生命的东西也会让人对它产生爱：Постепенно маленькое увлечение соломкой переросло в любовь к этому удивительному материалу.（对秸秆的热情渐渐变成了对它不同寻常的热爱）"俄罗斯民族语言意识中，爱与同情心紧密相连，爱与怜悯心也十分相近"（Wierzbicka，1992：256），爱可能同其他情感内容交织，向其蔓延甚至被其替代，或者孳生、诱发相关其他情感体验：Даже чувством любви заменилось во мне сострадание（我心中的那份爱意甚至变成了一种同情）（Л. Н. Толстой）；Я досадовал на Асю, её любовь меня и радовала и смущала（我抱怨阿霞，她的爱让我既感到高兴，又有些难为情）（И. С. Тургенев）。此外，在俄罗斯民族文化世界图景中，爱同人的价值评价也有联系，"理想的爱是要能给人以幸福的感觉"（Апресян，2000：180），而 "幸福是爱的'目的'"（Анна Зализняк，1999：377）。

一 "любовь" 词源分析

любовь 源于印欧语系的共同斯拉夫词（Крылов，2005：224）。在 11—17 世纪的俄语中使用过 любы（любовь/爱），любъве（привязанность/依恋，爱好），любъви（милость/好感，青睐），любовь 及 нелюбовь。любовь 来自于教堂斯拉夫语词 любъвь，俄罗斯中世纪带有 коморы 符号的 любовь 一词的书写特点说明了这一点。从根本上讲，любовь 起源于共同斯拉夫语词

л'убы，二格为 л'убъве，而 л'убы 是以-ы（-ъв-）结尾的词干名词，它同 л'убъ 相关联并且表示抽象意义。（Шапошников，2010a：485）在 А. Ф. Журавлев，Н. М. Шанский 等的词源分析中，любовь 源自古俄语时期的 любы 及其单数二格 любъве，但该词本身表示"любовь（爱），привязанность（眷恋），милость（好感）；страсть（热爱，迷恋；激情）"（Срезневский，1893：87-90）。而 любовь 在对应的中世纪乌克兰语中为 любовъ（爱，愿望），中世纪的白俄罗斯语中为 любов，中世纪捷克语中为 luby，下卢日支语中为 lubja，lubwja，古俄语、古斯拉夫语中为 любы，二格 любъве（любовь/爱，привязанность/依恋；вожделение/热望，渴望），保加利亚语中为 любоу，共同斯拉夫语中为 luby（ljuby），二格为 l'ubъve（同 l'ubъ 即俄语中的 любой 有关）。любы 的单数一格形式在其间接格的影响下变成了如同名词 свекровь，морковь 等一样的 любовь。（Журавлев，Шанский，1999：199；Шанский，Иванов и др，1971：250；Шведова，2007：421）

二 "любовь" 文化语义内涵分析

"любовь 表示的是一种深刻的爱慕，是一种强烈的发自内心的好感和深情的眷恋、真诚的向往，是对某事物的一种稳定而强烈的兴趣、爱好和热情"（Шапошников，2010a：485；Кузнецов，2000：509；Шведова，2007：421；Ожегов и Шведова《Толковый словарь русского языка》，bweek.narod.ru/rest），"是对人、物的十分依恋、爱好的情感"（МАС，1986：209）。例如：Люблю отчизну я, но странною любовью!（М. Ю. Лермонтов）；Любовь ещё, быть может, в душе моей угасла не совсем（А. С. Пушкин）；Относится он с любовью к приключенческой литературе（С. А. Кузнецов）. прижить в любви ребёнка, любовь к родине, любовь к труду, любовь к исскуству, любовь к балету, любовь к спорту, любовь к животным, любовь к правде/истине。"любовь 表示基于共同利益、理想和为之奋斗的事业而产生的好感，或基于同情、亲情、亲密、友好等产生的情感，基于天性产生的情感，也可以表示情感上的相互依恋、喜爱"（БАС，1957：433；Ушаков，2013：281；Шведова，2007：421；Ожегов и Шведова《Толковый словарь русского языка》，bweek.narod.ru/rest）。例如，Дядя Пьер был предметом его восхищения и страстной любви（Л. Н. Толстой）；Любовь прошла/ушла/угасла, страстная любовь, взаимная любовь, безответная любовь, платоническая любовь, романтическая любовь 等。Ю. Д. Апресян 从语义元语言的角度这样解释道:"любовь 是对某人怀有好感的一个人想和这个人有往来或想做对这个人有好处的事情时所体验到的一种情感"(Апресян, 1974: 107)。科学院词典释义还更细致地指出,"любовь 是基于对人或事物突出价值、优点的认可,基于共同目标和利益等而形成的深刻的热爱、忠诚的情感","是发自内心的一种喜好,对事物强烈的爱好""是对事物的执着追求"。例如,Прежде всего, ссыльного гонит из Сахалина его страстная любовь к родине (А. П. Чехов); Наша связь основана не на одинаковом образе мыслей, но на любви к одинаковым занятиям (А. С. Пушкин); Луг, полынь, пашня... и его страстный порыв любви к жизни вспомнились ему (Л. Н. Толстой). (БАС, 1957: 434-435; МАС, 1986: 209)

三 "любовь"的隐喻搭配分析

Считают полезным таким образом прививать детям любовь к труду. (С. И. Ожегов) 大家都认为用这种方式让孩子热爱劳动/养成爱劳动的品德是有益的。句中 любовь 同动词 прививать (嫁接,接种) 之间的隐喻搭配形象地表现出"爱""热爱"同构建、培养它的行为之间的关系,生动地体现出行为的目的性、细致性以及人所付出的艰辛、努力,显示出"将对劳动的热爱植入孩子心中、嫁接到孩子身上"是一件不容易的事,同时也是一件非常有价值的事情。

Постараться подавить в себе «слепую материнскую любовь». 努力抑制住自己"盲目的母爱"。句中 любовь 同动词 подавить (压,挤,按) 之间的隐喻搭配生动地展示出人压制、克制"爱"这一情感的动作形象,增进了对俄罗斯民众情感隐忍、情感表现和处理(方式)的了解。

А есть ли в вашем понимании нечто такое, что всё-таки могло бы поколебать вашу материнскую любовь к достаточно взрослым детям. 在你们的认识中是不是存在某种可能会动摇对已长大成人的孩子的母爱的东西。句中 любовь 同动词 поколебать (摇动,摇晃) 之间的隐喻搭配具象化地描绘出爱所承受的动作操作形象和文化主体意识对爱的作用形象。

И любовь только раздражала моё воображение и самолюбие, а сердце осталось пусто... (В. Мильдон) 她们的爱只是刺激了我的想象/思绪和自尊,而心里仍然是空荡荡的。句中 любовь 同动词形式 раздражала (刺激)

之间的隐喻搭配凸显出爱对人的精神、心理和意志的特殊影响力。

　　Какие в нём бурлят чувства: любовь, раскаяние, гнев. (И. Грекова) 爱意、悔恨和愤怒在他心中翻涌/翻腾。句中 любовь (чувство) 同动词形式 бурлят 之间的隐喻搭配生动地反映出爱的汹涌、恣肆的独特情感表现特征，由此也可以较为真实地体验到俄罗斯人对抽象的爱的心理感受。

　　Любовь к Даше многие годы была частью его самого. Разрушился он — и любовь разрушилась. (И. Грекова) 多年来，对 Даша 的爱成了他生命的一部分，他垮了，爱情也破灭了。句中 любовь 同动词形式 разрушилась (倒塌，垮塌) 之间的隐喻搭配生动地表现出爱情遭到破坏、化为泡影而不复存在的情感 (动作) 状态，同时也反映出人对爱情的消失的不舍和遗憾之情。

　　Любовь выскочила перед нами, как из-под земли выскакивает убийца в переулке, и поразила нас сразу обоих! (М. А. Булгаков) 爱情突然来到我们面前。句中 любовь 同动词形式 выскочила (перед) (跳出，跃出) 之间的隐喻搭配形象化地体现出突然产生的爱情的意外性和给人的惊喜感，让人能直观地感受到面对这份情感的兴奋和喜悦。

　　Любовь к кошкам проходит через всю мою жизнь, и меня радует, что с их стороны пользуюсь я взаимностью. (В. Ф. Ходасевич) 对小猫的爱贯穿了我整个生命。句中 любовь 同动词形式 проходит (через) (走过，通过) 之间的隐喻搭配具象化地表现出"爱"这一情感的存在、延续方式，使人对"爱"的情感的贯通这一形象以及它在人的生活中的位置有了十分直观的感受。

　　Чем больше узнавала Мира от своих подданных правду-истину, тем ярче и ярче разгоралась в её сердце любовь к ним. (Л. А. Чарская) 对真实—真理理解得越多，心中对它们的热爱就越来越强烈/鲜明、突出。句中 любовь 同动词形式 разгоралась (燃烧) 之间的隐喻搭配生动地表现出这种特殊的"爱"的炽热程度和强烈性，显示出这种爱的精神心理表现特点。

　　Любовь его ослепила... (Д. Н. Мамин-Сибиряк. Ак-Бозат [1895]) 爱蒙蔽了他双眼。句中 любовь 同动词形式 ослепила (使目眩，使失明) 之间的隐喻搭配形象地体现了爱让人受迷惑、失去判断力和理智分析的情感—心智关系内容。

　　Эту душу он и старался осветить своей любовью к природе. (М. Петров) 他努力以自己对自然的爱来打动这颗心/开导这颗灵魂。句中

любовью 同动词 осветить（照明，照亮）之间的隐喻搭配生动表现出爱的心灵引导和精神、心理抚慰特性，显示出爱的情感—精神引导作用和价值，具体地展现出爱的力量。

Аромат — это моя речь, когда любовь воспламеняет меня.（В. Бегичева）爱点燃了我/激励着我。句中 любовь 同动词形式 воспламеняет（点燃，燃起）之间的隐喻搭配生动体现出爱这一情感所具有的激发、鼓舞人心的巨大精神作用。

У них пропадает любовь к жизни.（А. Н. Толстой）他们对生命的爱正在消失。句中 любовь 同动词形式 пропадает（失踪，销声匿迹）之间的隐喻搭配具象化地反映出爱这一情感的逝去，使抽象的情感表现形式有了文化感知上的实体感。

Все в ней дышало уверенностью и отдыхом любви.（И. С. Тургенев）她身上的一切都洋溢着/流露出信心和爱的气息。句中 отдыхом любви（爱的气息）同动词形式 дышало（呼吸）之间的隐喻搭配形象化地描绘出"爱"的气息的发散和自然流露的情感表现形象。

В ней таилась какая-то нестерпимая любовь к нему, среди беспрерывной ненависти, ревности и презрения.（Ф. М. Достоевский）她心中怀有（隐藏着）对他难以遏制的爱。句中 любовь 同动词形式 таилась（隐藏）之间的隐喻搭配生动表现出爱深埋在人心中的存在方式。

Любви пылающей граната Лопнула в груди Игната.（Ф. М. Достоевский）炽烈的爱在伊格纳特的胸中破灭了。句中 любви 同谓词 граната（手榴弹）及 любви пылающей граната 同动词形式 лопнула（胀破，崩裂）之间的隐喻搭配分别形象化地表现出爱这一情感的爆发张力、强大情绪能量和毁灭、消失的情形，将人对爱的精神、心理感受表达得淋漓尽致。

Любовь сошла в его грудь со всею неистощимою радостью, со всеми томительными мучениями…（Ф. М. Достоевский）爱带着无比的快乐和苦痛来到他心间。句中 любовь 同动词形式 сошла (в)（走到……）之间的隐喻搭配具象化地表现出爱这一情感的来临、产生。

Я был офицером Красной Армии и до сих пор питаю к ней любовь и уважение.（В. Некрасов）当时我是一位红军军官，至今我对她还满怀着热爱和敬意/爱意和尊敬。句中 любовь 同动词形式 питаю（以……为生）之间的隐喻搭配生动表现出人怀有爱这一情感、以对某人的爱为生之时的真切内心体会，人深深地抱有"爱"这一情感的心理状态形象得到了现实化的体现。

　　Не воспоминания ли о прежней доброй жене породили в сердце погибшего старика такую беспредельную любовь к нему？（Ф. М. Достоевский）对善良的妻子的回忆引发了心中对他无边的爱。句中 любовь 同动词形式 породили（生，生育）之间的隐喻搭配形象化地体现出爱这一情感（形式）来自内心深处的独特形成、产生方式。

　　归结起来，情感文化概念 любовь 的隐喻搭配分析提供了有关俄罗斯民族情感认知的极为丰富的文化信息。分析显示，俄罗斯民族意识中的"爱"同人的精神、意志行为存在密切关联，爱的培养、获得需要付出艰辛、努力，爱会承受主体意识对它的积极作用，爱有自己相应的释放形式，爱也需要压制、克制，爱具有各种独特情感表征方式和心理体验方式，爱也有自己独特的、深埋在人心中的存在、延续方式和情感表现形象，发自内心的爱会油然而生，给人以意外惊喜，也会遭到破坏、伤害而不复存在。情感—心智关系上，爱会占有和支配人的身心，从精神、心理上渗透于人心，相应爱能够激发、鼓舞人心，对人的情感、精神世界具有极大作用和影响，爱也会让人受迷惑、失去判断力。总之，这些隐喻搭配分析生动、形象地将爱这一来自人内心深处的情感的独特形成、产生方式，俄罗斯人对爱的精神领悟、心理感受、爱的强大情绪能量和毁灭、消失情形等表现得淋漓尽致，体现出俄罗斯民族"爱"的独特文化内涵和强大文化张力。

四　"любовь" 的格式塔分析

　　（1）爱是火焰、火花。

　　Но любовь её вспыхивает только в объятиях демона. 只当在恶魔的拥抱中她的爱才会突然爆发。

　　Разве мы не знаем, как мы стремимся быть светлыми, чистыми, когда вдруг почувствуем пламенную любовь к одному человеку или когда знаем, что мы кем-то любимы？突然感觉到了对一个人火一般的爱。

　　— Так, — отозвался Иван Васильевич и опять обратился к Патрикееву: — А вы подумали о том, что такое пламенная любовь？（М. А. Булгаков）您想想，什么是火一样的爱？

　　А бедный, бедный Иван Матвеич к вам, так сказать, весь пылает любовью, даже и в недрах чудовища. （Ф. М. Достоевский）可怜的 Иван Матвеич 内心充满了对您的热爱/燃烧着对您的爱。

Броня в оковы превратилась! И я любовью запылал. (А. Готовцева) 装甲变成了束缚！我内心开始有了/开始燃烧起炽烈的爱。

Самая пылкая любовь против него не устоит. (А. С. Пушкин) 炽烈的爱无法抗拒他/让他无法抗拒。

Потребность любви вспыхнула в нем живо, когда он перешел за восемнадцать лет. (Н. В. Гоголь) 对爱的渴望在他心中熊熊燃烧。

Князь Р. был влюблен страстно и безумно; такая же пламенная любовь была ему ответом. (Н. В. Гоголь) 公爵狂热地陷入爱恋, 他也同样得到了这样炽烈的爱的回应/这样的炽热的爱是对他的一种回报。

Я вас любил; любовь ещё, быть может, В душе моей угасла не совсем. (В. Астафьев) 我曾经爱过你, 也许, 这份爱还没有完全熄灭。

(2) 爱是光、光亮、光泽。

Такой же добротой и любовью светят глаза его. (Б. Екимов) 他眼里闪耀着善良和爱。

А ведь как любила! Такая любовь могла прожечь насквозь. Как пучок лучей, в точку сведённый лупой. (И. Грекова) 她是这样地深爱一个人！这样的爱能够像光束一样烧穿/烧毁一切。

Луч любви оживил только эту призму своими цветами и начертал около неё радужный круг неизъяснимой прелести. (А. А. Бестужев-Марлинский) 爱之光照亮复苏了这一角落。

Напротив того, не она ли обезоружила наконец сих фанатиков, озарив светом своим, светом любви и кротости, их пагубные заблуждения? (Н. М. Карамзин) 她以爱之光和温厚的心平息了这些狂热者的怒气。

— Какая же это любовь... любовь... любовь... освящает брак? (Л. Н. Толстой) 这是什么样的爱？它能将婚姻照亮。

(3) 爱是人、生命体。

Он встретили свою настоящую любовь, первый раз признались в своих чувствах. (С. Ткачева) 他遇到了自己的真爱。

Был героический момент, когда любовь взбудоражила и окрылила его подернутую тиной душу. (Л. Д. Троцкий) 爱惊动/激发并鼓舞/振奋了他那长满青苔的心灵。

Жестокая ревность к счастливцам, к Пушкину в том числе,

оскорбляла его возвышенную любовь. (Ю. Давыдов) 对包括普希金在内的拥有幸福的人的强烈妒忌侮辱了他那高尚的爱。

Разные чувства боролись в нём: и страх, и боязнь, и желание, и любовь. (В. А. Соллогуб) 各种情感在他心里斗争着, 有恐惧、害怕, 还有希望和爱。

Жаль, что умения готовить при этом никто не отменял. Где зарождается любовь? 爱来自何处？

Пусть всегда на жизненном пути вас сопровождают любовь и уважение! (А. Быков) 祝愿您生活之路上一直有爱意和尊敬相伴。

Раньше считалось, что миром правят любовь и голод, добро и зло, эрос и Танатос. (Д. Драгунский) 过去都认为, 统治这个世界的是爱与饥饿, 善与恶, 是爱神厄罗斯和死亡的本能。

Я очень надеюсь, что у вас, как и у меня, встреча с прекрасными бабочками разбудит любовь к природе и вы сохраните интерес к ней на всю жизнь. (Л. Каабак) 非常希望您和我一样, 见到了美丽的蝴蝶会激发起对自然的爱, 您会一辈子保留对它的兴趣。

Любовь не приходила ему на ум — а уже видеть графиню каждый день было для него необходимо. (А. С. Пушкин) 他的爱突然来临——见到伯爵夫人成了他每天都必须要做的事。

Любовь слепа и, не доверяя самой себе, торопливо хватается за всякую опору. (А. С. Пушкин) 爱是盲目的, 连自己也不会相信, 急于找到/想要得到一切可能的依靠。

Беззаветная любовь к родине заставила меня в эти тяжелые минуты бытия отечества не подчиниться приказанию Временного правительства. (М. А. Шолохов) 对祖国义无反顾的热爱让我无法屈服于临时政府的命令。

Вы говорите, что любовь ваша ко мне заставила вас таиться от меня. (Ф. М. Достоевский) 您对我的爱迫使您在躲避着我。

（4）爱是对手。

Ах, напрасно я, бедный, с любовью борюсь... (А. Н. Толстой) 可怜、无助的我徒劳地同爱抗争着。

（5）爱是猛兽。

Аль в конец заела тебя любовь — змея лютая? (А. К. Толстой) 爱咬噬着我——就像凶猛的蛇。

（6）爱是液体物、琼浆。

Целиком был поглощён Дашей, своей любовью. Даже рад был, что отпала этазабота: дети. （И. Грекова）他的整个身心被达莎和自己对她的爱所淹没/占据。

И вот что удивительно и страшно — они каждый разразговаривали очень хорошо, по душам, и Зыбин был исполнен любви, нежности и почтения к этому большому, мудрому человеку. （Ю. О. Домбровский）Зыбин 心里充满了对这个了不起的智者的热爱、温情和敬意。

Какие в нём бурлят чувства: любовь, раскаяние, гнев. （И. Грекова）爱在他心中翻腾。

Их любовь иссякла. （А. Азольский）他们的爱已经消耗殆尽。

У него до конца его жизни бывали внезапные приливы любви к самым неожиданнымлюдям, перед которыми он жаждал излить свою тоску одиночества. （К. И. Чуковский）爱情的涌流/爱情突然涌来。

И как прежде на собаку кричали и улюлюкали, чтобы видеть её отчаянный страх, так теперь нарочно ласкали её, чтобы вызвать в ней прилив любви, бесконечно смешной в своих неуклюжих и нелепых проявлениях. （Л. Н. Андреев）在她心中泛起/涌起一阵爱意。

Любовь приходит, и любовь уходит, как всё, а нет конца желанию жить… （М. П. Арцыбашев）如同一切事物一样，爱情来来去去，生活的愿望没有尽头。

Однако, как радость и счастие делают человека прекрасным! как кипит сердце любовью! （Ф. М. Достоевский）心中满是爱意/心里洋溢着爱。

Капелька любви к себе просочилась в мутное отчаяние его души. （А. -Н. Толстой）对自己的一点爱浸润/渗漏到他心中那让人隐约不安的绝望之中。

Боже мой, — какое бы ни было у него горе, — он знал, оно всегда потонет в ее любви. （А. Н. Толстой）他知道，这种痛苦会淹没在/隐没在/陷入她的爱之中。

И она поверила, что может все свое одиночество, все годы оставшейся жизни утопить в его жалости, в любви… （А. Н. Толстой）自己所有的这些孤寂和余下的年岁都将隐没/埋没/消失在他的怜悯/同情和爱

当中。

Я перед ним унижалась, плакала, что я вымаливала у него хоть каплю любви... (Ф. М. Достоевский) 在他面前我低三下四，哭诉道，我向他祈求得到的只是一丁点儿爱。

(7) 爱是实体物。

Когда она умерла, она с собой унесла всю мою любовь к ней, всё то, что между нами было. 当她离世，带走了我对她的所有的爱以及我们彼此之间曾有过的一切。

Даже замарать как следует и то нелегко. А значит, невозможно отнять любовь. (С. Довлатов) 爱是无法取消的。

Хуанито, сказала я, ты подарил мне нечто большее, чем жемчужное ожерелье. Ты подарил мне свою любовь! (С. Довлатов) 你将自己的爱馈赠给了我。

Передай мою любовь и тоску невесте моей Анне, а через малую длительность я вернусь. (А. П. Платонов) 请向我的未婚妻安娜转达我的爱与忧愁。

Я любил всё гремучее, высокое, постоянно сгорал от любви к какой-нибудь однокурснице. (Ю. О. Домбровский) 我时常为喜欢上了一个同年级女生而激动难安。

Мы готовы были бы потерпеть убыток, а любовь не потерять. 我们原本做好了承受这一损失的打算，但不想失去这份爱。

Тебе не хочется потерять расположение, любовь, если хочешь. (Ф. М. Достоевский) 如果你想一想，你是不愿失去对你的好感和爱的。

Но Серафим считал, в соответствии с суждениями тысячи философов и десятка знакомых обывателей, что разлука уносит любовь, что вёрсты и годы справятся с любым горем. (В. Т. Шаламов) 别离会带走爱，时间和空间会抹去/抚平任何痛苦。

Любовь эта наполняла всю ее душу, сделалась нераздельною частью ее самой, и она не боролась более против нее. (Л. Н. Толстой) 爱充满了/占据着她整个心扉。

Двум большевикам отдала она свою любовь. И обоих забрали у нее белогвардейские пули. (Н. А. Островский) 她向两个布尔什维克付出了自己的爱。

（8）爱是表面物。

В их глазах и вера, и любовь, и надежда — я не могу устоять. (А. -Волков) 他们眼里有信念, 有爱, 有希望, 我比不过他们/这让我没法比/这让我相形见绌/这让我没法坚持。

Княжна Марья все еще молча смотрела на брата, и в прекрасных глазах ее была и любовь и грусть. (Л. Н. Толстой) 公爵女儿Марья仍在静静地望着哥哥, 她美丽的双眼写满了/装满了爱和忧愁。

Ее мучила нужда скрывать любовь к Василию Васильевичу. (А. Н. Толстой) 不得不隐藏对Василий Васильевич的爱折磨着她。

Ольга старанием утаить свою любовь еще больше ее обнаруживала. (М. Ю. Лермонтов) Ольга竭力掩饰着自己的爱, 这更加明显地暴露了她的心事。

（9）爱是可感知物。

Она видела в нем к себе сожаленье, но не любовь. (Л. Н. Толстой) 她在他身上看到的不是对自己的同情和怜悯, 而是爱。

К ним должна простираться наша любовь и наша забота. 我们的爱和关怀应该扩展到他们身上/应该扩及到他们。

（10）爱是焊接物。

Рухнул Советский Союз — по этому случаю у Вендерса появляется Горбачев и читает стихи Тютчева про единство, спаянное любовью, а не железом и кровью. 用爱黏接/联合到一起的团结。

（11）爱是空间物（方向、目标）。

За счет него она становится чем-то большим и, кажется, начинает приближаться к любви. (Е. Пищикова) 靠着他的抚养她慢慢长大成人, 也许, 开始慢慢懂得了爱/向爱靠拢。

Быть может, она стремилась бежать от этой любви, бежать от себя самой? 也许, 她在竭力躲避这份爱, 躲避她自己?

（12）爱是种子。

Волковский театр хранит истинно русские актёрские традиции, связывает поколения, сеет любовь к прекрасному, зовёт к высотам духа — поистине благородная миссия! (В. Дараган) 传播对美好事物的热爱, 召唤崇高的心灵。

（13）爱是植物。

Почему-то я до сих пор не смог привить тебе любовь кклассической литературе... (И. Грекова) 至今没能让孩子产生对经典文学的热爱。

(14) 爱是药方。

И человек лечится любовью интуитивно. Но скорее всего, счастье игоре — два конца одной палки. (Т. Виктория) 人会因为爱而自愈。

Шурочка, я тебя вылечу своей любовью! — говорил он мне, стоя на коленях возле моей кровати. (Э. Русаков) 我用自己的爱来疗愈你。

(15) 爱是支付、计量手段。

Какими словами, какой любовью заплатил бы ему благодарный русский человек. (Н. В. Гоголь) 知恩/懂得感恩的俄罗斯人该用什么样的话、什么样的爱来报答。

Разной мерой меряют связывающую их любовь и одной — ненависть. (М. А. Шолохов) 可以有不同方式评价他们彼此之间的爱/用不同的量度来衡量连接着他们的爱，其中有一种是仇恨（心）。

(16) 爱是一种状态。

Встреча прошла в любви и неге. (Л. Зорин) 约会是在爱和温馨中进行的。

Ирина топила своё горе в любви. (Т. Виктория) Ирина 用爱来消除自己的苦痛/在爱之中消解自己的痛苦。

(17) 爱是自然现象。

Она окружена туманом любви. (А. Н. Толстой) 她笼罩在爱的迷雾中。

Но прежняя любовь моя к ним, конечно, омрачена. (А. Солженицын) 我过去对他们的爱阴沉、忧郁。

(18) 爱是动力（源）。

Сердце его невольно забилось тоскою любви и сочувствия. (Ф. М. Достоевский) 因为爱和同情的忧伤内心不由颤抖/抽搐起来。

由此可以看出，俄罗斯民族情感文化概念 любовь 具有十分丰富的文化联想和事物蕴含意象，渗透于俄罗斯人情感、精神、意志、生活的方方面面。其格式塔分析显示，爱可以是火焰、火花、光（亮）、光泽，显示出俄罗斯民族意识之中"爱"的亮丽/明丽、圣洁和炽烈，给人内心带来的情感—精神抚慰与温暖、快意；爱可以是人、对手、猛兽等各种生命体，反映出爱能够借由生命力、生命意志对人产生各方面作用和影响，在人的生命里和情感世界中扮演重要的角色；爱可以是液体物、琼浆，形象、逼真地体现出爱在人的情感生活中的细密性和强烈渗透性；爱可以是实体物、表面物、可感知物乃至焊接物、空间物（方向、目标），表现出爱在俄罗斯民族心理中的具象化体味、实在感以及爱的人际情感—心理连接功能和行为引领与心灵导向作用；爱可以是动力，反映出爱在人的情感与精神世界中的强大支撑价值和作用；爱可以是种子、植物，形象地展现出爱的传播性、可培养性和成长性；爱可以是药方，实像化地显示出爱对人所具有的特殊而显著的疗治情感、抚平心灵的功能和价值；爱可以是支付、计量手段，体现出爱在情感关系中的比对、参量作用以及爱在人们生活意识中的现实功能价值；爱可以是一种状态，反映出爱是一种情感存在的自然方式或者说应该自然呈现的一种形象，展示出俄罗斯人对爱的一种高尚精神认识；爱可以是自然现象，表现出爱不完全受人理性控制、让人难以捉摸并会由此给人带来相应情绪—心理反应的特殊情感属性。这样，借助上述格式塔内容的分析，使我们能够形成对俄罗斯民族情感内涵、情感意识较为真切的文化形象认识。

五 "любовь"的话语综合分析

（1）爱的社会认知文化解读。

Любовь для женщины — это кислород, без которого нет жизни, это красота, это сила, это желание работать, самореализоваться. (С. Ткачева) 对于女人来说，爱就是氧气，没有它，就没有女人，爱也是美和力量，是在工作中实现自我的一种愿望。——这在女性这一特殊的文化载体和社会群体中阐释了爱的内涵和价值，形成对"爱"的独特社会认知文化解读。

Всем известно утверждение: нет жизни без любви. (О. Маховская) 众所周知的一个见解/主张是：没有爱就没有生活。——这在现实意识中的爱同生活之间的关系中显示出俄罗斯民众对爱的一般社会认知。同样，**Нет жизни без любви.** (И. Волгин) 不存在没有爱的生活。——这也表明了"生活应该充满爱"的社会认知。

И человек лечится любовью интуитивно. Но скорее всего, счастье и горе — два конца одной палки. (Т. Виктория) 人会因为爱而自愈。——这在爱的特殊情感、精神力量中反映出俄罗斯人对爱的社会文化认知。

Сама любовь есть добродетель, потому что всего сильнее и всего скорее заставляет её чувствовать, уважать её, выражать на деле. (А. А. Бестужев-Марлинский） 爱本身就是一种美德，因为它能最为强烈和迅速地让人感受到这一美德，敬重并在实际行动中表达出这一美德。——这在爱的高尚品德内涵特质及其同美德的实质关联中表现出俄罗斯民族对爱的深刻社会认知和文化理解。

И любовь живёт в душе каждого человека. （В. Каганов） 每个人心中都驻着爱。——这在最基本的社会个体的爱的情感意识和情感实在中体现出"爱"的社会认知和文化体悟。

А истинная любовь объясняется не словами. （Ю. М. Лотман） 真正/真实的爱是言语所无法解释的。——这在爱的深沉、爱的神秘、爱的实质内涵的独特性之中展现出俄罗斯民族对爱的社会文化认知。

（2）爱的情感（关系）认知文化解读。

Любовь возникает на базе уважения… （А. Н. Толстой） 爱产生于对人的尊敬。——这在爱形成的基础和它同人的其他情绪意识的关系中表现出爱的俄罗斯情感文化认知。

Что ни говори, а любовь без надежд и требований трогает сердце женское вернее всех расчётов обольщения. （А. С. Пушкин） 不图期冀和索求的爱打动着这个女人的心。——这在爱的特定表现及对人的精神—心理和情志影响中反映出俄罗斯人对爱的情感文化认知。

Ненависть может перейти в любовь, любовь — так чаще всего и бывает — в ненависть, а скука никогда ни во что не переходит. （Д. Шляпентох） 仇恨会变成爱，爱往往也会变成仇恨，而忧愁却从来不会变成别的什么。——这在爱同其他情感方式、内容之间的联系和转化之中显示出俄罗斯民族对爱的情感认知和解读。

Любовь всегда побеждает ненависть. （С. Телегин） 爱总能战胜仇恨。——这在爱的情感关联切身体验和情感比照中表现出俄罗斯人的情感关系文化认知。

Истинная любовь проявляется тогда, когда теряешь любимого человека. 真正/真实的爱会在你失去心爱的人的时候表现出来。——这在爱同人的内在感受和情感、精神对象关联之中表达出爱的情感关系文化认知信息。

Их связывала духовная, «ангельская любовь», а не плотская. （И. Грачёва） 是精神上天使般的爱将他们结合到一起。——这是通过爱在人的精神、心灵沟通中的认同感和凝聚力体现出俄罗斯民族意识中爱的情感关系文化认知功能、意涵。

（3）爱的价值立场文化解读。

Только любовь спасёт мир！（В. Г. Распутин）只有爱能够拯救世界！——这在爱和世界存续的关系中反映出俄罗斯民族鲜明的情感价值立场。

На любовь можно ответить только любовью — ничем другим нельзя откупиться за любовь. 爱只能以爱来回报，没有其他任何方式能够代替爱/能够将其赎回/其他任何东西也无法替代这份爱。——这在爱的付出与特殊回报形式、爱的神圣价值无可替代的观念意识之中深刻地体现出俄罗斯民族的"爱"的价值立场。

Подлинно справедливо сказал какой-то писатель, что любовь есть вторая жизнь. （Н. В. Гоголь）爱是人的第二生命。——这在爱的生命性价值认识和高度的情感觉悟之中反映出俄罗斯民族意识中"爱"的价值立场文化认识。

Любовь побеждает смерть！（С. Шаргунов）爱定能够战胜死亡！——这在爱同死亡的较量及由此显示出来的爱的精神伟力之中展现出俄罗斯民族有关于"爱"的价值精神立场。同样，Любовь сильнее смерти！（И. С. Тургенев）爱比死亡更强大！

（4）爱的生活体验文化解读。

Иногда человек болеет долго, и если он тогда окружён любовью, заботой — умирать легко, хотя больно. 如果一个久病卧床的人被爱和关怀包围/有了爱和关怀，那他去世的时候虽然感到疼痛，但也会轻松。——这在人的身体状况、生活状态同他得到的"爱"这一情绪关怀之间的关系中体现出"爱"的生活体验文化解读。

Вся любовь родительская даётся в этом скромном образе. 父母的爱都是在这种质朴的方式中被领会的/体现出来的。——这在"爱"的日常生活表现形式及真实的情感经验中表现出俄罗斯民族对爱的生活认知体验。

Люди, говорящие от имени церкви, должны гореть настоящим пламенем любви. （О. Власова）以教会的名义发声的人心里应该燃烧着真正的爱的火焰/充满真正的爱的火焰/怀有炽热的真爱。——这在宗教教会同"爱"这一情感之间的特殊联系中显示出俄罗斯民族对"爱"的一种生活感悟和体验。

И чем больше любви и добра вы отдали людям, тем легче вы будете после жизни. （Е. Пищикова）您给予人越多的爱和善，那么您身后就将越是轻松。——这在人的情感付出同其心理—情感收获之间的相互关联中展现

出俄罗斯民族"爱"的生活体验文化解读。

Любовь, это всегда опыт отказа от собственного эгоизма, именно любовь лечит зависимость. （коллективный. Форум: Мир, в котором девушки не хотят замуж. Обсуждение статьи. 2012）爱来自摆脱自私心的一种经验体悟，正是爱可以帮助人走出对他人的依赖。——这在"爱"的心灵感悟和功能、作用理解之中反映出俄罗斯民众对"爱"的独特生活体验和文化理解。

Настоящая любовь, должно быть, мешает запоминанию всяких мелочей. （М. Петросян）也许，真正的爱可以让人不去在意那些琐碎的事情。——这在"爱"这一情感同人的生活志趣和生活情操之间的相关性中显现出俄罗斯人对"爱"的生活体验文化解读。

Ничто так не воспламеняет любви, как ободрительное замечание постороннего. （А. С. Пушкин）没有什么能像旁人鼓励的话语那样能点燃/激发爱。——这在"爱"同外在因素的互动及其对人的精神—心理影响之中体现出文化主体对"爱"的生活体验文化解读。

Любовь есть исключительное предпочтение одного или одной перед всеми остальными. （Л. Н. Толстой）爱就是在其他所有人中唯独更喜欢某一个。——这在"爱"的特殊心理感应、情绪倾向和情感喜好中展示出潜意识中对"爱"的细致体味和生活化体验。

（5）爱的精神价值文化解读。

Сам Бог есть Личность, Бог есть Любовь, Бог есть общение. （И.-Мейендорф）上帝就是人性/个性，就是爱，就是沟通和交流。——这在"爱"同上帝之间的精神联系中显示出其情感精神价值文化内涵。

Без любви к Богу — это только пустое благодушие. 没有对上帝的爱，这只是空洞的温厚善良。——这在"爱"的上帝精神内核以及由此引发的它同其他情感内容、情感品质之间的特殊关系中展示出俄罗斯民族的"爱"这一情感方式的神圣精神价值。

Без любви к Богу подписываться православным это чистейшее лицемерие. 没有对上帝的爱，而把自己署名为东正教徒，这是十足的伪善/伪装。——这在"爱"的特殊上帝精神内涵和指向性中反映出该情感的俄罗斯民族精神价值文化特性，同时通过相关于这一情感的行为表达和道德评判反映出文化主体对它的精神价值认识。

И чувство любви исправило всё злое. （В. Гроссман）爱修复/改造/战

胜了一切邪恶。——这在"爱"这一情感同邪恶的精神较量中体现出俄罗斯人对"爱"的精神价值文化解读。

Ничего нет на свете сильнее любви！（Р. Русаков）爱是世间最强大的力量！——这在有关于"爱"的情感精神认同和价值判断中表现出对它的精神价值文化解读。

Любовь рождает веру, вера питает любовь, даже когда нет никакой надежды, чем меньше надежды, тем сильнее любовь, крепче вера. （Г. Садулаев）爱会产生信仰，信仰滋养着爱，甚至在没有希望的时候，希望越是渺茫，爱会越是强烈，信仰也越是坚定。——这在"爱"同人的精神信仰之间的密切关联、互动之中展现出俄罗斯民族意识之中这一情感所具有的极高精神价值文化内涵。

Чего не сделает человек из пламенной любви к науке！（А. И. Герцен）凭着对科学炽热的爱有什么做不成/办不到的！——这在"爱"的强大精神、意志力量及对其坚定的价值认同、肯定之中表现出俄罗斯民众对"爱"的情感实质及精神价值的认识。

（6）爱的价值主张文化解读。

Даже любовь к родине не должна уводить за пределы строгой справедливости. （Ю. Давыдов）哪怕是对祖国的爱也不能逾越公正的界限。——这在社会公正的人性意识和人类情感本真上体现出俄罗斯民族对"爱"的价值主张文化解读。

Пусть он мне не нравится, но он глубоко страдает, я должен ему помочь, а не оттолкнуть его. Вот это и называется любовью. （А. И. Осипов）就算我不喜欢他，但他正遭受苦难，我应该帮助他，而不是撇下他。而这就是爱。——这在情感道义、情感良知的基本关系体现中折射出俄罗斯民族有关于"爱"的价值主张。

Необыкновенная, одна любовь, — всепобеждающая, всепокоряющая, всеобновляющая — любовь. （Б. А. Пильняк）爱非同寻常，它是能够战胜一切的爱，征服一切的爱，能让万物复苏的爱。——这在"爱"的非凡性、独特性和攻克、战胜一切的精神—情志能力中高度肯定了"爱"这一情感的精神伟力，显示出"爱"的俄罗斯民族价值主张。这在俄罗斯文化中有十分广泛的反映。试看下面几个例子。

А любовь покоряет мир. （А. Рыбаков）爱是能够征服一切的。

Загорится в нашем сердце уверенность о том, что жизнь жительствует, что смерть побеждена, что любовь не может быть покорена. 爱是不可战胜的。

……Любовь всепобеждающая. ……爱是战无不胜的。

Семья, Дружба, Добро и Любовь — главное в нашей жизни. (коллективный. Форум: Обсуждение мультипликационного фильма 《Король Лев》. 2011) 家庭, 友谊, 善良和爱是我们生活中主要的东西。——这在"爱"同其他生活、精神元素的关联及"爱"之于人的生活重要性、基本性之中反映出俄罗斯民族对"爱"的价值主张文化解读。

(7) 爱的精神情怀/理想文化解读。

Только если мы каждое мгновение жизни превратим в любовь к Богу и любовь к каждому человеку, нравится он нам или нет, близок он намили нет, только тогда наша душа успеет созреть к встрече Господней. (Воздвижение Креста Господня [1959]) 只有当我们把生活的每一瞬间都变成对上帝和每个人的爱, 不论我们是否喜欢他, 与我们是否亲近, 我们的灵魂才有机会能遇见上帝。——这是通过对"爱"的平凡、细致而又崇高、深刻的理解表达了俄罗斯民众对"爱"的一种精神情怀和精神理想。

А я, я не могла играть его любовью... Для меня любовь его была священна! (А. Ф. Вельтман) 我不能拿他的爱情当儿戏, 对我来讲, 他的爱是神圣的。——这是从对待爱情的世界观、道德观的角度表现出俄罗斯人对"爱"的精神情怀。

С любовью надо относиться ко всем людям. (А. Бугаевский) 应该用爱(心)对待每一个人。——这在一般的待人处世的原则和出发点上体现出俄罗斯民族"爱"的精神理想。

Только так и любят! Истинная любовь перешагивает гробовую доску! (А. Солженицын) 真正/真实的爱将是永恒的。——这在"爱"的实质和高尚的内涵之中展现出俄罗斯民族意识所蕴涵的"爱"这一情感形式的精神情怀与理想。

(8) 爱的情感伦理文化解读。

Прекрасная вещь — любовь к отечеству, но есть нечто ещё более прекрасное — это любовь к истине. (В. Каганов) 对祖国的爱是美好的情感, 但还有更美好的情感——那就是对真理的热爱。——这在不同性质的爱的比较以及人性和理性的评价、比照之中表现出俄罗斯民族对"爱"的情感伦理文化解读。

Любовь к отечеству рождает героев, любовь к истине создаёт мудрецов. （В. Каганов）对祖国的爱缔造/产生英雄，对真理的爱造就智者/贤哲。——这在两种爱、两种情感所产生的不同性质、类型的超乎常人之辈的对比中显示出俄罗斯民族意识中的情感伦理关系。

Ум смотрит тысячами глаз, любовь глядит одним. （А. И. Осипов）智慧是用一千双眼睛在看，爱只用一只眼睛看。——这在爱同智慧的不同行为方式及其背后所蕴含的行为不同出发点、行为指向之中反映出俄罗斯民族"爱"的情感伦理文化精神。

（9）爱的情感（内涵）哲理文化解读。

Когда знаешь, за что любишь, это уже не любовь. （М. П. Крылов）当明白因为什么而爱的时候，那就不成其为爱了。——这在"爱"的真谛（没有原由）、真正的"爱"无关于外在的其他因素这一事实中反映出俄罗斯民族对爱的情感内涵、情感哲理文化解读。

От любви тают льды… （В. Губарев）爱能融化冰。——这在爱所蕴涵的潜能、爱对人和事物的影响力的理智分析、判断之中体现出"爱"的情感哲理文化解读。

Любая настоящая любовь — это жалость, сострадание. （Г. Садулаев）任何真正的爱都充满了怜悯与同情。——这在真正的"爱"的实质内容和价值内涵之中体现出俄罗斯目对爱的情感哲理文化解读。

Жалость — это и есть любовь по-русски. （Г. Садулаев）怜悯心——这也是俄罗斯民族的一种爱。——这在人际交往和生活现实感悟中形成的"爱"的切身体会中反映出俄罗斯人的情感哲理文化。

Видимо, поэтому у них случилась настоящая любовь, в которой есть всё: разрывы, измены, счастье, отчаяние, примирения… （А. Ковалева）真正的爱包含各种不同的情感：情感的破裂，背叛/背弃/不忠，幸福，绝望，容忍/和解/和好/言归于好……——这在人与人之间的情感现实和真实的"爱"的情感内涵之中透射出俄罗斯民族意识所包含的"爱"的情感哲理文化信息。

Вот красота доброго человека! Любовь делает из человека богоподобное существо. （А. И. Осипов）爱会让人变得像上帝似的/具有上帝的特质。——这在"爱"对人的影响、作用和精神、心灵塑造性和引领性之中显示出俄罗斯民族"爱"的情感哲理文化内涵。

概括起来，通过话语综合分析可以对俄罗斯民族文化概念 любовь 作出多方面的解读，这些分析在爱的特殊情感、精神力量、爱的高尚品德、爱对人的精神—心理和情志影响、爱的内涵特质及其同美德的实质关联之中表现出俄罗斯民族对爱的深刻社会认知和文化理解；在爱同其他情感方式、内容之间的联系和转化、爱的情感关联切身体验、情感比照以及爱同人的内在感受和情感、精神对象关联之中表达出爱的情感关系文化认知信息；在爱和世界存续的关系、爱的付出与特殊回报形式、爱的神圣价值无可替代的观念意识、爱的生命性价值认识和高度的情感觉悟、爱同死亡的较量及由此显示出来的爱的精神伟力之中展现出俄罗斯民族有关于"爱"的价值精神立场；在人的生活状态同他得到的"爱"这一情绪关怀之间的关系、教会同"爱"这一情感之间的特殊联系、人的情感付出同其心理—情感收获之间的相互关联、"爱"同人的生活志趣和生活情操之间的相关、"爱"同外在因素的互动以及"爱"的特殊心理感应、情绪倾向和情感喜好之中显示出俄罗斯民族对"爱"的生活感悟和体验；在"爱"同上帝之间的精神联系、"爱"的上帝精神内核和指向性以及由此引发的它同其他情感内容、情感品质之间的特殊关系中展示出俄罗斯民族的"爱"的神圣精神价值，同时通过相关于这一情感的行为表达和道德评判反映出文化主体对"爱"的精神价值认识，并且在"爱"同邪恶的精神较量、"爱"同人的精神信仰之间的密切关联性、"爱"的强大精神、意志力量及对其坚定的价值认同、肯定之中表现出俄罗斯民众对"爱"的情感实质及精神价值的认识；在社会公正的人性意识和人类情感本真、情感道义、情感良知的基本关系体现中折射出俄罗斯民族有关于"爱"的价值主张，在"爱"的非凡性、独特性和战胜一切的精神—情志能力、"爱"同其他生活、精神元素的关联及"爱"之于人的生活重要性、基本性之中肯定了"爱"的精神伟力，显示出"爱"的俄罗斯民族价值主张；通过对"爱"的平凡、细致而又崇高、深刻的理解、对待爱情的世界观、道德观、"爱"的实质和高尚的内涵表现出俄罗斯民众对"爱"的精神情怀和精神理想；在不同性质的爱的比较以及人性和理性的评价、比照之中表现出俄罗斯民族"爱"的情感伦理文化特点；在"爱"的实质内容和价值内涵、爱所蕴涵的潜能、爱对人和事物的影响力以及"爱"对人精神、心灵塑造性和引领性之中体现出俄罗斯民族"爱"的情感哲理文化内涵。

六 小结

"爱"是情感的化身，"爱"这一文化概念同样也是俄罗斯情感文化概念的基本载体。作为人类最为普遍存在的情感方式，"爱"已然融入了俄罗斯人的血液之中，同样，文化概念"爱"在俄罗斯文化现实中似乎已成为人们情感世界、情感交往的意识化标识，以其强大的情绪感召力而深入人心，这在俄罗斯民族不同时代和社会环境下都有相似的体现。以上有关俄罗斯民族情感文化概念 любовь 的分析表明，对俄罗斯人而言，"爱"代表着人的情感内在和情感底蕴，是拥有多层次不同理解的一个概念，具有多种不同的属性，而这实际在其词源分析中就不难看出，它可以是质朴的好感与愿望，也可以是单纯的爱好、热爱，还可以是略带执着的依恋、眷恋、青睐，甚至也可能是近乎狂热的迷恋、激情与热望、渴望，并且这在其他一些斯拉夫语的语义理解中也有相似体现。любовь 的文化语义内涵分析显示出俄罗斯民族的"爱"这一概念的深刻性、内在性、长久性、稳定性，它包含亲密的成分，但也可以是亲情、友谊层面的情感甚至是针对特定事物对象（包括具体和抽象的事物）所抱有的一种感情，"爱"俨然成为人最高意义层面的愉悦、幸福和价值（Вильмс，2005：144）。显然，这已经超越了纯然的私密范畴意义上的狭义情感，而涵盖了人的社会、生活活动范围内可能涉及的情感对象，使其获得了"人化"的社会心理外延和一定的精神属性，形成独特的俄罗斯民族的"爱"的文化内涵定位。进而"爱"在隐喻搭配的形象化类比关系中获得了扩充性的文化想象和展延式的新的物化理解，在格式塔的物化蕴含中"爱"被文化意识塑造为生命体形象和不同范畴的事物，这些文化意象赋予了"爱"不同的主观意念和情感寄托，使俄罗斯人潜意识中"爱"的情绪认知有了文化分析上的显在体现。而连贯话语中，любовь 这一概念同样传递出丰富的文化信息，它在生活体悟、情感认知、情感伦理、情感哲理等方面都明确展现出俄罗斯民族情感的特殊精神情怀。这些都极大增进了我们对俄罗斯民族情感文化概念 любовь 的理解，相应深化了我们对俄罗斯民族情感世界、情感模式的文化认识。

本章小结

本章主要选取概念"тоска""любовь"为对象，对俄罗斯民族情感文化概念进行了较为全面、深刻的分析与解读。词源分析显现出俄罗斯情感文化概念是拥有深刻的历史文化印记和民族文化渊源的概念，反映出俄罗斯民族情感同斯拉夫其他民族之间的特殊文化联系和相互影响；文化语义内涵分析体现出俄罗斯民族情感文化概念丰富而多层面的文化含义，这些内涵意义已然印刻在概念语词的语义内容之中，成为其词汇语义的一部分；隐喻搭配分析在文化概念（语词）的认知关联和语义组配关系中，生动地展示出概念对象事物在俄罗斯民族心智中的文化形象以及该民族的情感文化认知；格式塔分析反映出俄罗斯民族心理围绕情感文化概念产生的各种联想，揭示出俄罗斯民族潜意识中相关文化概念的物的蕴含；话语综合分析在连贯话语的上下文关系中显示出情感文化概念在俄罗斯人心目中形成的各种情感观念、认识和感悟以及对它对俄罗斯人多方面的情感、心理和精神影响。通过这些方面的分析，不难发现俄罗斯民族的情感意识特点和情感精神内涵以及俄罗斯人"内在世界的情感图景"（Вильмс，2005：143），相关概念的分析也为识解俄罗斯文化和俄罗斯民族心理提供了强有力的支持。

情感文化概念分析所对应的实际是一个开放式的描写机制，随着视野的拓展、认识的深入以及史料、观念的丰富、充实和社会历史条件的变化，相关情感文化概念的分析内容会不断得到准确和扩充，从而使我们对俄罗斯民族情感的了解更为全面、客观而深入、细致。

第五章

俄罗斯民族道德伦理文化概念分析与解读

　　道德伦理是民族、社会的文化精神柱石和基本心智表达，它塑造民族形象，反映社会关系，检视个人品行，具有鲜明而强大的民族社会文化功能。道德伦理意识是社会行为的起始点和社会精神规约、价值意识的表现，它凝聚着社会存在、社会个体的道德共识和精神道义，很大程度上代表和引领着社会情操和社会意志，是社会文明进步的重要象征和精神体现。作为社会伦常运作和文明义理的积极因子，道德伦理意识为民族精神和社会发展奠定了文化基石，经过岁月的萃炼、打磨和历史文化的沉淀，在民族心智、语言意识和精神世界（状态）中演进为有关于该民族道德伦理的文化概念，这些概念好比一把道德伦理价值标尺，比量着一个民族的精神境界和社会文化高度，从文化底蕴层面映照着一个民族的历史文明修养和社会关系价值取向，勾画出其心智意识轮廓和道德伦理觉悟、道德判断主张。因此，道德伦理文化概念是民族文化概念体系的重要组成部分，它坚守、承传着民族气节、信念和精神文化道统，通过它可以深入探察一个民族的价值心性内核、文化品格和文化思想特质，实质性地走进一个民族的道德智识与道德人性。本节将以概念 совесть、справедливость 为对象和典型，对俄罗斯民族道德伦理文化概念展开讨论，具体将在道德伦理内涵分析的基础上，从词源分析、文化语义内涵分析、隐喻搭配分析、格式塔分析及话语综合分析等方面对相关文化概念进行研究。

第一节 "совесть"（良知）的分析与解读

　　"良知"（совесть）是道德伦理观念的基石和重要载体，"良知或道德感同人内心的一些下意识需求一样，是人类心理的基本要素之一"（Владимиров，2006：69）。"良知"包含基本而深刻的道德伦理属性和道德意识，

"……是人使自身同道德规范相适应的一种本能"（Арутюнова，2000а：54）。"'良知'最接近的解释是，人从道德角度评价自己行为、思想和情感的一种能力，以及当它们有悖于道德规范时，人会感到深深自责，并且相应会去改变自己的行为、思想和情感方式、状态，以适应于这些规范的一种能力"。（Урысон，2003а：34-35）道德、良知往往是联系在一起的，良知仿佛是道德中的一道光，当我们说到人的道德品行和修为时，经常会联想到这个人的良知，这是民族文化心理对"良知"的一种自然反应，因为"'良知'概念包含'道德标准'这一语义要素"（Степанов，2001：990），它同人的生活、品节和人生方向等都密切相关，"良知不仅是人的人格节操的保护天使——这是自由的引领者，它关注的是不让自由变为放任和任性，而是要向人指明在迷茫的生活环境、尤其是现代社会生活环境中的一条正确道路"。（Лихачев，2006：64）因此，"良知"在一定程度上代表着一种道德文明，是一个民族文化、文明的体现，"良知同文化互为存在前提。文化扩大并丰富着'良知的空间'"。（Лихачев，2000：7）文化概念 совесть（良知，良心）是一个内涵特征十分丰富的概念体，承载着典型而极具俄罗斯民族特质的文化信息内容，在俄罗斯民族文化历史和社会生活、道德精神和伦理意识中占据重要地位。俄罗斯民族意识和现实伦常中，"良知"是人精神上的愿望力或行为能力（желательная или деятельная сила/способность），它引导人心向善并要求人行仁践义，从自身角度倡扬着俄罗斯民族之气、道德伦理文化之魂，人格觉悟、道德尊严与伦理关系、伦理共识等民族心理内容都蕴含其中，被赋予了俄罗斯传统道德伦理的符号功能。下面将首先对文化概念 совесть 的道德伦理内涵加以阐发，进而从词源分析、文化语义内涵分析、隐喻搭配分析、格式塔分析及话语综合分析等方面对该道德伦理文化概念展开讨论和解读。

一 "совесть"的道德伦理内涵分析

俄罗斯文化中，"良知"是人道德意识的基本元素，是人在人际、社会环境下的行为道德责任感，"良知形成人的道德个性"（Арутюнова，2000а：58），它会在潜意识中支配和引导人的道德意志，在"良知"的道德体现层面上，"人们并非总是能够做他们想要做的事情"（Розина，2011：424），想做的事不合情理会遭到良知的拒绝，本不想做的事但出于道义的考量良知会迫使人去做，良知告诫人们应该做什么，该怎么做，为什么去做，召唤人的善行善举（Ю. Алехин）。从道德体现的社会意识背景上看，"良知"是集体生活中个人天性和为人做事品行道义的写照,"良知"是看不见的,它通过人的言行举止和志向、追求等透射出来,这些行为特性构成一个异质的复杂行为集合。"良知"包含基本的为人正派、善言义举、品行端正(элементарная порядочность)等特性,同"公正""正义"有密切关系,彼此间总以某种方式联系在一起,本质上讲,"良知"同公平、公正、道义、德行以及公序良俗是协调一致的。因此,永葆"良知"、坚守"良知"本心是追求社会不同个体心地相通、和谐相处的重要一环,"良知"成为俄罗斯民族道德伦理文化的一种精神存在。

自 19 世纪以来,俄罗斯文化中的"良知"概念虽然经历了一些变化,但总体上它具有基督教、东正教的宗教性和宗教文化色彩,包含人性的美好、心地善良、宽宏大量的内涵,即"基督式的良知"(Христианская совесть)。在基督教教义中,"良知—道德感表现为是'人心同上帝的沟通、交流的窗口'"(Вышеславцев,1929:98),"良知"和自由、仁慈等非常接近,因此"纯洁的良知"(чистая совесть)、"良心无愧"是俄罗斯语言现实中颇为活跃的一个字眼,良知往往成为制约人们行为的一个砝码和引导其行为有节良善的一种保证,相应也是社会生活和交往活动中人们所冀望的对象。反向上理解,"良知"正是有罪过者所缺乏的(А. Ростовский)公民意识行为底线,东正教神甫、司祭都会给出愈合良知伤口的忠告和劝谏。因此良知会对意愿、言行的利与弊、好与坏、得与失作出宗教道德评判,它同人的心灵、理智紧密相关,内心坦然,良知就不会受折磨,依理智办事的人也会按良知的提示来行事。俄罗斯民族心智中,人们做事总愿顺应自己的良知(в ладах с совестью)、倾听良知的呼声(голос совести),如同对待智慧一样,对"良知"有一种祭祀、崇拜(культ совести)的情结。(Ф. Искандер)

以苏联时期的意识形态为分野,其前、后的俄罗斯民族"良知"对忠诚于上帝有强烈的内在渴望,人们在道德皈依上往往会虔诚地寻求上帝意旨,从上帝的道德定则上拒绝不明智的行为选择。"当上帝创造人的时候,向他播撒了自己火花一般的思想,以及光明,温暖和能够照亮智慧的意念,并向他指明什么是善和恶。这就是良知,而它是一种自然法则"(А. Уминский),"良知"是人内在上帝的脉动(Ф. Искандер),良知同上帝是相通的(связь совести с Богом)(З. Н. Гиппиус),人的良知中会有一种来自上帝的声音——上帝在人的内心发出的声音(Голос Божий в человеке)及反响,它带有深刻的精神道德信仰烙印(Пути к небесному блаженству

(2004) // 《Журнал Московской патриархии》, 2004. 09. 27), 因而追求"纯正良知", 需真诚面对上帝并借助上帝的力量和匡助, 俄罗斯民间经常会说 перед Богом совесть чиста （在上帝面前良心无愧）。俄罗斯民族意识即"俄罗斯的逻辑—心理—宇宙"或"俄罗斯人民智力精神结构"（袁顺芝, 2004: 83）之中, 代表其民族之魂的卓越人士、民族脊梁及杰出知识分子往往被称之为"俄罗斯良知"（совесть нации）（Е. Сабуров）, 这反映了人们对智慧、正义的"上帝之声"的精神期盼。

　　俄罗斯民族是一个非常重视"良知"的一个民族, 民间有"道德被狗吃了"（О. Павлов）这一说法, 表达对丧失良知者的不屑和鄙夷、伐挞。俄罗斯文学传统中, "良知"被视为基本的创作思想理念和作品精神道德主题, 它在道德伦理意识、内核的世界传播中发挥了极其重要的作用, 正如作家 А. И. Солженицын 看到的, "俄罗斯文学使'良知'变成了一种世界性的意识"（Ю. С. Осипов）（艺术家 Г. В. Свиридов 也曾表达类似看法）, "良知"成为俄罗斯作家道德人文主义规范意识, 因此"俄罗斯文学是俄罗斯人民的良知"（Лихачев, 1987: 342）（Д. С. Лихачев）。而在俄罗斯社会现实中, 以民族个性方式作用于人的"良知"意识文化元素被视为是一种"表现集体无意识的神话成分"（赵迎菊, 2006: 48）, 民众生活的方方面面都渗透着良知的意识化存在, 即使睡觉时也要怀拥"高尚、纯洁的良知"入眠（М. Петросян）, 担心"有良知上的沉重负担（тяжкое бремя на совесть/бремя совести）"（И. Грачёва）、不喜欢良知上背负压力（тяжкий груз висеть на совести）。俄罗斯人经常会进行良知审视和检讨, 会因为做错了事而憎恨自己并遭受折磨和痛苦, "良知的谴责成为人们反思的对象"（Неретина, 1994: 13）, 这种反省意识同人的道德认识能力和道德消化能力相连, 意味着人对自己过往行为的追溯和思考、评判, 形成良知的"反塑行为（ретроспективное действие）"以及良知特有的让人积极反思过去的功能（ретроспективная функция）（Арутюнова, 2000а: 75）, 相应地, "良知概念表达的是'内在的我'如何对待'他人/另外一个人'对自身行为所作评价的一种内在能力"。（Арутюнова, 2000а: 57）在一些事情上时常体会到良知内在上的不安（внутреннее беспокойство совести）, 这体现出其较高的道德觉悟和道德伦理意识。因此, 当代俄罗斯文化中, "良知"被描写成一种民族"福祉"（благо чьей совести）（С. Логинов）, 而其教育的使命很大程度上就是培养和塑造人的良知（Воспитание — формирование совести）, 从基本的道德伦理层面上评量, "良知"成为俄罗斯社会重要的道德规范：поступать по совести，говорить по совести，рассудить по совести，поступать без зазрения совести，сделать по совести（Арутюнова，2000a：75）。"作为衡量人的精神生活的基本标尺，良知可以表现为是（集合了理智和灵魂在内的）一种绝对价值"。（Урысон，2000：188）

值得一提的是，俄罗斯民族文化概念"良知"的道德伦理内涵在"良知的自由"中有深刻的反映和体现。"听从于良知的人不会听从于其他更多的东西。而听从良知必须是人在绝对自由的情形下方能实现。即是说，良知是一个有知识理性的人的自由的保障。因此这是相互联系的"（Лихачев，2006：68），"良知"在俄罗斯民族意识之中积极寻求精神释放和心灵表现，语言文化现实中 свобода совести（良知的自由）出现频率相当高（仅在 Л. Юрьева《Адвокат/辩护人》，2004.12.01 中就出现了 10 次），这一方面同俄罗斯民族信仰中的多元性和多元选择有关①（正因如此，它也被理解为"信仰自由，信教自由"），同时也凸显出"良知"的心理空间渴求和精神向往，反映出俄罗斯民族十分注重和强调"良知的自由""良知自由观"。这里良知的自由实质上体现的是俄罗斯人"心性"的自在，是良知率真、通透的表征——深层上也就是良知淳朴、本真的表现，是对"良知"初心的一种精神回流。"良知的自由"代表了潜意识中良知的一种道德存在方式和状态，或者说是良知追求的一种精神方向，总体上人们对"良知"所采取的"听从内心"的认识态度、立场起了很大作用。此外，"良知自由观"表现了俄罗斯民族围绕良知概念形成的自我实现思想以及以人性认知为前提的自我表述，良知成为人们留存于道德文化中的"自我印记"，是其道德意识、道德能力的重要体现。在俄罗斯文化中，"良知的自由"具有道德精神论和心灵主义色彩，它要求从心性上达到超脱，已然超越了一般意义上的精神体验、心灵忏悔等心理活动（尽管忏悔是良知的构成要素），而更多显现出来的是其道德意识和思想精神上的本我素朴性和道德领悟放释性。进而从人的社会自然属性上审察，良知其实是俄罗斯民族、俄罗斯人的一种本心，"正如思想自由和宗教自由一样，每个人都有自己良知的自由"（Геннадий Горелик. Основы научного паратеизма // 《Знание – сила》，2003），在这种平等的"良知自由"中可以看到道德认识上的民族人格平等。因此，从

---

① "俄罗斯的文化心态是一个整体，一个包含多神教和基督教、西欧和东方、天主教和东正教、斯拉夫和苏联的独特综合体"（袁顺芝，2004：83），"在俄罗斯精神中，东方与西方两种因素永远在相互角力"（别尔嘉耶夫，1996：2）。

"良知自由观"的民族（传统）、社会背景上观察，良知比自由更为重要，因为良知是一种积极的道德评价，而自由与道德评价没有直接关系。这已突破了良知与自由的伦理关系范限，一定程度上呈现的是俄罗斯民族意识中的一种心灵超脱和对自我道德世界的精神享受，反映的其实是一种"良知自觉"的自我道德意识状态，此时，良知（自由）仿佛是漫漫人生路上的一盏"心灯"，给人以希望和力量。

二 "совесть"词源分析

词源分析是要从文化语词的内部形式和最初依据中找出文化概念的意义知识关系。从词源上考察 совесть（良知），可发现古俄语和古斯拉夫语中的сумьнѣние（犹豫/犹疑，摆动/动摇，尊敬）就已经包含了 совесть 的意义而被使用（Срезневский, 1958, Ⅲ: 619）。在 11—17 世纪的俄语中，为人熟知的是表示"见解，理解，知晓，同心协力，旨意，纯洁，良知"的съвѣсть 一词（Черных, 1999: 184; Срезневский, 1958, Ⅲ: 679-680），它来自于教堂斯拉夫语的 съвѣсть（Фасмер, 1986: 705），是希腊语表示"良知，意识"意义的词语 συνειδησις（syn-eidesis/拉丁词 con-scientia）（Фасмер, 2004: 705; Крылов, 2005: 369; Шанский, Иванов и др, 1971: 419; Шведова, 2007: 910）和表示"共同知晓，意识，良知"意义的词语 συνειδος 的仿译词（Шапошников, 2010b: 347; Арутюнова, 2000a: 70）及其基本翻译内容（Черных, 1999: 184）。其中 συνειδος 表示的是"与某人一起共同得知"（συν-表"一起……"）和"意识到……"，而 ειδος（εἴδομαι, eidesis）表示"看见"、"洞察"、"认识，了解"之义（Черных, 1999: 184），这发端于动词 ведать（也同样具有的）词根中的"知道，晓得"意义（Крылов, 2005: 369）。另外，совесть 是在原始斯拉夫语名词 съвѣсть 基础上发展而来，而 съвѣсть 是借助表"知晓，明白"义的带前缀动词 съвѣдѣти 词干以及后缀-ть 来构成的。（Шапошников, 2010b: 347）1627 年的 П. Берында 词典中标注出了表示"怀疑""理智"义的 съвѣсть 一词，自 1704 年开始 совесть 记为 съвѣсть（Шапошников, 2010b: 347）。再有，17 世纪以来，совесть 即用于表示同"道德"有关的意义（Моя совесть судит, что такой-то поступок хорош или дурен; Моя совесть судит, что такой-то поступок нравится или не нравится Богу）（АМФ, 1970: 488），特别是 19 世纪时，其意义范围缩小，主要集中在道德层面的意义上（Прохоров, 2010: 17），"良知成为人对自己行为道德品性的一种内在意识"（СЦРЯ, 1847: 175）。因此，从该词源

分析可以看出，совесть 总体上表示的是"理性，心智，意识，共同知晓"意义，在构词、语义派生关系上同动词 весть（<旧词>知晓），ведать（知道，管理）乃至 известно（知道，熟悉）及前缀 co-（共同，一起）有直接联系，整体上表现出"人做任何事情，它（指'良知'——引注）都共同（前缀-co 的意义）知道，它见证人内心中产生的罪恶意念"（华劭，2010：16）。这也从词源方面深刻显示出 совесть 的民族文化要义。

三 "совесть"文化语义内涵分析

"意义不是外在客观实体，而是一种心智创建物"（Wierzbicka，1986：584-594），因此，语言凝结、寓载着同人的心智密不可分的文化信息，相关语词中的意义必然包含各种文化特征语义因素。作为文化载蓄体，概念—语词的语义内容即词义、词典释义同文化含义密切相关，形成文化概念的文化语义内涵基本信息，这是"文化内嵌论"（culture-internal）（廖巧云，2007：479）在概念语词中的直观体现。这样，在概念语词 совесть 的释义中，"'良知'表示的是为自己在周围人及社会面前的举止所承担的道德责任意识"（БАС，1963：72；МАС，1988：175；Черных，1999：184；Шапошников，2010b：346；Шведова，2007：910；«Толковый словарь русского языка» Ожегова и Шведовой/HTML），因此"良知"同"意识"有关的词语 сердце，душа，сознание 等之间有特殊关系，如 сердце его кусает совесть（良知刺痛他的心），совесть впивается когтями ему в сердце（良知用俐爪螯取/抓取他心灵），святая душа и животворящая совесть（圣洁的灵魂和生气勃发的良知），человеческое сознание и совесть（人类意识和良知）等。"'良知'是对自己举止的一种道德责任感，是道德原则、观点和信念"（БАС，1963：72；Кузнецов，2000：1226）。Е. В. Урысон 认为，"良知是人从道德视角评价自己行为、思想、情感的能力，以及如果它们同道德规范不相协调，则人会感到强烈不安，进而会改变自己行为、思想和情感以适应于这些规范的能力"（Урысон，2000：186）。В. И. Даль 对"良知"语义内涵做了较为细致的描述，在他看来，"良知是人的道德意识，道德感；是善与恶的内在意识；是对行为举止进行称许或谴责的灵魂的隐身之所；是辨别行为品质的一种能力；是能够唤醒真与善、阻止假与恶的一种情感；是对善与真的由衷的爱；是一种有不同发展程度的天然的真理"（Даль，1998：3771-3772）。例如：Робка совесть, поколе не заглушишь ее（良知只要没有泯灭，都会有羞怯感）；От человека утаишь, от совести (от Бога) не утаишь（瞒得过人，但瞒不过良知［上帝］）；Совесть мучит, снедает, томит или убивает.（受良知折磨、煎熬）晚近以来，совесть 语义内涵发生了一定变化，这从其形容词 совестный（有良知的）的派生词 бессовестный（没良知，昧良知的）及相应副词 бессовестно（昧着良知地）更高的使用频率（Черных，1999：184）便不难看出，这一语言文化事实表明"昧良知"这种负面道德行为更多地进入了民众视野，引起了社会更多关注，由此也可以窥察出该文化概念在社会认知中的变易和现实状况。相应从道德的心理体悟与情绪影响上切入，良知同人的情感因素会产生密切关联，相比于意识对人理智层面的作用，"良知更多作用于人的情感方面"（Успенский，2004：5-106）。

此外，文化概念 совесть 还在以下几方面表现出独特的文化语义内涵。

（1）良知的纯洁、无愧几乎成了其自然特性，同时也是人们（对其）所祈求的一种状态：Совесть его была чиста, сердце спокойно（他良心纯洁，问心无愧，内心坦然）（Н. Мамышев）；Ничего… и совесть спокойна, и душа не болит（良心无愧）（В. Шукшин）；Но он — величайший представитель единой всечеловеческой Церкви людей доброй совести и воли…（正直友善的良知）（Г. Горелик）Н. Д. Арутюнова 曾特别强调，совесть 具有"纯洁，忠诚、忠贞"的文化含义：А жены совести не хранят, блудят.（Арутюнова，1999：72）

（2）良知会感到不安：Так сильно действие востревоженной совести, что Мельтон долго медлил, не смел к ним приблизиться（极度不安的良心）（В. В. Измайлов）；…вы всё же не так-то скоро справитесь с угрызениями своей потревоженной совести（忐忑不安的良知）（И. Ф. Анненский）；Ему и так было достаточно смутного беспокойства совести, которое с самого начала присутствовало в его отношении к Оле（隐隐不安的良知）.（А. Берсенева）

（3）良知会受到折磨：Он ощущает невольное угрызение совести（他感到了下意识中良知的折磨）（М. Е. Салтыков-Щедрин）；То было слезливое утреннее раскаяние пьянчуги, пропившегоденьги на хлебушек детям, — колики вялой совести, тающие спохмельным стаканом（萎靡良知的折磨）（М. Елизаров）；От жалости к нему и от мук совести она была готова на всё…（由于良心上的折磨她愿意做一切）（Ю. Трифонов）;… но мысль эта подлая не давалапокоя совести, и на язык выползал Киев как сигнал этой самой едучей совести（会折磨人的良知）(Г. Щербакова); У него есть очень длинный меч и больная совесть, терзаемая воспоминаниями о кошмаре Крестовых походов（饱受折磨而感疼痛的良知）.（А. Иванова）

（4）良知会有不同心理活动：Не это ли божественное любопытство совести заставляет людей при жизни поступать так（良知上帝般的好奇心）(Ф. Искандер); Были муки жадности и колебания совести（良知上的动摇）(Ю. Трифонов); Государство перекладывало на свои железные плечи весь груз ответственности, освобождало людей от химеры совести（使人们从良知的幻想解脱出来/不再抱有良知的幻想）.（В. Гроссман）

（5）良知有不同（载体）类型：Почему молчали, почему молчали те, кто — совесть нации? Или у нации больше нет совести? Почему не слушали тех, кто не мог молчать?（那些身为民族良知的人为什么沉默？或是民族已经没有良知了？）(Г. Садулаев); Писательская совесть заставляет его погружаться с головой в публицистику（作家的良知让他埋头政论作品的创作）(К. И. Чуковский); До седых волос дожила, а все еще в мужскую совесть верит（都活到这把年纪了，还相信男人的良知）(П. Акимов); Совесть российского воина проявляет свою благотворную силу, свою духовную власть…（俄罗斯军人的良知表现出自己的积极作用和力量/强大正能量）(Ю. Алехин)."良知"的其他类型还包括：гражданскую совесть（公民良知），общественная совесть（社会良知），общечеловеческая совесть（全人类良知），совесть мира/мировая совесть（世界的良知），пролетарская совесть（无产者的良知），коллективная совесть（集体性的良知），личная совесть（个人良知），родительская совесть（身为父母的良知），барская совесть（[旧俄]贵族/地主的良知），совесть (нашей) эпохи（时代良知），интеллигентная совесть（知识分子的良知），совесть художника（艺术家良知），врачебная совесть（医生的良知），архитекторская совесть（建筑师的良知）。

（6）良知具有各种评价特征：Крепкая же у тебя совесть…（强烈、坚定的良知）(В. Шукшин); Частым гостем здесь будет воировец Крохин, так никем неоценённый и не воспетый, святая душа и животворящая совесть（让人精神受到鼓舞、精神振奋的良知）(А. Азольский); Но что делать мудрецам с сильно развитой совестью, неготовым занять место послушного чиновника?（高度发达的良知）(С. Смирнов); Я даже сначала вообразил: это — ангелы совести, и в ихприсутствии я должен быть исключительно светлым и чистым（天使般的良知）.（С. Шаргунов）"良知"的其他评价特征还如：сырая русская совесть（单纯、原始/朴素的俄罗斯良知），дубленая совесть（单纯、质朴的良知），элементарная совесть（基本的良知，起码的良知），тонкая совесть（非常微妙的良知），воплощенная совесть（尽善尽美的良知），прозорливая совесть（远见卓识的良知），этическая совесть（讲道德的良知），дружественная и милосердая совесть（友善而仁慈的良知），сговорчивая совесть（容易达成谅解的良知），дурная совести（不端正的良知），нездоровая совести（不健全的良知），напряжённая совесть（紧绷的良知），тайная совесть（神秘的良知），незапятнанная совесть（未受污浊的良知）。

四　"совесть" 的隐喻搭配分析

　　语言是文化的镜子，文化概念蕴义、民族文化精神在语言语义事实中会有直接反映。文化概念语词进入语言构造，往往以隐喻组配的方式呈现，这是因为文化概念一般属于"非物质性实体所体现的观念"（华劭，2010：18），需要在具体事物、行为的协配中才能得以实化的文化展现并为人直观、形象地把握，隐喻搭配分析可以通过概念语词的超常组配和隐喻错置关系揭示出文化概念所关联的民族文化内容，相关词汇的本原语义同概念语词语境产生矛盾，表面上的搭配错置形成语义上的冲突，而这种语义冲突可以帮助我们"通过源域来理解和体验目标域"（Скребцова，2011：35），即通过喻体动作或事物的典型特征来捕捉和真切体会文化概念对象所传递的核心文化信息，在原有动作意象、事物的形象表现中领略文化概念事物、对象，抽象的文化概念思想认识在具象、可感的类比中得以分离和彰显，概念语词含义的非物质过程、属性得以消解，进而语义上看似矛盾的搭配关系折射出丰富而生动的文化阐释内容，句子表层隐喻结构关系上的"显性错置"（彭玉海，2012：40）释放出概念语词的文化张力。因此，正是这种"语义矛盾"带来了相关概念的某种文化意象，隐喻搭配分析为文化概念分析提供了积极有效的方法路径，借助这一方式，可以从民族意识深处和文化意识根源上考察文化概念相关的人文思想、认识，重新构建起民族语言文化认知中的世界图景即"个体或民众认知意识中形成的有关现实对象的心智形象"（Попова，Стернин，2007：52）。可以认为，隐喻搭配不仅是建构和解读文化概念的方式，同时也是其进一步获得文化展现的积极手段，深刻反映出文化概念在人们社会生活各领域中的渗透性，体现出文化概念对人的思想、情感、意志和行为、心理的影响和作用。文化概念 совесть 的隐喻搭配主要体现在实体隐喻模式这一认知结构之中，在其他隐喻构造中的表现并不明显。以下是该隐喻模式下的相关具体分析。

  Милов, побледневши, как преступник, которого терзает совесть и страх приготовляющейся для него казни, бросаетсяк ногам своих жен, признается им во всем, просит прощения изаключает тем, что не может жить без них обеих. （А. Е. Измайлов）良知撕咬着米洛夫，使他极度痛苦。句中动词 терзает 同 совесть 的隐喻搭配通过动物、野兽的"撕咬"行为带来的身体痛觉描绘出"良知"对人身心、精神上的极度折磨，生动体现出人被良知啃咬的形象，表现的是良知对人的行为举止的管束力以及人在良知面前的自我检讨和反省意识。

  Пусть угрызения совести терзают его сердце, которое такчасто билось на груди моей и веселило мою душу! （Н. Мамышев）就让良知上的折磨撕扯他的心。句中动词 терзают 同 угрызения совести 的隐喻搭配，通过动物的啃噬、折磨形象生动地表现出"良知"对人心灵的折磨以及"良知"给人带来的不愉快感觉的特征。

  Двинув кадыком, он проглотил слюну, а вместе и свою штучную совесть. （Ю. Давыдов）他把自己整个良知吞没了/全然丧失了自己的良知。句中动词 проглотил（吞噬，吞没）同 совесть 的隐喻搭配形象地呈现出人昧良知的负面行为意味，同时十分鲜明而直观地体现出文化主体对这一失德行为、品行的谴责和批评态度。

  Изображение адских пыток прямо противоречило толкованиямбогословов — те считали, что адские муки следует толковать фигурально, они имеют символический смысл; это, скореевсего, душевные угрызения, сокрушения совести. （С. А. Еремеева）地狱的痛苦主要譬喻为良知在心灵上所受的折磨和打击。这里 угрызения（撕咬），сокрушения（打击）同 совесть 的隐喻搭配生动地表现出了人在心灵上所承受的"良知"的深深煎熬和沉重折磨。而句子 Угрызения совести всплыли со дна его души, где лежали навечно похороненные, забытые... （Д. Гранин）（良知的谴责浮上他心底）之中，угрызения совести（良知的撕咬、谴责）同动词形式 всплыли（漂浮上来，浮出水面）之间的联动隐喻搭配形象化地体现出"良知受谴责"这一道德感的"突然产生、发生、出现"的心理过程和动作

形象。

Моя дурная совесть поглощает всего меня; мне ужасно, стыдно и мерзко убивать стариков и детей; но я должен вырвать их из этого мира «пупочек» для высшего бытия со мной и с Яковлевым. (Е. Радов) 我这不好的良知快把我整个吞噬了。句中动词 поглощает（吞食，吞没）同 совесть 的隐喻搭配十分形象地表现出人要是"良知"不好，将会受到怎样的心理、精神上的谴责。

Оттого, что женщина добычливей, чувствовал он ущемление совести. (В. Егоров) 他感到良知被刺伤。句中动名词 ущемление（夹住，挤住，侵害）同 совесть 的隐喻搭配体现了"良知"因为受到非正常的打压、挤压，而受到的伤害、伤痛，就像被尖利的东西刺伤。

У него болела совесть, и он постоянно предлагал папе свои услуги. (Л. Гурченко) 他良知上受煎熬。句中动词 болела（疼痛）同 совесть 的隐喻搭配描述出"良知"受折磨就像人身体上的疼痛，由此生动地刻画了良知隐隐作痛的心理煎熬。

И те, кто придерживаются других взглядов, будут резать Вам глаза, точнее — совесть. (Физическое наказание: «за» и «против» (форум), 2007.01.05) 良知会被刺伤。句中动词 резать（割，切）同 совесть 之间的隐喻搭配形象地描绘出人对良知带来的巨大伤害，栩栩如生地呈现出文化主体对良知所遭受的"刀刺"一般疼痛的心理感受，使"切肤之痛"一样的良知心灵感应有了直观体现。

Думали ли вы, что в человеке может замёрзнуть, например… совесть? (В. Г. Короленко) 人的良知可能会变得麻木不仁。句中动词 (может) замёрзнуть（结冰，冻结，冻僵）同 совесть 的隐喻搭配反映的是"良知"对现实反应的一种麻木状态，或者说"良知"道德意识单薄甚至丧失的状态。以身体知觉状态形象地刻画、展现了抽象的道德行为表现状态。

Особенно с учетом того, что на орских просторах постоянно происходит такое, с чем совесть порядочного человека никогда не сможет примириться, если за вечерним чаем он вдруг увидит это на своем маниту. (В. Пелевин) 为人正直者的良知从来不会容忍这样的事/不会违背自己的良知。句中动词 примириться（迁就，容忍）同 совесть 的隐喻搭配生动表现出"良知"的坚定意志、立场这一道德精神内涵，赋予"良知"以人的行为意志执行能力。

А потому счастлив я был, что успеваю, успеваю до решениясуда, под который меня подвели, и совесть свою примирить, исеть спасти, и Савку наградить, как могу, за все то, что ондля меня делал доброго. (Б. Васильев) 让自己的良知作出让步/违背自己良知。句中动词 примирить（使容忍、迁就，使安于……）同（свою）совесть 的隐喻搭配形象描绘出人的"良知"遭受到的不义对待，体现出文化主体对此的一种道德伦理否定态度。

И тверди: "Господи, дай мне чудо услышать совесть мою!" (С. Шаргунов) 上帝啊！请赋予我能够听到我良知的神奇之力/神灵。句中动词 услышать（听到）同（мою）совесть 的隐喻搭配表现出"良知"是一种可以传递信息、可以发出声音，可以与之进行心灵沟通的事物，反映出人对它的精神道德认可、接纳和依赖。

Главный герой вашего романа Лев Ильич — последовательный иубежденный антисемит, а антисемитизм во всех проявленияхотвратителен, и не только для евреев; у нас в России оноотвратителен для каждого человека, не утопившего совести воткровенных или от самого себя маскируемых подлостях. (С. Резник) 把良知埋没在或露骨或掩饰的种种卑鄙勾当中。句中动词形式 утопившего（把……埋进，藏进，隐没）同 совести 的隐喻搭配形象地表现出"良知"遭到淹没、蒙蔽的社会道德现实，这是对"良知缺失"不耻行为的一种谴责。

А еще Евгений Иванович любит ввернуть что-нибудь эдакое, типа «Сколько мне позволяет здоровье, я своею совестью неторговал». (С. Турьялай) 我不会出卖自己的良知。句中动词（не) торговал（做买卖，经商，交易）同（своею）совестью 的隐喻搭配是借用商品的特有属性来表现"良知"可能遭受到的非道德处置，表明了对这一做法的反对态度和立场，这从反向角度凸显出"良知"作为人的一种特殊精神心智产物所应具备的基质和属性。

«Итак, потщимся, братия, хранить совесть нашу, — пишет преподобный авва Дорофей, — пока мы находимся в этом мире, не допустим, чтобы она обличала нас в каком-либо деле; небудем попирать ее отнюдь ни в чем, хотя бы то было и самое малое … («Слово о старчестве», 1992-1999) 伙伴们，我们要爱护自己的良知。句中动词 хранить（保护、爱护）同（нашу）совесть 的隐喻搭配具象化地体现出在人的意识中，对待

"良知"就像保护自己的实实在在的财物一样去保管它、珍惜它，显示出"良知"是人们极为看重的宝贵的东西，这体现出俄罗斯民族在"良知"这一问题上的道德伦理态度。

由此可见，совесть 的隐喻搭配分析通过现实的物质行为生动、形象地展示出"良知"的社会属性和相应表现、作用和功能，表明俄罗斯"良知"有其特有的社会基础和结构组成，在人的道德伦常意识中的强烈渗透性与积极引导性、意志作用性，反映出"良知"在俄罗斯人道德伦理意识中具有的可塑性与价值实在性。在道德能力空间、道德能力表现上，"良知"是人基本的道德伦常和秉性，但它也有脆弱的一面，可能遭到人为的损毁，也可能面临各种道德威胁、侵害，甚至被出卖，需要倍加珍视、呵护；另一方面也显示出俄罗斯人面对"良知"的深刻检讨和强烈反省意识，对有悖"良知"的失德行为、品行的谴责和批评态度。这些呈现于隐喻构式的有关于"良知"的道德感、道德追求、道德心智特性以及人们所持的相应道德立场、态度勾勒出俄罗斯民族"良知"的道德伦理形象。

五 "совесть"的格式塔分析

文化概念格式塔反映概念语词的民族意识隐含形象及概念对象同外在世界的深层文化联系，"是围绕概念语词所产生的典型联想轮廓，是一种主观描述、认定的事实关系"（彭玉海，2014：23），本质上是生活现实中人们对文化概念对象事物直观感受和心灵体会、精神领悟的一种文化性自然显露。格式塔分析通过概念语词在隐喻构造之中"物的蕴涵（вещная коннотация）"来解读文化概念所透射的民族文化信息，格式塔形式蕴涵的这种文化意象内容是民族文化蓄力的重要载体、来源和民族意识凝结方式。这一方法的重点是要找出文化概念背后自然关联到的（文化）现象类别信息，通过文化记忆库"集体身份认同的参照"（朱达秋，2014：11），挖掘出系缚于文化意识的"公共的记忆体验"（李靖，2014：85），即表层逻辑之下的概念次逻辑文化信息——文化语言意识中的逻各斯（logos）。此时，格式塔体现潜隐于文化主体认知中的文化联想内容①，后者以完形心理的方式呈现，即"A is B"，其中A（所在源域）代表文化概念对象事物，B（所在标

---

① 因此，从哲学辩证立场看，文化概念格式塔行为本身是"消失在符号中的行为"（陈勇，2011a：60）。

域）表示文化意识中激活、联想到的物化信息、概念化信息，二者间借助"异质同化选择"实现的概念等同和转换反映出人对该文化概念事物的认识和想象内容，这些内容发端于俄罗斯民族文化认知和文化思想积淀，带有十分深刻的民族意识、民族思维及民族文化传承印记，因此格式塔分析能够真切、实在地呈现俄罗斯民族的文化内涵和文化特质，并且极有益于深入解析俄罗斯民族"良知文化"的语言世界图景。根据"良知"的行为表现、功能、意志、地位及人的价值领悟、主观感受、精神倚靠等特点，可发掘出其不同类型的文化概念格式塔。下面是相关具体分析。

第一，良知是人或动物。

首先，"良知是动物"这一格式塔主要集中在"撕咬""啮咬""啃咬""啄咬"类野兽、昆虫的文化蕴涵和想象上，当文化意识进行"良知"的"动物"联想时，动物的典型动作行为特征同时被赋予给"良知"，从而凸显出民族文化认知中"良知"对人的强大道德震慑力和约制力。

其次，"良知是人"这一格式塔中，"良知"被联想、塑造为"人"，表明了"良知"的道德意志性、生命灵性和精神执行力（主体定位时）或承受力（客体定位时），显示出在俄罗斯民族心智中，"良知"似乎成了人的道德意志精神化身，这从文化理解和思想深处反映出人们对"良知"的高度认同和推崇以及对其道德伦理规范作用、价值的充分肯定，是通过"人"的意志活动性、主观意志性来体现"良知"同人的行为意志之间的互动性。

非常重要的是，"良知是人"格式塔可进一步细化为丰富的次格式塔，多样化的次格式塔表明"良知"会以不同道德伦理形象呈现，显示出"良知"丰富的"人化"形象及其与"人"（人生观）之间的密切关系，也反映了"良知"在较大程度上代表着俄罗斯民族道德伦理意志和精神主张。"良知"在这些不同的拟人化典型特征中得以实体化再现和塑造，能极大增进对俄罗斯"良知"的文化理解。另外，在"人"的各种次格式塔中，"良知"概念语词往往处于"主体定位"状态，该"主体定位"可突出和强化"良知"对人的道德精神作用能力。

下面转入"良知是人或动物"这一格式塔的具体分析。

(1) 良知是尖爪利齿的动物、野兽。

这一格式塔表明"良知"是同人相对峙、会啃噬人的可怕动物，反映出人对它的一种恐惧感，人经常会受到它的提醒和敲打，它就像是站在人身边的非道义行为的监督者、检视者，同时也是其正面积极行为的鞭策者和引领者，该形象刻画出人的脆弱和道德局限性，是人面对良知的普遍矛盾心理写照，生动表现出"良知"对人的不义之举的消弭、阻挡作用，从而凸显出其道德力量。

Совесть впивается когтями ему в сердце/душу. 良知用俐爪螯取/抓取他心灵。

Слышно было, как подполковник Ларионов, начальникблизлежащего отделения милиции, угрызается совестью. (О. Дивов) 拉里沃诺夫中校被良知撕咬着。

Его угрызает совесть. 良知撕咬着他/他受到良知的谴责。

— На, — Гош протянул ему пачку. — Неужто совесть заедает? — Ты же в это не поверишь, — вздохнул Олег. (О. Дивов) 良知啃咬人。

И словно какой-то обрубок совести зашевелился в нем. (М. Гиголашвили) 被撕裂的良知在他心里蠕动/被砍、揪断的一块良知在他心里蠕动。

И сейчас же Подтелков делает шаг вперед, устало обводитглазами передние ряды народа: все больше седые и с проседьюбороды. Фронтовики где-то позади — совесть точит. (М. А. Шолохов) 良知蛀咬人。

（2）良知是敌人、敌手。

这一格式塔反映出在人的意识深处，存在着某种同"良知"对立的东西在作祟，即人有可能不愿做"良知"所要求的事，这一事情是人从利害得失、个人情感、喜好上所不愿意做或者想去做，但"良知"有确定的标准，由不得这些利益关系和个人倾向的选择，因此，它成为仇视人、迫害人、折磨人的对手和死敌，形成了同人之间的冲突与敌对关系。通过这一抗衡、对立，显示出"良知"在道德取舍上对人的心灵、意志的强大阻挡力或助推力，这是民族文化认识在道德伦理意识层面上的鲜明体现。

Одна из них - самый значительная: коммунисту во власти нужно постоянно бороться со своей совестью, но она (совесть) в условиях капитализма в России медленно иуверенно увядает. (В. Федоткин) 同自己的良知作斗争。

Но борьба совести с самолюбием была непродолжительна. (М. Ю. Лермонтов) 良知同自尊之间的斗争。

Под конец жизни взбунтовалась в них совесть, и не бытовая, личная, а общая для всего рода человеческого. (А. Азольский) 良知在同他们抗争。

— Когда я прочёл роман Манна, я понял: нужно играть сначала маленькую уступку собственной совести. （Ю. Кантор）需要对自己的良知作出一些让步。

（3）良知是争论者。

Она спорит с совестью. （С. И. Ожегов）她同良知争辩。

Совесть возражает против их замечания. 良知反对他们提出的看法。

Он ссорится со своейсовестью. （С. И. Ожегов）他和自己的良知争论。

（4）良知是对话者（交谈者、交谈对象）。

这一格式塔充分反映出"良知"同人及其灵魂的亲近性、亲密性以及人对它的信任、依赖和尊崇感，就好像活在人内心深处的另一个自我，可以向它敞开心扉，同它真诚交流、对话，把自己的心事交给它，在精神需要的时候，让它给人以开解和建议、忠告，对人的行为做出正确的引导。在这里良知既参与人的心灵构建，同时也又是人心灵上的沟通者。充分展示出"良知"在人的心目中扮演的心灵引路人和道德指引者的形象和地位。当然，在具体情况下，由于人对它的接受心理或认识的心理状态不同甚至有反向表现，则"良知"也可能成为"让人厌烦、纠缠不休的交谈者"（докучный собеседник）（Арутюнова，2005：96）。

А я всю ночь веду переговоры с неукротимой совестью своей. （А. Ахматова）我彻夜都在跟自己难以纠缠和驯服的良知进行谈判。

Во всяком случае, взамен меня никто не пострадает, спи, подружка, спи крепко, — это я подсказал, подшепнул своей совести, в промельк вспомнив, как она там? （В. Маканин）突然想起了她在那里怎么样？这是我在轻声地对自己的良知讲。

И дайте поменьше срок. А ведь будет легче, нашептывала совесть. Как только расскажешь — легче. （В. Маканин）良知对我低声絮语。

Тут уж человек выбирает сам — что подсказывает ему его ум, сердце, совесть... （И. А. Архипова）选择理智、心声和良知所悄悄告诉他的。

Я ответил на это, что совет может поступать так, как ему подсказывает совесть, но что я, согласно инструкции того же ВАКа, требую внести в стенограмму содержание моегодополнительного выступления. （И. Ушаков）按照良知指点、提示的那样做。

（5）良知是言说者。

"良知"的言说者隐含形象可以理解为是其"纠缠不休的交谈者"蕴含的一种变体形式，Н. Д. Арутюнова 指出，"宽泛一些，'纠缠不休的交谈者'形象代表良知的一般性的人化，这就允许它有言说等行为"。（Арутюнова 2005：96）

Подумайте хорошенько: не говорит ли вам чего-нибудь совесть? (М. Ю. Лермонтов) 良知是不是告诉了您什么？

Чистая совесть говорила любвеобильному юноше, что он никогда не изменит Иисусу Сладчайшему. («Журнал Московской патриархии», 2004.05.24) 纯洁的良知告诉这个多情的小伙儿，他是永不会背叛耶稣的。

В нем, наконец, заговорилась совесть. (Арутюнова 2005：96) 他的良知终于开始发声/他终于良心发现。

Ай, ай, ай, как не стыдно! — вновь заговорила совесть. — Нужно ли спасать Вадима? (М. Милованов) 良知又重新说道。

Уходим в партизаны? — Все же совесть в нем заговорила! — не унимался Кир. (В. Попов) 良知不停地在心里讲，要不要去当游击队员？

Что-то манящее было во всем этом: азарт разрушения. Совесть молчала. Он крал, но ни у кого. (И. Грекова) 良知沉默不语。

（6）良知是法官（法庭）。

这一格式塔表现的是良知的道德行动力、强制力以及道德对人的行为的判决力，体现出良知的强大道德引导功能，另一方面也表明了俄罗斯人的道德伦理觉悟、意识以及审视、反省自身的道德能力。本质上这一格式塔的物象化是从内心看不见的评判者身上找到了道德的力量，或者说是以"法官"的具象方式发掘和塑造着这种抽象的道德精神力量。

Либеральные слои возлагали на суд присяжных большие надежды, видя в нём не только "идеальный суд общественной совести", но и элемент участия народа в деле управления страной. (А. Афанасьев) 崇高的社会良知的法庭。

Его душа исовесть приговаривает себя. 他的灵魂和良知对自己作出了判决。

Совесть приговорила в новостях. 新闻中自有良知的判决。

Победителей не судят—судитСовесть! 人们无法对获胜者作出评判，能够作出评判的是良知。

Совесть постоянно судит нас и судит по самым высоким меркам. Поэтому мы называем ее Божьим голосом в душе... 良知经常会对我们的行为作出判决，而且是根据最高的道德尺度。因此，我们称它为心中的上帝之声。

Совесть вынесла свой приговор. （Н. Д. Арутюнова） 良知作出自己的判决。

Совесть судила иначе. （Н. Д. Арутюнова） 良知作出了不同判决。

（7）良知是折磨者。

Ее мучают угрызения совести от собственного бездействия. （А. С. Пушкин） 良知开始折磨她。

Алёша, который накануне этому радовался, теперь закрылглаза··· он боялся увидеть Чернушку! Совесть его мучила. Он вспомнил, что ещё вчера ввечеру так уверительно говорил Чернушке, что непременно исправится, — и вместо того... （А. Погорельский） 良知折磨着她。

Может быть, всё-таки угрызения совести мучат его? （Б. Окуджава） 良知上的愧疚仍然折磨着他。

Пока он мучился угрызениями совести, пока терзался, воображая предстоящие разборки со Сфинксом, чертова старуха готовилась к отправке из Дома Стервятника. （М. Петросян） 他受良知的折磨。

（8）良知是使令者。

良知是使令者，这意味着良知会劝谏或要求、驱使人去做他让我该做的事情，这种 "道德律令"（этический императив）（Владимиров, 2006：69）甚至成为良知的一种下意识行为、良知自觉行为，这实际代表的是人及其良知的道德精神升华，因此这是人内心深处良知的召唤，是 "良知自由" 的重要体现。在俄罗斯文化诉求中，"最好的举止是这样的一种行为，它不是源于外来的建议和劝告，而是来自人心灵内在上的一种需求。内心的提示也许是特别好的，此时它已经成为下意识的自觉意识。人应当自觉地、毫不犹豫地去做正确的事情。拥有自觉行善和造福于人的内在精神渴望——这是人最为可贵的"（Лихачев, 2006：59）。而这也是对 "良知自由" 的一种阐释。

Разлука на земле с другом не по силам нам, бедным, но совесть требует благодарить Бога за ту встречу, котораядала мне быть свидетельницей этой чудесной, светлой жизни, которая тихо зажглась в любви к Господу и разгоралась всю долгую жизнь, пока не превратилась в тихое пламя хвалы Спасителю. (Т. С. Франк) 良知要求我们感谢上帝安排的这次会面。

Они действовали по велению совести, а их тайные союзы не обязывали их следовать какой-то "партийной линии". (Д. Лихачев) 他们按照良知的吩咐采取行动。

Свои поступки, продиктованные велением совести и долга, он щедро демонстрировал на полях брани, на допросах следствияпо делу декабристов, на каторге и в ссылке. (И. Ларин) 他将自己凭着良知和责任而为的行为毫无保留地/尽情地展示在了战场。

Любовница постарела, утратила способность наркотического воздействия — реальным результатом этой любви стала лишняя тяжесть, ампутировать которую герою не позволяет совесть. (А. Кузнецова) 良知不允许他对这一负担/担子置之不理。

（8）良知是责怪者。

此时的良知好像在人的内心异化出两个相互嫌怨、怪罪甚至对立的"我"来，"良知中有双重的'我'，'我'既是原告，又是被告"。(Ермакова, 2000: 376)

И тогда, может быть, с болью наша совесть нас упрекнет, соперник наш станет свидетелем того, что мы знали правду, потому что он нам ее говорил, напоминал, внушал, и что мы отвернулись от Божией правды. (митрополит Антоний [Блум]. О совести, 1985–1995) 良知在沉重地责备我们。

Совесть часто его в том упрекала, и внутренний голос емуговорил: Алёша, не гордись! (А. Погорельский) 良知经常责备他。

Жгучие упрёкисовести язвили его. 良心的强烈谴责使他非常痛苦。

（10）良知是召唤者。

Совесть — это призыв. Она призывает к самореализации, к воплощению в действительность лучших своих сил и возможностей, к тому, чтобы строить свою жизнь в гармонии с другими людьми. 良知召唤人们进行自我实现，召唤人们将自己的力量/正能量付诸现实，召唤人们同他人构建和谐的生活。

Опытный политик руководствовался не столько зовом совести, сколько предвыборными соображениями. 经验丰富的政客听从的与其说是良心的召唤，不如说是选战之前的针对性想法。

（11）良知是受感者（эксприенцер）、妥协者。

Ночью болит все, а больше всего совесть. (А. Щеглов) 夜深时感觉最痛的是良知。显然，这里的"良知"是被拟象化为有身体痛觉的生命体。

Я спросил у одного из них насчёт задачи, оказалось, что и он её не решил. Совесть моя окончательно успокоилась. Мы разделились на две команды и играли до самого звонка. (Ф. Искандер) 良知真正问心无愧。

Она успокоила мятущуюся его совесть; она вовлекла его в новое заблуждение. (Неизвестный. Пламед и Линна, 1807) 安慰他不安/受惊扰/慌乱不安的良知。

Но совесть возрожденца не могла примириться, чтобы светлоумных мужей смешать с прочими грешниками и обречь телесным пыткам. (А.-Солженицын) 重生者的良知无法容忍将聪明睿智的人士同那些罪孽深重的人混为一谈并使他们遭受身体上的折磨。

（12）良知是行刑者、执行者。

— Глядите, сколько мало осталось, кто желал бы глядеть на нашу смерть. Совесть убивает! Мы за трудовой народ, за его интересы дрались с генеральской псюрней, не щадя живота (不怜惜生命), и теперь вот гибнем от вашей руки! (М. А. Шолохов) 良知能够杀死人/良知让人备受煎熬。

Совесть не даёт ему покоя. (С. И. Ожегов) 良知让他不得安宁。

Совесть не даёт спать по ночам. (Е. В. Урысон) 良知折磨得他成晚无法入眠。

Совесть зазрила/Его зазрила совесть. (Н. Д. Арутюнова) （他）良知受到谴责。

Он чувствует угрызения (укоры, уколы, упреки) совести. (Н. Д. Арутюнова) 他良知受折磨/良知感到内疚。

（13）良知是迫害者。

Проснувшаяся совесть преследовала его на каждом шагу. (П. Шатров) 觉醒的良知步步紧逼着他。

Совесть расправляется с ними. (С. И. Ожегов) 良知迫害他们。

（14）良知是合约人（контрагент）。

在此，"良知"成为契约行为中对立合致的一方，即同"内在的我（Эго）"构成"逆向主体"关系的"另一个人"（Другой）（Арутюнова,

2000a：54-55，75），表示对立双方有了某种协调、沟通，达成一致。这一格式塔通过交易、妥协行为显示出其文化认知特点。

Идешь ради этого на сделку с судьбой и совестью, и вот она твоя. (В. Пелевин) 向命运妥协，和良知交易/违背良知。

Глубоко и драматично сыграна В. Дьяченко история ротмистра Коновалова, пошедшего на сделку со своей совестью, неспособного выдержать напора обесчеловечивающих сил зла. (Театр в координатах истории (2004) // «Театральная жизнь», 2004.02.23) 同良知进行交易，违背良知。

Потому что ты — мой грубый, практический ум, моё реальное осознание происходящего, как говорит этот трус Ланэ, ты — мой компромисс с совестью. (Ю. О. Домбровский) 你就是我同良知进行的妥协。

Не задумывайтесь, как он договаривается со своей совестью, это его проблемы и я не думаю, что другой, след. девушке с этим «мужчиной» повезет. (Женщина + мужчина: Психология любви (форум), 2004) 他同自己良知协商。

Вот другой пример того, что можно примириться со своей совестью, но надо тоже примириться с другими. (митрополит Антоний [Блум]. О смерти, 1985-1995) 要能够顺从自己的良知，但是同样还要会容忍他人。

У тех людей всегда лица хороши, кто в ладах с совестью своей. (А. -Солженицын) 同自己的良知和睦相处。

(15) 良知是各种生理知觉者（感受体）、感知者。

Но всё-таки приятно узнать, что у человека проснулась совесть, а к тебе возвращаются без вести пропавшие деньги. (Ф. Искандер) 良知苏醒了。

Мне кажется, им не хотелось его убивать, потому что они смотрели на Зелима и совесть просыпалась все-таки. (С. Ениколопов, Ш. Буртин) 良知还是醒了过来。

И такое облегчение сперва почувствовала, целую ночь в радостном, желанном спокойствии провела, а потом совесть пробудилась: как же, на его плечи проблему их соединения перебросила, нечестно, неблагородно это. (О. Новикова) 良知觉醒过来。

Но какая-то последняя тяжесть улетучилась из него, а душа, ум и совесть его покойно уснули. (О. Павлов) 最后的重负都消失殆尽，他良知得到了安宁/他良知安稳地入睡。

У жены совесть также не должна дремать, она не должна довольствоваться формальными оправданиями: дескать, поступила, как муж сказал, чего еще надо? («Журнал Московской патриархии», 2004. 11. 29) 良知沉睡未醒。

Но после большевистского вторжения на Дон в начале 1919 года зверства большевиков пробудили совесть в нём и в его казаках. (А. И. Деникин) 唤醒了他的良知。

Война раскрыла глаза народу, пробудила национальную совесть, и это пробуждение открывало для работы политического воспитания такие широкие возможности, которые обещали самые обильные плоды. (П. Б. Струве) 战争擦亮了民众眼睛，唤醒了民族良知。

Ему хотелось исповедаться перед Иваном во всех страданиях совести, со смирением рассказать о горькой и подлой слабости своей. (В. Гроссман) 他想向 Иван 坦露自己良知上的痛苦。

И закрыла глаза. Утром проснулся Иван с больной совестью. Проснулся и не поворачивался, лежал тихо. (В. Шукшин) 早上 Иван 从痛苦的良知中醒来。

Когда у художника больная и голодная совесть, он нормально работает. (А. Розенбаум) 当一位艺术家良知上痛苦、虚空的时候，他就能好好/正常地做事。

（16）良知是忏悔者。

Может быть, угрызение совести и раскаяния, и сии чувства возвратят мне супруга. (Неизвестный. Истинное приключение благородной россиянки. 1803) 也许，良知的谴责和忏悔会让丈夫重新回到我身边。

Кант называл это «раскаянием совести», неразрешимым нашими чувствами, бессильными перед необходимостью повернуть мир вспять. (И.-Ларин) 赞美歌把这一举动称为"良知的忏悔"。

Она сильно чувствует покаяние совести за свои проступки. (因为自己的过失而感到良知上的悔恨。

（17）良知是生命经历者。

Чёрный соболь ценился в мире дороже всего, а где появляются деньги, там у человека совесть умирает… (В. Губарев) 那里的人良知都死了/泯灭了/昧良知。

И вот какая тонкость какой иглой блестит: сперва убили совесть — теперь изводят стыд. (В. Леонович) 先是扼杀了良知，现在连羞耻心/耻辱感也要被磨灭/毁灭/摧残。

Не знаю, сколько времени я провел наедине с совестью, — в какой-то момент мое внимание привлек монотонный голосТимура Тимуровича. (В. Пелевин) 同自己的良知独处/扪心自问。

（18）良知是被供养者、供养体。

Оно есть не один токмо свет, освещающий разум, но пламя, воспаляющее и оживляющее человеческое сердце: сия приятная теплота, подобно божественному огню, согревает добрые природные склонности, оживляет оные, питает совесть, умерщвляет страсти и преклоняет волю. (Н. И. Новиков) 维护、安抚良知。

— Моралофаги — люди такие, которые любят поступать справедливо. Питают свою совесть своей справедливостью. Случай рассказывали: едет в трамвае парень, облом такой, мордоворот, сидит боком и выставил ногу в проход, пройти нельзя. (А. Слаповский) 保护好自己的良知。

第二，良知是一种声音。

这一格式塔表现的是"良知"对人的道德伦理意识中的强烈渗透性，反映出良知对人的意识支配性、人对良知的高度心理接受性以及它在人日常生活中扮演的重要角色，体现出良知在人的认知中的"零距离"特性——它时常在提醒、告诫和引领着人们。"良知是一种内在的声音，它向人们警告，有人在看着我们"（Арутюнова，1999：58），"所做的事情过错越大，听到的发自内心的良知的声音就越是强烈"（publ/sovest_uchitel），对人来讲，良知的声音就是来自灵魂深处的呐喊。这是"良知"的道德伦理价值功能的又一形象化展现。

Чувство любопытства с таким убеждением советовало мнеузнать, какие были эти бумаги, что я не успел прислушаться к голосу совести и принялся рассматривать то, что находилосьв портфеле… (Л. Н. Толстой) 倾听良知的声音。

Прежде, чем вы вынесете вердикт моему подзащитному, я хотелбы обратить ваше внимание на то, что он глухой и, следовательно, не мог слышать голоса своей совести. (Коллекция анекдотов: юристы, 1970 – 2000) 无法听见自己良知的声音。

Мы внимали голосусовести. (Н. Д. Арутюнова) 我们听从/接受了良知的声音。

Он не хочет поступать вопреки голосусовести. (Н. Д. Арутюнова) 他不想违背良知的声音行事。

第三，良知是商品。

这一格式塔一方面显示出"良知"的重要性、特殊价值性以及它同一些利害关系的可能牵连；另一方面体现出"良知"会面临一些微妙而难以抉择的艰难处境，极端情况下它可能成为利益交换的条件而被出卖，这是残酷社会现实的反映。该格式塔反衬出人在良知面前的卑微、渺小以及良知操守的强大社会效应。从道德伦理的立场审视，"良知是商品"实际是从反向警醒和告诫人们避免这种情况的发生，促使人们反思自己要拥有坚定、稳靠的良知，守住自己的"良知"道德底线。

По старым шляхетским понятиям для человека благородногопроисхождения предосудительно было заниматься ремеслом, промыслом или торговлей; но шляхтич не стыдилсялакействовать, продавать свою совесть, нищенствовать, апри случае грабить и воровать. (А. Алексеев) 出卖自己的良知。

Одним из приоритетов экономической политики г-наБендукидзе, которого на прошлой неделе переместили надолжность госминистра по экономическим реформам, объявилприватизацию, заявив, что «продавать надо все, кроме совести». (Ю. Симонян) 什么都可以出卖，惟有良知不能。

第四，良知是拥有物。

这一格式塔一方面表明了"良知"的归属性，另一方面表现了人对"良知"的领有性，而在文化道德伦理认识上，"良知"对于人来讲所具有的基本性、必要性好比一种生存要件，缺少了它人们将寸步难行，这凸显出"良知"作为基本道德伦理规范在人际社会活动和生活中的标杆意义和标签特性。

Значит, был же он когда-то чист душой? Была же у него совесть? Глядя в прошлое через бездну прожитых нечистых лет, ему было отрадно оправдать себя хотя бы в детстве... （И. Грекова）他有过良知吗？这表明"良知"对于人的重要性。

— Да она никого не узнает, — ответили ему. — Поимейте совесть, молодой человек! Оставьте старого, больного человека в покое, нельзя же так! （М. Шишкин）年轻人，要有良知！不要打搅生病的老人，不能那样做！

Она имеет/не имеет совесть/совести. （Н. Д. Арутюнова）她心里头（没）有良知。

Они вовсе потеряли совесть. （Н. Д. Арутюнова）这些人全然失去了良知。

第五，良知是负担。

这一格式塔表明在俄罗斯民族意识中，"良知"对人的强烈、鲜明的责成性、制约性和道德上的约束性，从而给人的行为带来一种"牵绊性"和心理感受上的压制性，在精神意识上成为人无形的一种精神—道德负担。实际上这是人在面对良知时的一种矛盾心理体现，同时也是人"道德自觉"的自律性表现。尤其对于觉悟高、道德意识强的人来讲，这一点表现得更为明显。

Логикой грабители себя не затрудняли, они ставили себе в заслугу и то, что Кольцову ничего не говорили, чтобы не обременять совесть учителя. （Д. Гранин）什么都没给Кольцов讲，以免给老师/给人增加良知上的负担。

Печорин взвалил на свои мужские плечи непосильный груз совести и вины перед Мэри （С. Атасов）这一身体感知上的重负变为精神心理上的道德负担。

Со мной случилось все, что тебе облегчит совесть. （Е. Евтушенко）让良知上过得去/减轻良知的重负，使良知释然。

第六，良知是刺。

这一格式塔反映的是一种特殊的、反向性的文化认识，即当人做了有悖良知和有失道义的事情，人们会感觉到良知对人的刺痛似的折磨，体现出"良知"对人的巨大精神影响和道德作用力，也从一个侧面或反方向映托出"良知"的深层文化语义内涵。

И Оля, Оля! Как заноза совести, воткнутая в сердце. Что он скажет ей, когда она вернется с работы? （А. Берсенева）就像扎到心窝子的一根

良知的刺。

Выдав генералу по первому требованию самый важный кусок информации — назвав имя, расколовшись — я не испытывал никаких уколов совести. （А. Рубанов）完全没有感到良知的刺痛/丝毫没有感到良知上过不去。

Я испытал булавочный укол совести, из-за того что решил воспользоваться кочуевским убежищем, но Божий глас: «Полундра» — отпускал грехи. （М. Елизаров）体会到了良知针扎般的刺激。

第七，良知是各种实体物。

这一格式塔表明俄罗斯民族意识中"良知"的"受影响"特性，即它可能受到来自各方面外力因素的作用和影响、会承受各种针对它施加的作用，从而会以各种方式呈现、相应会经历各种不同的状态，在此基础上反映出施加这一影响和作用的文化主体的道德修为和社会伦理品质，Н. Д. Арутюнова 就曾将совесть视为某种"表面"的观念事物，例如：Моя совесть чиста（我良知上是干净的）；У него совесть нечиста（他良知上有瑕疵）；На его совести есть пятно（他良知上有污点）. （Арутюнова 1998: 388）这从"主体定位"角度形象地体现出"良知"的道德表现特质和道德内涵张力。另外，совесть也会处于"客体定位"状态，形成"良知"事物的"客体"语义表现格局，借助实体事物的动作承受性、受处置性来呈现针对"良知"事物（可能）施展的种种行为，进而也反衬出在这些行为事件中"人"的相关道德形象及道德伦理意识、表现。具体说来，"良知实体物"可以呈现为以下几种形态。

可展示物：Латкин Александр. Демонстратор совести. Знаменитомухакеру разрешили выходить в Интернет. （А. Латкин）良知的展示者/展示良知。

Вяло перебрасываются словами — приняв напряженные позы, демонстрирующие присутствие совести. （Д. Ухлин）展现良知的存在。

可量化实体物：— Вообще-то да... — покачал головой и Нержин. — Если в лагеренам предлагают отдать остатки совести за двести граммчерняшки... （А. Солженицын）要是他们将剩余、仅有的一点良知拿出来/要是他们还讲一点良知。良知可以实体量化。

可燃实体物/灼燃物：А кто-то ему крикнул: «разная бывает совесть. Бывает сожжённая совесть...» Он так и осел... （З. Н. Гиппиус）良知各有不同。有一种是被灼烧/灼伤的良知/被灼毁了的良知。

表面物：Один офицер сказал Ростову, что за деревней, налево, он-видел кого-то из высшего начальства, и Ростов поехал туда, уже не надеясь найти кого-нибудь, но для того только, чтобыперед самим собою очистить свою совесть. (Л. Н. Толстой) 清洗/洗刷自己的良知。

В результате мне всё-таки дали роль, видимо, для очисткисовести. (С. Спивакова) 净化良知。这意味着良知会被弄脏、玷污。

Вера — ну, хорошо, не вера, так основание для нее, некийфундамент храма, почва для посева — все растаяло каквчерашнее мороженое, оставив жирную кляксу на совести далипкий привкус в самооценке. (Б. Васильев) 在良知留下了一个大污点。

液体物：Была и у нас небольшая надежда на Путина, особенно на фоне Ельцина, который пропил свою совесть и полстраны. (Г. Зюганов) 喝酒喝没了自己的良知。良知是消磨物/对象、是液体事物。

Понять, есть ли у нее хоть капля совести! (Д. Емец) 她还有一丝良知吗！值得一提的是，句中 капля совести 所关联的是"水滴"液体事象，理解的时候需将其象似化转喻为"一丝"（良知），即通过水滴的"少量"特征来实化这里"良知"的程度呈现方式，从而最终解读在字面上的只是其特征含义和"水滴"的现象类别信息特征，即"一丝良知"，而"水滴"这一形象本身无法显在体现。

可变形物：Потому и не надо выходить замуж, чтоб не лгать друг другу день и ночь, не гнуть свою совесть туда-сюда... Раньшевремени, по крайней мере... (М. Гиголашвили) 不让自己的良知弯曲变形。这意味着不违背自己的良知。

身体器官物（"内在的我"的组构成素）：чистая (нечистая) совесть (纯洁/污浊的良知), больная совесть (受到侵害的良知), запятнанная совесть (玷污了的良知), на совести лежат грехи (良知上有了罪孽/良知变得不洁). (Арутюнова, 2000а：75)

第八，良知是光亮、火花。

这一格式塔表明在俄罗斯民众的文化认识中，"良知"是一种希望，是幸福生活、光明前程的象征，是能够为人们带来一切美好事物的种子，在人们心目中建立起了正面、积极的文化形象。借此可以反映出"良知"在俄罗斯社会、文化和精神生活中发挥的正能量作用。

Цветаевское "Искусство при свете совести" вспоминается рядом недаром: оно и возникло одновременно, в том же 1932 году. (С. Г. Бочаров) 良知之光中的茨韦塔耶娃艺术。

Я же читала экземпляры другой литературы, просачивающейся в наш городок по всяким прогрессивным каналам: папиросные, хрупкие, полуслепые стихи Бродского, «Лебединый стан» и «Искусство при свете совести» Цветаевой, Ходасевича, Ахматову, «Заратустру», слушала Свиридова и Шостаковича, раздражавших мамин воспитанный девятнадцатым веком слух. (И. Полянская) 良知之光映照下的艺术。

На фоне этой лучезарной совести, символ которой возник где-нибудь на луговом просторе или в таинственных лощинах, хорошо выделяется колоритный символ той же силы в "Преступлении и наказании". (И. Ф. Анненский) 在这光明的良知背景下,《罪与罚》中独特的力量象征物鲜明地凸显出来。

Этого, я знаю, я не могу запретить вам, но ежели в вас есть искра совести... (Л. Н. Толстой) 要是你们还有一丝良知/良知的火花,我是不会制止你们的。值得注意的是,这里 искра совести 让人联想到的是"火花"物质形象,进而从理解上讲,需要将其转喻为"一点儿""丁点儿"(良知),即通过火花的"转瞬即逝""闪烁不定""难以捉摸"特征来表现和把握"良知"的类似特点。因此最终只是其特征含义、现象类别信息保留了下来,即"些许良知",而"火花"这一形象本身却是隐现的。

第九,良知是行事方式、行为理据、基础。

这一格式塔表明良知在俄罗斯生活各方面发挥的道德伦理标尺作用,反映出在俄罗斯民族意识中良知是以立身之本、行事之据的道德伦理形象出现的。而当"良知"成为行为规范要素和生活现实中人们社会行为的凭据和根本之时,所呈现的社会道德状态和面貌则是对"良知"的一种社会价值肯定和褒扬、礼赞。

... разрешать уголовное дело по своему внутреннему убеждению и совести, не оправдывая виновного и не осуждая невиновного, как подобает свободному гражданину и справедливому человеку". («Газета», 2003.07.02) 根据自己内在信念和良知来解决刑事案件。

Если бы меня спросили — что вы помните о времени работы в "Пароходстве"? — я с чистою совестью ответил бы — ничего. (М. А. Булгаков) 凭良知问心无愧地回答) 良知是行事的方式。

Это безупречная гражданская позиция, и было бы прекрасно, если бы наши обличители и критики могли с чистой совестью сказать про себя то же самое...» (В. Пелевин) 可以摸着良知对自己说。

Дело свое знают и трудятся на совесть. (Н. Костяева) 大家都熟悉自己的业务并且工作上很卖力气。

Если покаяние можно считать начальным моментом вперестройке ценностно-смысловой системы, то обрядкрещения — принятие на себя «обязательств служить Богу, жить доброй совестью и по заповедям» — является ее завершением. (В. Н. Павленко, К. Ваннер) 敬奉上苍, 凭良知生活。

Претендуя на роль квази-третейского института, комиссия рассматривала споры не в правовом поле, а руководствуясь здравым смыслом и совестью. (События (2004) // «Бизнес-журнал», 2004.03.03) 遵循常理/道义和良知。(良知是一种依据、原则)

— Совестью клянусь, не соврал, — завопил Борис, — это он всепридумал! (Д. Донцова) 用良知作担保, 没有撒谎。(良知是担保/保证)

О деталях, собственно, вы уже с ним договоритесь, у меня вэто лезть резона нет, но наши договорные условия на вашей совести. (П. Галицкий) 我没有理由来掺和/过问这件事, 但我们的协议/合作条件是基于你们的良知。

第十，良知是依靠、指望。

这一格式塔表明了俄罗斯人的社会价值依归和道德理想，体现出良知在俄罗斯社会生活中执行的扎实道德功能，表现的是人们发自心底的"良知"道德认同和精神寄托性。这从俄罗斯人的道德心理和道德精神预期上折射出俄罗斯民族的道德底蕴和道德伦理实质。

Если речь идет о частном продавце, реализующем колеса, на которых он до этого ездил сам, остается надеяться на его совесть. (И. Сирин) 现在能够指望的就只有他的良知了。

Наследник благодарил рассеянно, сказав, что о цене он неторгуется, а во всем полагается на его совесть. (А. С. Пушкин) 一切都只能看他的良知了。

— Да разве углядишь? Я на его совесть полагалась... Неужели надо было его к юбке моей привязывать? (М. А. Шолохов) 我倚仗的就是他的

良知，你难道没有看出？

以上格式塔分析直观地反映出 совесть 在俄罗斯民族意识中所蕴蓄的独特文化内涵，各种潜隐的"人""动物、野兽"及其他各种具体事物形象深刻体现出"良知"在俄罗斯人心目中所建立起的强大"道德行动力"及其在俄罗斯民族文化中的多维、立体性，显现出"良知"在俄罗斯人的潜意识中所扮演的各种社会角色和社会作用形象，从社会文化心理和民族心智层面展现出俄罗斯人同"良知"的意识互动关系以及对"良知"的深层道德伦理体验和切身感受。很大程度上讲，格式塔所蕴含的这些"人"和"事物"物象实质上是俄罗斯人对"良知"特有道德伦理功能身份体会的真实心理写照，借助这些形象可以细细体味出"良知"在人的灵魂深处的渗透力和精神促动性，同时"良知"也相应获得了丰满、细腻的道德心像呈现。因此，通过 совесть 的格式塔分析，未见诸字面的概念内容通过联想、对照、比附等形式呈现于文化思维识解之中，从文化现象类别信息及其相关的民族文化关联性方面为我们开启了深入分析文化概念 совесть 的思想大门，便于我们在这些丰富的文化想象中介由经验世界的（认知）心理映射进入俄罗斯民族的"良知"观念世界，同时真实地感知和领悟俄罗斯民族道德精神的文化真谛。正是在这一意义上，概念格式塔成为民族文化累积和文化循环、演进的重要方式和手段。

六 "совесть"的话语综合分析

在话语文本条件下，文化概念语词背后的框架性结构命题内容和动态化信息一般都包含文化主体主观认识，后者能够衍射出围绕相关文化概念的见解和主张，较为充分、完整地呈现出文化概念对应的文化脚本信息，从而在上下文因素的加持中得出大于概念语词意义本身的社会和民族文化含义，文化概念从而发散出一种整合性的文化语义效应。从人的道德心智上看，"良知"很大程度可归结为是一个"人性考验"的问题，文化概念话语句的综合分析恰恰十分有益于对这一人性内涵的深度探索和展现，并帮助我们从多个不同角度审视俄罗斯民族固有的道德人性。因而根据 совесть 概念语词的不同话语表现，能够描述出概念的朴素文化—语言世界图景，充分展示俄罗斯民族在历史洪流和社会进程中的道德文化耕耘成果，较为具体、现实地表现出含纳于其中的俄罗斯民族价值观、世界观、伦理观等精神思想内容，从而促进该文化概念的解读，为文化概念深入分析带来新的启迪。

（1）道德伦理观念上的文化解读。

После чистой совести доброе имя всего дороже на свете. (В. В. Измайлов) 美名是纯洁良知之外世上最宝贵的东西——即良知是世上比美名更为宝贵的东西。——这是对"良知"的一种重要而基本的观念解读，代表着俄罗斯民族文化中极有价值的道德伦理。

Если он принимает агрессивность отца в момент, когда произошло моральное становление, когда совесть развита, тобудет достаточно мудрым. (Физическое наказание: «за» и «против» (форум), 2007.01.05) 当良知高度发达，人则会变得明智。——这反映出良知在人的心智组成、结构中的重要性以及对人的智慧的影响，而深层次上表现出俄罗斯民族认知中对良知的高度价值认同，由此也可以看出，"良知"既是道德伦理基础，又是道德智慧内容，在俄罗斯社会伦理道德意识中有不可替代的地位。

Это в реальности означало, что ум, совесть, честь — признаки, отличающие человека от животных, — отторгаютсяот личности и становятся собственностью партии. (М. Д. Голубовский) 智慧、良知和人格是人类区别于动物的特征。——这从俄罗斯民族文化的认识高度体现出"良知"在人的道德社会属性和本质特征上具有的典型意义，显示出"良知"的道德伦理区分价值和特性，从而也凸显出"良知"的道德人文含义，可使人们重视对自身的道德认识和言行举止的检视、重视自己的道德伦理人格的培养和道德素质的提高。

Только нет таких средств, чтобы отстирать нечистую совесть. (В. Баранец) 没有可用来清洗肮脏良知的东西/肮脏的良知是无法清洗的。——这表现的是"人应该为自己行为负责，应该审慎对待自己的良知"这一道德伦理观念和文化认知，告诫人们不要玷污自己的良知、要捍卫自己的良知。

Нам остаётся одно, убежден писатель "жить по совести", ибо "средь нас большинство остаются к человеческим мукам по-звериному глухи". (М. Кузин) 凭着良知来生活。——这在"良知"同人的基本生活原则、生活凭据的密切关系之中显示出俄罗斯人的生活"良知"这一基本道德准则，体现出俄罗斯民族对良知的道德伦理观念文化解读。

Совесть важнее, чем материальные выгоды. (В. Шахиджанян) 良知比物质利益更为重要。——这是基于对"良知"的深刻理解而作出的道德伦理衡量，体现出一种朴素而深切的道德精神觉悟和高尚道德情操，反映的是俄罗斯民族在道德伦理同物质利益关系上的态度和认识，也从"良知"的观念认识上诠释出俄罗斯民众的积极人生哲学与道德理想。

К этому надо быть готовым всегда, значит, надо стараться держать в чистоте свою совесть. （Д. Гранин）应当永远努力保持自己良知的纯洁／让自己良知过得去／问心无愧。——这从"良知"的社会心智特征和精神品质属性上表现出相关于"良知"的道德理念，在道德认知和自我反省层面上体现出"良知"的文化底蕴和社会本质，表现出深刻的民族道德伦理观念。

Поколе совесть в нас чиста, то правда нам мила. （只要我们的良知是无愧的时候，我们就是爱惜／对得住真理的）只要我们良心无愧，真理就会和我们在一切。——体现出"良知"在世事因果中的积极轮回，这一方面反映了良知同真理的互进互补；另一方面表明良知是立行处事的基本道德准则，本着"良知"的道德精神出发点，自然就会有属于我们的那份回报，自然就有很多人和我们站在一起。真理、道义、良知在此很好地凸显出俄罗斯民族文化的道德伦理价值观念。

（2）道德伦理认识（意识）上的文化解读。

Благодарность требует от меня сего, и совесть — сей единственный судия не дел, но чувств наших — не порицает поступка моего. （Неизвестный. Истинное приключение благородной россиянки, 1803）良知不是事态的法官，而是我们内心感受的法官。——这深刻表明良知对人的道德、精神影响力和把控力，显示出良知与人的内在感受、与人的心性之间的密切关系，体现了"'良知'才是人内在的精神主宰"这一道德伦理意识。

Если в человеке живут и действуют чувства совести, чести, то в нем не может не жить и не действовать чувство ответственности. （Ю. Алехин）如果一个人有良知，那他不可能是一个在生活和行事中没有责任心的人。——这反映了"良知"在人的生活和社会活动中的积极意识作用和心智建设性和渗透力，表现出俄罗斯民族鲜明的"良知"道德认识。

Работа эта по плечу личности. Совесть — привилегия настоящего человека. А то, что многие не каются, — это непример. （Д. Гранин）良知是真正的人的特权和专利——这反映出人的品行同良知之间的关系，体现了良知对人的非凡道德塑造力这一文化认识。

Чистая совесть где хотите покажет бога, а ложь где хотите удалит от бога. （Н. С. Лесков）纯洁的良知是上帝想看到的，而谎言是上帝不想看见的。——通过"上帝"的眼睛以及良知同谎言之间的对比，显示出对良知的基本道德伦理认识，体现了俄罗斯民族的鲜明道德伦理倾向。

И я просто хотел на совесть сделать свое дело, постоять за честь России.（А. Сорокин）我只想照良知做好自己的事。——这是基于对"良知"的体悟和相关行为准则认定表现出来的个体化道德伦理认识。

Там продавалка такая старательная попалась, на совесть работала.（Д. Рубина）凭良知进行工作。——这反映了基于对"良知"和工作之间关系的认识而形成的一种朴素而真实的道德伦理意识，"凭良知工作"意味着相信自己所做事情的正义和公道以及对行为正确、有理的充分把握。

Потому что целый мир заключен в его совести.（В. П. Зинченко）整个世界都寓于他的良知之中。——反映出良知在人的生活、精神世界中的重要作用，同时也体现出人类正常运转和社会个体的生活、活动都离不开良知这一基本的道德伦理。

Патриотизм невозможен, когда мораль и совесть выведены за скобки политики.（А. Ципко）道德和良知超越政治范畴，就不可能有爱国主义精神。——表现出良知所具有的特定政治色彩，在"爱国精神"的高度上审视出"良知"背后的政治特性，反映出一种独特的"良知"道德伦理认识和意识形态。

Видишь ли, Андрюха, стоит человеку один раз перешагнуть через свою совесть, он уже незаметно для себя деградирует.（А. Грачев）一个人一旦迈出自己良知的门槛，那他就会不知不觉地衰退/颓废、沉沦下去。——这表明"良知"作为基本道德伦理在人的行为中的指导、制约作用和人性定力作用，反映出良知是人的道德伦理底线这一民族认识。

Последний суд над совестью нашей принадлежит не нам, принадлежит не людям, а Богу; и Его слово, и Его суд нам ясны в Евангелии — только редко умеем мы к нему вдумчиво и просто относиться.（митрополит Антоний［Блум］. Об исповеди, 1997）良知的最终法庭/最高法庭不是我们自己，也不是别人，而是上帝。——这一方面表明上帝在俄罗斯民族意识中的分量，另一方面也显示出"良知"同上帝之间的特殊关系。

（3）道德伦理判断上的文化解读。

Но пред судилищем моей совести — пред судилищем верховного судии, я без трепета, без страха отдаю отчет в делах моих и уверена, что они не привлекут на меня гнева его.（Неизвестный. Истинное приключение благородной россиянки, 1803) 在自己的良知法庭——最高法官的法庭面前，我勇敢地认清了自己。——这表明对于人来讲，最高的审判不是外部施加的判决，而是自己良知上的责罚，良知法庭是最高法庭。这即如法庭上拼的是证据，法庭下面拼的却是人的良知。

— Дедушка у нас на юге всякую совесть потерял, — засмеялась Анна. (А. И. Куприн) 丝毫不讲良知/昧良知。——这表现出对"违背良知做事"的一种道德伦理谴责和批评态度，体现了对"良知"道德表现的基本认知和价值判断。

— Надо тебя поучить, а то совсем потеряла совесть. (Ю. Коваль) 应当教训教训你，否则你会丧尽天良。——这是通过行为举止的认识、态度关系旗帜鲜明地反映出俄罗斯民族对"昧良知"这一违背道义品行的行为所作的道德伦理判断。

Тогда, значит, разум, совесть, добро, гуманность — всё, всё, что выковывалось тысячелетиями и считалось целью существования человечества, ровно ничего не стоит. (Ю. О. Домбровский) （人类千百年来锻造出来的）理性、良知、善良、人道（仁爱、仁慈）是人类生存的目的……——这反映出"良知"在人的生活、生命中的核心地位、价值，是对"良知"的特殊社会性存在及人类价值理念所作的一种道德伦理精神判断。

Правда, всякий не поврежденный честолюбием умный человек понимает, что совесть выше ума. (Ф. Искандер) 每一个不为虚荣心所困的聪明人都明白，良知要高于智慧。——这是对"良知"在人的心智、精神成长中所扮演的重要角色的高度认同和肯定，是有关于"良知"的一种社会本体论意义上的道德伦理判断。

— Кстати, попытка при помощи молитвы и покаяния умиротворить совесть не есть ли в некоторой мере бессовестность? (Ф. Искандер) 试图通过祷告和忏悔来求得良知慰藉（平和/安宁/安慰），这是不是也是一定程度上的昧良知？——这告诉人们如何才能使得良知上问心无愧，反映了"要想良知平和安宁，就是不要做有违良知的事，否则无法挽回"，从反方向作出了一个有关"良知"的道德伦理判断。

Это и будет та единственная правда, без которой нельзя жить, — правда совести. (Н. Молева) 良知的真理将是唯一的、生存中不可或缺的真理。——这显示出"良知"在俄罗斯人心目中的价值和重要性。

Это момент, когда мы встаем перед своей совестью, стоим перед Живым Богом, и произносим над собой суд. (митрополит Антоний [Блум]. О совест, 1985-1995) 当我们站在自己的良知面前，站在活的上帝面前，就是要对自己作出判决。——这表明"良知"就是对自己的审视和判定，反映出人对自身的道德伦理反省。

（4）道德伦理评价上的文化解读。

Совесть не только ангел-хранитель человеческой чести — эторулевой его свободы, она заботится о том, чтобы свобода непревращалась в произвол, но указывала человеку егонастоящую дорогу в запутанных обстоятельствах жизни, особенно современной. (Д. Лихачев) 良知不仅是人类人格、名誉的保护者、人类自由的向导，它还约束着自由不会变成任性和恣意妄为。——这表明"良知"在人的精神生活、社会活动中发挥的积极作用以及对人心性、志趣上的有力引导和管束作用，从人的成长和社会形象方面形成对人"良知"的道德伦理功能评价。

Или всё-таки нужен какой-то регулятор: совести, нравственности, порядочности? (В. Плотников) 良知，道德，品行正派是一种调节器。——这是从社会道德能力和人的品行建设上对"良知"作出的评价，反映出"良知"在复杂的人性表现关系中所具备的特殊道德伦理文化价值。

Все они боятся попасть в ад из-за нечистой совести, а твоя совесть, Берни, это белая роза, хоть она и расположена немного в стороне от твоего тела. (В. Аксенов) 他们所有人都害怕因为良知不纯/昧良知而入地狱，而你的良知是洁白的玫瑰。——这里通过同"昧良知"的对比，对圣洁的"良知"作出了高度的道德评价。

А. Синявский прекрасно заметил: советские диссидентыпоявились, когда обычные люди твердо решили считать честью достоинство, совесть и способность критически мыслить своими неотторжимыми атрибутами, а не принадлежностью какой-то КПСС. (М. Д. Голубовский) 一般人坚定认为人格与自尊，良知与批判性思考能力是自己必不可少的属性。——这体现出人们对"良知"这一人的基本道德、社会特性的积极评价，这是在社会伦理立场上对自身存在方式、行为依据作出的"良知"道德评价。

Нет более тяжкого суда, чем суд своей совести. (К. Ваншенкин) 没有比自己良知的法庭更沉重的法庭。——这反映出"良知"是人最难以迈过的门槛，体现出"人才是自己最大的敌人、最难以战胜的"这样一个道理，可看出在俄罗斯民众意识中，"良知"是人们最后的道德伦理底线。

Отцы Церкви, комментируя этот отрывок, соперником называют нашу совесть. (митрополит Антоний [Блум]. О совести, 1985-1995) 良知被称为是我们的对手。——这是在人自身的道德审视中对"良知"进行的一种评价，客观表现出人同其"良知"之间的特殊关系。

（5）道德伦理价值上的文化解读。

Можно просить совета у иконы, а можно прислушаться к голосу своей совести. (Э. Розенталь) 可以从圣象那里得到劝告和建议，但更可以倾听自己内心良知的声音。——这充分反映出对"良知"的价值肯定以及道德伦理价值属性。

— Люди с верностью и совестью всегда в цене. (А. Иванов) 忠诚守信而有良知的人永远是最宝贵的。——这是在人的品质、德行认识中对"良知"进行的道德伦理价值文化解读。

Никакое самое совершенное законодательство не будет работать, если в людях молчит голос совести. («Журнал Московской патриархии», 2003.12.10) 如果人的良知丧失，那么任何完美的立法都是没有用的/再完善的法律也无济于事。——这充分表现出良知在民族、社会中的重要性和价值。

Вы — совесть человеческая, Вы — выразитель и народной совести. Ибо Вы — писатель. Вы должны помочь правде. (Л. Спиридонова) 你们体现了人类的良知，也是人民良知的表达者。因为你们是作家，你们应该帮助真理。——这表明"（有）良知"是对人最高的褒扬和认可，显示出"良知"在俄罗斯人心目中的崇高地位和价值。

«Все в дело» и «рабочее состояние» — это наше профессиональное состояние, наша профессиональная основа, но должна быть, и есть, еще человеческая, которая зовется совестью, и без нее мы можем превратиться в роботов. (В. Аграновский) 失去良知，我们就会变成没有头脑的人。——这从"良知"之于人的不可或缺性（在人的智慧、思维中的基础性作用），对"良知"作出了道德伦理评价。根据这一道德评价，要是没有良知，即便有头脑、有智慧有是没有用处的。

Ведь все уперлось в совесть рядового советского человека. (Н. Горланова) 一切都依赖/立足于普通苏维埃人的良知。——这是前苏联时期对"良知"道德伦理价值和社会价值功能的高度评价。

（6）道德伦理认知上的文化解读。

Но поведение его не всегда соответствовало вечным ивсеобщим правилам морали. Совесть его была ограниченакняжескими заботами. В сущности, первым интеллигентом на Руси был в конце ⅩⅤ— начале ⅩⅥ века Максим Грек — человек итальянской и греческой образованности, до своего монашества носивший имя Михаила Триволиса и принадлежавший к учёному кругу Альда Мануция. (Д. Лихачев)（受各种外界因素影响）他的良知纤绊于各种操心的事情。——这是从日常生活的各种考验人良知的事情之中对"良知"所作的一种认知解读。

Мне было важно показать, как совесть превращается в химеру. (Ю. -Кантор) 良知变成了一种幻想（怪兽饰）。——现实中有时要看到一个人的良知是不容易的，这是对缺乏良知的社会现实的一种认知解读，也表现了对这一社会道德状况的不满。

Плохих людей не мучает совесть на протяжении многих лет. (《Солдат удачи》, 2004.08.04) 那些歹人不会感到良知上过不去的/是不会在意良知的——那些歹人不会感到良知上过意不去/是不会在意良知的。——这是对漠视良知的特定社会群体的伐挞，形成对这一群体行为品节的道德伦理认知。

Можно исказить сознание народа, но совесть его — никогда. (《Жизнь национальностей》, 2004.03.17) 可以曲解人民的意识觉悟，但决不能歪曲他们的良知。——这是基于对民众的了解所建立起来的对其"良知"道德品行的认知，同时也表现出"良知"不容玷污这一基本社会共识。

Он и его совесть никогда не разлучались. (Г. Фукс) 他从来没有离开自己的良知。——这从一个侧面反映出"人不能没有良知"这一基本的道德伦理文化认知。

В этом смысле высоконравственная чистая любовь являетсянастоящей школой воспитания совести, развитием способности давать эмоциональную оценку каждому своемупоступку. (В. Шахиджанян) 道德高尚的纯洁的爱是进行良知教育的真正学校。——这表明在人的意识中"良知"的最本质、核心的内容是要有"爱"和"爱心"，体现出对"良知"的质朴而本真的认知。

На место Бога я ставлю врожденную каждому человеку совесть. (И. -М. Дьяконов) 把每个人与生俱来的良知摆在了上帝的位置。——这表现的

是"良知"在人的心目中的特殊重要地位这一道德文化认知。

Но доля совести сокрыта в каждом человеке, добром и злом, заисключением немногих монархов и великих вождей. (И. М. Дьяконов) 每个人心中——善良的,凶恶的人,多少都会有良知的成分。——这是从切身的经验认知中得出的有关于"良知"的基本道德伦理体悟。

（7）道德伦理经验、体悟上的文化解读。

Не свободен интеллигентный человек только от своейсовести и от своей мысли. (Д. Лихачев) 有知识文化的人在良知和思想上都是不自由的/都是有束缚的。——这是从自身切身体会上指出了特定群体因为考虑顾及的因素多,社会良知责任感强,因此在处理事情的过程中受到的牵制相应就多。这在社会群体层面的经验感知上对良知作出了文化解读。

Чего же ты хочешь от меня, совесть? (И. Грекова) 良知,你到底要我怎么做?——这表明"良知"是人的行为的驱使和原动力,从自身经历上对其道德伦理含义进行了文化解读。

Социальный инстинкт требует от нас самоотречения, а совесть учит человека не уклоняться от страдания, чтобыоно не придавило соседа, пав на него двойной тяжестью. (И. Ф. Анненский) 社会本能要求我们弃绝私利,良知教会人不躲避痛苦,保护他身边的人不会遭受这一痛苦。——这从"良知"对人的生活启迪、生活引导上体现出它在人的生命中的道德意识价值,反映出人对"良知"的道德伦理经验体悟。

В повести «Материнское поле» он скажет: «Мать — это началородины, мать — это родной язык, мать — это совесть, вкушенная вместе с молоком». (В. Молчанов, К. Сегура) 母亲是祖国的本源,母亲是母语,母亲是连同牛奶一起被感受捕捉到的良知。——这从自身生活体会和现实感知中表现出"良知"的纯然本性和在人的生命中的不可替代的价值,表现出鲜明的道德伦理认识内容,即"良知"已经成为生活的一部分。

Человек сплачивается с людьми, лишь раскрыв свой потенциал любви и совести. (Р. Х. Шакуров) 充分展现出自己的爱和良知,人和人才能走到一起。——体现了"良知"在人与人之间关系和精神、情感、社会交往中起到的特殊凝聚力作用,反映出"良知"可以拉近彼此距离,有着特殊的社会、人际关系调谐功能,这是一种真实、自然的道德伦理意识体会。

То ли она пришла мириться, то ли на что-то жаловаться, а может быть, её грызла совесть. (Ю. Трифонов) 她来这里要么是为了和解,要

么是想抱怨什么，也可能是受良知的折磨。——这从人所受的精神、道德折磨和苦痛这一生活体悟中表现出俄罗斯民众对良知的道德伦理经验文化解读。

（8）道德伦理情感上的文化解读。

То есть сперва я подумал, что, узнав о своём нечаянномпоступке, вы огорчитесь, у вас испортится настроение, васбудет мучать совесть. （А. Слаповский）你们会受良知折磨/责备。——这体现了"良知"在人的心理—情感世界中的微妙作用，表现的是"良知"在道德伦理关系上对人的心理、情感、意志的影响力、良知对人的情感心理的渗透力。这是立足客体定位的"良知"道德伦理文化解读。

Совесть устрашала молодого человека. Повторяем, что он имел великие страсти, но имел и любовь к добродетели. （В. В. Измайлов）良知让这个年轻人害怕。——这表现的是"良知"通过对人的行为心理的制约和影响所产生的一种震慑力（使其感到惧怕），体现出"良知"对人的情绪影响和道德情感作用性。

Ему хотелось хоть как-то успокоить свою совесть. （А. Геласимов）他想以某种方式安抚自己的良知。——这表明在人的行为与良知之间有一种平衡关系，这种平衡被打破，就可能带来良知上的不平和伤害，为了重新找回这一平衡，良知即需要得到情感上的抚慰。这显示出"良知"的道德情感特性，同时也是对"良知"的一种道德伦理文化解读。

Вот он и утешал свою совесть, показывая при этом властям кукиш в кармане. （Н. Воронель）他安慰着自己的良知，表现出自己暗中对当局的不满/对当局的轻慢。——这表明良知会受到伤害、背弃，需要人的慰藉，显现出良知的道德伦理情感因素、特征。

Всеми силами печись не раздражать внутреннего судию твоего, совесть твою: от её единой гнева рождается в душе червие и чирие, денно и нощно ярящееся и лишающее душу бесценного мира. （Г. Сковорода）想办法不去激怒你的良知。——这反映出良知也会受到各种刺激，会生气、会愤怒，这些心理—情绪反应表明俄罗斯人对良知的道德伦理情感理解。

Этот невольный грех омрачал его совесть до конца жизни. （В. Дегоев）这一无心之过让他良知一辈子都难过。——这表明"良知"也是有心情、有情感的，行为处理的不当，哪怕是无意当中的过错，也会给"良知"带来情感上的消极影响，使其在情感上过意不去，体现出"良知"

的道德情感意志特性。

　　Бабы не задумываются над тем, что такое Надежда, они нежалеют ее, но какая-то совесть в них начинает глухо ворчатьпри виде черной, как бы спекшейся фигуры, прошедшей чуть лине адское пламя, хотя какое там пламя！（Л. Петрушевская）良知开始低声埋怨。——这是从道德意识深出对"良知"的一种情绪行为的刻画，在人的情感认识和行为关系上对"良知"道德伦理情感进行了相应文化解读。

　　（9）道德伦理操守上的文化解读。

　　Единственной гарантией объективности врачей может быть только их совесть и профессионализм（他们的良知和职业技能）. (М. Бойцова)（职业良知）能够成为医生唯一客观保障的只能是其良知和专业技能。——由此可看出在职业行规中，"良知"是最为基本和至关重要的，这是对"良知"道德操守的一种文化解读。

　　Ведь профессиональная этика так громко взывает к совести？（П. Михненко）不是吗？职业伦理道德在大声疾呼着人的良知。——这是对从业者"良知"的大声疾呼，表明职业操守十分需要人的"良知"，要想做好专业技能上的事情，首先就要具有一颗做人的良心，从社会行为与个人修养的关系层面上形成对"良知"的道德伦理文化解读。

　　Это собачья должность, если исполнять ее по совести. (С. В. Логинов)根据良知来履行职责。——这从履行职责的依据、规则上，体现出对"良知"的道德伦理操守文化解读。

　　Совесть — это главная черта русской интеллигенции, ее отличительное качество, которое и в условиях СССР было присуще многим людям… (В. Молчанов, К. Сегура)良知是俄罗斯知识分子的主要特征，在苏联时期这一典型品质在许多人身上都有。——这在知识分子身上体现出职业操守上的"良知"特性表现，形成"良知"的道德伦理操守文化解读。可以认为，俄罗斯知识分子的"良知"是俄罗斯民族重要而独特的道德伦理贡献。

　　Сыновья, муж дочери — все ушли добровольцами, было стыдно, совесть не допускала не быть среди бьющихся за правду, заотца… (Т. С. Франк)良知不允许脱离为真理而斗争的人群。——这是从为人的操守中、人同真理之间的关系中表现出来的对"良知"的道德伦理操守文化解读。

　　Ни стыда, ни совести, наплюй ему в глаза, всё будет божья роса！

(Ю. О. Домбровский) 没有耻辱心和不讲良知的人应该遭到鄙视。——这是从对待"良知"的鲜明态度上所作出的"良知"道德伦理操守文化解读。

«Книга — кубический кусок дымящейся совести», — обмолвился он когда-то. (А. Вознесенский) 书是一散发（冒）着良知气息（烟气）的立方块。——体现出书是要讲"良知"的、书要传达出"良知"这一道德伦理信念，透射出"讲良知、传递正义"是著书者的基本社会良知和道德伦理操守。

（10）道德伦理立场、主张上的文化解读。

Разводиться надо со спокойной душой и чистой совестью, а не сгоряча. (С. Бородин) 离婚应该平和而有良知，而不是凭一时冲动。——这体现出从道德伦理立场透射出的生活态度、生活良知。

Если у молодого человека нет совести — грош ему цена！(Ю. О. Домбровский) 如果一个年轻人连良知都没有，那他就一钱不值。——这从做人的基本良知的评价上表达出其道德伦理立场、主张上的文化解读。

За что же я совесть свою, отца продал? (Ю. О. Домбровский) 我为什么出卖自己的良知？——这是对"出卖良知"这一行为的否定立场和态度，通过这一见解和主张体现出对"良知"的道德伦理文化认识。

Предметом продажи у нас становится все — и честь, и совесть, и душа, и Родина. («Жизнь национальностей», 2001. 11. 23) 我们这里一切都成了买卖品——名誉、良知、灵魂，还有祖国。——这一方面指出了这种极不正常现象的存在；另一方面表达了对"出卖良知"这一不耻行为的强烈批判态度和鲜明抗议立场。

Иван Иваныч Сейгутегин, главный мастер и заслуженный художник СССР, режет кость на дому и очень переживает, что передать мастерство некому: молодые теперь работают не за совесть, а за деньги. (Л. Титова) 现在的年轻人不是为良知工作，而是为钱而工作。——这表达了对俄罗斯现代社会中背离"良知"这一基本出发点的行事方式的鲜明批判和反对态度，形成对"良知"道德伦理立场的文化解读。

В этом комке противоречий и нестыковок каждый вынужден поступать по зову совести, воспитания и обстоятельств. (Новая тема, которую никто пока не трогает (форум), 2008) 每个人都不得不本着良知的召唤做事情。——这是从"良知"对人的心性和道德意识的潜在约束力和重要影响上对其进行的道德伦理立场解读，同时也反映出"良知"是人

的行为道德依据这一社会精神共识和价值主张。

Но видел уже: не оставят добром, нельзя допустить, чтобы человек сам распоряжался своей совестью, твоя совесть не тебе принадлежит. (Г. Я. Бакланов) 不能容许一个人违背自己的良知，而你的良知已经不属于你。——这从做人的道德基本点上对"良知"进行了文化精神立场上的解读。

Так вопрошают без постоянного местожительства лица, Укоторых лишь зажеванный чуингам Скрыт за щекой, а в карманени цента, У которых совесть расхлябана, но хитрость мудра, Ну вот вы и появляетесь на террасе Кеннеди-центра В четырес четвертью, с проблесками утра. (В. А-ксенов) 这些人良知都被吃掉了/昧良知，但灵巧机敏，诡计多端。——这反映出社会更应该看重的是人的良知这一道德精神主张。

У кого пульс совести не прослушивается — выйдите за дверь! (С. А-тасов) 半点良知都没有的人，给我滚出去！——这表明了对缺乏良知行为的鄙视、愤怒这样一种道德伦理主张。

（11）道德伦理功能上的文化解读。

Как говорил один мой приятель: "У всякого есть совесть, нонадо создать такие условия, чтобы хочешь не хочешь, а она проявлялась". (И. Грекова) 每个人都有良知，但应该想办法让其无条件地表露出来，发挥其作用。——这从"良知"的社会、精神价值功能上对其进行了道德伦理上的文化解读。

Или выясняется, что россияне ставят совесть и интересы семьи выше права, тогда как «по логике классического рынка, в гражданских отношениях закон должен первенствовать». (Р. Ганжа) 俄罗斯人把良知和家庭利益置于高于法律的地位。——这在同法律的对比高度上表现了俄罗斯对良知的道德伦理功能理解，体现出对良知作用、地位的深层次文化解读。

Валерий Дмитриевич рассказал, что благодаря несовершенству законов в начале XIX века в России родилась пословица: «Надо жить не по закону, а по совести». (С. Любимов) 应该凭着自己的良知来生活，而不是法律。——这表明在俄罗斯民族意识里，良知甚至高于法律。这充分体现出"良知"在俄罗斯民众道德精神意识中至高无上的地位。

И если человек находит в себе силу поступить по совести, он чувствует такой прилив счастья. (В. Гроссман) 如果一个人有勇气凭良知

做事，那他就会感觉到强烈的幸福。——这从"幸福"感（心理快慰、满足）的心理体验上表现出对"良知"的领悟，在"按良知行事"同"幸福体味"的因果关系中呈现出其道德伦理功能上的文化解读。

Наша совесть, как прилипчивый соперник, совопросник идет рядом с нами в течение всей нашей жизни. （митрополит Антоний［Блум］. О совести, 1985-1995）良知是我们体面/真正的对手和争论者、交谈者，它会在一生中伴随着我们。——这一方面体现出"良知"在人的生命中扮演的特殊角色、发挥特殊的功能；另一方面反映出"良知"是人一生中都必须拥有、同时也需要一生都面对这样一个道德伦理。

归结起来，文化概念的话语综合分析有助于在话语框架内容（文化脚本）的烘托中，观照文化意识中人们对相关文化概念的理解和认知。通过话语综合分析可以对文化概念 совесть 作出道德伦理观念、道德伦理意识、道德伦理判断、道德伦理评价、道德伦理价值、道德伦理认知、道德伦理经验体悟、道德伦理情感、道德伦理操守以及道德伦理立场等多方面的文化解读：

以上有关俄罗斯民族道德伦理文化概念 совесть 的话语综合分析通过良知在人的心智组成、结构中的重要性以及对人的智慧的影响、良知在俄罗斯社会伦理道德意识中不可替代的地位、良知在人的道德社会属性和本质特征上具有的典型意义以及良知的道德人文含义表现出"人应该为自己行为负责，应该审慎对待自己的良知"这一道德伦理观念和文化认知，告诫人们不要玷污自己的良知、而要坚守自己的良知。另外，在良知同人的立行处事生活原则、生活凭据的密切关系之中显示出俄罗斯人的生活"良知"这一基本道德准则，基于对良知的深刻理解而作出的道德伦理衡量、良知的社会心智特征和精神品质属性以及道德认知和自我反省层面上体现出的"良知"的文化底蕴和社会本质反映出俄罗斯民族对良知的道德伦理观念文化解读。

通过良知对人的道德、精神影响力和把控力，显示出良知与人的内在感受、与人的心性之间的密切关系，体现了"'良知'才是人内在的精神主宰"这一道德伦理意识，反映了良知在人的生活和社会活动中的积极意识作用和心智建设性和渗透力，表现出俄罗斯民族鲜明的良知道德认识，通过人的品行同良知之间的关系、良知同谎言之间的对比等显示出俄罗斯人对良知的基本道德伦理认识，体现了俄罗斯民族的鲜明道德伦理倾向。另外，基于对良知的体悟和相关行为准则认定以及良知在人的工作、生活、精神世界中的重要作用、良知在人的行为中的指导、制约作用以及良知同上帝之间的特殊关系等反映出俄罗斯民族意识中对良知的道德伦理认识文化解读。

通过对"违背良知做事"的一种道德伦理谴责和批评态度、通过行为举止的认识、态度关系旗帜鲜明地反映出俄罗斯民族对"昧良知"这一违背道义品行的行为所作的道德伦理批判，反映出"良知"在人的生活、生命中的核心地位、价值，形成对"良知"的特殊社会性存在及人类价值理念的一种道德伦理精神判断，通过"良知"在人的心智、精神成长中所扮演的重要角色反映出俄罗斯民族对良知的道德伦理判断，并通过良知重在人对自身的审视及道德伦理反省等体现出俄罗斯民族在道德伦理判断上的文化解读。

通过良知在人的精神生活、社会活动中发挥的积极作用以及对人心性、志趣上的有力引导和管束作用，从人的成长和社会形象方面形成对人"良知"的道德伦理功能评价，通过社会道德能力和人的品行建设、复杂的人性表现和道德审视以及"昧良知"同"圣洁的良知"的对比性对良知作出了高度的道德伦理评价，体现出人们对"良知"这一人的基本道德、社会特性的积极评价。

通过对人的品质、德行认识与良知的关联、良知在俄罗斯人心目中的重要性和价值以及良知之于人的不可或缺性（在人的智慧、思维中的基础性作用）等反映出俄罗斯民族道德伦理价值上的文化解读，充分表现出良知在民族、社会中的崇高地位和价值。

通过社会对人性良知的考验以及对漠视良知的特定群体的伐挞形成有关于良知的道德伦理认知，基于对民众的了解所建立起来的对其"良知"道德品行的认知反映出"人不能没有良知"这一基本的道德伦理文化认知，表明在人的意识中"良知"的最本质、核心的内容是要有"爱"和"爱心"，体现出对"良知"的质朴而本真的认识。

通过人的自身经历和社会群体的经验感知、良知对人的生活启迪、生活引导等反映出俄罗斯人对良知的道德伦理经验体悟，通过良知已经成为生活的一部分的感受、良知在人与人之间关系和精神、情感、社会交往中所起的特殊凝聚力作用和社会、人际关系调谐功能等真实、自然地呈现出俄罗斯"良知"的道德伦理意识体会，并且从人所受的精神、道德折磨和苦痛这一生活体悟中表现出俄罗斯民众对良知的道德伦理经验文化理解。

通过良知在道德伦理关系上对人的心理、情感、意志的影响力、良知对人的情感心理的渗透力、良知对人的情绪影响和道德情感作用性体现出良知的道德情感特性，通过良知所经历的焦躁、不安体现出它同人的行为举止之间的特殊情感关联，形成"良知"的道德伦理情感文化解读，另外，透过良知的精神意志性和情绪主张表现出它在同理智的关系中可能会发挥更大的情感影响作用，这是来自于内心深处的一种情绪感昭力量，并由此从认知的比较关系和人的情感认识与行为关系中显示出俄罗斯民族对良知的道德伦理情感文化解读。

通过履行职责的职业操守、从业者的"良知"表现以及社会行为与个人修养的关系等形成"良知"的道德伦理操守文化解读，另外，通过特定社会群体的为人操守、准则及其对待良知的态度、该群体同真理、良知之间的关系等体现出俄罗斯民众对"良知"的道德伦理操守文化解读。

通过对做人的基本良知的评价、对"出卖良知"等失德行为的强烈批判态度和鲜明抗议立场形成对良知道德伦理立场的文化理解，体现出良知的作用和表现需要相应的社会精神和道德土壤，从社会道德底蕴和自我精神认识上对良知做出了道德主张上的文化解读，另外，从良知对人的心性和道德意识的潜在约束力、重要影响以及做人的道德基本点上对良知进行了文化精神立场上的解读。

通过同法律的对比关系反映出俄罗斯民众对良知的道德伦理功能理解，体现出良知甚至高于法律的民族意识，折射出"良知"在俄罗斯民众道德精神意识中至高无上的地位，从"幸福"感的心理体验以及"按良知行事"同"幸福体味"的因果关系中展示出其道德伦理功能，另外，通过良知在人的生命中所扮演的重要角色和发挥的特殊功能反映出"良知是人一生中都必须拥有、同时也需要一生都面对"这一基本道理，显示出俄罗斯民族在良知道德伦理功能上的文化解读。

总之，这些立足于话语框架和概念脚本的文化解读在现实交际的文化语境下真实地映现出俄罗斯民族"良知"的道德伦理架构和形象，动态化地反映出俄罗斯民众的道德伦理生活状貌、样态及其在"良知"这一基本民族心性上的道德伦理文化意识和道德精神价值主张，便于形成有关于совесть概念的文化认知完形心理认识，从而使我们能够更为客观、全面地领会和把握该文化概念所传递的俄罗斯民族伦理观念意识和道德思想精神。

七 小结

"良知"是道德情理属性的内在意识表现，它能够从精神品德与文化质素上成就一个人，改变一个人，拯救和塑造一个人，深刻体现出"文化的内在性、精神性、生命性"（彭文钊，2004b：12），正因如此，我们说"良知"其实是凝铸于"人"字的道德文化枢要。以上有关俄罗斯民族道德伦理文化概念 совесть 的研究和分析表明,"良知"是俄罗斯社会文明和价值行为举止的重要原发和导引,它在俄罗斯民族意识深处体现着社会意志和道德伦理基本关系原则,昭示着俄罗斯民族文化心智所孕育、传续的道德精神实质,即诚实正直和品行端正(诚实,客观,讲原则,真诚,直率,正派,气度高尚,躬行正道,信义良善)等是同"良知"紧密联系的道德伦理内容,"良知"是俄罗斯民族的道德之魂和道德境界,它十分详明地勾勒出俄罗斯民族的道德伦理形象,全方位、立体化地呈现出该民族的道德伦理意念和道德思想精神特质。从人的价值本体存在、社会人文基准和社会文化期许与观念意识方面阐明了"良知"既是人的一种直觉、本能和道德赋性,它几乎内化为人们生命本能的一部分,但与此同时它更是人性的一种文化理想追求以及借由于人而实现和崭露出来的民族、社会道德气节和道德伦理文化精神。分析显示,俄罗斯民族文化概念"良知"具有十分丰富、独特的道德伦理内涵及鲜明的民族特质,并且这一内在民族文化基核拥有十分强大的外延张力;俄罗斯"良知"可以物化为交谈者、法官、敌手、迫害者、折磨者、行刑者、忏悔者、争论者及合约人等各种"人"的形象,也可以映现为野兽、昆虫等动物形象,还可以被实体化为声音、光亮、火花、尖刺等事物以及商品、负担、依靠、指望等文化意象,这些形象从不同生命体的意志特征和行为(表现)内涵上折射出俄罗斯民族"良知"的深层道德体悟与道感;通过隐喻搭配可形象、实在地呈现出寓附于"良知"的俄罗斯民族意识、民族心智内容;借助话语综合分析,能够在整体性的话语内容中感受和体会相关概念的意识化文化内涵,动态化地解读出"良知"文化形象所蓄隐的有关俄罗斯社会人文和精神意志的多方面价值表现信息。这些道德伦理文化内容相互融合和渗透,构建起强大的民族"良知"文化信息库,从民族心性和道德伦理实质上放释出文化概念 совесть 的精髓及俄罗斯文化道德意涵。正是从这一意义上说,文化概念"良知"集中展现了俄罗斯民族道德伦理的人文精彩,很好地诠释并彰显出俄罗斯民族的生活认识、道德形态与道德人性的生命尊严。

第二节 "справедливость"(公正)的分析与解读

"справедливость(公正,公道,正义)是一个有关'人如何行事'的概念,它要求社会个体的现实价值与社会地位、权利与义务、付出与回报、罪与罚等方面相称"（Прохоров, 2001: 1490）。人们常说，"公道自在人心"，这表明了"公道，公正"的自我性和自在性，"俄罗斯民族语言意识的道德律令即要求公道、正义"（Арутюнова, 1998: 636-640）。对平等的追求、对普遍的公正的渴望同民族、社会的文明和进步紧密相连，"公正是俄罗斯民族心智的基本思想"（Колевов, 2004: 77），"对于挚爱公正的人来讲，公正已经不是相对价值，而是道德绝对精神，它无需证明，而是人所直接感知。……公正是宇宙结构的固有属性，它构成最高的宇宙建构原则之一"。（Левонтина, Шмелев, 2000: 287）例如: Я говорю ясно: хочу верить в вечное добро, в вечную справедливость, в вечную Высшую силу, которая все это затеяла на земле.（В. Шукшин）根据 Е. О. Голынчик, О. А. Гулевич 的调研统计，围绕 справедливость（公平，公正，公道，正义）这一文化概念和语词，俄罗斯民众心理联想较多的分别是"诚实"（«честность», 48%），"真"（«правда/истина», 29.8%）和"法规"（«закон/уголовный кодекс», 27.9%），其他还包括"法庭"（«суд», 17.3%），"平等"（«равенство», 12.5%），"善良"（«доброта», 11.5%）[①]，"平等"（«равноправие», 8.7%）"正派"（«порядочность», 8.7%）。在宗教意识中，俄罗斯人将公正与上帝联系在一起，认为上帝自有其公正（Ф. Горенштейн），人们都希望命运能给予自己以公正，希望上帝能为自己主持公道（Д. И. Фонвизин）。人际交流、社会交往中，人们高度肯定和崇拜在社会生活、事务中能够公正行事的人（А. Рыбаков），正义、公道成为人们寄予希望的对象，并且认为社会道统应该主持公道、捍卫正义（В. Ремизов）。总体上讲，善良，道德，"真"同正义是联系在一起的，都同正义有关（Права человека глазами детей // «Знание - сила», 2008），"在俄罗斯民族世界图景中，公正同真、善一样，都体现着基本的道德价值"（Левонтина, Шмелев, 2000: 289）: А душа, уж это точно, ежели обожжена, Справедливей, милосерднее и праведней она（Б. Окуджава）; Нету правды и нет справедливости там, где жалости нету и милости.（И. -Губерман）而在个体化的社会认知中，为了坚守正义，如果说话不管用，甚至可以用拳头（О. Новикова），这一极端行为方式折射出社会个体对正义、公道的一种决绝态度。从社会政体的高级层面上看，公道、正义是治理

[①] 有观点认为，善良比公正更重要。这一情形下，对公正的追求如若不被视为罪恶，也同善良相抵牾（Левонтина, Шмелев 2000）。

国家的人应该具备的品质，比如，在古罗马人的学说中，理想的统治者应该具有四种不同的品质——温和、公正、宽厚/包容、理智/慎重（А. Н. Толстой）。俄罗斯民族文化中的"公正"同法律的关联中得以特殊展现，"俄罗斯精神中，同法律相对立的可能并非不好的事物，而是某种积极、善良、正面的事物。在俄罗斯人意识表征中，存在于法律之外的是'善良、良知和公正'，这构成俄罗斯式的特殊对立"（Степанов，2001：571）。因此，"当法律获胜、罪犯受到惩戒之时，俄罗斯人意识中联想到的不是公正的胜利，而是受罚者所遭受的不幸"（Степанов，2001：571）。相应值得注意的是，俄罗斯文化中的公正具有某种情感性、主观性，справедливость 包含了一种对人的内在情感的诉求的成分，这也是它区分于可表"正当，合理，合法"意义的 законность 的地方（Левонтина，Шмелев，2000：282）。И. Б. Левонтина，А. Д. Шмелев 就这样说道，"俄罗斯文化的特殊性在于，其中有一种对公正、正义的爱这一特殊的情感。справедливость 具有情感色彩（比如，正义感）"①（Левонтина，Шмелев，2000：287），"公正基于客观性和公道无私时，这体现的是低层次价值。但当它顾及情感——首先是替那些因为遭受不公而受委屈的人感到痛心时，则已经变成了最高价值"，（Левонтина，Шмелев，2000：291）并且某种意义上，它所反映的是如同 добро，правда 等一样的俄罗斯民族不变的价值，缺乏人性、游离于情感的公正似乎并不为人推崇。由此可见俄罗斯民族 справедливость 的多面相性和多向位的意义联系特征（Левонтина，Шмелев，2000：292），表明俄罗斯民族的"公正"不仅同善良、良知以及定则、法律等相关，而且同情感、主观因素也存在特殊联系。

一 "справедливость" 词源分析

справедливость 表示对人的公正态度，即"公正，公道"。11—17 世纪的俄语中 справедливость 一词尚不为人知，1762 年的词典中有了标注，自 1771 年 справедливость 开始使用。有学者认为，справедливость 来自波兰语中的 sprawiedliwosc，后者又是从捷克语中引入（Шапошников，2010b：

---

① 也因如此，А. Вежбицка 将 справедливость 这一俄罗斯民族所特有的对世界的看法称为道德热情（moral passion）（Wierzbicka，1992；Левонтина，Шмелев，2000：287）：Я никогда не встречала в таком молодом — такой страсти справедливости.

368）。Н. Ю. Шведова 指出，справедливость 在词源关系上是先有捷克语的形容词 spravedkuvy，然后有了波兰语中的形容词 sprawiedliwy，进而派生出其名词 sprawiedliwosc，进入俄语中形成了 справедливость 一词，并且同俄语名词 правда 有联系（Шведова，2007：930），"与公平、正义联系在一起的是 правда（真情、真理）"（杨明天，2009：197）。但也不能完全排除其来自于俄语固有词的可能（Шапошников，2010b：368）。

二 "справедливость" 文化语义内涵分析

俄罗斯科学院词典指出，справедливость 表示的有：①公正的特性，真实性，正确性：Пьер дрожащим, прерывающимся голосом стал приводить доказательства справедливости своего показания（Л. Толстой）; Вслушиваясь в речи матери, Настя сознавала справедливость ее попрёков Мельников-Печерский. ②对人和事物的公允态度，不偏不倚（Даль，1909：464；Ушаков 2013：648；Шведова，2007：930；Ефремова，2000：685）：Не надеясь на его снисхождение—надеюсь на справедливость его（А. С. Пушкин）; Справедливость требует, чтобы раньше, чем судить виноватого, были расследованы мотивы его вины（М. Горький）. ③人的态度、行为等同道德和法律规范的一致：Мы воевали с фашизмом за мир с справедливость во всем мире（Горбат）; Ежели начальство нарушает справедливость, все они（рабочие）встают против его, почти как один.（М. Горький）（БАС，1963：578-579；МАС，1988：231；Ожегов, Шведова，2002：1252）其他详解词典释义显示，справедливость 可表示真实、司法、正确的、合法的、按实情、凭良心、讲正义、公正、正直的、真实、实在的、刚正不阿的、有充分理由、合理的、非臆想的、真理、真实、可靠的（Даль，1909：464）。另外，справедливость 表示 "公道，公正"：справедливость решения, справедливость предложений, понимать, осознавать справедливость упрёков кого-л., отдать справедливость кому-чему（承认……的长处，承认……的正当、合理，给予人该得到的）。справедливость 也可以表示 "正义（性）"（Кузнецов，2000：1252；Ожегов и Шведова «Толковый словарь русского языка»，bweek. narod. ru/rest）：чувство справедливости, поступить по справедливости, нарушить справедливость, надеяться на чью-л. справедливость, Простая справедливость требует беспристрастно（спокойно）разобраться во всём. 此外，справедливость 还可以表示"公平",即人际关系、规则、秩序等同规范、要求一致(Кузнецов, 2000: 1252): социальная справедливость, восстановить справедливость, борьба за справедливость。另外,值得注意的是,"在俄罗斯人的意识中,'公正'对立于'法制',他们认为,'法制'并不能保证'公平'。这种对立根植于俄语语言意识"。(Левонтина, Шмелев, 2000)(杨明天,2009:39)"这属于取决于个体经验的变化部分概念意义"(杨明天,2009:39,42)。

可见,справедливость 表示的核心文化语义内涵为公正、公平、公道、正义(性),与此同时还兼有公允态度、合理合法的思想成分以及诚实、正直、善良、正确、法规、规范、秩序、凭良心、按实情等概念语义内涵特征。

三 "справедливость"的隐喻搭配分析

Когда одни люди теряют всё, а вокруг ходят другие, кто ничего не потерял, живут в своих домах, едят из своих тарелок, — создаётся перепад справедливости. (Т. Виктория) 当一些人丧失一切,而周围的另一些人一切在握地在家安然用餐,这就形成了极大的不公平/公道的滑坡。句中 справедливость 同 перепад(落差,跌落)之间的隐喻搭配形象地体现出丧失公正、公道的现象,进而 перепад справедливости(公道滑坡)同动词形式 создаётся(建立)之间的联动隐喻搭配则实象化地表现出这种抽象的社会不公现象的产生和形成。

Именно Сталину поручил Ленин следить за справедливостью в Республике, за чистотой партийных работников. (А. Солженицын) 列宁责成/要求斯大林密切关注共和国的社会公正问题。句中动词 следить(注视,目送)同(за)справедливостью 之间的隐喻搭配具象化地表现出了对社会正义、公道的"留心""注意""观照",使用心关注事物、事态的抽象行为有了直观的认知体验呈现。

Его «разум» утвердит общественный порядок, в котором будет царить справедливость. (С. Л. Франк) 在这种社会秩序中主宰一切的是公道、正义。句中动词 царить(称王,做皇帝)同 справедливость 之间的隐喻搭配生动地体现出社会公正居统治地位、正义占优势的现实情形,同时也反映出文化主体对"社会充满正义、公道"的高度认同和向往。

Путин восстановил историческую справедливость, порушенную в 1991 году.（П. Скоробогатый，В. Федоров）普京恢复了于 1991 年遭到破坏的历史公道。句中动词形式 восстановил（重建）同 справедливость 之间的隐喻搭配通过具体的"重建"动作—事物关系形象化地表现出恢复公道、重新建立起正常历史秩序的抽象社会行为。

В первом эпизоде сериала гонится за правдой и справедливостью，заставляя класс сознаться в причине трагедии. (Рецензии на фильм «Класс. Жизнь после»，2011) 在第一场戏中致力表达的是对真理和公正的追求，让人们去思考悲剧产生的原因。句中动词形式 гонится（за）（追逐，追赶，跟踪）同 справедливость 之间的隐喻搭配具象化地描绘出人对公道、正义的不懈追求，通过"专一和用心"的认知体验、动作形象生动刻画出人在此过程中的坚持、努力和始终如一。

Надо отдать справедливость Семену Ивановичу.（А. Н. Толстой）应当归还给 Семен Иванович 以公道。句中动词 отдать（交回，归还）同 справедливость 之间的隐喻搭配通过具体、单一的物理动作形象地表现出"归还公道"这一抽象、复杂的社会行为。这一隐喻表达结构在俄语语言文化现实中用得较多，反映出俄罗斯民众非常重视享有社会公平、正义，体现出他们渴望、坚持社会公正的坚定意志和态度。例如：

И потомство отдаст ему справедливость，— договорил он，и тотчас же обратился к Пьеру.（Л. Н. Толстой）后人会还给他公道的。

О，я буду богат непременно，во что бы то ни стало，и тогда заставлю это общество отдать мне должную справедливость.（М. Ю. Лермонтов）无论如何我都要让这个社会给我应有的公正。

Я люблю поговорить с народом и всегда рад отдать ему справедливость.（Ф. М. Достоевский）我喜欢与人交谈并且总是乐于给他公道。

Я верю в народ и всегда рад отдать ему справедливость，но отнюдь не балуя его.（Ф. М. Достоевский）我相信人并总喜欢跟他讲公道，但绝不纵容他。

Чувство справедливости возмутилось во мне，я была в исступлении.（Ф. М. Достоевский）正义感在我心中激扬，我陷于不可遏制的愤怒/我已经出离愤怒。句中动词形式 возмутилось（气愤，愤慨）同 чувство справедливости（正义感）之间的隐喻搭配通过心理—情感上的情绪激愤形象，生动地刻画出正义、正义感的在人的心中激昂、澎湃的急切涌动状貌及相应的道德心理体验和精神意念状态。

以上有关俄罗斯民族道德伦理文化概念 справедливость 的隐喻搭配分析反映出社会公正居统治地位、正义占优势的现实情形，表现出俄罗斯民众高度认同社会正义、公道并且非常重视享有公平、正义的社会心理，体现出他们坚持社会公正的意志和态度；生动地刻画出正义感在俄罗斯人心目中的重要位置及相应的道德心理体验和精神意念状态；描绘出俄罗斯人对公道、正义努力不懈的追求和恢复、归还社会公道、重建良好道德伦理秩序的坚定心志。另一方面也体现出存在社会公正、公道滑坡甚至沦丧的现象，实象化地表现出这一社会不公现象的产生和形成，从而反映出俄罗斯民族意识中对类似道德伦理问题的重视和担忧。

四 "справедливость"的格式塔分析

（1）公正是实体物。

За время проведения строительных работ в доме по Кривоарбатскому переулку, его жильцы искали справедливости у чиновников девяти инстанций. （И. Александрова）当地居民在九品官员那里寻找公道。通过实物的受力感充分体现出其动作作用关系和公正、正义对于人的社会生存的重要性。

Не душой, а умом искал он строгой справедливости. （Ю. Давыдов）他不是用灵魂，而是用脑子在寻找一种严格的公道。

И больная… Она справедливости ищет… Она чистая. （Ф. М. Достоевский）她在寻求正义。

Здесь я затем, что надеялся найти справедливость и спасти ни за что осужденную женщину. （Л. Н. Толстой）我期望能够发现/找到社会公正，拯救这个无罪的女人。

Всегда какая-нибудь такая мысль останавливает тех, кто могбы выкрикнуть правду или добыть справедливость. （А. Солженицын）这些人能够大胆地道出真相或者谋求正义。

Неужто нет ни грамма справедливости в тех ядрах, что обрушились на эту крепость? （Ю. Трифонов）难道在这些核心准则/基础中没有丝毫的公正？

Мы восстанавливаем порушенную историческую справедливость. （П. Скоробогатый, В. Федоров）我们正在重建遭到破坏的历史公正。

（2）公正是人、生命体。

Так, словно в мире отныне воцарятся добро и справедливость, словно нищета и болезни исчезнут. （А. Волков）世间善良和公正成为主流／善良与公正成为世间的主宰，贫穷和疾病消失。

Как бы ни относиться к Витте, — пишет Коковцов, — справедливость требует сказать, что он вышел с величайшей честью из трудного положения. （А. Алексеев）公正地讲／公道要求我们讲，他是极为成功地摆脱／走出了困境。

Справедливость не допускает частной земельной собственности. （Л. Н. Толстой）公平不允许有土地所有制。

（3）公正是可感知物。

Я вижу большую справедливость в том, как закончились соревнования. （А. Сихарулидзе）比赛最终的结局让我看到了极大的公正／我在比赛如何结束中看到了显著的公平。

И Степан Аркадьич не на одних словах, на деле видел справедливость этого. （Л. Н. Толстой）Степан Аркадьич 不是只靠言语，而是在实际中看到了这一事情的公正。

Именно Сталину поручил Ленин следить за справедливостью в Республике, за чистотой партийных работников. （А. Солженицын）列宁责成斯大林要密切注意共和国内的社会公正问题。

Какая искренняя любовь, верность, честность и справедливость в таковых местах будут встречаться на улицах! （Н. И. Новиков）在这里，真爱、忠贞、诚实和公正随处可见。

Вот мне на склоне жизни и довелось увидать самое справедливость. （А. Н. Толстой）到了晚年，我有幸见识了真正的公正。

Необходимость постоянно скрывать свои мысли, подавлять своё ощущение справедливости, — пригнула его фигуру, сделала взгляд неприятным, врезала трудные морщины у губ. （А. Солженицын）经常不得不掩饰自己的想法，克制自己的正义感／对正义的感知、感受。

（4）公正是基础、依据。

Обладая педагогическим стажем и культурой речи, учитель строит свои отношения с детьми на доверии, уважении, требовательности, справедливости. （Характеристика учителя химии, 2000）教师立足信赖、

尊敬、严格和公正来构建自己同学生之间的关系。

Современный бизнес строится не на справедливости, а на контрактах. (Г. Мирзаян) 当地社会的商业活动不是建立在公正基础上，而是建立在合同基础上。

Наша структура построена на основе социалистической справедливости. (В. Аксенов) 我们的组织建立在社会主义的正义这一基础之上。

Они овладели властью, и стали строить мир на иных, новых законах — справедливости, милосердия и законности желания счастья, — это, в особенности, важно, Алексей Иванович: — счастье. (А. Н. Толстой) 他们掌握了政权，开始建立一个立足于公正、仁慈这一新的规则和承认谋求幸福合理性的世界。

（5）公正是方式、手段。

Вопрос был решен с максимальной справедливостью. (Б. Кенжеев) 通过最大限度地追求公平公正，使问题得以解决。

（6）公正是一种声音。

Но в подобные минуты голос справедливости всегда торжествует. (В. А. Соллогуб) 在这样的时刻，正义之声总能够获得胜利。

（7）公正是一种状态。

...где человеку жить в довольстве и справедливости легче. (А. Иличевский) 人们愉快、惬意地生活在富足、公道（的社会环境）之中。

由此可见，俄罗斯民族道德伦理文化概念 справедливость 拥有独特的物的蕴含文化意象。以上格式塔分析显示，公正可以是人、生命体，反映出公正的特殊社会意志性以及它在俄罗斯民族意识中所具有的巨大社会能量；公正可以是实体物，体现出俄罗斯民众对公正鲜明而强烈的实像感知以及公正在民众生活中的现实性和真实性；公正可以是可感知物，反映出俄罗斯人对公正的突出身体感知经验度、接受度以及公正与民众生活的贴近性；公正可以是基础、依据、方式、手段，显现出公正的特殊社会功能、价值以及俄罗斯人在道德意识中对公正的显著精神融进性和心理倚靠性；公正可以是一种声音，展现出俄罗斯民众内心深处对公正的强烈呼声和精神期盼；公正也可以是一种状态，表现出俄罗斯民族意识中公正作为人们道德价值理想和生活期许的一种精神存在。这些格式塔文化联想形象充分体现出 справедливость 在俄罗斯民族文化体系中的重要道德伦理价值和作用。

五　"справедливость" 的话语综合分析

（1）公正的社会心理文化解读。

Когда одни люди теряют всё, а вокруг ходят другие, кто ничего не потерял, живут в своих домах, едят из своих тарелок, — создаётся перепад справедливости.（Т. Виктория）当一些人家徒四壁，而周围的另一些人在家安然用餐，这就形成了事实上的不公道/公道的滑坡。——这在不同社会群体的生活状况、生活现实的对比和对此的相应态度中体现出有关于"公正"的社会心理文化解读。

Когда человек, владеющий делом, живет сказочно богато, а люди, создающие реальные ценности, живут в нищете — это уже вопрос социальной справедливости, которая имеет, в том числе, духовное измерение.（Д. К. Киселев）经营实业/买卖的人生活优裕，而创造现实财富的人生活贫困，这已经是一个具有精神属性的社会公正问题了。——这在财富的创造和享有的不对等这一社会现象中表现出俄罗斯民众对"公正"的社会心理文化解读。

Справедливость и любовь — вещи, если хотите, даже несовместимые.（А. И. Осипов）公正和爱甚至是无法相互兼容的。——这在公正与情感各自的价值追求、价值体现以及人对此的认识关联之中表现出俄罗斯民族意识对"公正"的社会心理文化解读。

（2）公正的个体认知文化解读。

Еще моя вера выражается в том, что надо помогать людям, что нельзя делать подлости, что есть высшая справедливость.（А. Агаларов, О. Ципенюк）我的信念是要帮助他人，不做龌龊的事/坏事，相信有最高公正的存在。——这在个人生活认识、信念同公道、正义之间的关系中显示出俄罗斯人对"公正"的个体性认知文化解读。

Судья, который, не убояся ни мщения, ни угроз сильного, отдал справедливость беспомощному, в моих глазах герой.（Д. И. Фонвизин）在我的眼里，不畏强者的报复和威胁、将公正给予弱者的法官就是英雄。——这在公正与强权的关系以及强、弱社会群体同公道的价值实质、价值实现的关系之中鲜明地表现出人对"公正"的个体认知文化解读。

Я лично не люблю и не любил Сперанского, но я люблю справедливость.（Л. Н. Толстой）我个人向来不喜欢 Сперанский，但是我喜欢（他

的) 公正。——这在处理个人情感、个人好恶同公正意识间关系的态度、立场之中充分显示出俄罗斯人对"公正"的个体性认知文化解读。

Встреча наших армий на Эльбе победной весной 1945 года явилась символом несокрушимости боевого братства и торжества справедливости. (В. В. Путин) 1945 年我军在易北河上的这一会战成为战场兄弟情谊不可动摇和正义必定获胜的象征。——这在对战争本身的认识以及战争公正向背的坚定态度之中展现出有关"公正"的个体认知文化解读。

Я всегда люблю воздать справедливость и горжусь, что покрайней мере хоть это чувство не замолкло во мне. (Ф. М. Достоевский) 我总喜欢秉持公道/秉公而论，感到自豪的是，至少这种正义感在我身上还没有消失。——这在对待公道、正义的态度及公道、正义的个人践行之中表现出对公正的个体认知文化解读。

(3) 公正的社会理想文化解读。

Есть надежда, что народ узнает всю правду, и справедливость восторжествует. (В. Розоруев) 希望民众能够明白真相，并且正义将能获胜。——这在正义的辐射力、社会能量中显示出对正义的热切期待，同时通过对正义抱有的必胜信念反映出俄罗斯民众对社会"公正"的坚定社会理想。

... чтобы все были в нём счастливы, никто не умирал от голода и повсюду торжествовала справедливость. (А. Варламов) 要让世上所有人都能幸福，没有人死于饥饿，到处都能见到公平正义的胜利。——这在对世间众生的关怀与祈愿之中导引出公平正义的渴望，充分体现出对人类公正的社会理想文化理解。

Человек перейдёт в царство истины и справедливости, где вообще не будет надобна никакая власть. (М. А. Булгаков) 人们将进入到真理和正义的王国，那里将无需任何权力机构和权势。——这在对真理、正义的精神实现与憧憬、展望之中表达出对公正所抱持的崇高社会理想。

(4) 公正的精神教义文化解读。

Христос — солнце справедливости, церковь же — луна. (А. Я. Гуревич) 耶稣基督是公道的太阳，教会/教堂是月亮。——这是通过基督精神在公道、正义之中的体现以及它在其中的特殊地位、作用对"公正"的俄罗斯民族精神教义文化解读。

Основной принцип отношений между Богом и человеком — это принцип справедливости. （А. И. Осипов）人和上帝之间的基本关系原则是公正原则。——这在"上帝"意识对人的心智渗透和相关的宗教意志关系审视中表现出对"公正"的精神教义文化解读。口语中божеский所含的"公正的"、"公道的"语义也充分地显示出这一点。

Церковь призвана выступить в поддержку слабых и взыскующих справедливости. （С. В. Чапнин）教会的使命就是要帮助弱者和追求正义的人。——这是在教会、教义的基本使命、内涵和价值观念、价值追求之中对"公正"作出的精神教义文化解读。

На все, как говорится, есть справедливость и воля Божья, а мы только ее распорядители и исполнители. （С. Есин, М. А. де Кюстин）万物身上都有正义和上帝意志，我们只是其传播者和执行者。——这是通过正义同上帝的协同关系、作用表现出俄罗斯民族意识中有关于"公正"的精神教义文化内涵。

Для других смерть попозже будет, а для убийцы — пораньше. Это Божья справедливость, без нее нельзя!. （М. Гиголашвили）死亡对于凶犯要来得早，而对于其他人则要晚一些。这是上帝的公正，不能没有它。——这在上帝对好坏、善恶的区别对待及由此而来的上帝意识之中表现出俄罗斯民族对"公正"的独特精神教义文化解读。

（5）公正的精神期盼/价值期待文化解读。

Справедливость—высшее достоинство судьи. 公正是法官的最高品德。——这在职业道德和职业境界的审视中，显示出对公正的精神期盼文化解读。

Мы считаем, что все наше бытие построено на принципе справедливости. （А. И. Осипов）我们所有的生活存在都建立在公正原则基础上。——这在人的生活实在和生活基石同公道、正义之间的密不可分关系上反映出俄罗斯人对公正的精神价值期待。

Я обязан поступить со всею строгостью. Справедливость неумолима! （Ф. М. Достоевский）公道是铁面无情、确定不移的。——这在公正的道义内涵和价值理解上显示出俄罗斯民众对公正的精神期盼和价值期待。

... высшая и самая характеристическая черта нашего народа—это чувство справедливости и жажда её. （Ф. М. Достоевский）我们的人民最显著的特点是公正感和对公正的渴望。——这在俄罗斯民族的社会心性同公平、正义间存在的密切而直接的关联之中体现出俄罗斯民众对公正的精神期盼。

Справедливость — это глава угла, это основа мироздания! （А. Солженицын）公正是首要的东西，是宇宙万物/世界的基础和根本。——这在对公道、正义之于世界的根本性和重要性的认识、立场中反映出俄罗斯民族对公正的精神、价值期盼。

（6）公正的民族道德伦理文化解读。

Без идеи справедливости будет другая Россия и другие люди. （С. Алексиевич）失去了公正，俄罗斯将成为另一个样子，俄罗斯人也是另一个样子的人。——这是在"公正"与俄罗斯民族的现在、未来以及俄罗斯民族的生存之间的关联之中对公正所作出的民族道德伦理文化解读。

А русского героя, не корми, не пои — он ищет справедливости и добра. （А. Солженицын）俄罗斯精英不用供给他饮食/俄罗斯精英不用给他饭吃，也不要给他水喝，他寻找的是正义和善良。——这是在物质需要与精神、道德的重要性和价值对比中对公正的民族道德伦理文化解读。

Справедливость — воинственная, грозная, непримиримая. （А. Н. Толстой）正义是勇武、威严，不可妥协和调和的。——这是在正义的内涵特征的分析以及它同相关因素的对立关系之中对公正进行的民族道德伦理文化解读。

Добрые дела не остаются без награды, и добродетель всегда будет увенчана венцом справедливости божией, рано ли, поздно ли. （Ф. М. Достоевский）善举总会得到报答，美德早晚总会得到上帝公正的奖赏。——这是在公道以及公道的精神嘉奖同人的善举、美德之间的关系之中对俄罗斯民族"公正"的道德伦理文化解读。

（7）公正的观念立场文化解读。

Мы родились со справедливостью в душе, нам жить без неё не хочется и не нужно! （А. Солженицын）我们心怀公正来到世上，没有它我们不想也无需活下去。——这是在公道对人的心灵根基性以及生存的不可或缺性方面对公正的观念立场文化解读。

Но проверить справедливость этого может только время. （А. Кирилин）只有时间能够检验这是否公正。——这是在公道、正义的客观性和审视标准上对公正的观念立场文化解读。

Высшая справедливость в том, что мы получаем именно то, что заслуживаем. （О реинкарнации, 2012）最高的公正在于，我们所获得的恰恰是我们应该得到的。——这一方面是在公道、正义的内涵展现及其现实

（价值）体现方面对公正的观念立场诠释；另一方面是在其道德、精神境界的分享和展望中对公正所做的观念立场文化解读。

Коли сделали такой шаг, так уж крепитесь. Тут уж справедливость. Вот исполните-ка, что требует справедливость. （Ф. М. Достоевский）既然迈出了这一步，就要坚持住。这就是公正/既然是公正，您可得履行公正所要求您做的事情。——这是在对待"公正"的态度和实现公正的价值期盼之中对公正的一种观念立场文化解读。

（8）公正的社会环境/关系文化解读。

Гарантии справедливости заключены не только в законах, но и в тех силах, с помощью которых данные законы были приняты и без постоянной поддержки которых они перестанут соблюдаться. （И. Харичев）公正的保障不仅来自于法律，还在于帮助该法律得以通过并将一直支持该法律能得以顺利实施的那一力量。——这是在公道、正义的法律支持和社会力量的援助层面上对"公正"的社会环境、社会关系文化解读。

Справедливость — ни от чего не зависит！（А. Солженицын）公正不依附于任何事物。——这是在公道、正义的独立性和不偏倚性这一最为朴素、本真的道德价值和精神品质之中对"公正"进行的社会关系文化解读。

Мы родились со справедливостью в душе, нам жить без неё не хочется и не нужно！（А. Солженицын）我们与灵魂中的公正同生，没有它我们无心生活，也无须活着。——这是在公道、正义在人的生活中的根本性、必要性以及生命对公道、正义的呼求之中对"公正"进行的社会关系文化解读。

以上有关俄罗斯民族道德伦理文化概念 справедливость 的话语综合分析通过俄罗斯民族不同社会群体在公正与情感各自的价值追求、价值体现以及人们对此的认识关联等表现出对"公正"的普遍社会心理；在生活认识、信念同公道、正义之间以及公正与强权之间、强、弱社会群体同公道的价值实质、价值实现之间的关系之中鲜明地表现出俄罗斯人对"公正"的个体文化认知，并且在对战争本身的认识以及战争公正向背的坚定态度、对待公道、正义的态度及公道、正义的个人践行之中表现出俄罗斯人对公正的个体认知文化解读；在正义的社会能量中显示出对正义的热切期待，同时在对正义抱有的必胜信念以及对正义的精神实现与憧憬、展望之中表达出对公正怀有的崇高社会理想；通过基督精神在公道、正义之中的体现及"上帝"意识对人的心智渗透和相关的宗教意志关系审视表现出俄罗斯民族对"公正"

的精神教义理解，并且在教会、教义的基本使命、内涵和价值观念、价值追求之中体现出对"公正"的精神教义文化解读；在人的生活实在和生活基石同公道、正义之间密不可分的关系以及对公道、正义之于世界的根本性和重要性的认识、立场之中反映出俄罗斯民族对公正的精神、价值期盼；在"公正"与俄罗斯民族的现在、未来以及俄罗斯民族生存、发展之间的关联、在物质需要与精神、道德的重要性和价值对比之中表现出对公正的民族道德伦理文化解读；在公道对人的心灵根基性、生存重要性及公道、正义的客观性和审视标准、公道、正义的内涵展现及道德、精神境界的分享和展望之中对体现出俄罗斯民族对公正所作的观念立场文化理解；在公道、正义的法律支持和社会力量的援助层面以及公道、正义的独立性和不偏倚性这一最为朴素、本真的道德价值和精神品质乃至生命对公道、正义的呼求之中反映出俄罗斯民族对"公正"的社会关系文化解读。

六 小结

道德伦理文化概念 справедливость 的语言文化现实中，使用较多的是 чувства справедливости（正义感）、стремление к справедливости（对正义、公正的追求）、(полная) социальная справедливость（社会公正）、отдать кому-чему справедливость（给……以公正）、бороться за справедливость（为争取公正而斗争）、жажда социальной справедливости（对社会公正的渴望）、верить в справедливость（相信公道）、отстаивать/защищать справедливость（捍卫正义）、стоять за (абсолютную) справедливость（维护正义）、надежда на справедливость（对正义抱有的希望）、доказать/признать/подтверждать/добыть справедливость（证明/承认/确认/争取公正）等。以上分析显示，"正义""公平"是俄罗斯民族道德伦理的基石，它是该民族道德伦理心性的重要标志和基本体现。词源分析可看出，справедливость 本身同"真实"有关，而"真实"构成"正义""公道"的本质和基核，由此不难发现俄罗斯民族文化概念 справедливость 的意义特点。而 справедливость 的文化语义内涵分析进一步显示，它包含有正当性、公允性、合理合法性、道德法律规范性以及正义感等内容，在人际关系、社会秩序等层面和领域都同样适用，凸显出"正义"的适用度和普遍价值性。隐喻搭配使 справедливость 在认知具象化的行为关系和事物限定关系中得到了形象、生动的展现，加深了我们对这一抽象的概念事物的认识。而格式塔映照出来的各种"物的蕴含"使 справедливость 获得了各种事物形象及

"行为方式、依据"拟态的文化再现,人的抽象道德意识由此有了实在的类比和参照,扩散并强化了其文化价值的张力。话语综合分析则集中呈现出有关于"正义"的社会环境/关系、社会心理(预期)、社会理想、个体认知、精神教义、精神期待、观念立场等多方面的文化解读,极大拓宽了审察俄罗斯民族道德伦理文化的视野。

本章小结

本章基于 совесть、справедливость 的分析对俄罗斯民族道德伦理文化概念进行了分析与解读。词源分析体现出俄罗斯民族道德伦理文化概念具有悠久的斯拉夫民族文化传统,从文化源起的角度映衬出俄罗斯民族深厚的道德伦理文化底蕴;文化语义内涵分析在最基本的民族心理认同中展现出俄罗斯民族道德伦理文化概念的文化语义特征和内容,反映出道德伦理文化对象事物在俄罗斯民族民众中存在的普遍认识和感受;隐喻搭配分析表现出道德伦理文化概念形象化的深层次文化内涵、文化认识和文化想象意义,表达出俄罗斯民族道德伦理的独特文化心性和文化精神诉求;格式塔分析在物化的意识形象中细致而全面、深刻地展示出俄罗斯文化中的相关道德伦理概念的文化记忆和文化现实形象,通过一个个真实可感的文化具象物再现了概念对象的文化内涵与意蕴;话语综合分析在上下文语境和认知关联中反映出文化主体意识深处的道德伦理文化思想认识和精神愿望,在社会、历史的发展和变迁中动态化地呈现出俄罗斯民族道德伦理文化特质和道德意识定型。这些方面的分析和解读极大地拓宽了我们对俄罗斯民族道德伦理观念的文化理解和认知。

第六章

俄罗斯民族世界观文化概念分析与解读

世界观不同代表的是人看人看事、处理和对待事情的态度、认识不同，相应人做事的出发点会不一样，对过程的把握就不一样，结果也就自然不同。"观念（指人对世界的看法——引注）的形成与人的世界观以及呈现世界的方式密切相关"（徐东辉，2015：28），一般认为，人与人之间基本的世界观和是非观都不一样，是很难甚至无法生活在一起的，这表明世界观在社会生活现实中的特殊地位，世界观成为人们立身处世之本，"正确、规范决定人的行为规划和纲领，而忠诚、守信决定着人的命运和生存意义"（Арутюнова，1993：78），世界观直接影响、制约着人的行为举止、追求和价值生存。俄罗斯民族文化概念记载着十分丰富而具体的民族世界观内容，世界观文化概念是其文化概念体系的重要组成部分，通过它可以深入而实质性地探察一个民族的精神文化实质。"真善美是精神文化最高的普遍价值、观念和范畴，对其内容的阐释在不同文化类型中各有特点，这些特点同相应文化的世界观特性密不可分"（Постовалова，2004：79）。本章将主要以概念"правда、добро"为对象和典型，对俄罗斯民族世界观文化概念展开分析，具体将从词源分析、文化语义内涵分析、隐喻搭配分析、格式塔分析及话语综合分析五个方面入手，对相关文化概念展开分析。

第一节 "правда"（真）的分析与解读

"правда 一方面同人的生活相对应；另一方面同规则、规范相联系"（Арутюнова，1994b：306），但总体上俄罗斯民族意识中的 правда 或其对 правда 的感觉决定于人对生活的理解与感受，人们心中的 правда 存在变化不定的因素：У каждого Павла своя правда；И моя правда и твоя правда и везде правда, а где она？；Писатель должен помнить, что на свете тысяча правд. （В. Шаламов）芸芸众生中，存在众人的"真"，也会有个人的"真"，而总体倾向上都是追求接近事实真相的"真"，правда 相应往往指向作为"真实"象征的"公正法官、法庭（справедливый суд）"（Арутюнова, 1994b: 307）。"правда 往往让人产生同良知和道德定规之间的联想"（Арутюнова, 2009: 10）。因此，правда 所表示的是真实、实情、实话（Не нравится правду слушать? Ага! ［А. П. Чехов］），即同现实相符（Это правда особого рода, это правда действительности ［В. Т. Шаламов］）；Пишите правду матерям! （О. Ф. Берггольц）；Сердце моё алчет правду（我的心渴望着真理）。这在俄语中使用较多的 правда жизни（生活现实），суровая правда жизни（严酷的生活现实）中便不难发现。"真"对立于"虚假"（ложь）但它有时又同实际情况有所差异，即所谓的"真"其实是有条件的（условная правда），尤其在 19 世纪俄罗斯上层社会的规范中，近乎真实即等同于"真"（В светском уложении правдоподобие равняется правде. ［А. С. Пушкин］）。正如 А. С. Пушкин 所说，"真实之中多余的东西都是虚假的"。当 правда 同人的主观意志、心理状态和社会关系等因素产生联系时，"真"可能会被忽略或掩饰，"人的'真'（правда человека）或关于人的'真'（правда о человека）可能会从观察者尤其是亲近的人那里溜走"（Арутюнова, 1995а: 187）。"真"往往包含着"公道，正义"，人们谈到"真"常常会联想到"公正"（Е. О. Голынчик, О. А. Гулевич），因此"真"是自由人的上帝（Б. Езерская），"真"经常同上帝联系在一起（Божья правда, Божественная правда, правды бог）。现实交际活动中，"真"时常成为言语表达的对象或言说内容：Взявшая себе за правило не скрывать мыслей и говорить правду, Таня улыбнулась на четверть дюйма шире, чем обычно（Л. Улицкая）；Мне всю правду сердце скажет: лучше всех оно сумеет различить добро и худо（Ю. В. Жадовская）. 胆怯的人往往害怕讲"真"、说真话：Трусы боятся сказать правду. （А. Рыбаков）人们有时会在"真"之中忍耐着，受"真"的折磨：Многие потерпели в правде. （А. К. Толстой）有时"真实"和"真理"可能并同、交织在一起：И, правду и истинну сказать （И. А. Крылов）.

一 "правда" 词源分析

在 11—17 世纪的俄语中使用的是教堂斯拉夫语词 правьда（公正，公正的判决，真理等），它来自共同斯拉夫语、古俄语的 правьда/pravъda，这是派生于带后缀－ьда/ьda（试比较 кривда［谬误］）的词干 правъ（pravъ/jъ）（俄语词 прав/правый［正当的］和 праведный［公正、正直的］中的词干）（Шапошников，2010b：193；Шведова，2007：714）或词干 правьш（истинный［真实的，合乎事实的］）（Шанский，Иванов 和 др，1971：360）。在 Г. А. Крылов 的解释中，правда 属于共同斯拉夫词，由 правый（истинный［真实的］）通过后缀法构成。（Крылов，2005：313）此外，правда 在乌克兰语、保加利亚语中为 prăvda，白俄罗斯语中为 прауда，在塞尔维亚语中为 prâvda（真实，公正），在捷克语中为 pravda，波兰语、上卢日支语中为 prawda（Шведова，2007：714；Фасмер，1987：352），斯洛文尼亚语中的 prâvda 表义为"条例/положение，法律/закон，司法案件/судебное дело"（Фасмер，1987：352）。值得注意的是，同古俄语、古斯拉夫语词 праведный/правьдьнъ，праведник/правьдьникъ 拥有相同词干的 правда 与上述几种语言中该词的词干有词源派生关系（Фасмер，1987：352），因此语义上包含"真实，实在；法规，章程"的意义特征，"правда 最初的意义是'定则，法规'（Русская правда—свод законов）"（Арутюнова，1994b：306）。

二 "правда"文化语义内涵分析

"правда"（真）是实际存在的、同现实情况相符的东西（БАС，1961：1；МАС，1987：351；Ожегов и Шведова «Толковый словарь русского языка»，bweek.narod.ru/rest；Шведова，2007：713；Шапошников，2010b：193；Кузнецов，2000：951）（Его слова близки к истине），表示真实性、正确性（БАС，1961：2）；公道，正直，正当的事（искать правды，стоять за правду，правда на твоей стороне）（Шведова，2007：713），是实在的东西，是公正及建立在公正基础上的秩序（БАС，1961：2；Шапошников，2010b：193），因此，它对应于副词 верно，справедливо，в самом деле 及插入词 действительно 及 в самом деле 的语义、让步连接词 хотя 的意义（Шапошников，2010b：193）。В. И. Даль 指出，правда 表示"事实上的真实，司法裁决，公正"（Творите суд и правду；Стоят за правду；Нет правды на свете суда по правде.）；"诚实，廉洁/意志坚定，认真负责"（Он живет по правде；Правдою жить，палат каменных не нажить.）；"讲真话，言行一致"（В зтом человеке，одна правда，нет лжи；Я правду о тебе порасскажу такую，что хуже всякой лжи！В словах его много правды, он прав, говорит правду; Рассуди ты его правду, а мою кривду!）；"虔诚，严守教规，合理性，正当性，纯洁无邪"（Аще не избудет правда ваша паче книжник и фарисей, не впадете в царствие небесное, Матф.）.（Даль，1907：985-986；Даль，1998：3058）правда 表示"现实中存在的，同现实事况吻合的事物"（услышать правду о случившемся）（Ожегов и Шведова《Толковый словарь русского языка》, bweek. narod. ru/rest）。

此外，文化概念 правда 还在以下几方面表现出独特的文化语义内涵：

（1）"真"的评价特征：Не знаю, что удерживает меня теперь высказать вам всю резкую правду.（Ф. М. Достоевский）（说出尖锐、硬性的"真"）；Рассудок говорил мне всю сущую правду（А. П. Чехов）（颠扑不破的真理）；истинная правда, горькая правда, несомненная правда, подлинная правда, невыдуманная правда, задушевная правда（发自内心的真情），небесная правда（崇高、纯洁的真理），свяще'нная правда（神圣、高尚的真），Как ни прискорбно, но это суровая правда жизни（О. Татарченков）；Творимая на сцене «суровая правда жизни» воспринимается как нелепаясказка о нелепом человеке…（Анатолий Кирилин）.

（2）"真"的现实表现（现象）："真"总要以某种方式呈现出来：Правда жизни преподносится в самом неприглядном виде. "真"是可以相互对照的：Тургенев пробует сопоставить правду Софи с другой правдой.（И. Ф. Анненский）"真"会让人感到意外：Рыжий Джек был поражён простой и ясной правдой вопроса.（Максим Горький）"真"可能被蒙蔽：Я бы ответил запрятанной правдою: мысль о тебе смыть не могу…（С. И. Кирсанов）；Кто правду видами другими покрывает（И. С. Барков）. 生活中的"真"可能被违反：Если правды жизни не нарушить, Рубцевать себя по нежной коже, Кровью чувств ласкать чужие души（С. А. Есенин）."真"也可能遭到诋毁：Порочил правды красоту.（В. С. Курочкин）"真"有时会被用成掩饰虚假谎言或者替自己辩护的手段：Иль правдой ложь мою украсить так искусно, Что всякий от меня ее глотает вкусно（Н. П. Николев）；И народ должен оправдать себя перед вселенской правдой.（В. С. Соловьев）假的可能被说成真的：Он ложь в них заменил бы правдой（А. П. Чехов）. 假的也可能装扮成真的：Видел ты, как прикинулся правдой обман.（С. И. Липкин）（看见了吗？欺骗、谎言是如

何伪装为真相的)

(3) "真"的关联行为复杂、多样：Он мог бы выкрикнуть правду; Булат Окуджава, со свойственной ему пронзительной точностью, выразил эту правду войны; Она напомнила ему правду: первыми шагами своими в службе он был обязан ее отцу (Л. Н. Толстой); Отвечайте правду! (А. К. Толстой); Отвечать тебе правду мне мешало то же самое, что теперь мешает моему отцу улыбаться Елене (А. П. Чехов); Ты сама его учила прославлять святую правду (А. Ф. Мерзляков)(颂扬"真"); Он поддался правде (他听从于"真"); Я правду сердца отличу от фальши (С. И. Кирсанов); Он вспомнит набожных Царей, Их правду, милость и смиренье, И проклянет поводырей Богопротивные движенья (С. С. Бехтеев); Но до того человек пристрастен к системе и к отвлеченному выводу, что готов умышленно исказить правду, готов видом невидать и слыхом не слыхать, только чтоб оправдать свою логику (Ф. М. Достоевский)(蓄意歪曲真理); Но что бы она сказала, если бы вдруг узнала настоящую правду? (А. П. Чехов); Если человек окостенел, его — хоть перешиби пополам — правды от него не добьешься. (А. Н. Толстой)(如果一个人思想停滞、僵化/变得铁石心肠，那么即使把他劈成两半，也无法从他那里得到真相)此外，同"真"相关的还有这样一些行为：правды обнаруженье, бояться правды, соблюдать правду, постоянное стремление к правде, искать правду жизни, бороться за правду (为真相而斗争)。

三 "правда"的隐喻搭配分析

И по гневным отзывам малолеток здесь на кинопоиске— это лицемерие, правда глаза колет. (С. И. Ожегов) 忠言逆耳/真话都很难听。句中 правда 同动词形式 колет (刺，扎) 之间的隐喻搭配形象化地表现出真话、真相让人难以接受、使人感到苦恼、不快的精神、情绪形象，反映出俄罗斯民族在世界观上对"真相、真话"的真实心理感受和情感接受性。

И, боже мой! наш брат-степняк так правду-матку и режет. (И. С. Тургенев) 天哪！哥哥就这样说了实话/为难真相。句中 правду-матку 同动词形式 режет (切割) 之间的隐喻搭配生动地体现出人对"实情，真话"的为难、不留情这一抽象的动作关系，使"真相"所承受的"痛苦、难过、下不来台"有了认知实在上的具象感知性。

Народ вздохнул: до Сталина дошла правда... А это была всего лишь передышка перед новой кровью... Игра! (С. Алексиевич). 真相传到了斯大林那里。句中 правда 同动词形式 дошла (до)(走到，到达……)之间的隐喻搭配具象化地体现出真相传播到某人那里的抽象动作关系形象。

Правда меня это ни капли не напрягает — ни морально, ни физически. 真相一点也没使我鼓起劲来/提振起来，无论是精神上还是身体上。句中 правда 同动词形式 напрягает (拉紧，绷紧)之间的隐喻搭配形象地体现出抽象的"真相"对人的身心的作用和影响力。

Топчут правду, выметают не измену, но честь русскую. (А. К. Толстой) 践踏真理，赶走/压制的不是背叛，而是俄罗斯人的荣誉。句中 правду 同动词形式 топчут (踩，踏)之间的隐喻搭配生动地表现出真理遭到不公正对待、被人践踏的抽象动作形象。

И как боролась с правдой ложь, — Седую голову понуря, Припомнишь всё — и всё поймешь. (А. М. Жемчужников) 谎言同真相作斗争/真理同谎言作斗争。句中动词形式 боролась (对抗，争斗)同 с правдой 以及 ложь 之间的隐喻搭配具象化地反映出抽象事物"真理"和"谎言"之间的抗衡情形、状态。

Этой правды власть боялась очень сильно. («Совершенно секретно», 2003.04.08) 当权者十分害怕这一真相。句中 правды 以及 власть 同动词形式 боялась (怕、惧怕)之间的隐喻搭配具体化地体现出当权者同真相之间的抽象社会 (心理) 关系状态。

Нас озаряет правды свет И тайна жизни нам ясна Становится — увы (А. А. Григорьев). 真理之光照亮我们/使我们心里豁亮。句中 правды 同 свет (光)之间的隐喻搭配形象地体现出真理在俄罗斯民众心目中能给人以光明、希望的特殊价值和地位，进一步 правды свет (真理的光芒) 同动词形式 озаряет (照亮)之间的联动隐喻则生动地表现了人的精神、心灵受到真理的启发而豁然开朗的抽象状态变换形象。

Нам светит правды луч нетленный, И с нами честь и с нами Бог! (Г. В. Иванов) 不朽的真理之光照耀我们。荣誉/光荣与我们同在！上帝与我们同在！句中 правды 同 луч (光线)之间的隐喻搭配以及 правды луч (真理之光) 同动词形式 светит (发光，照亮)之间的联动隐喻搭配也形象地表现出真理的光辉及其给人带来光明和希望这一抽象的动作形象。

Из крокодила выйдет теперь правда и свет. (Ф. М. Достоевский) 这

个毫无怜悯心的人现在也会讲出真话/真相。句中 правда 同动词形式 выйдет（走出，出来）之间的隐喻搭配形象化地表现出真话、真相"发生，出现"的抽象动作情形。

Жрецы Ваала ужаснутся, Когда восстанет правды бог! （А. Н. Плещеев）巴力神的祭司将会惊讶真理的上帝会起来抨击、反抗。句中 правды бог 同动词形式 восстанет（起义）之间的隐喻搭配生动地反映出真理、真理上帝（维护正道）的坚决的意志对抗行为。

Зараз уйду. Спасибо, что открыла правду. — Не стоит, не благодари, и без меня узнала бы. （М. А. Шолохов）发现了真相。句中 правду 同动词形式 открыла（打开，开启）之间的隐喻搭配具体地表现出"发现真相"这一抽象的心智活动行为。再如：Отворил ли правду властью царской? （Д. Самойлов）是沙皇政权找到了真相？句中动词形式 отворил（开启）同 правду 之间的隐喻搭配也同样形象化地表现出了这一行为关系。

Не так несытой волк на паству нападает, как правду ненависть рожденная терзает. （М. В. Ломоносов）与生俱来的那种仇恨会扭曲真相。句中动词形式 терзает（撕破）同 правду 和 ненависть（仇恨）之间的隐喻搭配具象化地体现出仇恨同真相之间的抽象情感、心智联系。

Так из-под оболочки сверхъестественного проступает правда жизни и тепло человечности. （Светлана Степанова）透过超自然的外壳显露出/渗透出生活的真理/真实和人性温暖。句中 правда жизни（生活真理）同动词形式 проступает（渗出，透出）之间的隐喻搭配具象化地反映出真理自然地呈现、显露出来的抽象动作关系形象。

Кто правды свет вокруг себя льёт? （А. К. Толстой）散发着真理的光芒。句中 правды свет 同动词形式 льёт（倒，浇）之间的隐喻搭配形象地表现出"散发""发出"真理光芒的抽象行为事实、现象。

Ум правду родит. （С. И. Ожегов）智慧产生真理。句中动词形式 родит（生，生产）同 ум（智慧）和 правду 之间的隐喻搭配生动地展示出人的心智、智慧同真理之间的特殊内在联系。

以上有关俄罗斯民族世界观文化概念 правда 的隐喻搭配分析从不同方面提供了丰富的文化信息：展示出人的心智、智慧同真理之间的特殊内在联系以及人的精神、心灵受到真理的启发而豁然开朗的状态变换形象、表现出真理的光辉给人带来光明和希望，显示出俄罗斯人对"真"的精神渴求以及"真"对人身心巨大的影响、作用；生动地反映出俄罗斯民族意识中真理和谎言不相容、真理上帝维护正道、同谎言斗争的坚决意志品性，表现出俄罗斯民众努力发现真理、传承真理的典型心智特点；具象化地体现出真相、真理同社会一般心理及公权意识之间的基本情感——心智联系和社会心理关系状态；表现出真话、真相让人难以接受、使人感到苦恼、不快的精神观念形象以及俄罗斯民族在世界观上对"真相""真话"的真实心理感受和情感接受性；反映出俄罗斯民众对掩饰事情真相、拒绝接受事实真相、为难真相、践踏真相等使真理遭到不公正对待行为的鲜明立场和态度。这些隐喻搭配文化信息具象、实在地加深了我们对俄罗斯民族心智所蕴含的有关правда 的文化观念内涵的理解和认识。

四 "правда" 的格式塔分析

（1）"真"是人或其他生命体。

Люблю правду, искренность и честность, — продолжал я почти машинально, потому что сам начинал уж леденеть от ужаса, не понимая, как это я так говорю… （Ф. М. Достоевский）. 我喜欢真理，诚恳和诚实。

Люди испытывали голод правды, нехватку информации, но зато до глубины души, честно переживали каждую крупицу правды. 人们都感觉到缺少真相、缺乏信息。

По-прежнему сияет правды сила. （А. К. Толстой）真理的力量依然强大。

Полно быть в делах горячим, Буду лишь у правды гость; Тонким сделаюсь подьячим, Растворю пошире горсть. （Г. Р. Державин）我只在真理（家）那里做客/只有真理才能让我停留下来。

— Пытаешь правду?… Что ж, правду говорить небоимся, мы ломаные… （А. Н. Толстой）你要拷问真相吗？我们这些衰朽的人是不怕说真话的。

（2）"真"是实体物、表面物。

Говорит он о человеческой подлости, о насилии, попирающем правду, о прекрасной жизни. （А. П. Чехов）他讨论人性的可恶/卑鄙和践踏真理的暴力。

Лица забылись в томах, дали бы правду горькую. （Мацали зубы языками паршивыми http：//stihi.ru/2013/03/29/9730 ［2013］）这些人物（形象）被遗忘在了厚厚的书橱里，他们要说的是让人黯然/心伤/神伤的

真相。

Я тогдашний, наверное, по-другому им взялся бы правду духа показывать... без слов. （Мария Семенова）当时我原本是要将内心的真话讲给他们听的。

Нечего правды таить. （А. К. Толстой）没必要隐瞒真相。

Если вчерашние тяжелые мысли так долго не оставляют его, — думал он, — то, значит, в них есть доля правды. （А. П. Чехов）这些想法中有真实的成分。

А впрочем, — прибавил он, подумав немного, — действительно, в том, что вы сказали, есть доля правды. （И. С. Тургенев）你们所说的话有一部分是真实的/的确有真实的成分。

И умным понравится голой правды сила. （А. Д. Кантемир）智者喜欢蕴含在纯粹的真相中的力量/朴素的真理的力量。

（3）"真"是（视觉）可感知物。

Я никогда не видел правду жизни, А правду смерти видел на войне （С. И. Липкин）. 我从没有见到过生命的真实，倒是在战场上见过死亡的真实。

Обе стороны должны прямо взглянуть в глаза правде после 11 сентября. Кто «я», кто «мы»? （М. Степанянц）双方都应该直视真相。

（4）"真"是树木、植物。

Погосов был из той медицинской школы, где принято рубить сплеча правду-матку （И. Э. Кио）. 在 Погосов 毕业的那个医科学校里，真话、实情都是不假思索地讲出来。

И жизни ложь являет правды тленьем. （В. А. Меркурьева）生活中的虚假和谎言是真相的腐烂物。

（5）"真"是气体物、有气味物。

От лиц Достоевского не веет правдой жизни; от них веет только правдой собственного сердца автора, его пламенеющей искренностью. （К. Н. Леонтьев）Достоевский 笔下的人物散发出来的不是他们生活的真实，而只是作者自己内心的真情实感和火一般强烈的挚诚。

（6）"真"是一把刀。

Как говорится у русских: «Правда глаз колет» （С. Есин）. 常言道，忠言逆耳。

— Правда им не понравилась, глаза колет, — благодушно объяснял пострадавший. (В. Найдин) 他们不喜欢真话，良言刺耳。

（7）"真"是一种装置。

Умереть, отказать эволюции, продвиженью пустоты — надрожжах новых смыслов, бежать водолазом в Мертвое море, раскопать Содом, обустроить правду: тем огромнее грохот МКАДа. (Александр Иличевский) 摆置、处理好真相、实情。

（8）"真"是液体物。

Мы должны постоянно работать над собой, наполнять наши отношения с другими людьми правдой, светом, добром, истиной. («Сельская новь», 2003.10.07) 我们应当不断完善自己，以真理、光明、善良来夯实自己同其他人之间的关系。

（9）"真"是光明、太阳。

Он вносит божьей правды свет. (Е. П. Ростопчина) 他带来了上帝真理的光芒。

Озарит наш мир любви и правды свет (А. Н. Плещеев). 真理之光将照亮我们这个充满爱的世界/真理之光将使我们这个爱的世界熠熠生辉。

И черные туманы скрывают правды свет. (А. В. Кольцов) 乌云遮住了真理的光明。

И правды луч, сверкающий за далью, грядущих дней, очам его незрим, — Как больно мне. (А. Н. Плещеев) 他居然看不见能够照亮远方的真理之光。

Лишь ты взойдешь на небеса, О солнце правды, Бог вселенной… (Д. С. Мережковский) 只要你进入苍穹/天堂/极乐之地，你就会接近那真理的太阳和苍生/宇宙的上帝……

В христианском богословии говорится, что Христос — это солнце правды, свет истины. (Ольга Власова, Роман Зайцев) 基督教义（神学）里说，基督是真理的太阳、光芒。

（10）"真"是火花、火焰。

Не может без причины произнестись слово, и везде может заорониться искра правды. (Н. В. Гоголь) 到处点亮真理的火花/播下真理的火种/有了真理的萌芽。

Неугасимо вечной правды пламя. （Т. Л. Щепкина-Куперник）

（11）"真"是法庭。

Ныне время правды нашей; Будет Божьей правды суд! （М. А. Дмитриев） 这将是上帝真理的法庭。

На флаге виден правды суд и мир любви. （А. С. Хомяков） 旗帜上显眼的是真理的法庭和爱的世界。

（12）"真"是商品。

Почему на любовь не отвечают любовью? Почему за правду платят ложью? （А. П. Чехов）. 为什么人们不用爱来回报爱？为什么要以谎言来应对真实？

（13）"真"是种子。

Жажду правды сердце в сердце сеет, Красный Факел мщением горит. （А. П. Платонов） 在人群中传播对真理的渴望。

Сквозь радужную ложь Гомеровского мира нам сеет правды семена. （Б. К. Лившиц） 透过荷马世界形形色色的谎言来散播真理的种籽。

（14）"真"是果实。

Мудрость, сходящая свыше, кротка — научает апостол: правды плод сеется в мире; а это — бесовская мудрость! （М. А. Дмитриев） 真理的成果/果实在世界传播。

（15）"真"是旗帜。

Поднимали снова правды знамя, — И на нем сияли те слова, От которых ярче в сердце пламя, Даль светлей и выше голова!... （П. Ф. Якубович） 重新举起真理的旗帜。

（16）"真"是方向、目标。

Ну, кто ж спорит: конечно, если пойдет на правду, так житье в Питере лучше всего. （Н. В. Гоголь） 当然，如果说真话，那么居住在Питер 是最好的。

Мы уносили в правду веру. （В. В. Хлебников） 我们将信仰带进了真理之中。

（17）"真"是一种声音。

Неправде — грозный правды глас; Заслуге — воздаянье; Спокойствие — в последний час; При гробе — упованье. （В. А. Жуковский） 要让谎言听到这严厉的真理之声/振聋发聩的真理之声是给谎言听的；让有功之臣得到应有的奖赏/论功行赏。

Судьи! — Услышьте правды глас, Любимцы счастья! пробудитесь!（Н. М. Шатров）法官们，请聆听真理的声音！幸运儿们，醒醒吧！

归结起来，俄罗斯民族世界观文化概念 правда 拥有极为丰富的物象蕴含和文化联想形象。以上格式塔分析显示，"真"可以是人或其他生命体，反映出俄罗斯民族意识中的"真"被赋予的生命意志力和创造性，它能够对人的现实生活带来积极影响；"真"可以是实体物、表面物、空间物，体现出"真"在俄罗斯民族意识中所具有的心理实在感及同人的生活、精神、意志之间存在的真切而紧密的联系；"真"可以是视觉可感知物，凸显出人们对"真"的所持的"眼见为实"的命题意向和态度，通过视觉上的物质实在性拉紧了人同它之间的心理距离；"真"可以是树木、植物，反映出"真"的勃勃生机和昂扬向上的观念生命力；"真"可以是气体物、有气味物，形象地体现出"真"的传播、发散性、辨识性以及俄罗斯民众对它的高度心理接受性；"真"可以是一把刀，表现出"真"的果敢勇决、不容妥协、坚持原则的观念特性以及"真"所蕴蓄的俄罗斯民族义不容情的观念情怀；"真"可以是一种装置，显示出"真"在俄罗斯人的生活、观念乃至信仰中的结构性及其整体观念形态的系统性；"真"可以是液体物，体现出"真"的灵魂、观念意识荡涤性以及俄罗斯民族所感受到的"真"对人的精神意识的浸润性；"真"可以是阳光、太阳、火花、火焰，反映出"真"在俄罗斯民族意识中所具有的希望、愿景、力量等同光明未来相关的形象；"真"可以是法庭，体现出"真"的观念力量的展示以及它在俄罗斯人心目中的公正信义、铁面无私这一观念形象；"真"可以是商品，表现出"真"同相关世界观之间可能存在的换置关系，从反向体现和观察之中表明了俄罗斯人对此的不认同态度；"真"可以是种籽、果实，展示出"真"的强大生命力和它为人们的生活、思想带来的丰收和成就；"真"可以是旗帜、方向、目标，表现出"真"在俄罗斯民族心理中的观念、精神、意志的引导性、启发性；"真"可以是一种声音，反映出"真"作为一种世界观对俄罗斯人的行为、举止的规制性和心灵提示性。

五 "правда"的话语综合分析

（1）"真"的认知判断/理解文化解读。

Правда, святая правда прежде всего и откровенность!（Ф. М. Достоевский）神圣、圣洁的"真"首先就在于公开性。——这在"真"的核心点、基本点上显示出俄罗斯民族对"真"的认知判断文化解读。

Предвижу: правды суд — страх сильных, слабых щит — Небесный приговор земле благовестит. （П. А. Вяземский） 真理的法庭是震慑强势者、保护弱势者的。——这在"真"同法庭的社会功能、法律对待弱者和强者态度的关系之中反映出俄罗斯民族对"真"的认知判断和理解。

Художественный образ выше имитации действительности, истина выше правды жизни. （Н. Галкина） 真理高于生活的真实。——这在生活中的"真"同客观真理之间的关系之中体现出俄罗斯民族对"真"的认知判断文化解读。

Рудою солнца посеян свет, для вечной правды названья нет. （С. А. Есенин） 永恒的真理是没有名字的。——这表明了俄罗斯民族认知意识中一个朴素的道理，即最不为人注意的东西往往是真理，就代表着事情的真相，反映出俄罗斯民族对"真"的文化认知理解。

（2）"真"的社会价值、功能文化解读。

Человек всесилен свободной душой и смерть одолеет правдой сердца. （А. Терехов） 灵魂自由的人会无比强大，他会以自己内心的真实战胜死亡。——这在真理同人的内在精神世界的关系以及它所赋予人的强大精神力量之中体现出"真"的社会价值、功能。

Нет, ты живи по правде, когда хочешь, чтобы тебе оказывали почтение. （Н. В. Гоголь） 你要正直、光明地生活/依照"真"来生活。——这在真实、真理同人的日常生活和生活准则之间的基本关系层面上对"真"所作的社会价值、功能文化解读。

（3）"真"的伦理性文化解读。

А кто вас уполномочил оскорблять во мне мою правду? （А. П. Чехов） 是谁给你权力侮辱我心中的真情？——这表明在人的伦理意识中，真相、真情是不容欺辱的，显示出俄罗斯人对"真"的伦理性文化解读。

Как ржавчина болотная, отравит правду ложь. （М. А. Зенкевич） 谎言会戕害真相。——这在真相的脆弱及其同谎言的不相容、谎言对它的危害性之中反映出俄罗斯民族对"真"的伦理性文化解读。

Не ищите здесь правду быта, ищите правду Бытия. 在这里不要寻找日常生活的真相，而要寻找存在的真理。——这是通过真相、真理在日常生活和客观存在中的不同表现以及它们的不同存在方式的对比而进行的"真"的伦理性文化解读。

(4) "真"的观念性文化解读。

Бог любви нам всем Отец! Правды Бог — Царем над нами! (М. А. Дмитриев). 真理的上帝是支配着我们的主宰者。——这在真理、上帝对人的精神、意志的影响和控制作用方面反映出俄罗斯人对"真"的观念性文化解读。

Всё ничтожно по сравнению с правдой, чистотой маленького человека. (Василий Гроссман) 同真理和孩童的纯洁相比，一切都显得渺小/显得微不足道。——这在真理圣神而纯洁的价值地位上反映出俄罗斯人对"真"的观念性文化解读。

Стезею правды бодро следуй. (А. С. Пушкин) 沿着真理之路勇往直前吧！——这是通过真理在俄罗斯民族心理中所获得的高度价值认同和对人的精神引领性而对"真"进行的观念性文化解读。

Ступай во имя бога, Воюй за правду, честь. (А. В. Кольцов) 为了上帝向前进，为了真理和荣誉而战。——这在俄罗斯人的生活、精神追求及其人为之奋斗的价值取向层面上体现出俄罗斯民族对"真"的观念性文化解读。

(5) "真"的道德立场文化解读。

Всегда стоял за правду (Н. В. Гоголь). 他总是捍卫真理。——这在维护真理的坚定态度、精神意志及隐含其中的对真理的观念认识之中显示出俄罗斯人对"真"的道德立场文化解读。

Я жажду правды, жажду света И направляю к ним свой путь (Д. Л. Михайловский). 我渴望真理，渴望光明。——这是在对真理的执著向往和鲜明观念倾向上反映出对"真"的道德立场文化解读。

И умным понравится голой правды сила. (А. Д. Кантемир) 智者喜欢毫不掩饰的真理的力量。——这在俄罗斯人对（朴素的）真理的本质和价值内涵的认识以及观念态度中体现出人们对"真"的道德立场文化解读。

(6) "真"的社会理想/社会期待文化解读。

Везде мечи, и кровь, и пламя, И меркнет вечный правды свет. (Д. Л. Михайловский) 四处刀光、流血、烈火，永恒的真理之光暗淡失色。——这从反向角度表达出渴望和平真理光芒的精神理想，是在真理的美好和刀光血影的残酷之间的鲜明对立之中显示出俄罗斯民族对"真"的社会期待文化解读。

Но днесь иль завтра прояснится бессмертной правды солнца луч.

（Г. Р. Державин）不朽的真理阳光明朝依然。——这是在对真理的美好祝愿与期待中表现出来的俄罗斯民众对"真"的社会理想文化解读。

Есть надежда, что народ узнает всю правду, и справедливость восторжествует. (В. Розоруев) 民众是能够了解全部真相，正义是能够获胜的。——这在真相为人所了解的价值实现期待之中反映出俄罗斯人对"真"的社会理想文化解读。

Пожелаем, чтоб не меркнул правды луч в краю родном. (А. Н. Плещеев) 期望故土的真理之光不会暗淡/永远明亮。——这是在现实、具体的生活情怀中显示出对"真"所作的社会期待文化解读。

Есть правды бог: тирана нет! Преходит тьма, но вечен свет. (Н. М. Карамзин) 要真理的上帝，不要暴君，黑暗将过去，光明将永恒。——这是在对真理、光明的憧憬和期许中表现出对"真"的社会理想。

（7）"真"的情感文化解读。

— Правда им не понравилась, глаза колет, — благодушно объяснял пострадавший. (В. Найдин) 他们不喜欢真话，忠言逆耳。——这在真话、真相同人的喜恶、趋避心理和精神认识上反映出俄罗斯人对"真"的情感文化解读。

Отворачиваешься? Не нравится правда? Правда глаза колет? (А. П. Чехов) 就这样断绝往来？你是不喜欢听真话吗？——这也同样在真话、实情同人的情绪—心理关联中显示出"真"之中的特殊情感文化内容。

И эта печальная правда жизни вызывала в нем мучительную боль. (Э. Кричевская) 这一可悲的生活现实唤起了他内心的痛苦。——这在生活实际中的真相同人的相关内心感受之间的联系之中体现出俄罗斯人对"真"的情感文化解读。

Они пострадали за правду. (С. И. Ожегов) 他们因为真相而备受煎熬。——这是遭受真相、实情对人的巨大精神、心理影响反映了"真"这一价值观念之中的情感文化因素。

Именно к этому времени настолько перегорели в его душепечатления тяжёлого опыта, что он мог с художественным беспристрастием волновать читателей идеями правды, ответственности. (И. Ф. Анненский) 他能够以艺术的公道、凭求真的思想和责任感打动读者。——这在"真""真实"的社会接受性、认可性和它对人的精神、观念影响性之中体现出俄罗斯民众对"真"的情感文化解读。

以上有关俄罗斯民族世界观文化概念 правда 的话语综合分析揭示出十分丰富的文化内涵信息。综括起来，这些分析在"真"的核心点、基本点上以及"真"同法庭的社会功能、法律对待弱者和强者态度的关系以及民族意识中一些朴素的道理之中显示出俄罗斯民族对"真"的认知判断和文化理解；在真理同人的内在精神世界的关系、真理所赋予人的强大精神力量以及真实、真理同人的日常生活和生活准则之间的基本关系之中体现出"真"的社会价值、功能；在真相的脆弱及其同谎言的不相容、谎言对它的危害性之中、真相、真理在日常生活和客观存在中的不同表现以及它们的不同存在方式的彼此对照之中反映出俄罗斯民族对"真"的伦理性文化领悟；在真理、上帝对人的精神、意志的影响和控制作用、真理圣洁的价值地位以及真理在俄罗斯民族心理中获得的高度价值认同和对人的精神引领性乃至人应有的生活、精神追求之中反映出俄罗斯人对"真"的观念性文化解读；在对真理的执着向往、维护真理的坚定态度、精神意志观念倾向以及对（朴素）真理本质和价值内涵的观念认识之中显示出俄罗斯人对"真"的道德立场；在真理的美好和刀光血影的残酷之间的鲜明对比以及现实、具体的生活状态下对真理、光明的憧憬之中显示出俄罗斯民族对"真"的社会期待、社会理想；在真话、真相同人的喜恶、趋避心理以及真相同人的相关情绪—精神感受之间的特殊联系之中体现出俄罗斯民族"真"的情感性文化存在，在"真"的社会认同性及思想胸怀、精神观念和情绪影响作用性之中真实地展现出俄罗斯人对"真"的情感文化理解。可以认为，上述话语分析内容从不同方面较为全面地呈现出了 правда 在俄罗斯文化中的历史状貌与现实文化意义和价值。

六　小结

围绕民族世界观文化概念 правда，俄语言语现实中使用频率较高的是 истинная правда（真理的真实），сущая правда（颠扑不破的真实/真正的实话），говорить правду（讲实话）等。通过以上分析可窥探出"真/真实"是俄罗斯民族生命活动、生命追求和生活现实在世界观念方面的一种写照，该民族的立身处世和人生观、生命观十分注重客观、中立性，倚重事件真相、遵从事实本身，体现出一种专注而严谨的生活态度和观念。правда 同其他斯拉夫语的词源关系显示，俄语中的"真/真实"包含着源自或者借取于另一些斯拉夫语言的诸如"公正""正当""条款"等含义，因此总体上具有"真实，实在""法规，章程"的蕴义特征。文化语义内涵分析表明,"真/真实"这一世界观直接引导、支配着俄罗斯人的生产、社会活动和精神行为,并且关联、影响着许多其他相关行为,"真/真实"在俄罗斯文化语境中有极为丰富、复杂的现实表象,俄罗斯人基于自己的生活见地和经验认识,对"真/真实"抱有各种不同的评价和态度,显示出他们在真与假、是与非上的判断力和坚持本真和民族初心的一种信仰和决心。隐喻搭配则在"文化真实"的认知语义配置中刻画出"真/真实"同人、事物、行为等结成的文化关联性和文化作用态势,形象而逼真地呈现出"真/真实"的现实力量以及俄罗斯人对它的真切感受。格式塔分析所提供的有关"真/真实"的多方位文化蕴含形象展示出俄罗斯民族意识围绕它形成、展开的丰富文化联想,深层上反映的是俄罗斯人同"真/真实"这一概念之间的深度文化交集。而话语综合分析通过连贯的言语框架信息体现出"真/真实"为俄罗斯民众中所感知、认同的强大社会价值和观念引导功能以及它所孕育的社会理想、社会期待。这些方面的文化解读信息十分清晰地传递出俄罗斯民族"真/真实"的一种精神情怀及鲜明的世界观价值取向。

第二节 "добро"(善良)的分析与解读

关于真善美①,俄罗斯民族有这样的认识,即没有真和美的善只是一种不确定的、没有激情、索然无味的情绪,抽象的真理是空话,而没有善和真的美是抽象的崇拜物、被盲目崇拜的对象(В. С. Соловьев)。"善良是同自然相谐和、会给人带来愉悦、为上帝所应允、能促进社会稳定、同历史发展相适应、同良知的要求相一致的一切"(Максимов,2000:17)。在善良同周遭、世界的关系方向上看,善良的人总向他人敞开胸怀,首先考虑的不是自己的得失,"善是为了他人的好,而不惜让自己付出代价。善远非总是自然的产儿,善可供人仿效,但为此它先要有感召人的力量"(Арутюнова,2004:15)。在俄罗斯人眼里,善良如同真理、和平一样,是上帝给予人类的馈赠与恩泽(«Журнал Московской патриархии»,1960.12.01)。真理是人的智慧理解中的一种善;美也是一种善和通过身体的具体形式体现出来的一种真理(В. С. Соловьев)。从色彩的心理寄托上,白色是善良、纯洁的颜

---

① "获得伦理蕴义的'美(красота)'不仅接近'善(добро)'的意义,同时也接近'真(правда-истина)'的意义"(Арутюнова,2004:28)。

色（象征）（История восприятия цвета // «Наука и жизнь», 2008），人们努力地学会要明辨善与恶、真与假（Д. Глуховский）。宗教教人善良，这种善良包括尊重长辈（«Марийская правда»［Йошкар - Ола］，2003.06.01），长辈也致力于教育晚辈要懂得善良，富于同情心，热爱亲人和世间所有的生命（С. Заякин, Н. Гашев）。善良总是同友谊和人性联系在一起（Б. Кашников），善连同其对立的恶在生活中发挥重要作用，人们认为，决定事情成败的不是强与弱，而是善与恶（Г. С. Семенов）。善与恶、光明与黑暗之间存在永恒抗争（Е. Кузьмина, Е. Кузьмина），善与恶就像魔法的两面（О. Гаврилова），二者总在较量之中（Между добром и злом вечная борьба）。所以俄语中сражение добра и зла，вечная борьба добра и зла 使用较多。善与光明联系在一起，而恶与黑暗相伴（С. Роганов）。俄罗斯人的东正教民族形象是善良与光明的最高体现，这种善良没有功利色彩，并且对该善良的认识构成俄罗斯民族道德精神的基础，是一种高层级意义上的价值精神体现（Гак, 1995：35）。

一　"добро" 词源分析

добро 在 11—17 世纪的俄语中为已为人所熟知/就已经使用，它来自共同斯拉夫语形容词 добръ（добрый）的名词化形式（Шапошников, 2010а：231）。добро 是在 добрый 的中性形式 добръ 基础上，通过形态—句法方式构词而来（Шанский, 1973：145；Шанский, Иванов и др., 1971：126）。добрый 来自于印欧语词 dhabhro（dhabh-ro）（有用的，适宜的），在词源上与 удобный（合适的）属同（词）干词，原初意义即为"合适，适当"，而后进入共同斯拉夫语写为 дробйъ（Шанский, 1973：147-148；Шапошников, 2010а：232；Фасмер, 1986：520 - 521；Крылов, 2005：115），在古俄语和古斯拉夫语时期为 добръ，表示"好的，美好的，善良的"意义，再后来演化出名词 добро（Черных, 1999：258）。此外，共同斯拉夫语时期，добрый 在乌克兰语中为 добрий，白俄罗斯语中为 добры，捷克语中为 dobry，波兰语词为 dobry，表义为"善意的，好意的，美好的，有益的"（Шанский, 1973：147；Черных, 1999：258），总体上语义较为相近。

二　"добро" 文化语义内涵分析

добро 表示积极的、好的、有益的、对立于恶、邪恶/恶意/恶事的一种品质或善行/善举（БАС，1954：839；MAC，1985：409；Шапошников，2010a：231；Шведова，2007：202）。добро 在精神意义层面上指美好事物，一切正直、有益于人并同坏和恶相对立的事物，它是每个人、每个公民和每个家庭成员的义务中所要求的（Даль，1903：1100；Даль，1998：736）。добро 表示一切好的、积极的、导向美好/追求福祉的事物（Кузнецов，2000：264）。добро 指人的道德中好的品行，对立于恶（Люди стремятся к истине, добру и красоте），也指为了他人的好/他人利益而做的好事和善举，是对人的好心和善意态度（Ушаков，2013：119；БАС，1954：840；MAC，1985：409；Ожегов и Шведова《Толковый словарь русского языка》，bweek. narod. ru/rest）。例如：Старик делал много добра; Не делай добра, не увидишь зла（посл.）（不行善，看不出恶/行善方识恶）；Я за тобой, как за сыном, ходил... И вырос ты и не любил добра моего（В. М. Гаршин）；Добро торжествует у него над злом（А. С. Пушкин）。其他例子如：Хочу любить, хочу молиться, Хочу я веровать в добро（В. Мильдон）；Я хотел вам добра... Я делал вам всем добро（О. Павлов）；От добра добра не ищут（生在福中应知福）；Он верил в справедливость, в превосходство добра над злом, в абсолютность добра.（Д. Гранин）再如：забывать/помнить добро, творить добро, платить злом за добро（以怨报德），сделать много добра людям（为别人做许多好事）。此外，добро 在词源上源自形容词 добрый，可以通过 добрый 所包含的"做有益于人的事情、富有同情心/好心、承载着美好、福祉的；美好的，道德的；友善亲近的；非常诚实的"（Шапошников，2010a：232）、"待人温和的、友善的、有怜悯心的、热忱、亲切的"（Черных 1999：258）等语义特征解读出 добро 这样一些同人的品质和人性观念有关的文化语义内涵：诚挚/衷心/真心诚意，道德，友好，善意，同情心，孝老爱亲，扶正扬善。体现出俄罗斯人内心深处的"幸福、美好、祥和、亲善、体恤"等人文品性和生活观念、意识等世界观内容。

三 "добро" 的隐喻搭配分析

Беса надо чистить лаской, поить добром, купать в нежности.（М. Гиголашвили）对魔鬼应该用爱抚来净化/清洗，用善良来浇灌，用温柔来沐浴。句中动词 поить（给水喝）同 добром 之间的隐喻搭配生动地体现出以"善良"来滋润、感召客体对象心田的抽象观念影响动作和行为。

Падают ложные покровы, и обнажается добро и зло. (Н. А. Бердяев) 虚假的外壳脱落/外衣褪去，善与恶全然表露出来。句中动词形式 обнажается（裸露）同 добро 之间的隐喻搭配具象化地表现出善良心地的显现、流露这一抽象的动作形象。

Зло всегда кормилось добром, оно подпитывается им, и лишить зло очередной порции съедобного — вот чего хочу я…（А. Азольский）. 恶总是吞噬着人的善良。句中动词形式 кормилось（吃食）同 добром 之间的隐喻搭配生动地反映出恶对善的侵蚀性和伤害力，让人能够形象化地体会到"恶"会通过以善为生的方式损伤、破坏人之善的现实事况。

Она вырыва ла из души каждое благочестивое помышление, каждое желание, где таилась искра добра, искра любви к человечеству. (М. Ю. Лермонтов) 她从心中翻寻出了每一个虔诚的想法和每一个包孕/蕴藏着善良火花的愿望。句中 искра（火花）同 добра 之间的隐喻搭配表现出善良光亮的美德形象，动词形式 таилась（藏匿，掩藏）同 искра добра 之间的联动隐喻则具象化地体现出善良以冀望的方式隐藏于人内心的抽象意念—心智状态。

Намдобро своё прятать негде! (М. Палей) 我们的善意无处可藏/无需隐藏。句中动词 прятать（藏匿，掩藏）同 добро 之间的隐喻搭配形象地表现出掩饰善良、让善良不为人知的抽象情感—心理意志动作行为关系。

Добром дышит каждый кадр, всё снято уютно и по-домашнему. (Любовь и голуби, 2007–2011) 每个画面/镜头都散发着善良。句中动词形式 дышит（呼吸）同 добром 之间的隐喻搭配生动地体现出善良流露、呈现出来的抽象心智意象。

Солдатики отдавали добро за бесценок. (И. Бояшов) 士兵廉价地出卖了自己的善良。句中动词形式 отдавали（让给，交给）同 добро 之间的隐喻搭配具象化地说明了人失去善良之心的抽象动作形象。

Гнев и любовь, и грех и добро гнездятся внутри человека, а не снаружи. (М. Гиголашвили) 愤怒与爱意，罪过/罪恶和善良都是扎根于/栖身于在人的内心，而不是外部。句中动词形式 гнездя′тся（筑巢，作窝）同 добро 之间的隐喻搭配形象地表现出善良在人的心中逐渐积聚的复杂形成过程以及生根发芽的成长状态和存在方式。

Так, наверное, и решил, что его добро испарилось…（А. Приставкин）他的善良已经消失殆尽。句中动词形式 испарилось（蒸发）同 добро 之间的隐喻搭配细致、生动地刻画出善良渐渐地从人的心中消减和退去直至最后没了的抽象动作结果。

　　Свет добра пронизывает мрак. （М. Шнеерсон） 善良之光洞穿/穿透黑暗。句中 добро 同 свет（光，光明）的隐喻搭配生动地表现出善良给人的精神安慰和豁亮感以及人对它的心理期待感，свет добра 同动词形式 пронизывает（刺入，透入）之间的联动隐喻搭配则具象化地呈现出善良作为光明、积极的人际因素和社会期待的化身对社会负面、消极因素的克制力、影响力和感召力、改造力。

　　Говорят, что Алиса входит в класс как солнышко — сразу все наполняется светом, улыбками, добром. （И. Салтыкова） Алиса 像一颗小太阳似地走进教室，里面的一切立刻光彩照人，人们喜笑颜开，和蔼可亲。句中动词形式 наполняется（装满，灌满）同 добром 之间的隐喻搭配生动地展示出善良、善意充满人心的抽象行为状态形象。

　　Получается, что вечные спутники добро и зло теперь борются не столько на сцене, сколько за сцену. （«Театральная жизнь»，2003.08.25） 善和恶这对永远的伴侣现在与其说是在台面上争斗/在台上争斗、冲突，不如说是在台下（舞台之外）/为了这个舞台博弈。句中动词形式 борются（搏斗，作战，对峙）同 добро и зло 之间的隐喻搭配具体化地反映出善与恶之间的冲突、较量这一抽象动作关系意象。

　　概括起来，俄罗斯民族世界观文化概念 добро 的隐喻搭配分析体现出俄罗斯民众意识中"善良"所具有的滋润、感召人心的社会观念意识功能，表现出善良光亮的美德形象、善良以冀望的方式隐藏于人内心、给人心以抚慰和温暖以及对善意充满人心、善良充溢世界的心理期待；呈现出善良作为光明、积极的人际因素和社会期待的化身对社会负面、消极因素所具有的特殊遏制性和感召力和改造力；展现出善良在人的心中逐渐积聚的复杂形成过程以及生根发芽的成长状态和存在方式；折射出善良会以多种方式、形态呈现出来，但在任何社会状态下，其本质性和常存性却不会发生改变；揭示出恶对善的侵蚀性和伤害力，让人能够形象化地体会到"恶"会通过以善为生的方式损伤、破坏人之善的现实事况，客观地反映出善与恶之间的冲突、较量这一比权量力的畸形社会观念形态关系，刻画出善良渐渐地消失于人心、失去善良之心的可怕。因而总体上可认为，上述分析从正、反两方面体现出俄罗斯民族文化观念 добро 的隐喻文化认知意象和相关的社会—人际表现状况。

四 "добро" 的格式塔分析

（1）善良是光明、光线。

Пасхальные торжества несут в себе свет веры и добра, наполняют сердца радостью, надеждой и любовью к ближним. (http: //www. rbcdaily. ru/2011/04/24/focus/562949980136196. shtml, 2011) 复活节庆典洋溢着信仰和善良之光。

Именно таким человеком была Анна Николаевна Ликина, озарившая наше детство светом добра, согревшая наши души внелегкие годы. (П. Серова) Анна Николаевна Ликина 以善良之光照亮了我们的童年。

Так свет добра загорается в начале романа, и о′тблески его в дальнейшем лягут на многие страницы. (М. Шнеерсон) 善良的光芒在小说开篇熠熠生辉，它的余光/余痕在后面的许多页面上都有反映。

Пейте! Светится добром бокал вина. (И. В. Чиннов.) 高酒杯闪耀着善良的光芒。

（2）善良是火焰、火花。

Она вырыва′ла из души каждое благочестивое помышление, каждое желание, где таилась искра добра, искра любви к человечеству. (М. Ю. Лермонтов) 她从心中翻寻出了每一个虔诚的想法和蕴藏着善良火花的愿望。

На мертвой пыли горит печать добра и зла. (А. А. Тарковский) 善与恶的火花/印痕在死亡的尘埃中燃烧。

（3）善良是人、生命体。

Внутри нас тайно живёт истинное добро, которое ни тля, ни тать не подкапывает! (Г. Сковорода) 我们心里（暗）怀着真正/诚挚的善良。

Добро и Зло сидят за столом. Добро уходит, и Зло встает. (Б. А. Слуцкий) 善与恶并肩而坐, 善走, 恶来。

От него так и шли к людям тепло, любовь и добро. (Л. Гурченко) 他给人们带来了温暖、爱和善良。

（4）善良是实物。

Намдобро своё прятать негде! (М. Палей) 我们的善意无处可藏/无需隐藏。

Голицыны же побуждают не столько к взвешиванию добра и зла, сколько к воинской доблести. (Л. Аннинский) 掂量善与恶。

Солдатики отдавали добро за бесценок. (И. Бояшов) 士兵廉价地出卖了自己的善良。

Дух же этот был светел и чист, он был полон добра и живого сочувствия людям. (А. Убогий) 他对人充满了善良和积极的同情心。

Их мир, простой и наивный, наполнен добром, любовью, верой в чудо. («Мир & Дом. Residence», 2004.03.15) 他们的世界朴素、纯真, 充满了善良、爱意和创造奇迹的信念。

И не кусочков «добра» от него ждут. (В. Лебедев) 不要指望他能有半点善良。

Я жил, добро поставив выше зла. (К. М. Симонов) 在我的生活中, 善良高于邪恶。

В душе каждого есть крупица добра, на которую можно воздействовать. (Э. Розенталь) 每个人心中都有可对其加以影响的一些善良的存在。

（5）善良是道路。

Путь деятельного добра, указанный масонской философией, стал жизненной программой Михаила Фёдоровича (И. Грачёва) 共济会哲学指出的善良之路成为 Михаил Фёдорович 的生活规划/生活纲领。

Изменится режим власти в СССР, «империи зла» на земле рухнути мир встанет наконец на путь Добра и Справедливости… (Г. Жженов) 将最终走上善良与正义之路。

（6）善良是空间物（目标物）。

Но в один ужасный день ситуация вышла за грань добра и зла: несчастье заключалось в том, что я полюбила такого человека. (П. Валерия) 这一情形已经超出了善与恶的范限。

Вас ждут громадные трудности, но вы придёте к добру! (А. Гроздилова) 您将面临巨大困难, 但您将要得到的是财富/但您却是在朝善良迈进。

（7）善良是液体物。

Так, наверное, и решил, что его добро испарилось… (А. Приставкин) 他的善良已经慢慢消失。

Я переплыл моря добра и зла, держа весло упорною рукою. (Д. Кнут) 我漂游越过了善与恶的海洋。

（8）善良是食粮。

Потрясающий, великолепный мультфильм, пропитанный добром и дружбой. (Обсуждение мультипликационного фильма «Король Лев», 2011) 震撼人心的、洋溢着善良和友谊的优秀动画片。

Беса надо чистить лаской, поить добром, купать в нежности. (М. Гиголашвили) 对魔鬼应该用爱抚来净化/清洗，用善良来浇灌/滋润/感召，用温柔来沐浴。

（9）善良是种子。

Семя добра есть в человеческом сердце и не исчезнет вовеки. (Н. М. Карамзин) 善良的种籽存在于人心，将永远不会消失。

Они знают, что делают. Добро сеют. (А. Иличевский) 他们知道自己在做什么，他们是在传播/散播善良。

То есть, какое-то количество семян добра вы уже набросали в этот мир? (А. Клейн, М. Захаров) 你们已经向这个世界播撒下了善良的种子。

（10）善良是空气。

Атмосфера добра и влюблённости передаётся со сцены в зрительный зал. (О. Романцова) 善与爱的氛围/气息从太上传播到观众席。

（11）善良是衣装。

Отчего ненависть обряжается в одежды добра? ... (А. Иличевский) 为什么仇恨会穿上善良的服装/为什么仇恨会披上善良的外衣？

（12）善良是基石。

И культура строится на добре, а не на зле, выражает доброе начало в народе. (Д. С. Лихачев) 文化建立在善而非恶这一基础上。

由此观之，俄罗斯民族世界观文化概念 добро 可以被格式塔化为各种文化联想物象。善良可以是光明、光线、火焰、火花，这形象化地体现出在俄罗斯民族意识中，善良所具有的阳光、热情、亮丽、高洁和温暖人心的品质；善良可以是人、生命体，凸显出善良在俄罗斯民族心理中的体己性、同人的心灵相通性与"人性"以及俄罗斯人对它的情感依赖性，同时也反映出善良的意志活动性和精神影响性；善良可以是实物，表现出俄罗斯民族意识中善良的实体感及它在生活中的普遍性、基本性，强化了它在生活中的真实存在感；善良可以是道路，反映出善良对于人的生活、精神导引性、启发性和心智建设性；善良可以是空间物（目标物），一方面体现出善良的（抽象）物质寄所性；另一方面体现出人心目中对善良的内在渴求和向往；善良可以是液体物，显示出善良润泽于人而细作（于）无声的特性；善良可以是食粮，体现出善良对人的精神必需性和现实性；善良可以是种籽，表现出善良的传播性、成长性和生命性；善良可以是空气，展示出善良之于人的精神生命元素性的组构特征；善良可以是衣装，这一方面显现出善良具有的可能会为人利用的外在伪装特性；另一方面也从一个反向角度凸显出了善良的优秀、美好和人们潜意识中以其为标的观念价值品性；善良可以是基石，反映出善良在人的精神、观念世界中发挥的根基性、基本性作用和价值。由格式塔分析传达出的上述内容深刻揭示出文化概念 добро 在俄罗斯民族意识中的世界观观念文化形象信息。

五 "добро" 的话语综合分析

（1）善良的社会认知文化解读。

Понятия добра и зла относительны. Не только в российской, но и в мировой истории есть многофактов, когда гуманистические идеи были основанием для притеснения или даже уничтожения их носителей. (Е. А. Климов) 善与恶的概念是相对的。——这在善与恶的辩证关系中显示出俄罗斯民族意识中对善良的社会认知文化解读。

Добро всегда побеждает зло. (А. Садчиков) 善总能战胜恶。——这在"善良"的生活经验感知和对善良的坚定信念、态度上反映出俄罗斯人对善良的社会认知文化解读。

Добро в конечном счёте торжествовало над злом. (С. Довлатов) 善最终战胜了恶。——这在善与恶的较量之中体现出有关善良的社会认知文化解读。

Зло наказано, добро победило — все произошло как в сказке, которой так не хватает в нашей реальности. («Театральная жизнь», 2004.06.28) 恶受到惩罚，而善获得了胜利。一切都像发生在童话里，而现实中这样的童话太少。——这在善与恶的不同命运结果的对比之中反映了俄罗斯民族对善良的社会认知文化解读。

Семья, Дружба, Добро и Любовь — главное в нашей жизни. (Обсуждение мультипликационного фильма, «Король Лев», 2011) 家庭、友谊、善良与爱——这是我们生活中最为基本的。——这是通过对俄罗斯家庭观念之中善良的核心地位和价值的肯定表现出俄罗斯民族对善良的社会认知文化解读。

Прежде чем требовать от людей добра, их надо накормить. (А. Иличевский) 在要求人的善之前，需要先让他吃饱。——这在行善、拥有善的前提条件之中体现出俄罗斯人对善良的社会认知文化解读。

Мир людей долго казался ему простым, не требующим никаких усилий, кроме добра и честности. (А. Иличевский) 长久以来，他都觉得人的世界是一个除了善良和诚实，其他都不太重要的朴素世界。——这在对善良之于人的基本性、重要性的认识和肯定之中表现出俄罗斯人对善良的社会认知文化解读。

（2）善良的精神本质文化解读。

Внутри источник добра, который никогда не истощится, если ты не перестанешь углублять его. (С. Смирнов) 只要人们不断发掘，善良之源是不会枯竭的。——这在善良背后的个体、社会精神潜能和善良的深厚社会、民族源泉之中反映出俄罗斯民族对于善良的精神本质文化解读。

Зло всегда кормилось добром, оно подпитывается им, и лишить зло очередной порции съедобного — вот чего хочу я... (А. Азольский) 恶总是吞噬着人的善良。——这是在善良对立因素的侵蚀、影响以及相应的维护、坚守善良的必要性之中显示出对善良的精神本质文化解读。

А по моей вере в то, что люди за добро платят добром. (А. Алексин) 在我的信念中，人应该以善回善、以德报德。——这在人际之间善良品操的相互对待关联之中体现出对善良的精神本质文化解读。

Семя добра есть в человеческом сердце и не исчезнет вовеки. (Н. М. Карамзин) 善良的种子存在于人心，永远也不会消失。——这在善良在人内心永不泯灭、善良与人同行、同在的人性属性上反映出俄罗斯民族对善良的精神本质文化解读。

Любовь — это делание добра, а делание добра — это семья, вот для чего Бог создал женщину, мужчину, дитя. (М. Ахмедова, П. Мамонов) 爱就是行善，而行善是家庭的内涵，正是为此，上帝创造了女人、男人和孩子。——这在善良同爱、家庭之间的意识关联及同上帝意志的关系之中表现出俄罗斯民族对于善良的精神本质文化解读。

（3）善良的社会内涵文化解读。

Добро в человеке всецело зависит от его свободного подчинения высшему началу. (П. Б. Струве) 人的善良完全取决于他对最高意志的服从。——这在善良同人的基本意念、初始意志之间的关系之中反映出俄罗斯

民族对善良的社会内涵文化解读。

В их сознании помощь бездомным — абсолютное добро. （А. Титова）在他的认识中帮助无家可归的人是最大的善良。——这在善良的个体化切身体会以及纯粹善心的现实认知体现之中显示出俄罗斯人对善良的社会内涵文化解读。

Конечно, помощь — простейшая форма Добра, но любой подъем начинается с первого шага. （Б. Васильев）帮助他人是最基本形式的善良。——这在善良最朴素而真实的社会（能量）理解之中反映出俄罗斯民族对善良的社会内涵文化解读。

Добро всегда получает достойную награду, а зло — неотвратимое наказание. （И. Грачёва）善总能获得应有的奖赏/嘉奖，而恶不可避免地会受到惩罚。——这是在善与恶所面对的不同社会心理（对待）和社会期许之中对善良进行的社会内涵文化解读。

И культура строится на добре, а не на зле, выражает доброе начало в народе. （Д. С. Лихачев）文明/文化建立在善而非恶这一基础上，它表达的是民众的善良意志。——这在善良同社会文明进化及民众意志间的关系之中体现出俄罗斯民族对善良的社会内涵文化解读。

В конкретном процессе истории добро и зло так переплетены взаимно, что каждое историческое явление по необходимости смесь этих двух начал. （М. Чернавский）历史的具体发展过程中，善与恶交织如此之紧，以至于每一个历史现象都必然是二者的复合体。——这在善与恶的社会表现辩证关系之中反映出善良的社会内涵文化解。

Добро и Зло настолько переплелись в XX веке, что подчас разъединить их трудно, если вообще возможно. （В. Лебедев）20世纪的善与恶交织如此密切，以至即使可以将它们分开，也很难真正切分。——这在善与恶现实交织的客观社会事实之中显现出俄罗斯人对于善良的社会内涵文化解读。

Взаимопереплетённость добра и зла приводит к тому, что в процессе исторического творчества «относительное зло может стать орудием добра», а значит, нравственной задачей каждого человека должно являться стремление всячески способствовать этому процессу. （М. Чернавский）善与恶的紧密交织导致历史创造过程中"相对的恶也会成为善的工具"，这意味着尽力促成这一过程的转变是每个人的道义任务。——这在善对恶的感化和改

造及其同社会道义之间的关系中体现出俄罗斯民族对善良的社会内涵文化解读。

（4）善良的观念立场文化解读。

Разум, совесть, добро, гуманность — всё, всё, что выковывалось тысячелетиями и считалось целью существования человечества. (Ю. О. Домбровский) 理智/理性、良知、善良以及人道/仁爱——这千百年来铸造出来的一切被认为是人类存在的宗旨。——这在善良同人类生存、人类精神锻造以及人类精神（价值）追求之间的关系当中体现出俄罗斯民族对善良的观念立场文化解读。

Любовь и добро всесильны. (Ф. Искандер) 爱和善良有无尽的力量/力量无穷/无比强大。——这是通过对善良的社会价值力量的肯定表现出俄罗斯人对善良的观念立场文化解读。

Зло наказуемо, а добро награждаемо. (Б. Руденко) 恶该受罚，善该受奖。——这在对待善与恶的不同社会认定及鲜明态度之中表现出对善良的观念立场文化解读。

От добра худа не бывает. (В. И. Даль) 善有善报。——这是在善良的自然因果回报之中反映出俄罗斯民族对善良的观念立场文化解读。

За добро злом не платят. (В. И. Даль) 不要以怨报德。——这是在不能以恶报善的社会期许和主张之中展现出俄罗斯民族对善良的观念立场文化解读。

Верю я, придет пора — силу подлости и злобы одолеет дух добра. (Б. Л. Пастернак) 我深信，善良的精神实质/基本精神终将有战胜卑鄙和仇恨的力量的那一时刻。——这在个体化意识对善良的精神价值力量和战胜社会消极面的坚定信念之中显示出俄罗斯人对善良的观念立场文化解读。

Добро делай, никого не бойся. (В. И. Даль) 行善的人，谁也不用怕。——这在拥有善良美德的社会群体的光明磊落和社会认同与拥戴之中表现出俄罗斯民族对善良的观念立场文化解读。

（5）善良的价值主张文化解读。

Добро победит в войне и честные люди, не жалевшие своей крови, смогут строить хорошую, справедливую жизнь. (В. Гроссман) 善良在战争中将会获胜。那些在战争中不吝惜自己鲜血的人将能够建设公正、美好的生活。——这在战争背景中善良的价值期许和价值信念之中表现出俄罗斯民族对善良的价值主张文化解读。

Мы любим помогать и любим, когда добро ценят.（Н. Щербак）我们乐于帮助他人，也乐于看见善良得到珍视。——这在善良同助人为乐的精神联系以及善良宝贵而显赫的社会观念价值之中体现出俄罗斯民众对善良的价值主张文化解读。

Истина, добро, красота — необходимая и существенная пища человека.（М. Петрова, В. М. Васнецов）真、善、美是人类必须而根本的食物/必不可少的、最为本质性的食物。——这在善良于人而言的精神、心理及观念基本性、必须性和不可替代性之中显示出俄罗斯民族对善良的价值主张文化解读。

«Истина» есть Слово в его богословском толковании, добро творится любовью, красота есть совершенство мира.（М. Петрова, В. М. Васнецов）"真理"是神学理解中的一个字眼，善由爱铸建/筑造，美是对世界的完善/世界的最高境界。——这在善良同爱的深层直接关联以及由此而生的善良的高尚价值内涵之中反映出俄罗斯人对善良的价值主张文化解读。

Величайшеедобро есть добро человеческого духа（отражение Бога）.（М. Петрова, В. М. Васнецов）最大的善是人类精神的善良（上帝的化身）。——这在善良同人类精神实质及精神实现之间的紧密联系之中显现出对善良的价值主张文化解读。

Я ни к кому не испытываю вражды, только добро и любовь.（А. Яшкин）我对人从不怀敌意，所抱有的只有爱和善意。——这在善良的个体观念意识、精神感知和人际社会体现之中反映出俄罗斯人对善良的价值主张文化解读。

Не слабость или сила, а зло или добро решают дело.（Г. С. Семенов）决定着事情成败的不是强与弱，而是善与恶。——这是通过善与恶（较量）在世事成败中所起的深层、实质的世界观和道德观观念作用显示出了善的社会精神价值力量，体现出俄罗斯民族对善良的价值主张文化解读。

（6）善良的心智关系文化解读。

Люди везде благодарны, когда чувствуют добро.（И. А. Архипова）当人感觉到别人的善意的时候，那他总会怀有感恩之心。——这是在善良同人的自然情感（感恩）心性间的良性互动关系之中表现出俄罗斯民族对善良的心智关系文化解读。

Он верил в справедливость, в превосходство добра над злом, в абсолютность добра.（Д. Гранин）他相信正义，相信善会战胜恶，相信善的绝对存在/无条件性、纯粹性。——这在善良的纯粹性以及善良必胜的信念之中反映出俄罗斯人对善良的心智关系文化解读。

　　Жизнь — есть выявление собственным опытом границ добра и зла.（С. Довлатов）生活就是要通过自己的亲身经历和体验弄清善与恶的界限。——这是在善良的生活阅历、经验以及它同邪恶的对立、区分之中对善良所作的心智关系文化解读。

　　Добро перерождалось в безучастность.（Сергей Довлатов）善良变成了冷漠/无动于衷。——这是通过人的善良会因人世变幻而发生消极的变改这一事实就善良进行的心智关系文化解读。

　　Вечно ли, неизменно ли добро, или вчерашнее добро сегодня становится пороком, а вчерашнее зло сегодня есть добро?（В. Гроссман）善良是永恒不变的吗？会不会昨天的善良今天就变成了罪恶，而昨天的罪恶今天就成了善良？——这是在"善良"品质的稳定性以及善良同其对立面之间可能存在的转化关系的疑惑当中对善良的心智关系文化解读。

　　Критерии добра и зла могут варьироваться в зависимости от применения их к разным группам людей.（А. Маркович）评判善与恶的标准会随着其适用的人群的不同而有所改变。——这是在"善良"表现的具体性和客观存在的因人而异的判别标准之中对善良的心智关系文化解读。

　　（7）善良的民族（精神）教义文化解读。

　　Христова любовь должна проявляться в нас во всей своей полноте, она должна исполнить нас вдохновением творить добро и дать силу творить его не только нам самим, но и увлекать за собой других.（«Журнал Московской патриархии», 2004. 09. 27）基督的爱应该使我们充满了行善的激情和灵感，而且不仅是给予我们自己行善的力量，还要吸引其他更多的人来施善。——这在善良同基督耶稣的精神要义及精神感召之中反映出俄罗斯民族对善良的民族（精神）教义文化解读。

　　Чутки детские сердца к истинному добру, которого в полноте без Церкви быть не может, ибо в ней обитает Живой Господь.（«Журнал Московской патриархии», 2004. 08. 30）童心对真善十分敏感，这样的善没有宗教教义无法完整体现，因为教义中有活的上帝。——这是通过真正的善良所不可或缺的宗教教义和上帝意志对善良进行的俄罗斯民族（精神）教义文化解读。

Вера Христова всегда несла людям добро, мир, радость и любовь. («Журнал Московской патриархии», 2004.08.30) 基督信仰总能教会人善良、宁和、快乐和爱。——这在善良同基督教化和启发之间的关系之中体现出对善良的民族（精神）教义文化解读。

А если человек, даже неверующий, старается жить по закону совести и делать добро, то он объективно преграды между собой и Божественной энергией не ставит, и Божественная энергия такого человека может оплодотворять. («Сельская новь», 2003.10.07) 如果一个不信教的人努力凭良心生活，积德行善，那么他同上帝之间是没有阻隔的，而且上帝会成为这个人的力量源泉/让这个人充满活力。——这是在善良同相关宗教思想及上帝意志之间的内在联系和相通性之中对善良的民族（精神）教义文化解读。

Наполняйте и переполняйте души ваши христианскими добродетелями: любовью и добром, верой и надеждой, правдой и милосердием, кротостью и смирением. («Рыбак Приморья», 2003.01.02) 要用基督的美德/高尚品德来充实你们的灵魂：这包括爱和善，信仰和希望，真理和仁慈，温厚和谦让。——这在基督精神所蕴含的相关民族美德之中体现出俄罗斯民众对善良的民族（精神）教义文化解读。

Все религии восходят к Единому Богу и единым заповедям добра: слово «добро» непобедимо. (Р. Бухараев) 所有的宗教信仰、神明都源于唯一的上帝和善良的准则、教义："善"这一字眼战无不胜。——这是在善良在宗教信仰中的作用及善良同上帝意旨的联系性之中显示出俄罗斯人对善良的民族（精神）教义文化解读。

（8）善良的民族性格特征文化解读。

Добро и зло в русском характере вовсе не уравнены. (Д. С. Лихачев) 善与恶在俄罗斯民族性格中全然不是对等的/很难得到平衡。——这是通过善恶在俄罗斯民族心性中的现实关系对比，反映出有关善良的民族性格特征文化解读。

Добро должно быть с кулаками. («Солдат удачи», 2004.08.04) 善良应该伴随拳头。——这在善良的现实表现和施行善的方法策略、观念之中体现出善良的民族性格特征文化解读。

Добро без свободы неизбежно оборачивается злом. (А. Маркович) 失去了自由的善不可避免地会变成恶。——这是在善良同自由内核的实质关联之中所呈现出来的有关善良的民族性格特征文化解读。

（9）善良的道德智识文化解读。

Нравственное лицо общества будущего зависит от того, насколько сегодня проникнутся идеалами добра молодые сердца. (А. Могилёв) 社会的道德面貌取决于善良的观念在多大程度上深入到年轻一代的心中。——这在善良同社会道德水准、道德状况的关系以及它在人的心目中的地位、作用层面上展示出俄罗斯民族对善良的道德智识文化解读。

Добром нужно отвечать только на добро, на зло нужно отвечать справедливостью. (Б. Абрамов) 德只能以德作报，而怨需要以公道作报。——这是通过对善良的社会回报方式和善良的人际沟通方式的认识、态度反映出善良的道德智识文化解读。俄罗斯文化中，同 добро 相关的类似道德智识体现还如：На зло нужно ответить добром. 因为在道德同其他相关概念（如благ）的镜像关系中，"善良"是一种绝对的世界观道德意识（благо 则是相对的）(Левонтина, 2012：223)。

Вот вышли из моды вечные истины: гуманизм, добро, порядочность. (К. Кожевникова) 人道，善良，正派/正直是永恒的真理。——这是通过善良在人世常情、社会生活中的恒常价值认定表明了善良的道德智识文化解读。

Движение к добру человечества совершается не мучителями, а мучениками. (И. Мардов, Л. Толстой) 推动人类善举的不是折磨者而是蒙难者。——这在善良、善举的精神原动力同不同社会群体之间的特殊关系这一精神认知层面上反映出俄罗斯民族对善良的道德智识文化解读。

Каждый из них выступает под своим знаменем: добро, истина, красота. (А. Эпштейн) 他们每个人都是在真善美的旗帜下行事。——这是在善良同人的行为方式、原则的生活信仰关联之中对善良的道德智识文化解读。

Ценностно-рациональное действие определяется сознательным выбором и стремлением к идеалам добра, красоты, справедливости (т. е. этическими, эстетическими, религиозными и другими ценностями). (Н. Л. Захаров) 理性的价值行为决定于对善、美、公正思想理念（即伦理、美学、宗教及其他价值）的理智选择与追求。——这在善良的精神理念同人的价值行为准则间的关系这一层面上体现出有关善良的道德智识文化解读。

（10）善良的社会理想文化解读。

Мы верим, что добро сильнее зла, что законность и справедливость восторжествуют.（«Журнал Московской патриархии»，2004.04.26）我们相信，善良比邪恶强大，法制和公正将会获胜。——这在善良压过邪恶的观念表达和信念之中表现出俄罗斯民族对善良的社会理想文化解读。

Всегда，а в наши дни особенно，делание добра должно являться жизненной потребностью каждого из нас.（«Журнал Московской патриархии»，2004.06.28）行善永远是并且尤其在当代社会应该成为我们每一个人的生活必需。——这在善良、施善在人的生活和社会发展中的要义性、必需性上表现出俄罗斯民族心理中对善良的社会理想文化解读。

Выше идеала единой России（и большевики стремятся к единой России）стоит идеал правды и добра，закоторый мы боремся.（А. Алексеев）位于统一俄罗斯的理想之上的是我们为之奋斗的真与善的理想。——这在善良这一品性超越政党追求与理念的精神理想之中反映出俄罗斯民众对善良的社会理想文化解读。

Силу подлости и злобы одолеет дух добра.（Д. Циликин）善良的思想精神能够战胜卑劣和仇恨的力量。——这在善良抗衡社会、人性中消极、负面因素的强大精神力量认同之中体现出俄罗斯人对善良的社会理想文化解读。

Мы должны постоянно работать над собой，наполнять наши отношения с другими людьми правдой，светом，добром，истиной.（«Сельская новь»，2003.10.07）我们应该不断提高自身修养，以公道、光明、善良和真理来充实、建构我们同他人的关系。——这是通过善良在人际交往和社会关系中的正能量作用和精神融通力表现出俄罗斯民族对善良的社会理想文化解读。

概而言之，以上有关俄罗斯民族世界观文化概念 добро 的话语综合分析在"善良"的生活经验感知和对善良的坚定信念、态度上、在对待善良及与其他相关现象的关联的态度认识和处理方法之中、在善与恶的辩证关系及不同命运结果的对比之中、通过对善良之于人的基本性、重要性及其在家庭观念中核心地位和价值的肯定表现出俄罗斯人对善良的社会认知文化解读；在善良背后的个体、社会精神潜能和善良的深厚社会、民族源泉、善良在人内心永不泯灭的人性属性和坚守善良的必要性、人际之间善良品操的相互对待性以及善良同爱、家庭之间的意识关联、善良同上帝意志的关系之中表现出俄罗斯民族对于善良的精神本质文化理解；在善良同人的基本意念、初始意志之间的关系、善良的个体化切身体会、善良最朴素而真实的社会认识、善良同社会文明进化及民众意志的关系、善对恶的感化和改造及其同社会道义的关系之中体现出俄罗斯民族对善良的社会内涵文化理解；在善良的社会价值力量肯定、行善积德的社会精神召唤、善良同人类生存、人类精神锻造、精神追求之间的关系以及在对待善与恶的不同社会认定与鲜明价值态度之中表现出俄罗斯民族对善良的观念立场文化理解；在善良于人而言的精神、心理及观念基本性、必须性和不可替代性以及善良同爱（心）的深层直接关联以及由此而生的善良的高尚价值内涵之中、在善良同人类精神实质及精神实现之间的紧密联系、善良的个体观念意识、精神感知和人际社会体现、善与恶（较量）在世事成败中的深层、实质的道德观念作用之中体现出善的社会精神价值力量和俄罗斯民族对善良的价值主张文化理解；在善良同人的自然情感（感恩）心性间的良性互动关系、善良的纯粹性以及善良必胜的信念、善良的生活阅历、经验以及它同邪恶的对立与区分、在善良品质的稳定性以及善良会因人世变幻而发生消极变化这一现象的认识之中反映出俄罗斯民族对善良的心智关系文化理解；在善良同基督耶稣精神要义、精神感召以及真正的善良所不可或缺的宗教教义和上帝意志之中、在上帝对善良的精神影响及其对善恶判断的认识作用之中、在善良的现实体现同东正教精神形象、善良同相关宗教思想及上帝意志之间的内在联系和相通性之中、在基督精神所蕴含的相关民族美德之中显示出俄罗斯民族对善良的民族（精神）教义文化理解；在善良的现实表现、善恶在民族心性中的现实关系对比以及善良同自由内核的实质关联之中表现出善良的俄罗斯民族性格特征；在善良、善举的精神原动力同特定社会群体之间的关系这一精神认知层面以及善良同社会道德水准、道德状况的紧密联系、善良同精神塑造、精神影响之间的特殊关系、善良同人的行为方式、原则的生活信仰关联以及善良的精神理念同人的价值行为准则间的关系之中反映出有关于善良的道德智识文化理解；在善良的社会关系正能量与精神融通力、善良在个人生活与社会发展中的核心价值、善良压过邪恶以及善良品性超越政党追求与理念的观念表达和信念之中、在对善良抗衡社会、人性中消极、负面因素的强大精神力量认同之中表现出俄罗斯民族对善良所抱有的崇高社会理想。显然，借由上述话语综合分析内容可以对俄罗斯民族世界观文化概念 добро 作出较为全面、细致、深刻的文化揭示。

六 小结

"善"代表人性的本真和美好，是人的修身之本，也是一个民族的立世

第六章　俄罗斯民族世界观文化概念分析与解读　　343

之道，它在俄罗斯民族的世界观体系中发挥着最为基本的建设性作用，同时对于民众个体也有最为核心的世界观心智塑造力和引导性。以上有关俄罗斯民族世界观文化概念 добро 的分析表明，"善"代表了整个民族在面对生命和对待他人时情感心性上的主导观念，它对立于邪恶，是爱心和同情的代名词，是上帝和光明的化身，也是"真"和"美"的实质体现。因此，Добро всегда побеждает（зло）.（善终究会战胜恶）在俄语语言文化现实中使用十分频繁，这句话对应的是"心地良善、与人为善"的世界观的精神价值输出，闪烁着俄罗斯民族人情义理的人性光辉。从 добро 的词源分析可看出，它的初原意义是"有用、适宜的事物"，这看似十分朴素的表义却在观念取向的本原上反映出"善"对人之存在的必须性或基本、实在性。往后在其他斯拉夫语的影响下，吸取了"好的，美好的"以及"善意的，好意的"等语义成分，使"善"的意义逐渐丰满、充实。随着时代的进步和文明的发展，俄罗斯民族"善"的文化语义内涵变得更加丰富，涵纳进了"善"应具备的"正直性""公民义务性"甚至道义性，表现出"诚实""温和""体恤""富于怜悯心""热忱""亲善"等反映俄罗斯民族世界观的鲜明文化特质，突出了它的社会存在性及同邪恶势不两立的一面。добро 的隐喻搭配通过社会实体发生的同"善"相关联的各种行为进一步反映出其民族文化品质和内涵特质，格式塔所蕴含的各种事物形象深刻揭示出"善"在民族心性中的深切感悟与体会，在实在的文化想象物中映现出俄罗斯民众透过"善"这一深藏心底的情致—心理物所发散出来的世界观观念意识。话语综合分析则在社会认知的精神本质、社会内涵、道德智识、价值主张、精神教义及民族性格等层面上充分展现出俄罗斯民族"善"的世界观人文面貌和其精神善良的文化真谛，使我们领悟出俄罗斯民族"善"的宏大精神—情感力量与情义感召力。正是在这一意义上，可以说文化概念 добро 是俄罗斯民族世界观的一面镜子，"善"成为该民族世界观在人性上的一种精神象征。

本章小结

　　本章以"правда""добро"为突破口，对俄罗斯民族世界观文化概念进行了分析和解读。世界观本身是人在处身立世上所依据、奉行的基本信条和原则，因此对于人来讲，它是行为之本，在人的行为模式、生活形态和社会状态、思想状态中都有不可估量的作用。以上有关俄罗斯民族世界观文化概念的研究充分表明，"真"与"善"世界观在俄罗斯民族占据重要地位，作为观念意志的源起，它们支配着俄罗斯人的思想行为和社会活动、人际交往，历经社会历史的变迁，这些观念发生了一定变化，但努力追求真与善的民族意识和思想境界未曾改变。从词源分析上看，世界观文化概念"真"与"善"有非常深厚的斯拉夫民族牵连与文化传承，同时又继有俄罗斯民族自己独特的生活思考与文化见解；文化语义内涵分析显示，俄罗斯文化中的"真"与"善"拥有较独特的文化组成和表现形式，其文化内涵体现出俄罗斯民族对"真"与"善"的朴素而深刻、稳定的认识和理解，这些基本的理解已经为一种生活原则融入俄罗斯民族的血液当中；隐喻搭配分析表明，"真"与"善"关联到俄罗斯人生活的方方面面，这些概念同相关语词的认知语义组合形象而充分地表现出"真"与"善"在民族意识中是如何存在的、它们到底对人产生了什么作用、对人的工作、生活带来了什么积极影响等，从而加深了我们对俄罗斯民族世界观文化概念的认识；格式塔分析揭示出"真"与"善"在俄罗斯民族中可能被物化出来的人、物形象，通过这些物的蕴含形象的蕴义，我们可以观察出俄罗斯人是如何认识和对待"真"与"善"的，该民族的世界观面貌由此可见一斑；话语综合分析则在直接的文化现实言语内容中全面展示出俄罗斯民族在伦理、情感、性格、心理以及道德立场、社会理想等方面所体现出来世界观面相，使我们对本着"真"与"善"等基本观念与世界打交道的俄罗斯民族有了更为真实的认识和体会。

第七章

俄罗斯民族价值观文化概念分析与解读

价值观是人的价值意识、价值主张的综合体现，是其社会存在和社会生活的精神向导，很大程度上决定着社会成员的人生取向和意志旨归，在深层意识上引领、制约着人的行为模式和生存形态，以观念意志的意识方式折射出社会精神的价值共识和社会生活形态，因此，价值观是一个民族的文化基本观念，占据着文化核心的地位，它凝聚着一个社会、民族的基本价值原则和认识。反映在人的社会行为表现链上，有何种价值观就会有何种价值驱动，有何种价值观就会有何种人格品性、行为目标和人生追求，因此从价值观角度可以十分清晰而准确地观照一个民族、社会的精神文化属性，某种意义上讲，社会个体的行为模式、生活样态即为其价值观精神内在的投影和现实层面转化。价值观文化概念是文化概念体系中的重要组成部分，它既是社会价值规范的重要体现，也是这一规范的重要组织建构者，通过它可以深入而实质性地探解一个民族的精神文化实质。文化分析中的价值、价值观看似抽象，但实际它离人的生活世界却十分近，比如，"俄罗斯民间传统文化中，血亲关系在价值等级中一直占据着高级别的地位"（Толстая，2010：303），这就是一种典型的现实生活中的价值实体和价值观表现。而要解析俄罗斯民族价值观文化概念，至为重要的就是要弄清该民族对"价值"的认识，即在俄罗斯人的眼里，什么才是有价值的、重要的，在俄罗斯社会环境下价值是怎样呈现的。有鉴于此，本章将以概念 ценность（价值）、счастье（幸福）为对象，对俄罗斯民族价值观文化概念展开分析，具体将从词源分析、文化语义内涵分析、隐喻搭配分析、格式塔分析及话语综合分析五个方面着手相关问题的讨论。

第一节 "ценность"（价值）的分析与解读

"宇宙万物都是由人的意识借助特定价值体系而被掌握的，这种价值体系规定着根据道德伦理、美学和实用语用原则获得不同解释的肯定或否定评价"（Пеньковский，1995：36）。文化很多时候就是人的主观精神世界的一种价值体验，价值观会影响和塑造社会形态、状貌，它以潜移默化的方式带动社会风气、引领人的社会文化成长，走进民族文化的价值意识深处。"文化概念……强调文化的主体性，将文化与人的活动联系起来"（彭文钊，2004b：12）。作为人的深沉而相对稳定的思想意志载体，价值观可以彰显人性、慷慨及宽容等各种行为价值态度，也可以真实反映人性消极晦暗的社会观念和价值取向。因此，价值观是人的思想价值选择及其对现实世界体悟、认同的意识化凝结，尽显人的价值内在与现实外在的抽象关系属性，价值观成为"文化观念/概念系统中最为核心的观念"（朱达秋，2011：95）、民族意识和语言世界图景中的一个核心观念，"观念/概念世界图景作为人的意识中关于世界形象或世界知识的总和，是由无限的文化观念/概念系统构成的，其中主要有价值观、宗教观、时空观等，而最为核心的是价值观"（朱达秋，2011：95）。而这些观念内容在文化概念 ценность（价值）有深刻、直观的体现——对"价值"认识的本身即是一种价值观、价值评价意识的典型反映。据 Рябов、Курбангалиева（2003）的分析，在当代俄罗斯人的核心价值观中（базовые ценности），财富、富足并不是第一位的，排在它前面的更为重要的价值（ценность）是健康、安全、家庭等。"财富只是作为表面上的高级别价值被加以渲染，而在俄罗斯人心智和语言意识中，财富绝对不是占据主导地位的概念"（Ощепкова，2014：115）。以下是该文化概念的相关具体分析、解读。

一 "ценность"词源分析

在 ценность 的词源关系中，11—17 世纪时期的俄语中为人所熟知的是 цѣньныи（денежный/金钱的），从 1704 年起词典中写作 цѣнный。ценность 来自共同斯拉夫语中通过 цѣна 加后缀 -ьн 派生而来的 цѣньнъ（йь）（Шапошников，2010b：508）。从 цѣна/цена 的词源关系上看，该词所表示的内容同人的判断、取舍等复杂精神、心理活动有关，它来源于共同斯拉夫语词 kaina（与斯拉夫词 cěna 同源①，试对比标准语中的 káina—цена/价格，价值，польза/利益，阿维斯特语中的 kaēnā—месть/复仇，古印度语中的 cáyate—мстить/向……复仇，报复）（Шанский, Иванов и др., 1971：484；Фасмер, 1987：298），其双元音 ai 演化为 ѣ（试对比古俄语中的 цѣна 及古斯拉夫语词 цѣнити），而 ѣ 之前的 k 变为 ц（Шанский, Иванов и др., 1971：484）。其初始意义为"报复，报应，惩罚；报偿"（возмездие），"报酬，报答；奖赏；报复，惩罚"（воздаяние），"惩罚"（наказание），后来变成"罚款，处罚"（штраф），由此有了"价钱，价值"意义（стоимость чего-л.）（Шанский, Иванов и др., 1971：484；Фасмер, 1987：298）。该词根在 каяться（后悔，忏悔）中也有体现（Шанский, Иванов и др., 1971：484）。而总体上词源语义中的 цена 基本义与"商品的价值"有关，后来表示"重要性，重要意义"（иметь/потерять цену, придавать кому-чему цену）（Черных, 1999：365）。ценность 包含利害、得失的价值评判意义成分，体现出人的行为主观倾向性，"通过对俄语词 ценность 的词源分析可以看出，在价值形成过程中'польза（利）— вред（害）'标准是出现最早的标准。因此，表示价值概念的词语的词源显示出评价的生物学根源，反映出评价的原型情景，即导致危害的情景。"（杨利芳，2014：12）

二 "ценность" 文化语义内涵分析

对于人来讲，生命与健康是最基本而自然、稳定的价值。文化语义内涵关系上，概念语词 ценность 总体表示的是"事物的重要性、价值性、意义性；具有很高价值的事物"（Шапошников, 2010b：508；БАС, 1965：632；МАС, 1988：640；Ожегов и Шведова《Толковый словарь русского языка》, bweek.narod.ru/rest；Ушаков, 2013：747），指"重要性、意义；有价值的事物、现象"（Шведова, 2007：1078）。例如：Ценность искусства измеряется не количеством, а каччеством（М. Горький）；Действительную ценность драматическая пьеса имеет только при исполнении на сцене（А. Островский）；Все признали большую ценность его работы для

---

① 斯洛文尼亚语、捷克语、斯洛伐克语、波兰语中均为 cěna，古波兰语中曾经为 cana，较为不同的是乌克兰语中的 цінá。（Фасмер 1987：298）

науки（Д. Ушаков）；В чём ценность этого предложения?；Их работа имеет большую ценность/Большая ценность работы.（此时其形容词为 ценностный）ценность 表示"有价值的文化，道德，精神现象、事物"：художественные ценности（艺术珍品，艺术价值），духовные ценности（精神财富，精神价值），исторические ценности（历史价值）。ценность 表示"重大意义，重要性，价值"：сдать на хранение свои ценности；ценности дружбы, любви, участия；ценности домашнего очага, уюта；ценности искусства, музыки；ценности хорошего климата для здоровья；ценности удобного местоположения дачи. Эта брошь — моя единственная ценность；В чём ценности этого предложения?（Кузнецова, 2000：118；Ожегов и Шведова《Толковый словарь русского языка》, bweek. narod. ru/rest）由以上 ценность 的词义分析可以看出，文化层面上，俄罗斯民族对"价值"的意识侧重于事物的精神、道德属性，体现出其在心理认知上较倚重事物精神层面的内容，也从一个侧面反映出这样一个文化事实，即"重精神追求，轻物质享受是俄罗斯人占主导地位的价值取向，也是俄罗斯文化基本精神的重要内容"（朱达秋、周力，2010：252）。

对于一个民族而言，个人和国家，先祖和后裔，过去和将来就是一种基本价值（С. Харевский）或普遍的价值存在，文化、道德、精神价值是基本的核心价值（В. Плотников），爱、友谊、忠诚、自我牺牲/献身精神、光明正大/行为高尚乃至对长辈的尊敬等都是价值、价值观的体现。俄罗斯民众的价值观体系是在东正教的影响下形成的（В. Андреев），东正教是俄罗斯民族几个世纪以来的传统和不变的精神价值（непреходящие духовные ценности），至今仍然是该民族团结的基石。俄罗斯宗教文化中人们习以为常的价值观是勇敢，爱和忠诚（Ольга Балла）。很多时候，价值是愿望和形式（表现）可能性之间的折中和妥协（Дмитрий Панченко），即主观愿景同现实情势和客观因素象对照、作用之下反映、沉淀出来的价值意识内容。这些内容具体体现在文化概念 ценность 的语义内涵特征上：

(1) 价值表现方面[①]：личная ценность（个人价值），отдельная ценность（独立价值/个体性的价值），ценности индивидуального развития（个人发展的价值），общечеловеческие ценности（全人类价值），общеп-

---

[①] 价值往往就在身边，但人们却可能疏于知悟或者识而不察，"人们只当来到了生活岔路口，才会注意到平常生活的价值"（Шатуновский, 1989：178）。

ризнанная ценность（普遍认同的价值）, гуманистические ценности（人道主义价值）, ценность гуманизма（人道主义价值）, гуманно-общечеловеческие ценности（全人类人道价值）, реальные ценности（现实价值）, демократические ценности（民主价值）, юридическая ценность（法律价值）, политико-правовые ценности（政治—法律价值性）, угроза ценностям（价值受到威胁）, возрождение ценности（价值的复苏）。

另外，在自身表现上，价值有绝对的，相对的；从功能表现上，价值可以被承认、被发现/看见：Отвергая за исключением морали все абсолютные ценности, русская интеллигенция, естественно, ещё менее признаёт ценности относительные и потому никогда не видела ценности в праве и не уважала его, так что в идейномразвитии нашей интеллигенции не участвовала ни однаправовая идея（И. И. Петрункевич）.

（2）价值层级方面：иерархия ценностей（价值层级）, высшие ценности（最高价值）, общие ценности（基本价值）, базовые ценности（核心价值）, необычайной ценности（非同寻常的价值）, основные моральные ценности（基本道德价值）。

（3）价值的体系性：система ценностей（价值系统）, системы социально-культурных ценностей（社会文化价值体系）, система социально-политическихи морально-религиозных ценностей（社会政治和道德宗教价值体系）, Разумеется, как всякий человек, я пытаюсь（вернее, пыталась）сформировать у дочери определённую систему ценностей.（Наши дети: Подростки [2004]）

（4）价值范畴特征：жизненные ценности（来自生活经验的价值）, традиционные ценности（传统价值）, социальные ценности（社会价值）, жизненные ценности（生命价值）, семейные ценности（家庭价值）, традиционные семейные ценности（传统的家庭价值）, религиозные ценности（宗教价值）, духовные ценности Православи（东正教的精神价值）, традиционные духовно-нравственные ценности（精神道德价值）, морально-нравственные ценности（道德精神价值）, Христианские нравственные ценности（基督宗教道德价值）, культурные ценности（文化价值）, коллективные ценности в труде（劳动中的集体价值观）。

（5）价值评价方面：переоценка ценностей（价值需要重新评价）, несомненная мемориальная ценность（不容置疑的纪念价值）, историческая ценность（历史价值），вечные духовные ценности（永恒的精神价值），непреходящая человеческая ценность（人类永恒的价值），вечные/вековые ценности（长期的价值），Они оставляют для людей долговременные ценности особого эстетического и духовного свойства, добытые страданием. (М. Базанков)（他们为人们留下了长期的特殊美学价值和历经痛苦而获得的精神属性价值）

（6）价值的标准：Земной образ Великого Духа, панель личной информации иуниверсальная мера ценности… (В. Пелевин)（价值的普遍标准）值得注意的是，本质上价值又是因人而异的：Для Ирины существовали три ценности: дети, хозяйство и Кямал. (Т. Виктория)

（7）价值需要人去认识、悟解，需要感知、体会：Мне кажется, они стали более труднодоступными, чем, скажем, в XIX веке: осознали свою ценность (Я. Зубцова); Я лишь умозрительно осознаю его ценность, хотя и понимаю, что в искусстве это — другая дверь (С. Спивакова).

（8）价值需要唤起和激发、掌握和领会：Бабки, деньжищи и ещё раз деньжищи высыпались на экран, который так нравоучительно внушал нам про ценности емократии, про свободу слова, про права человека и т. д. Вотони истинные ценности, понял внимательный и умный зритель, видя, как горят мониторы, крутятся барабаны и отражаютсякупюры в сияющих глазах знатоков (В. Самодуро)（以劝导的方式唤起我们民主思想的价值观念）；Они всё равно не поймут, не усвоят наших высоких ценностей свободы, права и рациональности (Денис Драгунский)（他们仍然无法理解和掌握崇高的自由、权利和合法性价值观念）。

（9）价值需要维护、捍卫：служить сохранению духовных ценностей（维护精神价值），в защиту духовных ценностей（捍卫精神价值），— То-то же, — говорила Галина Семеновна, довольная тем, что все-таки отстояла традиционные ценности. (А. Геласимов)（坚守传统价值）。

三 "ценность" 的隐喻搭配分析

通过 ценность 的隐喻搭配分析，可以形象、真切地反映出价值、价值观由奠基、形成、传承到崩溃乃至复苏的过程和不同阶段及其文化认知特点。

Они выстраивают некую систему ценностей, определяют, какое событие должно идти первым. («Известия», 2002.01.25) 他们在建构某种价值体系。句中动词形式 выстраивают（建造）同 систему ценностей 之间的隐喻搭配实体化地表现出培养、形成价值体系的复杂行为过程，凸显出这一抽象动作的建成结果性。

Не знаю, всем ли необходима его школа, но я пришёл сейчас к каким-то элементарным понятиям, к самым первым ценностям: к верности, жалости, долгу, честности, — вот что я исповедовал сейчас: "Милость и истина да не оставят тебя". (В. Аксенов) 但我现在形成了最基本的价值观：忠诚，同情心，责任感和诚实。句中动词形式 пришёл（走到，来到）同 к самым первым ценностям 之间的隐喻搭配具象化地表现出人接近某一价值观念的抽象动作形象。

И если не вкладывать в человека моральные ценности, возьмём в пример христианские, за которые я обеими руками, (имхо), то будем видеть на улицах пьянь и распущенность, "сильных" в дебоширстве людей! (Кого мы вырастим? (грустные размышления) (форум) [2005—2006]) 如果不向人灌输道德价值，比如基督教价值观，那么将会看见大街上全是酗酒和放纵作乐的人。句中动词 вкладывать（в）（放入，置入）同 моральные ценности 之间的隐喻搭配具象化地显示出价值、价值观的传播、输送这一抽象的动作意象。

Смысловая ценность картины огромна — дворцовые перевороты преподнесены так, что понимает даже ребенок, а любовь к близким и вера в себя — мультик учит жизни, учит доброте и прививает семейные ценности. (коллективный. Обсуждение мультипликационного фильма «Король Лев» [2011]) 使人养成了家庭观念/植入了家庭的价值观。句中动词形式 прививает（嫁接，接种）同 семейные ценности 之间的隐喻搭配生动地表现出使人养成某一价值观念、将价值观植入人心这一抽象、复杂动作的行为意象。

Продукт — не продукт, но основные моральные ценности закладываются родителями. (Наши дети: Подростки [2004]) 父辈奠定的基本道德价值观。句中动词形式 закладываются（打地基）同 моральные ценностиз 的隐喻搭配具象化地表现出在社会群体中建立起某种价值观念的抽象动作形象。

Просто мы считаем, что разные группы человечества создают какие-то ценности для всего человечества. (Конфликт цивилизация (миф или реальность) [2006]) 人类不同群体都会为人类建立起某种价值观。句中动词形式 создают (创造，创立) 同 ценности 之间的隐喻搭配实象化地表现出创建价值、价值观的抽象动作形象。

Мы убеждены, что терроризм стремится подорвать наши общие ценности. («Дипломатический вестник», 2004.07.27) 恐怖主义试图动摇和颠覆我们的共同价值观。句中动词 подорвать (炸掉，炸毁) 同 общие ценности 之间的隐喻搭配生动地反映出价值观遭到破坏、损害的抽象、复杂的意识动作行为。

Но не потому, что униженные и оскорблённые так уж сильно любят Власть, а потому, что идеология радикалов разрушает ценности самих униженных и оскорблённых. (Д. Драгунский) 不是因为被欺辱者喜欢权势，而是因为激进派的意识形态摧毁了这些被凌辱者的价值观。句中动词形式 разрушает (拆毁，毁坏) 同 ценности 之间的隐喻搭配具体实在地表现出摧毁、实质性地改变人的价值观这一抽象的动作事实和形象。

В переходные моменты истории старые системы ценностей рушатся. (М. Хуторной) 在历史过渡时期，陈旧的价值体系遭到破坏。句中动词形式 рушатся (倒塌) 同 системы ценностей 之间的隐喻搭配形象化地说明了价值观的崩溃、瓦解这一抽象的动作形象。

Просто мы всегда стараемся сохранить те главные ценности, которым нас научили здесь и которые теперь мы передаём следующим поколениям. (А. Гулина) 我们总是在努力维护这里教给我们的基本价值观和我们正在传递给下一代的价值观。动词 сохранить (保全，保存) 同 главные ценности 的隐喻搭配具体地表现出俄罗斯人捍卫价值观的抽象动作行为。

Её дальновидное завещание не позволило рассеять огромные художественные ценности Медичи по всему миру. («Туризм и образование», 2000.06.15) 她那有远见的遗愿不让美第奇家族巨大的艺术价值向全世界传播。动词 рассеять (播，撒) 同 ценности 之间的隐喻搭配形象化地表现出价值的实现和扩散、推广方式。

Я думаю, что, находясь в семье, в окружении близких людей, ребёнок впитывает их ценности и жизненные установки и принципы. (коллективный. Комментарии к статье «Забота о детях: почему раннее

第七章　俄罗斯民族价值观文化概念分析与解读　　353

образование в этом не помощник?»［2012］）吸收他们的价值和生命态度和原则。句中动词形式 впитывает（吸收［水分等］）同 ценности 之间的隐喻搭配生动地体现出人接受某一思想意识价值的抽象动作情形。

По определению Стэнли Коэна, моральные паники есть наборсобытий, которые определяются значительной частьюнаселения как «угроза социальным ценностям и интересам». （М. Минаков）社会价值遭到威胁。句中名词 угроза（恐吓）同 ценностям 之间的隐喻搭配具象化地表现出抽象的社会价值受到危害、胁迫的观念关系文化事实。

Националистические кампании 2007-2009 годов дискредитировалирусскоязычных граждан Украины как девиантную группу, угрожающую ценностям «нормального» сообщества тех, ктоговорит по - украински. （М. Минаков）威胁着价值观念。句中动词形式 угрожающую（威吓）同 ценностям 之间的隐喻搭配也同样通过实体的"威胁于人"的行为关系反映出价值观遭受的危害这一抽象动作关系。

Здесь с мощной силой страсти и удивительным мастерством зазвучала вдруг ставшая остро современной тема столкновения двух культур, двух способов жизни, двух систем ценностей, которые не могут обрести гармонии в этом мире. («Театральная жизнь», 2004. 02. 23）价值观之间会产生碰撞。句中名词 столкновения（碰撞，相撞）同 двух систем ценностей 之间的隐喻搭配形象化地体现出不同价值观念的相互冲突、矛盾这一关系事实。

归纳起来，以上有关俄罗斯民族价值观文化概念 ценность 的隐喻搭配分析表现出在社会群体中培养、建立起某种价值观念的必要性，描绘出使人养成某一价值观念、将价值观植入到人心这一抽象、复杂动作的行为意象，实象化地表现出创建价值、树立正确价值观的心智动作形象，形象地说明了打开、开通接近"价值"之路的抽象动作事实；具象化地表现出人接近某一价值观念以及价值、价值观的传播、输送这一抽象动作意象；形象地表现出价值的实现和扩散、推广方式；体现出世界观的形成对价值观的抽象依赖关系或价值观之于该世界观的依据性；生动地展现出价值观遭到破坏、损害的抽象、复杂的意识动作行为，具象化地显示出抽象的社会价值（意念）受到危害、胁迫的观念关系文化事实；呈现出俄罗斯人捍卫价值观以及努力让社会道德价值回归、再现的抽象行为事实；真切地反映出不同价值观念的冲突、矛盾这一关系事实。因此，这些隐喻搭配分析从不同方面加深了我们

对 ценность 的深层文化认知。

四 "ценность" 的格式塔分析

格式塔分析可以形象而真实地反映出文化概念在俄罗斯民族心智中的意识化存在和心性领悟以及对文化概念对象物的深切感受和体会。

（1）价值是人、生命体。

Эти же места породили ценности другого толка: кто не слыхало легендарных мозельском и рейнском! (В. Гаков) 这些地方诞生了具有另一种意义的价值。

И тогда, подчиняя всё интересам своей специальности, они жертвуют интересами людей или культурными ценностями. (Д. Лихачев) 牺牲了文化的价值。

— Ну, сейчас уже другие моральные ценности у людей пошли. (О. Андреева, Г. Тарасевич) 现在人们奉行的已经是另一种道德价值观/发生了改变。

То, что мы понимаем под западным Возрождением, итальянским Ренессансом, связанным с Реформацией, — это есть возрождение ценности человечности: по позиции средневековой, человечность, якобы, не получала достаточного признания. (И. Мейендорф) 这是人性价值的复苏。

（2）价值是言说者。

Великая ценность веры и Церкви с особою силою заговорилаза свою неприкосновенность и неуменьшаемость. («Журнал Московской патриархии», 2004.07.26) 信仰和教会的伟大价值以特殊力量说出了自己的无可侵犯和无可贬低/诋毁性。

（3）价值是实体物。

Это существенно сужает возможности персонализации услуг Интернет-обучения, а также ограничивает их ценность дляподготовки специалистов инженерного профиля, котораяпредполагает учёт процедурной составляющей знаний. («Информационные технологии», 2004) 限制了价值的发挥。——价值是有伸缩空间的事物。

Гневная филиппика БАБа хороша тем, что он, не таясь, исходит из неприкосновенной ценности порядков, заведённых при Ельцине. (В. Попов) ……从不可动摇、侵犯的价值和秩序出发。——价值是可撼动的实体

事物。

Утрата русского языка как фактора общекультурного развития чревата для Азербайджана утратой многих незыблемых ценностей. (А. Айлисли) ……孕育着/会引起许多毫不动摇价值也会丧失。——价值是有根基的实物。

Никакой практической ценности для себя из просмотра данного фильма я вынести не смог. (коллективный. Класс – Франция [2008 – 2011]) 我无法对这部影片作出任何实际价值评价。——价值是可以拿出来的实物。

— От тебя за версту, Андрей, пахнет неприятиемс оциалистических ценностей, меня ты не обманешь, поэтомускажи как на духу — зачем тебе вступать в партию? (А. Азольский) 一里地之外就嗅到你对社会主义价值观的排斥感。——价值是散发出气味的实物体。

（4）价值是空间物。

Выясняется также, что жить для других, ради будущего, исходя из ценностей прошлого, — вот самые коварные лозунгижестоких обманщиков всех времен и народов. (Г. Аксенов) ……从过去的价值观念出发。——价值观是空间点/空间实体。

（5）价值是方位参照物。

Социологи отмечают, что за годы реформ российская культурастала более индивидуалистическая и ориентирована нестолько на традиционные ценности, сколько на «конкурентные». (Т. Зимина) 遵循传统价值观/以传统价值观为方向。——价值观是方位标。

（6）价值是计量物。

Гражданское общество не цветёт. Увеличивается ценность государства. План партийного строительства, утверждённый в президентской администрации, предполагает выращивание из "Единой России" самостоятельной политической силы, способной обеспечить преемственность власти после ухода президента Путина. («Еженедельный журнал», 2003.03.24) 这个国家的价值得到加强/增大/提升。——价值是可计量物。

（7）价值是营养物。

Я думаю, что, находясь в семье, в окружении близких людей, ребёнок впитывает их ценности и жизненные установки ипринципы. (коллективный. Комментарии к статье «Забота о детях: почему раннее образование в этом не помощник?» [2012]）吸收他们的价值和生命态度和原则。——价值是水分、营养物。

（8）价值是嫁接物。

Смысловая ценность картины огромна — дворцовые переворотыпреподнесены так, что понимает даже ребенок, а любовь к близким и вера в себя — мультик учит жизни, учит доброте и прививает семейные ценности. (коллективный. Обсуждение мультипликационного фильма «Король Лев» [2011]）使人养成了家庭观念/植入了家庭的价值观。——价值是可嫁接物，可接枝物。

（9）价值是种子。

Её дальновидное завещание не позволило рассеять огромные художественные ценности Медичи по всему миру. («Туризм и образование», 2000.06.15) 她那有远见的遗愿不让美第奇家族巨大的艺术价值向全世界传播。

（10）价值是凝合剂。

Эта идеология цементирована базовыми ценностями, в числекотор ых — вера, нравственность, семья, собственность, государство, порядок, в их соединении с ответственностью и защитой человеческого достоинства. (коллективный. Манифест Всероссийской политической партии «Единство и Отечество» — Единая Россия» [2007]）这一意识形态凝合了基本价值观——包括信仰，精神性，家庭，所有制，国家，秩序，它们同责任和人的尊严相结合。——价值观是一种强大的凝合力/物质力量。

（11）价值是基础。

Она часть культуры, основанной на гуманистических ценностях. (Д. Медведев) 这是建立在人道主义价值观基础上的文化的一部分。——价值是基础。

На заседаниях ... были рассмотрены вопросы взаимодействия Церкви и государства в воспитании молодого поколения на основе традиционных для Россиидуховно-нравственных ценностей. 立足俄罗斯的精神道德价值观念来培养年青一代。——价值是基础、依据。

Да, можно сказать, что мы верили в это, — ведь у НТС былаидеология, основанная на христианских ценностях, ахристианство побуждает к вере. (Л. Климович) 基于基督教价值观的思想体系/意识形态，而基督

教义激发人的信仰。——价值是基础/基石。

（12）价值是目标、方向、目的地。

Это время, когда миллионы наших соотечественников осознают, что надо вернуться к нравственным, духовным ценностям, которым Русская Православная Церковь научала свой народ на протяжении более чем тысячелетней истории. («Журнал Московской патриархии», 2004.06.28) 应当回到俄罗斯东正教一千多年历史教导给自己民众的道德，精神价值轨道上。

归结起来，俄罗斯民族意识中的价值可以是人和生命体，反映出价值在人的心目中所具有的生命力和价值创造性；价值可以是言说者，充分体现出价值的意志表达潜能和人们寄予它的心智体现性；价值可以是实体物、空间物，表现出人们对价值的物质实在性感知和体验；价值可以是方位参照物、计量物，显示出价值在人意识中的特殊定位功能特性及它所具有的客观比量性、权重性；价值可以是营养物，凸显出价值的（精神）滋养性及人们对它的高度心理接纳、认同性；价值可以是嫁接物、种籽，形象地体现出价值的迁递性、承传性、传播性和成长性；价值可以是凝合物，具象化地表现出抽象的价值的融合性、相互协调性和连接性；价值可以是基础，传达出价值在生活、社会中的建设性、基石性作用；价值可以是目标、方向、目的地，反映出人们对价值的热切向往和期盼、追求的心理。显然，这些概念格式塔背后物的蕴含形象和文化信息从俄罗斯民族深层认知意识层面拓宽了有关于文化概念 ценность 的认识和理解。

五 "ценность" 的话语综合分析

话语本身是人们日常交往的言语产品，人思想意识深处的生活积累往往蕴含其中，因此它会文化概念载入丰富的文化信息，话语综合分析可以揭示出十分全面而独特的文化概念观念内容。

（1）价值判断上的文化解读。

Многие педагоги считают, что развитие общечеловеческих ценностей у детей напрямую связано с развитием национального самосознания. («Народное творчество», 2004) 全人类价值观在孩子们那里的发展直接关联着民族自觉意识的发展。——这在价值观同特定社会群体及民族意识的密切关系之中反映出俄罗斯民族在价值判断上的文化解读。

Система ценностей и ценность системы Главное — созидание

культуры, развитие общества, а не просто рост экономики, считает Евгений Ясин. (М. Блант) 价值体系和体系的价值是主要的文化建设成果。——这在价值的体系关系及其同文化创建之间的关系之中表现出俄罗斯民族在价值判断上的文化解读。

Вы меня обвинить хотите, а вот если бы меня оправдать надобыло, вы бы по-иному рассуждали, вы сказали бы, что да, он, Демочкин, имел право, он защищал самую большую ценность — свою личность. (Д. Гранин) 他有权维护自己的个性这一最为重要的价值。——这是在价值同人的个性体现的关系之中所作的价值判断上的文化解读。

И таким ярким примером беззаветного служения своему отечеству, ценностям добра, справедливости, милосердия является подвижническая жизнь преподобного Серафима Саровского. («Журнал Московской патриархии», 2004.08.30) 他的苦行生活是不折不扣地服从于自己的祖国，尽忠于善良、公正、仁慈的价值观。——这在人对自己价值观念的全身心认同和精神（意识）笃定上反映出俄罗斯民众在价值判断上的文化解读。

Все языки без исключения и все национальные культуры представляют огромную ценность не только для своегонарода, но и для мировой цивилизации. (Р. Медведев) 所有的语言以及民族文化对于本民族以及世界文明来讲，都是巨大的价值。——这是在价值的民族语言文化载体和体现关系之中所作的价值判断方面的文化解读。

（2）价值主张上的文化解读。

Во-первых, ценность человечности не следует совсем противополагать божественному превосходству. (И. Мейендорф) 人性价值不应完全违背上帝的强大优势/意旨。——这在人性价值同上帝意旨之间关系的态度认识上显示出俄罗斯民族在价值主张上的文化解读。

Как мне кажется, хотя это и звучит парадоксально, нарастаетчисло «романтических» семей, когда поиск счастья становится главной семейной ценностью. (А. Асмолов) 寻求幸福成为核心的家庭价值观。——这在家庭幸福的理解和定位上体现出俄罗斯民族在价值主张上的文化解读。

Образованный и искренне верующий, например, человек ужепредставляет собой непреходящую ценность. (Г. Аксенов) 有学识、虔诚信教的人本身就是一种不变的价值。——这是在价值同社会特定群体的修养和心性内涵、特点的关联性之中表现出来的俄罗斯民族在价值主张上的文化解读。

第七章　俄罗斯民族价值观文化概念分析与解读　　359

　　Хотя и это тоже. В свете истинно человеческих ценностей. Ипусть где-то в Новогиреево «силы зла властвуют безраздельно». （Т. Соломатина） 虽然存在这样的事，但世上有真正的人类价值。——这是在对世间人性价值的坚定信念与期待之中展现出来的俄罗斯民族在价值主张上的文化解读。

　　Ведь именно земля была высшей людской ценностью. （А. Варламов） 地球恰恰才是最高的人类价值。——这在人类价值的基本（现实）存在和本体理解之中体现出俄罗斯民族在价值主张上的文化解读。

　　Труд — одна из немногих современных ценностей, ненуждающихся в защите. （И. Калинин） 劳动是为数不多的无需维护的现代价值观之一。——这在人的生存依赖、生存条件、方式的价值体现之中反映出俄罗斯民族在价值主张上的文化解读。

　　Нельзя давать советы, кроме самых простеньких, нельзя навязывать свои ценности другому, нельзя ставить свои целиперед другими. （Г. Аксенов） 不能将自己的价值观/价值理解强加于他人。——这在价值观的传播、推广的方式、态度上显示出俄罗斯民族在价值主张上的文化解读。

　　（3）价值精神内涵上的文化解读。

　　Важно знать, что есть ценности поважнее: семья, любовь, доброта, друзья. 要知道，还有更重要的价值：家庭、爱、善良、朋友。——这在价值的生活现实关联与人际活动关系之中显示出俄罗斯民族在价值精神内涵上的文化解读。

　　У других ценностью является семья: любовь, дружба, участие. （Г. Аксенов） 家庭，爱，友谊，命运都是价值。——这也同样在人类生存的基本关联和生命要素的精神定位之中体现了俄罗斯民族在价值精神内涵上的文化解读。

　　Такие творения, как космонавтика, требуют восхождения общества на новый уровень осознания общих ценностей, гуманных и нравственных. （«Жизнь национальностей», 2004.03.17） 人道价值和精神价值是基本价值。——这在人的基本价值的实质内容理解和价值实现之中表现出俄罗斯民族在价值精神内涵上的文化解读。

　　Соборность — это единство свободных народов, свободных людей, основанное на общей любви к России, справедливости, высоких духовных ценностях Православия, Ислама и других традиционных конфессий. （«Жизнь национальностей», 2004.06.16） 团契性是东正教的最高精神价

值。——这在东正教价值的团契精神思想核心之中显现出俄罗斯民族在价值精神内涵上的文化解读。

Первая имеет непреходящую ценность — человек и его чувства. (Современное искусство（форум）[2007.03.04]）最为基本而不可替代的价值是人及其感情。——这在价值的基本人性精神和人文内在层面反映出俄罗斯民族在价值精神内涵上的文化解读。

Для этого надо признать высшей ценностью человеческую жизнь и здоровье планеты. (В. Лебедев) 应当承认，人的生命和健康是最高的人类价值。——这在人的生存基本诉求和基本保障这一认识之中体现出俄罗斯民族在价值精神内涵上的文化解读。

Анархизм исходил из того, что главная ценность для человеческого существа — свобода. («Неприкосновенный запас», 2009) 无政府主义的出发点是人的核心价值在于自由。——这在俄罗斯特定社会群体的价值理解和价值体现之中反映出其价值精神内涵上的文化解读。

Просто у всех в жизни разные ценности. 生活中的每个人都有不同的价值理解。——这是在生活现实中人们对价值持有不同认识、定位这一客观事实之中体现出俄罗斯民族在价值精神内涵上的文化解读。

Под духовными ценностями я понимаю твоё отношение к общепринятым отношениям к добру и злу, как поступать! (Кого мы вырастим? (грустные размышления) (форум) [2005–2006]) 我在精神价值中看到的是你对主流意识的善恶观所持的态度/我对精神价值的理解是你对主流意识中善恶所持的态度。——这在个体意识中精神价值同善恶观之间的特殊关系之中体现出俄罗斯民族在价值精神内涵上的文化解读。

（4）价值认识上的文化解读。

Социологи отмечают, что за годы реформ российская культурастала более индивидуалистическая и ориентирована нестолько на традиционные ценности, сколько на «конкурентные». (Т. Зимина) 改革这些年来，俄罗斯文化变得个性化，所遵循的与其说是传统价值，不如说是"竞争价值"。——这在时代变革下价值观念的变化之中显示出俄罗斯民族在价值认识上的文化解读。

Проблемы смысла жизни. Основные ценности и нормы морали. Гуманизм Патриотизм. (Программа вступительного экзамена по специальность «Психология» [2004]) 人与社会的基本价值总是同社会道德规范联系在

一起的，进而这些文化、人文价值又同民族福祉密切关联。——这是通过社会道德规范以及民族利益、幸福对社会价值的认知体现了俄罗斯民族在价值认识上的文化解读。

Для того чтобы этот процесс не разрушил Россию, но принес пользу народу, нужно вернуть стране трудовую и хозяйственную этику, такие ценности, как честность, ответственность и милосердие. («Журнал Московской патриархии», 2004.08.30) 诚实，责任感和仁慈善良是生产、劳动伦理的基本价值。——这在社会伦理、社会生产领域的价值体现和认知之中表现出俄罗斯民族在价值认识上的文化解读。

Консерватизм, по большому счету, есть верование граждан, апеллирующих к необходимости защиты «традиционных ценностей», то есть неких значимых установок социального, религиозного и этнокультурного типа. (М. Минаков) 保守主义的公民信念是捍卫"传统价值"，即追求社会、宗教和民族文化价值。——这在特定社会派别同民族价值理念之间的关系之中反映出俄罗斯民族在价值认识上的文化解读。

И не в том, что абсолютным мерилом всех принимаемых решений предлагается считать "традиционные российские нравственные ценности". 传统的俄罗斯道德价值被看成是衡量所作决定的标尺。——这在传统价值同人的（现实）理性判断原则及行事方式、准则之间的关系之中显示出俄罗斯民族在价值认识上的文化解读。

Прошлое для некоторых людей имеет большую ценность, чем жизнь. (С. Есин) 对于一些人来讲，过去有着重于生命的价值。——这在价值同人的生活经历之间的特殊关系之中体现出俄罗斯民族在价值认识上的文化解读。

И хотя они всем очевидны, я, вопреки традиции, полагаю, что далеко не одними делами измеряется ценность человеческой личности. (Ю. Архипов, Б. Спасский) 我一反传统的观点，认为人性价值远不是在同一种/一件事情中就可以衡量出来的。——这在人性价值同现实事件、行为之间的紧密关联之中体现了俄罗斯民族在价值认识上的文化解读。

（5）价值运行上的文化解读。

Религиозные ценности должны учитываться при осуществлении любых общественных проектов, затрагивающих интересы большого числа людей. («Журнал Московской патриархии», 2004.10.25) 在涉及多数人利益的任

何社会事件运行中，都应该顾及宗教价值。——这在宗教价值同特定事件的运作、开展之间的关系之中反映出俄罗斯民族在价值运行上的文化解读。

　　Не изменив общественного мнения, мы ничего не добьёмся, и поэтому защита духовных ценностей, просвещение, агитация — это чрезвычайно важная задача... （О. Щукин）不改变社会观念，我们将一事无成，因此守护精神价值，教育和宣传鼓动是极为重要的任务。——这在精神价值同社会观念、社会作为之间的关系之中体现出俄罗斯民族在价值运行上的文化解读。

　　Сегодня недостаточно одного лишь сдвига в балансеполитических сил, понадобятся глубокие структурные изменения в экономической системе государства, в характересоциальных отношений, в мотивациях, в ценностях иповедении социальных групп. («Время МН», 2003.08.07）如今仅是政治势力的平衡是不够的，需要在……社会关系特征，社会动因，社会群体的价值观念和表现上都要有结构性的变化。——这在价值观念及相关其他因素在社会运转、发展机制中的作用之中体现出俄罗斯民族在价值运行上的文化解读。

　　Всё, что нас окружает, — это дар Природы, который мы должны сохранить, а вместе с тем сохранить и себя, в согласии Разума с духовными и нравственными ценностями. （В. Лебедев）要让我们的理智同精神和道德价值相协调。——这在价值意识同人的理性、心智的协同联系之中反映出俄罗斯民族在价值运行上的文化解读。

　　Мне кажется, огромная проблема нашего поколения в том, чтомы постепенно перестаем видеть прекрасное, и как следствие, существенно меняются и наши моральные ценности. 我们在渐渐无视美好的东西，后果是我们的道德价值观发生了根本变化。——这在价值观同人的生活观察和理解之间的密切关联之中反映出俄罗斯民族在价值运行上的文化解读。

　　Система нравственных ценностей, действительно, радикальным образом изменилась в сравнении с эпохами Пушкина или Толстого. （А. Ранчин）的确，现在的道德价值体系同普希金和托尔斯泰时代相比已经发生了彻底、根本的变化。——这在价值观念同历史和时代变迁之间的特殊联系之中表现出俄罗斯民族在价值运行上的文化解读。

　　（6）价值推广/宣传、传播上的文化解读。

　　Школа наряду с семьёй является базовым социальным институтом, формирующим личность, приобщающим новые поколения к ценностям отечественной и мировой культуры, делающим человека цивилизованным. (Д. Медведев) 学校和家庭是培育人性的基本社会课堂，它使新的一代理解、掌握祖国和世界文化的价值，让人成为文明的人。——这在价值同价值传授者、教化者之间的特殊关系之中反映出俄罗斯人在价值推广、传播上的文化解读。

Если родители не прививают своим детям элементарные человеческие ценности, то форма тут ни при чем. (коллективный. Школьная форма. За и против [2007–2010]) 要是家长不给自己孩子灌输基本的人性价值思想，那形式还有什么用处？——这在人性价值思想观念培养的重要性之中体现出俄罗斯人在价值推广、传播上的文化解读。

Его нельзя назвать исключительно детским, ведь он пропагандирует вечные ценности: любовь, дружбу, преданность, самопожертвование. (коллективный. Обсуждение мультипликационного фильма «Король Лев» [2011]) 他宣传、主张的是永恒的价值：爱，友谊，忠诚，自我牺牲。——这在价值的个体理解和个体内涵呈现同其价值（传递）意志和价值主张之间的关系之中表现出俄罗斯人在价值推广、传播上的文化解读。

Отсюда вывод: в китайском обществе сохраняются одни и те же ценности из поколения в поколение, а в современном российском — нет. (Т. Зимина) 在中国的社会环境中同样的价值观代代相传，但在现代的俄罗斯社会却不是这样。——这在不同社会环境之下价值观的延传方式的对比之中显示出俄罗斯人在价值推广、传播上的文化解读。

（7）价值理想上的文化解读。

Принципиально важно, чтобы это были люди, которые сочетают профессионализм, высокие патриотические и нравственные ценности, глубоко понимают национальные интересы России иее место в мире. («Дипломатический вестник», 2004.06.29) 非常重要的是，要让人们将职业、崇高的爱国观和道德价值观结合起来，深刻理解俄罗斯的民族利益及其在世界中的地位。——这在道德价值观念同人的其他社会属性、观念之间的联系之中表现了俄罗斯民族在价值理想上的文化解读。

Высшую нравственную ценность представляет именно отличие каждого человека от других людей (мужчин, женщин) и их отличие от меня. (коллективный. Мужчина в школе (Взгляд на Мужчину в школе снаружи и изнутри）［2011］）最高的精神价值恰恰是每个人同其他人的不同及他们同我之间的不同。——这在精神价值的（应有的）不同个性特征层面上表现出俄罗斯民族在价值理想上的文化解读。

И забота о подрастающем поколении — посколькустроительство новой России, в которой достоинство каждогочеловека должно стать высшей ценностью, немыслимо безактивного участия молодежи.（коллективный. Манифест Всероссийской политической партии «Единство и Отечество» — Единая Россия»［2007］）每个人的尊严应该是最高的价值。——这在人格尊严的崇高价值观念理解之中显示出俄罗斯民族在价值理想上的文化解读。

Мальчик из другого времени, эпохи рыцарства, романтизма, когда любовь и благородство были высшими человеческим ценностями.（коллективный. Рецензии на фильм «Когда я стану великаном»［2007－2011］）爱和高尚/光明磊落成为最高的人类价值。——这在人类最高价值的认识、定位之中显示出俄罗斯民族在价值理想上的文化解读。

（8）价值关系上的文化解读。

«Для русского человека ценность его индивидуальной жизни иценность Отечества даже не сопоставимы, — утверждает современный исследователь.（В. Андреев）对俄罗斯人来讲，他个人生命价值同祖国的价值是无法比拟的。——这在个体价值同社会价值、国家价值的比照关系之中反映出俄罗斯民族在价值关系上的文化解读。

Поэтому в центре системы ценностей современного человека, достигшего берега радости, стоит он сам, потом — его близкие, затем — дальние, нация, все человечество.（Г. Аксенов）现代人价值体系的核心中首先是他自己，然后是亲人，再往后是离自己远的人，民族及全人类。——这是通过人的价值观念体系中不同价值重要性的排序关系反映出俄罗斯人在价值关系上的文化解读。

Иерархия интеллекта оказалась, таким образом, не единственной шкалой, по которой распределялись ценности...（Л. Улицкая）智力的高低不是用以划分价值的唯一标尺。——这在价值划分的方法、准则及客观性之中体现出俄罗斯民族在价值关系上的文化解读。

Бог был единственной ценностью, а человечность как бы забывалась.（И. Мейендорф）上帝成为唯一的价值，而人性似乎被忘记了。——这在上

帝价值与人性价值的对比之中表现出俄罗斯民族在价值关系上的文化解读。

Право не может быть поставлено рядом с такими духовными ценностями, как научная истина, нравственное совершенство, религиозная святыня. (Б. А. Кистяковский) 权力不能同诸如科学真理、道德完善、宗教圣律等精神价值相提并论。——这在精神价值同权力意识之间的鲜明比照和区分之中反映出俄罗斯民族在价值关系上的文化解读。

Говоря о тех огромных ценностях, которыми русский народ владеет, я не хочу сказать, что подобных ценностей нет у других народов, но ценности русской литературы своеобразны в том отношении, что их художественная сила лежит в тесной связи ее с нравственными ценностями. (Д. С. Лихачев) 谈到俄罗斯人们所拥有的宝贵/重大价值，我不想说这样的价值是其他民族所没有的，但俄罗斯文学的价值的确十分独特，其艺术感染力同它的精神价值密不可分。——这在俄罗斯民族所拥有的巨大文化精神财富的独特性之中表现出俄罗斯民众在价值关系上的文化解读。

(9) 价值体现上的文化解读。

Тогда же Юрий Тынянов выступил против известного пафоса — "Пушкин — наше всё" — и заявил, что ценность Пушкина велика, но "вовсе не исключительна", и с историко-литературной точки зрения Пушкин "был только одним из многих" в своей эпохе. (С. Г. Бочаров) 普希金的价值非常巨大，但却完全不是唯一的。——这表明价值可以被具体化为一个具体的人或物，但这种价值只是价值整体的一部分，从而在对社会个体的价值评判和审视之中表现出俄罗斯人在价值体现上的文化解读。

Ценности, утверждаемые великой литературой, никак не зависят от нашего мнения о них. (коллективный. Обсуждение фильма «Война и Мир» [2007–2011]) 为文学巨著所肯定的价值决不取决于我们对它的看法。——这在价值产生的文化背景以及它同一般人的主观认识之间的关系之中展现出俄罗斯人在价值体现上的文化解读。

Бездушие, безответственность, отсутствие любых ценностей — вот «основа» современного общества… (коллективный. Хватит губить детей! [2011]) 冷酷无情，不负责任，缺乏价值观念，这是现代社会的"主干"。——这表达了对价值观念缺失这一社会负面现象的不满，在价值观同人的社会精神状态间的关联之中展示出俄罗斯人在价值体现上的文化解读。

Великая ценность веры и Церкви с особою силою заговорила за свою неприкосновенность и неуменьшаемость. (《Журнал Московской патриархии》, 2004.07.26) 信仰和教会的伟大价值以特殊力量道出了自己的无可侵犯和不可贬低性。——这在精神价值力量的社会展示之中反映出俄罗斯人在价值体现上的文化解读。

Если в обществе главная ценность — деньги, то многиеталанты посвящают себя им, а не творчеству. (А. В. Юревич) 如果社会价值在于金钱，那么许多天才都会把心思扑在钱上，而不再是艺术。——这在价值的物质性和精神性实现的对比之中显示出俄罗斯人在价值体现上的文化解读。

Ценность науки в том счастье, которое она приносит людям. (В. Гроссман) 科学的价值在于它带给人的幸福。——这是在价值的社会领域具体实现层面当中表现出了俄罗斯人在价值体现关系上的文化解读。

В ситуации ценностного конфликта традиционный человек выбирает устойчивые ценности, выбирает мифы, а не истину. (И. Яковенко) 在价值冲突的情况下，墨守成规的人选择的是既有的价值，而不是真理。——这是通过价值在特定社会群体中的反应和处理方式之中呈现出俄罗斯人在价值体现上的文化解读。

（10）价值功能（实现）上的文化解读。

Ценности, заложенные в сознании молодого человека ещё со школьной скамьи, так или иначе должны проявиться в его поведении во взрослой жизни. (Ю. Ф. Флоринская) 年轻人意识中从小学时就形成的价值观会在他成年后的行为举止中表现出来。——这在价值观同人的社会行为活动之间的必然联系之中体现出俄罗斯人在价值功能（实现）上的文化解读。

Поэтому очень важно, какая система жизненных ценностей сформировалась у учащихся перед окончанием школы. (Ю. Ф. Флоринская, Т. Г. Рощина) 学生在毕业时形成了怎样的生活价值观体系是非常重要的。——这在特定社会群体价值观念的形成对其未来生活、工作潜在的影响、作用之中显示出俄罗斯人在价值功能（实现）上的文化解读。

И если не вкладывать в человека моральные ценности, возьмём в пример христианские, за которые я обеими руками, (имхо), то будем видеть на улицах пьянь и распущенность, "сильных" в дебоширстве людей! (Кого мы вырастим? (грустные размышления) (форум) [2005 - 2006]) 如果不向人灌输道德价值，比如基督精神价值观，那么将会看见

大街上都是纵饮作乐的人/全是酗酒成性和放纵作乐的人。——这是在价值观所具有的充实人的灵魂、丰富人的内心世界及其对人所产生的相应精神支柱作用之中反映出俄罗斯人在价值功能（实现）上的文化解读。

Без духовной ценности человек растёт атрофированным, а ты говоришь, будет задавлен. (Кого мы вырастим? (грустные размышления) (форум) [2005-2006]) 没有精神价值，人的成长会失去生机。——这在精神价值意识、价值观在人的成长过程中所发挥的不可替代的作用之中体现出俄罗斯人在价值功能（实现）上的文化解读。

Смысл брака в детях, смысл жизни в семье, а ценность брачного союза во взаимной поддержке. (Е. Пищикова) 婚姻的价值在于夫妻相互支持。——这是通过特定的价值方式在生活中的现实内涵、表现反映出俄罗斯人在价值功能（实现）上的文化解读。

Наша идеология исходит из непреложной ценности человеческого и государственного достоинства, опирается на прошлое и устремлена в будущее. (коллективный. Манифест Всероссийской политической партии «Единство и Отечество» —Единая Россия» [2007]) 我们的意识形态来自于人和国家的尊严这一坚定不移的价值，它立足于过去，面向未来。——这在价值意识、观念同意识形态之间的特殊关系之中显现出俄罗斯人在价值功能（实现）上的文化解读。

Уникальность страны заключается в сочетании различных систем ценностей. (Э. А. Памфилова) 国家的独特性就在于它融会了不同的价值体系。——这在价值观念、价值体系在特定社会集团的建构、运作之中发挥的独特作用层面上反映出俄罗斯民族在价值功能（实现）上的文化解读。

Считать их чьей-то «партийной собственностью» — все равно, что отказать самому себе в праве руководствоваться такимиуниверсальными ценностями, как жертвенность иотзывчивость, сострадание и терпимость, взаимопомощь ивзаимовыручка — ценностями, которые не раз спасали россияни Россию в трудные и даже трагические времена. (коллективный. Манифест Всероссийской политической партии «Единство и Отечество» —Единая Россия» [2007]) 遵循的是这样一些普遍的价值观，如自我牺牲精神，富于同情心，怜悯他人，宽容/宽宏大量，互助互救等，这些价值观在艰难困苦时期多次拯救过俄罗斯民众和俄罗斯民族。——这在基本的价值观念在民族生存、发展大业之中所发挥的建设性的灵魂作用之中

显示出俄罗斯人在价值功能（实现）上的文化解读。

综括起来，以上话语综合分析内容充分揭示出了文化概念 ценность 的俄罗斯民族价值观相关文化信息，这些分析从各个方面对 ценность 作出了全面而深刻、独到的解读：

（1）在人对自己价值观念的全身心认同和精神笃定以及价值的现实体现内容和现实载体层面上、在价值观同特定社会群体及民族意识的密切关系、价值的体系关系及其同文化创建之间的关系之中反映出俄罗斯民族的价值判断心智特性。

（2）在价值的东正教教义精神根源的追溯和肯定、人性价值同上帝意旨之间关系的态度认识上以及价值观同宗教精神实践之间的特殊联系之中、在价值的劳动理念认知和认定以及对现时价值观的审视和传统价值观的呼吁和精神向往以及价值同社会特定群体的修养和心性内涵、特点的关联性之中显示出俄罗斯民族的价值主张（意识）。

（3）在东正教价值的团契精神思想核心以及价值的基本人性精神与生活现实关联、生活核心价值意旨之中、在人的基本价值的实质内容理解和价值实现、价值同一个民族传统的承传和发扬光大之间的关系以及个体意识中精神价值同善恶观的特殊关联之中体现出俄罗斯民族的价值精神内涵。

（4）在时代洪流的价值观念变化、不同历史时期生命价值变化及社会伦理的价值体现认知之中、在意识形态的价值观内容及其同人性尊严的关系、价值意识同人的生活、精神世界和道德观念、人性价值同现实事件、行为的密切关联乃至价值观所承受的社会精神、意识暴力方面之中反映出俄罗斯民族鲜明的价值认识。

（5）在价值观念及相关因素在社会发展、运转机制中的作用以及精神价值同社会观念、社会作为、宗教价值同社会事件的运作、开展、价值意识同人的理性、心智的协同联系、价值观同人的生活观察与理解、价值观念同历史和时代变迁之间的特殊联系之中表现出俄罗斯民族的价值运行方式。

（6）在价值的个体理解和个体内涵呈现同其价值（传递）意志和价值主张以及价值同价值传授者、教化者之间的特殊关系、在人性价值思想观念培养的重要性之中展现出俄罗斯民族的价值传播文化特点。

（7）在道德价值观念同人的其他社会属性、观念的联系之中、在精神价值的（应有的）不同个性特征、人格尊严的崇高价值观念理解以及人类最高价值的认识、定位之中体现出俄罗斯民族的价值理想。

（8）在人的价值观念体系中不同价值重要性的排序关系上、在上帝价值与人性价值、个体价值同社会价值、国家价值、精神价值同权力意识（价值）的比照之中、在俄罗斯民族所拥有的巨大文化精神财富的独特性之中表现出俄罗斯民众的独特价值关系理解。

（9）在不同形式观念的价值共性及其社会价值行为表现和价值的社会领域具体实现、价值产生的文化背景以及它同人的主观认识、价值观同人的社会精神状态的关联之中、在价值的社会群体应和处理方式、社会个体的价值评判和审视、价值观的生活追求目标、精神价值力量的社会展示以及价值的物质性和精神性实现的对比之中呈现出俄罗斯民族价值体现文化特点。

（10）在价值意识、观念同意识形态之间的特殊关系、价值观所具有的充实人灵魂、丰富人内心世界及其对人所产生的相应精神支柱作用、精神价值意识、价值观在社会群体成长、发展以及基本价值观念在民族生存、发展大业之中不可磨灭的灵魂作用之中展示出俄罗斯民族价值功能（实现）文化理解。

六 小结

价值与价值行为是评价与评价行为的连带体，评价总因于价值，价值总离不开评价。因此，价值观与人的价值评价、价值判断与价值立场是联系在一起的，这在俄罗斯民族文化概念 ценность 中得到了充分体现和展示。价值观从价值意识、价值取向、价值认定的坐标上引导并表征着人的内在评价行为与评价体系，并在很大程度上外化于个人和社会评价行为体系，最终会显现为价值评价的某种结果。在自我价值评判、价值规定背后的评价性认识中，人们迈向一个个由价值观和价值评价系统构建而成的社会文化域。正是凭借人的价值评价根基，价值观获得并更具备生活和文化的现实性，并彰显出它对一个民族的人文发现与人文揭示性。价值观往往规定、蕴蓄着一个人的生活意趣、生活宗旨、生活追求和人的生命轨迹，特定价值观之下，人的思想、言行、精神、意志、情感等方面都会受到相应的价值规制和价值评价影响，价值观文化概念所记载的则是价值方式之下的行为、生活的文化沉淀和文化意识化内容。据观察，俄语语言现实中使用较多的是 духовные ценности（精神价值，精神财富）、морально-нравственные ценности（道德精神价值）和 непреходящая ценность（不可替代的价值，恒定价值）等，这表明在俄罗斯民族意念中精神、道德同价值、价值观的深刻而紧密的联系以及价值、价值观的长久、坚定性等。以上对价值观文化概念 ценность 的分析显示出它所包含的价值意念、价值认识同民族精神实质、民族价值观念、主张之间的深层关联性，可看出在价值观有不同的表现形式，价值评价的倾向、价值评价的态度与价值立场所折射的社会心智状态与社会期待、社会（心理）效应都属于价值观的积极体现，价值模式、价值行为隐含的社会动因与文化定势也同样是民族价值观的反映。其中 ценность 的隐喻搭配分析表明价值观的形成是多种因素共同作用的结果，体现出在社会群体、社会成员中树立积极、明确的价值观念的重要性，同时表现出价值观需要检视、维护并加以引导、正确的价值观需要加以推广、传播的理念。ценность 格式塔分析展现出它所拥有的丰富的物的蕴含和文化联想，以意识深处的言说者、计量器、营养物、基础物、嫁接物、种子、凝合剂等现象类别物化形象折射出俄罗斯民族的相关价值观念认识内容。ценность 话语综合分析从价值判断、价值主张、价值精神内涵、价值运行、价值理想、价值关系等方面呈现出俄罗斯民族对价值及其相关价值观的理解和把握，展示出俄罗斯民族独特的价值意识方式与价值认识心智模式。显然，通过俄罗斯价值观文化概念域中更多概念对象的分析，将不难发现俄罗斯民族的整体文化精神内涵特质，从而达到逐步解构多元、复杂的俄罗斯民族内心世界和文化心理的目的。

第二节 "счастье"（幸福）的分析与解读

"幸福"（счастье）是一种情感—价值意识和价值观意识的重要体现，"语言世界图景中，幸福总是与肯定评价有关，幸福本身对人而言就是价值，是最高的生活价值"（杨利芳，2012：32）。"幸福"的重要特征在于人的意识心理感觉和人的自我体会本身，核心点在人的一种"内在生活"（Шмелев，2005：163）和内在感受上，"这种感受可以作为一种感觉笼罩人的心，可以作为人所进入到的一种心理价值状态"（Булыгина，Шмелев，2000：280），该自我感受性和体悟性使其难有具体细化意义上的"分类范畴"（Шмелев，2005：163）。正是在人们对幸福的理解和感受中，幸福显示出自身的价值性。Д. С. Лихачев 从生活的意义这一高度和价值观念上指出，"幸福是因为这是我们付出、努力争取才得来的。永恒的幸福是不存在的。当身边有人正承受不幸，我们是不可能幸福的。但可以因当下的收获而感到幸福"（Лихачев，2006：55）。从价值判断和价值把握的意识上看，幸福同人自身的直觉感知和情绪意识体会密切相关。"幸福表示的是十分满意的感觉和状态。……对幸福的理解同人的知晓心智状态是联系在一起的：如果一个人意识到了这是一种幸福，那么这就是幸福（Б. Ахмадулина）；一个人之所以不幸福，是因为他不明白，他是幸福的"（Чернейко，1997b：50）。俄罗斯民间一种非常质朴而纯真的"幸福"理解——母爱是一种幸福（Т. Виктория）。"幸福"同人的情感心理、情感意识和情感评价有关，其情感性或情感特质会通过人的行为—心理模式反映出来，"幸福的人在意识原型中是平易近人的、和善的、乐观的、乐于助人的、自信的、顺利的等"（杨利芳 2012：32）。因此，幸福会有自己的情感表现或生理外现：И они даже плачут от такого счастья и готовы вместе молиться Богу（А. Слаповский）；Андрей Николаевич весь расплывался от счастья, которое наступит вот-вот（想到即将来临的幸福，他不由得喜笑颜开）（А. Азольский）；Отец вспотел от счастья.（Л. Петрушевская）幸福因人而异，"每个人对幸福都有自己不同的理解"（Гайдар），它会有非常具体的感受，可能牵系于具体的事件或某一具体事物：Эти госпитальные дни представлялись ему счастьем（那些在军医院度过的日子对他来说就是幸福）（В. Гроссман）. 幸福有不同的表现，既有"亮丽的幸福"（светлое счастье），也可能有"迟钝的幸福，不太灵光、不常光顾的幸福"（тупое счастье），既有个体意识中的幸福，也有包容一切的幸福（всеобъемлющее счастье）。而不同形式的"幸福"往往同上帝有关，因为在俄罗斯人的价值观中，获得幸福、拥有幸福是上帝赋予一个人的精神—情感权利，人们会向上帝祈求幸福（вымолить у бога счастья. [А. Н. Толстой]），因此也是人们理应得到和享有的东西（Человек создан для счастья, как птица для полета）。幸福具有"现时"感、"当下"感，即注重人在当前的一种感受和体会：Слово "счастье" происходит от се-часье, то есть, этот час, это мгновение!（А. Солженицын），幸福会运转得很快，幸福时光稍纵即逝，因此有"幸福象车轮（колесо счастья）"的说法。"幸福"需要正确理解和对待，否则，幸福也会带来负面情绪，成为负面的事物：Это счастье поднимало ненависть, гнев.（В. Гроссман）被幸福眷顾的人是"幸运儿"（баловень счастья），幸福与福祉不同，К. Г. Паустовский 曾这样作比：如果说幸福是大理石，那么福祉、顺遂、富足安康是黏土（Счастье и благополучие так же различны, как мрамор и глина.）。А. С. Пушкин 曾经宣称，家庭生活不幸是俄罗斯民族的典型性格写照，这恰恰从一个反向表明了俄罗斯民族其实是一个非常注重家庭幸福（семейное счастье）的一个民族，семейное счастье 在语言文化现实、交际中使用频率相当高。

俄罗斯民族的幸福同人所经受的贫穷、苦难与不幸有着密切的联系和对照关系。在该民族意识里，没有痛苦、不幸就不会有幸福，二者相伴相生（Нет худа без добра）。而这在本质上，同俄罗斯民族的基督宗教道义相关①，"'哭泣的人们非常幸福'（Блаженны плачущие），……而幸福则是对在与苦难奋争中表现出来的坚忍、温顺、诚实和正直的褒奖"（张志军，2005：146）。与俄罗斯民族"忧伤"的性格有关，正是由于生活中伤感、愁郁、不尽如人意的事情太多（命运的打击、家庭的不幸、生活的艰辛等），俄罗斯人对幸福有特别的向往。另外，俄罗斯民族的幸福同其道德意识有关联，当一个人做了有悖良知和社会准则的事情，难于做到内心宁和平静、心安理得，内心会受到道德层面负罪心的责备，自然就无法感受和体会到真正的幸福，这几乎成为该民族幸福体验观的一种价值意识定势。因此，可以认为，俄罗斯民族的这种幸福观和对幸福的理解也在一定程度上促成了其关注和体恤他人不幸、富于同情心、通情达理、善于理解他人、热衷帮助他人、希望他人幸福的民族性格特征。

一 "счастье" 词源分析

在 11—17 世纪的俄语中使用的是教堂斯拉夫语词 съчастїе，несъчастїе，благосъчастїе，добросъчастїе，1704 年的 Поликарпов 词典中 счастие 有了标注，在 В. И. Даль 讲解词典中使用的是 счастье。счастье 来源于共同斯拉夫语词 съчęстьйе（сопричастность/共同参与，соучастие/一起参与，участь/境遇，命运，доля/运气，命运，удел/命定之事，必然归宿），该词来自带上后缀 -ьйе 的前缀型动词 съчęстити 的词干 чęстити，即честь（часть）以 -ити 结尾的动词。因此，счастье 在词源上同"часть/命，命运，причастие/参与，участь/命运"有关（Шапошников，2010b：398）。счастье 在乌克兰语中为 щастя，捷克语、波兰语中分别为 stesti，szczescie，在教堂斯拉夫语中为 съчΛстьнъ（参与，与……有关的）。счастье 可以在共同斯拉夫语词 sъcestъje 中得到解释：来自 sъ-cestъje，即为 sъ-同 cestъje 的复合：sъ 即古印度语的 su-（хороший/美好的）+cestъje（命运，境遇）

---

① 俄罗斯民族"幸福"的宗教意识同其东正教意识形态基础存在联系，"东方、西方两股世界历史潮流在俄罗斯发生碰撞并且相互作用。……东西方两种因素在俄罗斯人心中始终进行着对抗。天然的、多神教的、狄奥尼索斯的自然力和清心寡欲——僧侣式的东正教这两种对立因素构成俄罗斯人意识形态基础"（Бердяев，1992：44）。

即俄语的 часть（命，命运），因此，счастье 原初意义为"好运（хороший удел，хорошая судьба）"（Фасмер，1986：816；Шведова，2007：963），而与此相关，历史对比语言学有观点认为，счасьте 也可能表示的是同人们所"共同体验到的同情和理解"有直接联系。Н. М. Шанский，И. И. Иванов 等学者也注意到，счастье 在共同斯拉夫语中由 чΛсть 加上前缀 съ-（好的，幸运的）和后缀 -uj 而构成，字面上的意义是"好运，好的境遇（хорошая часть，доля）"（Шанский，Иванов и др.，1971：433）。而根据 E. Berneker 的观点，счастье 最初表示"运气，参与"（Фасмер，1986：816），这一观点在后来的教堂斯拉夫语词 съчΛстьнъ（参与，与……有关的）中得以证实。在 В. И. Даль 的详解词典中，счастье（幸福）派生于 со-частье，即谁拥有某部分，谁得到某一部分，谁从生活中获取/弄到了某一份额（"Счастье" происходит от со-частье，то есть，кому какая часть，какая доля досталась，кто какой пай урвал у жизни.）

二 "счастье" 文化语义内涵分析

счастье 表示的是充分的、高度满意的情感和状态（Шапошников，2010b：398；Шведова，2007：963；Ожегов и Шведова «Толковый словарь русского языка»，bweek. narod. ru/rest），因为完满的生活和对生活的满意而产生的富足、祥和、快乐的状态（Ушаков 2013：664），是对生活十分满足的状态，极其满意和快乐、怡然自得的感觉，是高层次的满足感、人世生活中的惬意和愉悦（БАС，1963：1311；Зализняк Анна，2005：161）[①]：Достиг я высшей власти，шестой уж год я царствую спокойно，но счастья нет моей души（А. С. Пушкин）；Он действительно перестал думать в собственном счастье，о своекорыстных целях（И. С. Тургенев）. 让人十分满意的生活状态，某人体会到的极为满足和快乐的感觉（МАС，1988：320；Кузнецов，2000：1297）：Знайте，что быть писателем в наши дни—великое счастье，ибо—вас будет читать народ（М. Горький）；семейное счастье，счастье созидания（创作的幸福），счастье общения друг с

[①] 幸福（счасьте）同快乐（радость）的联系和相近体现在二者均可能没有任何缘由，而且都可能有相似的隐喻特点。试对比：счастье/радость переполняет человека，счастье/радость может быть незамутненным，прилив счастья/радости，человек может светиться счастьем/радостью。（Зализняк Анна，2005：161；Арутюнова，2005：100；Пеньковский，1991：151）

другом, счастье народа, стремление к счастью, ощущение счастье, найти своё счастье в детях, в работе, Человек создан для счастья; Быть любимым—великое счастье. 此外, счастье (со-частье, доля, пай) 表示"好的运气, 命运, 份额"(可对比 рок/命运, 命数, судьба/命运, часть/命,命运, участь/境遇, доля/命运, 运气)(Даль, 1998：3965; 1909：666; Ушаков, 2013：664): Такое наше счастье, что на мосту с чашкой; Всякому свое счастье; В чужое счастье не заедешь. 因此, счастье 借由其"自得, 满意, 祥和, 快乐"这一突出、鲜明的表人内在感受语义成分, 同好运、命运、境遇产生了某种关联, 反映出俄罗斯民族"幸福"文化内涵中的特殊精神气质和人文个性特点。

三 "счастье" 的隐喻搭配分析

Сильное, радостное счастье ворвалось ему в душу и завладело им — и он им завладел. (И. С. Тургенев) 强烈和愉悦的幸福闯入他的灵魂。句中动词形式 ворвалось (闯入, 冲入) 同 счастье 之间的隐喻搭配生动地表现出幸福出现的突然性和幸福来临时的强烈体现状态。

И это счастье в нужный момент наверняка сработает. (В. Лимасов) 幸福在适当的时候就会显现出来。句中动词形式 сработает (开动, 运作起来) 同 счастье 之间的隐喻搭配通过"开动""运作"的实体动作行为具象化地反映出了幸福表现出来并为人捕捉、感知的形象。

Я счастье собираю по осколкам. (А. Макагон) 我收集到的是碎片似的幸福。句中动词形式 собираю (收拾, 归拢) 同 счастье 之间的隐喻搭配实像化地表达出人细细地积聚、堆积幸福、用心把握和体会幸福的抽象动作行为。

Как всё заплещет и заиграет счастьем! И вот — буквально ничего не произошло. (А. Битов) 到处洋溢/荡漾着幸福。句中动词形式 заиграет ([风、雨等] 开始大作; 沸腾起来) 同 счастьем 之间的隐喻搭配形象化地表现出幸福开始活跃起来、充满人心的状态。

Дисней умл приносить счастье тем, кто смотрел его фильмы, но сам он счастливым человеком не был. (А. Филиппов) 迪斯尼能给那些观看了他影片的人带来幸福, 但他自己却不是一个幸福的人。句中动词 приносить (带来, 送到) 同 счастье 之间的隐喻搭配通过实体动作具体地呈现出了将幸福传递给他人的抽象行为事实。

Всё семейное счастье, лёгкое, ненатуженное, их избранность и близость, безграничность доверия, — всё рухнуло в один миг. (Л. Улицкая) 家庭幸福瞬间化为泡影/遭到破坏。句中动词形式 рухнуло（倒塌）同 счастье 之间的隐喻搭配生动地表现出了幸福落空、破灭的抽象动作状态。

Только семейное счастье Елены Георгиевны и Павла Алексеевича сникло и увяло. (Л. Улицкая) 家庭幸福消失、凋零了。句中动词形式 сникло（[风、雨声]停息下来）及 увяло（枯萎，凋谢）同 счастье 之间的隐喻搭配具象化地表现出幸福销声匿迹、转眼无踪的动作行为事实。

Распахнулась дверь, вышла Аля, из глаз её, видимо, брызгало счастье. (А. Азольский) Аля 眼里迸发出幸福的光芒。句中动词形式 брызгало（喷出，迸出）同 счастье 之间的隐喻搭配形象地显现出幸福强烈地表现、透射出来的心理—情绪状态。

Помнишь ли ты, как счастье нам улыбалось? — пропела она ему на ухо. (И. Грекова) 还记得吗，幸福也曾经眷顾过我们？句中动词形式 улыбалось（微笑）同 счастье 之间的隐喻搭配生动体现出幸福同人的心灵相通、情绪互动性以及幸福垂青于人的形象。

Я не спешу, как человек, боящийся спугнуть счастье. (Ф. Искандер) 生怕惊走了幸福。句中动词 спугну́ть（惊走，惊飞，吓跑）同 счастье 之间的隐喻搭配形象化地说明了人担心幸福会离他而去的惴惴不安的心理。

Счастливый человек, довольный собой, гармонично сливающийся с миром, распространяет своё счастье и на других. Счастье заразительно, как и горе. Горе лучше скрывать, счастье — выказывать. (И. Грекова) 幸福的人会将自己的幸福传递给他人。幸福像痛苦一样，是会传染人的，痛苦最好是隐藏起来，而幸福则是要让它表现出来。句中动词形式 распространяет（扩展，散步）同 счастье 之间的隐喻搭配具象化地表现出人们传播幸福、分享幸福的抽象动作形象。

Хотели наше счастье украсть, подлецы, мистики, идеалисты! (Ю. О. Домбровский) 那些卑鄙的人、神秘主义者、唯心主义者想要剥夺我们的幸福。句中动词 украсть（偷，盗）同 счастье 之间的隐喻搭配形象地说明了破坏别人幸福、剥夺他人幸福的抽象行为事实。

Может быть, дед решил, что пришло время обновлять счастье. (Ф. Искандер) 是该让幸福复苏的时候了。句中动词 обновлять（修复，使恢复原貌）同 счастье 之间的隐喻搭配具体地表现出让幸福重新回归的抽象

动作形象。

　　Мысль о том, что она сама, по своей воле погубила своё счастье, казалась ей особо невыносимой. (В. Гроссман) 她随意毁灭了自己的幸福。句中动词形式 погубила（危害，毁坏）同 счастье 之间的隐喻搭配形象化地表现出破坏幸福、毁坏幸福的抽象行为意象，通过这一隐喻意象鲜明地体现出对这类行为的强烈反对态度和观念意志。

　　Счастье к тебе невидимо подвалило, — завидовал Козлихе сторож. (А. И. Левитов) 幸福不觉间突然降临到你身上。句中动词形式 подвалило（突然发作）同 счастье 之间的隐喻搭配借用人身体不舒服感觉的突然出现这一动作形象来具象化地表现幸福的突然来临，形成了对"幸福降临"的真实认知感受。

　　Где светло, тепло, радостно, спокойно и пахнет счастьем. (Е. Кучеренко) 散发着幸福的芬芳/味道。句中动词形式 пахнет（发出……气味）同 счастьем 之间的隐喻搭配具象化地传递出抽象的幸福所散发的芬芳气息，真实地呈现出了幸福在人心目中美好的心理感知形象。

　　Дядя Митя и его грозная, но добрая жена всячески помогают своим молодым соседям поправить пошатнувшееся семейное счастье. (коллективный. Форум: Любовь и голуби, 2007-2011) 帮助挽回动摇/飘摇不定的家庭幸福。句中动词形式 пошатнувшееся（失去平衡而晃动，摇晃）同 счастье 之间的隐喻搭配生动地表现出幸福不再坚固、可靠、发生动摇的情形。

　　Тут-то и ловить счастье, — раздумывал Семен Иванович и кусал ноготь, — голыми руками, за бесценок — бери любое. (А. Н. Толстой) 用双手抓住幸福。句中动词 ловить（捕，捉）同 счастье 之间的隐喻搭配通过实体抓取、握持感形象地表现出人牢牢把握住幸福、不愿放手的抽象动作事实。

　　И опять Гриша подсунул голову под ее руку и прислонился головой к ее платью и засиял гордостью и счастьем. (Л. Н. Толстой) Гриша 脸上散发着/闪现出自豪和幸福的光芒。句中动词形式 засиял（明亮起来，发起光来）同 счастьем 之间的隐喻搭配形象地传达出幸福让人喜形于色、容光焕发的动作意象。

　　На его тощем, некрасивом лице появлялось грустное и сладкое выражение, и он шевелил пальцами, точно осязал мое счастье. (А. П. Чехов)

好像是用手在触摸我的幸福。句中动词形式 осязал（触，摸）同 счастье 之间的隐喻搭配具象化地表现出人感知幸福、觉察幸福的抽象动作行为。

Ей почему-то казалось, что от Аксиньи зависит все, и упросиона ее — снова вернется Григорий и былое счастье.（М. А. Шолохов）Григорий 和过去的幸福都将会回来。句中动词形式 вернется（回来，返回）同 счастье 之间的隐喻搭配形象地说明了幸福重新回到人身边的抽象行为事实。

Нахлынуло, наконец, неожиданное счастье.（И. С. Тургенев）意外的幸福突然降临。句中动词形式 нахлынуло（涌来，涌进）同 счастье 之间的隐喻搭配具象化地表现出幸福强烈涌现的抽象动作状貌。

Столько счастья прихлынуло разом в скудную жизнь его.（Ф. М. Достоевский）他的生命中一下子降临了如此多的幸福。句中动词形式 прихлынуло（潮涌而来）счастье 之间的隐喻搭配形象地刻画出幸福突然产生、涌上心头的行为事实。

Счастье неожиданно привалило.（С. И. Ожегов）幸福突然从天而至。句中动词形式 привалило（蜂拥而来，大量涌来）同 счастье 之间的隐喻搭配生动地再现出幸福突然降临的抽象动作情形。

Счастье и удача как будто сами ловили его на дороге.（Ф. М. Достоевский）他好像是在路上与幸福和成功不期而遇。句中动词形式 ловили（捕捉）同 счастье 之间的隐喻搭配形象化地表现出幸福悄然降临到人身上的行为状貌。

Глаза ее, еще полные слез, засверкали веселостью счастья.（И. С. Тургенев）她满含泪水的双眼闪耀着幸福的快乐。句中动词形式 засверкали（开始闪耀起来）同 счастье 之间的隐喻搭配形象地表现出幸福在人的心目中熠熠发光的抽象行为事象，反映出幸福在人心中光亮生辉、轻盈透明的形象。

И на меня снова обрушится, захлестнёт мою душу то самое, нежное, свежее, юное, распутно-похмельное, безоглядное счастье.（Э. Русаков）一种温柔，新鲜，年少轻狂、贸然得来的幸福将控制我。句中动词形式 захлестнёт（［波浪、浪头］劈头盖脸地冲、打过来）同 счастье 之间的隐喻搭配形象化地展现出幸福猛袭过来、笼罩着人身心的抽象动作情形。

Счастье написано, светиться на лице у него.（С. А. Кузнецов）他脸上写满了亮丽的幸福。句中动词形式 светиться（发光，发亮）同 счастье 之间的隐喻搭配生动地说明了幸福喜形于色地显露在人的脸上、让人身心愉悦的抽象行为事实。

Глаза озаренысчастьем. （С. А. Кузнецов）双眼洋溢着幸福的光芒。句中动词形式 озарены（照耀，照亮）同 счастье 之间的隐喻搭配形象化地表现出幸福让人眼睛豁亮/眉开眼笑、心满意足的动作神态，传递出俄罗斯人对幸福的认知领悟意象。

归纳起来，以上有关俄罗斯民族价值观文化概念 счастье 的隐喻搭配分析呈现出幸福在人心目中美好的心理感知形象与认知领悟意象，实像化地表达出幸福需要用心把握和体会、幸福需要传递与分享、幸福会垂青、眷顾于人但也可能转眼消逝无踪，需要倍加珍惜和好好把握、幸福同人心灵相通等有关"幸福"的文化认知信息，另外也形象地表现出幸福会遭受钳制、束缚甚至破坏、剥夺以及人们由此而生的对此的强烈抗争意识，反映出幸福的获得需要大量艰苦努力与付出、幸福需要用心坚守、维护这一观念认识。此外，隐喻搭配分析也显示出幸福的行为意志以及它同相关概念事物之间的特殊社会观念关系，非常突出地反映出俄罗斯民族意识中"幸福往往悄然来临、突然降临、强烈涌现、在人心中熠熠生辉、让人身心愉悦、喜出望外"以及"逝去的幸福会重新失而复得"等观念意识，这些心智体悟同时也传递出俄罗斯人来自于灵魂深处的对幸福的美好冀望与现实期待。

四 "счастье" 的格式塔分析

（1）幸福是光、光亮、霞光。

Гузеева просто светится от счастья. Её нынешний муж Игорь давно мечтает о сыне. （М. Васильева）Гузеева 洋溢着幸福的光彩/幸福得容光焕发。

Рожа Езанги светилась от счастья. （А. Григоренко）Рожа Езанги 幸福得脸上发光/光彩照人。

Лицо матери осветилось восторгом и счастьем при виде этого окончательного и бесловного примирения брата с сестрой. （Ф. М. Достоевский）母亲的脸上放射出激动和幸福的光彩。

Лесбия была хозяйкой другого дома, и в этом доме Катуллу не светило любовное счастье. （В. Отрошенко）Катулл 来讲，爱的幸福毫无希望/没有照亮 Катулл。

И если в долгом пути на хутор ничто не омрачало нежданно свалившегося на него счастья, то теперь пришло на ум иное: он уйдёт, а Капустины с Крохой останутся. （Б. Екимов）没能幸福变得黯淡。

Надеждой и счастьем заблистали глаза. （Л. А. Чарская）双眼泛着希望

和幸福的光芒。

Всё его лицо преобразилось; особенно его глаза так и засияли счастьем. （И. С. Тургенев）他双眼闪烁着幸福的光芒。

Счастье опять заблестело в глазах измученной женщины. （Н. А. Островский）在她痛苦不已的双眼中幸福又闪闪发光。

Милая его курносая морда источала счастье. （В. Некрасов）长着翘鼻子的脸散发着幸福的光彩。

（2）幸福是热气、热度。

Там, где кожа соприкасалась, она плавилась от счастья. （Л. Улицкая）她幸福得快融化了/感到幸福不已/融化在幸福之中。

Я поглядел на ее пылавшее счастьем лицо, на глаза, полные счастливой, удовлетворенной любви, и сердце мое сжалось от страха за будущее этого хорошенького, счастливого существа. （А. П. Чехов）看了一下她发散/洋溢着幸福的脸。

（3）幸福是人或生命体。

Счастье ко мне не шло; даже когда у меня были надежды на счастье, сердце у меня все щемило. （И. С. Тургенев）幸福朝我走来。

Как идёт счастье человеку, — думал Скворцов. — Как она сейчас хороша. （И. Грекова）幸福正在朝人们走来。

А счастье шло к нему доверчивым косяком рыб и проходило, не задерживаясь, сквозь скверную худую сеть. （А. Григоренко）幸福像可靠的鸟群一样朝他飞来。

Уеду, тогда успеете любить и наслаждаться, не уйдет ваше сонное счастье! （А. Н. Островский, Н. Я. Соловьев）我离开，您还来得及去爱和享受生活，您沉寂的幸福不会走开！

Ты каким это угодникам молилась, что тебе такое счастье привалило? （А. Н. Островский）幸福突然降临到你身上？

Вы, может быть, думаете, maman, что меня прельщает семейное счастье? （А. Н. Островский）家庭幸福使我向往？

Как будто что-то стерегло ее счастье и враждебно смущало его. （Ф. М. Достоевский）就像有什么在盯着/看管/守护着她的幸福。

（4）幸福是液体物（浪花，水珠，水分，雨滴/小雨，美酒等）。

Его захлестнула волна безмерного счастья. 幸福劈头盖脸地打（冲）

来/他沉浸/笼罩在无比的幸福中。

Мать не видит иного способа внести в семью ощущения кипящего счастья жить, как включить их в собственную трагедию. («Культура», 2002.04.08) 充满了生活的幸福感/生活幸福满满的感觉。

Как всё заплещет и заиграет счастьем! И вот — буквально ничего не произошло. (А. Битов) 到处洋溢/荡漾着幸福。

Поглядеть на неё значило облиться светом, радостью и счастьем. (С. И. Ожегов) 一看见他，就觉得心中充满了光明、快乐和幸福。

И Маша чувствовала её сон, как чувствуют на руках спящего ребёнка, а когда надежда просыпалась, сердце молодой женщины наполнялось счастьем, светом и горем. (В. Гроссман) 心中充满了幸福、光明和苦痛。

Тёмные большие глаза скрипача наполнились счастьем. (В. Гроссман) 小提琴手那黑黝黝的大眼睛充满了幸福。

Она опьянела от нашего счастья и улыбалась, будто вдыхала в себя сладкий чад. (А. П. Чехов) 她陶醉在我们的幸福之中。

Он уснул, больше не вытерпев, пьяный своим счастьем. (О. Павлов) 他陶醉在幸福之中沉睡过去/睡熟了。

(5) 幸福是气味。

Букет из роз пахнет весной и дорогою сигарой, пахнет счастьем. (А. П. Чехов) 这束玫瑰散发着幸福。

И от него пахнуло на меня тем же счастьем, что и от его ковров и кресел. (А. П. Чехов) 他传递出的幸福感向我袭来。

(6) 幸福是实体物。

Сын принесёт нам счастье. (К. Г. Паустовский) 儿子会给我们带来幸福。

И, дав предчувствие блаженства, Не даст мне счастья никогда. (В. Мильдон) 给了我快乐，但从来不会给我幸福。

Все знали, какою страшной ценой Иван приобрел своё счастье, и искренно полюбили верного королевского слугу. (Л. А. Чарская) Иван 付出了很大的代价才获得了属于自己的幸福。

Полковник радовался, что мама обрела наконец личное счастье. (С. Довлатов) 妈妈终于得到了幸福。

Всё осталось на своих местах, ничто не пострадало, не обвалилось, не взорвалось, только прибавилось счастья, терпкой остроты, праздничности. (И. Муравьева) 一切都没有发生变化，只是幸福感有了增强/幸福有了增加。

И между тем ты разрушаешь счастье хорошего, честного человека. (И. С. Тургенев) 与此同时你破坏了诚实善良的人的幸福。

Собственно говоря, он даже о ней не думал — а о завтрашнем дне, о том таинственном завтрашнем дне, который принесет ему неведомое, небывалое счастье! (И. С. Тургенев) 未来的日子将会给他带来未曾有过的幸福。

（7）幸福是空间（目标）物。

Чтобы народ неуклонно следовал тому пути к счастью, который предначертал архитектор, нужно создать новый общественный порядок. (Б. Чухович) 人们坚定不移地遵循着通往幸福的路线。

Но к чему спешить, когда каждая минута этого пути без того была хороша, и все равно они приплывут к счастью. (А. Н. Толстой) 他们还是会朝着幸福的目标游去。

Даша думала — плывем к счастью, и чувствовала на себе его взгляд, такой, точно сильного, веселого человека переехали колесом. (А. Н. Толстой) 要朝着幸福游过去。

Они не доплывут до счастья, а на полдороге нетерпеливо разворуют его. (А. Н. Толстой) 他们无法游到那幸福的彼岸。

...никого нетревожа — бочком пробирайся к счастью. (А. Н. Толстой) 侧身奋力接近幸福/朝幸福走过去。

Ну уж, маменька, что будет то будет, а мне от своего счастья бегать нельзя. (А. Н. Островский) 我无法就这样逃避/放弃自己的幸福。

Санька глотала слезы: «Вот так и проедешь мимо счастья». (А. Н. Толстой) 将就这样与幸福擦肩而过。

（8）幸福是表面物。

Но я что-то особого счастья у него в глазах не заметила. (А. Геласимов) 从他眼里我没有发现他有什么特别的幸福。

И вот Юра кивает в его сторону, и столько целомудрия и тайного счастья в его лице, что нельзя им не залюбоваться. (Ф. Искандер) 在他脸上有太多的童真和神秘的幸福。

На лице его засветилось счастье. (А. Слаповский) 他脸上闪耀着幸福的光泽。

（9）幸福是感知对象。

Изношу пятнадцать тёмно-серых костюмов. А счастья так и не увижу. (С. Довлатов) 穿破了这么多的衣服/过了这么大半辈子，幸福始终也看不见。

А жена видела в этом рабстве истинное счастье, как прирождённая верная раба, даже и не понимающая свободы. (М. П. Арцыбашев) 而妻子在这种听命于他人的生活中却见到了真正的幸福。

Именно в этом фильме я увидела своё личное счастье — любовь. (коллективный. Форум：Джейн Остин, 2007-2011) 正是在这部影片中我看到了自己的幸福——那就是爱。

（10）幸福是建筑物。

Да и какое счастье можно устроить, если полжизни проводишь в дороге. (О. Зайончковский) 如果一半的生命/半辈子都消耗在路上，那可以创建出什么样的幸福？

Случай и вы сами устроили ваше счастье. (А. И. Герцен) 是您自己创造出了属于您的幸福。

（11）幸福是外力、重力。

Они выпили бутылку вина, и на Аллу обрушилось счастье. (М. Трауб) 幸福突然降临到了阿拉头上。

Махако не мог поверить в упавшее на него счастье. (А. Григоренко) Махако 无法相信落到他身上的幸福。

Счастье само упадёт на них. (коллективный. Форум：Москва слезам не верит, 2011) 幸福自个儿落到了他们身上。

Мне выпало огромное счастье. (Т. Соломатина) 巨大的幸福（突然）来到我面前。

Не всякому выпало такое счастье. А на меня вот свалилось. (В. Некрасов) 不是每个人都会碰到那样的幸福。

Когда я вышел с Лубянки — меня просто кружило от счастья. (А. Солженицын) 当我走出卢比扬卡广场上的国家安全大楼，简直幸福得忘乎所以。

Алла одеревенела от счастья. (М. Трауб) 幸福得快麻木了。

О, если только нужно, он увидит такую ласку, что задохнётся от счастья. (А. Н. Островский) 幸福得直喘不上气来。

Мое счастье давило меня как невыносимое бремя. (Ф. М. Достоевский) 我的幸福就像无法承受的重负一样压迫着我。

Это счастье перевернуло тебя! Это неожиданность; ты сам не свой со вчерашнего дня. (Ф. М. Достоевский) 这一幸福彻底改变了你/让你变得再也不是你。

（12）幸福是植物。

Весна-цветение любви! Росточки радости и счастья, Как молодой побег взошли. 快乐和幸福的萌芽破土而出。

Стандарты жизни резко возросли, а счастье не выросло совсем, а в некоторых случаях даже несколько уменьшилось. (Счастьеведение — наука XXI века // «Наука и религия», 2007) 生活标准急剧上升，而幸福却没见增长，反倒是减少了。

（13）幸福是商品。

В коммерческих обществах люди «покупали и продавали счастье», и чем большая масса людей втягивалась в материальное потребление, тем прибыльней становилась торговлясчастьем. (Л. Рудова) 在商贸公司里人们买卖幸福，越是多的人进入物质消费中来，幸福的交易就会变得越有利润。

（14）幸福是阶梯/楼梯。

И вот, — случай вознес ее сразу на самый верх лестницы счастья. (А. Н. Толстой) 这样的机会一下子将她托举到了幸福阶梯的顶端。

（15）幸福是文字（内容）。

На чем записать такое счастье! Благодарна, Мокий Парменыч, очень благодарна, что удостоили. (А. Н. Островский) 这样的幸福该用什么、该怎样来书写！

（16）幸福是生理病痛形象。

Чудовищный сердечный спазм счастья заливает грудь, горло, не дает дышать. (Д. Рубина) 一阵奇妙而强烈的幸福感注入胸中。

总体而言，幸福可以是光、光亮、霞光，体现出幸福在人心中明丽鲜亮、通透圣洁的形象，折射出俄罗斯民族对幸福亲切、阳光的认知体会；幸福可以是热气、热度，凸显幸福温暖人心的"热力"形象，让人感到一种油然而生的暖意与愉悦；幸福可以是人或生命体，显示出幸福的生命力、意志力形象以及俄罗斯人寓托于它的心灵相通性；幸福可以是各种液体物（浪花、水珠、雨滴、美酒等），展现出幸福浸入心扉、泽润身心的透溢力和它对灵魂的悉心呵护形象；幸福可以是气味，表现出幸福特殊的散逸性和俄罗斯人对它的敏锐/灵敏感觉和热切期盼心理；幸福可以是实体物、幸福可以是空间（目标）物，反映出幸福给予人的物质实体感，同时也折射出人们想接近幸福并实在地拥有幸福的愿望；幸福可以是表面物、感知对象，显现出人们近距离感知和领略幸福的心理或者对幸福直面性的一种精神向往；幸福可以是建筑物，一方面体现出人们对幸福的营造、经营和追求；另一方面显示出幸福给人的强烈期待感和成就感、归宿感与寄托感；幸福可以是外力、重力，反映出幸福会以各种方式积极影响、作用于人的特点；幸福可以是植物，描绘出幸福给人以希望、让人充满活力、意气勃发的积极心理形象；幸福可以是阶梯，展示出幸福能给人以昂扬向上的情感—精神动力以及引人走向美好世界的特质；幸福可以是商品，体现出人们对幸福变化性、消长性及换取性/调换性的认识；幸福可以是文字（内容），反映出人们对幸福鲜明的意识存念性、精神记取性和心理感知性；幸福可以是生理病痛形象，以特殊的意识表现方式展露出人们对幸福深切、敏锐的心灵感悟以及幸福带来的强烈精神、意志冲击性，从一个新的角度和向位彰显出人们对幸福的身心体验度与精神执念感。由此可见，счастье 的格式塔分析以丰富的物化蕴含深刻地揭示出"幸福"在俄罗斯民族灵魂深处的深厚文化蓄养。

五 "счастье" 的话语综合分析

（1）幸福的生活体悟文化解读。

Но скорее всего, счастье и горе — два конца одной палки. （Т. Виктория）幸福与痛苦使一根棍子的两端。——这在生活的甘甜与苦涩的辩证关系和客观实在之中反映出俄罗斯人对幸福的生活体悟文化解读。

Правда хорошо, а счастье лучше. （О. Романцова）"真"固然不错/"真"固然很好，而幸福更好。——这在"真"的理性价值同幸福的现实心理感受的关系比照和价值判断之中体现出俄罗斯民众对幸福的生活体悟文化解读。

Многие считают, что красота не приносит человеку счастья, а лишь создаёт дополнительные проблемы. （С. Ткачева）许多人认为，美貌不会给人带来幸福，而只是平添额外的负担。——这是在幸福同人的外表、内心感受同外在形式之间关系的评断之中表现出俄罗斯人对幸福的生活体悟文化解读。

И ей казалось, что в этом свободном одиночестве и есть счастье. (В. Гроссман) 在自由的孤独中也同样会有幸福。——这在幸福感同人的特殊心理—情绪状态和心灵感受之间的关系中反映出俄罗斯人对幸福的生活体悟文化解读。

Для меня личное счастье гораздо важнее популярности. (И. Салтыкова) 对我来讲，个人幸福比名誉要重要得多。——这在内在的发自人心的实在的幸福同外在的虚幻名望之间的关系对照之中显示出俄罗斯人对幸福的生活体悟文化解读。

Его герои жили динамично и весело, их пример доказывал, что счастье доступно всем. (Л. Рудова) 幸福是每个人都可以争取到的/拥有的。——这在人的生活经验感知和生活切身体会层面上反映出俄罗斯民众对幸福的生活体悟文化解读。

А может быть, настоящего, подлинного счастья и не бывает, оно тоже есть следствие некоего компромисса? (С. Есин) 也许，并不存在真正的幸福，真正的幸福也是某种折中、妥协的结果。——这在生活经历、生活哲学的客观真实之中反映出俄罗斯人对幸福的生活体悟文化解读。

（2）幸福的社会认知文化解读。

Жить семейной жизнью — истинное счастье. (Ю. Давыдов) 能过上自己的家庭生活，这才是真正的幸福。——这在幸福同人的生活、生存本真及社会关系之根本的关系之中反映出俄罗斯民众对幸福的社会认知文化解读。

Какое счастье было работать, ни на что не отвлекаясь. (Д. Гранин) 心无旁骛地工作，这是多么大的幸福！——这在幸福同普通、日常的工作之间关系的深刻感知之中显示出俄罗斯人对幸福的社会认知文化解读。

Счастливый человек, довольный собой, гармонично сливающийся с миром, распространяет своё счастье и на других. (И. Грекова) 幸福的人会将自己的幸福传递给他人。——这在幸福的社会感染性和它所具备的特殊社会正能量层面上反映出俄罗斯人对幸福的社会认知文化解读。

Счастье человека невозможно без понимания им крепкой связи с другими вокруг себя и любви к ним. (О. Власова, Р. Зайцев) 人在没有明白他同周围人的关系以及对他们没有爱的情况下，是不可能有幸福的。——这在幸福的产生、幸福的存续所依赖的社会土壤关系之中显示出俄罗斯民众对幸福的社会认知文化解读。

Каждый человек сам кузнец своего счастья. (Т. Соломатина) 每个人都是自己幸福的创造者/锻造者。——这在幸福同个人的奋斗、进取及执着追求与艰苦付出之间的关系之中显示出俄罗斯民族对幸福的社会认知文化解读。

Вообще-то ведь понятие счастья-это условность, выдумка. (А. Солженицын) 幸福是一个具有相对性和主观想象性的概念。——这从幸福同个体的自身感受、理解及幸福的因人而异方面体现出俄罗斯民众对幸福的社会认知文化解读。

И только бедность помешала нашему счастью? (А. Н. Островский) 不止是贫困才会妨碍人的幸福。——这在幸福所可能关联的人本身这一因素以及社会各方面因素之中显示出俄罗斯人对幸福的社会认知文化解读。

Счастье не пойдет за тобой, если сама от него бегаешь. (А. Н. Островский) 幸福不会追着你,如果你自己躲避它。——这在幸福的获得同人的大胆追求、努力争取之间的关系之中反映出俄罗斯民族对幸福的社会认知文化解读。

（3）幸福的人文内涵文化解读。

У счастья нет завтрашнего дня; у него нет и вчерашнего; оно не помнит прошедшего, не думает о будущем; у него есть настоящее — и то не день, а мгновенье. (И. С. Тургенев) 幸福没有昨天,也没有明天,它不会停留在过去,也不考虑将来,它有的只是现在当下。——这在幸福的自我意识和即时感知、把握的复杂心理之中表现出俄罗斯人对幸福的人文内涵文化解读。

Счастье — это когда ты всем доволен. Стремись к этому. (О. Тимофеева) 幸福就是你对什么都感到满意。——这在幸福同人的自我感受与领悟之间的关系之中体现出俄罗斯人对幸福的人文内涵文化解读。

Находиться рядом с любимым человеком — это огромное счастье. (С. Ткачева) 同喜欢的人在一起,这是莫大的幸福。——这在幸福同心灵接受、心灵真实感受之间的关系之中体现出俄罗斯人对幸福的人文内涵文化解读。

Не в деньгах счастье, все лучшее в жизни человек получает бесплатно. (С. Алексиевич) 幸福不在金钱中,生活中所有美好的都不是人用钱换来的。——这在幸福无关乎物质财富的认识、态度之中显示出俄罗斯民族对幸福的人文内涵文化解读。

Счастье нельзя купить за деньги. （ЧП Чулков，2011-2013）幸福不是金钱所能买到的。——这在幸福的非金钱观之中体现出俄罗斯人对幸福的人文内涵文化解读。

Не в деньгах счастье, плевали мы на них. （В. Некрасов）幸福不在于金钱。——这在幸福与金钱无干的立场之中显示出对幸福的人文内涵文化解读。

Деньгисчастья не приносят. （коллективный. Форум: комментарии к фильму «Все будет хорошо»，2008-2011）金钱不会带来幸福。——这同样是在幸福的非金钱所系这一认识之中对幸福所作的人文内涵文化解读。

Счастье дороже денег. Аксюша. （А. Н. Островский）幸福是金钱所无法衡量的。——这是在幸福的金钱非可比性关系之中呈现出俄罗斯民族对幸福的人文内涵文化解读。

（4）幸福的民族精神文化解读。

Оба старались не взять, а дать счастье. И были счастливы счастьем другого. О! （Т. Виктория）他们都努力不去索取，而是给予别人幸福。他们都幸福着别人的幸福。——这在幸福的与取观之中体现出俄罗斯民众有关于幸福的民族精神文化解读。

Счастье — это свобода быть вместе. Счастье — это независимость от всего. （Т. Соломатина）幸福就是可以自由地在一起/在一起的自由，是不受任何束缚。——这在幸福同人的人身自由、精神自由之间的关系之中表现出俄罗斯人有关于幸福的民族精神文化解读。

Счастье — это нечто большее, чем «жить-поживать да добра наживать». （Д. Панченко）幸福是一种包含了比活着更重要的东西，是行善积德。——这在幸福同人对生命的精神理解以及幸福同人的精神品质、精神境界之间的特殊关联之中反映出俄罗斯民众有关于幸福的民族精神文化解读。

Ежели есть Бог и есть будущая жизнь, то есть истина, есть добродетель; и высшее счастье человека состоит в том, чтобы стремиться к достижению их. （Л. Н. Толстой）如果有上帝和未来的生活，那么就有真理、善行，而人最高尚的幸福就在于努力达到这些目标。——这在幸福同人的精神生活、精神追求、精神修养层次之间的关系之中表现出俄罗斯民众有关于幸福的民族精神文化解读。

（5）幸福的精神主张文化解读。

Счастлив тот, кто доставляет счастье многим людям. （К. Г. Паустовский）能给许多人带来幸福的人是幸福的。——这在幸福同其精神现实创造者及现实载体之间的对应关联之中显示出俄罗斯民众对幸福的精神主张文化解读。

Зато и счастье своё должен он был доставать трудами. （Д. И. Фонвизин）他应该通过劳动来获取自己的幸福/幸福应该通过劳动来获得。——这在幸福同其获取方式之间关系的认定之中反映出俄罗斯人对幸福的精神主张文化解读。

Разве человек не сам хозяин своего счастья? （Д. Соколов - Митрич, В. Дятликович）难道人不应该是自己幸福的主人？人就应该为自己的幸福做主。——这是通过人拥有幸福、体验、享有幸福的主动角色地位体现出俄罗斯民众对幸福的精神主张文化解读。

Счастье — это не столько жизнь, сколько отношение к жизни. 幸福与其说是生活，不如说是对生活的态度。——这在幸福的生活态度认识和精神领悟之中表现出俄罗斯民众对幸福的精神主张文化解读。

Всяк своего счастья кузнец. 人人都是自己幸福的创造者。——这在幸福同人的生命价值以及生活创造与回馈之间的关系之中反映出俄罗斯民众对幸福的精神主张文化解读。

（6）幸福的价值立场文化解读。

Счастье заразительно, как и горе. Горе лучше скрывать, счастье — выказывать. （И. Грекова）幸福像痛苦一样，是会传染人的，痛苦最好是隐藏起来，而幸福则是要让它展现出来。——这在幸福的社会、人际感染特性以及幸福应该得到人们充分的感受、享用的观念体会之中表现出俄罗斯民众对幸福的价值立场文化解读。

Но, как вы знаете, счастье понятие относительное… （А. Рыбаков）幸福是一个相对的概念。——这在幸福同人的自我感受与价值认同之间的密切关联之中显示出俄罗斯民众对幸福的价值立场文化解读。

Между тем счастье не в этих благах, а во внутреннем довольстве человека. （А. Н. Апухтин）幸福不是在物质财富中，而是在于人内心的满足/知足。——这在幸福同物质外在与人的精神内在的对照关联判断之中体现出俄罗斯民众对幸福的价值立场文化解读。

Единого рецепта счастья не выпишешь. （Н. Вылегжанина）没有人能

开出放之四海的幸福秘方。——这是在获得幸福的途径、衡量幸福的标准的非整齐划一性之中呈现出俄罗斯民族对幸福的价值立场文化解读。

　　Томка всегда знала, что на чужом несчастье своего счастья не построишь. (А. Геласимов) 不能将自己的幸福建立在别人的痛苦基础上。——这是在个人幸福同他人精神感受、状况之间的关系及对幸福获取方式的态度之中反映出俄罗斯民众对幸福的价值立场文化解读。

　　(7) 幸福的情感领悟文化解读。

　　Счастье — это где сияет пронзительный свет любви. (А. Волос) 幸福就是那有耀眼的爱的光芒照射的地方／就是那闪耀着爱的光芒的地方。——这表明在俄罗斯民族意识中，哪里有爱的光芒，哪里就会有幸福，这在幸福同爱这一沉厚的情感方式的联系之中展示出俄罗斯人对幸福的情感领悟文化解读。

　　Я здесь их счастьем буду радоваться. (Е. Беспалая) 在此我将为他们的幸福而感到快乐。——这在人际之间的幸福—快乐关联之中显现出俄罗斯人对幸福的情感领悟文化解读。

　　Вашим счастьем вполне буду сам счастлив, лишь бы Бог тебе и мне сохранил наш общий клад. (Е. Беспалая) 由衷地为你们的幸福感到高兴。——这也同样在幸福的人际心绪、人际情意牵连之中表现出俄罗斯人对幸福的情感领悟文化解读。

　　(8) 幸福的社会关系文化解读。

　　Счастье каждого является условием счастья всех. (Д. Шляпентох) 每个人的幸福都是所有人／其他人幸福的前提条件。——这在幸福存在的社会土壤、幸福的人际相互关联之中呈现出俄罗斯民族对幸福的社会关系文化解读。

　　Однако счастье одних не оправдывает страданий других. (коллективный. Форум: Ирония судьбы. Классика советского кино, 2009 - 2011) 一些人的幸福并不能掩饰、替代其他人所承受的痛苦。——这在幸福与痛苦的人际转换、关联之中反映出俄罗斯民族对幸福的社会关系文化解读。

　　Счастье — это когда тебя понимают. (афоризм) (А. Кириллин) 当有人理解你、懂你，这就是幸福。——这在幸福同人际沟通、理解、交心的关系之中表现出俄罗斯民族对幸福的社会关系文化解读。

　　Счастье — это когда тебя ждут. Это — первое. («Знание - сила», 2006) 幸福就是有人在等着你，这是最为重要的。——这在幸福同人的情

感交流、情感关怀、人际心灵牵系之间的关联之中显现出俄罗斯民众对幸福的社会关系文化解读。

(9) 幸福本质的文化解读。

В сущности, никакого счастья нет, есть только сознание счастья. (В. Пелевин) 本质上，不存在什么幸福，有的只是一种幸福的感觉。——这在幸福背后人的真实体会和感受之中展现出俄罗斯民族对幸福本质的文化解读。

Счастье не зависит от внешних причин, а от нашего отношения к ним. (Л. Н. Толстой) 幸福不取决于外在因素，而在于我们对待它的态度。——这在幸福同人对它的生活认识态度及精神内在认定之间的紧密联系之中表现出俄罗斯民族对幸福本质的文化解读。

(10) 幸福的社会价值理想文化解读。

Человек должен жить в счастье и прожить счастливую хорошую жизнь. (Ю. Гутова) 人应该生活在幸福之中，应该过自己幸福美好的生活。——这是通过对人的幸福生活状态的展望表现出俄罗斯民族对幸福的社会价值理想文化解读。

Без счастья в личной жизни земное существование никто не считает успешным. (Е. Пушкарская) 个人生活之中如果没有幸福就谈不上是成功的生活。——这是在幸福同人应有的生活状态、生活质量之间的特殊关联及人对此的美好想象、设定之中体现出俄罗斯民众对幸福的社会价值理想文化解读。

归结起来，以上有关俄罗斯民族价值观文化概念 счастье 的话语综合分析从多方面揭示出了围绕"幸福"的丰富民族文化信息。这些分析在幸福感同人的特殊心理—情绪状态和心灵感受之间的关系以及真正的幸福同外在的虚幻名望、幸福同人的社会生活和人文生态环境的关系之中、生活酸与甜的辩证关系以及人的生活经验感知和生活切身体会之中反映出俄罗斯人对幸福的生活体悟文化理解；在幸福的产生、幸福的存续所依赖的社会土壤关系以及幸福的社会感染性和它所具备的特殊社会正能量之中、在幸福同个人奋斗、进取及执着追求、艰苦付出的关系、幸福同人的生活、生存本真及社会关系之根本的关系之中、在对幸福同日常工作间关系的深刻感知、理解之中、在幸福可能关联的人本身这一因素以及社会各方面因素之中表现出俄罗斯民族对幸福的社会—文化认知；在幸福的自我意识和即时感知、把握的复杂心理以及幸福同人的自我感受、心灵接受与领悟的关系之中、在幸福无关乎物质财富的认识、态度之中呈现出俄罗斯民族对幸福的人文内涵文化理解；在幸福的与取观、幸福同人的人身自由、精神自由之间的关系之中、在幸福同人对生命的精神理解以及幸福同人的精神品质、精神境界的特殊关联、幸福同人的精神生活、精神追求、精神修养层次之间的关系之中表现出俄罗斯民众对幸福的民族精神文化理解；在幸福的获取方式和生活态度认识、精神领悟以及人拥有幸福、享有幸福的主动角色地位之中、在幸福同其精神现实创造者及现实载体的对应关联、幸福同人的生命价值以及生活创造与回馈间的关系之中体现出俄罗斯民众对幸福的精神主张；在幸福同物质外在与人精神内在的对照关联判断、幸福标准的非整齐划一性及幸福获取方式的态度认定之中、在幸福的社会、人际感染特性以及幸福应该得到人们充分感受、享用的观念体会之中、在幸福同人的自我感受与价值认同的密切关联及个人幸福同他人精神感受、状况的关系之中反映出俄罗斯民众对幸福的价值立场文化理解；在幸福同爱这一沉厚的情感方式的联系以及人际间的幸福—快乐关联之中表现出俄罗斯人对幸福的情感领悟；在幸福同人际沟通与理解的关系以及幸福与痛苦的人际转换、关联之中、在幸福同人的情感交流、情感关怀、人际心灵牵系的关联之中反映出俄罗斯民众对幸福的社会关系文化理解；在幸福同人应有的生活状态、生活质量之间的特殊关联以及幸福同人对它的生活认识态度、精神内在认定的密切联系之中、在对幸福的真实体会和感受及对幸福生活的美好展望与想象、设定之中体现出俄罗斯民众对幸福的社会价值理想。

六 小结

"幸福"本身是人的一种生活心理感受和体会，从人的社会属性和情致属性上看，"幸福"很多时候是一种精神享受和心理满足（快乐、称心、惬意或者来自他人的理解与关怀、信任），同人的生活理解、人生经历及对幸福的定位都有密切联系，在意识深处体现一个民族的价值观、人生观。以上有关俄罗斯民族价值观文化概念 счастье 的分析表明，俄罗斯文化中的"幸福"同上帝有关，"幸福"有多种体现方式，它可能鲜丽明亮，也可能拙钝而又扎实，既有个体意识中的幸福，也有包容一切的幸福，"幸福"可以是当下的一种感受和体会，能够拥有生活本身就是一种幸福，也可能是长期生活感悟的累积，俄罗斯人还非常注重家庭幸福，形成其独特的"幸福"价值观。有关 счастье 的词源分析显示，它同共同斯拉夫语和其他斯拉夫语的语义联系反映出俄语中的 счастье 从一开始即同"共同参与、体验"有关，表明其"幸福"有人际分享的成分，另外，счастье 同人的命运有关，其"幸福"同人的"好运，好的境遇"联系在一起，这反映了俄罗斯民族对美好生活的精神向往与价值期盼。因此，счастье 的文化语义内涵进一步显示，它可以表示"高度满意的情感和状态""生活的满意感带来的祥和、快乐心理状态"，并且"好的运气，命运"这一意义成分在文化意识中得到了加强。隐喻搭配分析方面，各种行为作用关系生动、形象地体现出"幸福"的俄罗斯民族文化样态，映照出俄罗斯人围绕它形成的不同心态和行为模式以及它对人的各方面影响、作用。格式塔分析通过 счастье 的"美酒""霞光""热气，热度""人或生命体"及各种实体物等丰富的文化事物蕴含和心理想象全方位复现出俄罗斯民族对"幸福"的理解、体味和态度，反映出"幸福"在该民族现实生活中的位置和人们对它的把握方式，折射出俄罗斯民族意识中"幸福"这一基本价值观念的本质。话语综合分析显示，俄罗斯民族对"幸福"在生活体悟、社会认知、人文内涵、价值立场、精神主张、情感领悟以及社会价值理想等方面都有自己特有的文化解读，体现出该民族的"幸福"观念同人文、社会、情感、精神等因素之间的深层联系，在文化意志、精神情怀乃至情感归宿的层面上反映出"幸福"同该民族价值观内涵及价值体系的实质关联。

本章小结

本章着重以"ценность""счастье"为对象，对俄罗斯民族价值观文化概念进行了分析与解读。价值观是人的内心对事物进行价值取量时所偏倚的一种（价值）心理参数，是人在价值活动过程中分析判断事物价值地位（重要性、主次性、评价性、自我感受与认定性、社会认同性）时所秉持的一种观念倾向和意识。因此，价值观文化概念能够借由言语、思想的外现传达出俄罗斯民族在社会文化状态下的价值认识、价值主张及价值精神走向，反映出俄罗斯民族在社会发展、时事变迁中的价值观念变化。什么是有价值的、什么是幸福？通过相关文化概念的分析可以看出，在俄罗斯民族意识中，价值是人的一种生活态度和生活认识的体现，而这直接决定着相关价值观文化概念的文化语义内涵。分析显示，价值观文化概念以各种形象表现出它在俄罗斯文化传统及现实生活中是如何被人感知、理解和定位的，展现出"价值（性）""幸福"等价值观念是如何引领、影响着俄罗斯人的，反映出俄罗斯人的价值体系如何构建而成、如何发挥作用或者在哪些层面上产生作用，同时也让我们窥探出这些价值形象以何种方式呈现、如何呈现出来，领略并解读出价值观文化概念在俄罗斯民族文化意识中所蕴含的对价值关系、价值功能（实现）、价值理想、价值能力等的社会认知、生活体悟乃至精神延承等多方面的文化认知信息。

第八章

俄罗斯民族意识形态文化概念分析与解读

意识形态是人生活的精神支柱，更是一个民族生存的意识基础、依靠和精神堡垒，在社会个体和民族整体意志中都不可或缺，很大程度上支配着一个民族的生活态度、生活形态和生活精神方向。另一方面，意识形态受人对事物所持的态度、立场的支配，同人对事物重要性和轻重的权衡有关，也同人对地位、权势、财富等的定位和认识相连，而这些内容作为精神、意识的现实反映，都会沉淀到一个民族的文化智识和文化记忆之中。民族意识形态文化概念是文化概念体系中的重要组成部分，它由人的意识表现、人生态度、生活领悟、价值认识等凝注而成，是人的这些精神意识和思想观念在文化载蓄中长期沉淀的结晶，承载着人们对生活、社会以及人生等的基本理念和态度、看法，通过它可以深入而实质性地探察一个民族的观念意识和精神文化实质、深刻认识和了解俄罗斯民族的意志品格和社会价值取向。本章将主要以概念 вера、надежда 为对象和典型，从词源分析、文化语义内涵分析、隐喻搭配分析、格式塔分析及话语综合分析等五个方面入手，对俄罗斯民族意识形态文化概念展开分析和解读。

第一节 "вера"（信仰）的分析与解读

"信仰将世界模式同人的道德法规意识联合起来。……信仰的整体意识同真理相等同"（Арутюновва，1995b：9）。每个人都有自己的生存方式，一旦形成，这一生存方式很难改变。而人的信仰与执念在人的生存方式和形态中发挥了至关重要的作用，它由人的精神意志和生活态度、追求所决定。俄罗斯农民对财富的鄙视与东正教安贫乐道的教义一脉相通。"信仰是人类普遍拥有的文化共相，是存在于个体及社会意识的综合现象"（Грицанов，2001：157），"信仰是通往最高福祉的基本路径"（Неретина，1994：6），人们的道义探寻、精神求索、社会理想、生活期冀都蕴含和凝聚着信仰的思想意识因子，正是在这一意义上，"真理（истина）和命运也可以成为信仰的对象、客体"（Арутюнова，1994b：304），"真理（правда）和信仰都可以将不同的人联合起来或者区分开来"（Арутюнова，1994b：306）。另外，"相信上帝，就意味着首先得相信真有上帝的存在"（Арутюнова，1995c：3），"真理（истина）和上帝是信仰的两个核心问题"（Арутюнова，1995c：3）。俄罗斯民族是一个多神教与东正教相交叉的宗教信仰民族，东正教思想占据核心的地位。俄罗斯民族精神信仰中，东正教意识是俄罗斯思想的灵魂，也是俄罗斯民族性的重要载体和民族性性格的重要根源，"东正教之于俄罗斯人不仅是一种信仰，更是一种生存方式。它既是一种价值观，又是一种生活法则；既是一种学说，也是一种行为；既是神性的，也是人性的。可以说东正教精神已经深深地溶入了俄罗斯民族的血脉"（彭文钊，2002：105）。东正教把财富和丑恶联系在一起，教导人们舍财修德，去恶从善，安贫乐道。在《圣经》中，耶稣就不止一次谈到财富与信仰的对立（朱达秋，2011：97）。"信仰属于人的精神生活现象"（Яковлева，1994；2003），生活中人们都需要某种精神上的倚赖和信仰，信仰同"爱"和"希望"、"宽恕"等有密切关系，人们认为，"爱"给人以信仰，她让人相信自己会如同上帝一样不朽（А. Браво），信仰会给人带来希望和精神力量（Г. Горелик）。对于俄罗斯民族而言，信仰、希望、善心是信教者最基本的思想理念（А. Савинов）。俄罗斯人会带着信仰走近圣母玛利亚，向她忏悔、祈求得到宽恕，信仰往往会有某种对象物和象征（символ веры），也会有自己的源泉（источник осознанной веры），人的某种思想会慢慢变成一种信仰（Мысль о Мэбэте, любимце божьем, человеке не сего мира, стала еще крепче и превращалась в веру. Но эта вера неуспокаивала людей. Мучились люди）（А. Григоренко）。俄罗斯文化中，秉持着东正教信仰（православная вера）这一基本的民族信仰，民众一直推崇"信仰的自由"（свобода веры），人们会极力捍卫、维护自己的信仰（защищать/отстаивать/сохранять веру），而生活现实中，信仰也会遇到敌人（враги веры），信仰也可能丧失（утратить веры в добро/утрата веры，потерять веру），也可能遭人拒绝（отказаться от веры）、放弃（оставить веру），甚至遭到迫害（преследовать веру）。如同宗教一样，信仰构成一个民族非常本质性的一部分，"哪儿没有了信仰，哪儿就没有了民族"（Воробьев，1994：78），信仰是俄罗斯民族精神和意识形态的重要体现，它成为俄罗斯人生活、精神上的支柱，М. А. Шолохов 在《静静的顿河》里就曾说，俄罗斯人民不能没有信仰。

一 "вера" 词源分析

从词源上分析，вера 起初来自古印欧文明，同宗教仪式行为有关。概念 вера 还在基督教产生之前的某个时间就开始在双方的"契约（精神）方式，契约信任"基础上开始发展起来（Степанов，2004：57）。在 11—17 世纪的俄语中使用的是来自共同斯拉夫语词 věra 的 въра 一词[①]，věra 发端于印欧语词 wěrā（信任，信念）和形容词 wēros（真理的/真实的），而它们又派生于印欧语词 wēr-（好感，恭维/恭敬、有礼）（Шапошников，2010a：102；Шанский，1968：53）。自 17 世纪，вера 在古俄语时期"信念，真理"的基础上发展出了"宣誓，誓言"的含义（Черных，2001：141）。同 вера 相近、相关的还有拉丁语词 vērus（真实的）（Шанский，1968：53）、古爱尔兰语词 fir、拉丁语词 vērus（Шанский，Иванов，1971：74）及古高地德意志语词 wâr/wâra，它们均表"真实的，可靠的/确实的/忠诚的"（Шапошников，2010a：102；Фасмер，1986：293）、"真理，忠诚可靠，仁爱之义"（Фасмер，1986：292；Черных，1999：141），基姆尔语词 gwir、哥特语词 -wērs（真理的，实在的，可靠的）以及 allawērei（诚实正直）（Шапошников，2010a：102；Шанский，1968：53），古冰岛语词 vár（誓愿/誓言，郑重的承诺）（Фасмер，1986：292-293；Черных，1999：141），古英语词 wēēr（联合，誓言，忠诚，友谊）（Черных，1999：141）。而最有可能的是，将 вера 看成是含词根 ve- 的印欧语动词 верить 的衍生词，后者也是哥特语词 wēns（期待，希望）和拉丁语词 vēnus（爱）的起源(Шанский，1968：53；Шанский，Иванов，1971：74)。

二 "вера" 文化语义内涵分析

вера 表示的是（根据知识，经验）对某事的坚定信念或对事情的到来抱有的信心（Всеобщая вера в революцию есть уже начало революции. [В. И. Ленин]）；对人的诚实，坚定，美好意愿等的信念（Я такую в вас

[①] 古俄语和古斯拉夫语中也为 въра，词源上与其同根的还有 верительный/委托，授权的，поверка/相信，信任，сверка/校对，核对，поверье/迷信。(Шведова，2007：80)

веру, Пелагея Егоровна, взял, что все равно, как матушке своей родной откроюсь. [А. Островский]）；因为习惯/习俗而依据他人主张/思想接受下来、没有得到证实和科学检验的对事物真理性的一种信念；现实存在的对某种超自然的、想象的事物的信念（Бессилие дикаря в борьбе с природой порождает веру в богов, чертей, и чудеса и т. п. [В. И. Лесин]）(БАС, 1951：164-165；Шведова, 2007：80)，"对上帝的存在、对神圣的上帝力量的存在的信仰；对宗教的信仰"(Шведова, 2007：80)①。вера 表示的是坚定信念，对某事物、对实现某事情的信念；对人的优点、长处的信任，对人的举止、生活的正当、合理性等的信任；同相信上帝的存在相关的一种意识状态，对某种超自然现象的现实存在的一种信念（Шапошников 2010a：102)。вера 表示"承认某种可能性存在的意愿，对事情没有怀疑、有信心；对事情的坚定信念"、"宗教世界观"（Черных, 1999：141)。вера 语义为：①"对……深信、坚信，对……坚定的信心；深信……的存在"：вера в Бога, вера в чудеса, вера в бессмертие。②宗教信仰。③信任，信赖：выйти из веры（потерять доверие кого-л.)(Кузнецова, 2000：118)。В. И. Даль 对 вера 的语义描写是：对事物特别是高级的、非物质的、精神事物的坚定信念和认识（例如，坚信上帝的存在）；对上帝发现真理的绝对认同；宗教信仰，精神联盟/精神融合；信念，坚定的希望，愿望；誓言，宣誓，起誓。(Даль, 1998：301-302) 而在 вера 所表示的"信仰"同宗教的关联上，还可能突出"对上帝的忠诚，义无反顾地遵从上帝的启发与训示"(Прохоров, 2001：245)，因此，信仰可能同人的情感因素关联起来，深信"上帝（等事物）具有超越论据、事理及逻辑的客观的真实力量"(Саников, 2002：188)。

此外，文化概念 вера 还在以下几方面表现出独特的文化语义内涵。

（1）信仰表现方面：У кочевых скотоводов изменился язык, у оседлых же пахарей сменилась вера (С. Смирнов)（信仰发生了变化）；Он никого не призывал менять свою веру (Е. Съянова)（改变信仰）；Видов дафины столько, сколько средиземноморских страндало прибежище тем, кто не пожелал сменить веру (Г. Делеринс)；Нынче ваш успех зависит прежде всего от веры в себя；Какая такая польза, что веры в любовь ли-

---

① Е. Ю. Балашова 的语料分析显示，俄罗斯文化中的"信仰"与宗教和上帝具有最紧密的联系 (Балашова, 2015：29-33)。

шишь（О. Павлов）（信仰会被夺走）；В этом случае она проявляет особенную веру（Б. А. Кистяковский）（表现出自己特殊的信仰）；Какова вера, таков у ней и Бог.（Посл.）（有什么样的信仰，就有什么样的上帝）

（2）信仰的价值、功能表现：Горько плакали вместе со всей семьёй, если выбор выпадал на другую. Такая вера заслуживает уважения（А. Геласимов）（这样的信仰值得尊重）；Она упорствовала в своей вере（坚持自己的信念）；Некоторую толику торжества во взгляде можно было объяснить как верой во всесилие медицины（А. Азольский）（信仰可以对人的观点、行为作出解释）；Любая вера находит поклонников（Д. Гранин）（如何信仰都有自己的崇拜者，支持者）；И, знаете, я не перестаю поражаться мужеству и вере этих людей（Е. Кучеренко）（不再对这些人的勇气和信仰感到惊讶）；На первых этапах войны вера в победу очень объединила художников（В. Суриков, А. Толстой）（信仰可以把人团结起来）；соотнести основы христианской веры с человеческой нравственностью（В. Краснова）（使基督耶稣教/使基督信仰同人的道德关联起来）。

（3）信仰的评价特征：Ничего, кроме ожесточённой веры, у него не было（Д. Гранин）（冷酷的，残酷无情的；顽强的信念）；сердечная вера, истинная вера（真理般的信仰），чистая вера（纯洁的信仰），настоящая вера（真正的信仰），святая вера, светлая вера, положительная вера（积极的，值得赞许的信仰），слепая вера（盲目的信仰），наивная вера（天真的信仰），интеллектуальная вера（理智的信仰，智慧的信仰），бессознательная вера в своё призвание（对志向，使命，天职的不自觉/下意识信仰），кроткая вера（温和，温顺的信仰），простодушная вера（质朴的信仰），тайная вера в правительство（神秘的信仰），душевная вера（发自内心的信仰），спасительная вера（能够挽救人的信仰）。

（4）信仰是精神寄托、精神实现的对象：Киркегор уповал на веру（бессмертие души），потому что не оставалось никаких надежд（В. Мильдон）；спасать веру（拯救信仰），разделять веру（拥有相同信仰，分享信仰），осуществлять свою веру, внушить веру。

（5）信仰具有绵延传续性：жить по старой вере（秉持已有的信仰生活），веруем в веру, юже предаша нам отцы наши（恪守父辈留下的信仰），как родители жили, так и нас благословили（像父辈一样画十字，祈

祷上帝保佑。——意指信守祖祖辈辈传承而来的信仰）（参见王丽娟，2017：58）。

（6）信仰有程度之分：полная вера（充分的信念），крепкая вера（坚定的信仰），глубокая вера（深深/深厚/十足、完全的信仰），страстная вера（充满热情的、满腔热血的信仰），неугасая и непоколебленная вера（不灭的、不可动摇的信仰），неколебимая вера（无可撼动的信仰），непоколебимая вера，неистребимая вера（不可磨灭的信仰），исступленная вера（狂热的信仰），непреклонная вера（不屈不挠的信念）。

（7）信仰的分类、载体：человеческая вера в добро（人类对善良的信仰），личная вера（个人信仰），интуитивная веруа，христианская вера，православная вера。

三 "вера"的隐喻搭配分析

Глядя на это поле, знакомое ему с детства, Яков вспоминал, что точно такая же тревога и те же мысли были у него в молодые годы, когда на него находили мечтания и колебалась вера（А. П. Чехов）.他一下子沉入梦想，信仰产生了动摇。句中动词形式 колебалась（摆动，晃动）同 вера 之间的隐喻搭配形象地表现出信仰发生摇摆、动摇不定的意识形态争斗状态。

Как-то очень сильно пошатнул мою веру в справедливость революции. （Наши дети: Подростки, 2004）使我对变革的正义性的信仰产生了极大动摇。句中动词形式 пошатнул（摇晃，使歪斜）同 веру 之间的隐喻搭配在意识形态上撼动人的信仰这一抽象动作意象。

Своим отказом мы как бы подрываем веру в человека, в сущности наносим ему оскорбление, подозревая его в потенциальном вымогательстве（Ф. Искандер）.我们这一拒绝似乎会动摇/破坏对这个人的信任，的确会欺辱到他。句中动词形式 подрываем（爆破，炸毁）同 веру 之间的隐喻搭配形象化地表现出破坏人的信任的动作行为事实。

И тем самым подрывает веру в Советскую власть, и тем самым дает нашим врагам в руки беспощадное оружие…（А. Н. Толстой）这破坏了对苏维埃政权的信仰/信任，等于将残酷的武器拱手相送给了我们的敌人。句中动词形式 подрывает（炸毁）同 веру 之间的隐喻搭配生动地说明了动摇、危害人信仰的意识形态行为意象。

Я потому и упомянул, что рассказом сим смешливым вы потрясли мою веру, Петр Александрович (Ф. М. Достоевский). Петр Александрович，您所说的这个事情动摇了我的信仰。句中动词形式 потрясли（摇撼）同 веру 之间的隐喻搭配形象地表现出人的信仰遭到破坏、发生根本动摇的意识形态现实情形。

— Никонианедревнюю веру сломали, а ею（поднял палец）земля жила… （А. Н. Толстой）打破了古老、传统的信仰。句中动词形式 сломали（损坏，毁坏）同 веру 之间的隐喻搭配生动地体现出信仰被摧毁、打垮的抽象动作情形。

Даже поражения лета 1915-го не разрушили эту веру. （К. Пахалюк）即使是 1915 年夏的那场失败也没能摧毁这一信仰。句中动词形式 разрушили（毁坏，拆毁）同 веру 之间的隐喻搭配具体地表现出信仰遭到破坏、毁灭的意识形态动作事象。

Людям, боровшимся с возникавшей истиной физическойфилософии, казалось, что, признай они эту истину, — разрушается вера в бога, в сотворение тверди, в чудо Иисуса Навина （Л. Н. Толстой）. 对上帝和创造大地的信仰崩溃了。句中动词形式 разрушается（倒塌，毁成瓦砾）同 вера 之间的隐喻搭配形象地体现了信仰破灭、消失、不复存在的抽象动作意象。

С того случая и рухнула моя вера в уникальность и исключительность человеческого разума на земле （В. Базанов）. 这一事情后我对人类理智/理性的独一无二和优越性的信仰就不复存在/灰飞烟灭。句中动词形式 рухнула（倒塌）同 вера 之间的隐喻搭配生动地表明了信仰崩溃，落空的意识行为状态。

Роль лидера в нем исполняет киборг, который является и псевдобогом и некоторым фантазмом, возникшим как результат распада культуры и веры （М. Трошкина）. 虚无/虚假的上帝和幻想的产生是文化和信仰的堕落的结果。句中抽象名词 распада（塌落，碎落）同 веры 之间的隐喻搭配形象化地表现出信仰瓦解、崩溃的动作情形。

В нем, хотя он и не отдавал себе отчета, уничтожилась вера и в благоустройство мира, и в человеческую, и в свою душу, и в бога （Л. Н. Толстой）. 对完美世界以及对人类灵魂和上帝的信仰被摧毁。句中动词形式 уничтожилась（消灭，毁灭）同 вера 之间的隐喻搭配具象化地表现出使信仰崩溃、消失的抽象动作意识形象。

Несмотря на то, что все законы мира направлены на то, чтобы убить веру, развратить человека, здесь мы видим обратное: через боль, через потерю, человек обретает смысл жизни (М. В. Строганова). 尽管世界的所有法则都是在摧残信仰、让人蜕化堕落，但我们在此看见的却是相反的东西：经历了痛苦、死亡，人们却找到了生活的意义。句中动词形式 убить（打死，杀死）同 веру 之间的隐喻搭配生动地反映出信仰遭到扼杀、摧残的抽象意识动作情形、状态。

Старый, наивный человек. Так обретаешь веру в человечество. Оценки по истории появлялись у меня в журнале самым волшебным образом (А.-Геласимов). 获得对人类的信仰/信心。句中动词形式 обретаешь（找到，寻得）同 веру 之间的隐喻搭配具象化地说明了得到信仰的抽象动作行为事象。

Горячие молитвы людей, обращённые к Господу, вновь возродили в станице церковь Покрова Пресвятой Богородицы, которая и по сей день просветляет верой сознание приходящих сюда за утешением и душевным покоем. (Прихожан ждут на родине (2003) // «Жизнь национальностей», 2003.06.18) 这个教堂至今仍以信仰教化着前来寻求精神安慰的人们（的意识）。句中动词形式 просветляет（照亮，使明亮）同 верой 之间的隐喻搭配生动地表明了信仰对人的心智、意识启发和精神引领作用。

Она была согрета большой верой и одухотворена великой иллюзией (В. Кичин) 他内心充满强烈的信念而感到温暖/充满内心的强大信仰让她倍感温暖。句中动词形式 согрета（使暖、热）同 верой 之间的隐喻搭配形象地体现出信仰让人感到温暖和内心强大的心理意识和精神状态。

И я подумал, что если я мимо него пройду и не окажу ему внимания, у него, может, умрёт последняя вера в человека: на него не только не взглянули, но даже не потрудились от своего достатка самую малую полушку бросить ему. (митрополит Антоний [Блум]. О жизни христианской [1990]) 也许他对人最后的一点儿信任都将要消失殆尽。句中动词形式 умрёт（死亡）同 вера 之间的隐喻搭配生动地表现出信任、信仰消散、不复存在的认知动作形象和意境。

Любая вера находит поклонников. А уж если она побеждает, то у неё появляется множество ревнителей (Д. Гранин). 任何信仰都会有自己的崇拜者、支持者。句中动词形式 находит（找到，寻得）同 вера 之间的隐喻

搭配具体化地表现出信仰的自然传播性和信仰同其载体之间的文化认知关系事实。

И, если я вижу, что в конце 1960-х годов человеческую деятельность одушевляла вера в прогресс, тогда как в наши дни она перестала являться фактом коллективного сознания（Д. Панченко）. 20 世纪 60 年代末，对社会进步、好转的信心提振/激活/鼓舞了人类生产活动。句中动词形式 одушевляла（赋予 [非生事物] 以灵魂、灵性）同 вера 之间的隐喻搭配生动地表现出信仰鼓舞人、使人振作的抽象动作关系。

Важно, слишком важно пробудить веру в интеллигенции, у личностей с высшим образованием（В. Тимаков, Д. Менделеева）. 唤起知识阶层和受过高等教育的人士的信仰显得十分重要。句中动词 пробудить（叫醒，唤醒）同 веру 之间的隐喻搭配具象化地反映出让人的信仰重新活跃、调动起来的行为事实和关系。

Я закалил свою веру в аду. Моя вера вышла из огня кремационных печей, прошла через бетон газовен（В. Гроссман）. 我淬炼了自己在地狱中的信仰，我的信仰经历了火的洗礼。（淬火，硬化）句中动词形式 закалил（淬火，硬化）同 веру 之间的隐喻搭配形象地说明了人坚忍不拔地锻造、提升自己精神信仰的意识行为状态。

— Где мне взять веру, силы, стойкость?（В. Гроссман）我要从哪里去获取信念、力量和坚毅？句中动词形式 взять（拿起）同 веру 之间的隐喻搭配实体化地说明了人用心地去探寻/寻觅、培养某一信念、信仰、努力地要在意识形态上提升自己的精神意向状态。

Глубокая вера в иную жизнь сопровождала его до конца（А. Ф. Кони）. 对另一种生活的坚定信念/信仰伴他度过余生。句中动词形式 сопровождала（陪伴）同 вера 之间的隐喻搭配具象化地反映出信仰对人的长期精神、意识支撑和生活观念引导作用。

— Она вздохнула. — Или твоя вера запрещает полюбить меня? — Она побледнела и молчала（М. Ю. Лермонтов）. 或者是你的信仰不让你喜欢我妈？句中动词形式 запрещает（禁止）同 вера 之间的隐喻搭配人化地表现出信仰对人的精神意志支配作用和心灵、意识驱动性。

Рогожин не одна только страстная душа; это всё-таки боец: он хочет силой воротить свою потерянную веру（Ф. М. Достоевский）. 他想用力挽回自己迷失/丢失的信仰。句中动词形式 воротить（召回，叫回，使回来）

同 веру 之间的隐喻搭配形象地体现了让信仰重新回归、复苏的抽象动作行为。

Свинцовые волны разочарования сносят последние остатки веры в свои силы и в своё дело（Л. Д. Троцкий）. 沉重/阴郁的失望感带走了对自己力量和事业的最后一点信心。句中 остатки（剩余物，残余物，残屑）同 веры 之间的隐喻搭配实体性地表现出人对信仰的文化感知，而动词形式 сносят（挂掉，吹走，拆除）同 остатки веры（存留下的一点儿信心）之间的联动隐喻则形象化地说明了毁掉所剩无几的信心的抽象行为事实。

Где функционируют гей - клубы, воруют чиновники в астрономических масштабах, массово оскорбляют веру православную. …… 极大地玷污了东正教信仰。句中动词形式 оскорбляют（侮辱，欺辱，凌辱）同 веру 之间的隐喻搭配具体地表现出让信仰蒙尘、使信仰遭到践踏的行为，反映出对这种行为的极端反感和否定态度。

Вера непонятным мне образом одобряла одни мысли и отвергала другие（А. Григоренко）. 信仰以我所不解的方式/以莫名的方式称许一种思想的同时又在否定另一种思想。句中动词形式 одобряла（赞同，赞成）、отвергала（拒绝，否决）同 вера 之间的隐喻搭配分别形象化地表现出信仰对人的思想行为的赞许和排拒，体现出信仰同人的意志行为之间的特殊关联性。

Определенного ответа не знал никто, и каждый начал склоняться к своей вере（А. Григоренко）. 谁也不知确定答案，每个人都开始倾向于/转向自己的信仰。句中动词形式 склоняться（к）（转到……［空间］方向）同 вере 之间的隐喻搭配具体地体现出人在思想、精神上转向、接受某一信仰这一抽象的意识行为关系。

В этом они опирались на свою веру в Воскресшего Христа и на надежду, открывающуюся за порогом смерти（Ц. Николай）. 这方面他们都依靠于自己对复活的基督的信仰。句中动词形式 опирались（на）（支着，撑着，靠着）同 веру 之间的隐喻搭配生动地说明了人在精神、心灵上对信仰的依赖性，反映出人同精神信仰之间的意识形态依赖关系。

Молитва и вера с самых юных лет вошли в жизнь будущего архиерея（Г. Малашин）. 祷告和信仰从幼时起就进入了未来的高级僧正的生活。句中动词形式 вошли（进入）同（молитва и）вера 之间的隐喻搭配具象化地说出了信仰同人的生活开始发生关联、对人的生活各方面产生影响和作用的抽象行为关系。

总括起来，以上有关俄罗斯民族意识形态文化概念 вера 的大量隐喻搭配分析一方面表现出俄罗斯人在精神、心灵上对信仰的意识形态倚赖性，形象地体现出信仰的自然传播性、信仰在俄罗斯民众生活、意识中的根深蒂固性；表现出俄罗斯民族热衷于建立、获得和维护自己信仰的高度精神意识；细致、深刻地刻画出信仰鼓舞人心、使人振作和内心强大、给予人精神意识动力和生活观念引导的价值、作用；表现出俄罗斯人坚忍不拔地锻造、提升自己精神信仰、用心地去探觅、培养信仰、努力在意识形态上接近和践行信仰的意向状态；反映出信仰重新复燃、活跃、调动起来的意识形态事实关系。另一方面表现出信仰发生摇摆、信仰被摧残、扼杀以及从根本上动摇、瓦解甚至危害人信仰的意识形态行为，与此同时也鲜明地表现出俄罗斯民族对这种让信仰蒙尘、使信仰遭到践踏的行为的强烈反对立场和抗争态度。此外，隐喻搭配分析也体现出人失落信仰、在信仰中迷失的意识行为状况，这从一个侧面反映出对复归到某一信仰的意识形态精神主张和期许。由此可见，上述隐喻搭配分析从不同方面极大深化了我们对 вера 所蕴含的有关俄罗斯民族意识形态的文化认知和理解，使我们对信仰对于俄罗斯民族的心智、意识启发性与精神引领作用以及精神意志支配和心灵、意识驱动性有了深刻而鲜明的认识。

四 "вера" 的格式塔分析

（1）信仰是火焰/可燃物。

Огонь веры, сжигавший с отроческих лет его нутро, охранил его от ночного сорокаградусного мороза и лютоговетра, от дистрофии и цинги (В. Гроссман). 是信仰的火焰支撑着他在深夜零下 40 摄氏度的天寒地冻之间存活了下来。

Угасла вера в живого Бога и начали верить в ложного бога, в нацию как идола, подобно тому как другие начали верить взлейшего из идолов — в интернационализм (Н. А. Бердяев). 对上帝的信仰消失殆尽。

У кого-то вдруг надежда блеснула, вера разгорелась. 希望突然闪现/突然出现了一线希望，信仰的火苗熊熊燃烧/信仰变得越加强烈。

Наше оружие — пламенная вера в мировую социальную революцию... (А. Н. Толстой) 我们的武器是对世界社会主义革命的火一般的信仰/炽热的信念。

И многие советские судьбы были «согреты большой верой и одухотворены великой иллюзией» (Анна Шор-Чудновская). 苏维埃许多段充满了远大、坚定的信仰和崇高的幻想的历史（命运）温暖着人心/让人感到温暖。

（2）信仰是光线、光亮事物。

Это опять были дни клятв в зале меча и светлой веры и надежды на будущее (Ю. О. Домбровский). 这又是……有着光明信仰和未来希望的日子。

Иноземца ни одного бы в Москве не осталось, и вера бы воссияла, и народ бы сыт был и доволен… (А. Н. Толстой) 信仰放射出光芒/出现了信仰之光，民众衣食无忧。

Пасхальные торжества несут в себе свет веры и добра. (http://www.rbcdaily.ru/2011/04/24/focus/562949980136196.shtml, 2011) 复活节庆祝仪式闪耀着信仰和善良的光芒。

（3）信仰是拥有物。

Я больше имею душевной веры к такому автору (Н. В. Гоголь) 对这样的作者我怀有更多的由衷的信心。

Среди бонусов есть демонстрация языковых версий на примере гимна "Имей лишь веру" — впечатляет их идентичность (В. Кичин). 一定要有自己的信仰/不能没有的是信仰。

Так купцова дочь интересовала его тем, что она была новоелицо, что она имела веру в него, и тем еще, что предстоялоопять на ней подтвердить свою силу исцеления и свою славу (Л. Н. Толстой). 她对他怀有信心。

（4）信仰是人或其他生命体。

Эта вера давала надежду, что изучение законов природы наЗемле поможет понять и законы планетных движений (Г. Горелик). 信仰会给人以希望。在此，信仰是具有精神属性的人。

— Четверо преступников, арестованных в Ершалаиме заубийства, подстрекательства к мятежу и оскорбление законов и веры, приговорены к позорной казни — повешению настолбах! (М. А. Булгаков) 侮辱了信仰。在此，信仰是有人格自尊的人。

В Германии жестокий варвар Гитлер уничтожает христианскую веру.

(В. Родионов）希特勒正在摧毁德国民众的基督信仰。

Вера и гору с места сдвинет.（Даль В. И.）信仰能使地动山摇。

Вера творила чудеса, делала опыты успешными. Не получилось — значит, не верил（Д. Гранин）. 信仰创造了奇迹。

Вера животворит（Даль В. И.）. 信仰让人精神振奋。

Но в нём жила другая вера — вера в беспощадность карающей руки великого Сталина（В. Гроссман）. 他抱有另一种信仰——对残酷无情的信仰。

Напротив, сама вера в Него рождается из познания «своей греховности, своего падения», ибо «не сознающий своейгреховности… не может уверовать во Христа»（А. И. Осипов）. 对他的信仰/信心产生于认识到了自己的罪恶和堕落。

Но никогда не проходила у меня вера в новое откровение（Н. А. Бердяев）. 我从未产生过对神灵的启示的信仰/我从未有过对神灵启示的信仰。

Разве не бывает часто с нами, когда умрёт близкий, родной человек, что в момент смерти коснётся нашей души крыло веры.（митрополит Антоний [Блум]. О Марии Магдалине [1968]）在死亡的那一刻信仰的翅膀会碰触到我们灵魂。

（5）信仰是种子。

Как раз и состояло самое раннее зерно той веры, которая впоследствии превратилась в ислам（Р. Нудельман）. 这正是最开初的信仰种籽，这一信仰后来演变成了伊斯兰教。

Еще в детстве семена веры в него заложила бабушка（Е. Зиминова）. 还是孩提时代奶奶就将信仰的种子播撒在他心间。

Так в детском, а затем юношеском сознании исподволь закладывались и постепенно прорастали семена веры（Е. Зиминова）. 信仰的种籽渐渐萌芽、生长。

（6）信仰是基石、基础。

Осуждая искания самовольной отвлечённой правды, порождающие только преступления, Достоевский противопоставляет им народный религиозный идеал, основанный на вере Христовой（В. С. Соловьев）. 建构在基督信仰基础上的民间宗教理想/思想。

Внедрение научного образа мышления в прошлые века привело к разрушению авторитарных систем мысли, основанных на вере в авторитет (Г. Любарский). 立足于对权威的信仰的专权/专制思想体系。

（7）信仰是营养物。

Пусть Евангелие — миф, но он отобран и напитан верой (А. Иличевский). 他是被精心选拔的，信仰十分坚定。（他被精心挑选，满怀信心。）

подпитываемого верой в «интересных» людей. 信仰所喂养的……。

（8）信仰是建筑物。

Его стали волновать вопросы бессмертия души. Он продолжал строить свою веру. Добро абсолютно — это ясно (Д. Гранин). 他继续建构自己的信仰。

Единственная надежда — на веру, и вместе — крушение веры (В. Мильдон). ……还连同信仰的倾覆、崩溃。

А в чём пошатнётся моя вера, мой философский деизм, если я узнаю, что из евангельских чудес ни одного вовсе не было? (А. Солженицын) 难道我的信仰会发生动摇？

Куда, спрашивается, пропала? Говорят, в веру ушла… Актёрский состав супер! (коллективный. Форум: Большая перемена [2001-2011]) 开始有了某种信仰。

（9）信仰是实体物/重物。

Но христианский оптимизм имеет под собой глубочайшее основание: он коренится в нашей вере, в нашем доверии к Богу, Который и есть Господин истории. 基督的乐观主义有其非常深厚的基础：它植根于我们对上帝的信任和信仰。（信仰是土壤）

И сам он уже как-то потерял веру в себя (И. Э. Кио). 他已经丧失了对自己的信心。

Вот и он, касатик, что же это так себя, веру-то с надеждой потерял? (О. Павлов) 他就这样丧失了信仰跟希望？

— Вот такой упадок веры, — сообщила она, — и погубит Бизантиум (В. Пелевин). 这样的信仰低迷/沉落会摧毁 Бизантиум。

Я поверила и оставила отца, мать, веру и пошла за тобой… (А. П. Чехов) 我抛下/离开父母，放弃了信仰。

И год от году, знаете ли, вера крепнет (М. А. Шолохов). 信仰逐年地牢固、增强。

Поганый человек, никакой веры я ему не даю (М. А. Шолохов). 这是个极坏而可恶的人, 我没法教给他任何信仰。

Жизнеутверждающее искусство мастера, проникнутого гуманизмом, несло бодрость и веру в человека (М. Фролова). 乐观、富有创造力的人道主义大师的艺术富有朝气和对人类的信仰。

И если передадим эту веру нашим ученикам! (С. Смирнов). 要将这一信仰传承给我们的弟子!

Частично потому, что не хватает веры и моральных сил (Т. Сергейцев). 缺乏信仰和精神上的力量。信仰有实物量的含义。

(10) 信仰是空间物。

И большевики не виноваты, отступили от своей веры русские гораздо раньше. (коллективный. Форум: Кто он, человек греха, сын погибели? [2012]) 放弃/背离了自己的信仰。

Те из нас, которые пришли к вере от неверия, от безбожия. (митрополит Антоний [Блум]. О страхе Божием [1974]) 从不信教/不信神变得有了信仰。

Как и почему они пришли к вере в Бога и как это влияет на их жизнь и предпринимательскуюдеятельность. (коллективный. На краю поля // «Эксперт», [2013]) 不知何故他们开始信仰上帝。

Мы должны стоять в своей вере очень твёрдо, должны уважать своё Православие как убеждение. (И. Мейендорф) 我们应当牢牢坚守自己的信仰。

А прыгать из веры в веру (Г. Садулаев). 信仰摇摆不定。

— Раз мы должны через это пройти и раз я еврейка на стопроцентов, а ты на пятьдесят, то возвращайся в веру своих отцов и дедов (А. Рыбаков). 回归到先祖传承下来的/祖祖辈辈的信仰中。

Слухи о том, что стоит перейти в «русскую веру», как сразу получишь надел земли во внутренней России, побудили 75 тысяч латышских и эстонских батрацких семей перейти в православие (А. Горянин). 一旦转入到俄罗斯信仰/改信俄罗斯信仰教义, 立刻就会 (在俄罗斯内地) 获得份地。

(11) 信仰是某种表面物。

Говоря о необходимости хранить чистоту веры, Патриарх Кирилл обращается в первую очередь к епископату, но егопризыв звучит значительно шире — как обращение ко всейЦеркви（С. В. Чапнин）.必须保持/维护信仰的纯洁性。

（12）信仰是液体物。

В ту пору я, недоучка, вернулся из Средней Азии и был полон веры в себя, в успех своих литературных опытов, в успех удевушек, в полный успех во всем（В. Аксенов）.那个时候的我对自己充满了信心。

Он вдыхал сырой холод, и сердце его наполнилось верой и светом, — страшный сон, казалось, кончился（В. Гроссман）.他心中充满了信仰和阳光。

Его увлекательные произведения проникнуты верой в неограниченные возможности разума человека и верой в справедливость（Н. Кравклис）.他那引人入胜的作品渗透着/浸透着对人类无限智慧潜能的信任/无限信赖和对正义的信仰。

（13）信仰是商品或有价物。

Митрополит же не продал свою веру или слово Божье…（А. Пашкевич）（东正教的）都主教不会出卖自己的信仰或上帝的圣言。

«Так это выходит, он, по-твоему, продал отчизну и веру?»（Н. В. Гоголь）在你看来，他出卖了祖国和信仰？

Теперь припомнил он, что видел в прошлую ночь Андрия, проходившего по табору с какой-то женщиною, и поник седою головою, а всё еще не хотел верить, чтобы могло случиться такое позорное дело, и чтобы собственный сын его продал веру и душу（Н. В. Гоголь）.他不愿相信自己的儿子出卖了信仰和灵魂。

Это ужасно! Чем, чем возвратить веру? Впрочем, я верила, лишькогда была маленьким ребенком, механически, ни о чем недумая…（Ф. М. Достоевский）要用什么才能找回信仰？

（14）信仰是能散发出气味的物体。

Нет, конечно, никакой верой в настоящем смысле тут и не пахло, а вот так: томление духа и катастрофическое безделье（Ю. Трифонов）.在这一意义上完全感觉不到有半点信仰。

（15）信仰是有厚度的事物。

Не подвергаю сомнению искренность и глубину их веры（Н. Л. Холмогорова). 我不怀疑他们信仰的真诚和深刻。(信仰有深浅)

...глубокой вере в иерархию. (Алексей Варламов) 对官阶/官位等级的极度信仰。

（16）信仰是有保质期的食物。

Так моя вера быстро скисла, и сплю я как младенец (С. Шаргунов). 我的信仰很快有了变化/发生了动摇。

（17）信仰是树木。

Я сейчас — стебелёк, расту в воронке, где бомбой вывернуло дерево веры (А. Солженицын). 颠覆了信仰之树。

（18）信仰是道路。

И часто через детей, и родители тоже открывают для себя путь веры (М. В. Строганова). 父母也往往可以从孩子身上找到自己的信仰之路。

（19）信仰是目标。

Путь к вере в Бога у наших героев оказался очень разный. (коллективный. На краю поля // «Эксперт», 2013) 通往对上帝的信仰的道路有很多种。

（20）信仰是庇护所。

Все старуху не добром поминают. Просят выглядеть прибежищем веры, Все цитируют про храм Pussy Riot! (коллективный. Форум: Петербургский школьник из Бостона: «Эти русские －－ все на одно лицо» [2012]) 所有人都让老太太感到不快/不怎么好，这些人都想以信念庇护所的面貌示人。

（21）信仰是凭借、手段。

Россиянин живёт верой и любовью, именно они определяют его бытие. (Цитата [2002] // «Витрина читающей России», 2002.10.2) 俄罗斯人凭借信仰和爱生活着/生活在信仰和爱之中，正是它们决定着他的生存。

以上有关俄罗斯民族意识形态文化概念 вера 的格式塔分析显示，信仰可以是火焰/可燃物、光线、光亮事物，反映出俄罗斯人对信仰所怀的"阳光"、"力量"的鲜明意识形象和心理期待；信仰可以是拥有物，体现出人们对信仰的强烈自我认同意识和建立于信仰基础上的成就感；信仰可以是人或其他生命体，表现出信仰对人的精神、心理影响性和意志塑造性，"它代表着激情、动力和力量等意识、精神元素"（Даль, 2004 [OL]）；信仰可以是种籽，凸显出信仰的传播性、价值性和生命力；信仰可以是基石、基础，显示出信仰对人的基本性作用和积极成就性；信仰可以是营养物，表现出信仰对人的精神、意志、心灵的滋养和补益价值；信仰可以是建筑物，体现出俄罗斯人对信仰的心灵寄托和皈依性；信仰可以是实体物，展现出信仰对人实在的精神、意志作用性；信仰可以是空间物，表现出信仰在人心目中所具有的意识、心理上的比量性和评量功能；信仰可以是某种表面物，反映出信仰需要维护、坚守的特性；信仰可以是液体物，显示出信仰对人意识和心灵的涤荡性、冲击性；信仰可以是商品或有价物，体现出信仰可能成为交换物的特殊社会意识属性，这也从负向折射出俄罗斯人对该属性的拒斥心理和态度；信仰可以是能散发出气味的物体，描绘出俄罗斯人对信仰的灵敏感知意识；信仰可以是有厚度的事物，呈现出俄罗斯民族心理中信仰有着某种境界、层次和深浅之分的认知意识；信仰可以是有保质期的食物，表现出信仰的有益性和更动性、变化性；信仰可以是树木，反映出信仰向上的生机和精神成长性；信仰可以是道路，展示出信仰对人的心灵、意识牵引性和精神启迪性、意志推动性；信仰可以是目标，表现出信仰的意识指引性和人们对它的精神向往性；信仰可以是庇护所，显示出信仰在人们心中所具有的守护意志、呵护心灵的精神意象；信仰可以是凭借、手段，表现出信仰在人的生存、生活现实和意识世界中发挥的精神基元和心理凭据的重要功能，充分展示出信仰对人生存的根本性和必要性。

五 "вера"的话语综合分析

（1）信仰的社会价值（功能表现）文化解读。

Незыблемые ценности веры, патриотизм, жертвенность, трудолюбие, честность, благородство, порядочность продолжают скреплять нашу огромную страну. (З. Меркурий) 坚定的信仰，爱国之情，忘我精神，勤劳诚实，光明正大/气度高尚和为人正派继续巩固着我们伟大的国家。——这在信仰同家国伟业之间的紧密关系之中展现出俄罗斯民族对信仰的社会价值（功能表现）文化解读。

Вера всё превозмогает, и, хотя впоследствии была доказана полная несостоятельность этого "препарата". (В. Т. Шаламов) 信仰总能战胜一切。——这在信仰的意识形态和精神意志力量的社会期许、社会心理感受之中反映出俄罗斯民族对信仰的社会价值（功能表现）文化解读。

Вера и надежда имеют огромную силу, но не для всех, а только для тех, кто умеет быть милосердным. (А. Маринина) 信仰和希望并不是对

所有的人，而只是对善良仁慈的人来讲具有巨大的力量。——这在信仰同特定社会群体之间的关系之中显示出俄罗斯民族对信仰的社会价值（功能表现）文化解读。

Линек этот еретическим своим крестом перекрестился, — они там все по новой вере живут, — шапку еще на плацу снял. (М. А. Шолохов) 他们这是在照新的信仰来生活，——还没离开操场就摘下了帽子。——这在信仰同人的生活方式、形态之间的直接关联之中体现出俄罗斯民众对信仰的社会价值（功能表现）文化解读。

Каждому из нас Господь скажет: иди в мире, вера твоя спасла тебя! 上帝对我们每一个人说：行走世间，你的信仰会救你的！——这是在信仰对芸芸众生的现实行为指导、引领作用之中表现出俄罗斯民族对信仰的社会价值（功能表现）文化解读。

Требовалось всего лишь верить. Вера творила чудеса, делала опыты успешными. Не получилось — значит, не верил (Д. Гранин). 信仰创造了奇迹，它让实验获得了成功——这在信仰同人的工作实际及相关现实经验、体悟的关系之中反映出俄罗斯人对信仰的社会价值（功能表现）文化解读。

Да, в большинстве случаев человек обращается к Богу только, когда ему плохо, потому что вера помогает идти дальше. 信仰能够助人前行。——这是通过信仰在人的生存现实中所发挥的行为助力显现出俄罗斯民众对信仰的社会价值（功能表现）文化解读。

Цель его — превратить веру в знание и согласовать их. (А. Я. Гуревич) 他的目的在于要将信仰转化为知识并使二者协调起来。——这在信仰特殊的知识潜能、信仰同知识之间的意识形态认知关系之中体现出俄罗斯人对信仰的社会价值（功能表现）文化解读。

（2）信仰的精神理想价值文化解读。

Россия этого соблазна избежала: никогда русские солдаты не умирали за великую Россию, они умирали за веру, царя и Отечество. (В. Краснова) 信仰能让人为之奋斗甚至献出生命。——这在信仰对人的强大意识引领和精神感召作用之中展示出俄罗斯民族对信仰的精神理想价值文化解读。

Это лежит храбрый русский солдат, сражался за православную веру, убил один двенадцать наших гренадеров (А. Н. Толстой). 这个勇猛的俄罗斯士兵是在为东正教信仰而战。——这在信仰同人为之拼搏、奋斗的精神理念、生活目标之间的关系之中体现出俄罗斯人对信仰的精神理想价值文化解读。

Благочинный Демянского округа, настоятель Крестовоздвиженской церкви иерей Иоанн Пушкарёв совершилзаупокойную литию в честь воинов, отдавших свою жизнь за веру и Отечество. （А. Шпилёв）为了信仰和自己的祖国献出生命。——这在信仰的强大精神力量和精神感召力之中表现出俄罗斯民族对信仰的精神理想价值文化解读。

Кто выучит его летать на вороном коне, биться за волю и веру, пить и гулять по-козацки? （Н. В. Гоголь）谁将教会他骏马奔驰，为了自由和信仰而战。——这在信仰同人的精神、意识成长之间的特殊关系之中显示出俄罗斯人对信仰的精神理想价值文化解读。

Она внешностью походила на монашенку, ей обязательно надо было пойти на костёр, чтобы сгореть за свою веру. （Б. А. Пильняк）因为信念而耗尽/燃尽自己生命。——这在信仰对人的精神感召、鼓舞以及人的意识行为初衷之中表现出俄罗斯人对信仰的精神理想价值文化解读。

Так, потеряв веру найти добро в Боге, в природе, я стал терять веру и в доброту （В. Гроссман）. 失去了在神灵和自然中寻觅到善良所抱有的信心，我自己也开始没了对善良的信仰。——这在信仰同上帝、善良精神观念意志之间的密切关系之中反映出俄罗斯民众对信仰的精神理想价值文化解读。

Он всю войну прошёл с верой и молитвой, — вспоминает бабушка Ксения （Е. Кучеренко）. 他怀着信仰和祈祷度过了战争的岁月/日日夜夜。——这是在信仰同人的特殊生命历程之间密不可分的关联之中表现出俄罗斯人对信仰的精神理想价值文化解读。

Мало верить умом, надо жить по вере. （«Сельская новь», 2003.10.07）只是理性意识上相信还不够，需要依照信仰来生活。——这是在信仰同人的生活基础、原则和立场之间的关系之中反映出俄罗斯民族对信仰的精神理想价值文化解读。

（3）信仰的价值关联文化解读。

И когда Господь по Своей милости помогает человеку, то это усиливает в человеке веру в Бога, делает его ближе к Богу. 上帝/天主以善良仁慈施惠于人，这强化了人对上帝的信仰，使他离上帝更近。——这在信仰同人的上帝意识及上帝作为之间的紧密联系之中体现出俄罗斯民族对信仰的价值关联文化解读。

Фактор наличия в жизни трудностей и преград лишь закаляет Веру и Любовь в душе, лишь усиливает Надежду. (коллективный. Форум: О реинкарнации [2012]) 生活中的艰难困苦只会淬炼/锤炼信念和心中的爱，增强希望。——这在人的信仰同生活的历练、磨难之间的关系之中表现出俄罗斯民众对信仰的价值关联文化解读。

Это величайшая похвала, какую только можно сказать о душе человеческой: счастие в моём смысле есть высокая чувствительность, вера и твёрдый ум посреди обстоятельств благоприятных. (В. А. Жуковский) 在我的理解中幸福就是高度的同情心，信仰以及坚定的理智。——这在信仰同幸福的蕴义感知、体会之间的关系之中显现出俄罗斯人对信仰的价值关联文化解读。

Без милосердия не работают ни вера, ни надежда. (А. Маринина) 没有慈悲心，信仰/信念和希望就不会起作用。——这在信仰同仁慈、善良这一立世观之间的关系中体现出俄罗斯民族对信仰的价值关联文化解读，显示出俄罗斯民族信仰所蕴藏的深刻人文价值内涵。

Исходный — оптимизм, жизнелюбие, неколебимая вера в добро. (А. Донцов) 最为根本的是乐观向上/乐观主义，热爱生活，对善良的坚定信念。——这在信仰同人的生活的起始、生活本真之间的关系之中表现出俄罗斯人对信仰的价值关联文化解读。

И тогда опорой становятся вера, любовь к ближнему и надежда на спасение. (Поп. Новый фильм Владимира Хотиненко // Журнал Московской Патриархии № 3, 2010, 2010) 信仰，对亲人的爱和对摆脱困境的希望成为精神支柱。——这在信仰在人的精神世界、精神生活之中发挥的至关重要的作用之中反映出俄罗斯人对信仰的价值关联文化解读。

— Вера без дел мертва есть, а дела без веры — еще хуже, одна только трата времени и больше ничего. (А. П. Чехов) 脱离实际/实事的信仰是无益的，而没有信仰的事业则更糟，只能白白浪费时间。——这在信仰同现实生活实在及人的务实精神之间密不可分的关系之中表现出俄罗斯民族对信仰的价值关联文化解读。

（4）信仰立场和主张的文化解读。

Поэтому ненавязчивая передача веры, осторожное, чуткое и предельно терпимое отношение к человеку — это залог успеха в деле церковного просвещения. (Патриарх Московский и всея Руси Кирилл

（Гундяев）. Доклад Святейшего Патриарха Кирилла на Архиерейском совещании // Журнал Московской Патриархии № 3, 2010, 2010）非强加于人的信仰传递……是宗教学教育事业的成功保障。——这是通过对信仰宣导在宗教学说传播之中作用的态度认识反映出俄罗斯民族对信仰的立场、主张文化解读。

Менять веру ради личного интереса некрасиво, вера не перчатка: стянул с руки одну, натянул другую… (А. Рыбаков) 为了一己之利而改变信仰不妥，信仰不是可以从一只手戴到另一支手上的手套。——这是通过对信仰应有的执着、忠诚和笃信这一坚定态度体现了俄罗斯民族对信仰进行的立场、主张文化解读。

Всех объединяет единая вера в Бога, духовный язык которой понятен всем православным (А. А. Данилова). 对上帝的共同信仰将所有人联合、团结起来，这一信仰的精神语言是所有东正教徒都明了的。——这在信仰对人、尤其是对东正教徒的精神哺育和心性统率力方面显示出俄罗斯民族对信仰的立场、主张文化解读。

«Жизнь по вере»: продолжающаяся серия, быстро ставшая популярной (М. В. Строганова). 要按照信仰来生活。——这是通过信仰在人的生活之中的不可或缺性表明了俄罗斯民族对信仰的立场、主张文化解读。

И не то что нельзя, но и совершенно невозможно подчинять веру науке — истину открывает не наука, а все тот же опыт духовной жизни (М. Кучерская). 绝不能让信仰服从于科学，发现真理的不是科学，而是精神生活的经验。——这在信仰同科学的特殊（孰主孰从）关系对比、认识之中体现出俄罗斯民族对信仰的立场、主张文化解读。

Человек без веры мне вообще не интересен (Е. Гусятинский, Н. Михалков). 我对没有信仰的人丝毫不感兴趣/对我来讲，没有信仰的人是索然无趣的。——这在信仰同人的兴趣偏好之间的关系认识之中反映出俄罗斯人对信仰的立场、主张文化解读。

（5）信仰本质的文化解读。

Вере нельзя научить. Ее можнотолько возгревать или гасить. (Е. Борисов) 信仰不是教出来的，它只能被激发或者抑制。——这在信仰的产生、信仰的根源这一层面上体现出俄罗斯民族对信仰本质的文化解读。

Вера даначеловеку не для того, чтобы обустраивать благополучие икомфорт в этом мире, а чтобы вести его к вечному, небесному, спасать человека, приближать его к Богу（М. Улыбышева）. 信仰的建立不是为了形成单纯的幸福和舒适，而是为了使它变得永恒长久、纯洁崇高，是为了拯救人，让他靠近上帝。——这在信仰的形成的出发点和宗旨方面显示出俄罗斯民族对信仰本质的文化解读。

Вера худому не научит.（Б. Эхмедханов, Н. Львова）. 信仰是不会教人去使坏的。——这在信仰的基本立脚点和对人的潜在作用、影响之中反映出俄罗斯民族对信仰本质的一种文化解读。

（6）信仰认知的文化解读。

Там, где исчезает у человека вера, на этом месте поселяется страх.（коллективный. Форум：Автомобилисты в камере. Какую статистику хочет скрыть ГАИ［2011］）信仰匿迹的地方所孳生的是怯懦。——这表明有了坚定的信仰就能战胜生活中的恐惧，生活就有了目标和前进的力量而不会畏畏缩缩，体现出俄罗斯民族对信仰认知的文化解读。

Без веры, любви и молитвы самая правильная форма будет пуста （Гундяев）. 没有信仰，爱和祈祷，再好的形式也将是徒有其表。——这是通过信仰在人的精神和内心世界中的内涵性、决定性作用表现出俄罗斯民族对信仰认知的文化解读。

А если веры нет, значит, и мира нет.（А. Н. Толстой）要是没有了信仰，就意味着没有了世界。——这是通过信仰在世界、生存中的建设性、支撑性作用体现出俄罗斯民族对信仰认知的文化解读。

— Да, в наше время трудно жить бы было без веры…（Л. Н. Толстой）是的，在我们这个时代没有信仰是难以生存的。——这在信仰同人的生存基础条件关系之中反映出俄罗斯民众对信仰认知的文化解读。

Человек не может жить без веры.（А. П. Чехов）没有信仰的人是无法生存的。——这在信仰对人的生存、发展必需性之中显示出俄罗斯民族对信仰认知的文化解读。

Искренняя вера есть уж залог будущего（Ф. М. Достоевский）诚挚的信仰是未来的保障。——这在信仰同人的生活愿景、理想实现之间的关系之中表现出俄罗斯民族对信仰认知的文化解读。

（7）信仰的情感意志文化解读。

Сия драгоценная вера может чудесным образом успокоить доброе сердце, возмущённое страшными феноменами на театре мира（Н. М. Карамзин). 这一珍贵的信仰能够以神奇的方式安抚善良的心。——这在信仰同人的情绪感受之间的关联之中反映出俄罗斯人对信仰的情感意志文化解读。

Вера в доброго царя — это культурная травма (В. Лейбин). 对仁善的沙皇的信仰是一种文化上的创伤/对文明的损伤。——这在特定信仰同文明进程、文明状态感受/文化体现之间的关系层面上传达出俄罗斯民族对信仰的情感意志文化解读。

Во всех людских горестях утешение дает лишь любовь и вера и что длясострадания к нам Христа нет ничтожных горестей, и тотчас же перевела разговор на другое. (Л. Н. Толстой) 人类悲伤的时候只有爱和信仰才能带来抚慰。——这是通过信仰在人类特殊的情绪、生活状态和境遇之中所带来的特殊心理支持、慰藉体现出俄罗斯民族对信仰的情感意志文化解读。

由此可见，以上有关俄罗斯民族文化概念 вера 的话语综合分析为认识和了解该民族的意识形态文化内容提供了十分丰富的信息，同时也显示出俄罗斯民族信仰所蕴含的深刻人文价值内涵。

在信仰对人突出的精神意志作用、信仰的意识形态和精神力量的社会期许与社会心理感受之中、在信仰同家国伟业的紧密关系、信仰同俄罗斯社会发展和人的生活形态、生存现实的直接关联、信仰同知识之间的意识形态认知关系之中展示出俄罗斯民族信仰的社会价值功能表现；在信仰对人的强大意识引领、精神感召作用、信仰同上帝、善良等精神观念意志的密切关系、信仰同人的特殊生命历程密不可分的关联、信仰同人为之奋斗的精神理念、生活目标的关系以及信仰同人的生活原则、立场与精神、意识成长的关系之中反映出俄罗斯民族信仰的精神理想价值；通过信仰在人的精神世界、精神生活中发挥的至关重要的作用并且在信仰同人的上帝意识及上帝作为的紧密联系、人的信仰同生活历练、磨难的关系、信仰同幸福的蕴义感知与体会之间的关系、信仰同仁慈、善良立世观的关系、信仰同现实生活实在及人的精神意志表现之间密不可分的关系之中展现出俄罗斯民族对信仰的价值关联文化理解；通过对信仰应有的执着、忠诚和笃信态度以及对信仰宣导的特殊宗教传播作用的认识、在信仰对东正教徒的精神哺育和心性统率力、信仰在人生活中的不可或缺性、信仰同科学间孰主孰从的关系对比与认识以及信仰同人的兴趣偏好间的关系认识之中反映出俄罗斯民族的信仰立场和主张；在信仰产生的根源、土壤以及信仰形成的出发点和宗旨方面、信仰的基本立脚点和对人的潜在影响、作用之中反映出俄罗斯民族对信仰本质的文化理解;通过信仰在人的精神和内心世界中的内涵性、决定性作用以及信仰在社会发展和人类生存中的建设性、支撑性作用、在信仰同人的生活愿景、理想实现之间的关系之中表现出俄罗斯民族对信仰认知的文化理解;通过信仰在人类特殊的情绪、生活状态和境遇之下能够给予人心理安抚和精神慰藉的价值特性,并且在信仰同人的心理感受关联以及信仰同社会文明进程、文明状态(感受)之间的紧密联系之中体现出俄罗斯民族信仰的情感意志文化特性。

六 小结

信仰是人安身立命的根基,有了信仰、信念,精神才会有所依托,行为才有思想意识的依据,人的生活才有了动力和方向,这在民族的生存、发展中同样如此,相关信息会通过语言文本和话语内容的记载进入文化中,记录到相关的文化语词之中,传递出一个民族传统意识中有关于"信仰"的一些内在的东西,俄语中的 вера 就是这样一个典型的意识形态文化载体。通过以上对俄罗斯民族意识形态文化概念 вера 的分析可以看出,俄罗斯文化中,信仰有其独特的内涵和思想理念,传统意识中的信仰与财富是相对立的,信仰同"爱"和"希望"、"宽恕"、"善心"等有密切关系,信仰会以某种事物为其象征和寄托,东正教作为俄罗斯民族形象和基本的民族信仰,近乎转化为该民族的一种基本思想认识和文化基因,但信仰也会面临来自不同方面的威胁和挑战,坚守和捍卫信仰成为维护该民族精神生活和意识形态积极运转的重要环节,因为人们相信人的精神世界不能缺失信仰。

词源分析发现,文化概念 вера 在文化渊源上不仅吸取了印欧语和斯拉夫文化中的"信任,信念""好感,恭敬,有礼"等含义,并且受拉丁语和其他欧陆语言相关语词的影响,还关涉于"诚实""正直""忠诚""可靠""仁爱"乃至"誓言,承诺,友谊"等蕴义特质,充分显示出 вера 的深厚文化底蕴和丰富、独特的内涵,这些内容使 вера 在思想意识上孕育着俄罗斯人的特殊心理期待与希望。文化语义内涵方面,вера 进一步显现出由传统文化中承传而来的民族意识形态内涵,如俄罗斯民族对上帝发现真理的绝对认同、对神圣的上帝力量的信仰、对精神事物和超自然事物的坚定信念等。此外,俄罗斯文化现实中的"信仰"还有不同的精神现实对象和载体,有自己具体的不同体现方式和价值、功能表现,同时,人们对信仰也有相应看法和评价、态度,这些都表现出俄罗斯文化概念 вера 中深刻的民族意识形态语义特性。隐喻搭配通过认知词围语境表达的各种行为事实，体现出 вера 在俄罗斯民族文化意识中的性状、品格以及它对人的精神意念和思想行为的作用，从而在意识形态深处折射出俄罗斯人对"信仰"所持的立场、观点以及在复杂的人性考验面前如何对待"信仰"。格式塔分析分别通过文化潜意识的深层揭示，呈现出 вера 所蕴涵的各种现实事物形象，通过这些形象可以观察"信仰"在俄罗斯民族心理中所对应的意识化事物，可看出它在精神上或民族习俗中意味着什么、让人想到了什么等，而这些事物形象的意涵形象而真实、别致地反映出俄罗斯民族在"信仰"概念中表现出来的意识形态面貌，使我们能够在具体的物象中透视隐藏在俄罗斯民族心灵深处的"信仰"意识。话语综合分析方面，通过对 вера 的社会价值、功能表现、精神感召、价值关联、社会认知和情感意志等方面的文化解读，展现出俄罗斯民族信念的深刻文化价值和它在民族、社会体系及个体意志建构、塑造上所产生的强大意识形态渗透力。

第二节 "надежда"（希望）的分析与解读

俄罗斯民族意识形态文化概念 надежда（希望）同其宿命论思想存在联系[①]，"大自然每每让俄罗斯人极谨慎的冀望落空，变幻莫测的天候和大地时常欺骗民众，即便只是微小的期望也难以兑现。相应俄罗斯人对这些欺骗习以为常之后，往往行事上会有欠熟虑、草率鲁莽地作出未经深思的无望决定，使他们勇敢朴拙的任性同大自然的任性相对抗起来"（Ключевский，1987）。另一方面，俄罗斯民族意识中的"希望"同情感意志和信仰有关，"孤寂是因为没有希望"（Ведь скука и есть отсутствие надежды [В. Мильдон]），"希望"具有意识、精神感染力和渗透力，随着人的精神、意志期待离生活现实和成功越来越近，理想意识和生活意志会在人的心目中和思想深处生根发芽、茁壮成长，人的愿望会随之逐步达成，所以人们常说"将

[①] 从文化根源上讲，俄罗斯民族观念中的宿命论倾向及相关的悲观主义、缺乏信心等，同其严酷的自然环境和条件有关，"俄罗斯广袤无垠的大地同俄罗斯心灵之间、自然地理和精神地理之间存在一种联系"（Бердяев，1992：44）。俄罗斯民族地处高寒地带，地广人稀，自然条件十分恶劣并且变化莫测，加上周边的游牧民族的不断侵扰，导致俄罗斯人对自己的生活缺乏信心和安全感，形成了人自古以来就要依赖于主宰着人并不以人的意志为转移的力量（参见朱达秋、周力，2010：13）。这些都导致了该民族对生活现实及未来的一种特殊意识形态和观念、态度。

希望播撒，让希望萌芽、开花结果"。"希望"是人们追求、冀望的，就像人们力图到达的彼岸（берег надежды［М. Семеляк］），所以"希望"同人的幸福经常是联系在一起的。在俄罗斯文化中，"希望"有一种向上升腾的力量和精神向往，例如，"希望的飞行船"，"希望之鸽"。以下从词源分析、文化语义内涵分析、隐喻搭配分析、格式塔分析及综合分析五个方面入手，对文化概念 надежда（希望）展开分析、解读。надежда 从表面上看似乎是一种情感意识、情感状态（Лассан，2002：5），但这种情感体会的深处则是意识性、态度性的价值因素在起作用，实际上人们对幸福的理解和界定是由思想意识上的东西所决定的，即是说，是意识形态层面的要素引领着人对幸福的认识、把握、态度和判断。另外，意识形态上的 надежда 同语言现实词汇层面上的 надежда 之间存在差别和不同，以语句《Надежда – мой компас земной》（希望是我世间生活的指南）为例，"基于 надежда 的词汇意义，在受话人那里形成了有关人的特定精神状态的指称关系内容，而在 надежда 文化概念内容的基础上则使受话人领会到说话人的价值意向，他可能会也可能不会使这一意向变成自己的意向"（Лассан，2002：5）。

一 "надежда" 词源分析

надежда 在 11—17 世纪的俄语中使用的是 надєжа，надѣжа（希冀，期望）和教堂斯拉夫语（古代保加利亚语）语词 надєжда，надѣжда。来自教堂斯拉夫语词 надєжда，是对共同斯拉夫语词 надедйа 的延续，而 надедйа 又是在动词 děти，děйати 的现在时重叠词干 дедй 基础上，通过前缀法派生而来。因此，надежда 分别同 деть（安置，安顿）①，деятель（行为者，务实者，活动家）存在语义联系（Шапошников，2010а：558）。М. Фасмер 的构词派生关系分析也显示，надежда 来自 "на+деть" 同古斯拉夫语词干 "дежде（кладу/放置，安放）" 的复合（Фасмер，1987：37），与此相关，Н. М. Шанский，В. В. Иванов 指出，надежда 源自 nadědja，其中可以看出词根 dě-d 与后缀-j-的部分重合（Шанский，Иванов и др.，1971：281），或者说，nadědja 是由动词 naděti，nadedjQ 的现在时词干（古斯拉夫语中的-дeждж/кладу）加后缀-ja 派生而来（Шведова，2007：477）。从词源外围关系上看，надежда 当时在民间使用的是 надёжа（期望，对美好事物的

---

① деть/děti 即 положить/класть。（Шанский и др.，1971：281）

信念），白俄罗斯语中为 надзёжа，古俄语为 надёжа（Фасмер，1987：37；Даль，1905：1044；1998：1809；Шведова，2007：477），古斯拉夫语也为 надѥжда①，古乌克兰语中为 надежа，保加利亚语中为 надежда（Фасмер，1987：37）。

二 "надежда" 文化语义内涵分析

"надежда 表示的是对可能实现某种快乐、良好的事情所抱的信念"（Шапошников，2010a：558），"надежда 表示'希望，期望'，对信仰的期待，对希望得到的、美好的事物的向往"（Даль，1905：1044），"надежда 是对将能实现某种愿望的可能性的一种信念和坚定的想法"（Шведова，2007：477），"надежда 表示对所想要的好、愉快的事情的一种期待，包含人对其可能得以实现的信心"（БАС，1958：142；МАС，1986：343；Ушаков，2013：325；Кузнецов，2000：577；Ожегов и Шведова《Толковый словарь русского языка》，bweek. narod. ru/rest）。例如：Берсенев разговаривал с Еленой об университетской жизни，о своих намерениях и надеждах（И. С. Тургенев）；Полагай надежду на Бога；Ты моя надежда；Пропала последняя надёженька их；Счастье скоро покидает，а добрая надежда—никогда（Даль，1905：1044）；Надежды на резкую смену курса не оправдались（《Русский репортер》，2012）（想让路线发生急剧变化的希望是没有依据的）；Надежды человеческие обманчивы（Ф. М. Достоевский）；Я целый год была счастлива надеждой；виновата ли я，что не могу теперь вынести и дня сомнения？（Ф. М. Достоевский）由此可见，надежда 的文化语义内涵核心在于"人对未来美好、快乐事物的冀望、向往与心理期待以及对此所怀的坚定信心和强烈精神信念"，"如果我们明白有一个美好的事物、事情，知道它在将来能够出现、发生，此时人的心里所经历的那种状态、感觉就是希望"。（Апресян，1995：343）

---

① 与教堂斯拉夫语词 надежда 相同，这是因为教堂斯拉夫语本身是在古斯拉夫语基础上，吸收民间语言养分而形成的。因此，也有观点认为，надежда 来源于古斯拉夫语（Шанский，Иванов и др.，1971：281）。

三 "надежда"的隐喻搭配分析

文化概念 надежда 的隐喻搭配主要体现在实体隐喻模式及实体隐喻同结构隐喻构成的复合隐喻模式之中，这充分显示出该文化概念抽象属性的呈现同具体行为实体特征及结构关系特征之间的密切关联，体现出该文化概念特征对具象化、拓扑化认知方式、理解方式的显著依赖性，同时也在物体经验和结构内容、事件框架所关联的深厚文化底蕴上反映出该文化概念内涵、文化意识同俄罗斯民族生产、社会活动及生活经验之间存在的千丝万缕的联系，使该文化概念获得了十分丰富而生动、真切的认知表达形象。

（1）实体隐喻模式。

У меня вспыхнула надежда. （Ф. Искандер）我突然产生了希望。句中动词形式 вспыхнула（突然着火，突然炽烈起来）同 надежда 之间的隐喻搭配形象地体现了希望突然勃发产生的抽象动作事实。再如：Надежда вспыхнула в сердце Иуды. （М. А. Булгаков）犹大心中突然有了希望。

И вдруг взошло солнце, — словно взрыв надежды！（В. Гроссман）太阳突然出现，好像希望突然迸发。句中 взрыв（爆炸，爆破）同 надежды 之间的隐喻搭配生动地表现出希望瞬间激烈、高程度地呈现的动作形态、样貌。

В сердце писателя зажглась надежда: оставался только одиншаг — увидеть его и узнать судьбу. （А. Савинов）作家心中燃起了希望。句中动词形式 зажглась（燃起来）同 надежда 之间的隐喻搭配也同样生动地体现出希望炽发地燃起、希望激起、产生这一意识行为情形。

Услыша царский приговор, Вяземский было обрадовался, и очи его уже запылали надеждой；но уверенность Морозова немного смутила его. （А. К. Толстой）他的双眼充满了炽烈的希望。句中动词形式 запылали（开始炽烈地燃烧起来）同 надеждой 之间的隐喻搭配描绘出希望炽烈地产生所带来的文化认知心理感受。

В душе Германна мгновенно и сильно возгорелась надежда. （Ю. Давыдов）在 Германн 心中瞬间强烈地燃起了希望。句中动词形式 возгорелась（燃烧起来）同 надежда 之间的隐喻搭配生动地反映出希望突然产生、出现的心智意识状态。

...подогревал и надежды потенциальных покупателей прибыльных частей железнодорожного хозяйства. （В. Дятликович）刺激/增强了潜在消

费者的希望。句中动词形式 подогревал（加热，烧热）同 надежды 之间的隐喻搭配形象地表现出使希望得以提振、提高的动作行为。

Марсианский исследовательский зонд «Кьюриосити» похоронил очередной всплеск надежд на существование жизни на Марсе. （М. Вартбург）火星研究探测器«Кьюриосити»打消/断送了火星有生命存在的希望。句中 всплеск（水拍溅声，水汩汩声）同 надежд 之间的隐喻搭配形象地表现出希望的搏动、存在和生命力，而 всплеск надежд 同 похоронил（埋葬）之间的联动隐喻则生动地体现出希望被葬送、埋没的行为事况。

Весьма могло быть, ... если бы особенное происшествие в доме Ивана Никифоровича не уничтожило всякую надежду. （Н. В. Гоголь）发生在 Иван Никифорович 家的不平常事件让所有希望都破灭了。句中动词形式 уничтожило（消灭）同 надежду 之间的隐喻搭配具体地表现出使希望消除、破灭的抽象动作行为。

Она с досадою и вместе тайным удовольствием убивала их надежды. （М. Ю. Лермонтов）她带着委屈和神秘的满足感打消/打垮了他们的希望。句中动词形式 убивала（打死，杀死）同 надежды 之间的隐喻搭配形象地体现出扼杀、毁掉希望的动作事实。

Все мечты, все надежды разбиты; разве можно жить после этого, разве можно? （А. Н. Островский）所有理想、所有希望都破灭了。句中动词形式 разбиты（打破，打碎）同 надежды 之间的隐喻搭配形象化地体现出摧毁希望、破坏希望的动作行为，表现出对这一行为的强烈不满和伐挞。

Я разбил последнюю ее надежду. — Ну, бог с ним! （Ф. М. Достоевский）我使她最后的希望破灭了。句中动词形式 разбил（打破，打坏）同 надежду 之间的隐喻搭配形象地说明了使我们被摧毁、破灭的动作情形。

Твёрдая надежда на особую милость Всевышнего не оставляла Петра даже в самые трудные моменты. （С. Антоненко）即是在最艰难的时候，彼得也没有放弃过对上帝至高无上的仁慈/怜悯的坚定希望。句中动词形式 оставляла（搁下，放在一边）同 надежда 之间的隐喻搭配具体地反映出希望离开人、消失无踪的动作事况。

«Восходящая надежда» — именно так называют Польшу в европейских СМИ. （Н. Ильина）句中 восходящая（升高的，上升的）同 надежда 之间的隐喻搭配形象地说明了希望正冉冉升起的抽象动作形象。

Робкие надежды инвесторов на то, что ЕС пойдет на частичную

отмену санкций, не трансформировались в реальность. («Эксперт», 2014) 投资者对欧共体部分取消制裁的谨慎希望没能变成现实。句中 робкие (胆怯的, 畏缩的) 同 надежды 之间的隐喻搭配生动地表现出希望所处的脆弱、微小、经不起风吹雨打的状态。

Со страхом боролась робкая надежда, что муж ее, любимец божий, не допустит такого смешного и даже позорного родства. Но надежда была слаба перед страхом. (А. Григоренко) 这一微弱的希望在同恐惧作斗争。句中 боролась (战斗, 作战) 同 робкая надежда 之间的联动隐喻生动地描绘出希望同人的对立情绪、意识相抗衡的抽象动作行为。

...и всё-таки они не уходили, глядя прищуренными глазами на очередной проходящий состав с привычной обречённостью, прикованные к месту остатками неистребимой надежды. (Е. Чижов) 剩下的未泯灭的希望。句中形容词形式 неистребимой (不能消灭的, 无法消除的) 同 надежды 之间的隐喻搭配形象地表现出"希望"所隐含的无法遏制的强烈意志特征。

А теперь такая же бессмысленная надежда овладела уличённым преступником: ведь не может женщина слишком сурово отнестись к его проступку. (С. Логинов) 眼下这一没有意义的希望充满被当场捉住的罪犯的身心。句中动词形式 овладела (占据) 同 надежда 之间的隐喻搭配形象地表现出希望控制、支配着人的抽象动作情况。

И очень недолго был охвачен надеждами и иллюзиями. («Знание – сила», 2011) 一时间心里充满了希望和幻想。句中动词形式 охвачен ([紧紧] 围绕) 同 надеждами 之间的隐喻搭配生动地刻画出希望笼罩、充满着人的意识动作状貌。

Это все раскаленные газовые шары, обман наших надежд. («Знание – сила», 2011) 这是对我们希望的欺骗。句中动词形式 обман (欺骗, 迷惑) 同 надежд 之间的隐喻搭配形象地表现出希望被辜负、让人失望的行为状态。

Кровавый бунт отрезал последние надежды на отсрочку возвращения в Джунгарию. (М. Б. Салимов) 血腥的暴动阻断了延期/暂缓回到准格尔盆地的最后希望。句中动词形式 отрезал (切下, 割下) 同 надежды 之间的隐喻搭配形象地反映出希望遭到妨碍、阻挠而难以实现的意识行为情形。

Я старалась все время поддержать в ней надежду, уверяла, что все будет хорошо, и мне казалось, что она за эту надежду цеплялась. (М. Шишкин) 我总在努力维护她心中的希望, 让她相信, 一切都会好起来, 我觉得, 她抓住了这一希望。句中动词形式 поддержать (扶住, 搀扶) 以及 цеплялась (抓 [住], 挂 [住]) 同 надежду 之间的隐喻搭配分别具体地表现出对希望的爱惜、保护和设法留住希望、对希望不放手的意识形态操作行为。

Слезами восторга и радости омыл он новую, светлую надежду, мелькнувшую ему в его одинокой жизни. (Ф. М. Достоевский) 他以激动和喜悦的泪水来迎接/面对/庆贺新的光明的希望和未来。句中动词形式 омыл (洗涤, 洗掉) 同 светлую надежду 之间的联动隐喻搭配生动地说明了人以积极的姿态全身心面对希望的到来的精神意识和心理状态。

... и надежды гораздо более осязаемые, чем... (Г. Горелик) 希望比……要敏感得多。句中形容词 осязаемые (可感知到的, 可触摸到的) 同 надежды 之间的隐喻搭配具象化地体现出希望为人觉察、发觉的动作事实。

В голосе Натальи прозвучала неуверенная, робкая надежда. (М. А. Шолохов) Наталья 的嗓音中流露出不太自信的、胆怯的希望。句中动词形式 прозвучала (发出声响) 同 робкая надежда 之间的联动隐喻搭配形象地描绘出人感受到希望的抽象动作事况。

（2）实体隐喻与结构隐喻的复合隐喻模式。

Запиши в своих книгах: я с трудом нашёл последнюю надежду. (В. Г. Распутин) 我好不容易找到了希望。句中动词形式 нашёл (找到, 发现) 同 надежду 之间的隐喻搭配具体地描述出获得希望、寻觅到行为的抽象动作行为。

Пойду теперь домой и буду питать себя надеждами. (А. П. Чехов) 我将让自己满怀希望。句中动词 питать (喂养, 以……为生) 同 надеждами 之间的隐喻搭配具体呈现出人以希望滋养、充实自己、让自己心怀希望的抽象动作意识形象。

Он безусловно, несет надежду, хотя бы и не подтверждаемую серьезными фактами. (В. Краснова) 他显然怀有希望, 尽管这一希望还没有得到事实的证明/印证。句中动词形式 несет (提着, 拿着, 带着) 同 надежду 之间的隐喻搭配实像化地表现出人拥有某种希望的精神意识和心理感知状态。

Отечество вдруг познакомилось с ним, и надежда на него родилась посреди опасности, устранённой его духом. (В. А. Жуковский) 对他的希望产生于危难之中。句中动词形式 родилась（出生，诞生）同 надежда 之间的隐喻搭配形象性地体现出希望产生、出现的抽象动作意象，显示出人对这一希望的特别珍惜意味。

Смена правительства в мае этого года породила в обществе надежды. («Русский репортер», 2012) 该年 5 月政府的轮替为社会带来了希望。句中动词形式 породила（生育）同 надежды 之间的隐喻搭配生动地反映出希望的引起、产生这一希望关系事实，形象地体现出希望同相关因素的逻辑关联性。又如：Это порождало в молодом арестанте надежды на будущее. (А. Адашев) 这给了年轻的囚犯以未来的希望。

Господин Голядкин возродился полной надеждой, точно из мертвых воскрес. (Ф. М. Достоевский) Голядкин 先生重新产生了强烈的希望，就像得到了再生。句中动词形式 возродился（复兴，恢复）同 надеждой 之间的隐喻搭配具象化地刻画出希望得以复苏、回归的抽象动作意象。

Не скрою, во мне снова поселилась надежда: эти больше мусорить точно не будут. (Н. Аздобина) 很快地，我又萌生了新的希望。句中动词形式 поселилась（住下，落户，定居）同 надежда 之间的隐喻搭配具体化地表现出希望产生、形成的动作形象，彰显出"希望"在人心目中实在的存在感。

Письмо неурочное не было ответом на выволочку, ... а потому дышало радостью, надеждой. (Б. Евсеев) 这封信散发出快乐和希望。句中动词形式 дышало（呼吸）同 надеждой 之间的隐喻搭配生动地展现出希望充满、洋溢的抽象动作状态情形，表露出人对这一希望的欣喜和品味之情。

В неясных чертах дышала страсть бурная и жадная, желание, грусть, любовь, страх, надежда. (М. Ю. Лермонтов) 茫然的面容上流露出希望。句中动词形式 дышала（呼吸）同 надежда 之间的隐喻搭配具体地表现出希望外现于人的外部表征的动作情形。

И главное, они дышат надеждой, которая так нам сейчас нужна. (Т. Куракина) 他们显示出我们现在也正需要的那种希望。句中动词形式 дышат（呼吸）同 надежда 之间的隐喻搭配也同样鲜明地体现出人充满希望时的特殊精神意识状态。

А сам фильм — добрый и светлый, от него надеждой веет. (Обсуждение фильма «Доживем до понедельника»/1968, 2007-2010) 这部影片散

发着/传递出希望的气息。句中动词形式 веет（吹拂）同 надеждой 之间的隐喻搭配生动地显示出希望散发、洋溢的抽象动作行为，给人以"希望"生机勃勃的形象感受。

У него в голове бродили разные надежды, планы, упования. (А. И. Герцен) 他脑海中的各种希望萦回/萦绕着各种希望、计划和夙愿。句中动词形式 бродили（来回行走, 徘徊）同 надежды 之间的隐喻搭配实体化地呈现出人的心中存在希望、怀有希望的抽象意识状态。

Жизнь не оставляет надежды, но и умереть не можешь — припомним лермонтовское "Жизнь ненавистна, но и смерть страшна". (В. Мильдон) 生命没有放弃希望。句中动词形式（搁下，放在一边）同 надежды 之间的隐喻搭配实像化地体现出希望被抛掉、遭扔弃的抽象动作事实关系。

И эту надежду организовала Анна, которую он ещё вчера не знал. (Т. Виктория) Анна 编织了这一希望。句中动词形式 организовала（组织，建立，安排）同 надежду 之间的隐喻搭配具体地表现出精心构织、规划希望的动作行为，体现出人对希望的细切心理和态度。

Людям непонятно, как при таких даровых денежных скоплениях может выходить закон, который отбирает последнюю надежду на помощь в выздоровлении. (Б. Варецкий) 这一规则会夺走帮助身体康复的最后希望。句中动词形式 отбирает（强行拿走，夺去）同 надежду 之间的隐喻搭配显示出人对希望的珍视和对拥有希望的珍惜，实体化地说明了希望被强行剥夺、带走的抽象动作行为。

Это известие отняло у него всякую надежду. (С. И. Ожегов) 这个消息使他失去了所有希望。句中动词形式 отняло（夺走，抢去）同 надежду 之间的隐喻搭配具体地表现出希望横遭剥夺这一残酷的客观现实。

Так что надежду нашу на будущее рубят теперь гэбушники и прокурорские. (С. Доренко) 检察官会破坏/毁灭我们对未来的希望。句中动词形式 рубят（砍，劈，剁）同 надежду 之间的隐喻搭配形象地反映出希望所遭受的戕害和粗暴的干预、损毁这一行为事实。

Эта ночь, когда человек мучил человека, закрыла тьмой всю ее робкую надежду на справедливость. (А. Н. Толстой) 这个夜晚终止了她对公正抱有的所有一点儿希望/让她不再敢奢望对公正的希望。句中动词形式 закрыла（盖上，关上）同 надежду 之间的隐喻搭配具体地表现出希望终

止、结束的意识行为状态。

Жест этот смахнул все надежды вернуться в город, к своим, выбраться из этой грязи. (Н. А. Островский) 这个动作手势赶走了回城的所有希望。句中动词形式 смахнул（拂除，挥去）同 надежды 之间的隐喻搭配生动地体现出驱除、消除希望的抽象动作行为。

Он впитал в себя надежды и любовь отца, неприкрытую гордость матери. (М. Силаева) 他接受了父亲对自己的希望和爱以及母亲对自己那毫不掩饰的自豪感。句中动词形式 впитал（吸入，吸收）同 надежды 之间的隐喻搭配实体化地表现出人接受希望、领受希望的抽象动作情形。

归结起来，以上有关意识形态文化概念 надежда 的隐喻搭配分析从不同方面生动、形象地传达出俄罗斯民族"希望"的文化认知信息。这些分析表现出人以积极姿态全身心面对希望、接受希望、领受希望以及希望传递于人、希望打动人、充实人心、提振人心、给人以精神动力、精神鼓舞的事实状况；反映出俄罗斯人对"希望"的珍惜、呵护之情以及对希望不放手、让希望变得坚固、牢靠的意识形态操作行为；体现出俄罗斯民众努力寻觅希望、精心构织、规划希望的意识态度；展现出希望同人的对立情绪、意识相抗衡以及俄罗斯民族心智中希望所蕴含的强烈意志特征，凸显出希望的搏动、存在和生命力；描绘出俄罗斯民族意识中希望炽热、勃发、强烈表现所带来的文化认知心理感受，体现出人燃起某种希望、强烈地感受着某种期盼的意识心理状况以及希望的产生让人内心豁亮和容光焕发、喜形于色的精神—意识关系状态；反映出希望会遇到阻挠而难以实现的意识行为情形以及希望可能飘忽不定、难以捉摸、面对风吹雨打脆弱直至消失无踪的动作事实状况，相应也折射出俄罗斯民族意识中要竭力扶植"希望"、让希望得以壮大、巩固的内在渴望；显示出希望遭受戕害和粗暴干预而破灭、落空的意识行为状态，同时表现出对这一现象、状况的强烈不满和伐挞；具象化地刻画出希望得以复苏、回归而重新振作的抽象动作意象和精神意识状态。所有这些都从俄罗斯民族细致的心理体悟与感受和别致的精神实在中展示出其相关于 надежда 这一概念的独特文化形象。

四 "надежда"的格式塔分析

（1）希望是实体物。

В самые чёрные дни Франции, когда эту прекрасную страну поглотил фашистский монстр, была эта сказка написана чтобы дать надежду. (А. -

Гулина）写这个故事是为了给予人们希望。

Так что надежду нашу на будущее рубят теперь гэбушники и прокурорские.（С. Доренко）检察官会打破/毁灭我们对未来的希望。

Все вместе мы, соотечественники, можем проморгать куда более грозные перемены в мире, угрозу нашей беззащитной экономике извне и вероятную утрату в экономике всего, на что ещё теплится надежда.（В. Попов）还抱有一线希望。

К великому сожалению, отсутствие места заставляет нас отказаться от вашего произведения, но не теряйте надежду.（Коллекция анекдотов: персоналии, 1970-2000）不要丧失了希望。

Но замечу — чуть не сказал: в оправдание, — что в молодых, подающих надежды мне походить не пришлось, так же как не пришлось рассчитывать на какую-либо снисходительность к моему возрасту.（И. Э. Кио）我无法跟拥有希望的年轻人走在一起。

Это восклицание подало мне большие надежды.（М. Ю. Лермонтов）这一赞叹声给了我巨大的希望。

Гений Архимеда перечеркнул их надежды.（Ф. Горенштейн）Гений Архимеда 使他们的希望化为乌有。

Она за всех ответила совершенной верой, никогда не колеблющейся надеждой и любовью.（Рождество Божией Матери, 1968）她以自己纯粹的信仰和从未动摇过的希望和爱来为大家负责。

Иногда вдруг высоко поднималась надежда, а за ней всегда наступала очередь отчаяния.（И. Грекова）有时希望一下子会变得非常强烈，而希望背后总会伴随一种绝望。

И всё же надежда таилась в ней.（В. Гроссман）在她身上仍然看到了隐隐约约的希望。

Лицо его более и более омрачалось, и казалось, что все надежды его уносились вместе с исчезающими лучами солнца на башне.（А. Ф. Вельтман）他所有希望都随着塔顶上正在退去的阳光而消逝。

（2）希望是火苗、火焰。

И какая искра надежды может тлеться еще в душах наших?（А. Готовцева）我们心中仍有希望的火花吗？

На грубом и равнодушном лице его вспыхнуло какое-то сокрушительное пламя надежды. （Н. В. Гоголь） 在他粗糙而冷漠的脸上突然勃发出/闪现出震撼人心的希望火焰。

В их рассказах всё равно побеждает свет и не гаснет надежда. («Культура», 2002.04.01）

Настроение немного сникло, но надежды всё ещё бушевали вомне. （Б. Окуджава） 虽然情绪有些低落，但我心中仍然充满了希望/燃烧着希望的火苗。

Свидание проходило, и надежда на чудо погасала. （А. Солженицын） 约见过去，产生奇迹的希望也熄灭了/消失了。

Не гаснет надежда Джей Си Чендор. （Е. Гусятинский） 希望不会熄灭。

...и возлагали на него такие же пылкие надежды, как сегодня на ЭмЭрАй. （С. Ильин） 他被寄予炽热的希望。

Глаза его сверкали непривычным огнем смелости и надежды. （Ф. М. Достоевский） 他的眼里表露着强烈的勇敢和希望的火焰/光芒。

（3）希望是光亮、光明、光线。

Надежда озарила душу Чика, и он стал гладить подбежавшую к нему и узнавшую его собаку. （Ф. Искандер） 希望照亮了 Чик 的心灵。

Надежда вдруг озарила его душу; он влюбился без памяти. （А. С. Пушкин） 希望一下子使他心里豁亮了起来。

Явственно мелькнула надежда. （В. Отрошенко） 希望之光清晰地闪现了一下。

— Не идёт? — спросил Артур, и в узких зрачках его вспыхнула иголочкой надежда. （А. Варламов） 瞳孔里突然闪现出一丝希望的光芒。

— Кто здесь послышался зычный голос Советской власти, и возник проблеск надежды. （Ф. Горенштейн） 出现了希望的一闪光亮/短暂地流露出了希望之光。

В бледно-голубых глазах сияет ясное, давнее — любовь, голод, война, надежды, всё вместе. （Ю. Трифонов） 眼里闪耀着希望。

Вдруг надежда блеснула, вера разгорелась. （О встрече, 1969） 希望在闪耀，信心正旺盛。

Наконец, вдруг, как будто надежда блеснула в глазах его, он двинулся с места с левой ноги... （Ф. М. Достоевский） 他眼里似乎闪现出

希望。

Луч надежды вдруг скользнул. （Н. В. Гоголь）希望之光突然掠过。

Надеждой и счастьем заблистали глаза. Приветственные крики огласили воздух. （Л. А. Чарская）双眼闪耀着/流露出希望和幸福。

Но иногда — хотя весьма редко — златой луч надежды, луч утешения освещал мрак её скорби. （Н. М. Карамзин）金色的希望之光照亮了/驱散了她心中的悲痛的阴影。

（4）希望是温暖物/有温度物。

И всё же надежда теплилась. На что? （А. Рыбаков）仍然还（暖）存有一线希望。

Все вместе мы, соотечественники, можем проморгать куда более грозные перемены в мире, угрозу нашей беззащитной экономике извне и вероятную утрату в экономике всего, на что ещё теплится надежда. （В. Попов）还抱有一线希望。

（5）希望是生命体、人。

Команда Газзаева проиграла в двух матчах скромному "Вардару" и рассталась с надеждами пополнить свой финансовый счёт деньгами Евролиги. （О. Скворцов, Д. Глухих, А. Харитонова）Газзаева队在两场比赛中输给了不起眼的Вардар队，丧失了获得财政补充/赞助的希望。

Прежде чем попрощаться с надеждой сесть за руль, я открываю первую попавшуюся дверь на нужном этаже. （Д. Данилова）在放弃把舵的希望之前，我打开沉落的第一扇门。

Возможно, в тяжёлой атмосфере страха, унижения и насилия общественный протест уступает место надежде. （«Еженедельный журнал», 2003.03.17）在害怕、屈辱、暴虐的沉重氛围下，社会抗议要让位于/服从于社会希望（期待）。

Надежда спала. И Маша чувствовала её сон, как чувствуют на руках спящего ребёнка, а когда надежда просыпалась, сердце молодой женщины наполнялось счастьем, светом и горем. （В. Гроссман）希望在沉睡，……而当希望醒来，少妇的心充满了幸福、光明和痛苦。

（6）希望是拥有物。

При этом у меня есть стимул, цель, иллюзия, надежда. （С. Довлатов）与此同时我还有激情、目标、幻想和希望。

Иннокентий с сожалением похлопал по карманам, будто всё же имел надежду найти там пачку. （А. Солженицын）Иннокентий 懊悔地在口袋里翻来翻去，好像仍有希望找到这包东西。

У Половцева нерушимая надежда. （М. А. Шолохов）Половцев 拥有坚定的希望。

（7）希望是财物。

Богатая надеждами молодость, честь, общественное уважение, мечты любви и дружбы — всё было навеки потеряно. （Л. Н. Толстой）满怀希望的青春、荣誉、社会尊敬、爱和友谊的理想——这一切都不再拥有。

（8）希望是食物（营养物、蜜糖）。

Может, и хорошо, однако, что в тот год побед почти не было, ихотя число узников в подземелье значительно увеличилось, все пока оставались живы и питали надежду. （В. Быков）所有人都还活着并且满怀希望。

Автор питают слабые надежды хорошо продать свою рукопись. （В. Суриков）作者心怀着自己手稿能畅销的小小希望。

Засыпал он в сладкой надежде, что стерву эту Мишину когда-нибудь настигнет кара земная. （А. Азольский）他在甜蜜的希望中入睡：要让 Миша 这个可恶的家伙有朝一日受到惩罚/他在 Миша 这个可恶的家伙有朝一日受到惩罚这一甜蜜的希望中睡着了。

（9）希望是香气。

Символ лета и отрада морозной зимы. Аромат надежды и нежность солнечного света. В общем, все это — об абрикосовом варенье, которое самое время сейчас варить. （«Огонек», 2015）盛夏的象征和严冬的愉悦/乐趣，希望的芬芳和阳光的柔情。

（10）希望是植物/作物。

И откуда-то из самых недр покоя, как робкий подснежный цветок, прорастала надежда на скорую встречу с Устиной. （Е. Водолазкин）尽快见到 Устина 的希望在萌芽/破土而出。

Надеясь затем конвертировать рычаги в голоса. И эти надежды не беспочвенны. （«Однако», 2009）这些希望是离不开土壤的/是不无缘由的。

От моего прикосновения увяли твои надежды… （М. Ю. Лермонтов）由于我的关系，你们的希望落空了/枯萎了。

（11）希望是建筑物/建构物。

За полгода перед тем он выжил, создал и набросал на бумагу стройный эскиз создания, на котором (по молодости своей) в не творческие минуты строил самые вещественные надежды. (Ф. М. Достоевский) 他构筑了最为物质化的希望。

Рухнула моя надежда начать свои путевые записки. (Д. А. Гранин) 我开始自己旅行札记的希望破灭了。

При свете масла рухнули все её надежды на убранство кабинета. (Б. Л. Пастернак) 在这种油漆的光线之下，她对办公室装饰的所有希望都泡汤了。

（12）希望是空间物、方向、目标。

А может быть, он хотел избавить меня от надежд и разочарований. (Е. Водолазкин) 也许，他想让我摆脱希望和失望。

Освобождение через правду и прощение как путь к надежде. («Класс. Жизнь после», 2011) 通过真相和宽恕来解救好比通往希望的道路。作为通往希望道路的真相与宽恕的解救。

（13）行为是动力、力量。

Через полчаса Андрей Николаевич, ободрённый надеждой, сидел у Шумилина, решив, однако, о партии помалкивать до поры до времени. (А. Азольский) 被希望振作和鼓舞的 Андрей Николаевич 坐在 Шумилина 旁边，决定不向人说出有关党派的事情/决定不提有关政党的事情。

Ещё Шухов слабую надежду имел — не отдаст ли ему и Цезарь своей каши? (А. Солженицын) Шухов 还抱有一线希望——Цезарь 会不会向他施舍自己的米粥？

（14）希望是种子。

Но я, пытаясь смягчить свой отказ этой жалкой имитацией внутренней борьбы, только посеял ложные надежды. (Ф. Искандер) 我只是在散播虚幻的希望。

（15）希望是一种声音。

Поэтому во всех внебиблейских мифологиях, во всех сказках где-то на грани мифа и реальности звучит надежда на то, что добро одолеет посрамленное зло. (М. В. Строганова) 在神话与现实的边缘听见了/捕捉到/感受到/显示出了善会战胜可耻的恶的希望。

— мрачно насторожился муж, но в голосе послышалась и какая-то надежда. (Р. Сенчин) 在丈夫的声音里听出了/表现出某种希望。

（16）希望是礼物。

Она уверяла меня в этом без истерических заклинаний — спокойным голосом медсестры, которая подходит к постели, взбивает подушку и дарит надежду. (А. Алексин) 护士来到床边，拍松枕头并给了希望。

（17）希望是颜色、色彩。

Какими неведомыми цветами зависти, надежды и ожидания окрасится он без меня? (А. Битов) 没有我他将会染上神秘的嫉妒、希望和期待的色彩？

（18）希望是表面物。

В их глазах и вера, и любовь, и надежда — я не могу устоять. (А. - Волков) 他们眼里有信仰、有爱、有希望，我相形见绌/我是比不过。

Превозмогая жажду, Костя таил надежду, что Боговизна близко, и там он напьётся. (В. Быков) 强忍着口渴的煎熬，Костя 暗怀有一个希望，那就是上帝就住在身边，在那里可以喝个痛快。

（19）希望是感知对象。

Видим нашу твёрдую надежду, умащающую нас и питающую во время старости. (Г. Сковорода) 我们看出了自己坚定的/不可动摇的希望。

（20）希望是液体物。

Тот Гай Юлий был полон великих надежд, и наследие он оставил завидное: римское государство продолжало неудержимый взлёт над всем культурным миром. (С. Смирнов) Гай Юлий 充满了巨大的希望。

Мы были молоды, полны надежд на лучшее, старались не пропускать ничего из того, что интересовало нас: театры, концерты, выставки… (И. К. Архипова) 我们还年轻，内心充满了对美好事物的希望。

То капля надежды блеснет, то взбушуется море отчаяния, и все боль, все боль, все тоска и все одно и то же. (Л. Н. Толстой) 一会是点滴希望瞬间闪现，一会是绝望的海洋汹涌怒号。

— с жаром ответил Алеша, чувствуя всем сердцем своим, как надежда вливается в его сердце и что в самом деле, может быть, есть выход и спасение для его брата. (Ф. М. Достоевский) 他感觉到心中有了希望/希望注入心中。

Хлопотливо было Федору Павловичу, но никогда еще сердце его не купалось в более сладкой надежде... （Ф. М. Достоевский） 他的心从未感受过更甜蜜的希望/从未体验过如此甜蜜的希望。

（21）希望是河流。

Он отправился к своему берегу надежды так же светло и спокойно. （М. Семеляк） 他愉快、平静地朝着希望的彼岸进发。

（22）希望是空气。

Только что отгремела гроза революции, и чистый воздух надежд пьянил куда более опытных людей, чем Колюша. （Д. Гранин） 革命风暴刚刚停息，希望的纯净空气让阅历丰富的人们兴奋/希望的纯净空气让（嗅觉）敏锐的人们感到激动、兴奋。

（23）希望是气球。

Лопнула его надежда. Чужая одежда не надежда. （В. И. Даль） 他的希望破灭了，别人的衣装不是自己的希望。

（24）希望是手段、凭借或依据。

Я утешал себя надеждой, что Кастаки чувствует себя не лучше. （А. Волос） 我以 Кастаки 不会感觉更好的希望来安慰自己。

Но мы в России с упорством, достойным сильно лучшего применения, продолжали тешить себя надеждами... （Д. Евстафьев） 我们继续以希望来安慰自己。

Я жил надеждой, что России предстоит мировая роль. （Н. А. Бердяев） 我靠俄罗斯将要扮演的世界角色这样一希望而活着。

Но этот народ, быть может, более, чем какой-либо другой — не мог жить без надежды. （Д. Шляпентох） 与其他别的某民族相比，这个民族的生存更离不开希望。

（25）希望是阅读物。

Во взгляде его я прочёл точно такую же надежду и точно такое же разочарование, как в карих глазах Ксении Чернотцовой. （А. Волос） 在他眼光里我读出了一种类似于绝望的希望。

（26）希望是压力。

Издатели сего журнала, приступая к сему предприятию, толико были обременены страхом и надеждою, что и теперь не находят себя в состоянии вдруг открыть своего намерения. （Н. И. Новиков） 这本杂志的

出版者处在恐惧和希望的重负之下。

（27）希望是一种状态。

Большинство жителей Грозного — беженцы, вернувшиеся из Ингушетии в надежде, что в родном городе им будет лучше, чем в палаточных городках. (М. Мурадов) Грозный 的大部分居民都是怀着希望从Ингушетия 印古什地区返回的难民。

И в этом высшая мудрость: заполняя карточку, человек живёт в надежде когда-нибудь продлить жизнь другому — незнакомому человеку. (А. Маева) 一个人生活在延长另一个人——一个陌生人的生命的希望之中。

Это писали простые искренние люди о своих страданиях и надеждах, писали к человеку, который чувствовал в своём чутком сердце такие же страдания и жил теми же надеждами. (А. М. Хирьяков) 这个人敏感的心感受到了相同的痛苦并且生活在同样的希望之中。

Таким образом публика, ожидавшая соблазнительного шума, обманулась в своей надежде и была принуждена утешаться единым злословием. (А. С. Пушкин) 公众在希望之中遭受蒙骗。

Я разлегся против у угасающего камина, и заснул в приятной надежде увидеть на другой день лагерь графа Паскевича. (А. С. Пушкин) 在惬意的希望之中睡着了。

以上针对意识形态文化概念 надежда 的格式塔分析提供了极为丰富的有关"希望"的俄罗斯民族潜意识文化形象与深层文化意蕴。分析表明，希望可以是实体物，反映出俄罗斯人对"希望"实在的物化意识和体会，映衬出其同"希望"之间的心理实像零距离性；希望可以是火苗、火焰，体现出俄罗斯人心目中的希望可以成长、壮大的文化意象以及它所拥有的强大生命力；希望可以是光亮、光明、光线，表现出希望在俄罗斯民族意识中能够照亮人生命、给人以光明未来和大好前程的形象；希望可以是温暖物/有温度物，让人体味出希望在内心的一种实在的温暖存留和暖意、体己的形象；希望可以是生命体、人，反映出希望在人心中特有的本我性的存在感以及它对人和社会的影响、作用性；希望可以是拥有物、财物，表现出人对希望所怀有的类似于拥有实体物的一种具象感和价值意识与精神意愿；希望可以是食物（营养物、蜜糖）、香气，传达出希望的心灵、精神滋养性以及俄罗斯民众对希望的美好体验和向往、期待；希望可以是植物/作物，显示出希望给人带来的精神向上勃发力、成长性以及变化性、消长性；希望可以是建筑物、建构物，体现出希望给人以心灵寄托性和它对人的生活、命运的成就性；希望可以是空间物、方向、目标，表现出希望在人眼里的心理参量性和定位感以及人们为之奋斗的心迹；行为是动力，反映出俄罗斯民族意识中的希望能够给人强大精神意志驱动性和精神力量；希望可以是种子，体现出希望所具有的能量释放性和生长性、传播性；希望可以是一种声音，表现出希望对人的精神引导性和心灵提示性、启发性；希望可以是礼物，反映出俄罗斯人对希望的看重态度和珍视心理，同时也显示出希望的价值性和传递性；希望可以是颜色、色彩，体现出希望在俄罗斯人心目中所具有的装点性的特质，折射出对它能给人的生活、命运增光添彩的认识；希望可以是表面物、感知对象，表现出人对希望的心理接近性和实在可感性、把握性；希望可以是液体物，呈现出希望对人的心灵透释性、浸润性和影响力；希望可以是河流，反映出希望在人通向目标、实现人生价值中的作用和价值；希望可以是空气，体现出希望对于人的重要性、必要性；希望可以是气球，凸显出希望的不可捉摸性、变化性以及它同现实之间的距离；希望可以是手段、凭借或依据，表明了希望对人精神世界的支柱性作用以及现实生活中它能够发挥的有益于人的特殊作用；希望可以是阅读物，体现出人们对希望的研判、思考、分析的精神—心智属性；希望可以是压力，显示出希望也可能变成人的一种特殊的精神负荷这一特质；希望可以是一种状态，这种将希望视为是生存方式和生活状态的心理表现出人们对希望的精神、社会属性和价值的高度认同意识和态度，折射出俄罗斯民族"希望"观念的一种意识形态境界。

五 "надежда"的话语综合分析

（1）希望的民族文化性格解读。

Передачи у неё не приняли, но она не теряла надежды.（В. Гроссман）节目没有被采用，但她仍没有放弃希望。——这在人的工作、生活中对待自己心中所怀希望、梦想的态度之中显示出俄罗斯民族性格特点。此外，在俄语语言文化现实中，терять 同 надежду/надежды 搭配时往往采用否定形式（не теряла надежды），表示"没有丧失希望"，这在文化概念的意识形态上反映出俄罗斯民族"坚忍不拔，不轻言放弃"的性格。

Тяжело. Но — я не теряю надежды.（А. Н. Толстой）很艰难，但我不会放弃希望。——这是通过俄罗斯人在生活困境中坚守希望的坚定意识所作出的对俄罗斯民族性格的解读。

Не теряю никогда надежды.（А. П. Чехов）任何时候都不放弃希

望。——这在对待希望的坚定态度之中显示出希望的俄罗斯民族性格文化解读。

Главное, не надо отчаиваться и терять надежды. (В. Медведев) 最主要的是不应该绝望和放弃希望。——这是在坚守希望的生活信念和态度之中作出的俄罗斯民族性格文化解读。

(2) 希望的宗教教义文化解读。

Вера, надежда, милосердие — минимум для верующего!. (А. Савинов) 信仰，希望，善心是信教者最为基本的。——这在希望同信教徒的生活基点、生活形态和生活立场之间的密切关系之中体现出希望的宗教教义文化解读。

Оставалась у Александра Плитченко и еще одна, может быть, последняя надежда — Бог. (А. Горшенин) 上帝是最后的希望。——这是在希望同人的上帝信仰之间的特殊关联之中作出的对希望的宗教教义文化解读。

(3) 希望的社会认知文化解读。

Фактор наличия в жизни трудностей и преград лишь закаляет Веру и Любовь в душе, лишь усиливает Надежду. (О реинкарнации, 2012) 生活中的困厄和艰难只会磨砺心中的信仰和爱，只会增强我们的希望。——这在希望同生活磨难、生活困境之间的关系之中体现出俄罗斯民众对希望的社会认知文化解读。

А боязнь смерти пораждает надежду на бессмертие души (сознания). (Проблемы преподавания, 2008-2011) 对死亡的畏惧会产生对灵魂永生的希冀和向往。——这在人对生与死的态度之中显示出俄罗斯人对希望的社会认知文化解读。

А юность живет иллюзиями и надеждами, тем и прекрасна. (Е. Пищикова) 年青一代的生活有幻想、有希望，因此而有了美丽的人生。——这在希望同人的生活、人生的关系之中呈现出俄罗斯民众对希望的社会认知文化解读。

Человек своей надеждой живет. Славная бабочка. (М. А. Шолохов) 人都活在自己的希望之中。——这在希望同人的生活精神依托、生活旨趣、意志及生活根基的关系之中展现出俄罗斯民族对希望的社会认知文化解读。

(4) 希望的价值立场、观念文化解读。

Но, как говорится, "надежды юношей питают, отраду старцам подают". (А. Кобеляцкий, В. Михайлова) 让年轻人怀有希望，让老人

拥有快乐。——这在特定社会群体对希望的认识与拥有关系之中显示出俄罗斯人对希望的价值立场、观念文化解读。

Иоанн мог только мстить за свои неудачи, под которыми похоронил он все свои надежды, всю веру, всё, что было в нём великого и благородного. (О. Леонтьева) Иоанн 只会为自己的失败而报复，他将自己所有的希望和信仰都葬送在这些失败的下面。——这在人的希望同人的社会表现、社会认知态度之间的关系之中反映出俄罗斯人对希望的价值立场、观念文化解读。

В начале про надежду, которая в тебе должна жить, пока Господь тебе жизнь дает. Но надежду нужно питать делами земными. (О. Копытов) 应当用实事来滋养和笃行希望。——这在希望、理想同人们专一务实、切实履行之间的现实关系之中体现出俄罗斯人对希望的价值立场、观念文化解读。

Не пугайтесь ни его гнева, ни угроз — пока останется хоть тень надежды, ради бога, не отставайте. (А. С. Пушкин) 不要害怕他的愤怒和恐吓，只要还有一点儿希望，就不要退缩。——这是通过希望赋予人坚持不懈、勤耕不辍的精神力量和意志支撑力之中显现出俄罗斯民众对希望的价值立场、观念文化解读。

（5）希望的家国情怀文化解读。

Патриотические силы связывали с ним большие надежды. (А. Терентьев, Д. Перинчек) 爱国的力量赋予了他有了远大的希望。——这在希望同人的爱国之情、报国之志之间的紧密关系之中反映出俄罗斯人对希望的家国情怀文化解读。

Сердечно благодарю всех моих дорогих соратников, чьими беспримерными подвигами живёт и крепнет надежда на спасение России. (А. И. Деникин) 衷心感谢患难与共的亲爱战友，拯救俄罗斯的希望因为他们卓越的英勇壮举而得以生存、延续、牢靠。——这是通过国家、民族希望同特定社会群体的杰出表现、功勋以及舍生取义的精神体现出俄罗斯民众对希望的家国情怀文化解读。

（6）希望的情感（关系）文化解读。

Надежда сменялась злобой и тоской. Почти уже беспрерывными. (Р. Сенчин) 希望变为仇恨和忧伤/希望代之以仇恨和忧伤。而且是接连不断地发生。——这是在希望中的情感纠缠或者是伴随希望而生的情感交织之中体现出俄罗斯民族对希望的情感（关系）文化解读。

（7）希望的精神意识文化解读。

Готовностью умереть измеряются Храбрость, Верность, Надежда, Любовь, Вера. (С. Лебедев) 勇敢、忠诚、希望、爱和信仰在对待死亡的态度上得以检验和评量。——这是在希望及相关意识、精神范畴概念同生存、死亡的态度认识之间的关系层面上反映出俄罗斯民族对希望的精神意识文化解读。

Господин Голядкин-старший протестовал против этого и начал доказывать, что нужно возложить всю надежду на бога. (Ф. М. Достоевский) 应该将所有希望寄托在上帝身上。——这在希望的精神指向及其同人的精神依托之间的特殊关系之中呈现出俄罗斯人对希望的精神意识文化解读。

以上有关意识形态文化概念 надежда 的综合分析充分显示出俄罗斯民族对"希望"的文化认识和理解。这些分析在俄罗斯人如何处理工作、生活现实同希望、梦想的关系以及人们在生活困境中固守希望的坚定生活信念和态度之中反映出俄罗斯民族坚忍不拔、不轻言放弃的性格和意识形态；在希望同信教徒的生活基点、生活形态和生活立场的密切关系以及希望同人的上帝信仰之间的特殊关联之中体现出俄罗斯民族"希望"的宗教教义文化内涵；在人们对生与死的态度以及希望同人生、希望同生活磨难、希望同人的精神依托及生活意趣、生活根基的关系之中表现出俄罗斯民族对希望的社会认知文化理解；通过希望赋予人的坚持不懈、前行不辍的精神力量和意志支撑力，并在社会群体对希望的认识与拥有关系、希望同人的社会表现、社会认知态度以及希望、理想同人励志笃行意志的现实关系之中展示出俄罗斯民族对希望的价值立场、观念文化理解；通过国家、民族希望同特定社会群体建功立业的杰出表现、舍生取义的忘我精神以及希望同人的爱国热情、报国之心的紧密关系展现出俄罗斯民族"希望"的家国情怀文化特性；在希望所蕴含的特殊情感关系、伴随希望而生的各种情感表现之中显示出俄罗斯民族对希望的情感（关系）文化理解；在希望的精神指向及其同人的精神依托之间的特殊关联以及希望同生存、死亡的态度认识之间的关系之中体现出俄罗斯民族"希望"的精神意识文化特质。

六 小结

"希望"是人生活的力量和精神源泉，是民族发展历程中的精神陪伴和民族不断前行的意志动力，始终存留在民族生命、民族成长的最深处。"希望"作为一种概念化的事物在民族文化脉络中发挥着精神纽带的作用，一个民族有了共同的理性和希望才会有共同奋进、拼争的基础和力量，它凝聚着社会意志、情感和追求，在最为真实可感的社会共识和社会关切上维系着民族精神和民族基本价值观念等意识形态取向，使一个民族能够在不同的生存现实中始终如一地保持旺盛的生命活力和坚定的生活信念。以上有关俄罗斯民族意识形态文化概念 надежда 的分析表明，俄罗斯民族意识中的"希望"是一个高度生命化和精神人文化的概念，同俄罗斯人的情感意志和精神信仰密切相关。

词源分析显示，надежда 的"冀望"意义是以实在的努力为基础的，这在它同共同斯拉夫语和教堂斯拉夫语相关语词的"通过务实的行动使……得到安置"含义的语义渊源中得一管窥，反映出俄罗斯民族传统意识上已经把"希望"同现实切实地联系起来。文化语义内涵分析发现，随着时代的发展，надежда 被赋予了更为丰富和充实、具体的内容，它表达的是俄罗斯民族对美好事物（生活、情感、未来、心愿、信仰等）的一种精神执念和对价值实现的憧憬和意志向往，它代表着幸福、愉悦、向上以及意志、信念与期许。因此，俄罗斯民族心理中的"希望"能够帮助人度过艰难岁月，让人得到精神上的慰藉。隐喻搭配分析显示，надежда 具有许多富于生命力的文化行为、作用形象，它联结于人、照应着人、引领着人，以自己独特的行为方式进入俄罗斯人生活的方方面面，呈现出特有思想认识状态下俄罗斯民众与其产生的意识互动和精神交流，使我们能够通过俄罗斯民族的认知体验（知觉经验）识察发生在 надежда 身上的相关文化行为和文化动向，从而捕捉到该民族对"希望"的意识形态文化认知信息。格式塔分析所揭示的文化联想内容表明，文化概念 надежда 在俄罗斯民族意识中主要被想象为正向、积极的事物，如象征生命、能给人带来力量的"人"和其他动物，还有声音、种籽、滋养（物）、色彩、礼物、方向、目标以及象征成就的建筑物等，而负向上的文化蕴涵较少，主要是象征"空幻""虚无"的空气、气球等气体、中空物。因此，在文化心理的意识倾向上，它既可能表现为"火苗""光亮"，也可能表现为"灰烬""晦暗"，既可能是有温度的动力（物）、热情洋溢的助力，也可能变成冰冷、无情的现实（事物）。这些丰富的文化承载充分表现出 надежда 在俄罗斯民族文化认知中的意识形态内容，在心理现实、心理体现上折射出俄罗斯人对它的不同感知和意识接受性。而话语综合分析方面，надежда 具有在民族性格、宗教教义、社会认知、精神意识、情感关系等方面的文化解读，这些现实文本提供的文化信息在社会全景的意识层面上反映出俄罗斯民族对"希望"这一概念的意识形态性文化体悟。

本章小结

　　本章主要通过文化概念"вера"和"надежда"对俄罗斯民族意识形态文化概念进行了分析和解读。分析表明，俄罗斯民族意识形态文化概念的形成与斯拉夫民族文化有密切联系，同其他斯拉夫语国家的语言文化往来对相关概念的理解与定位有直接的影响。在文化语义内涵方面，俄罗斯民族意识形态文化概念一定程度上同该民族的宗教信仰、宗教文化相关，其多层面的文化信息都反映出人的精神、意识信念、态度对人的行为模式、生活形态的作用性和规划性。隐喻搭配通过各种认知意象化的行为形象地反映出相关意识形态（概念）是如何建立（走进人的生活）、如何丧失或遭到破坏、如何复苏、如何失而复得、如何规制着人和与人互动的。格式塔分析充分展现出意识形态文化概念在俄罗斯人心目中的各种文化联想和类比性文化现实事物的形象，通过这些文化形象和文化想象内容可以清晰地感知到相关文化概念在俄罗斯民族心智中到底意味着什么、关联着什么，以细腻的文化触觉为我们捕捉出俄罗斯民族的意识形态文化心性。话语综合分析则在意识形态的宗教教义、家国情怀、精神意识感召力（精神力量）以及情感意志等方面呈现出相关文化概念的现实文化状态和价值文化民族底蕴。这些文化信息十分有助于在意识形态的视野下洞察、了解俄罗斯民族心理、民族意识以及民族性格。

结束语

俄罗斯民族以其神秘而独特的心智属性屹立于世界文化之林，而这一心智特点在该民族文化概念体系具有直观、形象而深刻的呈现。文化概念在民族文化体系中极具符号性，它是民族文化意识和语言智慧的结晶，反映"民族人"的思想，表达民族意志和精神价值立场，记载着民族文化发展、传承的印记，是民族性格、民族心理和民族观念价值的文化载体，通过文化概念可以对一个民族的社会生活方方面面作出观察和审视，达到理解该民族历史文化内涵、特征的目的，从而深入认识、解读一个民族。文化概念词的分析表面上看所涉及的是语言同知识的一种关系，实则体现的是文化同人的内在联系形式，而这也是它同一般语义分析的不同之处，体现出"概念分析的心智抽象性和专门性"（Никитин，1988：74），使我们能够从深层次上察看语言单位的文化因素，这有助于深入认识和理解、诠释语言语词概念的实际运用现状和表现，促进对作为一般本质的语义问题的进一步探讨，并可以从精神、情感、伦理、人生观、意识形态等语义层面推动俄罗斯文化概念（系统）的阐释性研究。本书正是基于这一目标，着眼于俄罗斯文化概貌和总体观，借助特有的分析方法和手段，对俄罗斯民族核心文化概念进行范畴化、多级化解读，主要分析和探讨了精神、情感、道德伦理、世界观、价值观和意识形态等方面的文化概念，这些范畴的文化概念在文化的根本上反映出俄罗斯民族精神修养和文化面貌，充分展示出俄罗斯民族文化概念所具有的独特而强大的民族文化与民族精神固摄力。

本研究在博采众长的基础上，提出了整合性的五种方法对俄罗斯民族核心文化概念展开了针对性较强的分析和解读，这些方面的文化分析与解读显示出俄罗斯民族的精神特质、人情义理同其文化渊源、文化蕴蓄和文化心智模式紧密相连，同时也彰显出课题对俄罗斯民族文化概念的整体揭示性，相应本书有关俄罗斯民族精神、情感、道德伦理、世界观、价值观及意识形态核心文化概念的研究可得出以下结论。

精神文化概念方面，"精神"是一个民族的行为意识支柱，它凝聚着民族的心性和意志底蕴，在基本的生存价值层面上统领着一个民族的心灵世界、情致活动和社会交往。本研究有关俄罗斯民族精神文化概念"友谊"（"дружба"）、灵魂（"душа"）、命运（"судьба"）的分析表明，俄罗斯民族是一个精神世界极为丰广富足的民族，友谊、心灵、命运构成其精神内容、实质的基本元素，通过这些文化核心要素所展现出来的俄罗斯精神世界同该民族道德意识、价值观念以及情感内涵等都有一定的联系，该民族对友谊有自己独特的理解，友谊在其生活中占据十分重要的地位，人们对待友谊的态度、对友谊的丰富文化想象都显示出该民族的特殊友谊精神性。而俄罗斯民族的灵魂、命运都同上帝、宗教教义有关，分别寓载着俄罗斯民族的精神性（духовность）和宗教性[①]（религиозность）（Воробьев，1996：79），它们都以特有的内涵、属性以及同人之间深刻而复杂的关联性展示着俄罗斯民族精神特质，在俄罗斯民族个性模式和文化定型中占据核心的位置。

情感文化概念方面，"情感"是一个民族的情志状态和心灵交往、互动的情绪总和，情感形态、情感表现直接反映一个民族的情绪方式和情感沟通状态，情感文化概念是观察一个民族社会面貌和实质的重要参数。本书有关俄罗斯民族情感文化概念"忧伤"（"тоска"）、爱（"любовь"）的分析表明，俄罗斯民族是一个情感细腻、别致的民族，这同俄罗斯民族历史文化传统及该民族对情感的态度和处理方式等相关，无论是对待忧伤的沉厚与洒脱，还是对爱的牵怀与专注，都体现出俄罗斯人情感表现的特殊张力和在情感体味、情感领悟中的独有精神气质。通过情感概念的分析发现，由于历史、地域、自然和人文因素的关系，俄罗斯民族情感上的"忧伤"成为该民族的一个文化标识和民族心智特征，"忧伤"情结渗入到俄罗斯民族情感、性格精神内核，同时，这也在一定程度上显示出俄罗斯民族性格中的突出矛盾性，一方面在精神上坚忍不拔、勇猛彪悍；另一方面又在情感上表现出典型的忧伤、沉郁和某种消极的宿命意识。

道德伦理文化概念方面，"道德伦理"是一个民族基本社会秩序、社会

[①] 西方学者曾指出，"俄罗斯思维和精神生活不仅在内在本质上是宗教性的，而且这种宗教性还贯穿于精神生活的一切外部领域。可以说俄罗斯精神是一种彻头彻尾的宗教精神。它除宗教价值外实际上不知道任何其他价值，它仅仅追求神圣性和宗教改造"（弗兰克，1999：29）。

公理的标志和化身，它直接引导并影响着一个民族的社会（文化）心理和社会观念，很大程度上构成社会行为模式之本，因此，道德伦理文化概念是观察一个民族文明进步、文化先进的重要指标。本研究有关俄罗斯民族道德伦理论文化概念良知（"совесть"）、公正（"справедливость"）的分析表明，俄罗斯民族是一个道德伦理十分鲜明的民族，良知是该民族道德伦理符号性的概念，它具有极为丰富的俄罗斯民族内涵，从上帝意志到世俗心态，从超凡的宗教教义到市井的平凡生活，良知润泽俄罗斯民众道德文化心田，占领民众伦理意志的高地，它在民众心理、民族认知中几乎就是道德伦理的化身，而这一道德认识使良知很自然地同公正、正义联系到一起，因为它们都有共同的道德伦理品性，有了良知自然讲求公正，伸张正义必定昌扬良知，二者是相辅相成、共同促进的关系。这赋予了俄罗斯民族道德伦理显赫的道德自觉和伦理意识特点，同时也在其深刻的内涵实质及道德人性关联上塑造出该民族的道德伦理精神形象。

世界观文化概念方面，"世界观"是一个民族在生产、生活和社会活动、交往中所秉持的基本立场、态度和观念，有什么样的世界观就有什么样的行为规范意识和行为定势与活动模式，一个人一旦形成某种世界观，那么他的观念框架随之搭建、他对世界的看法和对人对事的立场方法也就基本定型，通过世界观文化概念相应可以最为真实地感受一个民族的观念意识。本书有关俄罗斯民族世界观文化概念真（"правда"）、善良（"добро"）的分析表明，俄罗斯民族是一个世界观极具个性的一个民族，这表现在其对"真"与"善"的认识和态度上。俄罗斯民族对真实、真理有自己独到的见解，对善良有十分质朴的体会，这些领会与感受转化为俄罗斯人对世界的观念认识，引领、塑造着俄罗斯民众的现实行为方式与生活形态，传递出俄罗斯民众在社会发展、变化和复杂的社会历史环境下表现出来的民族特质。

价值观文化概念方面，"价值观"是一个民族对事物价值进行分析、取舍和所表现出来的立场和主张，这种对价值的主观认定方式和选择态度折射出一个民族在利益和主观认同物面前的基本社会形态，价值观的不同会直接导引出人不同的生活哲学、生活方式和生活目标，支撑着一个民族的价值行为、价值主张和价值态势、价值体系，因此价值观文化概念是洞察一个民族价值形态的重要依据。本研究有关俄罗斯民族价值观文化概念价值（"ценность"）、幸福（"счастье"）的分析表明，俄罗斯民族是一个具有独立价值态度和价值取向的民族。该民族对价值、幸福有自己独特的理解，将价值、幸福这一同社会、民族的发展、命运联系起来，形成了客观、现实地对待自身和社会的民族价值观。分析显示,俄罗斯民族意识中,人们将价值同他人、同社会的利益联系起来,将幸福同他人感受和社会意志关联在一起,使个体价值和幸福同周围相关的人和事组构为一个整体,虽然几经动荡、起落,但物质财富方面的追求从来不是民众心中的核心价值,从而在价值姿态的层面上展现出俄罗斯民族"价值"的真正内涵所在,体现出该民族的高度价值意识和朴素而本真的价值观念。

意识形态文化概念方面,"意识形态"是一个民族在行为意识根源上体现出来的基本社会认识、见解和主张,包含人对事物的理解、判断和行为指向,它是一个民族意志规划、行事作风的源起,引导人们在处理事情与外界关系时形成相应的主观意向和行事逻辑,并在一定程度上左右着人的思维方式。因此,意识形态文化概念成为考察一个民族、社会的重要参照。本书有关俄罗斯民族意识形态文化概念信仰("вера")、希望("надежда")的分析表明,俄罗斯民族是一个意识形态很有个性的一个民族,生活的信条、生活的希望都对其意识形态的形成、发展带来直接影响。俄罗斯民族的信仰、希望同东正教、上帝存在千丝万缕的联系,这使得该民族在生活、工作、交往的意识表现中都有明显的宗教文化和上帝旨意的烙印,并且该民族的现实行为中,来自信仰和希望所产生的意志驱动性、亲和性和精神(潜意识行为)引导性体现得尤为显著,这突出地反映了俄罗斯民族意识形态的倾向和特点,显示出俄罗斯民族精神世界中信仰和希望所发挥的强大意识作用力。此外,俄罗斯民族的信仰、希望同该民族的灵魂、心灵意识紧密相关,而且这一关联性直接反映在其意识形态层面,因此,俄罗斯文化定型下,有什么样的灵魂、信仰,相应就有什么样的希望和意识形态,失去了灵魂、信仰,就不会有希望和相应的社会担当与责任感意识。

洪堡特一个著名的观点认为,语言是一种创造性的精神活动,语言是一种世界观,立足本书所开展的研究,从俄罗斯语言文化事实中的文化概念这一立场审视,可以看出,语言—文化意识中透射出来的人的精神与观念同文化概念的精神内涵是相互照应、一脉相承的。通过俄罗斯文化概念域中各概念对象的分析,我们将能够"透过语言、文化形式去审视和研究在进行观察、感知、思考和评价的人"(Арутюнова,1997:16),将不难从整体上窥探出俄罗斯民族文化内涵及特性,从而达到积部分为整体、逐步走近俄罗斯文化、深入到俄罗斯民族灵魂和内心世界的目的。

参考文献

（一）论文与论文集

蔡建平：《文化感知对语义的影响》，《外语与外语教学》1997 年第 3 期。

曹廷军、迈克尔·辛等：《语言即人 人即语言——反思英语全球化与弱势民族语言文化的丧失》，《外语学刊》2007 年第 5 期。

陈敏、邓志勇：《"并购"类语篇中的婚恋隐喻——隐喻的社会认知研究》，《外国语文》2012 年第 5 期。

陈勇：《情感语义及其民族文化特点》，《外语与外语教学》2003 年第 6 期。

陈勇：《浅论隐喻的文化认知价值》，《中国俄语教学》2005 年第 2 期。

陈勇：《"语言的逻辑分析"课题组概念分析的方法论特色》，《解放军外国语学院学报》2007 年第 6 期。

陈勇：《关于概念分析的本体论思考——以"语言的逻辑分析"课题组的研究为例》，《外语研究》2011 年第 1 期。

陈勇：《从逻辑分析到概念分析的嬗变——语言哲学视阈下的"语言的逻辑分析"课题组》，《解放军外国语学院学报》2011 年第 3 期。

陈勇：《概念分析的理论特色——以"语言的逻辑分析"课题组的研究为例》，《外语与外语教学》2011 年第 4 期。

陈梦华：《俄罗斯语言文化学视角下的观念研究》，《中国俄语教学》2014 年第 2 期。

迟子建：《是谁扼杀了哀愁》，《读者》2007 年第 8 期。

崔卫：《文化隐含论》，《外语与外语教学》2007 年第 3 期。

冯俊：《从文化记忆视角看俄罗斯文学中的哥萨克形象》，《外国语文》2015 年第 3 期。

桂永霞：《隐喻计算的"新三段论"》，《西安外国语大学学报》2015年第1期。

贺春英：《文化视野中的观念分析》，《外语学刊》2005年第1期。

华劭：《概念还是观念？概念化还是观念化？概念分析还是观念分析？》，《中国俄语教学》2010年第4期。

姜雅明：《对"концепт"的解读与分析》，《中国俄语教学》2007年第1期。

冷慧：《世界观的认知机制：解读〈卡彭塔利亚湾〉中隐性连贯语篇现象》，《外语与外语教学》2014年第3期。

李靖：《〈黑暗的心〉：声音复制隐喻与康拉德的逻各斯》，《外语教学》2014年第5期。

李行亮、钟守满：《语义结构和文化意义》，《外语与外语教学》2000年第7期。

李喜长：《解析术语"менталитет"和"ментальность"》，《西安外国语大学学报》2008年第4期。

李元厚：《情感语义和俄汉语言文化对比研究》，《外语学刊》1999年第2期。

廖巧云：《语用学研究的新范式——〈民族语用学〉评介》，《外语教学与研究》2007年第6期。

林书武：《"愤怒"的概念隐喻——英语、汉语语料》，《外语与外语教学》1998年第2期。

刘冰、钟守满：《民族文化语言多维视角研究》，《外语教学》2014年第4期。

刘超：《基于相关术语意义的19世纪初期俄罗斯民族自我意识研究》，《外语学刊》2013年第4期。

刘锋、张京鱼：《基于文化脚本的土家、英、汉语"借"之对比研究》，《西安外国语大学学报》2015年第2期。

刘宏：《试析文化观念的形成与先例文本的使用》，《外语与外语教学》2012年第5期。

刘娟：《俄罗斯语言学概念理论的研究对象》，《吉林省教育学院学报》2005年第4期。

刘娟：《Концепт的语言学研究综述》，《外语与外语教学》2007年第1期。

刘娟：《术语 КОНЦЕПТ 及其概念意义探究》，《外语学刊》2007 年第 5 期。

刘娟：《情感语言学：一个值得关注的语言学领域》，《外语教学》2007 年第 6 期。

刘娟：《语言学视角下的概念分析》，《外语研究》2008 年第 6 期。

刘宏：《跨文化交际中的空缺现象与文化观念研究》，《外语与外语教学》2005 年第 7 期。

刘宏：《试析文化观念在语言与文化教学研究中的中心地位》，《外语与外语教学》2009 年第 11 期。

刘玉梅：《后语哲视阈下"意义世界"的建构》，《外国语文》2013 年第 1 期。

刘佐艳：《关于 концепт》，《中国俄语教学》2014 年第 2 期。

彭文钊：《论词的文化释义的理论依据》，《解放军外国语学院学报》2001 年第 1 期。

彭文钊：《俄语语言世界图景的文化释义性研究：理论与方法》，黑龙江大学，2002 年。

彭文钊：《试论语言文化信息单位及其语义结构完形》，《解放军外国语学院学报》2004 年第 3 期。

彭文钊：《文化函数论与文本阐释的方法论问题》，《外语学刊》2004 年第 6 期。

彭文钊：《语言世界图景的知识系统：结构与生成》，《中国俄语教学》2008 年第 1 期。

彭文钊：《语言文化学研究的基本单位问题》，《外语与外语教学》2011 年第 5 期。

彭玉海：《试论俄语动词隐喻显性语义错置——俄语动词多义性的分析》，《外语与外语教学》2012 年第 5 期。

彭玉海：《动词隐喻构架中的文化概念格式塔》，《外语学刊》2014 年第 5 期。

彭玉海、于鑫：《试析俄语动词隐喻模式——也谈动词多义衍生》，《外语教学》2014 年第 1 期。

荣洁：《俄罗斯中亚东欧研究》，《俄罗斯中亚东欧研究》2005 年第 1 期。

隋然：《语言认知理论研究中的概念现象问题》，《外语学刊》2004 年第 4 期。

孙毅：《英汉情感隐喻视阈中体验哲学与文化特异性的理据探微》，《外语教学》2010 年第 1 期。

唐祥金：《文化内涵词析义》，《外语与外语教学》2000 年第 9 期。

王兰霞：《俄语谚语中的语言世界图景》，《中国俄语教学》2002 年第 4 期。

王丽娟：《俄语语言世界图景中的 вера 观念场》，《天津外国语大学学报》2017 年第 5 期。

王松亭：《隐喻的感悟及其文化背景》，《外语学刊》1996 年第 4 期。

武瑗华：《仪式话语的形式与内涵》，《解放军外国语学院学报》2014 年第 4 期。

徐东辉：《俄语语言世界图景中的 ум 观念》，《中国俄语教学》2015 年第 4 期。

徐盛桓：《"A 是 B"的启示——再谈外延内涵传承说》，《中国外语》2010 年第 5 期。

杨利芳：《现代俄语中情感评价语义的范畴化》，《解放军外国语学院学报》2012 年第 5 期。

杨利芳：《认知视角下俄语"价值"概念刍议》，《解放军外国语学院学报》2014 年第 5 期。

杨利芳：《俄语 стыд 的概念分析》，《中国俄语教学》2016 年第 1 期。

杨明天：《概念分析：方法及意义》，《俄语语言文学研究》2005 年第 1 期。

杨喜昌：《俄语动词的文化语义学分析》，《中国俄语教学》1997 年第 2 期。

杨秀杰：《语言文化观念及其研究方法》，《外语学刊》2007 年第 5 期。

杨秀杰：《民族文化研究的语言之途》，《中国俄语教学》2007 年第 4 期。

袁顺芝：《俄汉语言文化意象对比》，《外语学刊》2004 年第 3 期。

张喆、赵国栋：《"概念"刍议》，《解放军外国语学院学报》2006 年第 4 期。

张志军：《俄罗斯文化中对 Счастье 的理解》，《俄罗斯语言与文化探索》，重庆出版社 2005 年版。

赵明、张敏：《论词的文化意义的类别与判定》，《外语与外语教学》

2017年第4期。

赵艳:《观念分析的语言学维度》,《外语学刊》2005年第4期。

赵爱国:《"定型"理论及其研究——文化与认知空间双重语境之阐释》,《外语与外语教学》2005年第10期。

赵爱国:《语言世界图景与文化世界图景》,《中国俄语教学》2004年第2期。

赵爱国:《语言文化学方法论》,《外语与外语教学》2007年第11期。

赵爱国:《当前俄语"观念"研究中的几个理论问题》,《中国俄语教学》2016年第3期。

赵国栋:《也谈概念分析》,《解放军外国语学院学报》2008年第6期。

赵秋野:《俄罗斯语言意识核心词研究综述》,《解放军外国语学院学报》2008年第1期。

赵迎菊:《语言文化学及语言文化意象》,《外语教学》2006年第5期。

周运会:《论隐喻的模糊性》,《外国语言文学》2013年第4期。

朱达秋:《关于俄罗斯文化的深层结构的几点思考》,《外国语文》2000年第2期。

朱达秋:《术语 менталитет 及其内涵》,《解放军外国语学院学报》2002年第2期。

朱达秋:《俄罗斯精神内核与东正教》,《四川外语学院学报》2003年第4期。

朱达秋:《知识分子概念的俄罗斯文化意义》,《俄罗斯文艺》2008年第3期。

朱达秋:《再谈文化视角下的俄语》,《外国语文》2010年第5期。

朱达秋:《从俄语谚语俗语看俄罗斯人的传统财富观——俄罗斯传统价值观的文化解说》,《外国语文》2011年第2期。

朱达秋:《作为记忆形象的多余人——俄罗斯文学与文化记忆》,《外国语文》2014年第3期。

Dumont L."Are cultures living beings? German identity in interaction", Man. 1986,21(4).

Langacker, R. W.," Discourse in cognitive grammar", Cognitive Linguistics. 2001, № 12.

Wierzbicka, A.,"Human emotions:Universal or culture-specific?", American Anthropologist, New Series,1986, Vol. 88, No. 3.

Wierzbicka A. Dusa（soul）, toska（yearning）, sud'ba（fate）: Three key concepts in Russian languageand Russian culture. Z. Saloni（ed.）. Metody formalne w opisie jezykow slowianskich. Bialystok: UwB, 1990.

Wierzbicka A. Translatability and the scripting of other peoples' souls. The Australian Journal of Anthropology, 2013(24).

АраповаО. А., Гайсин Р. М. Дружба. Антология концептов. Под ред. В. И. Карасика, И. А. Стернина. Т. 1. Волгоград: Парадигма, 2005.

Арутюнова Н. Д. Функциональные типы языковой метафоры. Изв. АН СССР. Сер. лит. и яз. Т. 37. 1978, №4.

Арутюнова Н. Д. От редактора. Референция и проблемы текстообразования. М.: Наука, 1988.

Арутюнова Н. Д. Метафора и дискурс. Теория метафоры. Общ. ред. Н. Д. Арутюновой и М. А. Журинской. М.: Прогресс, 1990.

Арутюнова Н. Д. 1991 От редактора. Логический анализ языка. Культурные концепты. М.: Наука, 1991.

Арутюнова 1993а Н. Д. Введение. Логический анализ языка. Ментальные действия. М.: Наука, 1993.

Арутюнова Н. Д. 1993b Вторичные истинностные оценки: правильно, верно. Логический анализ языка. Ментальные действия. М.: Наука, 1993.

Арутюнова Н. Д. 1994а От редактора. Логический анализ языка. Понятие судьбы в контексте разных культур. М.: Наука, 1994.

Арутюнова Н. Д. 1994b Истина и судьба. Логический анализ языка. Понятие судьбы в контексте разных культур. М.: Наука, 1994.

Арутюнова Н. Д. 1995а Неопределенность признака в русском дискурсе. Логический анализ языка. Истина и истинность в культуре и языке. М.: Наука, 1995.

Арутюнова Н. Д. 1995b Истина и эстика. Логический анализ языка. Истина и истинность в культуре и языке. М.: Наука, 1995.

Арутюнова Н. Д. 1995с От редактора. Логический анализ языка. Истина и истинность в культуре и языке. М.: Наука, 1995.

Арутюнова Н. Д. От редактора. Логический анализ языка. Язык и время. М.: Индрик, 1997.

Арутюнова Н. Д. 2000а О стыде и совести. Логический анализ языка.

Языки этики. М. : Языки русской культуры, 2000.

Арутюнова Н. Д. 2000b Два эскиза к "геометрии" Достоевского. Логический анализ языка. Язык и пространств. М. : Языки русской культуры, 2000.

Арутюнова Н. Д. 2003a От редактора. Логический анализ языка. Избранное. 1988-1995. Ред. кол. : Арутюнова Н. Д. , Спиридонова Н. Ф. , М. : Индрик, 2003.

Арутюнова Н. Д. 2003b Воля и свобода. Логический анализ языка. Космос и хаос : концептуальные поля порядка и беспорядка. М. : Индрик, 2003.

Арутюнова Н. Д. Истина. Добро. Красота : Взаимодействие концептов. Логический анализ языка. Языки эстетики. М. : Индрик, 2004.

Арутюнова Н. Д. Виды игровых действий. Логический анализ языка. Концептуальные поля игры. М. : Индрик, 2006.

Арутюнова Н. Д. Коммуникативная реакция на истинностное значение высказывания*Другого*. Логический анализ языка. Ассерция и негация. М. : Индрик, 2009.

Аскольдов С. А. Концепт и слово. Русская словесность. От теории словесности к структуре текста. Антология. Под ред. В. П. Нерознака. М. : Academia, 1997.

Бабушкин А. П. Концепты разных типов в лексике и фразеологии и методика их выявления. Под редакцией Стернина И. А. Методологические проблемы когнитивной лингвистики. Воронеж : ВГУ, 2001.

Балашова Б. Ю. Концептуальное поле вера/faith в православном и протестантском субдискурсах (на материале текстов русскоязычных и англоязычных корпусов). Известия саратовского университета. 2015, № 2.

Бариловская А. А. Лексическое выражение концепта "терпение" в истории и современном состоянии русского языка. Автореферат дисс. ··· канд. филол. наук. Томск : ТГУ, 2008.

Бейлинсон Л. С. Медицинский дискурс. Языковая личность : институциональный и персональный дискурс. Волгоград : Перемена, 2000.

Белинская Е. П. Стефаненко Т. Г. Этнокультурные стереотипы и процесс стереотипизации. Этническая стереотипизация подростка. М. : Московский психолого-социальный институт ; Воронеж : МОДЭК, 2000.

Берегельсон М. Б. Семантические универсалии и «примитивное мышление». Вежбицкая А. Семантические универсалии и базисные концепты. М.: Языки славянских культур. 2011.

Блох М. Я. Язык и культура. Фразеологизмы и слов в национально-культурном дискурсе (лингвистический и лингвометодический аспекты). М.: ООО «Элпис», 2008.

Борухов Б. Л. "Зеркальная" метафора в истории культуры. Логический анализ языка. Культурные концепты. М.: Наука, 1991.

Булыгина Т. В., Шмелев А. Д. Перемещение в пространстве как метафора эмоций. Логический анализ языка. языки пространств. М.: Языки русской культуры, 2000.

Васюков В. Л. Сознание и ментальные вычисления. Отв. ред. И. Д. Джохадзе. Сознание. Практика. Реальность. М.: Канон+РООИ «Реабилитация», 2013.

Вежбицкая А. Русские культурные скрипты и их отражение в языке. Вежбицкая А. Семантические универсалии и базисные концепты. М.: Языки славянских культур, 2011.

Верещагин Е. М. Об относительности мирской этической нормы. Логический анализ языка. языки этики. М.: Языки русской культуры, 2000.

Вильмс Л. Е. Любовь. Антология концептов. Под ред. В. И. Карасика, И. А. Стернина. Т. 1. Волгоград: Парадигма, 2005.

Волкова З. Н. Изменение культурной парадигмы и эпическая традиция. Культурно-историческая парадигма и языковые процессы: Слово, язык, словесность в истории и культуре. М.: Эйдос, 2011.

Воробьев В. В. Лингвокультурема как единица поля. Русский язык за рубежом. 1994, № 4.

Гаврилова В. И. Семантика "начала" в спектре значений глаголов открыть/открыться, раскрыть/раскрыться. Логический анализ языка. Семантика начала и конца. М.: Индрик, 2002.

Гак В. Г. Судьба и мудрость. Логический анализ языка. Понятие судьбы в контексте разных культур. М.: Наука, 1994.

Гак В. Г. Истина и люди. Логический анализ языка. Истина и истинность в культуре и языке. М.: Наука, 1995.

Гатинская Н. В. Грамматика эмоций в «русском космосе». Логический анализ языка. Космос и хаос: концептуальные поля порядка и беспорядка. М.: Индрик, 2003.

Гачев Г. Д. О национальных картинах мира. Народы Азии и Африки. 1967. № 1.

Гольдберг В. Б. «Антология концептов»: рецензия. Антология концептов. Под ред. В. И. Карасика, И. А. Стернина. Т. 6. Волгоград: Парадигма, 2008.

Дементьев В. В. Коммуникативные ценности русской культуры: категория персональности в лексике и прагматике. М.: Глобал Ком, 2013.

Димитрова Е. В. Тоска. Антология концептов. Под ред. В. И. Карасика, И. А. Стернина. Т. 1. Волгоград: Парадигма, 2005.

Димитрова Е. В. Тоска. Карасик В. И. Антология концептов. М.: Гнозис, 2007.

Ермакова О. П. Концепты *совесть* и *зависть* в их языковом выражении. Крысин Л. П. Русский язык сегодня. Вып. 1. М.: , 2000.

Залевская А. А. Психолингвистический подход к проблемам концепта. Методологические проблемы когнитивной лингвистики. Воронеж: Издательство Воронежского университета, 2001.

Зализняк Анна А. Любовь и сочувствие: к проблеме универсальности чувства и переводимости их имен (в связи с романом М. Кундеры «Невыносимая легкость бытия»). Rask. 1999. № 9–10.

Зализняк Анна А. Счастье и наслаждение в русской языковой картине мира. Зализняк Анна. А., Левонтина И. Б., Шмелев А. Д. Ключевые идеи русской языковой картины мира. М.: Языки славянской культуры, 2005.

Зализняк Анна А., Шмелев А. Д. Лексика радости. Зализняк Анна А., Левонтина И. Б., Шмелев А. Д. Константы и переменные русской языковой картины мира. М.: Языки славянских культур, 2012.

Зиновьева Е. И. Понятие «концепт» в отечественном языкознании: основные подходы и направления исследования. Вестник Санкт-Петербургского университета. Сер. 2. Языкознание. 2003. Вып. 2, №10.

Зусман В. Г. Концепт в культурологическом аспекте. Межкультурная коммуникация: Учебное пособие. Нижний Новгород: Деком, 2001.

Кагарлицкий Ю. В. *Отвага*：слово и понятие в историко-культурной перспективе. Отв. ред. В. М. Живов. Эволюция понятий в свете истории русской культуры. М.：Языки славянских культур，2012.

Карасик В. И. Культурные доминанты в языке. Языковая личность：культурные концепты. Волгоград，Архангельск：Перемена，1996.

Карасик В. И. 1999a Характеристики педагогического дискурса. Языковая личность：аспекты лингвистики и лингводидактики. Волгоград：Перемена，1999.

Карасик В. И. 1999b Религиозный дискурс. Языковая личность：проблемы лингвокультурология и функциональой семантики. Волгоград：Перемена，1999.

Карасик В. И.，Слышкин Г. Г. Лингвокультурный концепт как единица исследования. Под ред. И. А. Стернина. Методологические проблемы когнитивной лингвистики. Воронеж：ВГУ，2001.

Карасик В. И.，Слышкин Г. Г. Базовые характеристики лингвокультурнх концептов. Антология концептов. Под ред. В. И. Карасика，И. А. Стернина. Т. 1. Волгоград：Парадигма，2005.

Карасик В. И.，Слышкин Г. Г. Базовые характеристики концептов в лингвокультурной концептологии. Антология концептов. Под ред. В. И. Карасика，И. А. Стернина. М.：Гнозис，2007.

Карасик В. И.，Стернин И. А. Предисловие // Антология концептов. Под ред. В. И. Карасика，И. А. Стернина. Т. 1. Волгоград：Парадигма，2005.

Кирилина А. В. Мужественность и женственность как культурные концепты. Под редакцией Стернина И. А. Методологические проблемы когнитивной лингвистики. Воронеж：ВГУ，2001.

Ковалев О. А. «Русская идея» Ап. Григорьева. Культура и текст. Славянский мир：прошлое и современность. Под. ред. Г. П. Козубовская. СПб.：БГПУ，2001.

Ковшова М. Л. Концепт судьбы. Флоьклор и фразеология. Логический анализ языка. Понятие судьбы в контексте разных культур. М.：Наука，1994.

Кондратьева О. Н. Концепты внутреннего мира человека в русских летописях. Кемерово：КГУ，2004.

Кондратьева О. Н. Душа，сердце，ум. Антология концептов. Под ред.

В. И. Карасика, И. А. Стернина. Т. 1. Волгоград：Парадигма，2005.

Кондратьева О. Н. Вертикальная ось «верх-низ» в характеристике концептов врутреннего мира человека（на материале русских летописей）. http：//www.bibliofond.ru/. 2016.

Кошелев А. Д. От составителя // Вежбицкая А. Семантические универсалии и базисные концепты. М.：Языки славянских культур，2011.

Кубрякова Е. С. Об одном фрагменте концептуального анализа слова ПАМЯТЬ. Логический анализ языка. Культурные концепты. М.：Наука，1991.

Куренная Н. М. «Любовь» и «новая мораль» А. М. Коллонтай. Категории и концепты славянской культуры. Труды отдела истории культуры. М.：Институт славяноведения РАН，2008.

Лассан Э. «Надежда»：семантический и концептуальный анализ. Respectus philologicus，2（7），2002. http：// filologija.vukhf.lt/2-7/lassan.htm.

Левкиевская Е. Е. Концепт человека в аксиологическом словаре поэзии А. Тарковского. Категории и концепты славянской культуры. Труды отдела истории культуры. М.：Институт славяноведения РАН，2008.

Левонтина И. Б.，Шмелев А. Д. За справедливостью пустой. Логический анализ языка. Языки этики. М.：Языки русской культуры，2000.

Левонтина И. Б. Звездное небо над головой. Зализняк Анна А.，Левонтина И. Б.，Шмелев А. Д. Константы и переменные русской языковой картины мира. М.：Языки славянских культур，2012.

Леонтьев А. А. Формы существования значения. Леонтьев А. А.，Шахнарович А.М.Психолингвистические проблемы семантики. М.：Наука，1983.

Лихачев Д. С. Концептосфера русского языка. Изв. РАН. Сер. лит. и яз. Т. 52. 1993，№1. 3-9.

Лосев А. Ф. Признавая абсолютную истину. Студенческий меридиан. 1991. № 10.

Ляпин С. Х. Концептология：к становлению подхода. Концепты. Научные труды Центрконцепта. Вып. 1. Воронеж：Издательство Воронежского государственного университета，1997.

Максимов Л. В. О дефинициях добра：логико - методологический анализ. Логический анализ языка. языки этики. М.：Языки русской культуры,2000.

Неретина С. С. Понятие судьбы в пространстве Высшего блага. Логический анализ языка. Понятие судьбы в контексте разных культур. М.：Наука,1994.

Никитина С. Е. О концептуальном анализе в народной культуре. Логический анализ языка. Культурные концепты. М.：Наука,1991.

Никитина С. Е. Концепты судьбы в русском народном сознании（на материале устнопоэтических текстов）. Логический анализ языка. Понятие судьбы в контексте разных культур. М.：Наука,1994.

Никитина С. Е. Сердце и душа фолкрольного человека. Логический анализ языка. Образ человека в культуре и языке. М.：Индрик,1999.

Никишина И. Я. Понятие концепта «гнев» в современном английском языке. Отв. ред. Красных В. В., Изотов А. И. Язык, сознание, коммуникация. Вып. 23. М.：МАКС Пресс,2003.

Очкасова М. Р. Языковая личность билингва（по материалам дневниковых записей Л. Н. Тостого）. Фразеологизмы и слов в национально-культурном дискурсе（лингвистический и лингвометодический аспекты）. М.：ООО «Элпис»,2008.

Ощепкова Е. С. Ценности «богатство» и «бедность» в языковом сознании русских. Вопросы психологии.2014,4(22).

Падучева Е. В. Глаголы действия：толкование и сочетаемость. Логический анализ языка. Модели действия. М.：Наука,1992.

Пеньковский А. Б. Тимологические оценки и их выражение в целях уклоняющегося от истины умаления значимости. Логический анализ языка. Истина и истинность в культуре и языке. М.：Наука,1995.

Перцова Н. Н. К понятию «вещной коннотации». Вопросы кибернетики. Язык логики и логика языка. Вып. 166. под ред. Вяч. Вс. Иванова. М.：Наука,1990.

Петров И. Г. Субъект и его характеристики в научной парадидме и аксиологии：Эмоция как"орган"субъекта и субъектных новообразований.Отв. ред. Э. В. Сайко. Человек как субъект культуры. М.：Наука,2002.

Пименова М. В. Предисловие.//Введение в когнитивную лингвистику. Под ред. М. В. Пименовой. Вып. 4. Кемерово：Графика,2004.

Постовалова В. И. Истина, Добро и Красота в учении о Божественных именах Дионисия Ареопагита. Логический анализ языка. Языки эстетики. М.: Индрик, 2004.

Постовалова В. И. Судьба как ключевое слова культуры и его толкование А. Ф. Лосевым (Фрагмент типологии миропониманий). Логический анализ языка. Понятие судьбы в контексте разных культур. М.: Наука, 1994.

Принцер Н. П. Грамматик судьбы (фрагмент теории Стои). Логический анализ языка. Понятие судьбы в контексте разных культур. М.: Наука, 1994.

Радбиль Т. Б. Переводимость как феномен межъязыкового взаимодействия. Логический анализ языка. Перевод художественных текстов в разные эпохи. М.: Индрик, 2012.

Радзиевская Т. В. Слово судьба в современных контекстах. Логический анализ языка. Культурные концепты. М.: Наука, 1991.

Розина Р. И. Судьба и предопределение. Вежбицкая А. Семантические универсалии и базисные концепты. М.: Языки славянских культур, 2011.

Рябов А. В., Курбангалиева Е. Ш. Базовые ценности россиян. Социальные установки. Жизненные стратегии. Символы. Мифы. Отв. ред. Рябов А. В., Курбангалиева Е.Ш. М.: Дом интеллектуальной книги, 2003.

Рябцева Н. К. "Донаучные" научные образы. Логический анализ языка. Противоречивость и аномальность текста. М.: Наука, 1990.

Рябцева Н. К. «Вопрос»: прототипическое значение концепта. Логический анализ языка. Культурные концепты. М.: Наука, 1991.

Рябцева Н. К. Новые идеи в когнитивной лингвистике. Болдырев, Н. Н. (ред.) Филология и культура. Материалы III международной научной конференции. Часть 2. Тамбов: Тамбовский государственный университет им. Г. Р. Державина, 2001.

Рябцева Н. К Дискурс и сознание адресата: манипулирование vs. эмпатия. Логический анализ языка. Адресация дискурса. М.: Индрик, 2012.

Саварцева Н. В. Верность и предательство. Антология концептов. Под ред. В. И. Карасика, И.А. Стернина. Т. 6. Волгоград: Парадигма, 2008.

Селезнев М. Г. Вера сквозь призму языка. Логический анализ языка. Избранное. 1988–1995. М.: Индрик, 2003.

Семенова С. Г. Odium fati как духовная позиция в русской религиозной философии. Логический анализ языка. Понятие судьбы в контексте разных культур. М.：Наука，1994.

Серио П. Как читают тексты во Франции. Общ. ред. П. Серио. Квадратура смысла：Французская школа анализа дискурса. М.：Прогресс，1999.

Слышкин Г. Г.2000а Дискурс и концепт (о лингвокультурном подходе к изучению дискурса). Языковая личность：институциональный и персональный дискурс. Волгоград：Перемена，2000.

Степанов Ю. С. Бог есть любовь，Любовь есть бог. Отношение тождества—константа мировой культуры. Логический анализ языка. Истина и истинность в культуре и языке. М.：Наука，1995.

Стернин И. А. Методика исследования структуры концепта. Методологические проблемы когнитивной лингвистики. Воронеж，Изд-во Воронеж. ун-та，2001.

Стрелков В. И. Смерть и судьба. Логический анализ языка. Понятие судьбы в контексте разных культур. М.：Наука，1994.

Сукаленко Н. И. Сопоставление портретов человека в трех культурных ареалах：славянском，ближневосточном и дальневосточном. Логический анализ языка. Язык и эстетики：концептуальные поля прекрасного и безобразного. М.：Индрик，2004.

Тань Аошуан Китайский концепт души，или история о забытой душе. Логический анализ языка. Образ человека в культуре и языке. М.：Индрик，1999.

Тарасов Е.Ф.Межкультурное общение — новая онтология анализа языкового сознания. Этнокультурная специфика языкового сознания. М.：ИЯ РАН，1996.

Телия В. Н. Вторичная номинация и ее виды. Языковая номинация：Виды наименований. М.：Наука，1977.

Топоров В.Н.Судьба и случай. Логический анализ языка. Понятие судьбы в контексте разных культур. М.：Наука，1994.

Урысон Е. В. Фундаментальные способности человека и наивная «анатомия». Вопросы языкознания. 1995，№ 3.

Урысон Е. В. Дух и душа：в реконструкции архаичных представлений о человеке. Логический анализ языка. Образ человека в культуре и языке. М.：Индрик，1999.

Урысон Е. В. Голос разума и голос совести. Логический анализ языка. языки этики. М.：Языки русской культуры，2000.

Успенский В. А. О вещных коннотациях абстрактных существительных. Симиотика и информатика. Вып. 11. М.：Наука，1979.

Уфимцева Н. В. Языковое сознание и образ мира славян. Языковое сознание и образ мира. М.：Российская академия наук，2000.

Уфимцева Н. В. Ассоциативный словарь как модель языкового сознания. Под ред. Уфимцевой Н. В. Языковое сознание：теоретические и прикладные аспекты. М.：Русский язык. 2004.

Фрумкина Р. М. Концептуальный анализ с точки зрения лингвиста и психолога. Научно-техническая информация，1992，№ 3.

Фрумкина Р.М.Культурологическая семантика в ракурсе эпистемологии. Изв. АН СССР.Сер. лит.и яз.Т.58.1999,№1.

Чернейко Л. О. 1997b Абстрактное имя и система понятий языковой личности. Красных В. В., Изотов А. И. Язык，сознание，коммуникация. Вып. 1. М.：Филология，1997.

Шатуновский И. Б. Пропозициональные установки：воля и желание. Логический анализ языка. Проблемы интенсиональных и прагматических контекстов. М.：Наука，1989.

Шаховский В. И. Эмоциональные культурные концепты：параллели и контрасты. Языковая личность. Волгоград-Архангельск：Перемена，1996.

Шейгал Е И.，Арчакова Е. С. Тезаурусные связи и структура концепта. Язык，коммуникация и социальная среда. Вып. 2. Воронеж：Изд-во ВГТУ，2002.

Шмелев А.Д.Лексический состав русского языка как отражение «русской души». Зализняк Анна. А.，Левонтина И. Б.，Шмелев А. Д. Ключевые идеи русской языковой картины мира.М.：Языки славянской культуры，2005.

Шмелев А. Д.Широта русской души. Зализняк Анна А.，Левонтина И. Б.，Шмелев А. Д. Константы и переменные русской языковой картины мира. М.：Языки славянских культур，2012.

（二）辞书与著作

冯亚琳：《德语文学中的文化记忆与民族价值观》，中国社会科学出版社 2013 年版。

华劭：《语言经纬》，商务印书馆 2003 年版。

刘娟：《概念分析理论与语言文化研究：俄语语言文化世界图景中的情感概念》，吉林大学出版社 2008 年版。

彭文钊、赵亮：《语言文化学》，上海外语教育出版社 2006 年版。

施春华：《神秘的原型》，黑龙江人民出版社 2002 年版。

魏庆安、孟昭兰：《情绪和情感》，《中国大百科全书》，《心理学》（电子版），中国大百科全书出版社 2001 年版。

杨明天：《俄语的认知研究》，上海外语教育出版社 2004 年版。

杨明天：《观念的对比分析——以俄汉具有文化意义的部分抽象名词为例》，上海译文出版社 2009 年版。

杨秀杰：《语言文化学的观念范畴研究》，黑龙江人民出版社 2007 年版。

叶奕乾等主编：《普通心理学》，华东师范大学出版社 1997 年版。

张岱年：《中国文化概论》（修订版），北京师范大学出版社 2004 年版。

张志伟：《西方哲学史》，中国人民大学出版社 2002 年版。

赵爱国：《语言文化学论纲》，黑龙江人民出版社 2006 年版。

赵爱国：《20 世纪俄罗斯语言学遗产：理论、方法及流派》，北京大学出版社 2012 年版。

中国社会科学院语言研究所词典编辑室：《现代汉语词典》（第 5 版），商务印书馆 2005 年版。

朱达秋、周力：《俄罗斯文化概论》，上海外语教育出版社 2010 年版。

［俄］Н. А. 别尔嘉耶夫：《俄罗斯思想》，雷永生等译，三联书店 1996 年版。

［俄］Т. В. 布雷金娜，А. Д. 什梅廖夫：《世界的语言概念化》，刘利民译，北京大学出版社 2011 年版。

［俄］弗兰克：《俄国知识人与精神偶像》，徐凤林译，学林出版社 1999 年版。

［美］克利福德·格尔茨：《文化的解释》，纳日碧力戈等译，上海人民出版社 1999 年版。

［美］克利福特·格尔兹：《文化的解释》，韩莉译，译林出版社 2019

年版。

Geertz C.Culture,mind,brain/brain,mind,culture.Princeton:Princeton University Press,2006.

Martin J.R.,White P.R.The language of evaluation:Appraisal in English. New York:Palgrave Macmillan,2005.

Wierzbicka A. Semantics,culture,and cognition:universal human concepts in culture-specific configurations. Oxford:Oxford University Press,1992.

Wierzbicka A. Understanding cultures through their key words:English,Russian,Polish German,Japanese. New York:Oxford University Press,1997.

Yu N. The contemporary theory of metaphor:A perspective from Chinese. Amsterdam:John Benjamins Publishing Company,1998.

Аверинцев С. С. Судьба // Философский энциклопедический словарь. М.:Советская энциклопедия,1983.

Агапкина Т. А.,Виноградова Л. Н. и др. Славянская мифология. Энциклопедический словарь. М.:Эллис Лак,1995.

Айтпаева А. С.,Токмагамбетова Д. К. Категория эмотивности в языковой картине мира. Семантика. Прагматика. Межкультурная коммуникация. Иваново:ИГУ,2013.

Альберони Ф. Дружба и любовь. Пер. с итальянского.. М.:Прогресс,1991.

АМФ—Антология мировой философии (в 4-х томах). Т. 2. М.:Мысль,1970.

Апресян Ю. Д. Лексическая семантика. Синонимические средства языка. М.:Наука,1974.

Апресян Ю. Д. Избранные труды (т. II). Интегральное описание языка и системная лексикография. М.:Языки русской культуры,1995.

Апресян Ю. Д. и др. Новый объяснительный словарь синонимов русского языка. М.:Языки русской культуры,1999.

Апресян Ю. Д. и др. Новый объяснительный словарь синонимов русского языка. Вып. 2. М.:Языки русской культуры,2000.

Арутюнова Н. Д. Язык и мир человека. М.:Языки русской культуры,1998.

Арутюнова Н. Д. Язык и мир человека. 2-е изд., испр.. М.:Языки русской культуры,1999.

Арутюнова Н. Д. Предложение и его смысл: Логико-семантические проблемы. М.:Едиториал УРСС,2005.

Афанасьев А. Н. Поэтические воззрения славян на природу(в 3-х томах,в интернете). Т. 3 . М.:Индрик,2006.

Бабушкин А. П. Типы концептов в лексико-фразеологической семантике языка,Воронеж:ВГУ,1996.

БАС——АН СССР Словарь современного русского литературного языка (в 17-х томах). Т.2.М.-Л.:Издательство академии наук СССР.1951.

БАС——АН СССР Словарь современного русского литературного языка (в 17-х томах).Т.3.М.-Л.:Издательство академии наук СССР.1954.

БАС——АН СССР Словарь современного русского литературного языка (в 17-х томах).Т.5.М.-Л.:Издательство академии наук СССР.1956.

БАС——АН СССР Словарь современного русского литературного языка (в 17-х томах).Т.6.М.-Л.:Издательство академии наук СССР.1957.

БАС——АН СССР Словарь современного русского литературного языка (в 17-х томах).Т.7.М.-Л.:Издательство академии наук СССР.1958.

БАС——АН СССР Словарь современного русского литературного языка (в 17-х томах).Т.11.М.-Л.:Издательство академии наук СССР.1961.

БАС——АН СССР Словарь современного русского литературного языка (в 17-х томах).Т.14.М.-Л.:Издательство академии наук СССР.1963.

БАС — АН СССР Словарь современного русского литературного языка (в 17-х томах).Т.15.М.-Л.,Изд-во академии наук СССР,1963.

БАС——АН СССР Словарь современного русского литературного языка (в 17-х томах).Т.17.М.-Л.:Наука.1965.

Бердяев Н.А.Русская идея.М.:Республика,1992.

Бердяев Н. А. Самопознание. Опыт философской автобиографии. М.: Международные отношения,1990.

Булыгина Т.В.,Шмелев А.Д.Языковая концептуализация мира (на материале русской грамматики).М.:Языки русской культуры,1997.

БЭС—Большой энциклопедический словарь. Под ред. А. М. Прохорова. Изд.2-е,перераб.и доп.М.:Большая Российская энциклопедия,Санкт-Петербург:Норикт,1998.

Вежбицкая А.Язык.Культура.Познание.М.:Русские словари,1996.

Вежбицкая А.2001а Понимание культур через посредство ключевых слов.М.:Языки славянской культуры,2001.

Вежбицкая А.2001b Сопоставление культур через посредство лексики и прагматики.М.:Языки славянской культуры,2001.

Владимиров В.В.Смысл русской жизни.М.:Алгоритм/Эксмо,2006.

Воробьев В.В.Лингвокультурологическая парадигма личности.М.:Изд-во РУДН,1996.

Воробьев В. В. Лингвокультурология: теория и методы. М.: Изд – во РУДН,1997.

Вышеславцев Б. П. Сердце в христианской и индийской мистике. Париж: YMCA Press,1929.

Гак В.Г.Лексическое значение слова.// Лингвистический энциклопедический словарь.М.:Большая Российская энциклопедия,2002.

Гачев Г. Д.2002а Национальные образы мира: Центральная Азия. М.: Издательский сервис,2002.

Гачев Г.Д.2002b Национальные образы мира:Кавказ.М.:Сервис,2002.

Гачев Г.Д.Ментальности народов мира.М.:Эксмо,2003.

Гетьманенко Н.И.Восприятие русской культуры:Прототипы и стереотипы.М.:Academia,2010.

Глебкин В.В.Лексическая семантика:культурно-исторический подход. М.:Центр гуманитарных инициатив,2012.

Грицанов А. А. Новейший философский словарь. изд.2, перераб. и дополн.,Минск:Интерпресс,2001.

Даль В. И. Толковый словарь живого великорусского языка (Т. 1). СПб.-М.:Гост.Дворъ/Кузнецкiа Мость,1903.

Даль В. И. Толковый словарь живого великорусского языка (Т. 2). СПб.-М.:Гост.Дворъ/Кузнецкiа Мость,1905.

Даль В. И. Толковый словарь живого великорусского языка (Т. 3). СПб.-М.:Гост.Дворъ/Кузнецкiа Мость,1907.

Даль В. И. Толковый словарь живого великорусского языка (Т. 4). СПб.-М.:Гост.Дворъ/Кузнецкiа Мость,1909.

Даль В.И.Толковый словарь живого великорусского языка (современное написание слов). М.: Цитадель, 1998.

Даль В. И. Пословицы и поговорки. Глава «ВЕРА—ГРЕХ». в интернете, 2004.

Ефремова Т. Ф. Новый словарь русского языка. М.: Русский язык, 2000.

Жеребило Т. В. Словарь лингвистических терминов. Изд. 5 - е, испр. и доп. Назрань: ООО «Пилигрим», 2010.

Журавлев А. Ф., Шанский Н. М. Этимологический словарь. Выпуск 9. М.: МГУ, 1999.

Залевская А. А. Слово. Текст. М.: Гнозис, 2005.

Ильичев Л. Ф., Федосеев П. Н. и др. Философский энциклопедический словарь. 2-е изд. М.: Советская энциклопедия, 1989.

Кагарманова Н. И. Восток и Запад: парадоксы познания. М.: ЛЕНАНД, 2012.

Карасик В. И. Языковой круг: личность, концепты, дискурс. Волгоград: Перемена, 2002.

Карасик В. И. 2004a Языковой круг: личность, концепты, дискурс. М.: Гнозис, 2004.

Карасик В. И. 2004b Введение в когнитивную лингвистику. Кемерово: Кузбассвузиздат, 2004.

Карасик В. И. Языковые ключи. Волгоград: Парадигма, 2007.

Караулов Ю. Н. Русский язык и языковая личность. М.: УРСС. 2002.

Касевич В. Б. Когнитивная лингвистика: В поисках идентичности. М.: Языки славянской культуры, 2013.

Ключевский В. О. Курс русской истории (Т.1). М.: Мысль, 1987.

Кобозева И. М. Лингвистическая семантики. М.: Эдиториал УРСС, 2000.

Кожевникова Н. А., Петрова З. Ю. Материалы к словарю метафор и сравнений русской литературы XIX—XX вв. Вып. 1: «птиы». М.: Языки русской культуры, 2000.

Колесов В. В. Философия русского слова. СПб.: Юна, 2002.

Колесов В. В. Язык и ментальность. СПб.: Петербургское Востоковедение, 2004.

Колесов В. В. 语言与心智(杨明天译), 上海三联书店, 2006 年。

Колесов В. В. Язык и меньтальность. СПб.: Санкт-Петербургский государственный университет,2009.

Красных В. В. Этнопсихолингвистика и лингвокультурология. М., Гнозис,2002.

Красных В. В. "Свой" среди "чужих": миф или реальность?. М.: Гнозис,2003.

Крылов Г.А.Этимологический словарь русского языка.СПб.: ООО «Полиграфуслуги»,2005.

Кубрякова Е.С.,Демьянков В.З.и др.Краткий словарь когнитивных терминов.М.: Издательство РАН,1996.

Кубрякова С. Е. Язык и знание. На пути получения знаний о языке: части речи скогнитивной точки знания. Роль языка в познании мира. М.: Языки славянской культуры,2004.

Кубрякова Е.С.В посиках сущности языка: Когнитивные исследования. М.: Знак,2012.

Кузнецов С. А. Большой толковый словарь русского языка. СПб.: Норинт,2000.

Кузнецов С. А. и др. «Большой толковый словарь русского языка» (БТС).СПб.: НОРИНТ,2008.

Лихачев Д.С.Избранные работы: в 3-х томах. Т.3. Л.: Художественная литература,1987.

Лихачев Д.С.Раздумья о России.СПб., Logos,1999.

Лихачев Д.С.Русская культура.М.: Искусство,2000.

Лихачев Д.С.Письма к молодым читателям.Письмо сороковое.О памяти.2002.https://grani.agni-age.net/edu/likhachev14.htm.

Лихачев Д. С. Избранное: Мысли о жизни, истории, культуре. М.: Российский Фонд Культуры,2006.

Манакин В.Н.Сопоставительная лексикология.М.: Знание,2004.

МАС——АН СССР Словарь русского языка (в 4-х томах).Т.1.М.: Русский язык.1985.

МАС——АН СССР Словарь русского языка (в 4-х томах).Т.2.М.: Русский язык.1986.

МАС——АН СССР Словарь русского языка (в 4-х томах).Т.3.М.: Русский язык.1987.

МАС —— АН СССР Словарь русского языка（в 4-х томах）Т.4.Издание третье,стеротипное.М.：Русский язык,1987.

МАС——АН СССР Словарь русского языка（в 4-х томах).Т.4.М.：Русский язык.1988.

Маслова В.А.Лингвокультурология.М.：Академия,2001.

Маслова В.А.Когнитивная лингвистика.Минск：ТетраСистемс,2005.

Маслова В.А.Введение в когнитивную лингвистику.2-е изд.,испр.М.：Флинта/Наука,2006.

Маслова В.А.Современное направление в лингвистике.М.：Издательский центр «Академия»,2008.

Мельникова А.А.Язык и национальный характер.Взаимосвязь структуры языка и меньтальности.СПб.：Речь,2003.

Мельчук И.А.Русский язык в модели «Смысл⇔текст».Москв а-Вена：Школа Языки русской культуры,Венский славистический альманах,1995.

Москвин В.П.Русская метафора：Очерк семиотической теории.Изд.2-е,перераб.и доп.М.：,ЛЕНАНД,2006.

Неретина С.С.Слово и текст в средневековой культуре.Концептуализм Абеляра[М].М.：Наука,1995.

Никитин М. В. Основы лингвистической теории значения. М.：Наука,1988.

Никитин М.В.Курс лингвистической семантики：Учебное пособие.2-е изд.,доп.и испр.СПб.：РГПУ им.А.И.Герцена,2007.

Овинникова Ю.А.Культуры субъект // Культурология.Краткий тематический словарь.Под ред.：Драч Г.В.,Матяш Т.П.,в интернете.Ростов Н/Д："Феникс",2001.

Ожегов С. И., Шведова Н. Ю. Большой толковый словарь русского языка.СПб.：Норинт,2002.

Ожегов С. И., Шведова Н. Ю. Толковый словарь русского языка（HTML).bweek.narod.ru/rest.

Пеньковский А. Б. *Радость и удовольствие* в представлении русского языка.Логический анализ языка：Культурные концепты.М.：,Наука,1991.

Петров В. В. Структуры значения：логический анализ. Новосибиск.：Наука,1979.

Пинкер С. Субстанция мышления: Язык как окно в человеческую природу. М.: Книжный дом «ЛИБОКОМ», 2013.

Попова З. Д., Стернин И. А. Очерки по когнитивной лингвистике. Воронеж: Истоки, 2001.

Прохоров А. М. Российский энциклопедический словарь. М.: Большая Российская энциклопедия, 2001.

Попова З. Д., Стернин И. А. Когнитивная лингвистика. М.: Восток – Запад, 2007.

Прохоров Г. М. «Некогда не народ, а ныне народ Божий...» Древняя Русь как историко – культурный феномен. СПб.: Издательство Олега Абышко, 2010.

Прохоров Ю. Е. Национальные социокультурные стереотипы речевого общения и их роль в обучении русскому языку иностранцев. М.: Педагогика-Пресс, 1996.

Прохоров Ю. Е. В поисках концепта. М.: Флинта, 2008.

Психологический словарь. Под ред. В. П. Зинченко, Б. Г Мещерякова. – 2-е изд., перераб. и доп., в интернете. М.: Педагогика-Пресс, 1999.

Режабек Е. Я., Филатова А. А. Когнитивная культурология. СПб., Алетейя, 2010.

Сазонова Л. И. Память культуры. Наследие Средневековья и барокко в русской литературе Нового времени. М.: Рукописные памятники Древней Руси, 2012.

Саников В. З. Русский язык в зеркале языковой игры. М.: Языки славянской культуры, 2002.

Сергеева А. В. Стереотипы поведения, традиции, ментальность. 4-е изд., испр. М.: Флинта/Наука, 2006.

Скребцова Т. Г. Когнитивная лингвистика. СПб.: Филологический факультет СПбГУ, 2011.

Слышкин Г. Г. 2000b От текста к символу. Лингвокультурные концепты прецедентных текстов в сознании и дискурсе. М.: Academia, 2000.

Соловьев В. С. Стихотворения. Эстетика. Литературная критика. М.: Книгиа, 1990.

Срезневский И. И. Материалы для словаря древнерусского языка по письменным памятникам. СПб.：Типография Императорской Академии Наук,1893.

Срезневский И.И.1958a Материалы для словаря древнерусского языка. Т.I.М.：ГИС,1958.

Срезневский И.И.1958b Материалы для словаря древнерусского языка. Т.III.М.：ГИС,1958.

Степанов Ю.Н.Константы.Словарь русской культуры.Опыт исследования.М.：Языки русской культуры,1997.

Степанов Ю.С.Язык и Метод.К современной философии языка.М.：Языки русской культуры,1998.

Степанов Ю.С.Константы.Словарь русской культуры.Издание 2-е, исправленное и дополненное.М.：Академический проект.2001.

Степанов Ю.С.Константы：Словарь русской культуры.Издание 3-е, исправленное и дополненное.М.：Академический проект,2004.

Степанов Ю.С.Концепты.Тонкая пленка цивилизации.М.：Языки славянских культур,2007.

СЦРЯ—Словарь церковнославянского и русского языка(Т.1-4).Ч.IV. СПб.：Императорская Академия Наук,1847.

Телия В.Н.Фразеология в контексте культуры.М.：Языки русской культуры,1999.

Тостая С.М.Семантические категории языка культуры：Очерки по славянской этнолингвистике．М.：Книжный дом «ЛИБРОКОМ»,2010.

Урысон Е.В.2003a Проблемы исследования языковой картины мира： Аналогия в семантике.М.：Языки славянской культуры,2003.

Урысон Е.В.2003b Тоска.Новый съяснительный словарь синонимов русского языка．Под общим руководством академика Ю.Д.Апресяна, Второе издание,исправленное и дополненное.М.：Языки славянской культуры,2003.

Успенский Б.А.Краткий очерк истории русского литературного языка (XI-XIX вв.).М.：Гнозис,1994.

Успенский П.Д.Совесть：поиск истины.СПб.：Невский кульер/Диалог. 1997/2004.5-106.lib.ru/URIKOVA/USPENSKIJ/

Ушаков Д.Н.Толковый словарь современного русского языка.М.：Аделант,2013.

Фасмер М.Этимологический словарь русского языка(в 4-х томах),перевод с немецкого и дополнения члена-корреспондента АН СССР О.Н.Трубачева.Т.I.М.：Прогресс,1986.

Фасмер М.Этимологический словарь русского языка(в 4-х томах),перевод с немецкого и дополнения члена-корреспондента АН СССР О.Н.Трубачева.Т.II.М.：Прогресс,1986.

Фасмер М.Этимологический словарь русского языка(в 4-х томах),перевод с немецкого и дополнения члена-корреспондента АН СССР О.Н.Трубачева.Т.III.М.：Прогресс,1986.

Фасмер М.Этимологический словарь русского языка(в 4-х томах),перевод с немецкого и дополнения члена-корреспондента АН СССР О.Н.Трубачева.Т.IV.М.：Прогресс,1987.

Философский энциклопедический словарь.М.：Советская энциклопедия,1989.

Хинтикка Я. Логико – эпистемологические исследования. М.：Прогресс,1980.

Храченко В.К.Функции метафоры.Воронеж：ВГУ,1992.

Чернейко Л.О.1997а Лингво-философский анализ абстрактного имени.М.：Изд-во МГУ им.М.В.Ломоносова/Электронная версия,1997.

Черных П.Я.Историко-этимологический словарь современного русского я зыка（в 2-х томах).Т.II.3-е издание.М.：Русский язык,1999.

Черных П.Я.Историко-этимологический словарь современного русского я зыка（в 2-х томах).Т.I.4-е издание.М.：Русский язык,2001.

Честертон Г.К.Писатель в газете.М.：Прогресс,1984.

Шанский Н.М.Этимологический словарь русского языка.Т.I,Выпуск 3.М.：МГУ,1968.

Шанский Н.М.Этимологический словарь русского языка.Т.I,Выпуск 5.М.：МГУ,1973.

Шамский Н.М.и др.Этимологический словарь русского языка.Т.II,Выпуск 7.М.：МГУ,1980.

Шанский Н.М.,Иванов В.В.и др.Краткий этимологический словарь русского языка.Изд.2-е,испр.и доп.М.：Просвещение,1971.

Шапошников А.К.2010a Этимологический словарь современного русского языка（Т.1）.М.：Флинта/Наука,2010.

Шапошников А.К.2010b Этимологический словарь современного русского языка（Т.2）.М.：Флинта/Наука,2010.

Шаховский В. И. Категоризация эмоций в лексико－семантической системе языка.Воронеж：Изд-во Воронежского университета,1987.

Шведова Н.Ю.Толковый словарь русского языка с включением сведений о происхождении слов.М.：Издательский центр «Азбуковник»,2007.

Шейгал Е.И.Семиотика политического дискурса.Волгоград：Перемена,2000.

Шмелев А.Д.2002a Русская языковая модель мира.Материалы к словарю.М.：Языки славянской культуры,2002.

Шмелев А.Д.2002b Русский язык и внеязыковая действительность.М.：Языки славянской культуры,2002.

Эпштейн М. Н. Русская хандра. Журнал меланхолии и утешения. Под ред.М.Н.Эштейн,в интернете,2003.

Юнг К.Г.Психологические типы.М.：Университетская книга,1996.

Яковлева Е.С.Фрагмент русской языковой картины мира（модели пространства,времени,восприятия）.М.：Гнозис,1994.